古代汉语教程

GUDAI HANYU JIAOCHENG

(第三版)

魏清源　主编

河南大学出版社
·郑州·

图书在版编目(CIP)数据

古代汉语教程/魏清源主编. —3版. —郑州:河南大学出版社,2018.7
ISBN 978-7-5649-3419-4

Ⅰ.①古… Ⅱ.①魏… Ⅲ.①古汉语－教材 Ⅳ.①H109.2

中国版本图书馆 CIP 数据核字(2018)第 172008 号

责任编辑　陈　巧　孙增科
责任校对　聂会佳
助理校对　吴红霞
封面设计　郭　灿

出　　版	河南大学出版社			
	地址:郑州市郑东新区商务外环中华大厦 2401 号		邮编:450046	
	电话:0371-86059713(营销部)		网址:www.hupress.com	
排　　版	郑州市今日文教印制有限公司			
印　　刷	辉县市伟业印务有限公司			
版　　次	2018 年 8 月第 3 版		印　次	2018 年 8 月第 15 次印刷
开　　本	787mm×1092mm　1/16		印　张	31.25
字　　数	740 千字		定　价	63.00 元

(本书如有印装质量问题,请与河南大学出版社营销部联系调换)

第三版出版说明

《古代汉语教程》自 1996 年出版以来,一直深受读者欢迎。第二版自 2010 年出版至今,已经过去了八年。其间,我国改革开放不断推进,政治、经济、文化、社会建设日新月异。与此相应,群众的语言生活空前活跃,语言特别是其中的词汇更是处于不断变动之中,虽然古代汉语知识变化较小,但讲述古代汉语知识的现代语言变化较大。另一方面,古代汉语方面的研究也有了一些新进展。同时,国家有关部门在语言、文字、词汇、标点符号等方面陆续推出了一系列新的规范标准。这些都使我们感到有必要在原有的基础上对《古代汉语教程》再进行一次修订,把质量提高到一个新的水平。

2018 年 8 月

重修本说明

1996年4月,我们为适应社会需要而编写的《古代汉语教程》由河南大学出版社出版,至今已近十四载。该教材由于注意了知识的科学性和系统性,并突出了实用性,编有丰富的练习材料,语言简明易懂,因而深受全国广大古代汉语爱好者的青睐,非常荣幸地被多个省市用做自学考试、函授及本科生的教材和包括台湾在内的许多高等学校的参考用书。该书至今已重印10次,总印数近7万册。

在多年使用该书的过程中,我们发现了其中存在的个别错误,本应及时进行修订,但由于教学科研工作繁忙,始终无暇顾及。今年恰值河南大学出版社又要重印,经与出版社协商,我们决定趁此机会,在吸收国内外最新研究成果的基础上,结合自己的教学实践,对该教材进行重新修订。

这次重新修订,主要做了以下工作:

一、因为初版的上、下两册使用不便,所以特将其合为一册。

二、全书改为按单元编写。共设八个单元,每个单元都由常识、文选、词义分析三部分组成。

三、常识部分依次介绍文字、词汇、语法、音韵、古书阅读和诗律的知识。因语法内容较多,又将语法的内容分为上、中、下三部分;古书阅读部分则分别介绍与阅读古书有关的"古书的注释"、"古文的修辞"、"古文的标点"、"古文的今译"等内容。每节内容后都保留了初版的"思考与练习",但都进行了改编。

四、文选部分依时代顺序选注了28篇散文、20首近体诗。为了给学习者提供练习的材料,还选了21篇散文白文和16首白文诗歌。八个单元的文选依次为《左传》、《战国策》、《国语》、《论语》、《孟子》、"诸子"、《史记》、《汉书》、《三国志》与汉文、诗歌。加注的文选改为以句为注释单位。每篇文选后根据课文实际,设计了"阅读提示",明确课文中应重点掌握的语言现象。

五、每个单元的最后设了"词义分析"一项。全书共重点分析了100个常用词的本义、引申义(有假借义的也包括假借义),并力求把这些词每个意义的来源和引申线索分析清楚,以有利于学习者全面地掌握这些词的词义系统。

六、在全书的最后集中列了八个附录,介绍对阅读古书非常有用但又无法在常识部分介绍的知识。这八个附录依次为：简化字与繁体字对照表、上古韵部常用字归部表、上古声母常用字归类表、今读阴平阳平的入声字表、常见部首义例表、常用古今字释例表、常见通假字释例表、古代汉语常用的工具书。其中第二、三两个附录系根据王力《古代汉语》有关内容改编而成。

  本教材初版有五位同志参加了编写。魏清源负责语法部分一至九节和文字部分的编写；张生汉负责词汇部分的编写；郭振生负责音韵部分的编写；杨永龙负责古书注释、工具书的使用和古代文化常识部分的编写；杨雪丽负责语法部分十至十二节、修辞、古文的标点和今译的编写。

  由于十多年来人员的变动，这次修订工作全部由主编魏清源同志承担。为了体现十多年来古代汉语领域的最新研究成果和自己在古代汉语教学科研中的新的体会，我们全部重写了文字、词汇、语法、音韵、诗律部分的常识，大幅修改了古书注释和修辞部分的内容，基本保留了古文标点和今译的内容，删去了古代文化常识的内容，把初版中"工具书的使用"一节改编成了附录，此外还增加了七个附录。这些附录都由广东阳江职业技术学院中文系的张蔚虹重新编写。虽然这次修订几乎可以说是重新编写，但为了方便读者学习，我们还是保持了原书知识的科学性、系统性、实用性和语言简明的特点。由于重修工作是在繁忙的教学工作之余用六个月时间完成的，还由于本人学术素养的限制，本次修订还难免会有各种错误，诚恳希望读者不吝赐教。

魏清源
2010 年元旦于河南大学

目 录

第三版出版说明 /1

重修本说明 /1

第一单元

常识：文字

一、汉字的结构 /1
  （一）"六书"的理论 /1
  （二）象形和指事 /2
  （三）会意和形声 /6
  （四）转注和假借 /14
  思考与练习（一） /19
二、汉字的演变 /19
  （一）远古刻画符号 /19
  （二）古文字阶段 /21
  （三）今文字阶段 /25
  思考与练习（二） /26
三、汉字的使用 /27
  （一）古今字 /27
  （二）异体字 /29
  （三）通假字 /32
  （四）繁简字 /39
  思考与练习（三） /42

文选

郑伯克段于鄢（《左传·隐公元年》） /45
晋灵公不君（《左传·宣公二年》） /48
齐晋鞌之战（《左传·成公二年》） /51
蹇叔哭师（《左传·僖公三十二年》） /54
齐桓公伐楚（白文）（《左传·僖公四年》） /56
烛之武退秦师（白文）（《左传·僖公三十年》） /56

楚归晋知莹（白文）(《左传·成公三年》) /57

【词义分析】(一) /57

第二单元

常识：词汇

一、词汇的构成 /61
  (一)单音词 /61
  (二)复音词 /63
  (三)单纯词 /63
  (四)合成词 /65
  思考与练习(四) /67

二、词义的异同 /68
  (一)古今词汇的比较 /68
  (二)古今词义的比较 /69
  (三)古今词义的差别 /71
  思考与练习(五) /74

三、词义的类型 /76
  (一)本义 /76
  (二)引申义 /78
  (三)通借义 /84
  思考与练习(六) /86

四、词义的确定 /88
  (一)依据字形确定词义 /88
  (二)依据语境确定词义 /89
  (三)依据对文确定词义 /89
  (四)依据连文确定词义 /90
  (五)依据异文确定词义 /90
  (六)依据成语确定词义 /91
  (七)依据语法规律确定词义 /91
  思考与练习(七) /92

五、同义词辨析 /93
  (一)同义词的特点 /93
  (二)同义词的类型 /94
  (三)同义词的辨析方法 /95
  (四)同义词的细微差别 /96
  思考与练习(八) /101

六、同源词指要　/101
　　(一)同源词的特点　/101
　　(二)同源词的类别　/102
　　(三)同源词的系联　/105
　　思考与练习(九)　/105

文选

　　冯谖客孟尝君(《战国策·齐策》)　/107
　　触龙说赵太后(《战国策·赵策》)　/111
　　苏秦连横约从(《战国策·秦策》)　/114
　　句践灭吴(《国语·越语上》)　/119
　　燕昭王求士(白文)(《战国策·燕策》)　/125
　　范雎说秦王(白文)(《战国策·秦策》)　/125
　　邵公谏弭谤(白文)(《国语·周语》)　/126

【词义分析】(二)　/127

第三单元

常识：语法(上)

一、动词的用法　/130
　　(一)动词的一般用法　/130
　　(二)动词的使动用法　/130
　　(三)动词的为动用法　/132
　　(四)动词做主语、宾语　/132
　　思考与练习(十)　/133
二、形容词的用法　/134
　　(一)形容词的一般用法　/134
　　(二)形容词做主语、宾语　/134
　　思考与练习(十一)　/135
三、名词的用法　/136
　　(一)名词的一般用法　/136
　　(二)名词做状语　/136
　　思考与练习(十二)　/138
四、数量词的用法　/139
　　(一)数的称述　/139
　　(二)量的称述　/141
　　(三)数量词的用法　/142

思考与练习（十三）　/142
五、词类的活用　/143
　　（一）词的本用与活用　/143
　　（二）词类活用与词的兼类　/144
　　（三）名词的活用　/144
　　（四）形容词的活用　/148
　　（五）数词的活用　/151
　　思考与练习（十四）　/151

文选

　　子路等侍坐（《论语·先进》）　/153
　　季氏将伐颛臾（《论语·季氏》）　/155
　　长沮桀溺耦而耕（《论语·微子》）　/157
　　子路从而后（《论语·微子》）　/158
　　卫君待子而为政（白文）（《论语·子路》）　/159
　　阳货欲见孔子（白文）（《论语·阳文》）　/160
　　一言可以兴邦（白文）（《论语·子路》）　/160

【词义分析】（三）　/160

第四单元

常识：语法（中）

一、代词　/165
　　（一）人称代词　/165
　　（二）指示代词　/168
　　（三）疑问代词　/170
　　（四）兼职代词　/171
　　（五）附着性代词　/172
　　思考与练习（十五）　/175

二、副词　/176
　　（一）程度副词　/176
　　（二）范围副词　/177
　　（三）时间副词　/178
　　（四）否定副词　/180
　　（五）情态副词　/181
　　（六）语气副词　/182
　　（七）表敬副词　/183

（八）指代性副词　/183
　　思考与练习（十六）　/184
三、介词　/185
　　（一）介词的作用　/185
　　（二）介词"于(於)"的用法　/186
　　（三）介词"乎"的用法　/187
　　（四）介词"以"的用法　/187
　　（五）介词"为"的用法　/188
　　（六）介词"因"的用法　/189
　　（七）介词用法的分析　/189
　　思考与练习（十七）　/190
四、连词　/191
　　（一）连词的作用和类别　/191
　　（二）连词"而"的用法　/193
　　（三）连词"以"的用法　/195
　　（四）连词"则"的用法　/196
　　（五）连词"且"的用法　/197
　　（六）连词用法的分析　/198
　　思考与练习（十八）　/198
五、助词　/200
　　（一）助词的作用和类别　/200
　　（二）结构助词"之"的用法　/200
　　（三）其他结构助词的用法　/201
　　（四）语气助词的用法　/202
　　思考与练习（十九）　/205

文选

　　寡人之于国也（《孟子·梁惠王上》）　/207
　　齐桓晋文之事（《孟子·梁惠王上》）　/209
　　夫子当路于齐（《孟子·公子丑上》）　/214
　　许行（《孟子·滕文公上》）　/216
　　陈仲子（白文）（《孟子·滕文公下》）　/222
　　所谓故国者（白文）（《孟子·梁惠王下》）　/222
　　文王之囿（白文）（《孟子·梁惠王下》）　/223
【词义分析】（四）　/223

第五单元

常识：语法（下）

一、判断句 /228
    （一）判断句的基本特征 /228
    （二）判断句的常见句式 /228
    （三）判断句的表达功能 /229
    （四）判断句的辨认 /230
    思考与练习（二十） /231

二、被动句 /232
    （一）被动句的基本特征 /232
    （二）被动句的类型 /232
    （三）被动句的句式 /233
    思考与练习（二十一） /235

三、双宾语句 /236
    （一）双宾语句的结构 /236
    （二）一般双宾语句 /236
    （三）为动双宾语句 /236
    （四）使动双宾语句 /237
    （五）双宾语句的辨认 /237
    思考与练习（二十二） /238

四、宾语前置句 /239
    （一）否定句中代词宾语前置 /239
    （二）疑问句中疑问代词宾语前置 /240
    （三）为了强调而将宾语前置 /240
    （四）宾语的无条件前置 /241
    思考与练习（二十三） /242

五、凝固结构和习惯句式 /243
    （一）凝固结构 /243
    （二）习惯句式 /244
    思考与练习（二十四） /249

文选

秋水（节选）(《庄子》) /251
兼爱(《墨子》) /253
劝学（节选）(《荀子》) /255
五蠹（节选）(《韩非子》) /259

景公病久不愈(白文)(《晏子春秋》)　/264
　　察传(白文)(《吕氏春秋》)　/265
　　九方皋相马(白文)(《列子》)　/266
【词义分析】(五)假绝临常薄离简趣官信道举　/266

第六单元

常识：音韵

一、音韵学基础知识　/270
　　(一)音韵学及其功用　/270
　　(二)声母及对声母的分析　/271
　　(三)韵母及对韵母的分析　/273
　　(四)声调及对声调的分析　/276
　　(五)反切　/276
　　思考与练习(二十五)　/278

二、中古音　/279
　　(一)《切韵》等韵书的产生　/279
　　(二)《广韵》的声母和韵部　/280
　　(三)《广韵》之后的韵书　/286
　　思考与练习(二十六)　/287

三、上古音　/288
　　(一)上古音的声母　/288
　　(二)上古音的韵部　/292
　　(三)上古音的声调　/295
　　思考与练习(二十七)　/296

文选

　　平原君列传(节选)(《史记》)　/298
　　李将军列传(节选)(《史记》)　/300
　　田单列传(节选)(《史记》)　/309
　　淮阴侯列传(节选)(《史记》)　/312
　　高祖行封(白文)(《史记·萧相国世家》)　/318
　　圯上老父(白文)(《史记·留侯世家》)　/318
　　陈平行间(白文)(《史记·陈丞相世家》)　/319
【词义分析】(六)　/319

第七单元

常识：古文阅读

一、古书的注释 /323
  （一）古注的类型和体例 /323
  （二）古注的内容 /327
  （三）古注的术语 /332
  （四）《十三经注疏》 /335
  思考与练习（二十八） /339

二、古文的修辞 /340
  （一）譬喻 /340
  （二）代称 /342
  （三）夸饰 /344
  （四）用典 /344
  （五）并提 /346
  （六）互文 /347
  （七）委婉 /348
  （八）共用 /350
  思考与练习（二十九） /351

三、古文的标点 /352
  （一）标点与句读 /352
  （二）标点古文常见的错误 /353
  （三）标点古文的方法 /355
  思考与练习（三十） /361

四、古文的今译 /362
  （一）今译的标准 /362
  （二）今译应具备的知识 /362
  （三）今译的方法和技巧 /365
  思考与练习（三十一） /366

文选

苏武传（节选）(《汉书·李广苏建传》) /368
张骞传（节选）(《汉书·张骞李广利传》) /374
华佗传（节选）(《三国志·魏书》) /379
狱中上梁王书（邹阳） /384
报孙会宗书（白文）（杨恽） /390
陈情表（白文）（李密） /391

师说(白文)(韩愈) /391
【词义分析】(七) /392

第八单元

常识：诗律

一、诗体 /396
  (一)古诗 /396
  (二)近体诗 /396
  (三)古体诗 /397
  思考与练习(三十二) /397

二、近体诗的押韵 /398
  (一)押韵的依据 /398
  (二)押韵的要求 /399
  思考与练习(三十三) /400

三、近体诗的平仄 /401
  (一)平仄的基本句式 /401
  (二)可平可仄之处 /403
  (三)平仄的对和粘 /404
  (四)律诗的拗救 /406
  思考与练习(三十四) /408

四、近体诗的对仗 /409
  (一)对仗的要求 /409
  (二)对仗的类型 /411
  思考与练习(三十五) /412

文选

次北固山下(王湾) /414
闻笛(张巡) /414
送梓州李使君(王维) /415
观猎(王维) /416
春望(杜甫) /416
赋得古原草送别(白居易) /417
登高(杜甫) /417
咏怀古迹(其四)(杜甫) /418
西塞山怀古(刘禹锡) /418
安定城楼(李商隐) /419

钱塘湖春行(白居易) /419
夜泊水村(陆游) /420
夜宿山寺(李白) /420
八阵图(杜甫) /421
哥舒歌(西鄙人) /421
闺人赠远(王涯) /422
泊秦淮(杜牧) /422
忆江柳(白居易) /422
山行(杜牧) /423
九月九日忆山东兄弟(王维) /423
蝉(白文)(李商隐) /423
旅夜书怀(白文)(杜甫) /424
终南山(白文)(王维) /424
山居秋暝(白文)(王维) /424
秋兴(白文)(杜甫) /425
遣悲怀(白文)(元稹) /425
过零丁洋(白文)(文天祥) /425
咏煤炭(白文)(于谦) /426
相思(白文)(王维) /426
问刘十九(白文)(白居易) /426
听筝(白文)(李端) /426
鹧鸪词(白文)(李益) /427
从军行(白文)(王昌龄) /427
峨眉山月歌(白文)(李白) /427
江村即事(白文)(司空曙) /427
赤壁(白文)(杜牧) /428

【词义分析】(八) /428

附录一 简化字与繁体字对照表 /432
附录二 上古韵部常用字归部表 /437
附录三 上古声母常用字归类表 /443
附录四 今读阴平阳平的入声字表 /450
附录五 常用部首义例表 /451
附录六 常用古今字释例表 /464
附录七 常见通假字释例表 /467
附录八 古代汉语常用的工具书 /475

第一单元

常识：文字

一、汉字的结构

（一）"六书"的理论

文字是记录语言的符号，汉字是记录汉语的符号系统。作为一种表意文字，汉字的字形与字义有密切的联系。古人很早就意识到了汉字的这一特点，并创立了"六书"的理论，用以分析汉字的结构，以帮助人们掌握汉字的意义。

"六书"一语最早见于《周礼·地官·保氏》："保氏掌谏王恶，而养国子以道。乃教之六艺：一曰五礼，二曰六乐，三曰五射，四曰五驭，五曰六书，六曰九数。"其中"五礼"指吉、嘉、宾、军、凶之礼，六乐指黄帝、尧、舜、禹、汤、周武王之乐，五射指五种射箭之法，五驭指五种驾驭车马之法，九数指各种计算数字之法，唯有六书所指不明。至东汉时，先有司农郑众在给《周礼》作的注里简单列出了"六书"的名称，他说："六书，象形、会意、转注、处事、假借、谐声也。"继有兰台令史班固在其《汉书·艺文志》中明确了"六书"的性质，他说："古者八岁入小学，故周官保氏掌养国子，教之六书，谓象形、象事、象意、象声、转注、假借，造字之本也。"后又有著名的经学家许慎在其所著《说文解字》的叙中列出了"六书"的细目，同时还给每一书下了八字定义、举了两个例字。他说："周礼八岁入小学，保氏教国子，先以六书。一曰指事。指事者，视而可识，察而见意，上下是也。二曰象形。象形者，画成其物，随体诘诎，日月是也。三曰形声。形声者，以事为名，取譬相成，江河是也。四曰会意。会意者，比类合谊，以见指㧑，武信是也。五曰转注。转注者，建类一首，同意相受，考老是也。六曰假借。假借者，本无其字，依声托事，令长是也。"至此，"六书"开始成为我国古代文字学的一种成熟的理论体系。许慎就是依据"六书"的理论，对9353个篆文进行了结构分析和字义的归纳，写成了我国第一部按540个部首编排的字典——《说文解字》。

郑、班、许三人所列"六书"的细目，名称和次序都有不同。"六书"不单是平面地表达了汉字形体的几种结构形式，而且也应该反映汉字造字方法发展的历史进程。所以后人在研究和诠释"六书"时，一般都采用班固的次序和许慎的名称。这样，"六书"依次就是：象形、指事、会意、形声、转注、假借。

至有清之时,有的语言学家在对"六书"进行深入研究时发现,"六书"并不是从同一个角度说的。其中前四书是汉字的不同结构类型,后两书则是汉字使用中的两种用字方法。如戴震在《六书论》中就说:"指事、象形、形声、会意四者,字之体也;转注、假借二者,字之用也。"王筠也在《说文释例》中说:"象形、指事、会意、谐声四者为经,造字之本也;转注、假借二者为纬,用字之法也。"这就是"四体二用"之说。相对于班固"皆造字之本也"的说法,这种认识应该说是一种进步。因为根据转注和假借的原则无论如何是不可能直接产生新字的,虽然近些年来,有些学者对"四体二用"说提出了质疑,但其结论都还缺乏说服力(详见下文)。

"六书"的理论虽然早在两千多年前就已经形成,但它至今仍有着旺盛的生命力。由于它基本上符合汉字的实际,所以现在我们对汉字进行结构和意义的分析时,仍然无法脱离这种理论的指导。

(二)象形和指事

1. 象形

象形是人们最早使用的造字方法。在许慎所下定义"画成其物,随体诘诎"中,"画成其物"是指画出某一客观事物的形状,"随体诘诎"则是指"画成其物"的方法,即随着描画对象的外部形体弯弯曲曲地来画。这样的造字方法就是象形造字法,用这种方法造出来的字就是象形字。如:

册 雨 行 斤 水 人 目 又 耳 止 女 弓 矢 贝

木 鸟 隹 马 豕 鹿 象 虎 龟 门 火 其 自

宀 井 西 能 牛 羊 文 瓜 果 页 高 大 小

册,《说文》:"符册也。诸侯进受于王也。象其札一长一短,中有二编之形。"本义是"典册"。

雨,《说文》:"水从云下也,一象天,冂象云,水霝其间。"本义是"下雨"。

行,《说文》:"人之步趋也。"误。据甲骨文形体,像四通八达的路,本义为"道路"。

斤,《说文》:"斫木也,象形。"像曲柄斧子之形,本义为"斧头"。成语"运斤成风"的"斤"即用本义。

水,《说文》:"象众水并流。"本义是"水"。

人,《说文》:"象臂胫之形也。"甲骨文像侧面人形,本义即"人"。

目,《说文》:"人眼,象形。"甲骨文像眼睛之形,本义是"眼睛"。

又,《说文》:"手也,象形。"甲骨文像右手之形,是"右"的初文,本义是"右手"。

耳,《说文》:"主听也,象形。"甲骨文像人耳之形,本义是"耳朵"。

止,《说文》:"下基也,象草木出有址。"误。甲骨文像人脚之形,是"趾"的初文,本义是"脚"。

女,《说文》:"妇人也,象形。"甲骨文像胸部隆起的跪姿之人,本义是"女人"。

弓,《说文》:"以近穷远,象形。"甲骨文像弯弓之形,本义是"弓"。

矢,《说文》:"弓弩矢也,象镝栝羽之形。"甲骨文像一支箭形,本义是"箭"。

贝,《说文》:"海介虫也。"甲骨文像贝壳之形,本义为"贝壳"。古人曾以贝壳为货币,故从"贝"的字都与钱财有关。

木,《说文》:"冒地而生……下象其根。"甲骨文像树之形,本义是"树"。

鸟,《说文》:"长尾禽总名也。"甲骨文像鸟形,本义是"鸟"。

隹,《说文》:"鸟之短尾总名也。"本义是"短尾鸟"。

马,《说文》:"象马头髦尾四足之形。"本义为"马"。

豕,《说文》:"彘也,象毛足而后有尾。"本义为"猪"。

鹿,《说文》:"兽也,象头角四足之形。"本义为"鹿"。

象,《说文》:"长鼻牙南越大兽,象耳牙四足之形。"本义是"大象"。

门,《说文》:"闻也,从二户象形。"甲骨文像两扇门之形,本义是"门"。

火,《说文》:"炎而上,象形。"甲骨文像燃烧的火焰之形,本义是"火"。

其,《说文》:"古文箕省。"甲骨文像簸箕形,本义是"簸箕"。

自,《说文》:"鼻也,象形。"本义为"鼻子",是"鼻"的初文。

宀,《说文》:"交覆深屋也。"字像房屋形,本义为"房屋"。

井,《说文》:"八家一井,象构韩形。"字像井口形,本义为"井"。

西,《说文》:"鸟在巢上,象形。"字形像鸟栖息的巢穴,本义为"栖息"。

能,《说文》:"熊属。"本义为"熊"。

这些象形字其字形整体上都是某一种事物的完整图像。有时为了简省,也可以只画出某种事物的局部图像,来代指整个事物。如上举"牛"、"羊",画的分别是牛头和羊头,本义则是"牛"和"羊"。

上述象形字都是某种事物的独立个体图像,先人们是用"绘形象物"的方法造出的这些字,这些字可以叫"单体象形字"。也有一些象形字所指称的对象单独描绘出来不易为人所认知,于是就"一方面把需要造字的那个词所指称的物体用简略的线条笔画勾勒出来,另一方面把某种相关的物体……也连带描绘下来,让后者作为前者的烘托陪衬,以彰显前者是何物"①。如上举"大"中有纹为"文"(花纹),"木"上有实为"果"(果实),人上有头为"页"(人头),目上有毛为"眉"(眉毛)等。这些字合两种事物的图像为一体,让人们从

---

① 许嘉璐:《古代汉语》(上),高等教育出版社,2002年版,第25页。

两种事物的关联中去领会整个字所指称的事物,我们称之为"复体象形字"。

不论是单体象形字还是复体象形字,上述象形字都表示的是具体事物,而用象形字来表示抽象事物的则很少。如"高"字,画的是高亭的形象,但所表示的并不是"亭子"的意思,而是"高"这样一个抽象意义。其他如"大",像正面人形,其义则为"大",因其与"人"所表示的侧面人形相比,它所占的面积要大;"小",像三粒沙子形,其义则为"小",因"沙子"是人用肉眼可以看到的最小的事物。

许慎在《说文解字》中对象形字所使用的结构分析方法,或为"象××之形",如:"高,象台观高之形。""矢,象镝栝羽之形。"或为"×,象形。"如:"豆,古食肉器也,象形。""竹,冬生草也,象形。"或为"象××。"如:"文,象交文。""身,象人之身。"据统计,《说文解字》中共有象形字 264 个。

2. **指事**

指事,许慎下定义曰"视而可识,察而见意"。用这种造字法所造的字,所指称的对象一般是某一物体中的一个部分。如果单独描画这一个部分,或者难以独立成像,或者成像之后不易为人所识。于是便先描画出整体事物的形象,再用标识性符号所在的位置等来显示其具体意义。这样的造字方法就是指事造字法,用这种方法造出的字便是指事字。如:

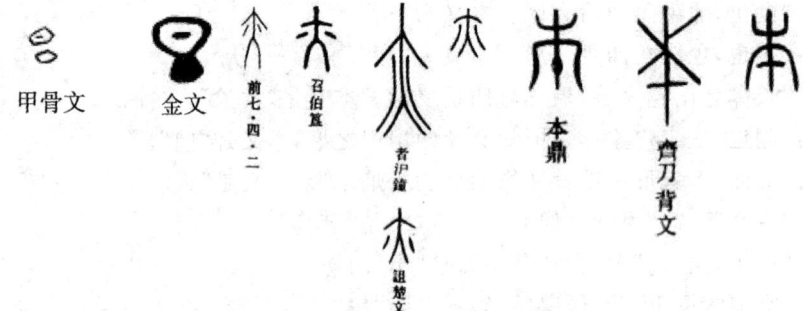

第一个是"旦",在"日"下用符号"一"合起来显示太阳离开了地面,即明旦之义;第二个是"亦",在"大(即正面的人形)"的两臂下加两个标识符号,指明该字所指称对象在人体中的位置,即腋下("亦"是"腋"的初文);第三个是"本",在"木"的整体形象的下部,添加一个标识符号,指出此字所指称对象就是树的下部,即树根。此类的字还有:

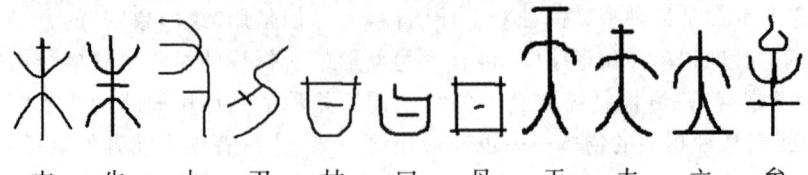

末　朱　寸　刃　甘　曰　丹　天　夫　立　牟

末,从一在木上,本义为"树梢";

朱,从一在木中,本义是"树干"。后借为"朱红"之"朱",另加"木"旁造"株"字表示树干的意思;

寸,从一在又下,"一"指明"寸"所指的部位,其本义为"寸口";

刃,从一在刀上,"一"指明"刃"的部位,其本义为"刀锋";

甘,从一在口中,"一"象征含在口中咀嚼的东西,本义是"味美";

曰,从一于口出,"一"象征从口中发出的声音,本义是"说";

丹,从一在井中,"一"象征从矿井中开采出来的矿物,本义是"丹砂";

天,从一在大上,"一"象征人头顶之上的事物,本义为"天空";

夫,从一在大上,"一"象征成人插在头发上的簪子,本义为"成年男子";

立,从一在大下,"一"象征人脚下的地面,本义为"站立";

牟,从厶在牛口,"厶"象征牛口中冒出的声气,本义是"牛叫声"。

还有些指事字是突出象形字的某个部位来显示其意义所在。如:

元,甲骨文作𠁣,突出了"人"的头部,表明其本义是"人头",《说文》"始也",误。

儿,篆文作𠒆,特别突出人头囟未合之处,表明其本义是"儿童"。

上述指事字都是在某一象形字的基础上添加标识符号或突出某一部分而构成的。也有一些指事字,其意义比较抽象,没有所依附的物体,所以只能由符号的组合来显示一定的意义。如许慎所举的例字:

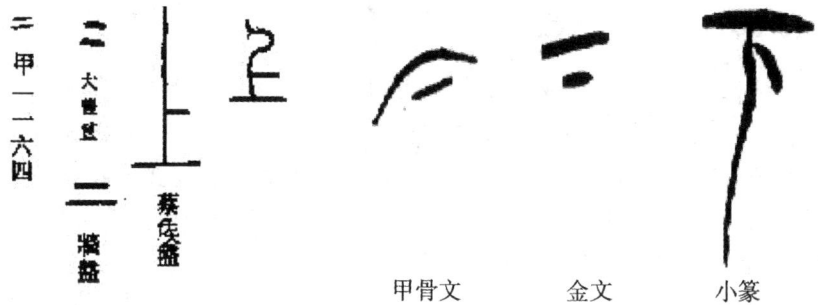

甲骨文　　　金文　　　小篆

"上"由两个"一"样的符号组成。长点的"一"象征一个平面,短点的"一"指明物体的方位是在平面的上方;"下"则相反。这种纯由标识符号构成的指事字还有"中(中间)"、"一(一个)"、"二(两个)"、"三(三个)"、"四(四个)"、"五(五个)"、"十(十个)"、"百(一百个)"等。

3. 象形字与指事字的异同

象形字与指事字的共同之处,一是字形整体上都像某种事物(纯由标识符号组成的指事字除外),二是字形都不能拆分(指拆分下来的某一部分没有意义,即便是复体象形字也不能拆分。如"眉"字,拆分之后,"目"有义而"目"上部分没有意义),所以人们把象形字与指事字合称为"独体字"。

象形字与指事字的不同之处是,象形字中的所有笔画都是该象形字所指称事物整体的构成部分,字形中没有抽象的标识符号;指事字中则都有不成字的抽象的标识符号。

复体象形字与在象形字基础上添加标识符号构成的指事字不容易区分。前者是一种物形图像与另一种物形图像的组合,如"眉"是目与毛的组合,"文"是人体与花纹的组合,"果"是树与果实的组合等;后者则是一种物形图像与一个标识符号的组合,如"旦"是"日"的图像加上标识符号"一","甘"是"口"的图像加上标识符号"一","丹"是"井"的图像加上标识符号"、"等。"眉"字目上的部分是"毛"的图像,而"旦"字日下的"一"虽象征地面,却不是"地"的图像。像"母"字,《说文》:"牧也,从女,象怀子形。"王筠也认为是象形字①,但其字形是在"女"字上添加了两个"、",这两个"、"不是哪个物体的图像,本身没有意义,只是标识符号,所以应是指事字。"至"字,《说文》:"鸟飞从高下至地也,从一,一犹地也,象形。"实际上此字上部是一个箭头朝下的"矢"字,下边添加了一个标识符号"一",此标识符号与"旦"字下的标识符号一样,都象征地面,但不是"地"的图像,所以"至"是一个指事字。

(三)会意和形声

1. 会意

许慎曰:"会意者,比类合谊,以见指㧑,武信是也。"把两个以上独体字的形体并在一块儿,同时再把每个构件的意义合在一起,从中看出新造字的意义指向,这种造字方法就是会意造字法,用这种方法造出的字就是会意字。如许慎所举的例字"武"、"信":

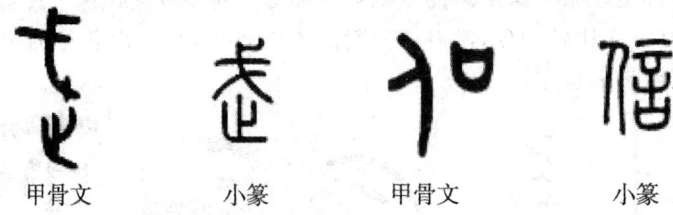

  甲骨文   小篆   甲骨文   小篆

"武"字并合了"止"、"戈"两个独体字的形和义。"止"像人脚之形,常表示走路的意思,"戈"像武器之形。两个字组合起来之后,共同表示出了战士肩扛武器威武行进的意象,会出"威武"之义②。"信"字的小篆形体由"人"、"言"并合而成。言为心声,人说的话应反映内心的真实想法,所以"信"本义为"真实"。

如果从构字部件是否相同这个角度来给会意字分类的话,会意字可再分为"同体会意字"和"异体会意字"两类。同体的如"从"、"北"、"林"、"炎"、"比"、"步"等,异体的如"益"、"相"、"降"、"得"、"牢"、"陟"等。

如果从构件数量的多少这个角度来给会意字分类的话,会意字可再分为"二体会意字",如"占"、"及"、"突"、"杲"等;"三体会意字",如"晶"、"焱"、"班"、"涉"等;"四体会意字",如"舙"、"叕"、"暴"、"乘"等。

同体会意字的结构分析,许慎一般用"从几×"的方法。如:"从,相听也,从二人。""北,从二人相背。"异体会意字的结构分析,则用"从×从×"或"从××"的方法。如:

步,从二止,本义是步行; 比,从二人相并,本义为并排;
牢,从宀从牛,本义为牲口圈; 看,从手从目,本义为远看;
益,从水从皿,本义为水漫溢; 析,从木从斤,本义为破木;
章,从音从十,本义为乐曲终; 采,从爪从木,本义为采摘;
取,从又从耳,本义为捕取; 戒,从廾从戈,本义为警戒;

---

① 王筠:《文字蒙求》,中华书局,1983年版,第29页。
② 前人据《左传》"止戈为武"的说法,认为"武"本义是制止战争,误。

伐，从戈从人，本义为杀伐； 牧，从牛从攴，本义为放牧；

寇，从宀从元从攴，会在屋里用棍子敲击人头之义，本义为"贼寇"；

冠，从冖从元从寸。"冖"表示帽子，"寸"同"又"。会用手拿着帽子往人头上戴之义。本义指帽子，也指戴帽子；

删，从册从刀，"册"像典册之形。会用刀在典册上刮削之义。本义为"删改"；

字，从宀从子，会在屋里生子之义。本义为"生子"；

安，从宀从女，会女子静坐屋中之义。本义为"安定、安全"；

突，从穴从犬，会犬从穴中猛然而出之义。本义为"突然"、"猛地"；

敝，从巾从攴从四点，"巾"表示衣服，四点表示衣服上掉下的碎屑。会敲打衣服使之掉下碎屑之义。本义为"破败"；

保，从人从子，会一大人带一小孩之义。本义为"抚育"；

监，从人从臣从皿。"臣"为竖目。会一人弯腰低头朝装满水的盆中看之义。本义为"照影"；

见，从人从目，会人睁大眼睛之义。本义是"看"。

细加分析的话，我们会发现，用会意的方法造字时，有的是靠所用的几个构件共同构成的图像和意境来会意的，而有的则是靠所用的几个构件的意义来会意的。前者如"莫"，由四个"中"也即"茻"与一个"日"合成，描绘的是一幅"日没草中"的图像，从而会出"日暮"之义；"安"字从宀从女，描绘出一幅"女子独坐房中"的图像，从而会出"安全"之义；"爲"字从爪从象，构成的图像是"人用手牵着大象劳作"，从而会出"做"、"干"的意义（许慎说"为，母猴也"，是他据小篆的形体所做的分析，误）；"即"字从皀从卩，构成的图像是"一个跪着的人口朝向装满了食物的器具"，会出"靠近吃东西"的意思；"既"字也从皀从旡，但构成的图像是"一个跪着的人把头扭向了与装有食物的器具相反的方向"这样一个画面，从而会出"完了"、"结束"之义。

依据构件的意义来会意则是在靠图像来会意的基础上的进一步理性化和抽象化。如许慎所举例字"武"和"信"："武"从止从戈，"止"是行走义，"戈"是武器义，从而会出"荷戈而行"的意思；"信"从人从言，用"人言"的造意会出"真实"的意思。另如：

"占"，从口从卜，会"用口占卜"之义；

"鸣"，从口从鸟，会"鸟用口鸣叫"之义；

"吠"，从口从犬，会"狗叫"之义；

"淼"，从三水，会"水大"之义；

"焱"，从三火，会"火大"之义；

"森"，从三木，会"树多"之义。

为了区别上述两种情况，有人把依据图像来会意称之为"比形象事"，把依据意义来会意称之为"合字会意"，应该说还是合适的①。

不论哪种情况，如果想要准确地分析出会意字的意义，都要分如下几步来进行：

一、看这个会意字是由哪几个独体字构成；

---

① 许嘉璐：《古代汉语》（上），高等教育出版社，2002年版，第30～33页。

二、看其中的每一个独体字都是什么意义；
三、把每一个独体字的意义都会合在一起；
四、分析出这个会意字的整体意义。

"寒"，所含独体字：宀、茻、人、仌；各独体字的意义分别是：房屋、众草、人、冰；把各独体字的意义合在一起：房中一人钻入草堆之中，且地面有冰；寒的意义：寒冷。

"暴"，所含独体字：日、出、廾、米；各独体字的意义：太阳、出来、双手、大米；把各独体字的意义合在一起：人用双手把大米捧出来放在太阳下；暴的意义：晒。

"得"，所含独体字：彳（"行"的一半）、贝（讹变为日）、寸；各独体字的意义：道路、财物、手；把各独体字的意义合在一起：一人用手把掉在路上的财物捡起来；得的意义：得到。

会意字与象形字（复体象形字）的异同：

相同之处：都由两个以上的构件合成。

不同之处：会意字的两个（或两个以上）构件都是成字（独立的字），复体象形字的两个（或两个以上）构件中只有一个是成字，另外的不是成字。

如"采"上边的"爪"和下边的"木"都是有独立意义的成字，所以是会意字；"果"下边的"木"是成字，而上边的那个形体我们虽然知道画的是果实，却并不是一个"果"字，所以是象形字。"看"的上"手"下"目"都是成字，所以是会意字；"眉"下为目，而上边虽然知道画的是眉毛，但并不是一个字，所以是象形字。

会意字与指事字（添加标识符号构成的指事字）的异同：

相同之处：都由两个以上的构件合成。

不同之处：会意字的两个（或两个以上）构件都是成字，添加标识符号构成的指事字中只有一个是成字，另外的不是成字，只是抽象符号。

如"牢"字上边的"宀"和下边的"牛"都是独体的象形字，各有自己的意义，所以是会意字。许嘉璐《古代汉语》认为"牢"是复体象形字[①]，我们认为不妥。"牟"字下边的"牛"是独体象形字，而上边的"厶"并不是"私"的初文的"厶"，只是一个虽有象征意义（象征牛口里出来的气息）但不是成字的标识符号，所以是指事字。"朝"字中的"日"、"中"、"月"都是成字，所以"朝"是会意字；"旦"字中的"日"是成字，而"一"只是一个标识符号（不是数词"一"），所以"旦"是指事字。

2. 形声

《说文解字·叙》："形声者，以事为名，取譬相成，江河是也。"用一个表示某一事类的字来表示新造字的义类，再用一个读音与新造字相同或相近的字来表示新造字的读音，并把二者组合在一起的造字方法就是形声造字法，用形声造字法造出来的字就是形声字。如"江"，用"水"来表示其义类（只是意义范畴，不是具体意义。详见下文），再用"工"来表示其读音（上古"工"、"江"音同）。把"水"、"工"组合在一起造出的"江"就是一个形声字。

形声字中表示义类的构件我们称之为形符（也叫意符、形旁等），如"江"、"河"中的"水"，"松"、"桃"中的"木"；而形声字中表示读音的构件则叫声符（或叫声旁），如"江"、"河"中的"工"、"可"，"松"、"桃"中的"公"、"兆"。

---

① 许嘉璐：《古代汉语》(上)，高等教育出版社，2002年版，第25页。

形声字的形符和声符可以分别由一个独体字来充当,如"期"、"背"、"杜"、"欣"等;也可以是由一个独体字作形符,再用一个合体字(能够拆开分析的字)作声符。如"崮"的声符"固"、"湖"的声符"胡"、"鸿"的声符"江"、"菜"的声符"采"等。这样的形声字都可以用"从××声"的方法来分析它们的结构。如"期"从月其声,"背"从肉北声,"湖"从水胡声,"鸿"从鸟江声。

也有一些形声字,要么它们的形符不是一个完整的字,要么它们的声符不是一个完整的字。这是在造字时,为了寻求造出来的字形体匀称、结构合理或笔画减少而有意识地省略了充当形符或充当声符的字的部分笔画。这种**省略形符部分笔画的现象叫省形,省略声符部分笔画的现象叫省声**。用省形的方法造出的形声字称之为"省形字",用省声的方法造出的形声字称之为"省声字"。省形字的结构分析方法是"从×省,×声",省声字的结构分析方法是"从×,×省声"。省形字如:

簋	从食省,算声	星	从晶省,生声
釜	从金省,父声	耆	从老省,旨声
考	从老省,丂声	乔	从高省,夭声
屦	从履省,娄声	屩	从履省,乔声
弑	从殺省,式声	釐	从犛省,里声

省声字如:

累	从糸,畾省声	雷	从雨,畾省声
徽	从糸,微省声	黴	从黑,微省声
恬	从心,甜省声	豪	从豕,高省声
毫	从毛,高省声	融	从鬲,蟲省声
雪	从雨,彗省声	疫	从疒,役省声
荣	从木,熒省声	茸	从艹,聰省声
狄	从犭,亦省声	鲜	从鱼,羴省声
岛	从山,鸟省声	夜	从夕,亦省声

还有少数形声字,它们的声符在表示该字读音的同时,也能够表示该字的意义。这样的形声字同时也可按会意字来分析。人们把这样的字称为"亦声字",实际上就是会意兼形声字。对这样的字,一般用"从×从××亦声"的方法来分析它们的结构。如:

娶	从女从取取亦声	铃	从金从令令亦声
婚	从女从昏昏亦声	禮	从示从豊豊亦声
珥	从玉从耳耳亦声	劓	从刀从鼻鼻亦声
驷	从马从四四亦声	右	从口从又又亦声

形声字形符和声符的组合方式有多种。较常见的有:

左形右声:防 陷 肪 馆 脂 诵 拘 桥
　　　　　何 侗 俺 裾 祥 猩 燔 熄
左声右形:故 政 敛 鸿 鸭 胡 期 刻
　　　　　郡 郊 都 邯 郸 和 欤 敞
上形下声:芍 草 葛 薄 苟 芥 范 茗

		箱 笙 旻 晟 晕 宴 完 宇
上声下形:	思 想 恐 然 晢 舅 勇 鸳
		翁 瓮 基 裳 瓷 恣 盘 烈
内形外声:	问 闻 闽 闷 辨 辩 瓣 辦
		辫 衷 雠 嬴 徽 凤 衡 衢
内声外形:	囵 囹 围 园 圃 固 囿 圈
		國 间 匪 匮 匣 匡 阁 闸

但也有少部分形声字或者是形符只占字的一角,或者是声符只占字的一角。

形占一角:

荆	从艹刑声	修	从彡攸声
脩	从肉攸声	颖	从禾顷声
颍	从水顷声	腾	从马朕声
勝	从力朕声	謄	从言朕声
條	从木攸声	倏	从犬攸声
佞	从女仁声	疆	从土彊声
雖	从虫唯声	雜	从衣集声
發	从弓癹声	赖	从贝剌声

声占一角:

從	从辵从声	徒	从辵土声
廉	从广兼声	廊	从广郎声
庖	从广包声	庭	从广廷声
赴	从走卜声	超	从走召声
趙	从走肖声	趣	从走取声
旗	从㫃其声	旌	从㫃生声
旂	从㫃斤声	施	从㫃也声

有大量的形声字是在已有的文字上加注形符而形成的。加注形符的目的通常是为了明确和区别字义。裘锡圭先生把这又分为三种情况:一是为明确假借义而加注形符。如"师"假借为"狮",加注"犭"旁。二是为明确引申义而加注形符。如"取"本义"获取",引申为"娶妻",加注"女"旁以别之。三是为明确本义而加注形符。这种情况最多,如"易"本义是"蜥蜴",假借为"容易",加注形符"虫"专表本义;"益"本义是"漫溢",引申为"利益"、"好处"等,加注形符"水"专表本义;"县"本义是"悬挂",假借为行政区域名称,遂加注"心"旁专表本义。①

也有一些形声字则是在原来象形字的基础上加注声符而构成的。如"鳳"字,其初文就是凤鸟的象形,后来才又加上了声符"凡",再后来又把凤鸟的形象换成了"鸟"。"齒"的初文就是"⿱止𠙻",画的是门牙的形象,是个象形字,后来才又加上"止"作声符,这样,"齒"就成了形声字。"自"本义即指鼻子,是个象形字,后又加"畀"作声符而成"鼻"字。

---

① 参见裘锡圭:《文字学概要》,商务印书馆,1988年版,第154页。

至于有意识地根据新造字的意义类属从已有的字中寻找一个来充当形符,再根据新造字的语音特点从已有的字中寻找一个来充当声符,从而构成一个形声字,则是较晚一些时候的事情。如"村"、"氧"、"铀"、"氘"、"妈"等。这样造出的形声字,不是对旧字改造的结果,完全是用音义合成的方法重新造出来的。

多数独体字都能作为形符参与形声字的创造,并且哪些字作形符时怎么与声符组合,也大多都有规律可循。如"艹"、"竹"作形符要在上,"金"、"水"作形符要在左,"皿"作形符都在下,"邑(阝)"作形符都在右等。有的形符较为灵活,如"火"、"心"可左可下,"山"则可左可上。但还是有个别字形符和声符的组合有悖于一般规律。例如:

福、禄、祠、祖皆以示为形符,视、祁则以示为声符;

银、铜、铁、锡皆以金为形符,锦、钦则以金为声符;

剑、劈、削、刻皆以刀为形符,钊、到则以刀为声符。

再如:"和"从口禾声、"蚀"从虫食声、"盂"从子皿声、"笃"从马竹声、"冯"从马仌声、"问"从口门声、"闻"从耳门声、"闷"从心门声,都属此类情况。了解这些变例,对于我们正确辨识形声字会有一定的帮助。

形符的作用是表示形声字意义的,这话虽然不错,但我们一定要同时注意到形符表义时的几个特点。

一是形符表义的抽象性。如前所说,形符所表示的意义,除极少数如"船"、"爸"、"爹"等,其意义与形符的意义相同外,大多数形声字的形符所表示的只是形声字抽象的意义范畴。也就是说,形声字的形符不能告诉我们这个形声字的具体意义是什么,只能告诉我们该形声字的意义大致在什么范围内,跟什么意义有关,仅此而已。如"油"字从水,只能说明它记录的词表示的意义跟水一样是液体,并不是说它就是"水"的意思;"桌"字从木,只能说明它记录的词表示的意义与木头有关,但并不是说它本身就是"木头"的意思。贫、贱、贵、贯、贺、质、赋、贪、贷、责等皆以"贝"为形符,它们的意义都与钱财有关;雄、雌、雅、雕等皆以"隹"为形符,它们的意义都与鸟类有关;颜、额、颊、颠、顶、颧、颌、硕、颈、项、领、颗、题、顾、顿、颂、颁等字皆以"页"为形符,它们的意义就都与头面有关;都、鄙、邓、郊、郎、郢、郸、邯、鄘等字皆以"邑"为形符,它们的意义则都与区域有关;阳、阿、陵、隆、除、陛、险、防等字皆以"阜"为形符,它们的意义都与高山有关。

二是形符表义的多元性。多数形符只能表示单一的意义,但也有一些形符能够表示不止一种意义。如同是从女的字,姚、姬、姜、嬴等表示姓氏,姐、妹、姑、姨等表示亲属,妊、娠、娩等表生育,姣、姝、妩、媚等表体态(美好),奸、妨、嫉、婪等表行为(丑恶),嫔、婢、妃、媵等表身份。同样的"辵",在"返"中表示行走的意思,在"道"中表示道路的意思。

三是形符表义的通用性。不同的形符,有时能够表示基本相同的意义。如走、行、彳、止、足、辵都能表示行走和道路义:趣,快走;徐,慢走;述,照着走;跑,跑步走;歷,经过。口、欠、言都能表示言语义,如语、咏、歌。广、户、宀都能表示房屋义,如府、库、扉、室。手、又、攴都能表示手的动作,如指、抑、叔、敲等。因为形符有这种通用性,所以同一个字,就会有时用这个作形符,有时用那个作形符。如遍/徧、歌/謌、杯/盃、睹/覩、溪/豀、熔/鎔、煉/鍊、咏/詠、盤/槃、嘩/譁、堤/隄、暖/煖、懒/嬾等,这是异体字产生的一种重要途径。

四是形符表义的特殊性。有些形声字形符表示的不是其常用义,如:试,用也,而形符却是"言";权,从木,黄华木也,而其常用义则是"权衡";叔,拾也,从又,其常用义则是排行靠后的。还有一些形声字,其形符不能表义或表义作用很弱。如"悬"、"影"、"债"、"智"、"现"的形符"心"、"彡"、"人"、"日"、"玉"不能表示"悬挂"、"影子"、"债款"、"聪明"和"出现"的意义,"捧"字中的声符"奉"本身就是"捧"的意思,字形中已有两只手的构件,又加上的"手"表义作用就不强了;"燃"的声符"然"本已有"火",是燃烧的意思,所以又加上的"火"作用也不大。这一类的字都是为那些意义较多的字的某一个意义所造出来的区别字,也有人称之为"后起本字"。

我们分析了形符的上述几个特性之后,似乎会使人们觉得形声字的形符其实表义作用是很有限的。然而即便如此,我们也不能完全忽视形符在分析形声字意义时的提示引导作用。知道了形声字形符的意义,起码我们可以从形声字的诸多意义中分析出哪个与形符的意义最接近,那个意义就应该是本义。

大部分形声字的形符形体固定,不难分析;但有少数形符从古文字时期到隶楷时期,其形体发生了变化。不了解这些变化,会直接影响对形声字结构和意义的分析。如:

"仌"在冰、冶、冻、冷等字中作"冫";
"攴"在败、放、牧、攻等字中作"攵";
"水"在注、灌、浇、活等字中作"氵";
"玉"在理、琢、璞、瑞等字中作"王";
"辵"在还、远、逃、过等字中作"辶";
"辵"在徒、徙、從等字中则作"彳";
"邑"在都、邓、郑、部等字右作"阝";
"阜"在除、陵、阰、陴等字左作"阝";
"心"在懈、情、慕、恭等字中或作"忄",或作"⺗"。

其他还有"置""罗""罕"上边的偏旁、"冈""罔"中除了"山""亡"之外的形体都是"网"的变体,"腹""胆"左边的偏旁、"祭""然"左上角的偏旁、"肖""背"下边的偏旁都是"肉"的变体,"受""采""爭"上边的偏旁是"爪"的变体,"花""茅"上边的偏旁是"艸"的变体,"狱""狂"左边的偏旁是"犬"的变体。至于"人"的变体"亻"、"刀"的变体"刂"、"手"的变体"扌",都为一般人所熟知,则不赘述。

在辨认形符的时候,除了要注意上述形符形体的分化之外,还要注意一些形符所发生的讹变。如"布"从巾父声,其中的"父"字一点也看不出来了;"青"从丹生声,其下的"丹"字也不像丹了。他如"截"从戈雀声,"贼"从戈则声,"春"从艹从日屯声,"责"从贝朿声,"重"从壬东声,"更"从支丙声等。当然,这种构件发生讹变的情况不只发生在形声字中,有些会意字的构件同样有讹变的情况存在。如"表"从衣从毛,其中的"衣"和"毛"都已不易辨识了。

声符的作用是用来表示形声字读音的,这样说从整体上来看也是对的。特别是在造字之始,大多数形声字的读音应该与它的声符相同。而现在看来,形声字的读音与声符的读音差别却是很大的。如:

声母不同:峭—肖　阔—活　完—元　寄—奇
韵母不同:杯—不　著—者　腾—朕　佞—仁

声韵不同：都—者　狐—瓜　迈—万　等—寺

据叶楚强《现代通用汉字读音的分析统计》对《新华字典》中7504个可以分析出偏旁的字的统计，读音跟声符全同的形声字只有355个，声母、韵母相同而声调不同的有753个，二者相加也只不过占约15%①。裘锡圭先生对此进行分析之后，认为原因有两个方面：一是造形声字之始，由于各种因素，所选用的声符就跟这个形声字不完全同音；二是由于古今语音的演变。特别是后者，它既可以使原来声符与形声字本来相同的读音，由于后来彼此演变情况不同而变得不再相同，也可以使原来声符与形声字本来就有差异的读音变得差别更大。本来相同而后变得不同的如："衡"与其声符"行"在中古都是匣母庚韵开口二等字，音同。后来，"衡"的读音没有多大变化，"行"的声母却由舌根音变成了舌面音，并且韵母的元音也变成了i，这就导致现在"衡"、"行"声母、韵母都不同了。本来就小有不同而后变得差异更大的如："颁"是帮母字，其声符"分"则是非母字。在轻唇音还没有从重唇音中分化出来之前，它们声同韵异。后来，不仅声母分化了，"颁"的主要元音也由e变成了a，它和"分"就变得声韵各异了。②

我们在分析形声字声符的作用时，还要注意一个问题，那就是有些形声字的声符是可以表义的，特别是一些后造的区别字。在已有字上另外添加形符并用来区别原字本义的区别字，其声符都与它独立时所表的意义一样。如："趾"的声符表示"止"的本义"脚"，"洲"的声符表示"州"的本义"水中陆地"，"影"的声符表示"景"的本义"日影"，"熟"的声符表示"孰"的本义"熟了"，"溢"的声符表示"益"的本义"水漫溢"等。那些在已有的字上添加形符用来区别原字引申义的区别字，同样可以表示意义。如："彰"的声符表示"章"的引申义"彰显"，"懈"的声符表示"解"的引申义"松懈"，"肢"的声符表示"支"的引申义"肢体"，"嫁"的声符表示"家"的引申义"出嫁"，"诽"的声符表示"非"的引申义"非难"，"驷"的声符表示"四"的引申义"四匹马"等。

这种"声符表义"现象不只存在于单个的区别字中，后来人们发现当许多字同从某一声符得声时，它们之间也有一定的意义联系。由于声符一般都在字之右，所以研究声符表义现象的学说被人称为"右文说"。最早提出"右文说"的是宋人王圣美。据沈括《梦溪笔谈》记载："王圣美治字学，演其义为右文。古之字书皆从左文，凡字其类在左，其义在右。如木之类其左皆从木。所谓右文者，如戋，小也。水之小者曰浅，金之小者曰钱，歹而小者曰残，贝之小者曰贱，如此之类，皆以戋为义也。"有清以来，王念孙等许多学者陆续指出了其他一些类似的例子。如从"丯"得声的字都有"细小"义：小声谓之嚶，小星谓之暳，小棺谓之椈，细草谓之丯；从"乔"得声的皆有"高大"义：高出水面的建筑谓桥，六尺高的马谓之骄，自视甚高谓之娇；从"农"得声的皆有"稠浓"义：液体稠谓之浓，庄稼稠谓之秾，酒味浓烈谓之醲等。应该说，"右文说"能够从字音上来探究不同字之间字义的联系，比起单纯依据字形来研究字义，确实是又开辟了一条新的途径。这种认识不仅为以后"音近义通"的理论打下了一个基础，同时也对"因声求义"训诂方法的产生和语源学研究的开展产生了很大的影响。

---

① 叶楚强：《现代通用汉字读音的分析统计》，见《中国语文》1965年第3期。
② 参见裘锡圭：《文字学概要》，商务印书馆，1988年版，第172页。

然而，一切事物都是一分为二的。如果按照有些人所说"凡从某声，皆有某义"来理解"右文说"的话，那就错了。这一方面是因为同从某字得声的字并不一定都有某义，另一方面还因为从不同字得声的字有的也可以都有某义。前者如王圣美所举以"戋"为声的字，实际上并不都有"小"义，其中的"钱"、"残"以及"划"的共同意义是"残损"；他没有举出来的践(踩踏)、栈(棚阁)、幓(披肩)、諓(巧言)、饯(送去食)、栈(竹木之车)等与"小"的意义联系也都不明显。后者如从"与"声、"余"声、"予"声的字都有"宽缓"义等。所以"用右文说来研究词义，也要持十分谨慎的态度，千万不能因为某些字同从一个声旁，就轻率地用同一种模式来解释这些字的意义"①。

3. 形声字与会意字的异同

相同之处：都由两个或两个以上的独体字合成，都可以拆开分析，所以都是合体字。

不同之处：会意字的构件每一个都起表义作用，形声字的构件中，一个起表义作用，一个起表音作用。

"休"由"人"、"木"合成，没有表音构件，是会意字；"沐"由"水"、"木"合成，其中"木"能够表示字音，所以"沐"是形声字。"安"由"宀"与"女"合成，无表音构件，是会意字；"室"由"宀"与"至"合成，"至"能够表音，所以"室"是形声字(亦声字)。

(四)转注和假借

1. 转注

《说文》："转注者，建类一首，同意相受，考老是也。"这个定义中"同意相受"指意义相同，可以互相授受，即可以互相解释。而"建类一首"中"类"、"首"所指为何，因许慎没有更进一步的说明，以致后人对其众说纷纭，莫衷一是。曹仁虎《转注古义考》(商务印书馆，1936年)共列25种说法，孙中运《论六书之转注——揭开千古之谜》(学林出版社，1999年)也列了20家说法。

关于转注，首先是"用字法"与"造字法"之争。从"四体二用"说的提出至今，多数人认为转注是一种用字法。认为转注是造字法的人中，梁东汉先生举的例字有"皤"，认为"皤"是在"白"字上面加注音符"番"而成的转注字；"黸"是在"黑"字上加注音符而成的转注字。"空"和"窾"是改换音符而成的转注字。② 郑慧生所举的例字有"走"、"趋"；"仌"、"冻"；"虫"、"蝮"等。③ 这些被认为是转注的字中，皤，《说文》："从白番声。"黸，《说文》："从黑盧声。"趋，《说文》："从走刍声。"冻，《说文》："从仌东声。"蝮，《说文》："从虫复声。"在许慎看来，这些分明都是形声字。走，《说文》："从夭止。"这个在许慎看来，是个会意字。仌，《说文》："象水凝之形。"虫，《说文》："一名蝮博，三寸，首大如擘指，象其卧形。"这两个在许慎看来，是象形字。事实上，《说文》9353个字，无一字被许慎释为转注字。因为在许慎看来，汉字的造字法本来就只有指事、象形、形声、会意四种，根本就没有所谓的转注造字法。因此，我们说转注是一种用字法，这是符合许氏本意的。

---

① 裘锡圭：《文字学概要》，商务印书馆，1988年版，第177页。
② 梁东汉：《汉字的结构及其流变》，上海教育出版社，1981年版，第153页。
③ 郑慧生：《中国文字的发展》，河南人民出版社，1996年版，第334~335页。

关于转注，争论的第二个焦点是，它是一种什么样的用字之法。有清以来，论及这个问题的几近百人。笔者在《许慎转注论》一文中概括了以下五种有代表性的观点①：

部首派，以南唐徐锴和清江声为代表。他们认为："其分部即建类也；其始一终亥五百四十部之首，即所谓一首也。下云凡某之属皆从某，即同意相受也。"

形转派，以唐裴务齐和宋陈彭年为代表。裴说："考字左回，老字右转"。② 陈说："转注，左转为考，右转为老是也。"

义转派，以清人戴震和段玉裁为代表。段玉裁说："建类一首，谓分立其义之类而一其首，如《尔雅·释诂》第一条说始是也。同意相受，谓无虑意恉略同，义可互受相灌注而归于一首。"

声转派，以章太炎为代表。他说："何谓'建类一首'，'类'谓声类。……'首'者，今所谓语基。"同时他还明确说："类谓声类，不谓五百四十部；首谓声首，不谓凡某之属皆从某也。"

引申派，以清人朱骏声为代表。他说："转注者，体不改造，引意相受，令长是也。"③

简而言之，部首派认为同一部首的都是转注字，义转派认为意义相同的都是转注字，声转派认为音同而义近的都是转注字，引申派认为字义引申后仍用原字就是转注。至于形转派所说，其谬则显而易见。

如果是对"什么是转注"这个命题的研究，上述说法似乎各有一定的道理，皆无可厚非；如果是对"什么是许慎所说的转注"这个命题的研究，笔者认为上述说法都不尽符合许慎原意。如果要弄清许慎所说的转注，主要应依据许氏所下定义并辅之以他所举例字。定义中所含信息与例字中所含信息重合者，即为所有转注字必具的特征。

笔者分析出的许慎所举例字蕴涵的信息有：

A. 二者属于同一部首——老部；
B. 二字一为部属字，一为部首字；
C. 二者上部相同，下部一个左回，一个右转；
D. 考字从老，但老有所省；
E. 二字意义相同；
F. 二字的意义可以互相授受：老，考也；考，老也；
G. 二字音近；
H. 考，溪母、幽部、上声；老，来母、幽部、上声。

"考"、"老"二字具有上述八种形音义方面的特征，那么能不能说转注字都必须具备上述八种特征呢？这还需要认真分析许慎所下的定义。许慎说："转注者，建类一首，同意相受。"我们认为，此定义中的"类"是指转注字的义类，"首"是指部首。从该定义的八个字里，我们可以解读出的信息有：

a. 建类：要表示两个字的义类；

---

① 见文字学国际研讨会：《说文学研究》，江西教育出版社，2008年版。该文先于2004年4月在台湾第十五届文字学国际研讨会上宣读。
② 见裴著《切韵序》。
③ 见朱骏声《说文通训定声》。

b. 一首：让两个字同一个部首；
　　c. 同意：两个字意义相同；
　　d. 相受：它们的意义可以互相解释。
这就是说，从许慎下的定义来看，他并没有要求转注字必须全部具备上述考、老的八种特征。定义有要求而例字也具备的特征有：
　　A. 二字属于同一部首（与 ab 相合）；
　　E. 二字意义相同（与 c 相合）；
　　F. 二字的意义可以互相授受（与 d 相合）。
　　这说明许慎对转注字的要求是：两字应是同一个部首；意义要相同，并且要能够互相训释。前者是对转注字形体上的要求，后者是对转注字意义上的要求。因此我们认为，许慎所说的"建类一首"即指把两个字的义类建在一个部首上，即用同一个部首来表示两个字的义类；"同意相受"即两个字的意义相同，可以互相授受，也就是可以互相解释。两个字只要部首相同，意义相同并可以互相解释，它们之间就是转注的关系。例字"考"、"老"具备的其他条件，许慎的定义并没有要求所有的转注字都必须具备。如果硬要让转注字具备定义中没有要求的其他条件中的一个或数个条件，那就不再是许慎所说的转注。之所以这样，是因为所有定义的外延都比实例的外延大，内涵都比实例的内涵小；所有实例都具备定义规定的全部特征，而所有定义都不可能蕴含实例的全部特征。举例来说：关于双胞胎，《汉语大字典》解释是："同一胎出生的兄弟姐妹。"我们向别人解释双胞胎的时候自然本此定义，有时还加个例子，说那两个姑娘就是双胞胎，如果听者不注意定义，却只在例子上下功夫，往往会得到一些无关的东西来，比如"一胎所生，都是11岁，都是女孩"等。殊不知后面两项对于定义来说一无所用，反倒相对缩小了定义的外延。后人根据考老古韵同在幽部，认定两者读音相同，并作为转注的必要条件，这和所举的双胞胎的例子所犯的错误是一样的。
　　转注这种用字法，主要用来表示二字之间的形义关系。二字之间只要符合形体上是同一个部首、意义上可以互相解释的条件，即是转注关系。所以，转注非就一字而言，而是就一对字而言的。我们不能说某个字是转注字，只能说某字和某字是一对转注字。如单言"走"，只能说是个会意字；单言"趋"，只能说是个形声字；单言"仌"，只能说是个象形字；单言"冻"，也只能说是个形声字。但我们却可以说"走"和"趋"是转注字，"仌"和"冻"是转注字。其他的转注字如：

　　舟部：舟，船也；船，舟也　　　　手部：手，拳也；拳，手也
　　纟部：缠，绕也；绕，缠也　　　　口部：呻，吟也；吟，呻也
　　口部：咆，嗥也；嗥，咆也　　　　口部：吹，嘘也；嘘，吹也

　　2. 假借
　　许慎《说文解字·叙》："假借者，本无其字，依声托事。令长是也。"所谓"本无其字"，即语言中有些词只有其音而没有造出与它相应的汉字；所谓"依声托事"，即在记录这个词时借用已有的读音相同的汉字之形以寄托其义。正像孙诒让在《与王子壮论假借书》中所说："天下之事无穷，造字之初，苟无假借一例，则逐事而为之字，而字有不可胜造之数，此必穷之数也，故依声而托事焉。视之不必是其字，而言之则其声也，闻之足以相谕，用之可

以不尽,是假借可以救造字之穷而通其变。"

假借字被借之后所表示的意义应该与它被借之前本身的意义没有关联,如果有关联,即它自身有这样的意义,则不可谓假借。然而从许慎所举例字"令"、"长"来看,却不是这样。"令"的本义为"发令",由此引申为名词"发出的命令",还引申出名词"发令的人",由"发令的人"再引申为"县令";"长"的本义为"短的反面",引申为"长久"、"经常"、"长处",还引申为"成长"、"增长",又引申为"年龄大的",由此再引申为"首领",由"首领"再引申为一县的首领即"县长"。"县令"、"县长"的"令"、"长"用的实际上都是它们的引申义。许慎举此二字为假借的例字,要么是他本就以引申为假借,要么就是还没能看出"县令"的"令"与"发令"的"令"、"县长"的"长"与"长短"的"长"之间的意义联系。总之,他举的例字与他给假借下的定义是不符的。

如果说象形、指事、会意是三种用汉字形体直接表现字义的方式,形声是一种用汉字形体曲折表现字义的方式的话,那么,假借则是一种借用汉字形体来间接表现字义的方式。这种方式的出现,解决了语言中概念无穷而汉字数量有限、许多抽象虚泛的意义无法造出相应汉字的矛盾,使有限的汉字能够适应语言交际之需。例如:

"崭新"之"新"借的是本表薪柴义的"新";
"容易"之"易"借的是本表蜥蜴义的"易";
"才能"之"能"借的是本表熊义的"能";
"使用"之"用"借的是本表钟义的"用";
"存在"之"在"借的是本表草出义的"在";
"愚笨"之"笨"借的是本表竹里义的"笨";
"斤两"之"斤"借的是本表斧头义的"斤";
"西方"之"西"借的是本表栖息义的"西";
"东方"之"东"借的是本表囊橐义的"东"。

以上各例皆因意义抽象没有造出相应汉字因而借用了本表他义的音同音近之字。

代词之"何"借的是本表肩担义的"何";
代词之"焉"借的是本表黄鸟义的"焉";
代词之"其"借的是本表畚箕义的"其";
代词之"然"借的是本表燃烧义的"然";
代词之"女"借的是本表女人义的"女";
连词之"而"借的是本表颊毛义的"而";
连词之"则"借的是本表法则义的"则";
连词之"且"借的是本表案板义的"且";
叹词之"乌"借的是本表乌鸦义的"乌";
语气词"乎"借的是本表呼叫义的"乎"。

以上各例皆因意义虚泛没有造出相应汉字因而借用了本表他义的音同音近之字。

不同的字被假借之后,会出现不同的结果。第一种结果是,一字被借之后,即让借字在表借义的同时仍表本义。如:

夫,借作代词,仍表本义"成年男子";

汝，借作代词，仍表本义"汝水"；
则，借作连词，仍表本义"法则"；
乌，借作叹词，仍表本义"乌鸦"；
耳，借作语气词，仍表本义"耳朵"。

第二种结果是，一字被借之后，即让借字专表借义，另造新字表本义。如：

其，借作代词，另造"箕"字表本义；
莫，借作代词，另造"暮"字表本义；
孰，借作代词，另造"熟"字表本义；
乎，借作语气词，另造"呼"表本义；
西，借作"西方"之西，另造"栖"字表本义。

第三种结果是，一字被借之后，还让借字表本义，另造新字表借义。如：

辟，本义"刑法"，借表躲避义，另为此义造"避"字；
辟，本义"刑法"，借表譬喻义，另为此义造"譬"字；
辟，本义"刑法"，借表嬖爱义，另为此义造"嬖"字；
乌，本义"乌鸦"，借作语气词，另为借义造"呜"字；
戚，本义"兵器"，借表悲伤义，另为此义造"慼"字。

由于上述第二、三两种结果都促使了新字的产生，所以有些人就认为假借也是一种造字之法。这种说法始自《汉书·艺文志》"象形、象事、象意、象声、转注、假借，造字之本也"。其时人们对"六书"的认识还不深入，是可以理解的。然而当"四体二用"之说提出百数年后，竟然还有不少人说假借是一种造字法，那就是历史的倒退了。如周大璞就说："假借、转注，和指事、象形、会意、形声一样，都是造字的基本方法或根本原则。它们的产生都是汉字发展的必然结果。……人们为了限制字数，以减轻识字的负担，又发明了一种所谓不造字的造字法，即借用已有的字表达和它同音的新词，而不为它另造新词，这就是假借的造字法。"①这是不对的。因为用假借的方法无论怎样都无法造出一个新字来。假借还是一种用字之法。这种用字之法与转注不同。转注是一种表示两字之间形义关系的用字之法，而假借则是表示一个字音义关系的用字之法。它意在说明与字形没有联系的意义的来源。因此，我们一般不能笼统地说某一个字是假借字。在说假借字时，一定要把它与某一个意义联系起来。如单说"北"，我们就只能说它是会意字，不能说它是假借字；但我们却可以说"北方"的"北"是假借字。依此类推，"我"是象形字，代词"我"是假借字；"斤"是象形字，"斤两"之"斤"是假借字。

上述第二、三两种结果或是为本义另造了新字，或是为借义另造了新字。这些后来为了某一个意义而专门造出来的字，我们称之为"后起本字"。这些后起本字与假借字之间又是古今字的关系。详见"汉字的使用"。

如前所说，"六书"是前人根据汉字的实际总结出来的汉字理论。对它的认识也有一个不断深入的过程。从汉代的"皆造字之本"说，到有清的"四体二用"说，已经是一个进

---

① 周大璞：《训诂学要略》，湖北人民出版社，1984年版，第201～202页。

步;现在我们可以对"六书"认识得更全面一些。象形、指事、会意、形声是汉字的四种结构类型。其中象形字、指事字都是不可拆分的独体字,会意字、形声字都是能够再拆分的合体字;象形字、指事字、会意字都属于纯粹的表意字,而形声字则已成为有了表音成分的意音字。转注、假借是汉字的两种用字之法。其中转注的作用是表示两个汉字之间的形义关系,假借的作用则是表示一个字的音义关系。

思考与练习(一)

一、"六书"一语最早见于何处?郑众、班固所说的"六书"分别是什么?今天我们所说的"六书"是什么?

二、许慎给"六书"下的定义、举的例字各是什么?

三、何为"四体二用"之说?

四、象形字有什么特点?指事字有哪两种类型?象形字与在象形字基础上添加标识符号构成的指事字有什么区别?

五、会意字的特点是什么?应该怎么分析会意字的意义?

六、形声字有什么特点?形声字形符、声符的作用是什么?组合方式有哪几种?

七、什么叫省形、省声和亦声?什么叫独体字、合体字?

八、指出下列各字属于哪种结构类型。

斤 末 监 术 来 陟 涉 秉 莫 娶 鲜 救 易 崩 析 戒 寇 自

佳 亦 唐 景 寒 行 页 颇 题 从 及 奔 立 息 恭 门 间 闻

九、分析下列形声字的结构(指出从××声)。

锦 钦 颖 顶 问 衷 辩 冈 罩 凤 狄 酌 雒 瞿 慕 辜 戚 罟

頭 論 更 布 旗 佞 载 赖 滕 青 荆 责 朕 邻 隅 造 聩 硕

十、标点并翻译下面的短文。

夏五月楚师将去宋申犀稽首于王之马前曰毋畏知死而不敢废王命王弃言焉王不能答申叔时仆曰筑室反耕者宋必听命从之宋人惧使华元夜入楚师登子反之床起之曰寡君使元以病告曰敝邑易子而食析骸为爨虽然城下之盟有以国毙不能从也去我三十里唯命是听子反惧与之盟而告王退三十里宋及楚平华元为质盟曰我无尔诈尔无我虞

(《左传·宣公十五年》)

二、汉字的演变

(一)远古刻画符号

文字起源于图画。文字的发展一般要经历记事符号、图形记事、语段文字三个阶段,最后才进入成熟的语词文字阶段。中国最早的成系统的文字是距今 3300 年左右的甲骨文,但在甲骨文之前,汉字一定经历了漫长的发展过程。随着考古新成果的不断出现。我国陆续发现了包括裴李岗文化、仰韶文化、大汶口文化在内的 16 种可能跟原始汉字有关的远古刻画符号。

裴李岗文化是 1977~1979 年在河南省新郑市裴李岗发现的一种新石器早期文化,距今约 8000 年,它以豫中为中心,分布于新郑、新密、郑州、长葛、鄢城、中牟、潢川、项城、舞阳等 20 多个县市,共有 50 多处遗址。在舞阳贾湖遗址上,河南省文物考古研究所和中国科技大学先后进行了 7 次发掘,发掘面积达 2700 平方米。在贾湖遗址出土的遗物中,发现了 16 例刻画而成的符号。这些符号分别刻于 14 件龟甲、骨器、石器和陶器上。其中龟甲符号 9 例,骨器符号 2 例,石器符号 2 例,陶器符号 3 例。有些从其形状看,具有多笔组成的结构,应承载契刻者的一定意图。如刻于龟下腹甲右侧的近似甲骨文的"目"字、刻于残腹甲上的"曰"字等。关于这些符号,发掘者认为具有原始文字的性质,与商代甲骨文有某种联系,而且很有可能是汉字的滥觞。

仰韶文化是距今约 5000～7000 年中国新石器时代的一种文化,1921 年首次在河南省三门峡市渑池县仰韶村发现,主要分布于黄河中下游一带,以河南西部、陕西渭河流域和山西西南的狭长地带为中心,已发掘出近百处文化遗址,出土的文物均反映出较同一的文化特征。在半坡等地的彩陶钵口沿黑宽带纹上,已发现有各种各样的刻画符号 52 种。如:

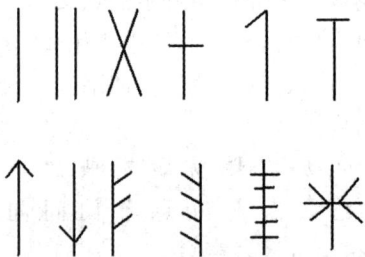

这些符号,有人认为它们已经是文字,并与有些古汉字联系了起来。说"×"就是"五"字,"十"就是"七"字,"丨"就是"十"等①。也有人认为这种符号还不是文字,"可能是代表器物所有者或器物制造者的专门记号"②。还有人认为这些符号只不过是制造陶器时"为标明个人所有权或制作时的某种需要而随意刻画的"③。

大汶口文化(公元前 4300～前 2500 年)得名于大汶口遗址。该遗址位于举世闻名的世界遗产泰山之阳,1959 年首次发现,此后经过三次大规模考古发掘,探明其遗址范围达 82 万平方米左右,历史跨度有 2500 多年。在属于大汶口文化晚期的莒县陵阳河遗址,发现了四个同样是刻在大口陶缸外壁靠近口沿部位的象形符号:

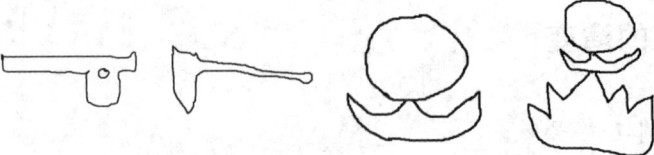

关于这些符号,人们也存在着不同的意见。有些人认为它们是文字。如唐兰就说符号 1 是"戉"字,符号 2 是"斤"字,符号 3 是"炅"字,符号 4 是"炅"的繁体;④于省吾说符号 4 应

---

① 于省吾:《关于古文字研究的若干问题》,见《文物》,1973 年第 2 期,第 32 页。
② 西安博物馆:《西安半坡》,文物出版社,1963 年版,第 198 页。
③ 汪宁生:《原始记事到文字发明》,见《考古学报》,1981 年第 1 期,第 23 页。
④ 唐兰:《关于江西吴城文化遗址与文字有初步探索》,见《文物》,1975 年第 7 期,第 72～73 页。

是"旦"字等①。有些人认为它们还不是文字,而是"属于图画记事性质"的符号②。

总地来说,裴李岗文化遗址的刻画符号和仰韶文化遗址的陶器符号虽然有少量的为后来的汉字所吸收,但从总体上看,恐怕还不能说它们跟汉字的形成有什么直接的关系。而大汶口文化遗址晚期的陶文符号,显然与后来汉字的关系要更明确一些。正如裘锡圭所说:"大汶口文化象形符号已经有用作原始文字的可能性,应该是存在的。……由此推测,汉字形成过程的开始时间,大概不会晚于公元前第三千年中期。"③

(二)古文字阶段

1. 甲骨文

甲骨文是刻在龟甲、兽骨上的文字的通称,是我国已发现的古代文字中时代最早、体系较为完整的文字。

清末光绪二十五年(公元1899年)秋,在北京清朝廷任国子监祭酒(相当于中央教育机构的最高长官)的王懿荣(1845~1900)得了疟疾,派人到宣武门外菜市口的达仁堂(后经考证,达仁堂药店当时并不在菜市口,菜市口有家著名的西鹤年堂中药店,当时的人很迷信西鹤年堂,买中药都要去西鹤年堂药店)中药店买回一剂中药,王懿荣无意中看到其中的一味叫龙骨的药品上面刻画着一些符号。对古代金石文字素有研究的王懿荣仔细端详,发现这不是一般的刻痕,很像古代文字。为了找到更多的龙骨做深入研究,他派人赶到达仁堂,以每片二两银子的高价,把药店所有刻有符号的龙骨全部买下,后来又通过古董商范维卿等人进行搜购,累计共收集了1500多片。后来,人们找到了龙骨出土的地方——河南安阳小屯村,在那里又出土了一大批龙骨。因为这些龙骨主要是龟类兽类的甲骨,所以人们将上面的文字命名为"甲骨文"、"龟甲兽骨文字";又因为甲骨文大多是用刀刻写的,所以也叫它"契文"、"刻契"、"甲骨刻辞"、"刻辞";还因为甲骨文记载的多是占卜之辞,所以又叫"卜辞"、"贞卜文字";还因为这些甲骨大多发现于河南安阳西北的小屯村,而这一带原是殷商都城遗址,因此还称它为"殷墟文字";现通称甲骨文。

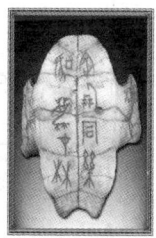

甲骨文主要发现于河南安阳殷墟,迄今为止发掘出存世的大约有15.4万片刻有文字的甲骨。其中大陆收藏的有97600多片,台湾收藏的有30200多片,香港有89片,因战争和商业因素流散到海外日本、美国、英国、加拿大、法国、苏联、德国、瑞士、比利时、荷兰、瑞典等12个国家的有26700多片。其中日本在侵略中国时曾有组织地在殷墟盗掘,因此收藏最多,有12000多片。目前世界上有500多位学者专门研究甲骨文,发表论文专著有

---

① 于省吾:《关于古文字研究的若干问题》,见《文物》,1973年第2期,第32页。
② 于省吾:《关于古文字研究的若干问题》,见《文物》,1973年第2期,第28页。
③ 裘锡圭:《文字学概要》,商务印书馆,1988年版,第25页。

3000多篇(部)。民国初年经董作宾先生的研究整理,将收集到的甲骨文分为五期:盘庚武丁时代、祖庚祖甲时代、禀辛康丁时代、武乙文丁时代、帝乙帝辛时代。

出土的甲骨文多已著录出版,早期的有刘鹗的《铁云藏龟》、罗振玉的《殷虚书契》和《殷虚书契后编》、明义士的《殷虚卜辞》、林泰辅的《龟甲兽骨文字》、王襄的《簠室殷契徵文》;后又有董作宾的《殷虚文字甲编》、《殷虚文字乙编》,胡厚宣的《战后宁沪新获甲骨集》、《战后南北所见甲骨录》、《战后京津新获甲骨集》、《甲骨续存》等。郭沫若主编、胡厚宣总编辑的《甲骨文合集》对甲骨文发现80多年来已著录和未著录的十几万片甲骨材料进行系统的科学整理,广泛搜集全部出土的甲骨资料,分期分类,共收甲骨约4万片,编为13册,为研究甲骨文和商史提供了系统的资料。另外,1973年小屯南地出土的甲骨,已收入《小屯南地甲骨》一书。日本、加拿大、美国、英国、法国、俄罗斯、德国等国所藏的甲骨,也已著录成书,分别发表。到目前为止,这些甲骨上刻的单字约4500个,迄今已释读出的字约有1500个。

商代统治者非常迷信,例如十天之内会不会有灾祸,天会不会下雨,农作物是不是有好收成,打仗能不能胜利,应该对哪些鬼神进行哪些祭祀,以至于生育、疾病、做梦等事情都要进行占卜,以了解鬼神的意志和事情的吉凶。占卜所用的材料主要是乌龟的腹甲、背甲和牛的肩胛骨。通常先在准备用来占卜的甲骨的背面挖出或钻出一些小坑,这种小坑甲骨学家称之为"钻凿"。占卜的时候就在这些小坑上加热使甲骨表面产生裂痕。这种裂痕叫作"兆"。甲骨文里占卜的"卜"字,就像兆的样子。从事占卜的人就根据卜兆的各种形状来判断吉凶,然后把占卜的有关事情(如占卜时间、占卜者、占问内容、视兆结果、验证情况等)刻在甲骨上,并作为档案材料由王室史官保存。从字体的数量和结构方式来看,甲骨文已经是发展到了有较严密系统的文字了。汉字的"六书"原则,在甲骨文中都有所体现,但是原始图画文字的痕迹还是比较明显。其主要特点是:

A. 在字的构造方面,有些象形字只注重突出实物的特征,而笔画多少、正反向背却不统一。

B. 甲骨文的一些会意字,其结构部件不要求固定。因此甲骨文中的异体字非常多,有的一个字可有十几种甚至几十种写法。如:

C. 甲骨文的形体,往往是以所表示实物的繁简决定大小,有的一个字可以占上几个字的位置,也可有长有短。

D. 因为字是用刀刻在较硬的龟甲兽骨上,所以笔画较细,方笔居多。

由于甲骨文是用刀刻成的,而刀有锐有钝,骨质有细有粗,有硬有软,所以刻出的笔画粗细不一,甚至有的纤细如发,笔画的连接处又有剥落,浑厚粗重。结构上,长短大小均无一定,或是疏疏落落,参差错综;或是密密层层,十分严整庄重。

甲骨文的发现对汉字的研究有着重要的作用。过去,古文字研究的主要依据是商周青铜器上的铭文。甲骨文比《说文解字》要早1500年,而且它是来源于直接发掘出来的出土文物,可信程度更高,对研究汉字的起源和发展,纠正《说文解字》的疏失,解决青铜器铭文中悬而未决的问题,都有极重要的价值。

中国国家图书馆是中国乃至世界上收藏甲骨最多的单位,一共藏有35651片。多系名家捐赠和从私人、市肆收购而来。其中以刘体智先生的皮藏数量最多,装在150个盒内,共28000余片。国家图书馆所藏甲骨还曾著录于罗振玉《殷墟书契》、胡厚宣《战后京津新获甲骨集》、郭沫若《殷契粹编》、郭若愚《殷契拾掇》中。

2. 金文

金文是指铸刻在殷周青铜器上的铭文。商周是青铜器的时代,青铜器的礼器以鼎为代表,乐器以钟为代表,钟鼎是青铜器的代名词。所谓青铜,就是铜和锡的合金。中国夏代就已进入青铜时代,铜的冶炼和铜器的制造业十分发达。因为周以前把铜也叫金,所以铜器上的铭文就叫作"金文"或"吉金文字";又因为这类铜器以钟鼎上的字数最多,所以过去又叫作"钟鼎文";钟鼎上的文字有阴文和阳文两种,阴文叫款,阳文叫识,所以金文又叫"钟鼎款识"。

金文应用的年代,上自商代的早期,下至秦灭六国,约1200年。商代的青铜器发掘出的很少。从已发现的青铜器来看,好多都没有铸刻文字;铸有文字的也常常只有两三个字。到西周时期,随着青铜器的藏礼作用的不断增强,在青铜器上铸刻文字开始盛行。铜器上的铭文,字数多少不等,所记内容也很不相同。其主要内容大多是颂扬祖先及王侯们的功绩,同时也记录重大历史事件。如著名的毛公鼎有497(裘锡圭统计为498)个字,记事涉及面很宽,反映了当时的社会生活。

与甲骨文笔道细、直笔多、转折处多为方形有所不同,金文字形则具有如下特点:

A. 字的象形程度降低,笔画粗细不像甲骨文那么悬殊;

B. 新的象形字很少再出现,形声字大大增加;

C. 字的结构渐趋稳定,异构字相对减少;

D. 由于书写材料和书写方式的变化,金文的笔画变得粗壮肥厚,圆浑丰润;

E. 行款多为直书左行,排列更加整齐而有规律。(见右图《大盂鼎》)

金文是研究西周、春秋、战国文字的主要资料,也是研究先秦历史的最珍贵的资料。东汉许慎在《说文解字》的叙里说,各地"往往于山川得鼎彝,其铭即前代之古文"。可见早在汉代金文就已不断出土。北宋吕大临《考古图》10卷,是我国最早的成系统的青铜器、玉器图录。书成于北宋哲宗元祐七年,共收录铜器计 210 件、玉器 13 件,重修时增入 1 件,总计 224 件。此外宋人还编了不少古铜器和铭文的著录书,流传至今的有宋徽宗撰的《博古图录》、南宋赵九成《续考古图》、薛尚功《历代钟鼎彝器款识法帖》、王俅《啸堂集古录》和王厚之(复斋)《钟鼎款识》。前 3 种兼录器形和铭文,后 3 种单录铭文。吕大临另编有《考古图释文》,按韵收字,是最早的一部金文字汇。政和年间王楚撰《钟鼎篆韵》,绍兴年间薛尚功撰《广钟鼎篆韵》,材料较吕书增多,但皆已亡佚。清代由于《说文》之学兴盛、声韵训诂研讨日深,在这种学风的影响下,金文研究有较大进展。吴式芬把商周铜器铭文编成《捃古录金文》一书,收集的资料多,考释严谨,影响颇大。吴大澂《字说》、《说文古籀补》,孙诒让《古籀拾遗》、《古籀余论》、《名原》等,也皆有创见。1925 年容庚编《金文编》把商周铜器铭文中的字按照《说文解字》的顺序编为字典。金文的字数,据容庚《金文编》记载,共计 3722 个,其中可以识别的字有 2420 个。中国社会科学院考古研究所编印的《殷周金文集成》,去伪存真,选择精良,是一部比较完备的大型金文资料书。另有陈初生编的《金文常用字典》和戴家祥主编的《金文大字典》,可供查检常用金文。

3. 小篆

小篆是秦始皇统一中国后实行书同文政策时所制定和使用的标准字体。

周朝自平王于公元前 770 年东迁洛邑(今河南洛阳)后,五百余年间,经历了诸侯兼并的春秋时期和七国争霸的战国时期;在语言文字方面,出现了"言语异声"、"文字异形"的现象。特别是在战国时期,这种现象更加突出。当时的文字可以大致分为秦系文字和六国文字两大系。秦国因为居于西周故地,基本上继承了西周的文化。他们所使用的文字称之为大篆,其形体与西周金文一脉相承;六国使用的文字叫古文,其字形歧异现象非常突出。不仅不同国家同一字的结构不同,即使是一个国家内部,甚或同一篇文字材料中,一个字也会有很多不同的写法。

战国时期文字的载体很多。有玉石文字——刻在玉、石上的文字;简帛文字——用毛笔写在竹简、木椟或绢帛上的文字;货币文字——铸造在货币上的文字,又叫布文、钱文;玺印文字——刻在官玺私印上的文字;陶器文字——烧前用玺印上、烧后在陶器上形成的文字等。

秦始皇统一中国后,推行"书同文,车同轨"、统一度量衡的政策,由丞相李斯负责,在秦国原来使用的大篆的基础上,进行省改,取消其他六国的文字,创制出了统一的汉字书写形式,这就是"小篆",也叫"秦篆"。

现在我们所能见到的小篆材料主要来源有两类。一是刻有小篆的文物,二是用小篆书写的文献。刻有小篆的文物较有代表性的有《泰山刻石》和《峄山刻石》,其中《泰山刻石》据说还是李斯的手笔。文献中的小篆主要见于东汉许慎的《说文解字》。《说文》中共收有 9353 个小篆形体,许慎正是依据这些小篆形体并参以六国古文,来逐个分析字形、解说字义的。

小篆是古文字的最终形式。它的字形特点是:

A. 形体规范。各个字的构件和构件与构件之间的平面位置关系基本确定,大大减少了字的异形;

B. 线条圆润。由于书写工具已经改为毛笔，所以字的笔画比较圆润，结构更加整齐；

C. 象形性弱。虽然总体上仍然保留着象形的意味，但已有更多的字图画性、象形意味减弱，线条符号性增强。（见下图）

(三) 今文字阶段

1. 隶书

汉字的古文字阶段起于殷商，讫于秦灭，凡1200多年。其间字体虽几经变易，但总体上都还保留着图画性强、象形意味重的特点。

到了战国晚期，即在篆书通行之时，由于篆书笔画的线条粗细一致、弯曲圆转，书写不便，民间就逐渐出现了一种篆书的速写字体，这就是隶书。《说文解字·叙》："是时秦烧灭经书，涤除旧典，大发隶卒，兴役戍，官狱职务繁，初有隶书，以趋约易。"晋人卫恒在《四体书势》中则说："隶书者，篆之捷也。"都明确地指出了隶书产生的原因。而隶书之所以名为"隶书"，则主要是因为隶书的使用者都是地位低下的人，甚至其整理者（据说是程邈）也是徒隶。由于这个时期的主要字体是小篆，所以隶书还不能在正式场合使用。这个时期（包括西汉初年）的隶书一般称之为"秦隶"，又叫"古隶"，裘锡圭则称之为"早期隶书"。它还处在由篆向隶转变的过程中，笔画的形态尚未形成波磔的形式，与汉后形成的真正的隶书还有不同。

随着秦王朝的正式灭亡，到了西汉中叶，经过200来年的发展之后，隶书的字体逐渐成熟，遂取代小篆，成了一种正式的字体。这时期的隶书被称作"汉隶"，又叫"今隶"。隶书阶段的汉字具有以下特点：

A. 象形性消失。如果说篆书还多少保留有象形意味的话，那么，到了隶书阶段，汉字的象形性就基本上全部消失了。

B. 书写笔画化。古文字时期的各种字体一直保持着以线条为书写基本单位的特点，到了隶书阶段，书写的基本单位都变成了笔画。这是今文字的重要特点。

C. 结构有改变。古文字阶段汉字构形具有一定的系统性，其表意都有一定的理据。到了隶书阶段，为了追求书写的快捷，有些字的结构被改变，如"春"、"奉"、"泰"、"舂"、"奏"这五个字，其上部原来分别是"艹、屯"、"手、廾"、"大、廾"、"午、廾"、"屮、廾"，隶变后都变成了"春"字头。

D. 笔形有波磔。书写时的笔形讲究蚕头燕尾,左波右磔;曲折方圆,点画分明。

汉字由篆书向隶书的这种演变叫"隶变"。"隶变"是汉字历史上形体最剧烈的变化,汉字经过隶变之后,就由古文字阶段发展到了今文字阶段,象形意味就基本消失了。所以,"隶书"是古文字与今文字的分水岭,在汉字的演变历史中具有重要的地位。

2. 楷书

楷书是萌芽于西汉、流行于魏晋、成熟于隋唐的一种汉字书体。

在汉代隶书通行的同时,还行用一种字体,这就是草书。"草书有广狭二义。广义的,不论时代,凡是写得潦草的字都可以算。狭义的,即作为一种特定字体的草书,则是在汉代才形成的。"①汉代的草书是辅助隶书的一种简便字体,主要用于起草文稿和通信。

在东汉晚期,还出现了一种据说是由桓、灵时代的刘德升创造的既有别于草书又不同于楷书的新字体,即行书。它是在带有较多草书笔意的新隶体的基础上发展出来的一种字体。在此基础上,把行书写得再规整一些,再增加一些捺笔和硬勾的使用,就形成了我们所说的楷书字体。"楷书的楷当楷模讲,楷书的原意就是可以作为楷模的字或有法度的字。"②所以楷书又叫真书、正书等。它的字体特点是:

A. 字体呈方形。隶书的字形一般都呈扁方形,到了楷书时,变成了竖长的长方形。

B. 笔画平直化。改隶书左波右磔、蚕头燕尾的笔画为横平竖直的笔画。

C. 笔画更丰富。比隶书增加了斜勾、挑、折等笔画,使笔画的类型更加丰富。

由于楷书具有上述特点,并且便于书写,形体美观,所以一直沿用至今。

思考与练习(二)

一、汉字是什么性质的文字?

二、汉字起源于什么?

三、汉字形体的演变大致经历了哪几个主要阶段?

四、甲骨文因何命名?它还有其他什么名称?它是什么时候被发现的?现在发现的甲骨有多少片?共有多少字?已释读的有多少字?甲骨文的字形有什么特点?

五、金文因何命名?它的别称是什么?至今已发现的青铜器有多少?金文不重复的单字有多少?已释读的有多少?金文的字形有什么特点?

六、小篆何时通行?其字形有什么特点?

七、何谓"秦隶"、"汉隶"?隶书从何时开始成为通用字体?其字形有何特点?隶书在汉字的演变史上有什么重大作用?

八、标点并翻译下面的古文。

梁北有黎丘部有奇鬼焉喜效人之子侄昆弟之状邑丈人有之市而醉归者黎丘之鬼效其子之状扶而道苦之丈人归酒醒而诮其子曰吾为汝父也岂谓不慈哉我醉汝道苦我何故其子泣而触地曰孽矣无此事也昔也往责于邑人可问也其父信之曰嘻是必夫奇鬼也我固尝闻之矣明日复饮于市欲遇而刺杀之明日之市而醉其真子恐其父之不能反也遂迎之丈人望其真

---

① 裘锡圭:《文字学概要》,商务印书馆,1988年版,第85页。
② 裘锡圭:《文字学概要》,商务印书馆,1988年版,第94页。

子拔剑而刺之丈人智惑于似其子者而杀其真子

(《吕氏春秋·慎行》)

三、汉字的使用

(一)古今字

1. 古今字的定义

"古今字"是个有很长历史的术语。它最早见于东汉郑玄《礼记·曲礼下》"予一人"注。他说:"余,予,古今字。"今人在论及古今字时,用语各不相同。裘锡圭:"一个词的不同的书写形式,通行时间往往有前后。在前者就是在后者的古字,在后者就是在前者的今字。"[1]郭锡良:"同一个词在不同的时代用不同的字来表示,就形成古今字,在前的叫古字,在后的叫今字。"[2]宋均芬:"古今字指同表某一字义而古今用字有异的汉字。"[3]上述各种说法对古今字的理解基本是一致的,只是用语不同。笔者认为作为一个科学的定义,上述说法还都不够十分精密、准确。我们把古今字定义为:造字时间有先后、意义范围有大小并在某一意义上通用的一对或一组字叫古今字。这个定义首先明确"古今字"这一概念非就一字而言,单独的一个字不能说是古今字——而是就一对甚或一组字而言。其次,它还明确了古今字应该具备的三个特点:造字时间有先有后、意义范围有大有小、有一个相同的意义。如"责"和"债",从造字时间上来看,"责"造得早,"债"造得晚;从意义范围上来看,"责"有债款、责任、职责、求得、责难等很多意义,意义范围大,"债"只有"债款"一个意义,意义范围小;同时它们在"债款"这一个意义上通用。这样的一对字就是古今字的关系。其中造字时间早的是古字,如"责";造字时间晚的是今字,如"债"。在"债款"这个意义上,"责"是"债"的古字,"债"是"责"的今字。今字一般产生得都较晚,先秦的古籍中,在表示某一意义时,都用的是古字。例如:

① 公赐之食,食舍肉。(《左传·隐公元年》)
② 若舍郑以为东道主,行李之往来,共其乏困,君亦无所害。(《左传·僖公三十年》)
③ 其北陵,文王之所辟风雨也。(《左传·僖公三十二年》)
④ 梁使三反,孟尝君固辞不往也。(《战国策·齐策》)
⑤ 位尊而无功,奉厚而无劳。(《战国策·赵策》)
⑥ 多多益善,何为为我禽?(《史记·淮阴侯列传》)

例①②的"舍"是"捨"的古字(现在"捨"又简化为"舍"),例②的"共"是"供"的古字,例③的"辟"是"避"的古字,例④的"反"是"返"的古字,例⑤的"奉"是"俸"的古字,例⑥的"禽"是"擒"的古字。这些句子中的古字,都不能按它们其他的常用意义来理解,都是它们的今字所表示的意思。因此,能不能正确辨认古字,识别与之相对应的今字,对于阅读古书来说,有着很重要的意义。

---

① 裘锡圭:《文字学概要》,商务印书馆,1988年版,第270页。
② 郭锡良,李玲璞:《古代汉语》,语文出版社,1992年版,第194页。
③ 宋均芬:《汉语文字学》,北京大学出版社,2005年版,第534页。

古今字的"古"与"今"是相对的概念。正如段玉裁所说:"古今无定时,周为古则汉为今,汉为古则晋宋为今。随时异用者谓之古今字。"今字相对于古字来说,肯定都产生在后,但实际上有些今字早在战国时期就产生了,决不能认为今字都产生于近现代。

2. 古今字产生的原因

在记录语言中的某一个意义时,本来用一个字就可以了,为什么要先后用两个字来记录呢?

在上古时,汉字的数量是很有限的。甲骨文中共有单字4500多个,《四书》中总共用字是4466个,《说文》中收录的是9353个,其中有许多是冷僻字,常用字实际上只有三四千个。用这么少的字来记录语言中那么丰富的概念,只能采用让一个字表示语言中的若干个意义的方法。然而当一个字表示的意义太多之后,就难免出现语义的分歧。语言的发展要求表义精密、尽量避免歧义。于是人们就想出了给多义词的某一个意义专门造一个记录符号的方法,以便把多义词的某一个意义与其他意义区别开来,这样,今字就产生了。所以可以说,今字就是为了区别古字的某一个或一些意义而造出来的。因此前人也把今字称之为"区别字"。一般来说,大多数今字通常只表示古字的某一个意义。如果想把古字的多个意义都区别出来,就得为每个需要区别的意义各造一个今字。这样一来,有的古字就会有不止一个今字了。如"励"是为了区别"厉"的勉励义而造的今字,"砺"是为了区别"厉"的砺石义而造的今字;"供"是"共"在"供应"这个意义上的今字,"拱"是"共"在"拱手"这个意义上的今字等。

3. 古字与今字的形体联系

今字既然是为了区别古字的某一个意义而造出来的,为了能够让人们比较容易地把今字与它相应的古字联系起来,所造的今字就不能与古字没有一点关系。从字音上来说是如此,今字一般都要与古字音同或音近;从字形上来说也是如此,今字的字形一般都要与古字有点联系。概括说来,今字的产生大致有如下几种方法:

添加形符。即以古字为声符,另加形符造出今字。如:

竟—境 反—返 垂—陲 舍—捨 禽—擒
属—嘱 弟—悌 孰—熟 队—坠 县—悬
涂—塗 贾—價 冯—憑 厌—饜 知—智
昏—婚 田—畋 戚—慼 卷—捲 韦—围
家—嫁 其—箕 然—燃 取—娶 与—欤
辟—避、譬、僻、嬖 支—枝、肢

改换形符。当古字本来就是形声字时,就把古字的形符换成意义相近的别的形符,造出今字。如:

赴—讣 说—悦 张—胀 张—帐 振—赈
没—殁 敛—殓 错—措 唱—倡 徇—殉

改变字形。把古字的字形稍加改变造成今字。如:

大—太 母—毋 陈—阵 不—丕 閒—间

借用他字。借用与古字音同或音近的另一个字来做今字。如:

伯—霸 战—颤 兽—狩 罢—疲 要—邀

亦—腋　北—背　份—彬　吕—膂　卬—许

用上述四种方法造出的今字,除了最后一种之外,所造出的今字都与古字的形体有一定的联系。

4. 古字与今字的意义联系

古字与今字一定要有相同的意义,但这个相同的意义性质却可以不同。

今字表示古字的本义:

"债"表示"责"的本义"债款";

"坠"表示"队"的本义"坠落";

"源"表示"原"的本义"水源";

"箕"表示"其"的本义"簸箕";

"燃"表示"然"的本义"燃烧"。

今字表示古字的引申义:

"懈"表示"解"的引申义"松懈";

"导"表示"道"的引申义"引导";

"供"表示"共"的引申义"供给";

"境"表示"竟"的引申义"边境";

"娶"表示"取"的引申义"娶妻"。

今字表示古字的假借义:

"辟"本义法律,假借为"躲避",遂造"避"字表示这个假借义;又假借为"宠爱",遂造"嬖"来表示这个假借义;又假借为"偏远",遂造"僻"来表示这个假借义;还假借为"比喻",遂造"譬"字来表示这个假借义。

"戚"本义为一种兵器,假借为"悲伤",遂造"慼"来表示这个假借义;

"齐"本义为齐平,假借为"斋戒",遂造"斋"来表示这个假借义。

5. 古字与今字的语音联系

由于今字的字形大多都与古字有一定的联系,特别是好多今字就是以古字为声符另加形符而造成的,所以大多数的古字与今字语音上也都有联系。大部分是声韵皆同。如:

赴—讣:同为滂母屋部　　　队—坠:同为定母物部

畜—蓄:同为晓母觉部　　　尊—樽:同为精母文部

弟—悌:同为定母脂部　　　朝—潮:同为定母宵部

有的是声同韵近。如:

覈—核:匣母双声,锡职旁转

有的是韵同声近。如:

属—嘱:禅章旁纽,屋部叠韵

(二)异体字

1. 异体字的定义

异体字是汉字使用中的又一种形体歧异现象。人们对异体字的认识大致上是相同的。王力:"两个(或两个以上的)字的意义完全相同,在任何情况下都可以互相代替"的字叫异体字①;许嘉璐:"在任何情况下都是音同、义同,仅仅形体有所不同的字,就是异体字。"②宋均芬:"异体字一般指字形不同,而音义完全相同的汉字。"③班吉庆:"异体字是读音和意义完全相同,在任何情况下都可以通用的两个或两个以上不同形体的字。"④所以我们说,异体字就是指读音和意义完全相同只有形体不同的一对或一组字。这个定义首先指出异体字非对一个字而言,而是对一对或一组字而言,单独的一个字不能称为异体字;其次指出了异体字应该具备的三个条件:读音相同、意义完全相同、形体不同。例如:

① 驱而之薛,使吏召诸民当偿者,悉来合券。券徧合,起,矫命以责赐诸民。(《战国策·齐策》)

② 当尧之时,天下犹未平。洪水横流,氾滥于天下。(《孟子·滕文公上》)

例①的"徧"读音、意义都与"遍"相同,只是形体不同,它们是一对异体字;例②"氾"读音、意义都与"泛"完全相同,也只是形体不同,它们也是一对异体字。

一对或一组异体字中,有一种形体是1955年12月22日文化部和文字改革委员会联合公布的《异体字整理表》中规定可以保留的,这个形体称作这一对(或一组)异体字中的"正体",如"遍"、"泛";其他不允许再使用的形体称作这一对(或一组)异体字中的"异体",如"徧"、"氾"。我们可以把"徧"叫作"遍"的异体,把"遍"叫作"徧"的正体;把"氾"叫作"泛"的异体,把"泛"叫作"氾"的正体。异体又叫"或体"、"重文"等。

异体字是因为造字之时不同地域的人分别为同一个词造出了不同的形体而产生的。甲骨文时期,就有大量的异体字,同一个字的写法可以多达十几、二十几种。异体字的存在,使得一个词的记录符号有了两种以上不同的形体,这不仅徒然增加了汉字的数量,而且还给人们识字造成了额外的负担,因而它是汉字发展过程中的一种消极现象。

2. 异体字的形成原因

因造字方法不同而形成:

泪(会意)/淚(形声)　　嵩(会意)/崧(形声)
灾(会意)/烖(形声)　　野(形声)/埜(会意)
体(会意)/體(形声)　　网(象形)/罔(形声)

因造字部件不同而形成:

弃/棄　　間/閒　　　体/軆/躰/骵/體
明/朙　　　　　　　剑/劒/劍/劔/剣/鐱/剱

因形声字形符不同而形成:

遍/徧　歌/謌　杯/盃　瓶/缾　溪/谿
熔/鎔　煉/鍊　咏/詠　盤/槃　唇/脣
嘆/歎　疱/皰　腮/顋　刨/鉋　挂/絓
嘩/譁　缰/韁　碗/椀　掃/埽　欣/訢
逼/偪　蚊/蟁　你/妳　偷/媮　傀/媿

---

① 王力:《古代汉语》,中华书局,1999年版,第173页。
② 许嘉璐:《古代汉语》,高等教育出版社,1992年版,第62页。
③ 宋均芬:《汉语文字学》,北京大学出版社,2005年版,第541页。
④ 班吉庆:《汉字学纲要》,江苏古籍出版社,2001年版,第82页。

迹/跡　憔/顦　悴/顇　睹/覩　鸡/雞
鸦/雅　粳/梗　糠/穅　糖/餹　糕/餻
坑/阬　坡/陂　堤/隄　暖/煖　懒/嬾
因形声字声符不同而形成：
柏/栢　绸/紬　锄/鉏　撑/撐　锤/鎚
棰/槌　仙/僊　线/線　绣/繡　懦/愞
钩/鉤　怪/恠　管/筦　捍/扞　秸/稭
昵/暱　栖/棲　旗/旂　蹄/蹢　谥/諡
烟/煙　胭/臙　咽/嚥　蚓/螾　猿/猨
针/鍼　桴/枹　馈/餽　蝶/蜨　踪/蹤
梅/楳　裤/袴　粮/糧　俯/俛　泄/洩
泛/氾/汎
因形声字形符声符都不同而形成：
剩/賸　村/邨　迹/蹟　蚊/䖮　妆/粧
因形声字形符声符位置不同而形成：
案/桉　惭/慙　鹅/鵞　峯/峰　稿/稾
够/夠　和/咊　鄰/隣　略/畧　期/朞
群/羣　棋/棊　裡/裏　鞍/鞌　槁/槀

3. 异体字的辨认

异体字的基本特征是"音义全同"，因而在任何情况下都能够互相代替。因此下面几种情况的字都不能算作异体字：

义同音不同的不算异体字。如：

饥—饿：都是"饥饿"的意思，但所表程度轻重不同。"饥"轻"饿"重；

白—皙：都是"白"的意思，但意义适用对象不同。"白"适用于一切东西，"皙"只指皮肤之白；

疾—病：都是"生病"的意思，但所表程度轻重不同。"疾"指小病轻病，"病"指大病重病；

摧—折：都有"折断"的意思，但所表程度轻重不同。"摧"指严重的折断，"折"指一般的折断；

美—好：都有"长得好看"的意思，但意义适用对象不同。"美"指男人漂亮，"好"指女人漂亮。

由于它们读音不同，并且也不能在任何情况下都互相代替，所以它们不是异体字的关系，而是同义词的关系。

音同义不全同的不算异体字。如：

"修"有"修饰"、"整修"、"修建"、"研究"、"高"、"长"、"美好"、"撰写"等意义，"脩"除了上述意义之外，还有"干肉"的意思，这个意思"修"字没有，二字的意义不是完全相同，因而它们不是异体字，而是通假字。"脩"字除了"干肉"的意思之外，其他的意义都是它的假借义。

置—寘：寘只有放置义，置除了放置义外，还有赦罪、放弃、建立、驿站等义；
沽—酤：酤意为买卖酒，沽买卖的对象可以是一切东西；
帅—率：皆有率领义，帅还有主将义，率还有大致、一般义；
禦—驭：皆有驾驭义，禦还有抵禦、侍奉、进献等义，驭则无。

上述这些字虽然两两字音相同，但它们的意义都不是完全相同，所以都不能看作异体字。

还有一些字之间的关系比较复杂。如"谕"和"喻"。在先秦两汉时，这两个字是完全同义的。如：

① 君子喻于义，小人喻于利。(《论语·里仁》)
② 寡人谕矣！(《战国策·魏策》)
③ 王好战，请以战喻。(《孟子·梁惠王上》)
④ 谊追伤之，因以自谕。(《汉书·贾谊传》)

前两例的"谕"和"喻"都是"懂得"、"明白"的意思，后两例的"谕"和"喻"都是"比喻"的意思。这时候它们应该是异体字的关系。但到了后来，它们的意义发生了变化，"诏谕"、"晓谕"的"谕"不能再写作"喻"了，"比喻"的"喻"也不能写作"谕"了。意义不全同，当然就不再是异体字的关系了。

4. **异体字与古今字的异同**

相同之处：两个(或两个以上)汉字记录同一个词，形体上一般都有一定的联系，读音都可以相同。

不同之处：古今字是历时现象，即是在不同的时期记录同一个词；异体字是共时现象，即是在同一个时期记录同一个词。古今字的读音可以相同，也可以不同；异体字的读音必须相同。古今字一般只有一个相同的意义，异体字则所有意义都相同。

说—悦：二字虽然字音相同，都是余母月部，但从时间上来看，上古时，只有"说"而没有"悦"，它们不是同时存在的；从意义上来看，"说"的意义有陈述、解说，言论、主张，劝说、说服，喜欢、高兴等，而"悦"只有喜欢、高兴的意思，它们也就在这一个意义上相同，所以它们是古今字的关系。

野—埜：二字都是余母鱼部，读音相同；从意义上来看，它们都有田野、郊外、野生、朝廷之外、缺乏文采、野蛮等意义；从时间上来看，它们都存在于上古的文献中，符合"音义全同"的特征，因而它们是异体字的关系。

(三)通假字

1. **通假的定义**

相对于古今字和异体字来说，通假的定义歧说最多。王力："所谓古音通假，就是古代汉语书面语言里同音或音近字的通用和假借。"①郭锡良、李玲璞："凡文献中的用字，如果它所记录的词不是该字的本义或引申义，这个字就是假借字。"②裘锡圭："通假也叫通借，有广义、狭义之分。我们这里所说是狭义的通假，指借一个同音或音近的字来表示一个本

---

① 王力：《古代汉语》，中华书局，1999年版，第546页。
② 郭锡良、李玲璞：《古代汉语》，语文出版社，1992年版，第189页。

有其字的词。"①曹先擢:"通假字是指古书中的同音替代字,即用同音字去表示另一个同音或音近字的意义。"②

借用音同音近的字来表示另一个字的意义,应该包括两种情况:一种即许慎所说"本无其字"的借用,即借音同音近的字来表示另一个没有造出的字的意义;另一种则是"本有其字"的借用,即借音同音近的字来表示另一个已有的字的意义。"本无其字"的借用称之为"假借",是大家的共识,基本没有异议;"本有其字"的借用则或称之为"假借",或称之为"通假"。另外,这两种借用合起来又称之为什么?有人把它们合称为"通假",有人把它们合称为"假借"。这就造成了"通假"、"假借"这两个术语在使用中的混乱——有时"通假"指"本有其字"的借用,有时"通假"又兼指"本有其字"和"本无其字"两种借用;有时"假借"指"本无其字"的借用,有时"假借"又兼指"本无其字"和"本有其字"两种借用。这种混乱状况的存在,直接影响着对它们的正确理解,因此亟待厘清。

笔者认为,"本无其字,依声托事"的借用,即借用音同音近的字来表示另一个没有造出的字的意义,这种借用可简称之为"假借",意在强调"借";而"本有其字,临时借用"的借用,即借用音同音近的字来表示另一个已有的字的意义,这种借用可沿用旧称,简称之为"通假",意在强调"通"。其次是这两种借用该用什么样的合称比较合适的问题。合称为"假借"不行,因与"本无其字"的借用相混;合称为"通假"也不行,因与"本有其字"的借用相混。最好合称为"通借"("通"指本有其字的借用,"借"指"本无其字"的借用)。这样一来,就把两种借用真正区别开了。

"假借"作为"六书"之一,上文已有论述。"通假"既指"借用音同音近的字来表示另一个已有的字的意义",那么它一定涉及两个字——被借的字、已有的字。通常我们把"被借的字"叫作"通假字",把"已有的字"叫作"本字"。在表示某一意义时,本来该用本字,由于各种原因,而没有用本字,而是借用他字来表示本该由本字表示的意义。借用之后,通假字与本字在某个意义上就通用了。例如:

① 王立于沼上,顾鸿雁麋鹿。(《孟子·梁惠王上》)
② 伊尹之状,而无须麋。(《荀子·非相》)
③ 之子于归,宜其室家。(《诗经·周南·桃夭》)
④ (阳货)归孔子豚。(《论语·阳货》)
⑤ 君子怀刑,小人怀惠。(《论语·里仁》)
⑥ 甚矣,汝之不惠!(《列子·汤问》)

例①的"麋"用本义,指麋鹿。例②的"麋"借用为"眉",指眉毛。例③的"归"用本义,意为女子出嫁。例④的"归"借用为"馈",意为赠送。例②的"麋"和例④的"归"就是通假字,它们的本字分别是"眉"和"馈"。例⑤的"惠"用引申义,意为恩惠。例⑥的"惠"借用为"慧",意为聪明,这个"惠"是"慧"的通假字。

2. 通假的条件

通假字与本字之间必须具有如下关系:

---

① 裘锡圭:《文字学概要》,商务印书馆,1988年版,第106页。
② 曹先擢:《通假字例释》,河南人民出版社,1985年版,第181页。

A. 意义无联系。通假字被借用后表示的意义须与它本身的意义无关,既不能是它的本义,也不能是它的引申义。

B. 字音同或近。由于通假就是把通假字当作一个记音符号使用的,所以原则上通假字应与本字字音(上古音)相同。古书中也有一些通假字与本字读音不同而近的,大多是因方言所致。

上举"麋"本身只有一个"麋鹿"的意义,这个意义与"眉毛"的意思没有引申的关系;同时"麋"和"眉"从字音来看,它们是明母双声、脂部叠韵,故能音同而通。而"归"本义为"女子出嫁",可引申出回家、归还等意义,但与"赠送"的意义没有关系;同时"归"、"馈"的字音是见群旁纽、微物对转,故得音近而通。"惠"本义为"仁慈",引申为"恩惠"和"柔顺",但与"聪明"的意思没有关系;同时"惠"与"慧"匣母双声、质月旁转,故能音近而通。

3. 通假的类型

根据通假字与本字字音关系的不同,人们把通假分为如下几类:

同音通假,即通假字与本字声韵皆同。例如:

《孟子·公孙丑下》:"寡助之至,亲戚畔之。""畔"通"叛":并母双声,元部叠韵。

《墨子·尚贤》:"四鄙之萌人闻之,皆竞为义。""萌"通"氓":明母双声,阳部叠韵。

《庄子·逍遥游》:"旬有五日而后反。""有"通"又":匣母双声,之部叠韵。

《庄子·秋水》:"不似豪末之在于马体乎?""豪"通"毫":匣母双声,宵部叠韵。

《韩非子·五蠹》:"重争士橐,非下也,权重也。""橐"通"托":透母双声,铎部叠韵。

双声通假,即通假字与本字声母相同,韵只相近。如:

《诗经·周颂·噫嘻》:"率时农夫,播厥百谷。""时"通"是":禅母双声,之支旁转。

《汉书·丙吉传》:"西曹地忍之,此不过污丞相车茵耳。""地"通"第":定母双声,歌脂旁转。

《礼记·礼运》:"其燔黍捭豚。""捭"通"擘":帮母双声,支锡对转。

《列子·周穆王》:"其父之鲁,过陈,遇老聃,因告其子之证。""证"通"症":章母双声,蒸耕旁转。

叠韵通假,即通假字与本字声母相近,韵部相同。如:

《荀子·天论》:"怪星之党见。""党"通"倘":端透旁纽,阳部叠韵。

《庄子·秋水》:"人卒九州。""卒"通"萃":精心旁纽,物部叠韵。

《左传·庄公九年》:"及堂阜而税之。""税"通"脱":书透准旁纽,月部叠韵。

《战国策·秦策》:"穷巷掘门。""掘"通"窟":群疑旁纽,物部叠韵。

声韵相邻通假,即通假字与本字声母韵部虽都不同,但皆相近。如:

《论语·微子》:"齐人归女乐,季桓子受之,三日不朝,孔子行。""归"通"馈":见群旁纽,微物对转。

《诗经·鄘风·柏舟》:"之死矢靡它。""矢"通"誓":书禅旁纽,脂月旁对转。

《左传·隐公元年》:"若阙地及泉,隧而相见,其谁曰不然?""阙"通"掘":溪群旁纽,物月旁转。

根据通假字与本字自身的关系,通假可分为如下几类:

单通,即 A 通 B,B 不通 A。如:

《诗经·豳风·七月》:"四之日其蚤。""蚤"可通"早","早"不可通"蚤";

《庄子·列御寇》:"宵人之离外刑者,金木讯之。""宵"可通"小","小"不可通"宵"。

互通,即 A 可通 B,B 也可通 A。如:

《韩非子·难二》:"昔者晋文公慕于齐女而亡归。""亡"通"忘"。《管子·乘马》:"今日不为,明日忘货。""忘"也通"亡"。

《左传·隐公十年》:"不贪其土,以劳王爵,正之体也。""正"通"政"。《韩非子·难三》:"故群臣公政而无私。""政"也通"正"。

递通,即 A 通 B,B 通 C。如:

《文心雕龙·明诗》:"离合之发,则明于图谶。""明"通"萌"。《韩非子·初见秦》:"彼固亡国之形也,而不忧民萌。""萌"通"氓"。

共通,即 A 通 B、C、D……或 A、B、C……通 D。如:

《诗经·鄘风·柏舟》:"至死矢靡它。""矢"通"誓"。《左传·文公十八年》:"杀而埋之马矢之中。""矢"通"屎"。《左传·隐公五年》:"公矢鱼于棠。""矢"通"陈"。

《汉书·于定国传》:"罗文法者,于公所决皆不恨。""罗"通"罹"。贾谊《吊屈原赋》:"嗟苦先生,独离此咎兮。""离"通"罹"。《诗经·小雅·鱼丽》:"鱼丽于罶。""丽"通"罹"。

4. 通假字的读音

这里要说的不是通假字本身的字音问题,而是现在遇到古书中的通假字该怎么读它的字音的问题。这不仅涉及那些音近的通假字,因为音同的通假字与本字的字音现在也大多已经变得不再同音,所以也包括部分同音通假字,都存在着现在是读通假字的音,还是读本字的音的问题。

早在 1979 年时,吾师赵天吏(字理之)先生即在今河南大学的前身——开封师范学院的《学报》上发表了《古音通假的条例以及通假字的读音问题》一文,阐述了"通假字一般不应当读同本字的音读,而仍应读……自身的音读"的观点。

还有一种观点说:"凡古代字书、韵书或前人注疏里注有通假字与本字读音相同的反切或直音的,则通假字的今读同本字。"言外之意,其他的通假字则读它原来的字音。

第三种观点则是:"不管古代字书、韵书或前人注疏里是否注有通假字与本字读音相同的反切或直音,只要它确切是通假字,其今读应当同本字。"①

裘锡圭先生同意第三种观点,他说:"假借字跟本字是代表同一个词的,所以必须读一个音。"

人们在使用通假字的时候,并不是把它当作一个表义符号来使用的,而是把它当作本字的一个记音符号来使用的。既然是本字的记音符号,当然应该读同本字的音。不读本字的音,就有不把它当作通假字的可能;读同本字的音,就说明不仅已经知道了它是通假字,并且也知道了它的本字是谁。例如《左传·隐公元年》:"若阙地及泉,隧而相见,其谁曰不然?"把"阙地"念作"què 地",意义不明;念作"jué 地",其义立现。所以,只要我们能够确切地知道一个字是通假字,并知道它的本字是哪一个字,那就应该直接按本字的音来读。

---

① 以上两种观点都见于《辞书研究》1980 年第 1 期所载盛九畴《通假字小议》一文。

5. 通假字的确认

从有清段玉裁、王念孙开创"音近义通"的理论至今,人们对汉字音义关系的认识越来越深入,运用古音通假的原理来揭示古代典籍中的疑难字义,遂成为一种卓有成效的训诂手段。从王氏父子开始,他们"就古音以求古义,引申触类,不限形体",在训释古籍词义时,能正前人之所误,发前人之未发,取得了辉煌的成就。但是,随着古音研究的日渐深入和古音通假理论的普遍应用,一种"滥用通假"的错误倾向也已产生并在不断蔓延。我国著名的语言学家王力先生早在20世纪60年代就看到了这个问题,并指出:"在语音学知识比较不普遍的时代,双声叠韵的现象被涂上一层神秘的色彩,似乎一讲古音通假,就能令人深信不疑。""谈古音通假的学者们却往往喜欢把古音通假的范围扩大到一切的双声叠韵,这样就让穿凿附会的人有广阔的天地,能够左右逢源,随心所欲。"①

确定两个字是不是通假关系,一要看两个字是不是具有音同或音近的关系(上古音),二要看有没有确切的书证。两个字音不同也不近,那就没有了通假的可能;虽音同或音近但没有可信的书证,二字可以通假的可能就不算已成事实。这已经成为人们的共识。实际上,判断两个字是否通假,还有一个重要的依据常常被人们忽视,即"借字与本字之间意义没有联系"。② 因为通假只是借用了借字的字音外壳来记录与其自身形体没有任何联系的另一个字的意义。如"彫",字从"彡"得义,本义是"彫饰",引申为彫出的"文饰"、"彩绘"。《论语·子罕》:"岁寒,然后知松柏之后彫也。"句中的"彫"却是"草木凋零"的意思,这个意义与"彫"的本义、引申义都没有任何联系,因而可知这个"彫"是通假字,其本字是"凋"。按照这样的认识,我们注意到有些被注为通假的字应属误注。这些误注有的是误以同源词为通假,有的则是误以古今字为通假。

误以同源词为通假的如:

帅:率(山母双声,物部叠韵)《左传·隐公元年》:"命子封帅车二百乘以伐京。"王力注:"帅,通'率'。"③按:《说文·巾部》:"帅,佩巾也。"假借为"军中主将、统帅"。《论语·子罕》:"三军可夺帅也,匹夫不可夺志也。"《汉书·赵充国传》:"为人沈勇有大略,少好将帅之节。"由"将帅"义又引申出"地方主管"的意思。《国语·齐语》:"十邑为卒,卒有卒帅;十卒为乡,乡有乡帅;三乡为县,县有县帅。"由"将帅"还引申为"首领、起主导作用的人或物"。《孟子·公孙丑上》:"夫志,气之帅也。"将帅的职能是率领将士冲锋陷阵,因而由"将帅"义又引申出"率领"之义。《左传·成公三年》:"帅偏师以修封疆。"《孟子·万章上》:"舜南面而立,尧帅诸侯北面而朝之。"《荀子·王霸》:"主之所极然帅群臣而首乡之者,则举义志也。"

《说文·率部》:"率,捕鸟毕也,象丝罔,上下其竿柄也。"段玉裁注:"毕者,田网也,所以捕鸟,亦名率。"其本义为"长柄捕鸟网"。张衡《东京赋》:"悉率百禽。""率"用如动词,即"用网捕捉"之义。由此义再引申为"沿着"、"顺着"。《诗·大雅·緜》:"率西水浒,至于岐下。"毛传:"率,循也。"蔡邕《述行赋》:"率陵阿以登降兮,赴偃师而释勤。"由"顺着"再引申

---

① 王力:《龙虫并雕斋文集》(第1册),中华书局,1980年版,第339页。
② 陆宗达,王宁:《训诂方法论》,中国社会科学出版社,1983年版,第126页。
③ 王力:《古代汉语》,中华书局,1999年版,第11页。

为"遵循"、"顺服"。《诗·大雅·假乐》:"不愆不忘,率由旧章。"郑笺:"率,循也。……循用旧典之文章,谓周公之礼法。"《资治通鉴·唐德宗贞元元年》:"一夫不率,阖境罹殃。"胡三省注:"率,循也,不率,谓不循上之教令也。"由"顺服"再引申为"统领"、"带领"。因为被统领的人都是顺服者。《诗·周颂·噫嘻》:"率时农夫,播厥百谷。"《庄子·盗跖》:"勇悍果敢,聚众率兵,此中德也。"《列子·汤问》:"遂率子孙荷担者三夫,叩石垦壤。"由"统领"、"带领"再引申为统领、带领士兵的人,即"将领"、"将帅"。《荀子·富国》:"将率不能则兵弱。"杨倞注:"率,与帅同。"

由上可知,"帅"与"率"皆有"率领"、"带领"义,"帅"的这个意义是由其假借义辗转引申而来,"率"的这个意义则由其引申义辗转引申而来。虽然其引申的起点、途径不同,但都是二者词义系统中固有之义。所以我们既不能说"帅"用于"率领"义时是通"率",也不能说"率"表示"率领"义时是通帅。二者不是通假关系,实是音同义通的同源词①。

误以古今字为通假的如:

被:披(并滂旁纽,歌部叠韵)《论语·宪问》:"微管仲,吾其被发左衽矣!"王力注:"被,通'披'。"②按:《说文·衣部》:"被,寝衣,长一身有半,从衣皮声。"其本义即"被子"。《楚辞·招魂》:"翡翠珠被,烂齐光些。"李白《寄远十二首》之十一:"床中绣被卷不寝,至今三载闻余香。"辛弃疾《清平乐·独宿博山王氏庵》:"布被秋宵梦觉。"被子都是人在躺下时盖在身上的,因而引申出"覆盖"义。《楚辞·招魂》:"皋兰被径兮斯路渐。"王逸注:"被,覆也。"张衡《东京赋》:"芙蓉覆水,秋兰被涯。"人在躺下时覆盖在身上叫"被",那么人在直立时把东西覆盖在身上也叫"被",这个意义就是"披"。《墨子·尚贤中》:"傅说被褐带索,庸筑乎傅岩,武丁得之。"《孟子·离娄下》:"乡邻有斗者,被发缨冠而往救之。"由"覆盖"的意义再引申为"蒙受"、"遭受"的意思。《管子·形势解》:"主明而国治,竟内被其利泽。"《战国策·燕策》:"秦王复击轲,(轲)被八创。"屈原《哀郢》:"被以不慈之伪名。"由"遭受"的意义再虚化为表示被动的意义。《战国策·齐策》:"国一日被攻,虽欲事秦,不可得也。"司马迁《报任安书》:"虽万被戮,岂有悔哉?"然后再进一步虚化为介词,用来引进行为的主动者。《世说新语·言语》:"弥衡被魏武谪为鼓吏。"蔡邕《被收时表》:"臣被尚书召问。"可见"披"的意义实由"被"的"覆盖"义引申而来,是"被"的引申义。

"披"字《说文》不收。查先秦文献,《论语》、《孟子》、《周易》、《荀子》等皆无"披"字。《周礼》"披"字仅一见。《周礼·夏官·司马》:"大丧,作士掌事,作六军之事执披。"郑众注:"披者,扶持棺险者也。"这一见不足以证明"披"在先秦即已出现。正像王力先生所说:"有很多古书是经过后人改过的。有些人拿当代用的字去看,认为这里本该这么写的,就把……里的一些字改了。"③他举的例字是表示喜悦的"说"常被后人改为"悦"。《庄子·知北游》:"啮缺问道乎被衣。"《庄子引得》注:"'被'一作'披'。"④可见有的版本的《庄子》确被人们改过。实际上"披"是在"被"的意义孳乳得越来越多后为了区别"被"的不同意义而造出来专门表示"披戴"这个意义的。因此,"被"之与"披"虽是旁纽和叠韵的关系,字音

---

① 王力:《同源字典》,商务印书馆,1982年版,第462页。
② 王力:《古代汉语》,中华书局,1999年版,第197页。
③ 王力:《龙虫并雕斋文集》(第3册),中华书局,1982年版,第427页。
④ 哈佛燕京学社引得编纂处《庄子引得》,上海古籍出版社,1986年版,第58页。

极近,但它们实为古今字的关系,而非通假的关系。

正确辨认通假字,对我们正确理解古书意义至关重要。正如王引之所说:"经典古字,声近而通,则有不限于无字之假借者。往往本字见存,而古本则不用古字,而用同声之字。学者改本字读之,则怡然理顺,依借字解之,则以文害辞。"①所以,通假理论的确立,"标志着中国语言学发展的一个新阶段,它摆脱了文字的束缚,把语音跟词义直接联系起来,这样做,实际上纠正了前人把文字看成是直接表示概念的唯心主义观点。"但是"真理走过了一步就是错误。善用通假,就能做出很大的成绩;滥用通假,那就错了。……所以'通假'是好的,'滥用'就不好。"②

6. 通假与假借的区别

通借有本无其字的假借和本有其字的通假两类情形。本无其字的假借指某些词原先没有为它们专门造字,人们从现有的文字中选取某个同音字来记录它。如"容易"这个词当初没有为它造出一个专字,人们就从现有的字中找出一个与它同音且原义为蜥蜴的"易"字来记录它。至今也没有再为"容易"这个意思造专字,所以这种假借是没有本字的。本有其字的通假则是指某个词本来就有表示它的专字,但人们在书写它的时候,却借用了一个与它音同或音近的字来代替它。如表示"伸展"这个意义原先有个专字"伸",可有的作者在表示这个意思的时候,却放着"伸"字不用,而用了一个与"伸"音近的"信"来表示"伸展"的意义。那么,在表示"伸展"这个意义时,"信"就是一个通假字,"伸"是它的本字。

7. 通假字与古今字的区别

二者的共同之处,都是两个字形表示一个意义,并且两个字形都可以有字音上的联系。

二者的主要区别,一是从时间上来看,古字与今字有时代先后之别,同一个意义,先用古字,后用今字;通假字与本字无时代先后之别,它们可以是同时存在的两个字。二是从意义上来看,古字与今字意义上有联系,它们总要有一个意义是相同的,这个相同的意义脱离了具体的语言环境都依然存在;而通假字与本字一般意义上无联系,它们没有相同的意义,通假字的借义只存在于具体的语言环境中,脱离了具体的语言环境就不复存在。三是从字形上来看,古字与今字大多都有形体联系,即形体上有相同的构件;通假字与本字则既可以有形体联系,也可以没有形体联系。

"取"和"娶",从时间上来看,先有"取"而后有"娶",二者有一个共同的意义"娶妻",二者有形体联系,"取"是"娶"的声符,所以二者之间是古今字的关系。

"蚤"与"早",从时间上来看,二字没有早晚之别;从意义上来看,"跳蚤"的意义与"早"没有联系,在"旦日不可不蚤自来谢项王"这个具体语境中,"蚤"才有"早"义,离开这个语境,"蚤"没有"早"义;从字形上来看,二字没有相同的构件,所以二字是通假字与本字的关系。

"叛"和"畔"二字,从时间上来看,它们是同时存在的;从意义上来看,"叛"意为"背叛","畔"意为"田界",二者没有联系;虽然二字形体上有相同的构件,但在"寡助之至,亲

---

① 见王引之:《经义述闻·通说下》,道光七年本。
② 王力:《龙虫并雕斋文集》(第3册),中华书局,1982年版,第429页。

戚畔之"中它们也是通假关系。

8. 通假字与异体字的区别

二者的共同之处，都是两个字形表示一个同样的意义，两个字的读音都可以相同。

二者的主要区别，从意义上来看，异体与正体不仅所有的意义都相同，并且是在任何情况下（不论是在具体语境中还是脱离了具体的语境）都相同。通假字与本字只在表示某一意义时相同，其他意义毫无联系，并且那个相同的意义也只有在具体的语境中才能体现出来，离开了具体的语境，这个意义就不再存在。

"杯"与"盃"，二者的意义在任何情况下都完全相同，都指用来盛液体的器皿，且读音也相同，所以是异体关系。

"馈"意为"馈赠"，"归"意为"女子出嫁"、"回家"、"归还"等，因与"馈"音近，也可借作"馈"，表示"馈赠"之意，但这个意义只有在"（阳货）归孔子豚"这样的语境中才有，它们的其他意义是不相同的，所以它们之间是通假关系。

（四）繁简字

1. 简化字的来源

繁简字就是一个字的繁体和简体的合称。这是 1956 年以后我国陆续公布了几个简化字表以后，又出现的一种汉字形体歧异现象。一个字简化之前笔画多的那个形体叫繁体字，简化之后笔画少的那个形体叫简化字（也叫简体字）。如"當"和"当"就是一对繁简字，"當"是"当"的繁体字，"当"是"當"的简化字。

简化字并不一定都是在汉字简化时临时造出来的。从甲骨文时期，一直到隶楷阶段，汉字的简化一直都没有停止过。所以有很多简化字其实早就存在于古代的文献中。大致来说，简化字的来源有如下几种：

来源于古字。如：

云，在"云气"意义上的今字是"雲"，因"雲"笔画多，又简化为"云"；

舍，在"舍弃"意义上的今字是"捨"，因"捨"笔画多，又简化为"舍"；

从的今字"從"又简化为"从"；

气的今字"氣"又简化为"气"。

来源于异体字中笔画少的。如：

"礼"与"禮"原是一对异体字，因"礼"笔画少，被确定为简化字；

"弃"与"棄"原是一对异体字，因"弃"笔画少，被确定为简化字；

"赶"与"趕"原是一对异体字，因"赶"笔画少，被确定为简化字。

来源于繁体字的一部分。如：

"务"取自繁体"務"的右边；

"声"取自繁体"聲"的左上；

"广"取自繁体"廣"的上边；

"飞"取自繁体"飛"的右上；

"奋"取自繁体"奮"的上下。

用简单符号代替繁体字的一部分。如：

"邓"是用"又"代替了繁体字"鄧"中的"登";
"欢"是用"又"代替了繁体字"歡"中的"雚";
"鸡"是用"又"代替了繁体字"鷄"中的"奚";
"刘"是用"文"代替了繁体字"劉"中的"卯金";
"庆"是用"大"代替了繁体字"慶"中的下部。

这些简化字中构件"又"、"文"、"大"等都不起表示意义的作用,都只是一个简单符号。

来源于草书楷化。如:
"归"是"歸"的草书楷化而成;
"应"是"應"的草书楷化而成;
"尽"是"盡"的草书楷化而成;
"韦"是"韋"的草书楷化而成。

笔画多的声符用笔画少的代替。如:
"认"是用"人"代替"認"的声符"忍"而成;
"态"是用"太"代替"態"的声符"能"而成;
"远"是用"元"代替"遠"的声符"袁"而成;
"袄"是用"夭"代替"襖"的声符"奥"而成。

来源于新造字。如:
辞—辭 丛—叢 窜—竄 龟—龜

来源于同音替代字。如:(详见下文)
斗—鬥 几—幾 谷—穀 里—裏
余—餘 郁—鬱 后—後 丰—豐

2. 繁简字的对应关系

一对一,即一个简化字对应一个繁体字,这是绝大多数。如:
爱—愛 罢—罷 帮—幫 报—報
补—補 蚕—蠶 馋—饞 疮—瘡
触—觸 党—黨 点—點 觉—覺

一对几,即一个简化字对应两个以上的繁体字。如:
丑—丑醜 饥—飢饑 发—發髮
干—干幹乾 复—复復複
台—台臺檯颱

一对一的繁简字一般对古书的阅读不会造成太大的困难。一对几的繁简字则不然。由于一个简化字对应了古书中的若干个繁体字,在阅读用简化字排印的古书时,必须弄清这个简化字对应的是哪个繁体字,然后才能准确理解它的意义。

3. 同音替代繁简字

古时皆有而音同义不同的两个字,简化时用笔画少的替代笔画多的作为简化字。例如:

后—後 二者皆古书中已有之字。后,意为君王,皇后。後,意为先后。有些古书曾经以"后"代"後",但用得很不普遍,后代一般不再通用。至于君王、皇后的"后",则绝不写作"後"。因二字读音相同,在简化汉字时,就以"后"代替了原来的"後"和"后"。《尚书·汤誓》:"我后不恤我众。"《史记·孝景本纪》:"孝文在代时,前后有三男。"句中的"后"对应的都是它本身。《论语·微子》:"子路从而后。"句中的"后"对应的是"後",意为"后面"。

余—餘　余是第一人称代词,意为"我";餘意为"剩余"。因二字读音相同,即以"余"作了"余"和"餘"的简化字。《左传·成公二年》:"自始合,而矢贯余手及肘。"句中的"余"对应的是代词"余"。《列子·汤问》:"以残年余力,曾不能损魁父之丘。"句中的"余"对应的则是"餘"。

谷—穀　谷指的是山谷,穀则指五谷。因二字读音相同,即以"谷"作了"谷"和"穀"的简化字。《孟子·滕文公上》:"吾闻出于幽谷迁于乔木者,未闻下乔木而入于幽谷者。"句中的"谷"指山谷,对应的仍是"谷"。《孟子·梁惠王上》:"不违农时,谷不可胜食也。"句中的"谷"指的是粮食,对应的繁体是"穀"。

丑—醜　丑本义是纽手,古书中多借为十二地支名之一;醜则是面目丑的意思。因二字读音相同,即以"丑"作了"丑"和"醜"的简化字。《左传·隐公元年》:"五月辛丑,大叔出奔共。"句中的"丑"对应的是"丑"。《淮南子·说山训》:"嫫母有所美,西施有所丑。"句中"丑"对应的则是"醜"。

4. 同形繁简字

某个繁体字简化后其形体正好与古已有之的另一个字形体相同。例如:

腊—臘　腊(xī),干肉。臘,阴历十二月。二字音义皆不相同。臘简化为腊后,其字形恰与义为干肉的"腊"相同。柳宗元《捕蛇者说》:"然得而腊之以为饵,可以已大风、挛踠。"句中的"腊"就不是"臘"的简化字。《左传·僖公五年》:"虞不腊矣,在此行也,晋不更举矣。"句中的"腊"才是"臘"的简化字。

宁—寧　宁是貯的本字,寧意为安宁。二字本来音义皆不相同,寧简化为宁后,与意为"贮藏"的"宁"同形了。孙绰《游天台山赋》:"惠风宁芳于阳林。"句中的"宁"用的就是本字,不是"寧"的简化字。《吕氏春秋·仲冬纪》:"君子斋戒,处必弇,身欲宁,去声色,禁嗜欲,安形性。"句中的"宁"是"寧"的简化字。

适—適　适音 kuò,常用作人名。適,到……去,也用作副词,正巧。適简化后,与"适"同形。《论语·雍也》:"赤之适齐也,乘肥马,衣轻裘。"句中"适"是"適"的简化字。又《宪问》:"南宫适问于孔子。"句中的"适"不是"適"的简化字。

虫—蟲　虫读 huǐ,本义为毒蛇,古书中很少单用,一般只在形声字中作形符;蟲读 chóng,古代泛指动物。简化后与"虫"同形。《大戴礼记·易本命》:"有羽之虫三百六十,而凤凰为之长。"句中"虫"即为"蟲"的简化字。

5. 两繁共一简的繁简字

用一个新造字同时作为两个繁体字的简化字。例如:

弥—彌瀰　彌,满,更。瀰,瀰漫,水大的样子。现在二字都简化为"弥"。《史记·司马相如列传》:"离宫别馆,弥山跨谷。"句中"弥"是"彌"的简化字。柳宗元《平淮夷雅二篇》:"汝水沄沄,既清而弥。"句中"弥"是"瀰"的简化字。

历—曆歷　曆字从日,指曆数、曆法;歷字从止,意为经歷。现在二字都简化为"历"。《淮南子·本经》:"星月之行,可以历推得也。"句中"历"是"曆"的简化字。司马迁《报任安书》:"深践戎马之地,足历王庭,垂饵虎口。"句中"历"是"歷"的简化字。

钟—鐘锺　鐘是一种乐器,锺是一种容器,二者意义本不相同。现在都简化为"钟"。《诗经·周南·关雎》:"窈窕淑女,钟鼓乐之。"句中的"钟"是"鐘"的简化字。《孟子·滕文公下》:"仲子,齐之世家也。兄戴,蓋禄万钟。"句中的"钟"是"锺"的简化字。

获—穫獲　穫字从禾,意为收穫;獲字从犬,意为猎獲、捕獲。现在都简化为"获"。《诗经·豳风·七月》:"八月剥枣,十月获稻。"句中"获"是"穫"的简化字。《汉书·宣帝纪》:"封泰山,塞宣房,符瑞应,宝鼎出,白麟获。"句中"获"是"獲"的简化字。

发—髮發　髮字从髟,意思是头发;發字从弓,意思是把箭射出去。现在二字都简化为"发"。《论衡·无形》:"人少则发黑,老则发白,白久则黄。"句中"发"是"髮"的简化字。《史记·李将军列传》:"其射,见敌急,非在数十步内,度不中不发,发即应弦而倒。"句中"发"是"發"的简化字。

6. 繁简字与异体字的异同

二者的相同点:一是两个字都同音,二是两个字意义都相同(繁简字中的同形字与同音替代字除外)。

主要的不同点:一是从时间上来看,繁简字的两个字形一个早,一个直到汉字简化时才出现(就一般情况而言);异体字中的两个形体却可以是同时存在的。二是从笔画上来看,繁简字中两个字的笔画必然一个多,一个少,而异体字两个形体笔画多少的区别则不明显。

"机"和"機",前者出现晚,后者出现早;前者笔画少,后者笔画多;意义都一样,所以二者是繁简字的关系。"綫"和"線",二者都是很早就有了的形体,意义也相同,从笔画上来看,笔画的多少不是很明显,所以二者是异体字的关系。

思考与练习(三)

一、什么是古今字?古字与今字形体上有哪几种联系?什么是异体字?古今字与异体字有什么区别?

二、为什么说由同音替代形成的繁简字需要我们特别注意?

三、下面哪些是相应的古今字?哪些是相应的异体字?

傑	责	境	景	欣	杰	燃	忻	唇	竟	屑	捨
为	铲	胸	剗	坤	舍	堃	债	然	绔	伪	窀
蚓	坐	採	蟓	匈	剪	影	蔪	软	反	笑	熟
其	餻	暮	勒	返	顿	阱	袴	咲	箕	采	邻
膡	田	埶	属	戚	剩	敗	莫	县	感	座	敕
糠	悬	糕	娯	却	嘱	弟	章	娱	糠	悌	彰

四、找出下列各句中的古字、异体字,并指出相应的今字和正体字。

1. 秦伯说,与郑人盟。(《左传·僖公三十年》)
2. 上明而政平,则是虽竝世起,无伤也。(《荀子·天论》)
3. 人有亡鈇者。(《吕氏春秋·去尤》)
4. 公子引侯生坐上坐。(《史记·魏公子列传》)

5. 宰夫腼熊蹯不孰。(《左传·宣公二年》)
6. 八月九月天气凉。(李白《草书歌行》)
7. 师者,所以传道、受业、解惑也。(韩愈《师说》)
8. 臣愿奉璧往使。(《史记·廉颇蔺相如列传》)
9. 百越之君,俛首系颈,委命下吏。(贾谊《过秦论》)
10. 此乃信之所以为陛下禽也。(《史记·淮阴侯列传》)
11. 五谷多寡同,则贾相若。(《孟子·滕文公上》)
12. 恐太后玉体之有所郄也。(《战国策·赵策》)
13. 距关,毋内诸侯,秦地可尽王矣。(《史记·项羽本纪》)
14. 朱亥袖四十斤铁椎,椎杀晋鄙。(《史记·魏公子列传》)
15. 臣请辟于赵,淹留以观之。(《战国策·楚策》)
16. 赢粮而景从。(贾谊《过秦论》)
17. 锲而不舍,金石可镂。(《荀子·劝学》)
18. 匕首已陷其匈矣。(贾谊《治安策》)
19. 若火之始然,泉之始达。(《孟子·公孙丑上》)
20. 取妻如之何?(《诗经·齐风·南山》)

五、指出下列各句中加点字的繁体,并说明其意义。
1. 陈留,天下之冲,四通五达之郊也。(《汉书·郦食其传》)
2. 呼河伯妇来,视其好丑。(《史记·滑稽列传》)
3. 树木丛生,百草丰茂。(曹操《观沧海》)
4. 高祖击筑自为歌诗。(《史记·高祖本纪》)
5. 鼠翻书叶响,虫逗烛花飞。(王彦泓《寓夜》)
6. 四体不勤,五谷不分,孰为夫子?(《论语·微子》)
7. 赵威后问齐使。(《战国策·齐策》)
8. 射者正己而后发。(《孟子·公孙丑上》)
9. 窈窕淑女,钟鼓乐之。(《诗经·周南·关雎》)
10. 八月剥枣,十月获稻。(《诗经·豳风·七月》)

六、找出下列句子中的通假字,并指出其相应的本字。
1. 天子葵之。(《诗经·小雅·采菽》)
2. 直不百步耳,是亦走也。(《孟子·梁惠王上》)
3. 四之日其蚤,献羔祭韭。(《诗经·豳风·七月》)
4. 仆虽罢驽,亦尝侧闻长者之遗风矣。(《报任安书》)
5. 甚矣汝之不惠。(《列子·汤问》)
6. 先知稼穑之艰难乃逸,则知小人之依也。(《尚书·无逸》)
7. 尺蠖之屈,以求信也。(《周易·系辞下》)
8. 是无世不常有之。(《荀子·天论》)
9. 溺死者千有余人,军惊而坏都舍。(《吕氏春秋·察今》)
10. 外填抚四夷诸侯。(《汉书·张王陈周传》)

11. 植其杖而芸。(《论语·微子》)
12. 山川悠远,维其劳矣。(《诗经·小雅·渐渐之石》)
13. 常思奋不顾身以徇国家之急。(《报任安书》)
14. 强自取柱,柔自取束。(《荀子·劝学》)
15. 此(李)陵宿昔之所不忘也。(《汉书·李广苏建传》)
16. 天毒降灾荒殷邦。(《尚书·微子》)
17. 从兽无厌谓之荒。(《孟子·梁惠王下》)
18. 格尔众庶,悉听朕言。(《尚书·汤誓》)
19. 阳货欲见孔子,孔子不见。归孔子豚。(《论语·阳货》)
20. 故错人而思天,则失万物之情。(《荀子·天论》)
21. 寡助之至,亲戚畔之。(《孟子·公孙丑下》)
22. 面目犁黑,状有归色。(《战国策·秦策》)
23. 若阙地及泉,隧而相见,其谁曰不然?(《左传·隐公元年》)
24. 害女红之物。(《汉书·哀帝纪》)

七、标点并翻译下面的短文。

魏王欲攻邯郸季梁闻之中道而反衣焦不申头尘不去往见王曰今者臣来见人于大行方北面而持其驾告臣曰我欲之楚臣曰君之楚将奚为北面曰吾马良曰虽马良此非楚之路也曰吾用多臣曰用虽多此非楚之路也曰吾御者善此数者愈善而离楚愈远耳今王动欲成霸王举欲信于天下恃王国之大兵之精锐而攻邯郸以广地尊名王之动愈数而离王愈远耳犹至楚而北行也

(《战国策·魏策》)

文　选

郑伯克段于鄢

（《左传·隐公元年》）

初，郑武公娶于申，曰武姜[1]。生庄公及共叔段[2]。庄公寤生，惊姜氏[3]。故名曰"寤生"，遂恶之。爱共叔段，欲立之。亟请于武公，公弗许。及庄公即位[4]。为之请制[5]。公曰："制，岩邑也[6]。虢叔死焉[7]。佗邑唯命[8]。"请京，使居之，谓之京城大叔[9]。

[1]郑伯：指郑庄公姬寤生。因郑在诸侯中属伯爵，故称庄公为郑伯。本篇记述了公元前722年，郑国庄公的胞弟段在母亲的支持下起兵篡位，终被庄公击败的历史事实。初：当初。追述往事的习惯用词。郑武公：郑国的第二代国君，姬姓，名掘突，武是他的谥号。申：国名，姜姓，在今河南南阳。武姜：武公之妻，武表示其夫是武公，姜表示她娘家姓姜。
[2]共叔段：庄公同母弟，名段。共是国名，在今河南辉县；叔表示他的排行。因其失败后出奔共国，故称共叔段。
[3]寤：通"牾"，不顺。寤生即难产。惊：动词用作使动，使……惊恐。
[4]即位：天子或诸侯就职叫即位。
[5]为：介词，替。制：地名，在今河南巩义市东，又名虎牢，原属东虢，后为郑地。
[6]岩：险要。邑：人所聚居的地方。
[7]虢叔：东虢国的国君。焉：相当于"于彼"，意为"在那里"。
[8]佗：同"他"，别的。唯命："唯命是听"的省略。
[9]京：郑地名，在今河南荥阳市东南。大："太"的古字。

祭仲曰："都城过百雉，国之害也[1]。先王之制，大都不过参国之一[2]，中五之一，小九之一[3]。今京不度，非制也[4]。君将不堪[5]。"公曰："姜氏欲之，焉辟害[6]？"对曰："姜氏何厌之有[7]？不如早为之所[8]，无使滋蔓，蔓，难图也[9]；蔓草犹不可除，况君之宠弟乎？"公曰："多行不义必自毙，子姑待之[10]。"

[1]祭（zhài）仲：郑国大夫，名"足"，祭是他的食邑，仲表示排行。城：城墙。雉：量词。

长三丈宽一丈高一丈为一雉。国:国家。

　　[2]参:同"三"。国:国都。当时的制度,侯伯的国都,城墙为三百雉。三国之一:国都的三分之一,即百雉。

　　[3]中五之一:"中都不过五国之一"的省略。"小九之一"同。

　　[4]度:法度。用如动词,合乎法度。非制:不是先王的制度。

　　[5]您将要受不了。堪:经得起,受得了。

　　[6]焉:疑问代词,哪里。辟:"避"的古字。

　　[7]何厌之有:有什么满足。"何厌"是"有"的前置宾语。"之"是结构助词,宾语前置的标志。

　　[8]为之所:为动双宾语结构。为:动词,安排。之:称代共叔段,是间接宾语。所:处所,是直接宾语。为之所即给他安排个地方。

　　[9]无:通"毋",不要。滋蔓:滋长蔓延。图:图谋,对付。

　　[10]不义:指不合道义的事情。"义"是名词用如动词。毙:跌跤,倒下。子:您,古时对人的尊称。姑:暂且。

　　既而大叔命西鄙北鄙贰于己[1]。公子吕曰[2]:"国不堪贰,君将若之何[3]?欲与大叔,臣请事之[4];若弗与,则请除之。无生民心[5]。"公曰:"无庸,将自及[6]。"

　　[1]既而:不久。鄙:边邑。贰:两属。贰于己:即使西鄙北鄙既属于庄公,又听命于自己。

　　[2]公子吕:郑国大夫,即下文的子封。子封是他的字。

　　[3]若之何:对这事怎么办。

　　[4]与:动词,给。请:表敬副词,请允许我。事:侍奉。

　　[5]生:动词使动用法。生民心:让民生二心。

　　[6]庸:通"用"。自及:自己赶上(灾祸),即自取灭亡。

　　大叔又收贰以为己邑,至于廪延[1]。子封曰:"可矣,厚将得众[2]。"公曰:"不义不昵,厚将崩[3]。"

　　[1]贰:这里指两属的西鄙北鄙。以:介词,后省宾语"之"。廪延:郑国地名,在今河南延津县东北。

　　[2]厚:指领土广大。

　　[3]昵:这里指亲近兄长。崩:本义为山塌,这里喻指势力的崩溃。

　　大叔完聚,缮甲兵,具卒乘,将袭郑[1]。夫人将启之[2]。公闻其期,曰:"可矣!"命子封帅车二百乘以伐京[3]。京叛大叔段。段入于鄢。公伐诸鄢[4]。五月辛丑，大叔出奔共[5]。遂寘姜氏于城颍[6]，而誓之曰[7]："不及黄泉[8]，无相见也。"既而悔之[9]。

[1]完：修葺，指修城。聚：指聚集粮草。缮：修造。甲：铠甲。兵：武器。具：准备。乘：战车。
[2]夫人：指姜氏。启：用作为动。启之：为他开门。
[3]帅：率领。以：连词，去。
[4]鄢：郑地名，即今河南鄢陵县。诸：兼词，相当于"之于"。
[5]辛丑：二十三日。出奔：逃跑。
[6]寘：放置，放逐。城颍：今河南省临颍县。
[7]誓之：对她发誓。
[8]黄泉：黄色的泉水。这里指人死埋入地下。
[9]悔之：对这事后悔。

颍考叔为颍谷封人[1]，闻之，有献于公。公赐之食。食舍肉[2]。公问之，对曰："小人有母，皆尝小人之食矣，未尝君之羹。请以遗之[3]。"公曰："尔有母遗，繄我独无[4]？"颍考叔曰："敢问何谓也[5]？"公语之故，且告之悔。对曰："君何患焉？若阙地及泉，隧而相见，其谁曰不然[6]？"公从之。公入而赋[7]："大隧之中，其乐也融融[8]。"姜出而赋："大隧之外，其乐也洩洩。"遂为母子如初。

[1]颍考叔：郑大夫。颍谷：郑国边邑，在今河南登封西南。封人：管理疆界的官员。
[2]舍："捨"的古字，现"捨"又简化为"舍"，放下。
[3]小人：对自己的谦称。羹：带汤的肉食。遗：送给。
[4]繄：句首语气词，无义。
[5]何谓：说的什么意思。何：动词"谓"的前置宾语。
[6]阙：通"掘"。隧：名词用如动词，挖地洞。然：这样。
[7]入：指进入隧洞。赋：赋诗。
[8]融融：快乐的样子。下文"洩洩"与其义近。

君子曰：颍考叔，纯孝也[1]。爱其母，施及庄公[2]。《诗》曰："孝子不匮，永锡尔类[3]。"其是之谓乎[4]？

[1]纯孝：纯真的孝子。
[2]施(yì)：扩展，延伸。
[3]匮：尽。锡：通"赐"，给予。
[4]大概是说这件事的吧。其：表推测的语气副词。是：代词，这件事，是"谓"的前置宾语。之：助词，宾语前置的标志。

[阅读提示]

一、掌握下列加点词的意义。
1. 亟请于武公
2. 都城过百雉
3. 国之害也
4. 大都不过参国之一
5. 君将不堪
6. 何厌之有
7. 况君之宠弟
8. 多行不义必自毙
9. 命西鄙北鄙贰于己
10. 厚将崩
11. 大叔完聚
12. 具卒乘
13. 夫人将启之
14. 施及庄公

二、指出下列加点词的意义，说明它与其后括号中的词的关系。
1. 庄公寤(牾)生
2. 佗(他)邑唯命
3. 谓之京城大(太)叔
4. 焉辟(避)害
5. 无(毋)使滋蔓
6. 无庸(用)，将自及
7. 食舍(捨)肉
8. 阙(掘)地及泉
9. 永锡(赐)尔类

三、辨析下面几组加点词的不同。
1. 请以遗之　　　尔有母遗
2. 焉辟害　　　　君何患焉
3. 臣请事之　　　则请除之

四、找出文中所有的判断句和宾语前置句。

晋灵公不君

（《左传·宣公二年》）

晋灵公不君[1]。厚敛以彫墙[2]。从台上弹人，而观其辟丸也[3]。宰夫胹熊蹯不孰[4]，杀之，寘诸畚，使妇人载以过朝。赵盾、士季见其手[5]，问其故而患之。将谏，士季曰："谏而不入，则莫之继也[6]。会请先，不入，则子继之[7]。"三进及溜[8]，而后视之，曰："吾知所过矣[9]，将改之。"稽首而对曰："人谁无过？过而能改，善莫大焉[10]。《诗》曰：'靡不有初，鲜克有终[11]。'夫如是，则能补过者鲜矣。君能有终，则社稷之固也[12]，岂唯群臣赖之。又曰：'衮职有阙，惟仲山甫补之[13]。'能补过也。君能补过，衮不废矣[14]。"

[1]晋灵公：名夷皋，晋襄公之子，文公之孙，是历史上有名的暴君。君：用如动词，行

第一单元

君道。

［2］厚:重。敛:赋税。彤:画。

［3］弹人:用弹弓射人。辟:"避"的古字。丸:弹子。

［4］宰夫:厨子。胹:炖。熊蹯:熊掌。孰:"熟"的古字。

［5］赵盾:晋国正卿,谥号宣子。士季:晋国大夫,名会。

［6］入:采纳。莫:无指代词,没有人。之:"继"的前置宾语,称代赵盾,你。

［7］子:对赵盾的尊称,您。之:称代士季自己,我。

［8］溜:通"霤",屋檐瓦垅滴水处,这里指屋檐下。

［9］所过:犯的错误。过:动词,犯。所:代词,……的错误。

［10］稽首:古人最尊敬的礼节,先拜,然后双手合抱按地,头伏在手前边的地上并停留一会儿。前"过":名词,过错。后"过":动词,犯错。焉:兼词,相当于"于之"。善莫大焉:善事中没有哪一种比这(改正过错)大。

［11］此句引自《诗经·大雅·荡》。靡:用同"莫",没有什么。鲜:少。克:能。

［12］之:结构助词,用于主谓之间,取消句子的独立性。

［13］此句引自《诗经·大雅·烝民》。衮:本指天子之服,这里代指天子。职:职责。阙:过失。仲山甫:周宣王的大臣。

［14］衮不废矣:您的衮袍就可以不被废掉了。

犹不改。宣子骤谏[1]。公患之,使鉏麑贼之[2]。晨往,寝门辟矣[3]。盛服将朝,尚早,坐而假寐[4]。麑退,叹而言曰:"不忘恭敬,民之主也。贼民之主,不忠;弃君之命,不信。有一于此,不如死也。"触槐而死。

［1］骤:多次。

［2］患:讨厌,厌恶。鉏麑:晋国力士。鉏:"锄"的异体字。贼:杀。

［3］辟:开。

［4］盛服:穿戴整齐。假寐:闭目养神,打瞌睡。

秋九月,晋侯饮赵盾酒,伏甲将攻之[1]。其右提弥明知之,趋登曰[2]:"臣侍君宴,过三爵,非礼也[3]。"遂扶以下。公嗾夫獒焉[4]。明搏而杀之。盾曰:"弃人用犬,虽猛何为!"斗且出[5]。提弥明死之[6]。

［1］饮:使动用法。饮赵盾酒:请赵盾喝酒。甲:甲士。

［2］右:车右,也叫骖乘,负责保卫。提弥明:赵盾的车右。

［3］爵:古代酒器。三爵:《诗经·小雅·宾之初筵》郑玄笺:"献也,酬也,酢也。"指饮酒的三道程序。

［4］嗾:本指唤狗的声音,用如动词,叫。獒:高大凶猛的犬。

［5］且:连词,表示并列关系,一边……一边……。

[6]死:用作为动。死之:为……而死。

初,宣子田于首山,舍于翳桑[1]。见灵辄饿,问其病[2],曰:"不食三日矣。"食之,舍其半[3]。问之,曰:"宦三年矣,未知母之存否[4]。今近焉,请以遗之。"使尽之,而为之箪食与肉,置诸橐以与之[5]。既而与为公介,倒戟以御公徒,而免之[6]。问何故,对曰:"翳桑之饿人也。"问其名居,不告而退。——遂自亡也。

[1]田:"畋"的古字,打猎。首山:又名首阳山。舍:住一宿。翳桑:晋国地名。
[2]灵辄:晋国士人。病:指较重的病。
[3]食之:让他吃。食:用作使动。舍:"捨"的古字。
[4]宦:给贵族当仆隶。之:结构助词,用于主谓之间。
[5]为:准备。箪:竹篮。诸:兼词,相当于"之于"。橐:口袋。
[6]介:甲士。御:抵挡。徒:指士兵。免:用作使动,使……免。

乙丑[1],赵穿攻灵公于桃园[2]。宣子未出山而复[3]。大史书曰[4]:"赵盾弑其君[5]。"以示于朝。宣子曰:"不然。"对曰:"子为正卿,亡不越竟,反不讨贼,非子而谁[6]?"宣子曰:"乌呼!'我之怀矣,自诒伊戚[7]。'其我之谓矣[8]!"

[1]乙丑:宣公二年九月二十六日。
[2]赵穿:赵盾的侄子。攻:攻杀。桃园:灵公的园囿。
[3]山:指晋国边界处的山。复:回来。
[4]大:"太"的古字。大史:这里指晋国的史官董狐。
[5]弑:古代专指臣杀君、子杀父。在古人看来,这是大逆不道的。
[6]竟:"境"的古字,边境。反:"返"的古字,返回。讨:讨伐。贼:指害人的人,这里指赵穿。
[7]乌:"呜"的古字,叹词。诗句引自《诗经·邶风·雄雉》。之:助词,用于主谓之间。怀:眷恋。诒:通"贻",给。伊:指示代词,那个。戚:忧愁。
[8]其我之谓:大概说的就是我吧。"我"是前置宾语。

孔子曰:"董狐,古之良史也,书法不隐[1]。赵盾,古之良大夫也,为法受恶[2]。惜也,越竟乃免[3]。"

[1]书法:记事的原则。隐:隐讳。
[2]法:指上句的"书法"。恶:恶名。
[3]竟:同上。免:指免受恶名。

[阅读提示]

一、掌握下列加点词的意义。
1. 过而能改,善莫大焉
2. 吾知所过矣
3. 鲜克有终
4. 宣子骤谏
5. 贼民之主
6. 舍于翳桑
7. 舍其半
8. 见灵辄饿
9. 问其病
10. 宦三年矣
11. 未出山而复
12. 亡不越竟
13. 我之怀矣
14. 书法不隐

二、找出下列语句中的通假字、古字、异体字,并指出其相应的本字、今字、正体字。
1. 观其辟丸
2. 宰夫胹熊蹯不孰
3. 三进及溜
4. 使鉏麑贼之
5. 田于首山
6. 舍其半
7. 大史书曰
8. 越竟乃免
9. 反不讨贼
10. 乌呼
11. 自诒伊慼

三、说明下列加点词的用法和意义。
1. 晋灵公不君
2. 饮赵盾酒
3. 食之
4. 为之箪食与肉
5. 死之
6. 免

四、找出全文的判断句、双宾语句和宾语前置句。

齐晋鞌之战

(《左传·成公二年》)

　　癸酉,师陈于鞌[1]。邴夏御齐侯,逢丑父为右[2]。晋解张御郤克,郑丘缓为右[3]。齐侯曰:"余姑翦灭此而朝食[4]!"不介马而驰之[5]。郤克伤于矢,流血及屦,未绝鼓音[6]。曰:"余病矣[7]!"张侯曰:"自始合,而矢贯余手及肘[8];余折以御,左轮朱殷。岂敢言病?吾子忍之。"缓曰:"自始合,苟有险,余必下推车。子岂识之?——然子病矣[9]。"张侯曰:"师之耳目,在吾旗鼓,进退从之。此车一人殿之,可以集事[10]。若之何其以病败君之大事也[11]?擐甲执兵,固即死也[12];病未及死,吾子勉之[13]!"左并辔,右援枹而鼓[14]。马逸不能止,师从之[15]。齐师败绩。逐之,三周华不注[16]。

[1] 癸酉:指成公二年的六月十七日。陈:"阵"的古字,摆成阵势。鞌:"鞍"的异体字,齐国地名,在今山东济南附近。
[2] 邴夏、逢丑父:都是齐国大夫。齐侯:指齐顷公,桓公之孙,名叫无野。御:动词用作为动。御齐侯:给齐侯驾车。
[3] 解张、郑丘缓:都是晋国大夫。郤克:晋军主帅。
[4] 姑:时间副词,姑且。翦灭:同义词连用,消灭。朝食:用如动词,吃早饭。
[5] 介:甲,用如为动。介马:为马披上甲。驰之:使劲赶马。
[6] 伤于矢:被箭射伤。绝:用如使动。绝鼓音:使鼓音中断。
[7] 病:这里指受了重伤。
[8] 张侯:即解张。合:交战。贯:射穿。
[9] 子:对郤克的尊称。识:知道。然:转折连词,然而。
[10] 殿:镇守。集:从隹在木上,本义为鸟栖于树,引申为聚集,再引申为完成,再引申为成功。这里即"成功"之义。
[11] 若之何:表示疑问的固定结构,怎么。大事:古时祀与戎为国之大事。这里指战争。败:用作使动,使⋯⋯失败。
[12] 擐:穿。执:拿。兵:武器。即:本义"就食",引申为接近、靠近、走近。即死:走向死亡。
[13] 吾子:对对方的爱称。勉:从力免声,意为努力。
[14] 左、右:分别指左手和右手。援:拿过。枹:"桴"的异体字,鼓槌。鼓:字形左边是鼓的象形,右边是手拿小棍的"攴"字,本义即击鼓,这里用本义。
[15] 逸:从兔从辵,本义"奔跑",这里指马狂奔。从:跟从。
[16] 之:代指齐军。周:动词,绕。华不注:山名,在今济南市东北。

　　韩厥梦子舆谓己曰[1]:"旦辟左右[2]。"故中御而从齐侯[3]。邴夏曰:"射其御者,君子也。"公曰:"谓之君子而射之,非礼也。"射其左,越于车下[4];射其右,毙于车中[5]。綦毋张丧车,从韩厥曰[6]:"请寓乘[7]。"从左右,皆肘之,使立于后[8]。韩厥俛定其右[9]。

[1] 韩厥:晋大夫,此次战役任晋军司马。子舆:韩厥的父亲。
[2] 旦:从一在日下,指事字,早晨。辟:"避"的古字。左右:指兵车的左右两侧。
[3] 中御:在车的中间赶车。韩厥作为车上的尊者,本应居左,因听父语,与在车中的御者交换了位置。从:追赶。
[4] 越:掉落。
[5] 毙:倒。不是今天"死"的意思。
[6] 綦毋张:晋大夫。丧车:丢掉了自己的车。从:追上。
[7] 请允许我搭你的车。寓:寄寓,附搭。
[8] 肘:名词用如动词,用肘捣。这是韩厥顾不上说话,于是就用这种办法制止綦毋

第一单元

张,不让他站车的左右。

[9] 俛:"俯"的异体字,弯下身子。定:放稳当。其右:指车上倒下的人。

逢丑父与公易位。将及华泉,骖绊于木而止[1]。丑父寝于轏中,蛇出于其下,以肱击之,伤而匿之,故不能推车而及[2]。韩厥执絷马前,再拜稽首,奉觞加璧以进[3],曰:"寡君使群臣为鲁卫请,曰无令舆师陷入君地[4]。下臣不幸,属当戎行,无所逃隐,且惧奔辟而忝两君[5]。臣辱戎士,敢告不敏,摄官承乏[6]。"丑父使公下,如华泉取饮[7]。郑周父御佐车,宛茷为右,载齐侯以免[8]。韩厥献丑父,郤献子将戮之。呼曰:"自今无有代其君任患者,有一于此,将为戮乎[9]?"郤子曰:"人不难以死免其君,我戮之不祥[10]。赦之,以劝事君者[11]。"乃免之。

[1] 骖:辕马两旁的马。絓:"挂"的异体字。木:像树之形,树。
[2] 轏:棚车。肱:胳膊从肩到肘的部分,这里指胳膊。匿:隐瞒。及:被赶上。
[3] 絷:马缰绳。稽首:见《晋灵公不君》注。再拜稽首:比稽首更重的一种礼,拜两次然后稽首。再:两次。奉:"捧"的古字。觞:一种盛酒器,功用如后代的酒杯。璧:一种玉环。进:奉献。这三句写韩厥对齐侯施俘获敌国国君时的礼仪,即"殒命"之礼。
[4] 此句以下皆为委婉的外交辞令。寡君:对别国人谦称自己的国君。为鲁卫请:鞌之战的前奏是齐伐鲁、卫侵齐,鲁、卫败,到晋国请救兵,故韩厥说是替鲁、卫请求。无:通"毋",不要。舆:众多,许多。
[5] 下臣:韩厥自称。这是人臣对别国国君的自谦之辞。属:相当于适,恰巧,正巧。当:遇(上),碰(上)。戎行(háng):兵车的行列,指齐军。无所逃隐:没有逃走躲藏的地方。谓己身当军职,不能逃避服役。所:附着性代词,……的地方。辟:"避"的古字。忝:辱,使动用法。两君:晋君和齐君。言外之意是自己不能不努力作战。
[6] 辱戎士:(因为我在军队里,)使戎士受辱,这是说充数当个戎士。辱:使动用法。敢:表敬副词,冒昧地。敏:聪明。摄:代。摄官:任职。承:承担。
[7] 如:动词,往。饮:名词,指水。
[8] 郑周父、宛茷(pèi):都是齐臣。佐车:副车。丑父已冒充为齐侯,这时他让齐侯借取水而逃走。免:免于被俘。
[9] 直到目前为止,没有能代替自己国君承担患难的人。自今:从现在追溯到以前。任:本义为"抱",这里意为承担,担负。为戮:被杀。
[10] 难:用如意动,把……当作难事。免:使动用法,使……脱身。
[11] 劝:鼓励。者:附着性代词,……的人。

[阅读提示]

一、掌握下列词在文中的意义。

蒇、病、苟、识、险、殿、集、勉

从、逸、周、越、忝、敏、任、劝

二、说明各句中加点词的用法,并翻译各句。
1. 邴夏御齐侯。
2. 不介马而驰之。
3. 郤克伤于矢。
4. 未绝鼓音。
5. 从左右,皆肘之。
6. 人不难以死免其君。

三、指出下面几句中"及"的意义。
1. 流血及屦。
2. 矢贯余手及肘。
3. 病未及死,吾子勉之。
4. 故不能推车而及。

四、找出下列语句中的通假字、古字、异体字,并说明其相应的本字、今字和正体字。
1. 师陈于鞌。
2. 援枹而鼓。
3. 旦辟左右。
4. 俛定其右。
5. 骖絓于木。
6. 奉觞加璧。
7. 无令舆师陷入君地。

蹇叔哭师[1]

(《左传·僖公三十二年》)

冬,晋文公卒[2]。庚辰,将殡于曲沃[3]。出绛,柩有声如牛[4]。卜偃使大夫拜[5],曰:"君命大事,将有西师过轶我。击之,必大捷焉[6]。"

[1]蹇叔:秦国元老。本文写秦穆公不听蹇叔劝告,执意出兵袭郑的事情。
[2]晋文公:晋献公之子,春秋五霸之一,姓姬,名重耳。卒:本指大夫之死,这里指晋文公的死。
[3]庚辰:鲁僖公三十二年十二月十日。殡:停柩待葬。曲沃:晋国宗庙所在地,在今山西闻喜县东。
[4]绛:晋国国都,在今山西翼城县东南。柩:装了死尸的棺材。
[5]卜偃:晋国掌卜筮之官,名偃。
[6]君:指死了的晋文公。大事:指战争。西师:西方的军队,指秦军。过轶:同义词连用,越过。轶:本义是后车超过前车,引申为越过。焉:语气词,表示强调语气。

杞子自郑使告于秦曰[1]:"郑人使我掌其北门之管,若潜师以来,国可得也[2]。"穆公访诸蹇叔[3]。蹇叔曰:"劳师以袭远,非所闻也[4]。师劳力竭,远主备之,无乃不可乎[5]?师之所为,郑必知之。勤而无所,必有悖心[6]。且行千里,其谁不知?"公辞焉。召孟明、西乞、白乙,使出师于东门之外[7]。蹇叔哭之,曰:"孟子,吾见师之出而不见其入也。"公使谓之曰:"尔何知!中寿,尔墓之木拱矣[8]!"

　　[1]杞子:秦国大夫,帮助郑国驻守在郑国都城。
　　[2]管:类似现代的钥匙。潜师:派军队秘密前来。
　　[3]穆公:秦穆公。访:咨询。诸:相当于"之于"。
　　[4]劳:形容词用如使动。劳师:使军队疲劳。远:指远方之国,郑国。所闻:听到过的事情。
　　[5]无乃……乎:表示委婉的习惯句式,恐怕……吧。
　　[6]勤:劳苦。悖:悖逆。
　　[7]孟明:姓百里,名视,字孟明。西乞:名术。白乙:名丙。三人都是秦国大将。
　　[8]中寿:各书所载不同,约指七十岁。木:树。拱:两手合抱。这句话是在骂蹇叔早该死了。

　　蹇叔之子与师[1]。哭而送之曰:"晋人御师必于殽[2]。殽有二陵焉:其南陵,夏后皋之墓也[3];其北陵,文王之所辟风雨也[4]。必死是间,余收尔骨焉[5]。"
　　秦师遂东[6]。

　　[1]与:参加。
　　[2]殽:也作"崤",即崤山,在今河南省洛宁县西北。
　　[3]陵:大山。夏后皋:夏天子皋,夏桀的祖父。后:君。
　　[4]文王:周文王。所辟风雨:躲避风雨的地方。辟:"避"的古字。
　　[5]是:近指代词,这。焉:兼职代词,相当于"于彼",到那里。
　　[6]东:方位名词用如动词,向东进发。

[阅读提示]
一、掌握下面加点词的意义。
　　1.将有西师过轶我　　　　2.郑人使我掌其北门之管
　　3.访诸蹇叔　　　　　　　4.必有悖心
　　5.公辞焉　　　　　　　　6.尔墓之木拱矣
　　7.蹇叔之子与师　　　　　8.殽有二陵焉
　　9.夏后皋之墓也　　　　　10.文王之所辟风雨也
二、分析下面加点虚词的用法和意义。
　　1.必大捷焉　　　　　　　2.余收尔骨焉
　　3.访诸蹇叔　　　　　　　4.吾见师之出

5. 非所闻也
  6. 文王之所避风雨也
  7. 不见其人
  8. 勤而无所

三、说明下面各句加点词的用法和意义。
  1. 劳师以袭远,非所闻也。
  2. 蹇叔哭之。
  3. 秦师遂东。

齐桓公伐楚(白文)

(《左传·僖公四年》)

四年春齐侯以诸侯之师侵蔡蔡溃遂伐楚楚子使与师言曰君处北海寡人处南海唯是风马牛不相及也不虞君之涉吾地也何故管仲对曰昔召康公命我先君大公曰五侯九伯女实征之以夹辅周室赐我先君履东至于海西至于河南至于穆陵北至于无棣尔贡包茅不入王祭不共无以缩酒寡人是征昭王南征而不复寡人是问对曰贡之不入寡君之罪也敢不共给昭王之不复君其问诸水滨师进次于陉

夏楚子使屈完如师师退次于召陵齐侯陈诸侯之师与屈完乘而观之齐侯曰岂不谷是为先君之好是继与不谷同好如何对曰君惠徼福于敝邑之社稷辱收寡君寡君之愿也齐侯曰以此众战谁能御之以此攻城何城不克对曰君若以德绥诸侯谁敢不服君若以力楚国方城以为城汉水以为池虽众无所用之屈完及诸侯盟

烛之武退秦师(白文)

(《左传·僖公三十年》)

晋侯秦伯围郑以其无礼于晋且贰于楚也晋军函陵秦军氾南佚之狐言于郑伯曰国危矣若使烛之武见秦君师必退公从之辞曰臣之壮也犹不如人今老矣无能为也矣公曰吾不能早用子今急而求子是寡人之过也然郑亡子亦有不利焉许之

夜缒而出见秦伯曰秦晋围郑郑既知亡矣若亡郑而有益于君敢以烦执事越国以鄙远君知其难也焉用亡郑以陪邻邻之厚君之薄也若舍郑以为东道主行李之往来共其乏困君亦无所害且君尝为晋君赐矣许君焦瑕朝济而夕设版焉君之所知也夫晋何厌之有既东封郑又欲肆其西封若不阙秦将焉取之阙秦以利晋唯君图之秦伯说与郑人盟使杞子逢孙杨孙戍之乃还

子犯请击之公曰不可微夫人之力不及此因人之力而敝之不仁失其所与不知以乱易整不武吾其还也亦去之

楚归晋知䓨（白文）

（《左传·成公三年》）

晋人归楚公子谷臣与连尹襄老之尸于楚以求知䓨于是荀首佐中军矣故楚人许之

王送知䓨曰子其怨我乎对曰二国治戎臣不才不胜其任以为俘馘执事不以衅鼓使归即戮君之惠也臣实不才又谁敢怨王曰然则德我乎对曰二国图其社稷而求纾其民各惩其忿以相宥也两释累囚以成其好二国有好臣不与及其谁敢德王曰子归何以报我对曰臣不任受怨君亦不任受德无怨无德不知所报王曰虽然必告不谷对曰以君之灵累臣得归骨于晋寡君之以为戮死且不朽若从君之惠而免之以赐君之外臣首首其请于寡君而以戮于宗亦死且不朽若不获命而使嗣宗职次及于事而帅偏师以修封疆虽遇执事其弗敢违其竭力致死无有二心以尽臣礼所以报也王曰晋未可与争重为之礼而归之

【词义分析】（一）

启 启从户从口，户即单扇门，所以启的本义是开门。《左传·隐公元年》："夫人将启之。"即用本义。由开门而引申出"开口"、"张口"的意思，如贾谊《治安策》："适启其口，匕首已陷其匈矣。"由开门的意思还可以引申为"开导"、"启发"的意思。如《论语·述而》："不愤不启，不悱不发。"由开门的意思还可以引申为"开始"。如《诗经·小雅·六月》："元戎十乘，以先启行。"由开门还可引申为"开辟"。如《韩非子·有度》："齐桓公并国三十，启地三千里。"

由开口的意思又引申为"陈述"、"禀告"。如《孔雀东南飞》："府吏得闻之，堂上启阿母。"

由开始的意思又可引申为"发生"、"萌发"。如《荀子·天论》："繁启蕃长于春夏。"

及 及从人从又，本义是追上。《左传·成公二年》："故不能推车而及。"《史记·项羽本纪》："使人追宋义子，及之齐，杀之。"引申为赶上（抽象意义）。《左传·隐公元年》："无庸，将自及。"又引申为达到、到。《左传·成公二年》："将及华泉，骖絓于木而止。"《荀子·王制》："自古及今，未尝闻也。"由追上还可引申为比得上。《战国策·齐策》："徐公何能及君也？"由追赶上再引申为涉及、连及。《孟子·梁惠王上》："老吾老，以及人之老。"由涉及、连及再引申为连词，表并列，和、与。《左传·隐公元年》："生庄公及共叔段。"《左传·

成公二年》：“自始合，而矢贯余手及肘。”

征 征从彳正声，本义为远行、出征。《左传·僖公四年》：“昭王南征而不复。”引申为征伐、讨伐。同上："五侯九伯，女实征之。"汉乐府《十五从军征》："十五从军征，八十始得归。"由征伐又引申为争夺、夺取。《商君书·开塞》："当此时也，民务胜而力征。"再由夺取引申为征税。《商君书·外内》："而不农之征必多。"由征税再引申为赋税。《孟子·尽心上》："有布缕之征。"

如 如从口女声，《说文》："如，从随也。"其本义为随从。《左传·宣公十二年》："有律以如己也。""如己"即随从自己。柳宗元《三戒》："犬皆如人意。"句中"如"也用本义。引申为"照……办理"。《史记·项羽本纪》："怀王曰：'如约。'"再引申为"像……一样"。《史记·留侯世家》："状貌如妇人女子。"又引申为"到……去"。《左传·僖公四年》："楚子使屈完如师。"

由"像……一样"引申为"比得上"。《左传·僖公三十年》："臣之壮也，犹不如人。"

假借为连词，表假设、如果。《论语·先进》："如或知尔，则何以哉？"表选择、或者。《论语·先进》："方六七十，如五六十，求也为之，比及三年，可使足民。"

表 《说文》："表，上衣也，从衣从毛，会意。"按：许以"加在上面的衣服"即"外衣"为表的本义，非。表本义应是指裘的有毛的一面。《礼记·玉藻》："表裘不入公门。"正用本义。因裘有毛的一面穿时朝外，所以引申为"外衣"。《庄子·让王》："子贡乘大马，中绀而表素。""表素"即穿着素色外衣。

由外衣又引申为泛指外表、外面。《左传·僖公五年》："虢，虞之表也。"句中"表"即指外面的屏障。《左传·僖公二十八年》："表里山河。"意指晋国外边是黄河，里边有大山。由外表引申为标志、标准。《墨子·备城门》："城上千步一表。"由标志、标准再引申为表明、表白。刘知己《史通·惑经》："或援史以表心。"再由表明引申为表彰、表扬。韦应物《石鼓歌》："刻石表功兮炜煌煌。"由表明还可引申指一种文章，即臣下给皇帝表明心迹的奏章。如李密《陈情表》、诸葛亮《出师表》等。

伐 伐从人从戈，本义是砍杀、击刺。《睡虎地秦墓竹简·法律答问》："小畜入室，室人以投（殳）挺伐杀之。"引申为砍伐（树木）。《诗经·魏风·伐檀》："坎坎伐檀兮，寘之河之干兮。"也引申为敲击。张衡《东京赋》："撞洪钟，伐灵鼓。"还引申为征伐、攻打。《左传·僖公五年》："晋侯复假道于虞以伐虢。"

由征伐、攻打引申为立下的功劳。《左传·庄公二十八年》："且旌君伐。"由功劳再引申为夸耀。《论语·公冶长》："愿无伐善，无施劳。"

乘 乘字像人站在树上之形，本义是升登。《史记·田单列传》："使老弱女子乘城。"引申为登上车船、驾车驾船。《左传·成公二年》："禽之而乘其车。"《老子·八十章》："虽有舟车，无所乘之。"

由乘坐车船引申为借助、利用、趁机会。贾谊《治安策》："乘今之时，因天之助。"由借助引申为凭恃。《慎子·威德》："飞龙乘云，腾蛇游雾。"由凭恃引申为欺凌。《汉书·礼乐志》："世衰民散，小人乘君子。"由欺凌引申为进攻。《史记·高祖本纪》："楚兵不利，淮阴侯复乘之，大败垓下。"由进攻再引申为战胜、胜过。《尚书·西伯戡黎序》："周人乘黎。"以上意义都读 chéng。

由乘车引申指所乘的兵车。《左传·隐公元年》："缮甲兵,具卒乘,将袭郑。"由兵车又引申为量词,即兵车的单位。《庄子·列御寇》："王悦之,益车百乘。"古时兵车皆一车四马,所以又由兵车引申为指四匹马。《左传·僖公二十三年》："有马二十乘,公子安之。"二十乘即八十匹马。由四匹马再引申为数词"四"。《诗经·小雅·鸳鸯》："乘马在厩,摧之秣之。"这些意义的乘都读 shèng。

陈 陈本义为陈列、排列。《左传·隐公五年》："陈鱼而观之。"引申为排成的行列。《孙子兵法·军事》："勿击堂堂之陈。"也引申为一条一条地陈述。《史记·韩非传》："韩非欲自陈,不得见。"由陈列还可引申为久、陈旧,与"新"相对。《荀子·富国》："年谷复熟而陈积有余。"成语有"新陈代谢"。

由排成的行列引申为排列为阵。《商君书·兵守》："陈而待敌。"《左传·成公二年》："师陈于鞌。"这个意义后来写作"阵"。

识 识本义为记、记住。《汉书·匈奴传》："以计识其人众畜牧。"《论语·述而》："默而识之。"由记引申为加上标记。《金史·阿邻传》："阿邻得生口,知可涉外,识以柳枝,命本部涉济。"以上的意义均读 zhì。由记、记住又引申为知道。《左传·成公二年》："苟有险,余必下推车,子岂识之?"由记住还可引申为认识。《史记·刺客列传》："(豫让)行乞于市,其妻不识也。"由知道又引申为知识、见解。张衡《东京赋》："鄙夫寡识,而今而后,乃知大汉之德馨,咸在于此。"这几个意义都读 shí。

败 败字从贝从攴,本义是毁坏。《淮南子·说林》："若唇之与齿,坚柔相摩而不相败。"用于抽象意义则是败坏、破坏。《韩非子·难一》："法败则国乱。"《左传·成公二年》："若之何其以病败君之大事也?"引申指军队被摧毁击破。《左传·成公二年》："齐师败绩。"

由军队被摧毁引申为摧毁敌军。《左传·隐公元年》："败宋师于黄。"又引申指事情没办成。《史记·淮阴侯列传》："夫功者难成而易败。"再引申指食品变坏。《论语·乡党》："鱼馁而肉败,不食。"

任 任字从人,本义是抱。《诗经·大雅·生民》："是任是负,以归肇祀。"《国语·齐语》："以知其市之贾,负任担荷。"引申为负荷、担子。《商君书·弱民》："背法而治,此任重道远而无马牛。"《孟子·滕文公上》："门人治任将归。"还引申为担当、承受、担任。《左传·僖公二十五年》："重怒难任。"《管子·立政》："临事不信于民者,则不可任大官。"《左传·成公三年》："臣不任受怨。"

由负荷、担子引申为职责、责任。《左传·成公三年》："臣不才,不胜其任。"由责任再引申为职位。韩愈《圬者王承福传》："任有大小,惟其所能。"

由担当、担任引申为委任、任用。《韩非子·外储说左上》："举贤而任之。"还引申为能担当、胜任。《楚辞·天问》："不任汩鸿,师何以尚之?"

由胜任引申为信任、相信。《史记·屈原贾生列传》："王甚任之。"还引申为能力、才干。《韩非子·定法》："因任而授官。"

由能力、才干引申为凭借。《史记·平津侯主父列传》："昔秦皇帝任战胜之威,蚕食天下。"由凭借引申为听凭。陶潜《归去来兮辞》："曷不委心任去留?"由听凭再引申为放任、无拘束。《商君书·弱民》："上舍法,任民之所善,故奸多。"

假借为"妊"、怀孕。《汉书·叙传上》:"刘媪任高祖。"

归 归的本义是女子出嫁。《国语·晋语四》:"秦伯归女五人。"《诗经·周南·桃夭》:"之子于归,宜其室家。"引申为返回。《左传·成公三年》:"执事不以衅鼓,使归即戮,君之惠也。"

由返回引申为归还。《孟子·尽心上》:"久假而不归,安知其非有也。"《左传·成公三年》:"晋人归楚公子谷臣与连尹襄老之尸于楚。"还引申为归依、归附。《史记·陈丞相世家》:"(陈平)闻汉王之能用人,故归大王。"由归附再引申为归向。《三国志·蜀书·诸葛亮传》"若水之归海。"

假借为"馈"、赠送。《左传·闵公二年》:"归公乘马。"《论语·阳货》:"阳货归孔子豚。"

假借为"愧"、惭愧。《战国策·秦策一》:"面目犁黑,状有归色。"

胜 胜的繁体"勝"从力朕声,本义是能承担,禁得起。晁错《论贵粟疏》:"数石之重,中人弗胜。"《左传·成公三年》:"臣不才,不胜其任。"引申为"尽"。《孟子·梁惠王上》:"不违农时,谷不可胜食也。"还引申为胜利。《孟子·梁惠王上》:"邹人与楚人战,则王以为孰胜?"

由胜利引申为超过、胜过。《论语·雍也》:"质胜文则野,文胜质则史。"由超过、胜过引申为良好、优美。范仲淹《岳阳楼记》:"予观夫巴陵胜状,在洞庭一湖。"由好、优美再引申指优美的山水风景。柳宗元《永州崔中丞万石亭记》:"见怪石特出,度其下必有殊胜。"

第二单元

常识：词汇

一、词汇的构成

(一) 单音词

1. 单音词的辨识

词是最小的能够独立运用的语言单位。字则是记录词或语音的书写形式。单音词即只有一个音节的词，从形式上看就体现为一个汉字。如：

山、水、日、月、车、马、牛、羊、口、手、足、头

走、趋、采、伐、征、侵、谏、言、进、退、出、来

好、恶、小、大、贤、愚、远、近、危、险、曲、直

在现代汉语里，复音词占绝大多数；在古代汉语里，单音词却占了绝大多数。这是古代汉语词汇的一大特点。

单音词形式上表现为一个汉字，但一个汉字不一定就是一个单音词。如：

彷、徨、徘、徊、徜、徉、憔、悴、逶、迤

这些单个的字本身没有意义，它们只有两两组合成为"彷徨"、"徘徊"、"徜徉"、"憔悴"、"逶迤"之后，才能成为一个最小的有一定意义的能够独立运用的语言单位——词。所以，大多数情况下，一个汉字就是一个词，但有时候例外，并不是所有的单个汉字都是词。

2. 单音词的特点

古代汉语单音词的第一个特点是"多义性"。由于人类语言中的概念极其丰富，而词的数量却很有限，所以，一词一义就不能满足人们语言交际的需要。于是一词多义就成了一种普遍现象。如：

反：《诗经·周南·关雎》："辗转反侧。"——翻转

《论语·颜渊》："君子成人之美，不成人之恶。小人反是。"——相反

《史记·项羽本纪》："日夜望将军至，岂敢反乎？"——造反

《左传·宣公二年》："亡不越竟，反不讨贼。"——回来

亡：《左传·宣公二年》："问其名居，不告而退，遂自亡也。"——逃跑

《战国策·楚策》:"亡羊而补牢,未为迟也。"——失掉
《左传·僖公三十年》:"然郑亡,子亦有不利焉。"——灭亡
《论积贮疏》:"用之亡度,则物力必屈。"——没有

单音词的第二个特点是"灵活性"。有很多词所表示的意义都是笼统的而不是十分精确的。在不同的语言环境里,它可以灵活地表示一定范围内的不同意义。例如:

偏,基本意义是"不正"、"偏于一侧"。如《史记·匈奴列传》:"天不颇覆,地不偏载。"这里的"偏"仅仅指偏于一方;不仅偏向一方,而且对所偏的对象还加以袒护,也可以说是"偏",这就是"偏袒"的意思。甚而对所偏的对象倍加爱护还可说是"偏",这就是"偏爱"的意思了。

严,基本意义是"认真"、"一丝不苟"。如《管子·小问》:"坚中外正,严也。"但"认真"和"一丝不苟"是有程度的不同的。一般程度的"严",是"严肃"、"严格"的意思;加重一点,就是"严厉"的意思;再重一些,就是"严酷"的意思了。①

单音词的第三个特点是"能产性"。绝大多数的单音词都有很强的构词能力,可以以一个词素的身份与不同的词素组成不同的复音词。如:

口:口才、口占、口令、口信、口号、口过、口舌、口角
实:实体、实字、实词、实火、实际、实证、实学、实物
支:支子、支持、支护、支架、支配、支流、支座、支移
告:告示、告归、告老、告解、告罄、告存、告急、告罪

3. 单音词的连用

由于古代汉语里单音词占绝大多数,所以古书中会出现这样一种偶然现象:作者在文中本来用的都是单音词,但其中某两个单音词连在一起后,其形式却正好与现代汉语中的某个复音词相同。这种现象我们称之为"单音词的连用"。遇到这种情况时,一般人很容易就会把它们按今天的复音词来理解,这当然是错误的。正确的做法是,仍然把它们按两个单音词来理解。例如:

① 光与左将军桀结婚相亲。(《汉书·霍光传》)
② 今世主有地方数千里。(《商君书·算地》)
③ 天下云集而响应,赢粮而景从。(贾谊《过秦论》)
④ 墨子闻之,曰:"晏子知道。"(《晏子春秋·内篇》)
⑤ 程不识与李广俱以边太守将军屯。(《史记·李将军列传》)
⑥ 岂意得全首领,复奉先人之丘墓乎?(杨恽《报孙会宗书》)

例①的"结婚"是一个动宾词组,意思是"结成了婚姻亲家",而不是今天"结婚"的意思,不然,霍光与上官桀两个大男人结婚,不是一个笑话吗?例②的"地"意为"土地","方"意为"方圆",它们之间是主谓关系,不能按今天的"地方"来理解。例③的"响"指的是"回声","应"是"应和"的意思,它们构成了一个偏正词组,可译为"像回声一样应和"。例④的"知道"是动宾词组,意思是"懂得道理"。例⑤的"将军"也是动宾词组,意思是"带领部队"。例⑥的"首领"是联合词组,意思是"头和脖子"。

---

① 赵克勤:《古汉语词汇问题》,河南人民出版社,1980年版,第7页。

(二)复音词

复音词的辨识

由两个以上音节构成的词叫复音词。古代汉语虽然是单音词占绝大多数,但复音词(主要是双音词)也在很早时就产生了。复音词从形式上来看,它都表现为两个(或两个以上)汉字。如:

面目、朝夕、负担、亲戚、朋友、左右、乾坤、灾祸
聪明、正直、美丽、和睦、艰难、恐惧、出入、怠慢
先生、夫人、丈夫、元帅、屏风、中国、使者、诸侯
逍遥、参差、辗转、犹豫、缤纷、憔悴、匍匐、踌躇
泄泄、斤斤、丁丁、洋洋、涟涟、关关、依依、楚楚

复音词又可分为两类:合成复音词、单纯复音词。上边的例词中,前两行都是合成复音词,后三行都是单纯复音词。

合成复音词的形成有一个过程。一开始,它们常常是偶然地以单音词的形式连用在一起,经过一段时间,这种组合逐渐固定之后,它们才真正成为一个复音词。例如:

国,本指诸侯的封地,也即诸侯统治的区域;家,本指大夫的封地,也即大夫统治的区域。本来各是一个单音词。《左传·襄公二十四年》:"诸侯贰则晋国坏,晋国贰则子之家坏。……德,国家之基也。"这里的"国家"上承"诸侯"和"大夫",很明显还是两个单音词的组合。《左传·僖公十三年》:"天灾流行,国家代有。"这里的"国家"已经不是"国"和"家"作为单音词的意义的组合,而是合在一起表示"国家政权所领有的区域",所以这时候它们就是一个复音词了。

(三)单纯词

1. 单纯词的特点

上述"单音词"和"复音词"是对词从音节的多少这个角度分出的不同类型。如果从词素的多少这个角度来对词进行分类的话,词则可以分为"单纯词"和"合成"两类。

所谓单纯词,其本质特点就是只有一个词素。所有的单音词当然属于只有一个词素的单纯词,这是不言而喻的。然而有一部分复音词,虽然表现为两个汉字、两个音节,由于其中的任一汉字、任一音节都不能表示一定的意义,或者两个汉字各自的意义与组合成词以后的意义关系不大,所以这两个汉字、两个音节只能算一个词素,这样的复音词也是单纯词。这样的复音单纯词包括联绵词、叠音词等。

2. 联绵词

由两个音节(即两个汉字)连缀成义的复音单纯词叫联绵词,也叫联绵字。所谓连缀成义即其中任一个音节都不能单独表义,只有两个音节缀合之后,才能共同表示一个意义,所表示的意义一般与构成这个词的两个汉字没有关系。例如:

① 陟彼高岗,我马玄黄。(《诗经·周南·卷耳》)
② 参差荇菜,左右流之。(《诗经·周南·关雎》)
③ 窈窕淑女,君子好逑。(同上)

④《诗》云："凡民有丧,扶服救之。"(《礼记·檀弓》)
⑤ 河以逶迤故能远,山以陵迟故能高。(《淮南子·泰族训》)
⑥ 人马俱惊,辟易数里。(《史记·项羽本纪》)

例①"玄黄"意为"病弱的样子",词义与"玄(黑色)"、"黄(黄色)"的意义没有关系。例②"参差"意为"长短不齐的样子",与"参"、"差"本身的意义也没有关系。例③"窈窕"意为"文静漂亮的样子",例④"扶服"意为"伏地爬行的样子",例⑤"逶迤"意为"连绵不断的样子","陵迟"意为"缓延倾斜的样子",例⑥"辟易"意为"惊恐倒退的样子"。

联绵词有两个特点:一是两个音节一般都有语音上的联系,二是形体不固定。
语音上的联系体现在联绵词的两个音节或是双声的关系,或是叠韵的关系。

双声的如:

参差(清母双声)　踟蹰(定母双声)　栗烈(来母双声)
缤纷(帮母双声)　佗傺(透母双声)　容与(余母双声)
憔悴(从母双声)　突梯(定母双声)　滑稽(见母双声)
犹豫(余母双声)　便嬖(并母双声)　蟋蟀(心母双声)
蝃蝀(端母双声)　兼葭(见母双声)　伊威(影母双声)
玄黄(匣母双声)　首鼠(书母双声)　仿佛(滂母双声)
匍匐(并母双声)　跨踏(定母双声)　仓猝(清母双声)

叠韵的如:

窈窕(幽部叠韵)　虺隤(微部叠韵)　窈纠(幽部叠韵)
夭绍(宵部叠韵)　颔颔(元部叠韵)　须臾(侯部叠韵)
婵媛(元部叠韵)　觳觫(屋部叠韵)　崔嵬(微部叠韵)
苤苢(之部叠韵)　仓庚(阳部叠韵)　蟏蛸(幽部叠韵)
薜荔(锡部叠韵)　镃基(之部叠韵)　辗转(元部叠韵)
披靡(歌部叠韵)　望洋(阳部叠韵)　偃蹇(元部叠韵)
徘徊(微部叠韵)　逍遥(宵部叠韵)　荒唐(阳部叠韵)

也有个别的联绵词是既双声又叠韵的关系,如"辗转",既是元部叠韵,同时又是端母双声。当然,我们所说的双声叠韵,都指的是上古音而非今音。

由于构成联绵词的两个汉字都是只用其音不用其义,所以同样一个联绵词就不一定必得用某两个字来记录,其他的字只要与之音同甚或音近,就也可以被用来记录它。这就使得联绵词具有了第二个特点——形体不固定。例如:

逶迤:委迤、威迤、委蛇、逶蛇、威夷、逶移、委移、委陀、蜲蛇、蜲迤、蜲移、蜲夷
匍匐:扶服、蒲扶、蒲服、伏服、扶伏、蒲伏、匍伏、俯伏
望洋:望羊、望阳、盳洋

了解了联绵词的上述特点,辨认联绵词就不是什么难事了。

3. 叠音词

由两个音节的重复而构成的词叫叠音词。叠音词从形式上就体现为同样的两个汉字。叠音词大多用来描摹声音或性状,所以整个叠音词的意义一般也与它的字形表现的意义无关,因而,叠音词也属于单纯词。例如:

① 斤斤其明。(《诗经·周颂·执竞》)
② 关关雎鸠,在河之洲。(《诗经·周南·关雎》)
③ 坎坎伐檀兮,寘之河之干兮。(《诗经·魏风·伐檀》)
④ 伐木丁丁,鸟鸣嘤嘤。(《诗经·小雅·伐木》)
⑤ 雍雍在宫,肃肃在庙。(《诗经·大雅·思齐》)
⑥ 大隧之中,其乐也融融。(《左传·隐公元年》)

例 ①"斤斤"意为"明察",与"斤"的本义"斧斤"及假借义"斤两"都无关。例②"关关"是鸟鸣声,与"关闭"、"关口"等义也无关。例③"坎坎"和例④"丁丁"都指伐木声,例④"嘤嘤"指鸟鸣声,例⑤"雍雍"是"和睦的样子","肃肃"是"恭敬的样子",例⑥"融融"是"快乐的样子"。

(四)合成词

1. 合成词的特点

由两个词素构成的词叫合成词,古代汉语的合成词大多是复合式的。既是两个词素,形式上当然就表现为两个汉字。细分起来,构成合成词的两个词素之间的关系是不同的。有的是同义近义关系。例如:

怠慢　灾祸　朋友　暴虐　斟酌　基本　负担
聪明　面目　正直　美丽　艰难　恐惧　休息

有的两个词素之间是反义关系。如:

朝夕　往来　左右　出入　功过　成败　本末
安危　甘苦　吉凶　荣辱　利害　盈虚　旦暮

从两个词素之间的结构关系来分析,有的合成词的两个词素是并列关系。除上述所举例词之外,另如:

国家　社稷　春秋　寻常　衣裳　师旅　封疆
寒暑　币帛　货贿　供给　食用　险阻　昼夜

有的两个词素是动宾关系。如:

执事,本来意思是"执掌事务",后来用于指"执掌事务的人",再后来尊称君王诸侯为"执事"。

将军,本来意思是"带领军队",后来率领军队的高级武官也叫"将军",不过这时的"将"已改读平声了。

2. 偏义复词

绝大多数合成词的意义与组成它的两个词素的意义都有关系,例如"社稷",单音词"社"指的是土神,"稷"指的是谷神。《礼记·王制》:"天子祭天地,诸侯祭社稷。"可见每个诸侯都要专为这两个神立庙祭祀。由于"社"、"稷"的存在成了国家的重要标志,所以当"社"、"稷"分别以词素的身份结合而为合成词"社稷"后就表示"国家"的意思了。《论语·季氏》:"是社稷之臣也。"《礼记·檀弓》:"执干戈以卫社稷。"两句中的"社稷"就都是"国家"的意思。但并不是所有的合成词都是如此。古书中也有一些合成词,两个词素中只有一个词素的意义被保留在合成词中,另外一个词素没有意义,只是一个音节陪衬。这样的复合词我们称之为"偏义复词"。遇到偏义复词时，一定要认真联系上下文意，分析出它的意义究竟偏在哪个词素上，才能正确地理解它。例如：

① 无羽毛以御寒暑。(《列子·杨朱》)
② 年不顺成，大夫不得造车马。(《礼记·玉藻》)
③ 怀怒未发，休祲降于天。(《战国策·魏策》)
④ 鼓之以雷霆，润之以风雨。(《周易·系辞上》)
⑤ 民望之，犹大旱之望云霓也。(《孟子·梁惠王上》)
⑥ 趋走不足以避利害。(《汉书·刑法志》)
⑦ 多人不能无生得失，生得失则语泄。(《史记·刺客列传》)
⑧ 轩冕在前，非义弗乘。(《说苑·立节》)

例①的"羽毛"是用来避"寒"的，不是用来避"暑"的，所以合成词"寒暑"里只有"寒"这个词素有义，而"暑"这个词素则无义。例②合成词"车马"作动词"造"的宾语，但大夫们只能造"车"，不可能造"马"，所以"车马"中"车"有义而"马"无义。例③作为词素来说，"休"指的是吉兆，"祲"指的是凶兆。怀怒而奋起攻杀，应该是妖氛降于天，不可能降下吉兆。所以"休祲"的意义偏在"祲"上。例④能够滋润万物的只能是"雨"不会是"风"，"风雨"的意义偏在"雨"上。例⑤大旱时盼望的应是"云"而不是"霓"，"云霓"的意义偏在"云"上。例⑥快走要避的是"害"而不是"利"，"利害"的意义偏在"害"上。例⑦多人不可能不产生的是"失"而不是"得"，"得失"的意义偏在"失"上。例⑧只有"轩"能乘，"冕"是不能乘的，所以"轩冕"的意义偏在"轩"上。

3. 重言词

由两个相同的词素重叠而成的合成词叫重言词。从性质上来看，重言词有动词性的，有形容词性的。动词性重言词表示动作的重复，例如：

① 采采卷耳，不盈顷筐。(《诗经·周南·卷耳》)
② 行行重行行，与君生别离。(《汉乐府·行行重行行》)

例①"采采"表示"采"这个动作的重复，例②"行行"表示"行"这个动作的重复。

形容词性的重言词表示性状程度的加深。例如：

① 蜉蝣之羽，衣裳楚楚。(《诗经·曹风·蜉蝣》)
② 风雨凄凄，鸡鸣喈喈。(《诗经·郑风·风雨》)
③ 风雨潇潇，鸡鸣胶胶。(《诗经·郑风·风雨》)
④ 日昧昧其将暮。(《楚辞·怀沙》)

例①"楚"单言时意为"清晰、齐整貌"，"楚楚"重言，意思即为"很清晰、齐整"。例②"凄"单言意为"寒冷"，"凄凄"重言，则意为"非常寒冷"。例③"潇"单言意为"(风雨)大"，"潇潇"重言则意为"(风雨)很大"。例④"昧"若单言，意为"昏暗"；"昧昧"重言，则意为"非常昏暗"。

4. 重言词与叠音词的区别

重言词和叠音词在形式上都表现为相同的两个音节的重叠，也就是相同的两个汉字。但它们本质不同：

重言词的两个音节各是一个词素，因而组合之后，构成的是个合成词；叠音词的两个音节仅各是一个音节,合在一起才是一个词素,构成的是个单纯词。

重言词的整体意义与构成它的两个音节的意义有直接关系,如"采采"意思是"采了又采","昭昭"意思是"很昭明";叠音词的整体意义与构成它的两个音节的意义没有关系,大多只是借用其音,如"斤斤"的"明察"义与"斧斤"、"斤两"的意义都无关,"坎坎"的"伐木声"义也与"土坎"的意义无关。

思考与练习(四)

一、按音节的多少来分,词可分哪几类?按词素的多少来分,词可以分哪几类?

二、与现代汉语相比,古汉语词汇的主要特点是什么?

三、指出下列句子中的偏义复词,并说明其意义所在。
 1. 多人不能无生得失,生得失则语泄。(《史记·刺客列传》)
 2. 趋走不足以避利害。(《汉书·刑法志》)
 3. 鼓之以雷霆,润之以风雨。(《周易·系辞上》)
 4. 夫击瓮叩缶,弹筝搏髀,而歌呼呜呜快耳目者,真秦之声也。(《史记·李斯列传》)
 5. 今公常从数骑,一旦有缓急,宁足恃乎!(《史记·袁盎晁错列传》)
 6. 昼夜勤作息,伶俜萦苦辛。(《乐府诗集·孔雀东南飞》)
 7. 民望之,若大旱之望云霓也。(《孟子·梁惠王下》)
 8. 魏其之东朝,盛推灌夫之善,言其醉饱得过,乃丞相以他事诬罪之。(《史记·魏其武安侯列传》)
 9. 轩冕在前,非义弗乘。(《说苑·立节》)
 10. 乐闻鼓角,可送一部,行田时吹之。(《宋书·张兴世传》)
 11. 试令人损益苞瓜之汁,令其形如故,耐(能)为之乎?(《论衡·无形》)
 12. 当此之时,守威定功,安危之本,在于此矣。(贾谊《过秦论》)

四、指出下面句中的联绵词,并解释其含义。
 1. 参差荇菜,左右流之。(《诗经·周南·关雎》)
 2. 陟彼崔嵬,我马虺隤。(《诗经·周南·卷耳》)
 3. 欲从灵氛之吉占兮,心犹豫而狐疑。(《楚辞·离骚》)
 4. 窈窕淑女,君子好逑。(《诗经·周南·关雎》)
 5. 吾尝终日而思矣,不如须臾之所学也。(《荀子·劝学》)
 6. 屈原至于江滨,被发行吟泽畔,颜色憔悴,形容枯槁。(《史记·屈原贾生列传》)
 7. 猛虎之犹豫,不若蜂虿(chài)之致螫;骐骥之跼躅,不如驽马之安步。(《史记·淮阴侯列传》)
 8. 鸿鹄翱翔乎忽荒之上,徜徉乎虹霓之间。(《淮南子·人间训》)
 9. 山有小口,仿佛若有光,便舍船从口入。(陶潜《桃花源记》)
 10. (孙)权人马皆披靡。(《三国志·魏书·张辽传》)
 11. 《诗》云:"凡民有丧,扶服救之。"(《礼记·檀弓》)
 12. 黾勉同心,不宜有怒。(《诗经·邶风·谷风》)
 13. 爱而不见,搔首踟蹰。(《诗经·邶风·静女》)

14. 河以逶迤故能远，山以陵迟故能高。(《淮南子·泰族训》)
15. 雄兔脚扑朔，雌兔眼迷离。(《木兰诗》)

五、辨析下面带点的文字，看哪些属于单音词连用，并加以解释。
1. 光与左将军桀结婚相亲。(《汉书·霍光传》)
2. 天下云集而响应，赢粮而景从。(贾谊《过秦论》)
3. 墨子闻之，曰："晏子知道。"(《晏子春秋·内篇》)
4. 如此则荆吴之势强，鼎足之形成矣。(《资治通鉴·赤壁之战》)
5. 云鬓半偏新睡觉，花冠不整下堂来。(白居易《长恨歌》)
6. 程不识与李广俱为边太守将军屯。(《史记·李将军列传》)
7. 孔子曰："董狐，古之良史也，书法不隐。"(《左传·宣公二年》)
8. 虽玩其采，不倍领袖。(《文心雕龙·熔裁》)
9. 君之功高，则明主所知，人臣执事，何长短而自言乎？(《汉书·张汤传》)
10. 先帝不以臣卑鄙，猥自枉屈，三顾臣于草庐之中。(诸葛亮《出师表》)
11. 昨夜入城市，归来泪满巾。(张俞《蚕妇》)
12. 盛名之下，其实难符。(《后汉书·黄琼传》)
13. 虽然，每至于族，吾见其难为，怵然为戒。视为止，行为迟。(《庄子·养生主》)
14. 阡陌交通，鸡犬相闻。(陶潜《桃花源记》)
15. 令弟经济士，谪居我何伤！(李白《赠别舍人弟台卿之江南》)
16. 初极狭，才通人。复行数十步，豁然开朗。(陶潜《桃花源记》)
17. 岂意得全首领，复奉先人之丘墓乎？(杨恽《报孙会宗书》)
18. 旧时王谢堂前燕，飞入寻常百姓家。(刘禹锡《乌衣巷》)
19. 璧有瑕，请指示王。(《史记·廉颇蔺相如列传》)
20. 先帝在时，每与臣论此事，未尝不叹息痛恨于桓、灵也。(诸葛亮《出师表》)

六、标点并翻译下面的短文。

郑人游于乡校以论执政然明谓子产曰毁乡校何如子产曰何为夫人朝夕退而游焉以议执政之善否其所善者吾则行之其所恶者吾则改之是吾师也若之何毁之我闻忠善以损怨不闻作威以防怨岂不遽止然犹防川大决所犯伤人必多吾不克救也不如小决使道不如吾闻而药之也然明曰蔑也今而后知吾子之信可事也小人实不才若果行此其郑国实赖之岂唯二三臣仲尼闻是语也曰以是观之人谓子产不仁吾不信也

(《左传·襄公三十一年》)

二、词义的异同

(一) 古今词汇的比较

语言是处在不断的发展和变化之中的。从古代汉语发展到现代汉语，语言的各个要素都在变化，但相对而言，词汇的变化要远大于语法和语音的变化，因为人类社会生活的变化总是最先反映在词汇上。如果从整体上对古今的词汇进行对比的话，大致有如下三种情况：

1. 旧词的消亡

卣(yǒu)，肚大口小、有盖有提梁的金属酒器。因其制作工艺复杂，后世逐渐被其他酒器替代。

媵，古代贵族女子出嫁时随嫁的人。

笏，古代朝见时大臣所执的用以记事的竹制手板。

傩，旧时指迎神驱逐疫鬼的活动。

辇，原指用人拉的车，后多指皇帝、皇后坐的车。

刵，古时用刀割去耳朵的酷刑。

劓，古时用刀割去鼻子的酷刑。

上述这些词记录的人、事、物，随着社会的发展，都不再存在，所以它们都逐渐退出了历史舞台。

2. 新词的产生

相反，社会的发展也伴随着大量新生事物的诞生。记录这些新生事物的词也在不断出现。例如：汉代时从西域传入我国一种植物，其果实为圆形或椭圆形，多汁而味酸甜，于是就产生了记录这种果实的词——葡萄；伴随着佛教的传入，产生了"因果"、"圆满"等词；至有清时，随着科学技术的发展，人们知道了人类居住的星球是圆形的，于是出现了"地球"这个词；而"测量"、"几何"、"透视"这些词也应运而生。克隆、内存、复制、粘贴、飞船、导弹、航天飞机、空间站、神舟飞船等词也都随着电脑的出现和科学技术的发展而产生。

3. 古词的沿用

如果说旧词不断消亡、新词不断产生反映了语言的发展性的话，那么，体现语言继承性的则是古词的沿用。用古代汉语记录的文言文到现在并没有变得面目全非，一般人虽然不一定能够完整准确地理解其意，但还可以知其大要，其原因就是古代汉语中有很多基本词汇被沿用到了现在。例如《左传·隐公元年》：

> 初，郑武公娶于申，曰武姜，生庄公及共叔段。庄公寤生，惊姜氏，故名曰"寤生"，遂恶之。爱共叔段，欲立之。亟请于武公，公弗许。及庄公即位，为之请制。公曰："制，岩邑也，虢叔死焉，佗邑唯命。"请京，使居之，谓之京城大叔。

这段话中的60多个词中，今天仍然沿用的就有郑、娶、生、及、惊、爱、立、为、死、使等。另如：

人体：人、手、耳、足、肝、胆

动物：马、牛、羊、虎、狼、象

自然：山、水、日、月、星、云

植物：桃、杏、李、枣、花、卉

（二）古今词义的比较

人们在阅读古书时，那些随着社会的发展而出现的新词的意义是很容易理解的。对于那些在现代生活中已经消失的旧词来说，尽管它们的意义很多人可能已经不了解了，但我们一查字典辞书，问题就可以解决了，它不会让我们对它的意义产生误解。需要特别认真对待的则是那些古代已有而今天仍然沿用的词。因为这些词今天还在沿用，所以人们在阅读古书时，很容易拿这些词今天的意义去理解它们在古书中的意义。然而除了极少一部分沿用的词以外，大部分沿用词的意义都或多或少地发生了变化。仍然以它们的今义去理解，就难免会犯"以今律古"的错误。

就今天仍然沿用的词来说，对它们古今的意义进行比较，大致有如下三种情况：

1. **意义迥异**

有些词古代的意义与今天的意义完全不同。例如：

景：《庄子·天下》："飞鸟之景未尝动也。"这里的"景"是由本义"日影"引申出的意义"影子"，不同于今义"景色"；

暂：《说文·穴部》："突，犬从穴中暂出也。"这里的"暂"意为"突然"，不同于它的今义"短暂"；

抢：《战国策·魏策》："布衣之怒，亦免冠徒跣，以头抢地尔。"这里的"抢"意为"撞"，不同于今义"抢夺"；

须：《后汉书·班超传》："可须夜鼓声而发。"这里的"须"意为"等待"，不同于它的今义"须发"；

乳：《史记·扁鹊仓公列传》："王美人怀子而不乳。"这里的"乳"意为"生育"，不同于其今义"乳房"；

行李：《左传·僖公三十年》："若舍郑以为东道主，行李之往来，共其乏困，君亦无所害。"这里的"行李"指"外交人员"，不同于其今义"出门所带的包裹等"；

穷：《论语·卫灵公》："君子亦有穷乎？"《孟子·梁惠王下》："此四者，天下之穷民而无告者。"这里的"穷"都是"境遇不好"、"仕途不顺"的意思，这个意义里也许包含了"缺少钱财"的意思，但决不完全是今天"缺少钱财"的意思。

2. **意义相同**

与意义迥异相反，有些今天仍然沿用的词，其意义从古到今并没有发生多大变化，这也是语言有继承性的体现。

自然：土、水、火、山、川、月
动物：虎、马、牛、羊、鹿、狼
植物：竹、梅、杨、柳、松、杉
人体：心、手、脑、口、耳、舌
方位：上、下、左、右、内、外
亲属：父、母、兄、弟、姐、妹
动作：杀、割、刺、分、移、逃
性状：明、暗、深、浅、善、老

3. **有同有异**

像"抢"、"行李"这样古今意义完全不同的词和像"山"、"水"这样古今意义完全相同的词在古代书面语言里都只是一少部分。大多数古今沿用的词，其意义一般都是既有同，也有异；同中有异，异中有同。这又可分为两种情况。一是义项有同有异。如：

① 丘也闻有国有家者，不患寡而患不均。（《论语·季氏》）
② 都城过百雉，国之害也。（《左传·隐公元年》）

③ 大都不过参国之一，中五之一，小九之一。(同上)

例①的"国"指的是"诸侯的封地"，例②的"国"意为"国家"，例③的"国"则指的是"国都"。而现在的"国"则只有"国家"的意义，另两个意义都没有了。他如："雨"，上古既有名词义"(天上下的)雨"，又有动词义"下雨"，现在只有名词义而没有了动词义；"云"，既有名词义"(天上的)云"，又有动词义"云谓"，现在也只有名词义而没有了动词义。

另一种情况是意义有同有异，即词的古义与今义既有相同之处，也有不同之处。例如：

劝：繁体字形从力藋声，本义是勉励、鼓励。《左传·成公二年》："赦之，以劝事君者。""劝事君者"意即"鼓励那些事奉国君的人"；《荀子》中有《劝学篇》。"劝学"即"勉励别人学习"。今义"劝说"与古义"勉励"相比，二者都有"用道理使人听从"的意思，但"劝说"这个意义具有被动性，即在别人有了认识上的问题之后，才可以去劝说；"勉励"这个意义则具有主动性，不管别人有没有认识上的问题，都可以去用道理告诉别人以使人听从。

像"劝"这种意义有相同之处又有细微差别的词，在阅读古书时，人们最容易按它们的今义去理解，因为按词的今义去理解似乎也是通的。所以，"在异同的问题上，难处不在同，而在异；不在迥别，而在微殊。"①

(三)古今词义的差别

1. 意义的侧重方面不同

售：今义是"卖"，侧重表示的是"卖"这个动作本身；古义是"把东西卖出去"，侧重表示的是"卖"这个动作的结果。如《晏子春秋·内篇问上》："酒酸而不售。"句意不是说"酒都酸了也不卖"，而是说"酒都酸了也卖不出去"。

再：今义是"再"，侧重表示动作的重复；古义是"第二次"、"两次"，侧重表示动作的数量。《左传·庄公十年》："一鼓作气，再而衰，三而竭。""再而衰"是"第二次(击鼓士气)就衰减"的意思。

购：今义是"买"，侧重表示"买"这个动作本身；古义是"重金征求"、"悬赏征求"，侧重表示"买"这个动作的代价之高。《史记·项羽本纪》："吾闻汉购我头千金，邑万户。"意即"我听说汉王用一千斤金、一万户人家来悬赏征求我的头"。

暂：今义是"暂时"，侧重表示时间的短暂；古义是"突然"，侧重表示动作的急速。《左传·僖公三十三年》："武夫力而拘诸原，妇人暂而免诸国。"句中"暂"即突然之义。

2. 意义的轻重程度不同

饿：今义同"饥"，指肚子空，想吃东西，意义的程度轻；古义则指很长时间没有吃到东西，使身体受到了损害，呈现出病态，意义的程度重。《左传·宣公二年》："见灵辄饿，问其病，曰：'不食三日矣。'"句中说灵辄已有三天没有吃到东西，到了走不动路的地步，所以用了"饿"字。

恨：今义"仇恨"，表示极度地怨恨，意义的程度重；古义"遗憾"，表示稍感失望，意义的程度轻。《史记·项羽本纪》："秦民无不恨者。"此句是说关中之民对于刘邦没有被封关中

---

① 王力：《古代汉语》，中华书局，1999年版，第83页。

而"没有不感到遗憾的"。《汉书·苏武传》："子为父死无所恨。""无所恨"意为"没有什么遗憾"。

怨：今义"埋怨"，是因事情不如意而对当事者表示不满的意思，意义的程度轻；古义则是"仇恨"，与今"恨"意思相当，意义的程度重。《史记·秦本纪》："而缪公之怨此三人人于骨髓。"《汉书·苏武传》："吾闻汉天子甚怨卫律。"两句中的"怨"都是"恨"的意思。

啼：今义同"哭"，指伤心得流泪出声，意义的程度轻；古义是"大声哭"，即因悲伤或者恐惧而大声哭泣，意义的程度重。《吕氏春秋·察今》："见人方引婴儿而欲投之江中，婴儿啼。"把一个不会游泳的小孩扔到江水中，这个小孩肯定会吓得哇哇大哭。

3. 意义的感情色彩不同

比：今义"紧靠"、"挨着"，适用于一切对象，是个中性词；古义则指"靠得很紧密地干坏事"，是个贬义词。《论语·为政》："君子周而不比，小人比而不周。"孔传："阿党为比。"可见"比"指小人紧密勾结在一起做坏事。

爪牙：今义喻指"坏人的党羽"，是个贬义词；古义则指"得力的帮手"，是个褒义词。《国语·越语》："然谋臣与爪牙之士，不可不养而择也。"句中把"爪牙"与"谋臣"并列，并说其"不可不养而择"，可见它对于治国的重要性，因而它绝不会是贬义词。

下流：今义"品质恶劣"、"道德败坏"，是个贬义词；古义原指"水的下游"，后喻指人身份卑微、地位低下，是个中性词。司马迁《报任安书》："且负下未易居，下流多谤议。"全句就是说"在背过负罪的情况下，人们就不容易与他相处，人的身份卑微时人们就会经常议论他"。

谣言：今义指"没有事实根据的消息"，是个贬义词；古义指"民谣中的话"，是个中性词。干宝《搜神记》："长安中谣言曰：见乞儿，与美酒，以免破屋之咎。"

4. 意义所指的名物不同

尺：古今都是长度单位，但所指长度不同。今天的"一尺"长约33厘米，而古时的"一尺"只长约23厘米。《孟子·滕文公上》："虽使五尺之童适市，莫之或欺。"句中的"尺"若按今天的长度，"五尺之童"就是165厘米的小孩。165厘米的身高，尚且还是小孩，大人该有多高？实际上它指的是115厘米。

秋：古今都指秋季，但按我们今天所使用的夏历，"秋"是指一年中的七、八、九三个月，而古书中"秋"之所指是不统一的。一般的书也用夏历，则"秋"就与今一致；《孟子》、《庄子》则用周历，周历是以夏历的每年十一月为一年之始，这样一来，春指十一、十二、一月，夏指二、三、四月，秋就指五、六、七月了。《庄子·秋水》："秋水时至，百川灌河。"句中的"秋水"就是指的六、七月的大水；《孟子·滕文公上》："江汉以濯之，秋阳以暴之，皜皜乎不可尚已。"句中的"秋阳"就是指六、七月暴烈的阳光。

膏药：古今都指的是药物。今义指"外敷用的膏状药物"，古义虽也指"膏状药物"，但根据《武威汉代医简》记载，其"千金膏药方"的服用方法有"吞之"、"涂之"、"摩之"等，可知它不同于今天的膏药。

布：古今都指用来做衣服的原料。近古以来的布一般都是用棉缕织成，上古和中古的布则都是用麻或葛编织而成。《盐铁论·散不足》："古者庶人耄老而后衣丝，其余则麻枲而已，故命曰布衣。"

5. 意义的范围大小不同

这又可分为两种不同的情况。一种是词的古义所表示的范围小，今义所表示的范围大，古义被包含在今义之中。一般人们称之为"词义的扩大"。例如：

江：古义专指"长江"，意义范围小。《孟子·滕文公下》："水由地中行，江、淮、河、汉是也。"句中"江"与"淮"、"河"、"汉"就分别指长江、淮河、黄河、汉江。现在南方的大河都可叫江，意义范围扩大了。"河"也由专指"黄河"而变为指北方的河流，意义范围也比古义大。

睡：古义只指"坐着打盹"。《史记·商君列传》："孝公既见卫鞅，语事良久，孝公时时睡，弗听。"此句就是说孝公在与商鞅坐着谈话的过程中，不时地打个盹，如理解为"不时地跑床上睡一觉"就有悖常理了。现在的"睡"则指包括"坐着打盹"在内的各种姿势的睡眠，意义范围比古义大了。

菜：字形从艹采声，古义指"蔬菜"，即地里生长出的能做副食品的植物，像葱、姜、蒜、白菜之类。《礼记·学记》："大学始教，皮弁祭菜。"今义所指，除了包括上述植物类的蔬菜之外，所有经过烹调供下饭下酒的食物都可叫"菜"，意义范围比古义大得多了。

响：古义指"回声"。《史记·张释之列传》："且下之化上，疾于景响。"今义指一切声响。

色：本指"脸色"。《史记·滑稽列传》："色如死灰。"又特指"怒色"。《战国策·赵策》："太后之色少解。"今义指各种颜色。

牙：本指"大牙"。《左传·隐公五年》："皮革、齿牙、骨角、毛羽，不登于器。"今泛指"牙齿"。

齿：本指"门牙"。《左传·僖公五年》："辅车相依，唇亡齿寒。"今泛指"牙齿"。

理：本指"治玉"。《韩非子·和氏》："王乃使民理其璞而得宝焉。"今泛指"治理"。

这种词义的不同是词义演变的一个基本规律，实际上就是词的意义由个别到一般、由具体向抽象的变化。

意义范围大小不同的第二种情况是，词的古义范围大，今义的范围小，词的今义被包含在古义之中。人们又称之为"词义的缩小"。如：

宫：上古指所有的"房屋"，意义范围大。《墨子·节用》："古者人之初生，未有宫室。"句中的"宫"指的就是所有人的房屋。《战国策·秦策》："父母闻之，清宫除道，张乐设饮。"句中"宫"指的是苏秦家的房屋。后来"宫"的意义范围变小了，用来专指帝王住的房屋，一般人住的房屋就不能叫"宫"了。

臭：本义指所有的"气味"，意义范围大。《周易·系辞》："同心之言，其臭如兰。"既如"兰"，当然不会是难闻的气味。今义则专指难闻的气味，意义范围变小了。

子：其字像小孩之形，本义指"小孩"，包括男孩和女孩，意义范围大。《论语·先进》："孔子以其兄之子妻之。"既是嫁做他人之妻，"子"当然指的是女孩。《韩非子·外储说右下》："臣有子三人，家贫，无以妻之。"既是无力为之娶妻，"子"肯定是男孩。今义则只指男孩，意义范围也小了。

丈夫：上古所有的男人都叫"丈夫"，意义范围大。《国语·越语》："生丈夫，二壶酒，一犬。"这个"丈夫"就是指男孩。《韩非子·五蠹》："古者丈夫不耕，草木之实足食也。"这里的"丈夫"就是成年男人。今义只指结过婚的男人,没有结婚的男人不能叫丈夫了。

6. 意义所指的对象不同

狱:古义指"诉讼案件"。《左传·庄公十年》:"小大之狱,虽不能察,必以情。"今义指关押犯人的地方,即"监狱",意义所指的对象改变了。

涕:古义指"眼泪",今义转指"鼻涕"。《庄子·大宗师》:"孟孙才,其母死,哭泣无涕,中心不戚。""哭泣无涕"指"哭泣时没有眼泪",而不是说"哭泣时没有鼻涕"。

脚:古义指"小腿",今义转指"足掌"。《后汉书·班超传》:"互抱超马脚不得行。"这是说人们互相抱着班超的马腿不让班超离开。

走:古义指"跑"这个动作。今义转指"行走"的动作。《山海经·夸父逐日》:"夸父与日逐走。""逐走"就是"竞跑"。《韩非子·五蠹》:"兔走触株,折颈而死。"这是说兔子在急速奔跑时撞到树上,才把脖子撞断而死;如果把"走"理解为"行走",那是不可能把脖子撞断的。

闻:古义是"用耳朵听见",今义转指"用鼻子嗅"。《礼记·大学》:"心不在焉,视而不见,听而不闻。""听而不闻"意即"听了但没有听见"。《孟子·梁惠王上》:"仲尼之徒,无道桓、文之事者,是以后世无传焉,臣未之闻也。""未之闻"意为"没有听到这样的事情"。

亲戚:古义指的是"家庭中的亲人",像父母兄弟等;今义转指"与自己有婚姻或血统关系的家庭及其成员",不再包括自己家里的人。《战国策·秦策》:"贫穷则父母不子,富贵则亲戚畏惧。"这里的"亲戚"就是苏秦用来指他的家人。

这种"意义所指的对象不同",很多人都称之为"词义的转移",而把"意义的范围大小不同"中的两种情况分别称之为"词义的扩大"和"词义的缩小",然后把这三种情况并称为"词义演变的规律"。实际上,这也只不过是古今词义的几种不同情况而已。

思考与练习(五)

一、为什么说古今词义的异同问题"不在同而在异,不在迥别而在微殊"?试举例说明。

二、写出与下面意义相当的古词语。

脚(　　)　　偷(　　)　　快(　　)
脸(　　)　　再(　　)　　睡(　　)
泪(　　)　　穷(　　)　　坐着打盹(　　)
脖子(　　)　两次(　　)　脖子前部(　　)
官司(　　)　男子(　　)　脖子后部(　　)
气味(　　)　　　　　　　抛弃(　　)

三、写出下面词语的反义词。

情—　　　　慢—　　　　益—
兴—　　　　好(hào)—　陟—
劝—　　　　贰—　　　　徐—
达—　　　　表—　　　　寤—

四、解释下面成语中加点的词。

家·给户足　　趾·高气扬　　顾·影自怜

走马观花	兵不血刃	揭竿而起
排山倒海	苟且偷安	感激涕零
勃然作色	不愤不启	固若金汤
朋比为奸	穷途末路	假公济私
半途而废	一失足成千古恨	

城门失火，殃及池鱼

五、解释下面句中带点的词，并说明其古今意义的异同。

1. 招具该备，永啸呼些。（《楚辞·招魂》）
2. （许慎）为郡功曹，举孝廉，再迁除洨长。（《后汉书·儒林传》）
3. 鬼侯有子而好。（《战国策·赵策》）
4. 春省耕而补不足，秋省敛而助不给。（《孟子·梁惠王下》）
5. 公使阳处父追之，及诸河，则在舟中矣。（《左传·僖公三十三年》）
6. 烈士暮年，壮心不已。（曹操《步出夏门行·龟虽寿》）
7. 穆公访诸蹇叔。（《左传·僖公三十二年》）
8. 臣不敢爱死。（《左传·昭公二十年》）
9. 武夫力而拘诸原，妇人暂而免诸国。（《左传·僖公三十三年》）
10. 若舍郑以为东道主，行李之往来，共其乏困。（《左传·僖公三十年》）
11. 楚之南有炎人国，其亲戚死，朽其肉而弃之，然后埋其骨。（《墨子·节葬》）
12. 有不速之客三人来。（《周易·需卦》）
13. 吾何快于是？（《孟子·梁惠王上》）
14. 于是乘其车，揭其剑，过其友。（《战国策·齐策》）
15. 臣愿披腹心，输肝胆，效愚计。（《史记·淮阴侯列传》）
16. 矫命以责赐诸民。（《战国策·齐策》）
17. 蹇叔之子与师。（《左传·僖公三十二年》）
18. 冬，大有年。（《春秋·宣公十六年》）
19. 女三人，长适秘书丞钱衮，余尚幼。（欧阳修《江邻几墓志铭》）
20. 因人之力而敝之，不仁。（《左传·僖公三十年》）

六、标点并翻译下面的短文。

乐羊为魏将而攻中山其子在中山中山之君烹其子而遗之羹乐羊坐于幕下而啜之尽一杯文侯谓堵师赞曰乐羊以我故而食其子之肉答曰其子而食之且谁不食乐羊罢中山文侯赏其功而疑其心孟孙猎得麑使秦西巴持之归其母随之而啼秦西巴弗忍而与之孟孙归至而求麑答曰余弗忍而与其母孟孙大怒逐之居三月复召以为其子傅其御曰曩将罪之今召以为子傅何也孟孙曰夫不忍麑又且忍吾子乎故曰巧诈不如拙诚乐羊以有功见疑秦西巴以有罪益信

（《韩非子·说林上》）

三、词义的类型

(一)本义

汉语的词与其他语言的词一样,也普遍存在着一词多义的现象。当一个词有若干个意义时,它的诸多意义可以分为三种类型:本义、引申义、假借义。

1. 本义的特征

什么是本义?王力:"所谓词的本义,就是词的本来的意义。""今天我们所能谈的只是上古文献史料所能证明的本义。"①许嘉璐:"本义实际上是指有文字可考的、有文献资料可供参证的最初的意义。"②郭锡良、李玲璞:"我们所讲的本义,是指词在文献语言中所使用的几个意义中作为引申派生起点的那个意义。"③赵克勤:"一个词总有一个最原始的意义,我们叫它本义。"④

综合以上各家之说,词的本义应具备的特征有:A 有文字可考的;B 有文献证明的;C 是引申派生起点的;D 本来的、原始的、最早的。据此,本义应定义为:本义是指一个词由它的记录符号所能体现并能被文献语言证明的作为其他意义派生起点的最原始的意义。如:

行:《古汉语常用字字典》列有两个读音、十个义项:háng①路;②行列;③辈分;④军队编制单位(二十五人为一行)。xíng①行走、运行;②做、执行;③行动;④品行;⑤将要;⑥代理。

在"行"的这些义项中,"路"这个意义,A 能够由它的记录符号也即字形所体现出来,其甲骨文形体 正像路形;B 这个意义也有文献材料的证明,《诗经·豳风·七月》:"遵彼微行。"《战国策·魏策》:"今者臣来,见人于大行。"C 这个意义是其他意义派生的起点:先引申出"行走"、"运行",再由"行走"引申为"行动"、"行列",由"行动"再引申为"做"、"执行"、"将要",由"行列"再引申为"辈份"、"军队编制单位"等;D 这个意义是"行"造字之初人们让它表示的意义,因而是最早的,所以这个意义是"行"的本义。

上述本义的四个特征,并不是所有词的本义都必须具备。不一定具备特征 A 的词大致有两种。一是借来的词(因本无其字假借而来)。如"来",它作为一个记录符号,实际上记录了两个词。"来 1"意为"小麦",它的字形 像麦穗之形,也有文献材料的证明,《诗经·周颂·思文》:"贻我来牟。""来 2"意为"到来",这是它假借以后表示的意义,尽管这个意义不能由字形体现出来,但这个意义有文献材料的证明,是其他意义引申的起点,是"来 2"最早的意义,应是"来 2"的本义。再如"易"字:"易 1"这个词的意义是"蜥蜴",这个意义可由其字形 体现出来;"易 2"的意义是"容易",这是"易"被借之后所表示的意

---

① 王力:《古代汉语》,中华书局,1999 年版,第 93 页。
② 许嘉璐:《古代汉语》,高等教育出版社,1992 年版,第 84 页。
③ 郭锡良、李玲璞:《古代汉语》,语文出版社,2000 年版,第 225 页。
④ 赵克勤:《古汉语词汇问题》,河南人民出版社,1980 年版,第 58 页。

义,这个意义虽不能由其字形所体现,但它也是"轻易"、"轻视"等意义派生的起点,是"易2"所有意义中最原始的意义,因而是"易2"的本义。

另外一种本义也不具有特征 A 的,就是那些字的本义已经消失的词。如"笑",字从竹夭声,字形所体现的意义当与竹子有关,然而文献中此义已不见,所能见到的意义就是"发出欢喜的声音",这个意义与字形的联系已经很难看出(笔者认为其造字之初的意义可能是"竹子开花",由此而引申为"人乐开花",即欢笑,但无文献语言的证明,只是一种猜测),所以"欢笑"这个意义也不具备"文字可考"的特征。他如"试",从言式声,其字形体现的意义应与言语有关,然而现在我们能够见到的常用意义是"用",这个意义也不能由其字形体现出来,但它是"试"其他意义的派生起点,所以也可以把它看成"试"的本义。

我们说多义词中有一类意义叫本义,并不是说单义词就没有本义了。对于单义词来说,它的那个唯一的意义一般就是它的本义。如"雯",只有"成花纹的云彩"这一个意义,这个意义由字形能够体现出来(从雨从文文亦声),有文献资料的证明,《三坟·形坟·爻卦大象》:"日云赤昙,月云素雯。"这个意义当然是它最早的意义,但由于这样的词没有别的意义,所以这个本义不具备前述本义的第三个特征,即不是其他意义派生的起点。

词的本义是一个多义词词义系统的纲,弄清词的本义,对于理清词的意义演变派生的脉络,准确理解词的其他意义,以至整理出词的意义系统具有重要作用。

2. 本义的探求

本义的重要特征是记录它的汉字形体能够体现、文献语言可以证明,因此探求词的本义就应该先从分析字形结构入手,再证之以文献。如:

得,甲骨文作"㝵",从行从贝从寸,造字之意像是"路上有贝(象征财物),一人用手把它拾起来",会出"得到"之义;《孟子·梁惠王上》:"缘木求鱼,虽不得鱼,无后灾。"可证"得到"就是它的本义。

牢,从宀从牛,"宀"是房屋的象形,屋子里圈了一头牛,可知其义为"牲口圈";《战国策·楚策》:"亡羊而补牢,未为迟也。"句中"牢"正是"牲口圈"的意思,可知"牲口圈"就是"牢"的本义。

本,小篆作"夲",从一在木下,"一"指示该字的意义所在,所以字形体现出的意义是"树根";《左传·成公二年》:"禽之而乘其车,系桑本焉,以徇齐垒。""桑本"即"桑树的树根",可知"本"的本义就是"树根"。

甘,从口含一,"一"象征含在口里的东西。一个东西含在口里一直不吐出来,说明它"味道甜美";《孟子·梁惠王上》:"为肥甘不足于口与?轻暖不足于体与?"句中"甘"即指"味道甜美"的食物,可证"甘"的本义就是"味道甜美"。

豆,甲骨文作"豆",字像高脚盘之形,其义应为"食器";《诗经·大雅·生民》:"卬盛于豆,于豆于登。"《说文·豆部》:"豆,古食肉器也。"可证"豆"的本义就是"盛食物的器具"。

羽,甲骨文作"羽",字像羽毛之形,其义当为"鸟翅上的羽毛";《周易·渐卦》:"鸿渐于陆,其羽可用为仪。"《左传·隐公五年》:"皮革、齿牙、骨角、毛羽,不登于器。"可证"羽"的本义就是"羽毛"。

上述"得"、"牢"的记录符号是会意字,其本义可由它们的表义构件的组合中分析出来;"本"、"甘"的记录符号是指事字,其本义可由指示符号在所依附的象形字中的位置分析出来;"豆"、"羽"的记录符号是象形字,其本义可由其字形所像之物直接看出来。如果一个词的记录符号是形声字,由于形声字的形符只能表示该字的意义范畴而不能表示该字的具体意义,所以不太可能由字形直接分析出其本义;但在知道该形声字的若干意义的情况下,我们却可以借助形声字的形符,看出若干个意义中哪个意义与形符所表示的意义关系最直接、联系最紧密,那个意义就应该是其本义。如:

造,从辵告声。常用义有:制造、成就、到……去。形符"辵"表示行走的意义;上述意义中与行走的意义关系最密切的显然是"到……去",因而这个意义应是它的本义。《战国策·宋策》:"造大国之城下。"句中"造"就是这个意思,可证"造"的本义就是"到……去"。

缺,从缶决省声。常用义:缺陷、过失;缺少、不足;缺口;缺点;器物残缺。形符"缶"义为"盛酒浆的瓦器",上述意义中与瓦器关系最直接的是"器物残缺"。《说文·缶部》:"缺,器破也。"《诗经·豳风·破斧》:"既破我斧,又缺我斨。""缺"用如使动,"缺我斨"即"使我的斨斧残破"。《淮南子·说林》:"为车者步行,陶者用缺盆,匠人处狭庐。""缺盆"即残破的盆。其本义当为"器物残破"。

顾,繁体从页雇声。常用义:探望、拜访;关心、照顾;看;回头看;只不过;反而、却。形符"页"是人头的象形,其意义与人的头面有关。常用义中与头面联系最紧密的意义是"回头看"。《战国策·齐策》:"(孟尝君)顾谓冯谖。"意即"回头看着冯谖说"。其本义当为"回头看"。

绪,从糹者声。常用义:头绪、开端;情绪、思绪;丝头;世系;残余的。形符"糹"是细丝的象形。常用义中与"细丝"关系最直接的是"丝头"。张衡《南都赋》:"白鹤飞兮茧曳绪。"其本义应是"丝头"。

(二)引申义

1. 引申义的特征

王力:"所谓引申义,是从本义引申出来的,即从本义发展出来的。"①郭锡良、李玲璞:"在多义词的几个意义中,由本义派生出来的意义叫引申义。"②许嘉璐:"在本义的基础上发展衍化出来的其他相关意义叫作引申义。"③由以上三家对引申义的界说可看出引申义应具有的特征为:A 派生(发展、衍化)出来的意义;B 派生、发展的起点是本义。其中特征 A 人们都不会有异议,特征 B 则有一定的问题。我们知道,词义的发展是一个复杂的过程。一个词由本义可以发展派生出别的意义,而由它的某一个派生义为起点,也可以再发展派生出另外的意义。如"陵",本义是"大土山",以此为起点,可引申出"登上山"的意思;而由"登上山"为起点,还可以引申出"乘"、"凌驾"、"侵犯"等意思。如果认为只有由本义派生出的意义才叫引申义,那么由引申义再引申出的意义又该叫什么意义呢?实践中,这

---

① 王力:《古代汉语》,中华书局,1999年版,第93页。
② 郭锡良、李玲璞:《古代汉语》,语文出版社,2000年版,第228页。
③ 许嘉璐:《古代汉语》,高等教育出版社,1992年版,第88页。

样的意义人们还都称之为引申义。所以引申义应该表述为：以某一个意义为起点派生、发展出来的意义叫引申义。如：

临，本义为"从高处往低处看"。《荀子·劝学》："不临深溪，不知地之厚也。"由此派生出"从上边监视着下边的人"，即"统治"的意思。《荀子·性恶》："故为之立君上之势以临之。""统治"即"临"的引申义。

烈，本义"（火）猛"。《左传·昭公二十年》："夫火烈，民望而畏之。"派生出"猛烈"、"强烈"的意思。枚乘《七发》："冬则烈风。""猛烈"就是"烈"的引申义。

2. 引申义的类型

由前述引申义的定义可知，词义引申的起点可以是任一意义。根据引申义与本义关系的远近，我们可以把引申义分为两类：由本义为起点派生出来的引申义叫直接引申义，由引申义为起点再派生出来的引申义叫间接引申义。如：

举，从手舆声，本义"用手举起"。《诗经·小雅·宾之初筵》："钟鼓既设，举酬逸逸。"由本义派生出"拿出"、"拿来"的意思。《左传·襄公十年》："王叔氏不能举其契。"这个意义即是"举"的直接引申义。由"拿出"再引申为"提出"。《史记·屈原列传》："其称文小而其指极大，举类迩而见义远。"由于这个意义是以引申义为起点而引申出来的，所以是"举"的间接引申义。

涉，从水从二止，本义"徒步过河"。《楚辞·九章》："唯郢路之辽远兮，江与夏之不可涉。"由本义引申为"渡水"。《荀子·子道》："不放舟，不避风，则不可涉也。"由本义还引申为"踏"、"走"。《书·群》："心之忧危，若蹈虎尾，涉于春冰。"这两个意义都是"涉"的直接引申义。由"踏"、"走"再引申为"遇"、"经历"。《管子·兵法》："厉士利械，则涉难而不匮。"由"遇"、"经历"再引申为"涉及"、"牵涉"。刘知己《史通·叙事》："而言有关涉，事便显露。"这两个意义分别以引申义为起点引申而来，都是"涉"的间接引申义。

直接引申义由于是以本义为起点引申出来的，所以它们与本义的联系非常紧密，如"涉"本义只指一种过河方式，即双脚从河这边趟到河那边，由此派生出的直接引申义"渡水"仍然是"过河"的意思，只是不限于这一种方式了，其意义之间的联系显而易见。间接引申义由于是以某个引申义为起点引申出来的，作为引申起点的那个引申义如果是直接引申义，那么这个间接引申义与本义的联系还能看得出来，如"踏"、"走"之与"徒步过河"；如果作为引申起点的那个引申义本身也是间接引申义，那么更远一点的间接引申义与本义有时候看起来似乎并没有什么联系，如"涉"的"涉及"、"牵涉"之与"徒步过河"，两个意义之间就似乎没有联系，但我们只要弄清了这些意义之间引申的脉络，它们之间的意义联系就不难看出了。

3. 引申义与源头义的联系

引申义都是从某一个意义引申发展而来的。我们把引申义所由派生的那个意义称之为"源头义"。可以肯定地说，从源头义之所以能派生出一个新的意义，这个新的意义一定与那个源头义之间有这样那样的联系。如"粟"，意为"谷子"，由"谷子"这个意义能派生出"粮食"的意思，因为"谷子"与"粮食"二义有联系：谷子是粮食的一种；由"谷子"的意思不可能派生出"天空"的意思，因为"谷子"与"天空"二义没有联系。概括起来，引申义与源头义之间的联系大致有如下几种：

一是因相似而引申。即引申义与源头义之间具有某些相似点,因而才由源头义派生出了一个引申义。如:

"斗",字形像长柄的舀酒器,本义即"舀酒的器具"。《诗经·大雅·行苇》:"酌以大斗。"由于人们发现天上有七颗星星的组合体与这种舀酒器具形状相似,所以就把这七星的组合叫作"斗星"。《诗经·小雅·大东》:"维北有斗,不可以挹酒浆。"

皮,本义指动物的表皮。《左传·僖公十四年》:"皮之不存,毛将安傅?"引申为事物的"表面"。《史记·郦食其列传》:"以目皮相,恐失天下之能士。"之所以能够派生出"表面"的意思,就因为事物的表面和动物的皮在"处于外表"这一点上相似。

管,从竹官声,本义是一种像笛的竹制管乐器。《荀子·乐论》:"管籥发猛。"引申为"钥匙"。《左传·僖公三十二年》:"郑人使我掌其北门之管。"因为古代所用的钥匙与竹管在"筒状"这一点上相似。

极,繁体从木亟声,本义"房屋的脊檩"。《庄子·则阳》:"孔子之楚,舍于蚁丘之浆,其邻有夫妻臣妾登极者。""登极"即登上脊檩。引申为"极点"、"尽头"。《报任安书》:"立名者,行之极也。"因为"脊檩"和"极点"在"最高点"这一点上相似。

环,从玉不声,本义是"肉好若一的玉环"。"好"指玉中心的孔,"肉"指玉除孔之外的部分,环即指肉和好宽度一样的玉环。《礼记·经解》:"行步则有环佩之声。"《左传·昭公四年》:"公与之环而佩之矣。"引申指别的环形物。《战国策·赵策》:"彻其环瑱,至老不嫁,以养父母。"这里的"环"指耳环、手镯等。因为耳环、手镯与"玉环"在"环形"这一点上相似。

陵,本义"大土山"。《左传·僖公三十二年》:"殽有二陵焉:其南陵,夏后皋之墓也,其北陵,文王之所辟风雨也。"引申为"帝王的坟墓"。杜牧《将赴吴兴登乐游原》:"乐游原上望昭陵。"因为帝王的坟墓或用土石堆成大山状,或本就因山为之。

二是因相关而引申。即源头义与引申义在某一点上有关联。例如:

鼓,字形左边是鼓的象形,右边是"支"的变形,本义是"击鼓"。《左传·成公二年》:"左并辔,右援枹而鼓。"引申为"鼓"。《诗经·邶风·击鼓》:"击鼓其镗,踊跃用兵。"因为"鼓"是"击鼓"这个动作关联的对象。

齿,本义"门牙"。《左传·僖公五年》:"谚所谓'辅车相依,唇亡齿寒'者,其虞虢之谓也。"引申为"年龄"。《汉书·赵充国传》:"臣位至上卿,……犬马之齿七十六。"因为人的年龄与牙齿的生长情况密切相关。

年,从禾千声,本义是"收成"。《谷梁传·桓公三年》:"五谷皆熟,为有年也。""有年"即"有收成"。引申为"十二个月的时间"。《庄子·秋水》:"汤之时,八年七旱。"因为上古之时,十二个月也就是一年时间庄稼收成一次,二义之间有关联。

宗,从宀从示,本义"祖庙"。《左传·成公三年》:"若从君之惠而免之,以赐君之外臣首,首其请于寡君而以戮于宗,亦死且不朽。"引申为"祖宗"。《左传·僖公五年》:"晋,吾宗也,岂害我哉?"因为"祖庙"里祭祀的都是"祖宗",二者有关联。句中的"吾宗也"意为"跟我们是同一个祖宗"。

兵,从廾持斤,本义"兵器"。《孟子·梁惠王上》:"兵刃既接,弃甲曳兵而走。"引申为"士兵"、"战争"。《三国志·吴书·吴主传》:"将军贺达等将兵万人。"《孙子·兵法》:"兵者,国之大事。"因为"士兵"是使用"兵器"的人,而使用"兵器"就意味着"战争"。

被,从衣皮声,本义"被子"。《楚辞·招魂》:"翡翠珠被,烂齐光些。"引申为"覆盖",因为"被子"都是用来覆盖在身上的。张衡《东京赋》:"芙蓉覆水,秋兰被涯。"

三是因相因而引申。即源头义与引申义之间有因果关系。如:

危,本义"陡峭"、"高峻"。《列子·黄帝》:"履危石,临百仞之渊。""陡峭"、"高峻"可以导致危险的结果,所以引申为"危险"。《左传·僖公三十年》:"国危矣,若使烛之武见秦君,师必退。"

爱,本义"喜爱"。《战国策·赵策》:"父母之爱子,则为之计深远。""喜爱"之极则舍不得,所以引申为"舍不得"、"吝惜"。《孟子·梁惠王上》:"齐国虽褊小,吾何爱一牛?"

亡,由本义"逃跑"引申为"失掉"。《韩非子·说林上》:"醉寐而亡其裘。"由"失掉"再引申为"死亡",因为"死亡"是"失掉"生命的结果。范缜《神灭论》:"岂容形亡而神在?"

兴,本义"起来"。《尚书·微子》:"小民方兴,相为敌雠。"引申为"兴起"。《史记·文帝本纪》:"汉兴,至孝文四十余载。""兴起"的结果是"兴旺"、"兴盛",所以又由"兴起"引申为"兴旺"、"兴盛"。贾谊《新书·大政》:"国以民为兴坏,君以民为强弱。"

秀,本义"谷物吐穗开花"。白居易《杜陵叟》:"麦苗不秀多黄死。"引申为"美好"、"美丽",这是"谷物吐穗开花"导致的结果。欧阳修《醉翁亭记》:"望之蔚然而深秀者,琅琊也。"

虚,本义"大土山"。《诗经·鄘风·定之方中》:"升彼虚矣,以望楚矣。"山大则显空旷、空虚,所以引申为"空虚"。《商君书·去强》:"仓府两虚,国弱。"

了解了源头义与引申义之间的各种联系,有助于我们在知道了词的某个意义之后,去推断它的其他意义。

4. 词义引申的方式

词义的引申是一个复杂的过程。不同的引申义可以由不同的方式引申出来。一般来说常见的引申方式有如下两种:链条式引申,辐射式引申。

链条式引申即先由本义引申出第一个引申义,再由第一个引申义引申出第二个引申义,再由第二个引申义引申出第三个引申义……可图示为:本义→甲义→乙义→丙义→丁义……由这种方式引申出来的众多意义,与本义形成一个链条,本义是这个链条的起点,每个引申义都是这个链条中的一环。例如:

承,本义"双手捧着"。《诗经·小雅·鹿鸣》:"吹笙鼓簧,承筐是将。"郑笺:"承,犹奉也。"引申为"接受"。贾谊《吊屈原赋》:"恭承嘉惠兮,俟罪长沙。"《左传·僖公十五年》:"敢不承命?"由"接受"再引申为"承受"、"承担"。《左传·昭公三十一年》:"使子皮承宜僚以剑而讯之,宜僚尽以告。""承"用作使动,"承宜僚"即"让宜僚承担"。由"承受"再引申为"顺从"。《诗经·大雅·抑》:"子孙绳绳,万民靡不承。"

意义引申图:双手捧着→接受→承受、承担→顺从

朝,本义"早晨"。《左传·僖公三十年》:"许君焦瑕,朝济而夕设版焉,君之所知也。"引申为古时大夫早晨必做之事"朝见"国君。《左传·宣公二年》:"盛服将朝,尚早,坐而假寐。"《韩非子·五蠹》:"割地而朝者三十有六国。"由"朝见"再引申为"朝见"国君的地方"朝廷"。《史记·萧相国世家》:"赐带剑履上殿,入朝不趋。"由"朝廷"再引申为一个国君

统治的时期。张籍《赠道士宜师》:"两朝侍从当时贵。"最后再引申为一个家族统治的时期即"朝代"。杜牧《赤壁》:"折戟沉沙铁未销,自将磨洗认前朝。"其意义引申图示如下:

早晨→朝见→朝廷→一君任期→一族任期

防,本义"堤坝"。《周礼·地官·稻人》:"以防止水。"堤坝的作用是用来堵水、防水的,所以引申为"堵水"、"防水"。《国语·周语》:"甚于防川。""堵水"的目的是禁止、防止水到处泛滥,所以又引申为"禁止"、"防止"。《左传·襄公三十一年》:"吾闻忠善以损怨,不闻作威以防怨。"由"防止"再引申为"约束"。《盐铁论·本议》:"以礼义防民。"由"约束"再引申为用来约束人们行为的"规范"、"标准"。《荀子·儒效》:"(君子)行有防表。"其词义引申可图示为:

堤坝→堵水、防水→禁止、防止→约束→规范、标准

链条式引申方式的特点是,只有一个直接引申义,其他都是间接引申义,最远端的引申义与本义的联系不明显。

辐射式引申即由本义分别派生出第一个、第二个、第三个……引申义。可图示为:

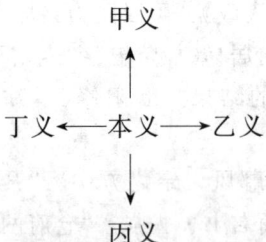

例如:

节(節),《说文》:"节,竹约也。"本义"竹节"。左思《吴都赋》:"竹则……苞笋抽节。""竹节"的特点一是有间隔性,二是节处似有约束,于是即引申指具有这些特点的事物。用于树木,可指木节。《后汉书·虞诩传》:"不遇盘根错节,何以别利器乎?"用于动物,可指"关节"、"骨节"。《庄子·养生主》:"彼节者有间,而刀刃者无厚。"用于时日,则指"节气"。《史记·太史公自序》:"四时八位十二度二十四节。"用于音乐,则指"节奏"、"节拍"。陆机《似古》:"长歌赴促节。"用于社会,则指约束人们行为的"法度"。《管子·牧民》:"如月如日,唯君之节。"用于道德,则指"节操"、"气节"。《左传·成公十五年》:"圣达节,次守节,下失节。"用于动作,则指"节制"、"节省"、"节约"。《论语·学而》:"节用而爱人,使民以时。"《荀子·天论》:"强本而节用,则天不能贫。"其词义引申可图示为:

节制　　木节　　关节

节省　←竹节→　节气

节操　　法度　　节奏

问,从口门声,本义"询问"。《史记·管晏列传》:"晏子怪而问之。"由"询问"引申为向犯人询问案情,即"审讯"。《诗经·鲁颂·泮水》:"淑问如皋陶。"意即"像皋陶那样善于审讯犯人"。由"询问"还引申为向病人询问病情,即"慰问"。《论语·雍也》:"伯牛有疾,子

问之。"由"询问"还引申为向办事不力者询问情况,即"责问"。《左传·僖公四年》:"昭王南征而不复,寡人是问。"还引申为向办事人员询问事情的进展情况,即"过问"。柳宗元《童区寄传》:"恣所为不问。"还引申为询问得到的结果,即"音讯"。《晋书·陆机传》:"既而羁寓京师,久无家问。"其词义的引申可图示为:

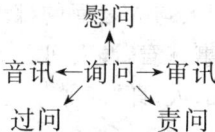

像上述单独用链条式或辐射式引申的多义词数量并不多,大多数多义词词义的引申则是综合和交叉使用了这两种引申方式。如:

要,《说文》:"身中也。"本义是人的"腰"。《墨子·兼爱》:"昔楚灵王好士细要。"人的"腰"处在人体的中间,因而引申为"中间"。《战国策·秦策》:"是王之地一经两海,要绝天下也。""要绝"即"从中间断开"。由"中间"再引申为"半路拦截"。《左传·襄公三年》:"吴人要而击之。"由"半路拦截"再引申为"要挟"。《论语·宪问》:"虽曰不要君,吾不信也。"由"半路拦截"还引申为"邀请"。《诗经·鄘风·桑中》:"期我乎桑中,要我乎上宫。"陶渊明《桃花源记》:"便要还家,设酒杀鸡作食。"由"要挟"再引申为"求得"。《孟子·公孙丑上》:"非所以要誉于乡党朋友也。"由"求得"再引申为"需要"。白居易《红线毯》:"地不知寒人要暖,莫取人衣作地衣。"由"需要"再引申为"想"、"希望"。韩愈《竹径》:"若要添风月,应除数百竿。"由"想"、"希望"再引申为"须"、"应当"。《世说新语·文学》:"孙兴公作《天台赋》成,以示范云期云:'卿试掷地,要作金石声。'"腰是人体不可或缺的部位,所以由本义"腰"还引申为"重要"。《孝经·开宗明义章》:"先王有至德要道以顺天下。"由"重要"再引申为"关键"。《商君书·农战》:"故圣人明君者,知万物之要也。"腰又是人体看似简单的部位,因而由本义还引申为"少"、"简略"。《荀子·王霸》:"故明主好要,而暗主好详。"腰同时还具有必受约束的特点,因而由本义又引申为"约束"、"控制"。《史记·货殖列传》:"然地亦穷险,唯京师要其道。""要"的词义引申可图示为:

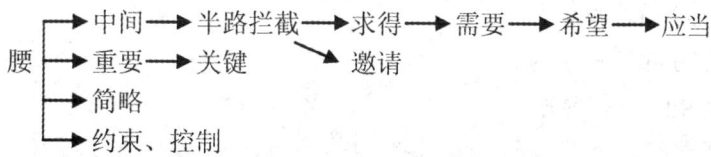

由上图可看出,"要"的"中间"、"重要"、"简略"、"约束"义都是由本义"腰"以辐射的方式引申出来的,"求得"、"邀请"义是由"半路拦截"义以辐射的方式引申出来的;而其他意义则分别从"中间"、"重要"等意义中以链条的方式引申而来。

间,本作"閒",从门从月。《说文·门部》:"閒,隙也。"徐锴《说文系传》:"大门当夜闭,闭而见月光,是有閒也。"本义"缝隙"。《史记·管晏列传》:"晏子为齐相,出,其御之妻从门间而窥其夫。"《庄子·养生主》:"彼节者有间,而刀刃者无厚。"

因缝隙在两扇门中间,所以引申为"中间"。《孟子·离娄下》:"七八月之间雨集。"王充《论衡·订鬼》:"凡天地间有鬼,非人死精神为之也,皆人思念存想之所致也。"

由"中间"引申为"参与其间"。《左传·庄公十年》:"肉食者谋之,又何间焉?"

两者有了缝隙也就有了距离,所以由"缝隙"引申为"距离"。《淮南子·俶真训》:"则丑美有间矣。"

由实物间的缝隙再引申指人与人情感上的缝隙,即"嫌隙"、"隔阂"。《左传·哀公二十七年》:"公患三桓之侈也,欲以诸侯去之;三桓亦患公之妄也,故君臣多间。"

由"嫌隙"、"隔阂"再引申为制造人与人之间的嫌隙和隔阂,即"离间"。《史记·屈原列传》:"屈平正道直行,竭忠尽智以事其君,谗人间之,可谓穷矣。"

由"离间"再引申为搞离间活动的人,即"间谍"。《孙子·用间》:"非贤智不能用间,非仁义不能使间。"

由"间谍"再引申为间谍的活动,即"刺探"。《国语·鲁语》:"齐人间晋之祸,伐取朝歌。"

由"间谍"再引申为人们的活动方式,即"偷偷地"、"秘密地"。《韩非子·说难》:"弥子瑕母病,人间往夜告弥子。"《史记·陈涉世家》:"又间令吴广之次所旁丛祠中。"

缝隙可以起到把两物隔开的作用,所以由"缝隙"还引申为"隔开"。《汉书·西域传》:"(汉与西域)间以山河。"又《韦贤传》:"上陈太祖,间岁而祫(天子或诸侯把远近祖先的牌位集合在太祖庙举行的大合祭)。"

由"隔开"、"间隔"再引申为"间或"、"断断续续地"。《战国策·齐策》:"时时而间进。"

由"隔开"、"间隔"还引申指用墙隔开的房屋的单位,即"间"。陶渊明《归园田居》:"方宅十余亩,草屋八九间。"

由本义"缝隙"再引申为"空子"、"机会"。文天祥《指南录后序》:"至京口,得间奔真州。"

由本义"缝隙"再引申为有了空间,即"空闲"。《世说新语·德行》:"虽间室之内,严若朝典。"

由本义空间上的"缝隙"再引申为时间上有了缝隙,即"清闲"。《孟子·公孙丑上》:"今国家间暇,及是时般乐怠敖,是自求祸也。"

"缝隙"都具有细小的特征,所以由本义"缝隙"再引申为"隐微"、"小路"。《史记·留侯世家》:"良亡,间行归汉王。"

"间"的词义引申可图示为:

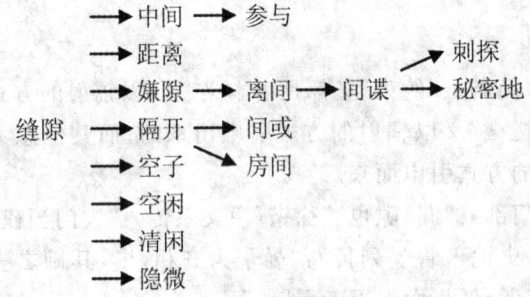

(三)通借义

1. 通借义的特征

通借义指的是一个词被临时借作与之音同或音近的他词之后所表示的意义。这种意义以前人们都称之为"假借义"。何九盈、蒋绍愚先生对其曾提出过质疑。他们说："所谓假借，是甲词假借了乙词的书写形式，而不是假借了它的意义。词的书写形式在一定条件之下可以通假，而词的意义在任何情况下都不存在假借的问题。因此，严格说来，'假借义'这个术语就不科学，它不是彻底地从语言学的观点来看待假借问题的，很容易使人们误解为词的意义也可以相借。"①实事求是地说，何、蒋两位先生的话是很有道理的。当人们放着甲词而不写，却借乙词来表示某一个意义时，它借用的确是甲词的书写形式，而没有借用甲词的意义。所以如果把"假借义"理解为"假借来的意义"的话，那么用"假借义"来称代这种意义确实不合适；但是如果把"假借义"理解为"假借后表示的意义"的话，用它来称代这种意义也就未尝不可了。上文笔者在论述"通假字"时，把本无其字的假借和本有其字的通假合称为"通借"。把一个词借作他词后表示的意义称为"假借义"，容易使人误解为只指本无其字而借用他词所表示的意义；同样，称作"通假义"，则容易使人误解为只指本有其字而借用他词所表示的意义。实际上"借用他词表示某一个意义"既包括"本无其字"的假借，也包括"本有其字"的通假，所以笔者认为把这种意义称作"通借义"更为合适。

本义一般与词的记录符号的形体有较直接的联系，从其形体上可分析出来；引申义都与词的记录符号的形体有间接的联系，而通借义的特征则是与词的记录符号的形体没有任何联系。如：

西，形体像鸟巢，本义"栖息"，假借来表示"西方"之义，"西方"之义与"西"的形体没有关系；

易，形体像蜥蜴，本义"蜥蜴"，假借来表示"容易"之义，"容易"之义与"易"的形体没有关系；

然，形体从火，本义是"燃烧"，假借作代词，代词的意义与其形体没有关系；

脩，形符为肉，本义是"干肉"，通假为"修"，表示"长"的意思，"长"的意义与其形体没有关系；

干，形体像盾牌，本义"盾牌"，通假为"岸"，表示"河岸"的意思，"河岸"之义与其形体没有关系；

辨，形符为刀，本义"辨别"，通假为"辩"，表示"辩白"的意思，"辩白"之义与其形体没有关系。

2. 通借义的确认

古书多通借。《列子·汤问》："子子孙孙无穷匮也。"全句六个词中，"子"、"孙"用的是各自的本义，"穷"用的是其引申义，其余三个词用的都是通借义。无（無）本义是"舞蹈"，假借来表示"没有"的意思；匮是"柜（櫃）"的初文，本义"箱柜"，假借来表示"尽"的意思；"也"本义"女阴"，假借为语气词，表示确认的语气。

确认通借义，一般要分两步进行。第一步先要确定假借字和通假字。一般来说，当我们把文句中的每个词都按其本义或引申义来理解而某个词却理解不通时，这个词就很有可能是假借或通假了。如：

① 八月剥枣，十月获稻。（《诗经·豳风·七月》）

---

① 何九盈，蒋绍愚：《古汉语词汇讲话》，北京出版社，1980年版，第42页。

② 三岁贯女,莫我肯顾。(《诗经·魏风·硕鼠》)
③ 庄公寤生,惊姜氏。(《左传·隐公元年》)
④ 子都拔棘以逐之。(《左传·隐公十一年》)

例①"剥枣"的"剥"按其本身的意义"剥去"、"剥落"来理解皆不可通,则知"剥"为通假字;例②"贯"按其本身的意义"穿钱的绳索"、"穿连"、"钱的数量"等来理解也不可通,则知其为通假字;例③"寤生"如理解为"醒寤而生"不可通,则知"寤"为通假字;例④前文说郑伯将伐许,授兵于大宫(郑国的太庙),子都"与颍考叔争车,颍考叔挟辀以走",然后子都拔棘追赶颍考叔。此"棘"若按其本义"酸枣树"、引申义"有刺的灌木"来理解,皆不可通(太庙里哪来的酸枣树、有刺的灌木),故知"棘"为通假字。

第二步则要依据音同音近的原则来确定本字(此指本有其字的通假而言)。与通假字音同音近的字很多,要知道哪个是本字,需看哪个音同音近字的意义在句中可通。例①"剥枣"与"获稻"对文,可知"剥枣"应是收获枣,即把枣从树上收下来之意。"剥"古音属帮母屋部,它的音同和音近字中只有滂母屋部的"攴"字有"敲打下来"的意思,可知它的本字就是"攴";例②从文意上来看,"贯女"的"贯"应有"养"义。"贯"古音属见母元部,其音同音近字中有"养"义的只有匣母元部的"豢",可知它的本字就是"豢";例③"寤生"的"寤"属疑母鱼部,其本字当是同属疑母鱼部的"啎",义为"逆"、"不顺","寤生"即生得不顺,也即难产。例④"棘"属见母职部,其本字当是见母铎部的"戟"。本字确定后,其通假义也就不言而喻了。"剥"的通借义是"敲打","贯"的通借义是"豢养","寤"的通借义是"不顺","棘"的通借义是"戟"。

思考与练习(六)

一、为什么说抓住了本义就等于抓住了多义词的纲?试举例说明。

二、解释下面成语中带点的字,并说明哪些用的是它的本义。

摧枯拉朽　　抱薪救火　　追本穷原　　求全责备
厉兵秣马　　若即若离　　口诛笔伐　　奋不顾身
韦编三绝　　亦步亦趋　　唇亡齿寒　　一张一弛
一唱一和　　欣欣向荣　　负隅顽抗　　擢发难数
不胜枚举　　追亡逐北　　患得患失　　气贯长虹
阿谀逢迎　　一暴十寒　　纲举目张　　无人问津

三、比较下面各组句子中加点词的用法,指出哪是本义,哪是引申义或通借义。

1. ① 以为直于君而曲于父,报而罪之。(《韩非子·五蠹》)
   ② 阙然久不报,幸勿为过。(司马迁《报任安书》)
   ③ 无怨无德,不知所报。(《左传·成公三年》)

2. ① 天柱折,地维绝。(《淮南子·天文训》)
   ② 假舟楫者,非能水也,而绝江河。(《荀子·劝学》)
   ③ 至如一赴绝国,讵相见期?(江淹《别赋》)

3. ① (亮)每自比于管仲、乐毅,时人莫之许也。(《三国志·诸葛亮传》)
   ② 亟请于武公,公弗许。(《左传·隐公元年》)

③ 先生不知何许人也。(陶潜《五柳先生传》)
4. ① 韩信使者至,发书。(《史记·淮阴侯列传》)
   ② 射者正己而后发。(《孟子·公孙丑上》)
   ③ 郡闻新太守至,发兵以迎。(《汉书·龚遂传》)
5. ① 辟之是犹立直木而求其景之枉也。(《荀子·王霸》)
   ② 将军宜枉驾顾之。(《三国志·诸葛亮传》)
   ③ 举直(正直的人)错诸枉,则民服。(《论语·为政》)
6. ① 既而大叔命西鄙北鄙贰于己。(《左传·隐公元年》)
   ② 肉食者鄙,未能远谋。(《左传·庄公十年》)
   ③ 敢竭鄙诚,恭疏短引。(王勃《滕王阁序》)
7. ① 彼有遗秉,此有滞穗。(《诗经·小雅·大田》)
   ② 共秉朝政。(《三国志·吕布传》)
   ③ 士与女,方秉蕳兮。(《诗经·郑风·溱洧》)
8. ① 表裘不入公门。(《礼记·玉藻》)
   ② 虢,虞之表也。(《左传·僖公五年》)
   ③ 光被四表。(《尚书·尧典》)
9. ① 能执干戈,以卫社稷。(《礼记·檀弓下》)
   ② 坎坎伐檀兮,置之河之干兮。(《诗经·魏风·伐檀》)
   ③ 干青云而直上。(孔稚圭《北山移文》)
10. ① 席不端,弗坐。(《墨子·非儒下》)
    ② 颜回端拱还目而窥。(《庄子·山木》)
    ③ 若环之无端也。(《荀子·王制》)
11. ① 寸寸而度之,至丈必过;石称丈量,径而寡失。(枚乘《上书谏吴王》)
    ② 大道甚夷,而民好径。(《老子·五十二章》)
    ③ 尚有径寸之珠。(《史记·田敬仲完世家》)
12. ① 朔来朔来,受赐不待诏,何无礼也!(《汉书·东方朔传》)
    ② 何蓑何笠,或负其糇(hóu,干粮)。(《诗经·小雅·无羊》)
    ③ 姜氏何厌之有?(《左传·隐公元年》)

四、解释下列句子中带点的词,并说明是本义、引申义还是假借义。
1. 穷则独善其身,达则兼善天下。(《孟子·尽心上》)
2. 有席卷天下,包举宇内,囊括四海之意。(贾谊《过秦论》)
3. 入而徐趋,至而自谢。(《战国策·赵策》)
4. 于是为长安君约车百乘,质于齐。(《战国策·赵策》)
5. (韩厥)再拜稽首,奉觞加璧以进。(《左传·成公二年》)
6. 年饥,用不足。(《论语·颜渊》)
7. 夫人将启之。(《左传·隐公元年》)
8. 墓门有荆,斧以斯之。(《诗经·陈风·墓门》)
9. 若火之始然,泉之始达。(《孟子·公孙丑上》)

10. 颁白者不负戴于道路矣。(《孟子·梁惠王上》)
11. 光以其书视丞相敞等,擢郎为九江太守。(《汉书·霍光传》)
12. (秦伯)乡(向)师而哭曰:"孤违蹇叔以辱二三子,孤之罪也。"不替孟明。(《左传·僖公三十三年》)
13. 发闾左適戍渔阳九百人。(《史记·陈涉世家》)
14. 沙鸥翔集,锦鳞游泳。(《岳阳楼记》)
15. 楚之南有冥灵者,以五百岁为春,五百岁为秋。(《庄子·逍遥游》)
16. 尚寐无觉。(《诗经·王风·兔爰》)
17. 又龙马闲驹。(《汉书·百官公卿表》)
18. 乞食于野人,野人与之块。(《左传·僖公二十三年》)
19. 故错人而思天,则失万物之情。(《荀子·天论》)
20. 孟尝君不说,曰:"诺,先生休矣!"(《战国策·齐策》)

五、标点并翻译下面的短文。

景公使圉人养所爱马暴死公怒令人操刀解养马者是时晏子侍前左右执刀而进晏子止之而问于公曰古时尧舜支解人从何躯始公矍然曰从寡人始遂不支解公曰以属狱晏子曰此不知其罪而死臣为君数之使自知其罪然后致之狱公曰可晏子数之曰尔罪有三公使汝养马而杀之当死罪一也又杀公之所最善马当死罪二也使公以一马之故而杀人百姓闻之必怨吾君诸侯闻之必轻吾国汝一杀公马使公怨积于百姓兵弱于邻国汝当死罪三也今以属狱公喟然叹曰夫子释之勿伤吾仁也

(《晏子春秋·内篇谏上》)

四、词义的确定

(一)依据字形确定词义

当我们不知道一个词在句中的意义时,我们首先可以依据字形来确定它的意义。例如:

驰,从马也声,本义当为"马奔跑";
弛,从弓也声,本义当为"弓弦松弛";
币(幣),从巾敝声,本义是"用作礼物的丝织品";
雄,从隹厷声,"隹"是"短尾禽总称",则"雄"的本义当为"雄鸟";
雌,从隹此声,本义为"雌鸟";
簧,从竹贵声,本义为"竹篮";
蒉,从艹贵声,本义为"草篮";
愦,从心贵声,本义为"昏乱";
聩,从耳贵声,本义为"耳聋";
珈,从玉加声,本义为"玉饰";
枷,从木加声,本义为"木枷";
修,从彡攸声,本义为"修饰";

脩,从肉攸声,本义为"干肉"。

(二)依据语境确定词义

一个词当它处于静态也即没有进入句子时,它的意义没有办法确定;一旦它处于动态也即进入了句子,我们就可以依据它所处的语言环境,联系它与前后词语的结构关系和语义关系来确定它的意义了。

欧阳修《秋声赋》:"童子莫对,垂头而睡。"据"垂头"二字,可知句中的"睡"不会是躺在床上的睡,因为躺在床上无法垂头。可以确定"睡"指的是"坐着打盹"。

《左传·庄公十年》:"一鼓作气,再而衰,三而竭。"句中的"一"、"三"分别用在动词"鼓"前作状语("三"后"鼓"承前省),表示"鼓"这个动作的量。"再"既与前边的"一"、后边的"三"对应,它也应是表示动量的,其义应为"第二次"。

诸葛亮《隆中对》:"将军信义著于四海,总揽英雄,思贤如渴,若跨有荆益,保其岩阻,西和诸戎,南抚夷越,外结好孙权,内修政理;天下有变,则……"句中"岩阻"指形势险要的地方,既是险要的地方,即可依恃、凭仗,所以可知此句的"保"非"保卫"义,而是"依恃"、"凭仗"的意思。

《史记·项羽本纪》:"及秦军降诸侯,诸侯吏卒乘胜,多奴虏使之,轻折辱秦吏卒。秦吏卒多窃言曰:'章将军等诈吾属降诸侯,今能入关破秦,大善;即不能,诸侯虏吾属而东,秦必尽诛吾父母妻子。'诸将微闻其计,以告项羽。"句中"微闻"二字,有注者释为"略略听到",以为"微"是程度副词。但前言"秦吏卒多窃言",即私下秘密地议论,那么听者也须暗中才能听到。所以"微闻"应是"暗中听到"的意思。

《诗经·卫风·硕人》:"齐侯之子,卫侯之妻,东宫之妹,邢侯之姨。"全句意在说明庄姜的身份。据后三个词组,可知庄姜是卫侯的妻子,是东宫太子的妹妹,又是邢侯的小姨子,那么,"齐侯之子"的"子"肯定是"女儿"的意思了。

《韩非子·外储说左上》:"客有教燕王为不死之道者,王使人学之。所使学者未及学,而客死。王大怒,诛之。王不知客之欺己,而诛学者之晚也。夫信不然之物,而诛无罪之臣,不察之患也。"句中的三个"诛"该按其"责备"、"惩罚"、"杀戮"中的哪个意义来理解呢?单就"诛之"或"诛无罪之臣"来说,似乎哪个意义都解释得通;但从"大怒"来看,燕王似不应只是"责备"一下所派之人;而从"诛学者之晚"来看,也不会是"杀戮"的意思(杀戮的对象只能是某个人,不能是"学者之晚"),所以句中的"诛"都应是"惩罚"的意思。

(三)依据对文确定词义

对文指在平行的相同的结构中处于相对应位置的两个或几个词。这些词要么词义相同相近,要么词义相反相对。这时候,我们只要知道了其中一个词的意义,另一个词的意义就很容易理解了。

《孙子·虚实》:"进而不可御者,冲其虚也;退而不可追者,速而不可及也。"句中"进"与"退"为对文,意思当相反。"退"的意思较明,即"后退";与之相反,"进"就应该是"前进"的意思,而不是"进入"的意思。

《墨子·尚贤》:"不得富而得贫,不得众而得寡,不得治而得乱。"句中三个小句构成排比,其中"富"与"贫"、"众"与"寡"、"治"与"乱"各为反义对文。"乱"是"混乱"的意思,那么"治"就不应该是"治理"的意思,而应是"治理得好"、"太平"的意思。

王充《论衡·自纪》:"达者未必知,穷者未必愚。"句中"达"与"穷"对文,"知"与"愚"对文。"达"意为"得志"、"显贵"、"通达","穷"与之反义,所以其义当为"不得志"、"不显贵"、"不通达"。"愚"意为"愚笨","知"与之反义,所以其义当为"聪明",是"智"的古字。

《孙子·虚实》:"水之行,避高而趋下。"句中"高"与"下"为反义对文。"高"义明,指"高处",则"下"必指"低处",而非"下去"的意思。

《孟子·滕文公上》:"禹疏九河,瀹济漯,而注诸海;决汝汉,排淮泗,而注之江。"句中"疏"与"瀹"、"决"与"排"分别为同义对文。"疏"义为"疏浚",则知"瀹"也是"疏浚"的意思;"决"是"打开缺口,导引水流",则"排"也应是此义。

(四) 依据连文确定词义

古人为文时为求得音节和谐而在可用一个词的地方常常连用两个意思相同或相近的词,这就是连文。一旦确认两个词是连文,那么,知道了其中一个词的意义,另一个词的意义也就不言而喻了。

《战国策·赵策》:"老臣今者殊不欲食,乃自强步,日三四里,少益耆食,和于身。"句中"少益耆食"有注者注为:"少,副词,稍稍;益,副词,更加。耆,通'嗜',喜爱。"①按此理解,"稍稍"与"更加"意相抵牾;实际上,这里"少益"为同义连文,都是"稍微"的意思。"益"的此义他书有证。《汉书·苏武传》:"武益愈,单于使使晓武。""益愈"即病情"稍微好了点"。

《吕氏春秋·察今》:"其父虽善游,其子岂遽善游哉?""遽"字多注为"遂"、"就",这是把它当作了时间副词。实际上"岂遽"为同义连文,都表示反诘语气,意为"难道"。

《周易·系辞下》:"后世圣人易之以宫室。"句中"宫室"同义连文,"宫"也是"房屋"的意思,非"宫殿"的意思。

又:"作结绳而为罔罟。"句中"罔罟"为同义连文,都是"渔网"的意思。

《盐铁论·本议》:"匈奴背叛不臣,数为寇暴于边鄙。"句中"寇暴"同义连文,都是"骚扰"、"侵犯"的意思;"边鄙"同义连文,都是"边邑"的意思。

《后汉书·班超传》:"居家常执勤苦。"句中"勤苦"同义连文,都是"辛苦"的意思。

(五) 依据异文确定词义

"所谓异文,是指某一句话中的某一个字,在不同的版本或篇目中换成了另一个字。"②这种异文的意义一般应该相同。因此,知道了其中一个词的意义,另一个词的意义也就可知了。

《韩非子·五蠹》:"国平养儒侠,难至用介士,所利非所用,所用非所利。"《韩非子·显学》则作"国平则养儒侠,难至则用介士,所养者非所用,所用者非所养,此所以乱也。""利"与"养"为异文,可知"利"也是"养"的意思。

---

① 王力:《古代汉语》,中华书局,1999年版,第128页。
② 郭在贻:《训诂学》,中华书局,2005年版,第61页。

《史记·李将军列传》:"胡骑得广。广时伤病,置广两马间,络而盛卧广,行十余里。广详死,睨其旁有一胡儿骑善马,广暂腾而上胡儿马,因推堕儿,取其弓,鞭马南驰。"《史记集解》引徐广曰:"一云'抱儿鞭马南驰'也。"《汉书·李广传》也作"抱儿鞭马南驰"。"推堕"与"抱"为异文,可知"抱"有"堕"的意思。

《汉书·蒯伍江息夫传》:"臣愿披心腹,堕肝胆。"此句话在《史记·淮阴侯列传》中则作"披腹心,输肝胆","堕"与"输"为异文,可知"堕"亦为"输"义。

(六)依据成语确定词义

成语是人们长期以来习用的、简洁精辟的定型的词组或短语。这些词组或短语一般都是从古代典籍中凝练而成的,其中的词大都保留着古义。当遇到一个词而又不了解其义时,如果能联系到用有这个词的成语,即可帮助我们确定这个词的意义。

《左传·僖公四年》:"方城以为城,汉水以为池。"成语有"城门失火,殃及池鱼",可知句中"池"意为"护城河"。

《庄子·逍遥游》:"且举世而非之而不加沮。"成语有"举世无双",可知句中"举"意为"全"。

《孟子·梁惠王上》:"兵刃既接,弃甲曳兵而走。"成语有"兵不血刃"、"走马观花",可知句中"兵"指兵器、"走"意为"跑"。

《战国策·齐策》:"于是乘其车,揭其剑,过其友。"成语有"揭竿而起",可知句中"揭"意为"高举"。

《战国策·秦策》:"以临二周之郊,诛周王之罪。"成语有"口诛笔伐",可知句中"诛"意为"责备"、"谴责"。

《战国策·赵策》:"太后之色少解。"成语有"勃然作色",可知句中"色"意为"脸色"。

《荀子·劝学》:"假舟楫者,非能水也,而绝江河。"成语有"假公济私",可知句中"假"意为"借"。

《荀子·正论》:"罪至重而刑至轻。"成语有"至高无上",可知句中"至"是"最"的意思。

屈原《九歌》:"捐余玦兮江中。"成语有"捐弃前嫌",可知句中"捐"意为"抛弃"。

《史记·项羽本纪》:"纵江东父兄怜而王我,我何面目见之?"成语有"顾影自怜",可知句中"怜"是"爱"的意思。

(七)依据语法规律确定词义

一个词一旦进入句子,它就必然要与它前后的词语发生结构关系,一定的语法结构反过来也会对词的意义产生影响。因此,弄清一个句子的语法结构,对确定词的意义是有帮助的。

《论语·季氏》:"求!无乃尔是过与?"又:"且尔言过矣。虎兕出于柙,龟玉毁于椟中,是谁之过与?"文中有三个"过",因其所处的语法结构不同,它们的意义也就不同。第一个"过"作谓语,前边的"尔"是其前置宾语,"是"则是用于宾动之间的结构助词,作宾语前置的标志,所以"过"肯定是动词,意为"责备";第二个"过"处在主谓结构"尔言过"之中,也是作谓语,但它后边没有宾语,所以它不是动词,而是形容词,意为"错";第三个"过"前有疑问代词"谁"作定语,"之"是结构助词作定语的标志,"谁之过"是名词性词组作判断句的谓语,所以"过"一定是名词,意为"过错"、"错误"。

《墨子·非攻》:"今有人于此,少见黑曰黑,多见黑曰白,则以此人不知黑白之辩矣;……是以知天下之君子也,辩义与不义之乱也。"文中"辩"字两见,皆通"辨"。前一"辩"前有定语"黑白"和定语的标志"之","黑白之辩"作动词"知"的宾语,所以"辩"应是名词,意为"区别";后一"辩"后的"义与不义之乱"是个主谓词组,"之"用于主谓之间,这个主谓词组应是"辩"的宾语,可知"辩"应是动词,意为"明白"。

《荀子·劝学》:"兰槐之根是为芷,其渐之滫,君子不近,庶人不服。"句中的"其"不是代词,因为"渐"后的"之"是代词,已经可以称代"芷"了;它在动词之前,可它也不是副词,因为副词"其"主要用来表示各种语气,这里的"其"并不表示语气。考虑到"渐之滫"只是作者假设的一种情况,所以这个"其"应是一个连词,表示假设关系,意为"如果"。

思考与练习(七)

一、确定词义的方法有哪几种?
二、什么叫连文、对文、异文?
三、运用文中讲的确定词义的方法,解释下面各句中加点词的意义。
　　1. 不腆敝邑,为从者之淹,居则具一日之积。(《左传·僖公三十二年》)
　　2. 郑有备矣,不可冀也。(《左传·僖公三十二年》)
　　3. 彼实构吾二君,寡君若得而食之,不厌。(《左传·僖公三十二年》)
　　4. 郑昭宋聋,晋使不害,我则必死。(《左传·宣公十四年》)
　　5. 宋及楚平,华元为质。(《左传·宣公十四年》)
　　6. 自今无有代其君任患者。(《左传·成公二年》)
　　7. 因人之力而敝之,不仁。(《左传·僖公三十年》)
　　8. 若舍郑以为东道主,行李之往来,共其乏困,君亦无所害。(《左传·僖公三十年》)
　　9. 二国图其社稷,而求纾其民。(《左传·成公三年》)
　　10. 帅偏师以修封疆,虽遇执事,其弗敢违。(《左传·成公三年》)
　　11. 于是乘其车,揭其剑,过其友。(《战国策·齐策》)
　　12. 孟尝君使人给其食用,无使乏。(《战国策·齐策》)
　　13. 老臣贱息舒祺,最少,不肖。(《战国策·赵策》)
　　14. 有能助寡人谋而退吴者,吾与之共知越国之政。(《国语·越语》)
　　15. 吾不欲匹夫之勇也,欲其旅进旅退。(《国语·越语》)
　　16. 吾能弭谤矣,乃不敢言。(《国语·周语》)
　　17. 行善而备败,其所以阜财用衣食者也。(《国语·周语》)
　　18. 谷与鱼鳖不可胜食,材木不可胜用。(《孟子·梁惠王上》)
　　19. 获楚魏之师,举地千里,至今治强。(李斯《谏逐客书》)
　　20. 强公室,杜私门,蚕食诸侯。(李斯《谏逐客书》)
四、标点并翻译下面的短文。
　　居顷之襄子当出豫让伏所当过桥下襄子至桥而马惊襄子曰此必豫让也使人问之果豫

第二单元

让于是赵襄子面数豫让曰子不尝事范中行氏乎知伯灭中行氏而子不为报仇反委质事知伯知伯已死子独何为报仇之深也豫让曰臣事范中行氏范中行氏以众人遇臣臣故众人报之知伯以国士遇臣臣故国士报之襄子乃喟然叹泣曰嗟乎豫子豫子之为知伯名既成矣寡人舍子亦以足矣子自为计寡人不舍子使兵环之豫让曰臣闻明主不掩人之义忠臣不爱死以成名君前已宽舍臣天下莫不称君之贤今日之事臣故伏诛然愿请君之衣而击之虽死不恨非所望也敢布腹心于是襄子义之乃使使者持衣与豫让豫让拔剑三跃呼天击之曰而可以报知伯矣遂伏剑死死之日赵国之士闻之皆为涕泣

（《战国策·赵策》）

五、同义词辨析

（一）同义词的特点

"同义词即意义相同或相近的词"，这是许多人的著作中给同义词所做的界说①。但"意义相同或相近"不应该指两个或两个以上词的所有意义，两个或两个以上词所有意义都相同或相近的是等义词，数量极少。所以准确地说，同义词是指在某一个或几个意义上相同或相近的词。

同义词一般具有如下特点：

一是形符相同：

讽：诵　譬：谕　诏：诰　许：诺　谏：证
何：儋　伉：俪　倚：依　伺：候　似：像
淡：泊　波：澜　洒：涤　池：沼　泛：滥
陬：隅　险：阻　阶：除　阻：隘　陂：阪
踊：跳　蹋：踢　蹲：踞　践：蹈　跌：踒

二是字音相近：

聊：赖（来母双声）　但：特（定母双声）
零：落（来母双声）　软：弱（日母双声）
忧：愁（幽部叠韵）　虑：图（鱼部叠韵）
命：令（耕部叠韵）　贪：婪（侵部叠韵）
愤：懑（文部叠韵）　斯：析（支锡对转）

三是词性相同：

仓：廪　府：库　坟：墓　舟：船　符：节
殿：堂　棺：柩　券：契　窗：牖　豕：彘

以上都是名词同义词；

恐：惧　趋：走　逃：亡　听：闻　哭：泣
追：逐　离：违　观：察　谤：讥　陟：登

以上都是动词同义词；

---

① 如许嘉璐《古代汉语》，郭锡良、李玲璞《古代汉语》，何九盈、蒋绍愚《古汉语词汇讲话》等。

美：好　危：急　渺：小　促：迫　猛：健
聪：慧　朱：赤　皙：皎　完：备　恭：敬
以上都是形容词同义词；
吾：我　予：余　若：乃　女：尔　胡：奚
以上都是代词同义词；
殊：至　益：兹　独：徒　特：直　良：信
以上都是副词同义词。

(二) 同义词的类型

大多数的同义词不是从造字之始就同义，而是随着词义的发展而逐渐变成同义的。所以，研究同义词，一定要用历史的发展的眼光去看问题。从所同意义的类型来看，同义词相同相近的意义有如下几种情况：

一是本义与本义相同相近，这种情况比较少。如：

舟：船　《说文·舟部》："舟，船也。"又："船，舟也。"
颠：顶　《说文·页部》："颠，顶也。"又："顶，颠也。"
悲：悽　《说文·心部》："悲，痛也。"又："悽，痛也。"
惔：愁　《说文·心部》："惔，忧也。"又："愁，忧也。"
手：拳　《说文·手部》："手，拳也。"又："拳，手也。"
把：持　《说文·手部》："把，握也。"又："持，握也。"
排：挤　《说文·手部》："排，挤也。"又："挤，排也。"
绕：缠　《说文·糸部》："绕，缠也。"又："缠，绕也。"

二是本义与引申义相同相近。如：

吏：官　《说文·一部》："吏，治人者也。"其本义即"官吏"。官，从宀，本义当为"官署"，即政府收藏文书和官员办事的地方。《荀子·强国》："古之民也，及都邑官府，其百吏肃然。"句中"官"、"吏"皆用本义。"官"又由"官府"引申为官府中的"官员"、"官吏"。《荀子·儒效》："若夫谪德而定次，量能而授官，使贤不肖皆得其位。"这样，"官"就与"吏"同义了。

屦：履　《说文·履部》："履，足所依也。"又："屦，履也。"依《说文》，二者皆指足上所穿的鞋。《左传·成公二年》："郤克伤于矢，流血及屦。"句中"屦"即"鞋"。而"履"在上古早期的文献中，用作动词的更多，意为"践踏"、"踩"。《诗经·小雅·小旻》："战战兢兢，如临深渊，如履薄冰。"句中"履"即"踩"的意思。《左传·僖公四年》："昔召康公……赐我先君履，东至于海，西至于河，北至于无棣，南至于穆陵。"句中"履"指的是可以践踏之地。由动词"践踏"、"踩"再引申为踩东西时脚上穿的鞋。《史记·留侯世家》："孺子，下取履！"这样，"履"就与"屦"同义了。

面：脸　《说文·面部》："面，颜前也。"本义即今所谓"脸"。《战国策·赵策》："有复言令长安君为质者，老妇必唾其面。""脸"字《说文》不收，当为后出。原义只指脸颊部分，并不与"面"同义。温庭筠《菩萨蛮》："明镜照新妆，鬓轻双脸长。""双脸"即两颊。由"颊"引申为"面部"，这才与"面"同义。

三是引申义与引申义相同相近,即本义不同的词,各自经过不同途径的引申,在某一个意义上交会,而形成同义关系。如:

年:岁 《说文·禾部》:"年,谷熟也。"本义为"收成"、"年景"。《论语·颜渊》:"年饥,用不足,如之何?""年饥"即收成不好。《说文·止部》:"岁,木星也。"本义为"木星"。《国语·晋语》:"君之行也,岁在大火。"句中"岁"即指木星。由于古时谷物每十二个月收获一次,所以"年"即由"收成"引申指收成一次的时间"年"。《庄子·秋水》:"汤之时,八年七旱。"古人为了纪年,把天空中黄道附近一周天分为十二个等分,每一个等分叫一个星次。而木星大约十二个月行经一个星次,所以"岁"就引申出了"十二个月的时间"这个意思。《荀子·非相》:"欲观千岁,则数今日。"这样,"年"与"岁"就成了同义词。

经:缢 《说文·糸部》:"经,织也。"又:"缢,经也。"段注:"古曰绞曰缢者,谓两绳相交,非独谓经死。"可知"经"的本义是指"织布时的纵线","缢"的本义则是"两绳相交"。"经"由本义"纵线"引申为"悬挂"的意思。《庄子·刻意》:"吐故纳新,熊经鸟申。"句中"熊经"即"像熊一样悬挂在树枝上"。由悬挂的意思再引申为人悬挂在什么东西上吊死。《论语·宪问》:"自经于沟渎而莫之知也。""缢"也由本义"两绳相交"引申为把绳子套在脖子上吊死。《左传·桓公十三年》:"莫敖缢于荒谷。"这样,"经"与"缢"在"吊死"这个意义上就同义了。

(三)同义词的辨析方法

既然同义词是指在某一个意义上相同相近的词,那么同义词之间就不可能是所有的意义都相同。实际上,即便是在那个所谓相同相近的意义上,同义词之间也并不是没有丝毫区别的。如果没有丝毫区别,就无法解释何以此人用此词彼人用彼词、此句用此词彼句用彼词了。对于同义词来说,知其同易,明其异难。准确地分析出同义词之间意义上的细微差别,在知其同的基础上,进而知其异,是我们学习和研究同义词的重要任务。

辨析同义词的第一步一般是先明其同,也就是先弄清它们在哪一个(或几个)意义上相同相近。大部分的同义词只有一个相同相近的意义,如"矜"和"伐",都有"夸耀"的意思,"离"、"别"都有"分别"的意思,"恐"、"惧"都有"害怕"的意思等。如果一组同义词不止一个意义相同相近,都需要把它们指出来。如"族"和"众"。"族"字从矢,本义是"聚在一起的箭头",再引申为"丛聚"和"众多"。"众"本义是"人多",由"人多"引申为"众多",二者构成同义。众多的事物往往就是不特殊的很一般的,于是它们都由"众多"义又引申为"一般的"的意思。《庄子·养生主》:"良庖岁更刀,割也;族庖月更刀,折也。""族庖"即"一般的厨师"。这样,"族"和"众"就有了第二个相同的意义。

辨析同义词的第二步是要指出它们的主要差别。一般来说,一对或一组同义词的差别常常是多方面的。如"皮"和"肤",在"动物表皮"这个意义上二者同义。它们的不同,首先表现在其意义来源不同,"皮"的这个意义是由"剥取兽皮的人"引申而来的,"肤"则本来就是这个意思;其次,二者的其他意义不同。"皮"还有"皮裘"、"表皮"、"剥皮"等意义,这些意义"肤"都没有;"肤"还有"美"、"浮浅"等意义,这些意义"皮"都没有。另外,"皮"、"肤"适用的对象也不同。"皮"指动物的表皮,"肤"则指人的表皮,决不能乱用。当同义词不止一个方面存在差异时,往往其中一种是它们最本质的差异。像"皮"和"肤",上述三个方面的不同中,意义来源的不同和其他意义的不同不只是它们这一对同义词有,其他的同义词大多也都具有,只有"适用对象的不同"才是它们最主要的差异。我们只要掌握了它们在这个方面的区别,就不会错误理解它们的意思了。所以,我们在辨析同义词时,一般只要指出它们最主要的不同之处就可以了,而不必面面俱到把它们所有的不同都辨析清楚。

辨析同义词的最后一步也是很重要的一步是指出各个同义词在相同相近意义上的不同意义特点。这是辨析同义词的主要内容。如"牙"和"齿",在指出它们相同的意义是都指"牙齿"、主要不同是"所指对象不同"之后,就要分别说明二者究竟所指对象为何。"牙"指的是壮齿,"后在辅车者称牙"(段注语),即今所谓"大牙"、"槽牙";"齿"指的是门牙,"前当唇者称齿"(段注语),析言时二者有别。《左传·僖公五年》:"谚所谓'辅车相依,唇亡齿寒'者,虞虢之谓也。"句中的"齿"不能换成"牙"。《三国志·华佗传》:"耳目聪明,齿牙完坚。"句中"牙"与"坚"对应,指的就是"大牙"。把各个词的意义特点指出来了,它们的区别自然而然也就清楚了。

(四)同义词的细微差别

概括起来,同义词之间的细微差别有理性意义上的差别,有语义色彩上的差别,有语法功能上的差别,有方言地域上的差别等等。具体地说,同义词之间的差别则有如下几种情况:

1. 词义的范围大小不同

人:民　都可用于指属于人类的社会成员。"人"的意义范围大,指所有的人。如《尚书·泰誓》:"惟人,万物之灵。"《孟子·滕文公下》:"劳心者治人,劳力者治于人。""民"的意义范围小,指人类中被统治者、被奴役者。如《论语·泰伯》:"民可使由之,不可使知之。"

法:律　都可表示法律、法令的意义。"法"的意义范围大,指的是法则、制度。如《吕氏春秋·察今》:"凡先王之法有要于时也。""律"意义范围小,指刑法条文。如《汉书·高帝纪》:"天下既定,令萧何次律令。"

女:妇　都可用于指女性。"女"的意义范围大,是所有女性的通称。如陶渊明《桃花源记》:"男女衣著,悉如外人。""妇"意义范围小,只指女性中的已婚者。如《礼记·檀弓》:"孔子过泰山侧,有妇人哭于墓者而哀。"

帛:币　都可用于指丝织品。"帛"的意义范围大,是所有丝织品的通称。如《左传·庄公十年》:"牺牲玉帛,弗敢加也,必以信。""币"的意义范围小,只指用作礼物的丝织品。如《左传·襄公二十四年》:"范宣子为政,诸侯之币重。"

白:皎:皑:皙　都可表示"白"的意思。"白"的意义范围大,可以指所有东西的白。如《孟子·告子上》:"白羽之白也犹白雪之白。"又"白雪之白犹白玉之白与?"又"异于白马之白也,无以异于白人之白也。""皎"、"皑"、"皙"的意义范围小。"皎"只指月光之白。如《诗·陈风·月出》:"月出皎兮。""皑"只指霜雪之白。如《乐府·白头吟》:"皑如山上雪。""皙"只指人的皮肤之白。如《周礼·地官·大司徒》:"其民皙而瘠。"

声:音　都指声音。"声"表示的意义范围大,是指各种声音。如《荀子·劝学》:"生而同声,长而异俗。""音"表示的意义范围小,只指音乐的声音。如《韩非子·说林下》:"吾尝好音,此人遗我鸣琴。"正因为二者有区别,《礼记·乐记》才有"是故知声而不知音者,禽兽也。"

2. 词义的性状情态不同

哭:泣:号:啼　都是哭泣的意思。"哭"指有声音的哭,如《论语·述而》:"子于是日哭,则不歌。""泣"指无声音的哭。如《战国策·赵策》:"持其踵为之泣。""号"指带言词的哭,如《庄子·养生主》:"老聃死,秦失吊之,三号而出。""啼"则指放声大哭,如《礼记·丧大记》:"始卒,主人啼,兄弟哭。"

鼎:镬:锜:釜:甑　都是古代的烹饪器具。"鼎"、"镬"是用来煮肉的。但鼎多是圆形的,且有三足两耳;镬也是圆形,却无足。如《淮南子·说山》:"尝一脔肉,知一镬之味。""锜"、"釜"是用来做一般饭食的,"甑"是用来蒸饭的。但锜有足,釜无足。甑一般是陶制,中间有孔。《孟子·滕文公上》:"许子以釜甑爨,以铁耕乎?"

坐:跪:跽　这三种姿势共同之处是两膝都着地。"坐"姿臀部是依着脚后跟的,比较安稳舒适。如《论语·先进》:"子路、曾皙、冉有、公西华侍坐。""跪"姿是臀部离开脚后跟,比较恭谨有礼。如《谷梁传·僖公十年》:"君将食,丽姬跪而请。""跽"姿则是在臀部离开脚后跟的同时,上身还要挺直。如《史记·项羽本纪》:"项王按剑而跽。"

寝:卧:睡　都有睡觉的意思。但情态不同。"寝"指躺在床上睡觉。如《论语·公冶长》:"宰予昼寝。""卧"指趴在几上或靠在几上睡觉。如《孟子·公孙丑上》:"隐几而卧。""睡"则指坐着打瞌睡。如《史记·商君列传》:"语事良久,孝公时时睡,弗听。"

箪:笥　都是竹制筐子。但"箪"是圆形,主要用来盛饭。如《左传·宣公二年》:"与之箪食与肉。""笥"是方形,除了用于盛饭,还可用于装衣服。如《汉书·贡禹传》:"输物不过十笥。"

简:牍　都是用来在上面书写文字的东西。但"简"是竹片。如《韩非子·外储说左上》:"昭王读法十余简而睡卧矣。""牍"则是木片。如杨修《答临淄侯笺》:"握牍持笔。"

3. 词义的程度轻重不同

饥:饿　都指肚子不饱。"饥"表示的意义程度轻,指一般的肚子空,想吃东西。如《荀子·荣辱》:"饥而欲食,寒而欲暖。""饿"表示的意义程度重,指很长时间没有吃到东西,已经威胁到了身体的健康。如《左传·宣公二年》:"宣子田于首山,见灵辄饿,问其病,曰:不食三日矣。"

疾:病　都是生病的意思。"疾"表示的意义程度轻,指一般的小病、轻病。如《孟子·公孙丑下》:"不幸而有疾,不能造朝。""病"表示的意义程度重,指重病、大病。如《孟子·滕文公上》:"吾固愿见,今吾尚病,病愈,我且往见。"正因"疾"、"病"有别,所以《论语·述而》才有"子疾病,子路请祷"的话。这里的"疾病"是说病情很重。

折:摧　都有折断的意思。"折"表示的意义程度轻,是指一般的折断。如《韩非子·五蠹》:"兔走触株,折颈而死。""摧"表示的意义程度重,是指严重的折断。如《史记·孔子世家》:"泰山坏乎?梁柱摧乎?哲人萎乎?"

枯:槁　都有草木枯萎的意思。"枯"表示的意义程度轻,是指一般的枯萎。如《礼记·月令》:"草木蚤枯。""槁"表示的意义程度重,是指非常干枯。如刘向《九叹·远逝》:

"草木摇落时槁悴。"

绛：红：丹：赤：朱　都是指红颜色。但红的程度不同。深红曰"绛"，如《三国志·吴书·吕蒙传》："为兵作绛衣行縢。"浅红曰"红"，如刘勰《文心雕龙》："间色屏于红紫。"比红稍深一点为"丹"，如杜甫《垂老别》："积尸草木腥，流血川原丹。"比丹再深一点的为"赤"，如贾思勰《齐民要术·种椒》："色赤椒好。"比赤再稍深一点的为"朱"，如《韩非子·十过》："墨染其外，而朱画其内。"

4. 词义的侧重方面不同

完：备　都有完全的意思。"完"侧重于指事物完整无缺。如《荀子·劝学》："巢非不完也，所系者然也。""不完"就是不完整。"备"则侧重于指事物的数量品类应有尽有。如《荀子·天论》："养备而动时，则天不能贫。""养备"就是给养齐备，该有的都有。

恭：敬　都是恭谨有礼的意思。"恭"侧重于指一个人外貌恭谨有礼。如《论语·公冶长》："巧言令色足恭。""敬"则侧重于指一个人内心恭谨有礼。如《礼记·少仪》："宾客主恭，祭祀主敬。"另外，"恭"、"敬"还有一点不同，即"恭"侧重于指对人的态度，即指对人有礼貌，不怠慢；"敬"侧重于指对事的态度，即指做事严肃认真，不马虎。

能：得　都表示可能、能够的意思。"能"侧重于表示一个人的能力可使自己做好一件事情。如《论语·八佾》："夏礼，吾能言之。"这是说孔子他有能力说清楚夏代的礼仪。"得"则侧重于表示客观条件容许一个人做好一件事情。《论语·微子》："孔子下，欲与之言。趋而避之，不得与之言。"这是说，因为楚狂躲开了，所以孔子没有办法跟他说话，而不是孔子没有能力跟他说话。

听：闻　都是听的意思。但"听"侧重于指听的行为本身，不论听到了还是没有听到。如《荀子·劝学》："耳不能两听而聪。"而"闻"则侧重于指听的结果，即听到。如《史记·高祖本纪》："项羽卒闻汉军楚歌。"如果没有听到，就只用"听"而不能用"闻"。知道了二者的区别，成语"听而不闻"才好理解。

视：见：观：察：看：望　都能表示看一类的动作。"视"侧重于表示看这个动作本身，如《礼记·大学》："十目所视，十手所指。"《战国策·齐策》："窥镜而自视，又弗如远甚。""见"侧重于指看这个动作的结果，即看见，如《荀子·劝学》："吾尝跂而望矣，不如登高之博见也。"《庄子·养生主》："始臣之解牛之时，所见无非牛者。""观"侧重于指有目的地看，如《左传·僖公二十三年》："曹共公闻其骈胁，欲观其裸；浴，薄而观之。""察"侧重于指仔细看、看清楚，如《孟子·梁惠王上》："明足以察秋毫之末，而不见舆薪。""看"本来侧重于指看望、探望人，如《韩非子·外储说左下》："梁车新为邺令，其姊往看之。"中古以后，"看"才有了现在的意思，与"视"同义，如李白《清乐调》："名花倾国两相欢，长得君王带笑看。""望"侧重于指向远处看，如《左传·庄公十年》："吾视其辙乱，望其旗靡，故逐之。"

骄：傲　都是骄傲的意思。"骄"侧重于指施动者自视甚高，如《韩非子·说林上》："智伯必骄而轻敌。""傲"侧重于指对别人看不起，《吕氏春秋·士容》："傲小物而志属于大。"

逃：亡：遁　都是逃跑的意思，"逃"侧重于指逃这个行为的结果，即"逃到"的意思，如《韩非子·喻老》："桓侯体痛，使人索扁鹊，已逃秦矣。""亡"侧重于指逃这个行为本身，《史记·陈涉世家》："今亡亦死，举大计亦死。"但"逃"有时也可以指逃这个行为本身，如《史记·项羽本纪》："项王进围成皋，汉王逃。""遁"侧重于指逃这个行为的方式，即偷偷地逃，如《左传·庄公二十八年》："诸侯救郑，楚师夜遁。"

养：育　都有养育的意思。"养"侧重于指给别人提供生存条件，如《荀子·正名》："蔬食菜羹而可以养口，粗布之衣而可以养体。""育"侧重于指繁殖的过程，如《易·渐》："妇孕不育，凶。"

容：貌　都有容貌的意思。"容"侧重于指面部表情，即脸色，如《后汉书·华佗传》："年且九十，犹有壮容。""貌"侧重于指面部形状，即脸形，如李白《前有樽酒行》："胡姬貌如花。"

锐：利　都是锐利的意思。"锐"侧重于指锋芒之尖，如《淮南子·时则》："柔而不刚，锐而不挫。""利"侧重于指刀口之快，如《国策·齐策》："矢非不铦，剑非不利也。"

5. 词义的感情色彩不同

征：伐：侵：袭　这四个词都有武力进攻的意思。但它们的感情色彩不完全相同。"征"一般是指上伐下，有道伐无道，因而是褒义，如《左传·僖公四年》："五侯九伯，汝实征之，以夹辅周室。""伐"是大张旗鼓地公开地进攻（不论有道与否），因而是中性词，如《左传·庄公十年》："十年春，齐师伐我。""侵"最早是指没有钟鼓地、直接了当地没有什么正当理由地进攻，所以是贬义词，如《左传·僖公四年》："齐侯以诸侯之师侵蔡。"后来引申为侵犯的意思，其贬义色彩就更加明显了。"袭"是指乘人不备地偷偷摸摸地进攻，这样的行为在古人看来，不是正人君子之所为，因而是贬义的，如《左传·隐公元年》："缮甲兵，具卒乘，将袭郑。"

诛：杀：弑　都是杀人的意思。"诛"多表示杀死有罪者，含罪有应得的意味，因而是褒义词，如《淮南子·齐俗训》："周公族兄诛弟，非不仁也，以匡乱也。""杀"是个中性词，不论是杀贤者还是杀不贤者，都可用"杀"，如《孟子·梁惠王上》："杀人以梃与刃，有以异乎？""弑"则专用于指臣杀君、子杀父。在古人看来，这是不应该的。因而"弑"具有贬义，如《左传·宣公二年》："赵盾弑其君。"《史记·太史公自序》："臣弑君，子弑父，非一旦一夕之故也。"

比：周　都是与人亲厚的意思。但"比"指的是勾结在一起做坏事，"周"则指团结在一起做好事。因而前者是贬义词，后者是褒义词。如《论语·为政》："君子周而不比，小人比而不周。"孔安国注："忠信为周，阿党为比。"

6. 词义的语法功能不同

畏：惧：恐　都是害怕的意思。"畏"是个及物动词，后边常常带有宾语，如《商君书·错法》："不畏强暴。"《战国策·楚策》："犹百兽之畏虎也。""惧"是个不及物动词，后边一般不带宾语，如《论语·颜渊》："君子不忧不惧。"《左传·僖公二十二年》："犹有惧焉。"如果"惧"后出现了宾语，那它一定是使动用法，如《老子》："民不畏死，奈何以死惧之？"句中"惧之"意思是"让他们害怕"。"恐"一般是不及物动词，后边不带宾语，如《荀子·非十二子》："是以不诱于誉，不恐于诽。"在它用作及物动词时，它后边一般带的都是长宾语，如《论语·季氏》："吾恐季孙之忧，不在颛臾，而在萧墙之内也。"

往：适：之：如：造　都有到某地去的意思。"往"后边不能带宾语，如《左传·宣公二年》："晨往，寝门辟矣。"《史记·滑稽列传》："幸来告语之，吾亦往送女。""适"、"之"、"如"、"造"后边则都会有宾语出现，如《论语·子路》："子适卫。"《孟子·滕文公上》："虽使五尺之童适市,莫之或欺。"同上:"有为神农之言者许行,自楚之滕。"《左传·僖公四年》:"楚子使屈完如师。"《孟子·公孙丑下》:"不幸而有疾,不能造朝。"

7. 词义的适用对象不同

仓:廪:府:库 都是储藏物品的地方。储藏谷物的地方叫"仓",储藏米的地方叫"廪"。如《管子》:"仓廪实而知礼节。"《商君书·去强》:"仓库两虚,国弱。"储藏文书或财物的地方为"府",如《左传·僖公五年》:"勋在王室,藏于盟府。"《商君书·去强》:"金粟两生,仓府两实,国强。"储藏武器的地方叫"库",如《孟子·滕文公上》:"今也滕有仓廪府库,则是厉民而自养也。"句中的"仓廪府库"分别指粮仓、米仓、文府、武库。

崩:薨:卒:不禄:死 这几个词都是人死的意思。天子死曰"崩",如诸葛亮《出师表》:"先帝知臣谨慎,故临崩寄臣以大事也。"诸侯死曰"薨",如《左传·昭公三十二年》:"鲁文公薨而东门遂杀适立庶。"大夫死曰"卒",如《左传·僖公十六年》:"公子季友卒。"士死曰"不禄",如《国语·晋语》:"又重之以寡君之不禄。"韦昭注:"士死曰不禄。礼,君死,赴于他国曰:寡君不禄,谦也。"这就是说,本来士死叫不禄,但按当时的礼,国君死了,去告诉别国时,要说"我们的国君不禄",这是一种谦逊的说法。庶人死曰"死",如《孟子·梁惠王上》:"如之何其使民饥而死也?"

盥:沐:浴:沬:洗 都是洗的意思。但洗手曰"盥",如《左传·僖公二十三年》:"秦伯纳女五人,怀嬴与焉。奉匜沃盥,既而挥之。"洗头曰"沐",如《史记·屈原贾生列传》:"新沐者,必弹冠。"洗身曰"浴",如《楚辞·渔父》:"新浴者,必振衣。"洗面曰"沬",如《汉书·律历志下》:"王乃洮沬水。"洗脚曰"洗",如《汉书·黥布传》:"汉王方踞床洗。"

皮:革:肤 都指的是表皮。但"皮"、"革"用于指兽的皮。它们二者又有区别。带毛的兽皮叫皮,如《左传·僖公十四年》:"皮之不存,毛将安傅?"去了毛的兽皮叫革,如《诗经·召南·羔羊》:"羔羊之革,素丝五緎。"而"肤"则专用于指人的表皮,如《商君书·算地》:"衣不暖肤。"此句中的"肤"不能换成"皮"或"革"。

领:颈:项 都指脖子。"领"是指整个脖子,如《孟子·梁惠王上》:"如有不嗜杀人者,天下之民皆引领而望之矣。""颈"是指脖子的前部,如《荀子·荣辱》:"小人莫不延颈举踵而顾。""项"是指脖子的后部,如《史记·魏其武安侯列传》:"案灌夫项,令谢。"

门:户 都是指房门。"门"指的是双扇的门,如《墨子·号令》:"门常闭。""户"则指单扇的门,如《诗经·豳风·七月》:"穹窒熏鼠,塞向墐户。"

迟:钝:拙 都有不灵敏的意思。"迟"主要用于指思想,反映不快,如《汉书·杜周传》:"周少言重迟。""钝"主要用于指言语,说话不干脆,如《汉书·鲍宣传》:"臣喧呐钝于辞。""拙"主要用于指行动,动作不灵敏,如《老子·四十五章》:"大直若屈,大巧若拙。"

倡:优:伎 都指古时候宫廷中的艺人。"倡"是指以歌舞为主的男女艺人,如《后汉书·梁冀传》:"游观第内,多倡伎。""优"则只指从艺的那些矮小丑陋的男子,如《左传·襄公二十八年》:"陈氏、鲍氏之圉人为优。""伎"则只指歌女,如《新唐书·元载传》:"名姝异伎。"

美:好 都有美好的意思。"美"主要用于指男人,如《战国策·齐策》:"臣诚知不如城北徐公美。""好"则只用于指女人容貌漂亮,如《战国策·赵策》:"鬼侯有子而好。"(句中的"子"是指女孩)《史记·滑稽列传》:"是女子不好。"

8. 词义适用的地域不同

舟：船　都指的是船。《方言》卷九："自关而西谓之船,自关而东谓之舟。"

坟：丘　都可指坟墓。《方言》卷十三："秦晋之间谓之坟……自关而东谓之丘。"

娥：嫶：姣：姝：妍　都有"漂亮"的意思。《方言》卷一："秦曰娥,自关而东河济之间谓之嫶,或谓之姣,赵魏燕代之间曰姝,自关而西秦晋之故都谓之妍。"

嫁：逝：徂：适：往　都有"去到"的意思。《方言》卷二："自家而出谓之嫁,由女而出为嫁也。逝,秦晋语也。徂,齐语也。适,宋鲁语也。往,凡语也。"

眉：梨：耋：鲐　都指人年龄大。《方言》卷一："东齐曰眉,燕代之北鄙曰梨,宋卫兖豫之内曰耋,秦晋之郊、陈兖之会曰耇鲐。"

思考与练习（八）

一、什么叫同义词？为什么说同义词"重点不在同,而在异"？

二、同义词之间的差别有哪几种？

三、怎样辨析同义词？

四、辨析下面几组同义词的异同。

　　1. 畏—惧　　　2. 哭—泣—号—啼
　　3. 领—颈—项　4. 视—见—观—察—看—望
　　5. 召—招　　　6. 按—抑
　　7. 骄—傲　　　8. 厌—恶

五、标点并翻译下面的短文。

　　燕太子丹质于秦亡归见秦且灭六国兵以临易水恐其祸至太子丹患之谓其太傅鞠武曰燕秦不两立愿太傅幸而图之武对曰秦地遍天下威胁韩魏赵氏则易水以北未有所定也奈何以见陵之怨欲排其逆鳞哉太子曰然则何由太傅曰请入图之居之有间樊将军亡秦之燕太子容之太傅鞠武谏曰不可夫秦王之暴而积怨于燕足为寒心又况闻樊将军之在乎是以委肉当饿虎之蹊祸必不振矣虽有管晏不能为谋愿太子急遣樊将军入匈奴以灭口请西约三晋南连齐楚北讲于单于然后乃可图也太子丹曰太傅之计旷日弥久心惽然恐不能须臾且非独于此也夫樊将军困穷于天下归身于丹终不迫于强秦而弃所哀怜之交置之匈奴是丹命固卒之时也愿太傅更虑之鞠武曰燕有田光先生者其智深其勇沉可与之谋也太子曰愿因太傅交于田先生可乎鞠武曰敬诺出见田光道太子曰愿图国事于先生田光曰敬奉教乃造焉

《战国策·燕策》

六、同源词指要

（一）同源词的特点

　　何为同源词？"凡音义皆近,音近义同,或义近音同的字,叫同源字。"（王力）"由同一语源直接或间接派生出来的一组音义相通的词,叫同源词。"（许嘉璐）"什么叫同源词？简单地说,就是由同一个语源派生出来的一组词。"（何九盈、蒋绍愚）"所谓同源词是这样一些词:它们本是同一语源,后来分化成若干意义相关而不完全相同的词。"（郭锡良等）概括上述几种说法,所谓同源词,应具有这样几个特点:一是这些词的读音必须相同或相近,二是这些词的意义应相同相近或相关,三是这些词有一个共同的派生源。据此,我们可以这样给同源词下定义:读音相同相近、意义相近相通并由同一语源派生出来的一组词叫同源词。例如:

　　暗:闇:黯:窨:黔:阴:荫:廕

　　从读音上来看,这组词皆属影母侵部,古音相同。

　　从意义上来看,它们都有光线不足、阴暗的意思。如:《楚辞·九辩》:"卒壅蔽浮云兮,下暗漠而无光。"句中"暗"意为"日无光"。《荀子·君道》:"彼不能而主使之,则是主闇也。"句中"闇"意为"昏聩"。蔡邕《述行赋》:"玄云黯以凝结兮,集零雨之溱溱。"句中"黯"意为"颜色暗"。《后汉书·光武纪》:"冬十月癸酉,诏死罪系囚皆一切募下蚕室。"李贤注:"蚕室,宫刑狱名。宫刑者畏风,须暖,作窨室,蓄火,如蚕室,因以名焉。"注中"窨"意为"暗室"。《楚辞·九辩》:"忠昭昭而愿见兮,然黔曀而莫达。"句中"黔"意为"天阴暗"。《公羊传·桓公十六年》:"越在岱阴。"句中"阴"意为"山之北"。《荀子·劝学》:"树成荫而众鸟息焉。"句中"荫"意为"树荫"。

　　从语源上来看,"暗"是源,其他各词则都是由"暗"派生出来的,因而它们就构成了一组同源词。

　　索绪尔在他的《普通语言学教程》中提出了"语言符号的任意性原则",认为语音和语义的结合是一种任意的关系。首先我们承认,在人们给词创造纪录符号之初,绝大多数记录符号音和义的结合是任意的。但同样不可否认的是,即便是在那时,也有些词的记录符号由于是人们利用模拟自然界客观事物声音的方法而创造出来的,其声音和意义之间有着客观的有机联系。当语言里的基本词汇都创造出来之后,再去创造新词时,就更加不可避免地要受到原有词音义的影响。同源词的系联和研究,打破了汉字形体的束缚,从词语音上的联系寻求其意义上的联系,对于考证词语命名的由来、考察词义演变的轨迹乃至词汇发展史的研究都具有重大意义。正如段玉裁在《广雅疏证·序》中所说:"圣人之制字,有义而后有音,有音而后有形。学者之考字,因形以得其音,因音以得其义。治经莫重于得义,得义莫重于得音。"

(二)同源词的类别

1. 由区别字表示的同源词

　　由文字部分"汉字的使用"一节,我们知道为表示某一意义而先后造出来的字为古今字,其中后造的字完全是为了区别先造字的意义,我们把后造的字叫今字,也叫区别字。这些区别字记录的词都是从古字记录的词中嬗变而来的,二者之间音义都有联系,所以它们之间也是同源的关系。

　　队(隊):坠(墜)　《说文》:"队,从高队也。"本义为"坠落"。《荀子·天论》:"星队木鸣,国人皆恐。"引申为"失掉",假借为"队列"。后造"坠"来表示"坠落"之义。《列子·天瑞》:"杞国有人,忧天地崩坠。""队"、"坠"皆属定母物部,古音相同,意义相同,是同源关系。

　　莫:暮　《说文》:"莫,日且冥也。"本义"日暮"。《诗经·齐风·东方未明》:"不能辰夜,不夙则莫。"假借为无指代词,意为"没有哪个人(东西、地方)"。后造"暮"来表示"日暮"之义。《荀子·儒效》:"朝食于戚,暮宿于百泉。""莫"、"暮"皆属明母铎部,古音相同,意义相同,是同源关系。

弟:悌　《说文》:"弟,韦束之次弟也。"本义"次第"。《汉书·朱博传》:"以高弟入为长安令。""高弟"即"很高的次第"。引申为"同辈中出生于后的男子",再引申为"弟弟顺从兄长"。《论语·学而》:"孝弟也者,其为仁之本与?"后造"悌"来表示"弟弟顺从兄长"之义。《孟子·滕文公下》:"入则孝,出则悌。""弟"、"悌"同为定母脂部,意义也有相同者,为同源关系。

2. 由孳乳字表示的同源词

"所谓孳乳字,就是由同一个字孳生出来的一组字。"①由这些同出一源的字记录的词,一般都有相同相近的读音和相通相关的意义,它们也是同源词。

乔:峤:骄:桥:轿:蹻:挢:趫

乔(喬),字形从高省,意为"高"。《孟子·梁惠王下》:"所谓故国者,非谓有乔木之谓也,有世臣之谓也。"峤,意为"山高"。颜延之《和谢监灵运》:"跂予于衡峤。""衡峤"即"衡山高峰处"。骄,意为"马高"。《诗经·卫风·硕人》:"四牡有骄。"桥,指架在河面之上的供通行的建筑(初当以木为之),即"桥梁"。《史记·秦本纪》:"(昭襄王五十年)初作河桥。"轿,指"高抬在肩的乘具"。杨万里《五里径》:"溪光远隔深深竹,特地穿廉入轿来。"蹻,意思是"高高地抬起脚"。《汉书·高帝纪》:"大臣内畔,诸将外反,亡可蹻足待也。"挢,意为"高高地举起手"。《史记·扁鹊仓公列传》:"镵石挢引。"趫,意为"善缘木走之才",即"善于在高处行走"。张衡《西京赋》:"非都庐之轻趫,孰能超而究升。"这组词都从"乔"得音,都有"高"义,是一组同源词。"乔"是派生之源,其他则都是从"乔"中孳乳出来的。

农:浓:秾:脓:襛:醲

农,《说文》:"农,耕也。"其本义为"农耕"。其他以"农"为声符孳乳出来的词则都有"浓厚"义。"浓"是"水浓厚"。《诗经·小雅·蓼萧》:"蓼彼萧斯,零露浓浓。"秾,意为"花木繁多"。《诗经·召南·何彼秾矣》:"何彼秾矣,唐棣之华。"脓,意为"肿血稠多"。《史记·扁鹊仓公列传》:"此病疽也,内发于肠胃之间……后八日呕脓死。"襛,意为"衣服厚"。曹植《洛神赋》:"襛纤得衷,修短合度。"醲,意为"酒味浓"。《淮南子·主术》:"肥醲甘脆,非不美也。"这组除"农"之外的词,皆从"农"得音,都有"厚"、"多"义,也都是同源的关系。

3. 由不同字形表示的同源词

上述第一类同源词中的区别字大多都是在古字的基础上添加声符而构成的,第二类同源词则都是以某字为声符孳乳而来的,它们读音上的联系显而易见。也有一些同源词虽然看起来字形上没有联系,但它们也可以是声近义通的同源关系。

分:别:半:判:剖:叛:班:彬:泮

分,《说文》:"别也。"本义是"分开"。《史记·秦始皇本纪》:"分天下以为三十六郡。"别,《说文》:"分解也。"本义是"区分"。《荀子·君道》:"知国之安危臧否,若别白黑。"半,《说文》:"物中分也。"本义是从中间分开所得的"二分之一"。《庄子·天山》:"一尺之捶,

---

① 何九盈,蒋绍愚:《古汉语词汇讲话》,北京出版社,1980年版,第99页。

日取其半,万世不竭。"判,《说文》:"分也。"本义"分离"。柳宗元《封建论》:"遂判为十二,合为七国。"剖,《说文》:"判也。"本义也是"破开"。《吴子·料敌》:"剖冰济水,不惮艰难。"叛,《说文》:"半也。"本义是"反背"。《左传·襄公二十六年》:"入于戚以叛。"班,《说文》:"分瑞玉也。"本义是"把玉分开"。《尚书·舜典》:"班瑞于群后。"彬,《说文》:"彬,古文份。"本义是"文质相半"。《论语·雍也》:"文质彬彬,然后君子。"泮,本义是"冰化开"。《诗经·邶风·匏有苦叶》:"迨冰之未泮。"这一组词虽然字形并不全同,但都有一定的联系。"分"从八从刀,"半"从八从牛,"彬(份)"从人从分分亦声,"叛"、"泮"从半得声,"别"、"判"、"剖"、"班"则皆从刀。从字音来看,"分"、"彬(份)",并母文部;"判"、"泮",滂母元部;"叛",并母元部;"半"、"班",帮母元部;"别",帮母月部;"剖",滂母之部。声母都是唇音,韵部或旁转,或对转。从意义上看,它们都有"分"义。因而它们是一组同源词。

除了上述三种同源词外,许嘉璐《古代汉语》、何九盈、蒋绍愚《古汉语词汇讲话》都还指出了同源词的第四种类型:**由同一字形表示的同源词**。这种同源词指的是由同一个字形记录的不同的词,由于它们也来自同一语源,读音相同相近,意义之间有一定的联系,所以也是同源关系。例如:

朝,《说文》:"朝,旦也。"这是"朝"记录的第一个词,即名词"早晨",音陟遥切,念 zhāo。由"早晨"派生出"早晨朝见"的意思,这个动词仍由"朝"来记录,只是人们为了区别这两个词,而把动词"朝"改读了直遥切,念 cháo。名词"朝"与动词"朝"就是两个同字形的同源词。

被,《说文》:"寝衣也。"即"被子",这是"被"记录的一个名词,音 bèi;由名词"被子"又派生出表示"覆盖"、"披戴"、"蒙受"等意义的动词,这时仍由"被"来记录;进而又由动词"被"再派生出表示被动的介词,这个介词还是由"被"来记录。这三个"被"也是同字形的同源词。

间(閒),《说文》:"隙也。"即"缝隙",这是"间(閒)"记录的第一个词,音 jiān;由此派生出"间隔"的意义,仍用"间(閒)"来记录,音 jiàn;再派生出"空闲"的意义,本来也用"间(閒)"来记录,音 xián。这三个"间(閒)"也是一组同源词。其中第三个"间(閒)"后来新造了"闲"来记录。

前文我们在讲到词汇的构成时曾经说到,字不等于词。有时候不同的字可以记录同一个词。如"野"和"埜"记录的都是表示"郊野"意义的这个词,"泪"和"涙"记录的都是表示"眼泪"意义的这个词。有时候同一个字又可以记录不同的词。如"以"就可以记录动词(用)、介词(凭借)、连词(因为)三个词,"且"则可以记录名词(案板)、副词(将要)、连词(并且)这三个词。

同一个字记录不同的词情况很复杂。"且"记录的三个词之间没有一点意义联系;"以"记录的三个词意义之间有联系,介词"以"由动词"以"虚化而来,连词"以"由介词"以"进一步虚化而来。"朝"、"被"、"间"所记录的不同的词之间也有联系。所记录的词之间意义没有联系的,我们把它看作几个词较易理解;所记录的词之间意义有联系的,究竟是应该把这些不同的意义看作几个不同的词呢?还是应该看作一个词的不同意义呢?这里边又有两种情况:一种是为了表示区别,把这个字的不同意义赋予了不同的读音。如表示"早晨"意义的"朝"音 zhāo,表示"朝见"等意义的"朝"音 cháo;表示"间隔"意义的"间"音

jiàn,表示"中间"意义的"间"音 jiān。这样的字的不同意义看作不同的词,也还可以理解。而像"被"字在表示名词义"被子"、动词义"覆盖"、介词义"被"时,其读音并没有改变,如果这些意义也看成不同的词,那么有的汉字就记录了十几个甚至几十个词,这恐怕大多数人就不会认同了。在上文"词的意义类型"一节里,我们把"朝"的那些不同意义看做了"朝"这个词的不同义项,所以这里我们不把"朝"的不同意义看作同一个字形记录的不同的词,当然也就不同意这是同源词的一种类型了。

(三)同源词的系联

在汉语词汇研究的诸多领域中,对词汇的源流谱系进行全面彻底的编排和整理,是一项非常有意义而又难度极大的工作。在系联同源词时,既要注意同源词"读音相同相近"、"词义相同相关"这两个条件,又要有确切的文献证明。

1. 读音相同相近

同源词之间读音一定要相同或相近。因为大多数同源词都在先秦即已形成,所以这里所说的读音,指的是上古音(上古的语音系统详见下文"音韵"部分)。一组词意义上虽然相同或相近,但其字音如果相差较远,就不能算是同源词。如:

迄、臻、来、格、到:都有"至"义。但它们的声母依次是晓、庄、来、见、端,从发音部位来看,分别是喉音、齿音、舌音、牙音和舌音,差别较大;韵部依次是物、真、之、铎、宵,主要元音和韵尾也不相同。所以它们不是同源词的关系,应是同义词的关系。

2. 词义相同相关

同源词之间意义一定要相同或相近相关。一组词虽然有相同或相近的读音,但其意义如果相差较远,也不是同源关系。如:

身、伸、绅、呻、胂:古音都属书母真部,字音相同。身,人或动物的躯干;伸,伸展;绅,士大夫系的大带子;呻,病痛时的低哼声;胂,夹脊肉。意义毫无关联。所以它们也不是同源词的关系,而是同音词的关系。

思考与练习(九)

一、什么叫同源词?同源词有什么特点?
二、同源词有哪几种类型?
三、系联同源词时应注意什么问题?
四、利用工具书,总结下列同源词组的共同意义。
    1. 张　涨　帐　胀　掌
    2. 横　衡　珩　桁　璜
    3. 景　影　镜　鉴　光　煌　晃
    4. 刚　强　健　坚　紧　劲
    5. 顶　颠　天　颡　题
五、标点并翻译下面的短文。

初苏秦弟厉因燕质子而求见齐王齐王怨苏秦欲囚厉燕质子为谢乃已遂委质为臣燕相子之与苏代婚而欲得燕权乃使苏代持质子于齐齐使代报燕燕王哙问曰齐王其伯也乎曰不

能曰何也曰不信其臣于是燕王专任子之已而让位燕大乱齐伐燕杀王哙子之燕立昭王而苏代厉遂不敢入燕皆终归齐齐善待之苏代过魏魏为燕执代齐使人谓魏王曰齐请以宋封泾阳君秦不受秦非不利有齐而得宋地也不信齐王与苏子也今齐魏不和如此其甚则齐不欺秦秦信齐齐秦合泾阳君有宋地非魏之利也故王不如东苏子秦必疑而不信苏子矣齐秦不合天下无双伐齐之形成矣于是出苏代代之宋宋善待之

(《战国策·燕策》)

文　选

冯谖客孟尝君

（《战国策·齐策》）

　　齐人有冯谖者,贫乏不能自存[1],使人属孟尝君,愿寄食门下[2]。孟尝君曰:"客何好[3]?"曰:"客无好也。"曰:"客何能?"曰:"客无能也。"孟尝君笑而受之,曰:"诺。"

　　左右以君贱之也,食以草具[4]。居有顷,倚柱弹其剑,歌曰[5]:"长铗归来乎,食无鱼[6]!"左右以告。孟尝君曰:"食之,比门下之客[7]。"居有顷,复弹其铗,歌曰:"长铗归来乎,出无车!"左右皆笑之,以告。孟尝君曰:"为之驾,比门下之车客[8]。"于是乘其车,揭其剑,过其友曰[9]:"孟尝君客我[10]!"后有顷,复弹其剑铗,歌曰:"长铗归来乎,无以为家[11]!"左右皆恶之,以为贪而不知足。孟尝君问:"冯公有亲乎?"对曰:"有老母。"孟尝君使人给其食用,无使乏[12]。于是冯谖不复歌[13]。

[1]冯谖:孟尝君的门客。者:语气助词,表提顿语气。存:存在,生存,这里指生活。自存:养活自己。

[2]孟尝君:姓田,名文,齐国贵族,封地在薛(故城在今山东藤县东南),孟尝君是他的封号。他是战国四公子之一(还有魏国的信陵君无忌,赵国的平原君赵胜,楚国的春申君黄歇),有门客数千人。属:一般认为是"嘱"的古字。误。属的繁体从尾蜀声,本义是连接,由连接引申为联系,这里即此义。寄食:依靠别人吃饭。这里指到孟尝君门下当食客。孟尝君门下食客数千人,分三等:上等住代舍,有车坐有鱼吃;中等住幸舍,食有鱼;下等住传舍,食无鱼,行无车。

[3]好:动词,喜欢。何:疑问代词作"好"的前置宾语。

[4]左右:指在孟尝君身边为他办事的人。以:介词,因为。贱:形容词的意动用法,认为……低贱。之:第三人称代词,他(指冯谖)。食:动词的使动用法,使……食。后边省略宾语"之"。草具:本指草编成的盛饭的馔具,此处指粗劣的饭食。

[5]顷:时间短。有顷:不久。弹:敲。歌:唱。

[6]铗:剑把,这里指剑。归来:偏义复词,回去。此句大意是:长剑啊,咱们还是回去吧。

[7]食:动词的使动用法,让……吃。比门下之客:一本作"比门下之鱼客"。比:比照。
[8]为之驾:给他准备车马。这是双宾语结构。为:动词,准备。车客:代舍之客,出可乘车。
[9]揭:高举。其:第三人称代词,他的。过:本义为走过、经过,这里引申为拜访、探望。
[10]客:名词用如意动。客我:把我当成(真正的)门客。
[11]无以:无所以,没有用来……的东西。为家:养家。为:动词。
[12]给(jǐ):供给,供应。古代汉语不表示"给予"义。
[13]于是:从此。这是一个介词结构,不同于今天的连词"于是"。

后孟尝君出记,问门下诸客[1]:"谁习计会,能为文收责于薛者乎[2]?"冯谖署曰[3]:"能。"孟尝君怪之[4],曰:"此谁也?"左右曰:"乃歌夫'长铗归来'者也[5]。"孟尝君笑曰:"客果有能也!吾负之,未尝见也[6]。"请而见之,谢曰[7]:"文倦于事,愦于忧,而性懧愚,沉于国家之事,开罪于先生[8]。先生不羞,乃有意欲为收责于薛乎[9]?"冯谖曰:"愿之。"于是约车治装,载券契而行[10]。辞曰:"责毕收,以何市而反[11]?"孟尝君曰:"视吾家所寡有者。"

[1]记:书状文告。诸:众,许多。
[2]习:本义鸟频飞,这里是引申义,熟习。计会(kuài):即会计。文:孟尝君的名。古人自称以名表示谦虚。责:"债"的古字。
[3]署:签名。
[4]怪:意动用法。怪之:对这个人名感到奇怪。
[5]就是唱那"长铗归来"歌的人啊。夫:指示代词,那。者:附着性代词,……的人。
[6]负之:对不起他。
[7]谢:道歉。
[8]倦于事:被琐事搞得疲劳。愦:心乱。懧:"懦"的异体字,懦弱。此为谦辞。沉:陷入、沉溺。开罪:等于说得罪。
[9]羞:意动用法,后省略宾语"之"。以……为羞。乃:副词,却,竟然。为:介词,后省略宾语。
[10]约:本义捆缚,束。约车:套车。治装:整理行装。券契:大约与后世的契据合同相似。古代刻木为券,刻齿其旁,借贷双方各持一半,相合为信。故下文说"合券"。
[11]毕:副词,都、全部。以何市而反:用收回的债款买什么东西回来?以:介词,后省略宾语。市:买。反:"返"的古字,返回。

驱而之薛,使吏召诸民当偿者,悉来合券[1]。券徧合,起,矫命以责赐诸民,因烧其券,民称万岁[2]。

长驱到齐,晨而求见[3]。孟尝君怪其疾也,衣冠而见之[4],曰:"责毕收乎?

来何疾也?"曰:"收毕矣。""以何市而反?"冯谖曰:"君云'视吾家所寡有者',臣窃计君宫中积珍宝,狗马实外厩,美人充下陈,君家所寡有者以义耳[5]。窃以为君市义。"孟尝君曰:"市义奈何?"曰:"今君有区区之薛,不拊爱子其民,因而贾利之[6]。臣窃矫君命,以责赐诸民,因烧其券,民称万岁,乃臣所以为君市义也[7]。"孟尝君不说[8],曰:"诺。先生休矣[9]!"

[1]驱:本为赶马,这里指驾车。之:往,到……去。悉:都。
[2]徧:"遍"的异体字。起:站起来。矫命:假托命令。赐:赏赐。因:于是。其:指示代词,那些。
[3]长驱:一直赶着车,指中途不停。晨:时间名词作状语,在清晨。
[4]疾:快,急速。怪:用如意动。怪其疾:对他回来得快感到奇怪。衣、冠:都是名词用如动词,穿上衣服、戴上帽子。
[5]窃:谦辞,私下。计:考虑。君:尊称。实:与下句"充"同义,充实。厩:马圈。陈:通"墀",台阶上面的空地。下陈:等于说台阶下,即指庭院里。以:疑为衍文。
[6]区区:小小的。拊(fǔ):抚慰,安抚。子其民:以其民为子,即把薛地的人民看成自己的子女。子:名词意动用法。贾(gǔ):藏货待卖的人,也泛指商人。此处是名词作状语,意思是"像商贾一样"。利:用如动词,图利,谋利。之:代词,指薛地人民。
[7]乃臣所以为君市义也:这就是我用来替你买义的方式啊。所:附着性代词。以:介词。所以:用来……的方式,与现代汉语的"所以"不同。
[8]说:"悦"的古字。高兴。
[9]休:停止。休矣:等于说算了吧。

后朞年,齐王谓孟尝君曰[1]:"寡人不敢以先王之臣为臣[2]!"孟尝君就国于薛[3]。未至百里,民扶老携幼,迎君道中[4]。孟尝君顾谓冯谖[5]:"先生所为文市义者,乃今日见之[6]。"

[1]朞年:一周年。古人单说朞也指一周年。朞:"期"的异体字。齐王:指齐湣王。
[2]寡人:谦辞,君王自称。此句是委婉说法,实际上是撤了孟尝君的职。先王:死去的国君,这里指齐宣王。
[3]就国:前往自己的封地。
[4]未至百里:还差百里未到目的地。携:带领。君:指孟尝君。
[5]顾:回头看。
[6]先生替我买义的结果,今天才见到了。所:附着性代词,指代"为文市义"的结果。为:介词。乃:副词,才。之:代词,指"民扶老携幼,迎君道中"的情况。

冯谖曰:"狡兔有三窟,仅得免其死耳[1];今君有一窟,未得高枕而卧也[2]。请为君复凿二窟!"孟尝君予车五十乘,金五百斤,西游于梁,谓惠王曰[3]:"齐放其大臣孟尝君于诸侯,诸侯先迎之者,富而兵强[4]。"于是梁王虚上位,以故相为上将军,遣使者黄金千斤,车百乘,往聘孟尝君[5]。冯谖先驱,诫孟尝君曰[6]:"千金,重币也;百乘,显使也[7]。齐其闻之矣[8]。"梁使三反,孟尝君固辞不往也[9]。

[1]仅:副词,才。耳:语气助词,同"而已"。
[2]高:用如使动。而:连词,连接状语"高枕"和中心词"卧"。高枕而卧:比喻无忧虑。
[3]予:动词,给。西:方位名词作状语,往西。游:游说。梁:就是魏国。魏原都于安邑,惠王迁都到大梁(今河南开封市),所以又称梁。惠王:梁惠王,名莹,魏武侯之子。
[4]齐放其大臣孟尝君于诸侯:齐国放逐他的大臣孟尝君到各诸侯国去。放:放逐。
[5]虚:用如使动,使……虚。上位:指国相之位。虚上位:把上位空出来。故:原来的。"黄金"前省略了介词"以"。
[6]先驱:先赶车回去。诫:告诫。
[7]此是两个判断句。千金:等于说金千斤。币:这里指聘币,是古代聘请人时送的礼物。本义是古人用作礼物的丝织品。显使:显贵的使臣。
[8]其:语气副词,表示委婉语气。大概。
[9]三反:往返三次。反:"返"的古字。固辞:坚决推辞。

齐王闻之,君臣恐惧。遣太傅赍黄金千斤,文车二驷,服剑一[1]。封书谢孟尝君曰[2]:"寡人不祥,被于宗庙之祟,沉于谄谀之臣,开罪于君[3]。寡人不足为也;愿君顾先王之宗庙,姑反国统万人乎[4]!"冯谖诫孟尝君曰:"愿请先王之祭器,立宗庙于薛!"庙成,还报孟尝君曰:"三窟已就,君姑高枕为乐矣!"

孟尝君为相数十年,无纤介之祸者,冯谖之计也[5]。

[1]太傅:官名,古三公之一。赍(jī):拿东西送人。文车:绘有文采的车。驷:四匹马拉的车的单位。服剑一:一把佩戴的剑。服:佩戴。
[2]封书:封好了的信件。谢:道歉,向……道歉。
[3]不祥:不吉祥。被:遭受。宗庙:这里指祖宗。祟:本指神降下来的灾祸,这里指祖宗降下来的灾祸。谄谀:巴结逢迎。
[4]为:指帮助、辅佐。顾:顾念。姑:姑且。反:"返"的古字。国:国都。统:统领。万人:指全国人民。
[5]纤:细。介:通"芥",小草。纤介:细小的意思。全句为溯因判断句。孟尝君担任国相数十年没有丝毫灾祸的原因,是由于冯谖的妙计呀。

[阅读提示]
一、解释下列加点词的意义。
　　1. 乘其车,揭其剑　　2. 冯公有亲乎

3. 使人给其食用　　4. 愦于忧
5. 约车治装　　　　6. 就国于薛
7. 顾谓冯谖　　　　8. 齐放其大臣
9. 被于宗庙之祟　　10. 愿君顾先王之宗庙

二、说明下列各加点字是古字、异体字还是通假字，并指出其相应的今字、正体字和本字。
1. 无纤介之祸　　　2. 以责赐诸民
3. 以何市而反　　　4. 券徧合
5. 性懧愚　　　　　6. 孟尝君不说

三、说明下面各句中加点词的用法，并将句子译成现代汉语。
1. 左右以君贱之也，食以草具。
2. 孟尝君怪其疾也，衣冠而见之。
3. 于是梁王虚上位。
4. 今君有一窟，未得高枕而卧也。

触龙说赵太后

（《战国策·赵策》）

赵太后新用事，秦急攻之[1]。赵氏求救于齐。齐曰："必以长安君为质，兵乃出[2]。"太后不肯，大臣强谏。太后明谓左右："有复言令长安君为质者，老妇必唾其面[3]！"

[1]赵太后：即赵威后，赵惠文王妻，孝成王的母亲。新：刚开始。用事：执政。公元前266年，赵惠文王死，子赵孝成王立，年幼，所以由赵太后执政。本文事在赵孝成王元年（公元前265年），写爱国的触龙说服赵太后解国家急难之事。

[2]长安君：赵太后最小的儿子的封号。质：抵押。本义以物抵押。当时诸侯国之间结盟，常常把自己的子孙交给对方做抵押，以取得信任。乃：时间副词，才。

[3]复言：再说。者：附着性代词，……的人。老妇：赵太后自称。唾其面：吐口水在他的脸上。

左师触龙言愿见太后，太后盛气而揖之[1]。入而徐趋，至而自谢[2]，曰："老臣病足，曾不能疾走，不得见久矣，窃自恕[3]，而恐太后玉体之有所郄也，故愿望见太后[4]。"太后曰："老妇恃辇而行[5]。"曰："日食饮得无衰乎[6]？"曰："恃粥耳。"曰："老臣今者殊不欲食，乃自强步，日三四里，少益耆食，和于身[7]。"太后曰："老妇不能。"太后之色少解[8]。

[1]触龙:赵国的左师(官名)。原作"触詟(zhé)",依《史记·赵世家》、1973年长沙马王堆三号墓出土的帛书《战国策》改为"触龙"。而:连词,连接状语和中心词。揖:依王念孙考证,当为"胥"字的传写之误。"胥"通"须",等待。之:代词,指触龙。

[2]徐:慢慢地。趋:快步走。臣见君,按礼应快步走,因触龙脚有毛病,所以只能徐趋。谢:道歉。

[3]病足:脚有病。曾:古汉语中常放在"不"字前面,加强否定语气。疾走:快跑。窃:谦敬副词,私下里。自恕:自己原谅自己。

[4]玉体:尊称对方身体。古人视玉为宝物,常用玉来表示贵重的东西。郄(xì):通"隙",不舒适。望见:远远看见。此为客气话。

[5]恃辇:依靠车。辇:国君或王后乘的车。

[6]日:每天,时间名词,作状语,下"日三四里"的"日"同。得无……乎:古汉语表推测的习惯句式,该不会……吧。衰:减少。

[7]此句"曰"字前省略了主语"触龙"。者:语气词。今者:最近,近来。殊:程度副词,很,非常。乃自强步:自己却勉强散散步。乃:转折连词,却。步:动词,慢慢走。注意"走"、"步"的区别。少益:同义副词连用,稍微。耆:通"嗜",喜爱。和:这里指舒适、舒服。

[8]色:脸色。这里指怒气。少解:稍稍消了(一些)。

左师公曰:"老臣贱息舒祺,最少,不肖[1];而臣衰,窃爱怜之,愿令得补黑衣之数,以卫王宫[2]。没死以闻[3]。"太后曰:"敬诺!年几何矣?"对曰:"十五岁矣。虽少,愿及未填沟壑而托之[4]。"太后曰:"丈夫亦爱怜其少子乎[5]?"对曰:"甚于妇人。"太后笑曰:"妇人异甚!"对曰:"老臣窃以为媪之爱燕后,贤于长安君[6]。"曰:"君过矣!不若长安君之甚!"左师公曰:"父母之爱子,则为之计深远。媪之送燕后也,持其踵为之泣,念悲其远也,亦哀之矣[7]。已行,非弗思也,祭祀必祝之,祝曰:'必勿使反[8]!'岂非计久长,有子孙相继为王也哉?"太后曰:"然。"

[1]贱息:对人谦称自己的儿子。息:会意字,本义出气,喘气。引申为生,长,再引申为儿子。舒祺:触龙儿子的名字。不肖:不贤,不才,不成器。

[2]衰:衰老。怜:爱。古汉语里,"怜"和"爱"在亲爱这一意义上是同义词。得:表示客观情况的容许。黑衣:卫士的代称,因当时王宫卫士都穿黑衣。此句为客气话,意思是请求让他当一名卫士。以:连词,表目的,以便。

[3]冒着死罪把这些话说给您。没死:即昧死("昧"通"冒")。以:介词,省略宾语"之"。闻:使听到。

[4]及:趁。填沟壑:"死"的委婉说法。

[5]丈夫:通称"男子"为丈夫。

[6]媪:对年老妇女的尊称。之:助词,用于主谓之间取消句子的独立性。燕后:赵太

后的女儿,嫁到燕国为后,所以叫燕后。贤:胜,超过。

　　[7]持其踵为之泣:握着她的脚后跟为她而哭泣。持:握。踵:脚后跟。古人送女出嫁时,新娘之母要亲手给女儿穿上一双由男方送来的鞋,意味着从此一去不回,近乎生离死别。这里描写赵太后送女出嫁穿鞋的情景。

　　[8]必勿使反:一定别让她回来。古代诸侯女出嫁,只有被废或亡国后才返回本国。所以赵太后祭祀时祝女儿别回来。反:"返"的古字。

　　左师公曰:"今三世以前,至于赵之为赵,赵主之子孙侯者,其继有在者乎[1]?"曰:"无有。"曰:"微独赵,诸侯有在者乎[2]?"曰:"老妇不闻也。""此其近者祸及身,远者及其子孙。岂人主之子孙则必不善哉?位尊而无功,奉厚而无劳,而挟重器多也[3]。今媪尊长安君之位,而封之以膏腴之地,多予之重器,而不及今令有功于国[4];一旦山陵崩,长安君何以自托于赵[5]?老臣以媪为长安君计短也。故以为其爱不若燕后。"太后曰:"诺,恣君之所使之[6]!"于是为长安君约车百乘,质于齐,齐兵乃出。

　　[1]三世:上古时父子相继为一世,三世就是现在所说的三代。三世以前:指赵肃侯时。至于赵之为赵:上推到赵氏开始建成赵国的时候。指赵烈侯由晋国的一个大夫成为万乘之国的国君。侯:名词用如动词,封为侯。者:代词,……的人。继:指继承人,后嗣。

　　[2]微独:不仅,不但。微:否定性副词,相当于"非"。诸侯:指"诸侯之子孙侯者,其继",此句有省略。

　　[3]奉:"俸"的古字。无劳:没有劳绩。挟:持,拥有。重器:贵重的宝物,指金玉珍宝钟鼎等。

　　[4]尊:形容词的使动用法,使……高。膏腴:肥沃。及:趁。

　　[5]旦:指事字,本义天明,早晨。山陵崩:委婉说法,比喻君死。此处指赵太后死去。何以:"何",介词"以"的宾语。

　　[6]任凭你怎样支使他。恣:任凭。

　　子义闻之[1],曰:"人主之子也,骨肉之亲也,犹不能恃无功之尊、无劳之奉,而守金玉之重也[2];而况人臣乎!"

　　[1]子义:赵国的贤士。
　　[2]犹:还,尚且。尊:用如名词,指尊高的地位。重:指重器。

[阅读提示]

一、解释下列加点词的意义。
　　1. 必以长安君为**质**　　2. 大臣强**谏**
　　3. 入而徐**趋**　　　　　4. 至而自**谢**

  5. 贱息舒祺   6. 奉厚而无劳

二、说明与下列加点字相应的今字、正体字或本字。

  1. 盛气而揖之   2. 玉体之有所郄
  3. 少益耆食   4. 必无使反
  5. 奉厚而无劳

三、指出下列加点词的用法，并翻译全句。

  1. 老臣窃以为媪之爱燕后，贤于长安君。
  2. 赵主之子孙侯者，其继有在者乎？
  3. 今媪尊长安君之位，而封之以膏腴之地。
  4. 诺，恣君之所使之。

苏秦连横约从

（《战国策·秦策》）

  苏秦始将连横，说秦惠王曰[1]："大王之国，西有巴、蜀、汉中之利，北有胡貉、代马之用，南有巫山、黔中之限，东有肴、函之固[2]。田肥美，民殷富，战车万乘，奋击百万，沃野千里，蓄积饶多，地势形便[3]。此所谓天府，天下之雄国也[4]。以大王之贤、士民之众、车骑之用、兵法之教，可以并诸侯，吞天下，称帝而治[5]。愿大王少留意，臣请奏其效[6]。"

  [1]苏秦：字季子，东周洛阳（今河南洛阳市）人。战国时期著名的纵横家，一生奔忙于合纵抗秦，曾同时佩六国相印，显赫一时。连横：秦国与六国中的某个国家建立联盟，打击其他国家，这种策略叫连横。横：东西向为横。秦在西，六国在东，所以以秦为中心的联盟叫横。与此相对，山东六国联合抗秦的策略叫合纵。秦惠王：姓嬴名驷，秦孝公之子，公元前337至前311年在位。
  [2]巴、蜀：古国名，分别在今四川的东部和西部。汉中：在今陕西南部和湖北西北部。胡貉：胡地（北方少数民族地区）产的貉。代马：代地（今山西东北部）产的良马。巫山：在今四川巫山县东南。黔中：指今湖南西北部和湖北西南部一带。限：险阻之处。肴：也作"崤"或"殽"，山名，在今河南洛宁县西北。函：函谷关，在今河南灵宝市南。
  [3]奋击：指能奋勇杀敌的战士。蓄积：指聚集、储藏的物资。饶：富足。势、便：有利。
  [4]府：储存财物的地方。雄：强有力的。
  [5]士：具有某种品质或某种技能的人。骑：骑兵。并、吞：都是兼并、吞并的意思。
  [6]愿：希望。少：程度副词，稍稍。奏：下对上陈述、说明。

秦王曰："寡人闻之，毛羽不丰满者不可以高飞，文章不成者不可以诛罚，道德不厚者不可以使民，政教不顺者不可以烦大臣[1]。今先生俨然不远千里而庭教之，愿以异日[2]。"苏秦曰："臣固疑大王之不能用也[3]。昔者神农伐补遂，黄帝伐涿鹿而禽蚩尤，尧伐欢兜，舜伐三苗，禹伐共工，汤伐有夏，文王伐崇，武王伐纣，齐桓任战而伯天下[4]。由此观之，恶有不战者乎[5]？古者使车毂击驰，言语相结，天下为一，约从连横，兵革不藏[6]。文士并饰，诸侯乱惑[7]；万端俱起，不可胜理[8]。科条既备，民多伪态[9]；书策稠浊，百姓不足[10]。上下相愁，民无所聊[11]；明言章理，兵甲愈起[12]。辩言伟服，战攻不息[13]；繁称文辞，天下不治[14]。舌弊耳聋，不见成功[15]；行义约信，天下不亲[16]。于是乃废文任武，厚养死士，缀甲厉兵，效胜于战场[17]。夫徒处而致利，安坐而广地，虽古五帝、三王、五伯、明主贤君，常欲坐而致之，其势不能，故以战续之[18]。宽则两军相攻，迫则杖戟相撞，然后可建大功[19]。是故兵胜于外，义强于内；威立于上，民服于下。今欲并天下，凌万乘，诎敌国，制海内，子元元，臣诸侯，非兵不可[20]！今之嗣主，忽于至道，皆惛于教，乱于治，迷于言，惑于语，沈于辩，溺于辞[21]。以此论之，王固不能行也[22]。"

[1]文章：本指文辞，这里指国家的法度。诛罚：惩罚。厚：大，指广泛施恩。教：教化。顺：顺应（人心）。烦大臣：让大臣带兵出战的委婉语。

[2]俨然：庄严郑重的样子。庭：通"廷"。名词作状语，在朝廷上。以：介词，在。异日：他日。

[3]固：本来。用：指采用连横之策。

[4]神农：即炎帝。补遂：也作"辅遂"，古国名。黄帝：即华夏族的始祖轩辕氏。涿鹿：山名，在今河北涿鹿县。禽："擒"的古字，捉拿。蚩尤：一个部落酋长，因不臣服而遭黄帝讨伐。尧：传说中的远古帝王。欢兜：尧之臣。舜：远古帝王有虞氏。三苗：舜时少数民族部落名。禹：夏代的第一个君主。共工：远古的一个部族首领。汤：商代的第一个君主。有夏：即夏朝。文王：殷末周部族的首领，时称西伯，姓姬名昌。崇：古国名，其首领崇侯虎助纣为虐，被文王攻灭。武王：文王之子，西周的第一位君主。纣：商代最后一位君主，残暴无道，被武王击败，自焚而死。齐桓：齐桓公，春秋时第一位霸主。任：用。伯："霸"的古字。

[5]恶(wū)：疑问代词，哪里。

[6]车毂击驰：车轮碰撞，往来奔驰。指各国使臣频繁来往。毂：车轮中心辐条集于其上且中空的圆木。这里代指车轮。击：撞击。言语相结：用言语互相结纳。兵：兵器。革：铠甲。古代甲用皮革制成，故称甲为革。不藏：不能收藏，即战争不息。

[7]文士并饰：文士争相以巧饰的言辞游说。乱惑：迷乱疑惑，不知所措。

[8]万端：指各种各样的情况。胜(shēng)：尽，全部。理：治理。

[9]科条既备：法令条文已经完备。伪态：虚假的行为。指百姓对法令的虚加敷衍。

[10]书策:文书簿籍。策:通"册"。稠浊:繁多混乱。不足:不丰足,即穷困。

[11]上下相愁:君臣共同忧愁。聊:赖,依靠。

[12]明言章理:话讲得明白,道理说得清楚。章:"彰"的古字,明显,清楚。明、章:都是形容词用如使动。兵甲:代指战争。

[13]辩言伟服:(游说之士)使其言雄辩,使其服华美。辩、伟:都用作使动。息:停止。

[14]繁称文辞:旁征博引,使言辞华丽。称:引用。文:有文采,华丽,用作使动。治:太平。

[15]舌弊耳聋:(游说之士)舌头说破了,(听其游说的人)耳朵听聋了。

[16]行义约信:(各国)实行道义,并以诚信相约束。不亲:不亲近,不友好。

[17]废文任武:放弃华丽的言辞而使用武力。厚养死士:以优厚的待遇供养敢于以死相从的武士。缀甲厉兵:缝制盔甲,磨砺兵器。缀:缝缀。厉:"砺"的古字,本义是磨刀石,这里意为磨。

[18]夫:句首语气词,表示下文要发议论。徒处而致利:什么也不做地待着却获得好处。广:形容词用如使动。五帝:指黄帝、颛顼、帝喾、尧、舜。一说指伏羲、神农、黄帝、尧、舜。三王:指夏禹、商汤、周文王。一说指夏禹、商汤、周武王。五伯:即春秋五霸,通常指齐桓公、晋文公、楚庄王、秦穆公、宋襄公。伯:"霸"的古字。致:达到。其势不能:那种形势使他们不能这样做。续之:继续上述的种种努力。

[19]宽:指两军相距远。迫:指两军相距近。杖:持,拿着。戟:一种兵器。这里泛指武器。橦(chōng):通"冲",冲击,撞击。

[20]凌:超过,压倒。万乘:指拥有万辆兵车的大国。诎:用如使动,使……屈服。子:名词用作使动,使……成为子女。元元:指普通百姓。臣:名词用作使动,使……成为臣子。

[21]嗣主:继位之君。忽:忽视。至:最,极。惛:糊涂。教:教化。乱于治:在治理国家上混乱。迷于言:被动听的言论迷惑。惑于语:义与"迷于言"同。沈于辩,溺于辞:沉溺于巧辩的言辞之中。

[22]论:判断,判定。固:必,必定。行:实行。

说秦王书十上而说不行[1]。黑貂之裘弊,黄金百斤尽,资用乏绝,去秦而归[2]。羸縢履蹻,负书担橐,形容枯槁,面目犁黑,状有归色[3]。归至家,妻不下纴,嫂不为炊,父母不与言[4]。苏秦喟叹曰:"妻不以我为夫,嫂不以我为叔,父母不以我为子,是皆秦之罪也[5]。"乃夜发书,陈箧数十,得太公《阴符》之谋[6]。伏而诵之,简练以为揣摩[7]。读书欲睡,引锥自刺其股,血流至足[8]。曰:"安有说人主不能出其金玉锦绣、取卿相之尊者乎[9]?"期年,揣摩成,曰:"此真可以说当世之君矣!"

[1]说:前一个音 shuì,游说;后一个音 shuō,主张。不行:不被采纳。
[2]貂:毛皮很珍贵的一种兽。裘:皮衣。资用:钱财和生活用品。

[3]赢:通"累",缠。滕:裹腿布。履:穿着。屩(juē):草鞋。负:背着。橐:口袋。形容:体态、面容。枯槁:憔悴。犁:通"黧",黑中带黄的颜色。归:通"愧",羞愧。色:脸色。

[4]纴:纺织。这里代指织布机。与言:"与之言"的省略。

[5]喟:叹息的样子。叔:丈夫的弟弟,小叔子。秦:苏秦自称已名,非指秦国。

[6]发:打开,拿出。陈:摆开。箧:(书)箱。太公:周武王的相姜子牙。《阴符》:传说是太公著的兵书。谋:谋略。

[7]伏:埋下头。简练:挑选,选择。

[8]睡:坐着打瞌睡。引:拿起。股:大腿。

[9]哪里有游说君主而不能说得让他拿出金玉锦绣来赏赐并使自己得到卿相的尊位的人呢! 出:使动用法。

　　于是乃摩燕乌集阙,见说赵王于华屋之下,抵掌而谈[1]。赵王大悦,封为武安君,受相印,革车百乘、锦绣千纯、白璧百双、黄金万溢以随其后,约从散横以抑强秦[2]。故苏秦相于赵而关不通[3]。

[1]摩:接近,走近,走到。燕乌集阙:赵国宫殿名。见说:求见并劝说。华屋:华丽的屋宇。抵掌而谈:高兴得拍起手来交谈。形容谈得投机。抵:是"抵"的误字,拍击。

[2]武安:赵地名,在今河北武安县。受:"授"的古字,授予。革车:古时一种战车。纯(tún):用于绸帛的量词,匹。溢:通"镒",重量单位,二十两为一镒。散:动词使动用法,使……散。抑:抑制,压制。

[3]关不通:函谷关不通。指秦在六国合纵策略的打击下不敢出关。

　　当此之时,天下之大,万民之众,王侯之威,谋臣之权,皆欲决于苏秦之策[1]。不费斗粮,未烦一兵,未战一士,未绝一弦,未折一矢,诸侯相亲,贤于兄弟[2]。夫贤人在而天下服,一人用而天下从[3]。故曰:"式于政,不式于勇;式于廊庙之内,不式于四境之外[4]。"当秦之隆,黄金万溢为用,转毂连骑,炫熿于道[5]。山东之国,从风而服,使赵大重[6]。且夫苏秦特穷巷掘门、桑户棬枢之士耳,伏轼撙衔,横历天下,廷说诸侯之王,杜左右之口,天下莫之能伉[7]。

[1]权:权术,谋略。欲:要,需要。

[2]烦:劳烦。战:用作使动。战一士:让一个士兵作战。绝:断。矢:箭。贤:胜过。

[3]用:被用。从:服从。

[4]式于政:用力于政事。式:用。勇:指军事。廊庙:上古国君遇大事必告宗庙,故以廊庙代指朝廷。四境之外:指各诸侯国。

[5]秦:苏秦。隆:全盛的时候。为用:被(他)使用。转毂连骑:车轮转动,骑从相连。炫熿:炫耀辉煌。熿:同"煌"。

[6]山东之国:指除秦、赵外的其余五国。从风而服:比喻服从迅速。大重:有很高

威望。

　　[7]且夫:再说。特:范围副词,只不过(是)。穷巷:僻陋的里巷。掘门:以墙洞为门。掘:通"窟",洞穴。桑户:用桑树条编成的门扇。棬(quán)枢:用弯曲的木头做门轴。伏轼:身子伏在车前横木上。撙:勒住。衔:马嚼子。横历:横行,走遍。廷:朝廷,名词作状语,在朝廷上。杜:堵塞。左右:指诸侯王身边的臣子。莫:无指代词,没有哪一个人。之:指苏秦,是"伉"的前置宾语。伉:通"抗",相当。

　　将说楚王,路过洛阳[1]。父母闻之,清宫除道,张乐设饮,郊迎三十里[2]。妻侧目而视,倾耳而听[3];嫂虵行匍伏,四拜自跪而谢[4]。苏秦曰:"嫂,何前倨而后卑也[5]?"嫂曰:"以季子之位尊而多金[6]。"苏秦曰:"嗟乎!贫穷则父母不子,富贵则亲戚畏惧[7]。人生世上,势位富贵,盖可忽乎哉[8]!"

　　[1]楚王:指楚威王,公元前339至前329年在位。
　　[2]清宫除道:打扫屋子,修整道路。张:设置,布置。设饮:设置酒宴。郊:名词作状语,到郊外。
　　[3]侧目:斜着眼睛,指不敢正视。倾耳:侧着耳朵认真听。
　　[4]虵:"蛇"的异体字。名词作状语,像蛇一样。匍伏:同"匍匐"。谢:道歉。
　　[5]何:为什么。倨:傲慢,无礼。卑:谦卑。
　　[6]季子:苏秦的字。古人称对方的字以示尊敬。
　　[7]嗟乎:叹词。不子:不以(我)为子。子:名词用作意动。亲戚:指父母兄弟等家人,与今"亲戚"意不同。
　　[8]势位:权势、地位。盖:通"盍",怎么。忽:忽略。

[阅读提示]
一、解释下列加点词的意义。
　　1. 臣请奏其效　　　2. 不可以诛罚
　　3. 兵革不藏　　　　4. 民无所聊
　　5. 舌弊耳聋　　　　6. 废文任武
　　7. 缀甲厉兵　　　　8. 凌万乘
　　9. 乃夜发书　　　　10. 式于政
　　11. 杜左右之口　　 12. 前倨而后卑
二、指出下列句中加点字的今字或正体字、本字。
　　1. 不远千里而庭教之。
　　2. 黄帝伐涿鹿而禽蚩尤。
　　3. 齐桓任战而伯天下。
　　4. 书策稠浊,百姓不足。
　　5. 明言章理,兵甲愈起。

6. 缀甲厉兵,效胜于战场。
　　7. 羸縢履蹻,负书担橐。
　　8. 面目犁黑,状有归色。
　　9. 封为武安君,受相印。
　　10. 白璧百双,黄金万溢。
　　11. 约从散横,以抑强秦。
　　12. 苏秦特穷巷掘门、桑户棬枢之士耳。
　　13. 天下莫之能伉。
　　14. 嫂虵行匍伏,四拜自跪而谢。
　　15. 人生世上,势位富贵,盖可忽乎哉?
三、说明下列各句中加点词的用法。
　　1. 今先生不远千里而庭教之。
　　2. 明言章理,兵甲愈起。
　　3. 辩言伟服,战攻不息。
　　4. 徒处而致利,安坐而广地。
　　5. 凌万乘,诎敌国,制海内,子元元,臣诸侯,非兵不可。
　　6. 约从散横,以抑强秦。
　　7. 廷说诸侯之王,杜左右之口。
　　8. 张乐设饮,郊迎三十里。
　　9. 嫂虵行匍伏,四拜自跪而谢。
　　10. 贫穷则父母不子。

句践灭吴

(《国语·越语上》)

　　越王句践栖于会稽之上,乃号令于三军曰[1]:"凡我父兄、昆弟及国子姓,有能助寡人谋而退吴者,吾与之共知越国之政[2]。"大夫种进对曰[3]:"臣闻之:贾人夏则资皮,冬则资絺,旱则资舟,水则资车,以待乏也[4]。夫虽无四方之忧,然谋臣与爪牙之士,不可不养而择也[5]。譬如蓑笠,时雨既至,必求之[6]。今君王既栖于会稽之上,然后乃求谋臣,无乃后乎[7]?"句践曰:"苟得闻子大夫之言,何后之有[8]?"执其手而与之谋。

　　[1]本文记述了越王句践在被吴战败后,以五千人退保会稽,恭谦恤民,发愤图强,终于复仇的史实。句践:越王允常的儿子,公元前496年即位为越王。句:"勾"的古字。栖:

栖身,居住。会稽:山名,在今浙江绍兴县东南。号令:发布命令。

[2]昆弟:偏义复词,指弟。国子姓:与国君同姓的宗族。谋:策划,出谋。退:动词的使动用法,使……退。知:通"执",主持,掌握。

[3]大夫种:文种,字子禽,楚国郢人,入越后为越国大夫,助句践灭吴,后遭忌被杀。

[4]贾:商人。夏:时间名词作状语,在夏季。资:积蓄,准备。皮:皮货,兽皮。絺(chī):质地精细的葛布。以:连词,表目的关系。乏:缺乏。

[5]四方之忧:指四邻侵犯的忧患。然:转折连词,但是。爪牙之士:指勇猛的将士,比喻说法。择:区别。

[6]蓑:用草编成的雨衣。笠:用竹或草编的挡雨遮阳的帽子。时:季节。时雨:雨季。既:已经。

[7]无乃……乎:表示委婉反问的习惯句式,恐怕……吧。后:迟,晚。

[8]苟得:如果能够。大夫:指文种。上加"子"字,是古人对对方称呼的尊称。后:"有"的前置宾语。

遂使之行成于吴[1],曰:"寡君句践乏无所使,使其下臣种,不敢彻声闻于天王,私于下执事[2],曰:寡君之师徒,不足以辱君矣;愿以金玉、子女赂君之辱[3]。请句践女女于王,大夫女女于大夫,士女女于士[4];越国之宝器毕从[5];寡君帅越国之众以从君之师徒,唯君左右之[6]!若以越国之罪为不可赦也,将焚宗庙,系妻孥,沈金玉于江[7];有带甲五千人,将以致死,乃必有偶,是以带甲万人事君也[8]。无乃即伤君王之所爱乎[9]?与其杀是人也,宁其得此国也,其孰利乎[10]?"

[1]之:指代文种。行成:求和,议和。

[2]乏无所使:缺乏人才,没有他人可以派遣。彻:通达。天王:对吴王的尊称。闻:使动用法:使……听到。私:动词,私下请求。下执事:手下办事人,对吴王的敬称。

[3]师徒:军队。徒:春秋时称步兵为徒兵。辱:使动用法,使……受辱。句意为,不值得屈辱您(来讨伐)了。赂:以财物送人而有所求。但不是今"贿赂"之意,"贿赂"之意古汉语用"赇"。赂君之辱:奉献给您,酬谢您的辱临。

[4]请:表敬副词,请允许。女于王:嫁给吴王做婢妾。女:用如动词。

[5]毕:全部。从:随从,带来。

[6]唯:表希望的句首语气词。左右:用如动词,任意处置。

[7]系:捆缚。孥:子女。沈:"沉"的古字。江:长江。

[8]致死:拼死命。有偶:有加倍的力量。事君:侍奉您吴王。意思是与吴王您决战。

[9]所爱:喜欢的东西,指金玉、子女、宝器等。

[10]与其:和下句的"宁其"为一对表示比较的连词,重在选择后者所指事物。是:代词,这些。孰:疑问代词,哪一种。

夫差将欲听,与之成[1]。子胥谏曰:"不可!夫吴之与越也,仇雠敌战之国也[2];三江环之,民无所移[3]。有吴则无越,有越则无吴。将不可改于是矣!员闻之:陆人居陆,水人居水。夫上党之国,我攻而胜之,吾不能居其地,不能乘其车[4];夫越国,吾攻而胜之,吾能居其地,吾能乘其舟。此其利也,不可失也已[5]。君必灭之!失此利也,虽悔之,亦无及已。"

　　[1]夫差:吴王阖庐之子。阖庐与越王战,兵败而亡,夫差继承父位,在位二十三年。
　　[2]子胥:姓伍,名员,字子胥,本为楚臣,因父仇逃到吴国,得夫差重用。仇雠:仇敌。"仇"古音读(qiú),今雠简化为仇。仇雠敌战之国:互相仇视、互相敌对、互相征战的国家。
　　[3]三江:指长江上游的岷江、自上海入海的吴淞江、浙江省的钱塘江。环之:环绕着吴、越二国。
　　[4]上党:地名,今山西太原一带。此处借指中原多陆少水的诸侯国家。
　　[5]已:通"矣",语气词。下句"亦无及已"的"已"同此。

　　越人饰美女八人,纳之太宰嚭[1],曰:"子苟赦越国之罪,又有美于此者将进之。"太宰嚭谏曰:"嚭闻古之伐国者,服之而已[2];今已服矣,又何求焉?"夫差与之成而去之[3]。

　　[1]太宰嚭(pǐ):吴国的太宰(官名,相当于后来的宰相),姓伯,名嚭,夫差的亲信。
　　[2]服:动词的使动用法,使……归服。
　　[3]去:离开。用作使动。去之:让他离开。

　　句践说于国人曰:"寡人不知其力之不足也,而又与大国执仇,暴露百姓之骨于中原,此则寡人之罪也[1]。寡人请更[2]!"于是葬死者,问伤者,养生者;吊有忧,贺有喜[3];送往者,迎来者;去民之所恶,补民之不足[4]。然后卑事夫差,宦士三百人于吴,其身亲为夫差前马[5]。

　　[1]执仇:结仇。中原:指原野之中。
　　[2]更:从攴丙声,本义为改变。此处意为改正错误。
　　[3]吊:慰问。
　　[4]去:除掉,去掉。
　　[5]卑:用为状语,以卑贱的地位。事:侍奉。宦:做贵族的仆隶。这里用如使动。宦士三百人于吴:派三百名士人到吴国做臣仆。为:动词,担任,充当。

　　句践之地,南至于句无,北至于御儿,东至于鄞,西至于姑蔑,广运百里[1]。乃致其父兄、昆弟而誓之[2],曰:"寡人闻古之贤君,四方之民归之,若水之归下也。今寡人不能,将帅二三子夫妇以蕃[3]。"令壮者无取老妇,令老者无取壮妻;女子十七不嫁,其父母有罪;丈夫二十不取,其父母有罪[4]。将免者以告,公令医守之[5]。生丈夫,二壶酒,一犬;生女子,二壶酒,一豚;生三人,公与之母;生二人,公与之饩[6]。当室者死,三年释其政[7];支子死,三月释其政,必哭泣葬埋之如其子[8]。令孤子、寡妇、疾疹、贫病者,纳宦其子[9]。其达士,洁其居,美其服,饱其食,而摩厉之于义[10]。四方之士来者,必庙礼之[11]。句践载稻与脂于舟以行,国之孺子之游者,无不餔也,无不歠也,必问其名[12]。非其身之所种则不食,非其夫人之所织则不衣[13]。十年不收于国,民俱有三年之食。

[1]句无:地名,在今浙江诸暨市南。御儿:地名,在今浙江崇德县南。鄞(yín):地名,在今浙江宁波市,即现在的鄞州区。姑蔑:地名,在今浙江龙游县北。广运:东西为广,南北为运。

[2]致:使动用法,使……至,召集。誓之:向他们发誓。

[3]帅:带领。二三子:等于说你们这些人。以:连词。蕃:本指草木生长,这里引申指繁殖人口。

[4]丈夫:古时泛指男子。取:"娶"的古字。下句同。

[5]免:"娩"的古字。将免者:将要分娩的人。

[6]饩(xì):赠送人的粮食。

[7]当室者:嫡妻生的孩子,亦称为宗子。当:主。室:家。释:免去,免除。政:通"征",赋税劳役。

[8]支子:嫡妻的次子和妾的孩子叫支子。

[9]疹:本指病人身上起的小红疙瘩,引申指病。贫病:贫困无靠。纳宦其子:把他们的儿子送入官府,给以教养。

[10]达士:国中知名的人,贤者。洁、美、饱:形容词的使动用法。使……整洁、漂亮、饱。摩厉:切磋,探讨。厉:"砺"的古字。义:合宜的道德、行为和道理。

[11]庙:名词作状语,表处所,在宗庙里。礼:名词用如动词,按礼仪接待。

[12]脂:油。孺子:儿童,亦指青年人。游:游学。餔:同"哺",拿食物给人。歠(chuò):饮。用作使动,使饮水。

[13]衣:名词用如动词,穿。

国之父兄请曰:"昔者夫差耻吾君于诸侯之国,今越国亦节矣,请报之[1]!"句践辞曰:"昔者之战也,非二三子之罪也,寡人之罪也。如寡人者,安与知耻?请姑无庸战[2]!"父兄又请曰:"越四封之内,亲吾君也,犹父母也[3]。子而思报父母之仇,臣而思报君之仇,其有敢不尽力者乎[4]?请复战!"句践既许之,乃致其众而誓之[5],曰:"寡人闻古之贤者,不患其众之不足也,而患其志行之少耻也。今夫差衣水犀之甲者亿有三千,不患其志行之少耻也,而患其众之不足也[6]。今寡人将助天灭之。吾不欲匹夫之勇也,欲其旅进旅退也[7]。进则思赏,退则思刑,如此,则有常赏。进不用命,退则无耻,如此,则有常刑。"果行,国人皆劝[8]。父勉其子,兄勉其弟,妇勉其夫,曰:"孰是吾君也,而可无死乎[9]?"是故败吴于囿,又败之于没,又郊败之[10]。

　　[1]者:语气词,用在时间名词后。耻:侮辱。使动用法,使(让)……受侮辱。节:用如动词,有节度,有法度,指政治经济已步入常规。"节"本义竹节。
　　[2]安与知耻:哪里能够同大家一样知道耻辱。安:疑问代词,哪里。与:介词,后面省略宾语。姑:姑且,暂且。庸:通"用"。
　　[3]四封:四境。封:会意字,本义植树。古代习以林木为界,故引申为"疆界"。
　　[4]而:连词,连接主谓成分,表假设关系。
　　[5]致其众:把众人召集起来。誓之:对他们发誓。
　　[6]衣:名词用作动词,穿。水犀:犀牛的一种,其皮坚韧。亿:十万,与现代汉语的"亿"不同。有:又,常用在古代汉语的整数与零数之间。
　　[7]欲:动词。匹夫之勇:指不守军纪、单枪匹马的个人逞能。旅:俱,同。甲骨文"旅"像众多士卒聚集军旗下。
　　[8]果行:果真出发的时候。果:副词,果然,果真。劝:劝勉,鼓励。
　　[9]哪一个国君能像我们的国君,而能够不(为他)卖命吗?孰:疑问代词,谁,哪一个。是:代词,复指"孰",起强调作用。
　　[10]囿:吴地名,在今太湖一带。越败吴于囿,事在公元前478年。没:吴地名。郊:名词作状语,在城郊。指姑苏(今江苏苏州市)城郊。越败吴于郊,事在公元前475年。

　　夫差行成,曰:"寡人之师徒不足以辱君矣,请以金玉、子女赂君之辱。"句践对曰:"昔天以越予吴,而吴不受命[1];今天以吴予越,越可以无听天之命而听君之令乎?吾请达王甬句东,吾与君为二君乎[2]!"夫差对曰:"寡人礼先壹饭矣[3]。君若不忘周室而为敝邑宸宇,亦寡人之愿也[4]。君若曰:'吾将残汝社稷,灭汝宗庙',寡人请死[5]!余何面目以视于天下乎?越君其次也[6]!"遂灭吴。

　　[1]不受命:不接受天的旨意。
　　[2]达:动词的使动用法,使……到达,遣送。甬句东:吴地名,今浙江舟山群岛。吾与君为二君乎:我和你仍然算是两国的国君吧!
　　[3]我在礼节上(对你)已有过小小的恩惠了。礼:指国与国的交往之礼。壹饭:相当于说小的恩惠。此句意思是从前吴曾答应越议和,现在越也应同意吴求和。
　　[4]君若不忘周室而为敝邑宸宇:您如果不忘记周王室而作我们的保护国。意为希望越国看在吴与周王室同姓的份上,给吴国留下一条活路。敝邑:谦称自己国家。宸:屋檐,

与"字"是同义词连用。

[5]残:摧残,捣毁。社:从示土,土地神。稷:从禾,五谷神。古代凡国家均有祭祀社稷的祭坛,于是社稷便成了国家的象征。

[6]你只管带领军队临时进驻吧。其:语气副词,表祈使语气。次:军队临时驻扎。行军一宿为舍,再宿为信,过信为次。

[阅读提示]

一、掌握下列各加点词的意义。
1. 共知越国之政　　2. 夏则资皮
3. 爪牙之士　　　　4. 寡人请更
5. 帅二三子夫妇以蕃　6. 公与之饩
7. 无不餔也　　　　8. 旅进旅退
9. 国人皆劝　　　　10. 越君其次也

二、指出下列各句中加点词的用法和意义。
1. 请句践女女于王。
2. 古之伐国者,服之而已。
3. 然后卑事夫差,宦士三百人于吴。
4. 令孤子、寡妇、疾疹、贫病者,纳宦其子。
5. 其达士,洁其居,美其服,饱其食。
6. 四方之士来者,必庙礼之。
7. 非其夫人之所织则不衣。
8. 昔者夫差耻吾君于诸侯之国。
9. 是故败吴于囿,又败之于没,又郊败之。
10. 吾请达王甬句东。

三、指出下面各加点字与括号中字的关系。
1. 令壮者无取老妇(娶)
2. 将免者以告,公令医守之(娩)
3. 请姑无庸战(用)
4. 摩厉之于义(砺)
5. 三年释其政(征)
6. 将帅二三子夫妇以蕃(率)
7. 不可失也已(矣)
8. 沈金玉于江(沉)

燕昭王求士（白文）

（《战国策·燕策》）

燕昭王收破燕后即位卑身厚币以招贤者欲将以报仇故往见郭隗先生曰齐因孤国之乱而袭破燕孤极知燕小力少不足以报然得贤士与共国以雪先王之耻孤之愿也敢问以国报仇者奈何郭隗先生对曰帝者与师处王者与友处霸者与臣处亡国与役处诎指而事之北面而受学则百己者至先趋而后息先问而后嘿则什己者至人趋己趋则若己者至冯几据杖眄视指使则厮役之人至若恣睢奋击呴籍叱咄则徒隶之人至矣此古服道致士之法也王诚博选国中之贤者而朝其门下天下闻王朝其贤臣天下之士必趋于燕矣

昭王曰寡人将谁朝而可郭隗先生曰臣闻古之君人有以千金求千里马者三年不能得涓人言于君曰请求之君遣之三月得千里马马已死买其首五百金反以报君君大怒曰所求者生马安事死马而捐五百金涓人对曰死马且买之五百金况生马乎天下必以王为能市马马今至矣于是不能期年千里之马至者三今王诚欲致士先从隗始隗且见事况贤于隗者乎岂远千里哉

于是昭王为隗筑宫而师之乐毅自魏往邹衍自齐往剧辛自赵往士争凑燕燕王吊死问生与百姓同其甘苦二十八年燕国殷富士卒乐佚轻战于是遂以乐毅为上将军与秦楚三晋合谋以伐齐齐兵败闵王出走于外燕兵独追北入至临淄尽取齐宝烧其宫室宗庙齐城之不下者唯独莒即墨

范雎说秦王（白文）

（《战国策·秦策》）

范雎至秦王庭迎谓范雎曰寡人宜以身受令久矣今者义渠之事急寡人日自请太后今义渠之事已寡人乃得以身受命躬窃闵然不敏敬执宾主之礼范雎辞让

是日见范雎见者无不变色易容者秦王屏左右宫中虚无人秦王跪而请曰先生何以幸教寡人范雎曰唯唯有间秦王复请范雎曰唯唯若是者三秦王跽曰先生不幸教寡人乎范雎谢曰非敢然也臣闻始时吕尚之遇文王也身为渔父而钓于渭阳之滨耳若是者交疏也已一说而立为太师载与俱归者其言深也故文王果收功于吕尚卒擅天下而身立为帝王即使文王疏吕望而弗与深言是周无天子之德而文武无与成其王也今臣羁旅之臣也交疏于王而所愿陈者皆匡君臣之事处人骨

肉之间愿以陈臣之陋忠而未知王心也所以王三问而不对者是也

臣非有所畏而不敢言也知今日言之于前而明日伏诛于后然臣弗敢畏也大王信行臣之言死不足以为臣患亡不足以为臣忧漆身而为厉被发而为狂不足以为臣耻五帝之圣而死三王之仁而死五伯之贤而死乌获之力而死奔育之勇焉而死死者人之所必不免也处必然之势可以少有补于秦此臣之所大愿也臣何患乎

伍子胥橐载而出昭关夜行而昼伏至于蔆水无以饵其口坐行蒲伏乞食于吴市卒兴吴国阖庐为霸使臣得进谋如伍子胥加之以幽囚终身不复见是臣说之行也臣何忧乎箕子接舆漆身而为厉被发而为狂无益于殷楚使臣得同行于箕子接舆可以补所贤之主是臣之大荣也臣又何耻乎

臣之所恐者独恐臣死之后天下见臣尽忠而身蹶也是以杜口裹足莫肯即秦耳足下上畏太后之严下惑奸臣之态居深宫之中不离保傅之手终身闇惑无与照奸大者宗庙灭覆小者身以孤危此臣之所恐耳若夫穷辱之事死亡之患臣弗敢畏也臣死而秦治贤于生也

秦王跪曰先生是何言也夫秦国僻远寡人愚不肖先生乃幸至此此天以寡人恩先生而存先王之庙也寡人得受命于先生此天所以幸先王而不弃其孤也先生奈何而言若此事无大小上及太后下至大臣愿先生悉以教寡人无疑寡人也范睢再拜秦王亦再拜

邵公谏弭谤（白文）

《国语·周语》

厉王虐国人谤王邵公告曰民不堪命矣王怒得卫巫使监谤者以告则杀之国人莫敢言道路以目

王喜告邵公曰吾能弭谤矣乃不敢言邵公曰是障之也防民之口甚于防川川壅而溃伤人必多民亦如之是故为川者决之使导为民者宣之使言故天子听政使公卿至于列士献诗瞽献曲史献书师箴瞍赋矇诵百工谏庶人传语近臣尽规亲戚补察瞽史教诲耆艾修之而后王斟酌焉是以事行而不悖民之有口也犹土之有山川也财用于是乎出犹其有原隰衍沃也衣食于是乎生口之宣言也善败于是乎兴行善而备败所以阜财用衣食者也夫民虑之于心而宣之于口成而行之胡可壅也若其壅口其与能几何

王弗听于是国人莫敢出言三年乃流王于彘

【词义分析】(二)

责 责字从贝,本义是索取(财物)。《左传·桓公十三年》:"宋多责赂于郑。"引申为要求。《论语·卫灵公》:"躬自厚而薄责于人。"也引申为责任。《韩非子·南面》:"主道者,使人臣有必言之责,又有不言之责。"还可引申为责备。《三国志·蜀书·诸葛亮传》:"若无兴德之言,则责攸之、祎、允等之慢,以彰其咎。"以上意义都读 zé。

由本义索取(财物)还引申为欠别人的钱财。《战国策·齐策》:"先生不羞,乃有意欲为收责于薛乎?"这个意义后来写作"债",音 zhài。

比 比本义是并列、挨着。《孟子·滕文公上》:"子比而同之,是乱天下也。"引申为接连、接近。《史记·汲黯列传》:"家人失火,屋比延烧。"又引申为偏袒。《左传·襄公三年》:"立其子,不为比。"再引申为比较。屈原《九章·涉江》:"与天地兮比寿,与日月兮齐光。"

由接连引申为及、等到。《史记·项羽本纪》:"比至定陶,再破秦军。"

由偏袒引申为勾结、结党营私。《论语·为政》:"君子周而不比,小人比而不周。"

由比较引申为比着、比照。《战国策·齐策》:"食之,比门下之客。"

给 给读作 jǐ,本义是衣食丰足。《孟子·梁惠王下》:"春省耕而补不足,秋省敛而助不给。"引申为供应使之丰足。《战国策·齐策》:"孟尝君使人给其食用,无使乏。"由供应引申为给予、赐予。《吕氏春秋·权勋》:"若残竖子之类,恶能给若金!"由给予引申为给的给养、奉禄。《宋史·毕士安传》:"(士安)出知潞州,特加月给之数。"

质 质字从贝,本义为以财物或人作抵押。《战国策·赵策》:"于是为长安君约车百乘,质于齐,齐兵乃出。"引申为用作抵押品的人或物。《战国策·赵策》:"必以长安君为质,兵乃出。"由抵押品引申为事物。《礼记·礼运》:"故圣人作则,必……五行以为质,礼义以为器。"因事物都是客观存在的,所以由事物又引申为朴实、朴素。《韩非子·解老》:"夫君子取情而去貌,好质而恶饰。"由事物还引申为本质、体质。司马迁《报任安书》:"若仆大质已亏缺矣。"由本质再引申为质地。柳宗元《捕蛇者说》:"永州之野产异蛇,黑质而白章。"由质地再引申指斩杀犯人时垫底的砧板。《史记·张丞相列传》:"苍坐法当斩,解衣伏质。"

奉 奉本义为双手捧着。《韩非子·和氏》:"楚人和氏得玉璞楚山中,奉而献之厉王。"由本义引申为进献。《汉书·匈奴传》:"即遣弟右贤王舆奉马牛,随将率入谢。"由本义引申为持、拿。《墨子·非攻》:"奉甲执兵。"由本义又引申为承受、接受。《三国志·吴书·吴主传》:"鲁肃乞奉命吊表二子。"由进献引申为给予。《庄子·说剑》:"太子乃使人以千金奉庄子,庄子弗受。"由给予引申为供养、供给。《潜夫论·浮侈》:"是则一夫耕,百人食之;一妇桑,百人衣之。以一奉百,孰能供之?"由供养再引申为供养臣僚的钱物,即俸禄。《战国策·赵策》:"位尊而无功,奉厚而无劳。"这个意义后来写作"俸"。

趋 趋的本义是快步走。《庄子·胠箧》:"然而巨盗至,则负匮揭箧担囊而趋。"引申为小步快走以示尊敬。《战国策·赵策》:"入而徐趋,至而自谢。"也引申为行走。《古乐府·陌上桑》:"盈盈公府步,冉冉府中趋。"还引申为奔向、奔赴。《孙子兵法·虚实》:"水之行避高而趋下。"还引申为追赶。《吕氏春秋·必己》:"于是相与趋之,行三十里,及而杀之。"

　　假借为"促",催促。《汉书·食货志上》："使者驰传督趋。"

　　因　因本义是依靠,凭借。《左传·僖公三十年》："因人之力而敝之,不仁。"《国语·郑语》："其民沓贪而忍,不可因也。"虚化为介词,依照,根据。《史记·孙子吴起列传》："善战者因其势而利导之。"又为介词,趁着。《三国志·魏书·郭嘉传》："因其无备,卒然击之。"《战国策·燕策》："齐因孤国之乱而袭破燕,……不足以报。"由依靠还引申为沿袭、承接。《论语·为政》"殷因于夏礼,所损益,可知也。"由根据引申为原因。邹阳《狱中上梁王书》："无因而至前也。"由原因引申为因为……,由于。《史记·卫将军骠骑列传》："因前使绝国功,封骞博望侯。"从由于引申为介词,从、由。范缜《神灭论》："如因荣木变为枯木。"

　　北　北的甲骨文形体像背对着背的两个人。本义是背离。由背离引申为背弃、背叛。《战国策·齐策》："食人炊骨,士无反北之心。"又引申为败北、逃跑。《韩非子·五蠹》："鲁人从君战,三战三北。"《史记·项羽本纪》："未尝败北,遂霸有天下。"由败北、逃跑引申指逃跑的人,败逃的军队。《战国策·燕策》："燕兵独追北,入于临淄。"贾谊《过秦论》："追亡逐北。"

　　假借为方位名词,北方。《左传·僖公四年》："北至于无棣,南至于穆陵。"《列子·汤问》："投诸渤海之尾、隐土之北。"

　　捐　捐本义是除去、撤去。《史记·孙子吴起列传》："捐不急之官。"《孟子·万章上》："父母使舜完廪,捐阶。""捐阶"即撤去了梯子。引申为抛弃、舍弃。屈原《九歌·湘君》："捐余袂兮江中。"《史记·魏其武安侯列传》："侯自我得之,自我捐之,无所恨。"《战国策·燕策》："安事死马而捐五百金?"汉代以后,又引申出捐献、捐助的意义。《汉书·货殖传》："唯毋盐氏出捐千金贷。"

　　禽　禽的甲骨文形体像捕捉鸟兽的工具,其本义是捕获鸟兽。《战国策·燕策》："两者(鹬和蚌)不肯相舍,渔者得而并禽之。"引申指捕获别的对象,捉拿。《战国策·秦策》："黄帝伐涿鹿而禽蚩尤。"这个意义后来写作"擒"。由捕获鸟兽引申指捕获的对象,鸟兽。《三国志·华佗传》："作五禽之戏。"五禽即指虎鹿熊猿鸟。由鸟兽再引申为专指鸟类,飞禽。《韩非子·五蠹》："妇人不织,禽兽之皮足衣也。"

　　张　张字从弓,本义是把弦安在弓上。《韩非子·外储说左上》："夫工人之张弓也,伏檠三旬而蹈弦。"引申为开弓、拉开弓。司马迁《报任安书》："更张空弮。"李白《赠江夏韦太守良宰》诗："挟矢不敢张。"安在弓上的弦很紧,所以又引申为紧张。《礼记·杂记下》："一张一弛,文武之道也。"

　　由把弓拉开引申为把其他东西张挂起来。《史记·滑稽列传》："张缇绛帏。"由张挂再引申为设置,陈放。《战国策·秦策》："张乐设饮,郊迎三十里。"《荀子·儒效》："张法而充之。"由张挂再引申指张挂的对象,即帷帐。《史记·高祖本纪》："高祖复留止,张饮三日。"这个意义后来写作帐。由帷帐再引申为量词。《左传·昭公十三年》："子产以幄幕九张行。"由开弓的意义又引申为扩张。《左传·昭公十四年》："臣欲张公室也。"《北史·辛雄传》："军威必张。"

　　特　特从牛寺声,本义是公牛。张缵《南征赋》："云怒特之来奔。"由公牛引申指杰出的。《诗经·秦风·黄鸟》:"百夫之特。"由公牛还引申指一头牛。《三国志·魏书·明帝纪》:"遣使者以特牛祠中岳。"由杰出的引申为突出,特别。柳宗元《始得西山宴游记》:"然后知是山之特立,不与培塿为类。"由突出、特别又引申为单独、单单。《汉书·班超传》"且姑墨、温宿二王特为龟兹所置。"由单单义虚化为范围副词,仅仅,只不过。《战国策·秦策》:"且夫苏秦特穷巷掘门、桑户棬枢之士耳。"

谢 谢本义是辞去官职。《礼记·曲礼上》:"大夫七十而致事,若不得谢,则必赐之几杖。"引申为拒绝。李贽《藏书·吴起传》:"鲁君疑之,谢吴起。"还引申为辞别、离开。《古诗为焦仲卿妻作》:"往昔初阳岁,谢家来贵门。"还引申为道歉。本《战国策·秦策》:"范雎谢曰:'非敢然也。'"《战国策·齐策》:"封书谢孟尝君。"还引申为告诉。《古诗为焦仲卿妻作》:"多谢后世人,戒之慎勿忘!"还引申为感谢。《史记·项羽本纪》:"哙拜谢,起,立而饮之。"还引申为消逝,凋落。范缜《神灭论》:"形谢则神灭。"

由感谢引申为酬谢、报答。《潜夫论·述赦》:"受人十万,谢客数千。"《世说新语·方正》:"唯杀贾充以谢天下。"

第三单元

常识：语法(上)

一、动词的用法

(一)动词的一般用法

语法是组词造句的规则。从宏观上看，与文字形体的变化和词义的变化相比，语法规则是相对比较稳定的。有许多现代汉语的语法规则早在殷商以前就已形成。但从微观上看，也有很多词的用法、句子的结构等与今略有不同。学习古代汉语的语法，主要任务就是了解这些不同，以提高我们正确分析和认识语言现象的能力。

就动词来说，它在句子中主要充当谓语的用法是古今一致的。如：

① 初，郑武公娶于申，曰武姜，生庄公及共叔段。(《左传·隐公元年》)

② 秋水时至，百川灌河。(《庄子·秋水》)

两句中的动词"娶"、"曰"、"生"、"至"、"灌"都做谓语，它们表示的动作都是前边的主语发出的。这是动词的一般用法。这些动词有不及物动词，有及物动词。及物动词有的带了宾语，有的没有带宾语。带宾语的动词与宾语的关系也各不相同。"生"的宾语表示动作的对象，"灌"的宾语表示动作的处所。

(二)动词的使动用法

古汉语中动词与今不同的用法主要有两种——使动用法和为动用法。所谓使动用法，就是动词所表示的动作不是主语发出的，而是主语使宾语发出的。例如：

① 庄公寤生，惊姜氏。(《左传·隐公元年》)

② 将战，华元杀羊食士。(《左传·宣公二年》)

例①发出"惊"这个动作的是宾语"姜氏"，例②发出"食"这个动作的是宾语"士"。两句中的宾语都是前边动词所表动作的施事者，这与动词的一般用法明显不同。知道了这个特点，我们也就可以找出辨别动词一般用法和使动用法的方法了。就及物动词来说，不论是一般用法还是使动用法，它的后边都可以带宾语，所以区别及物动词的一般用法和使动用法，主要是看宾语所表示的人或物是不是动词所表动作的施事者。如果宾语不是施事者，它前边的动词就是一般用法;如果宾语是施事者,它前边的动词就是使动用法。

下面让我们用这种方法来辨析几个例子。

① 孟子将朝王。(《孟子·公孙丑下》)
② 武丁朝诸侯,有天下,犹运之掌也。(《孟子·公孙丑上》)
③ (单于)欲因此时降武。(《汉书·李广苏建传》)
④ 涉间不降楚。(《史记·项羽本纪》)

例①动词"朝"意为"朝见",这个动作很显然就是主语"孟子"发出的,宾语"王"是动作涉及的对象,所以"朝"是动词的一般用法,句意为"孟子将要去朝见齐王";例②"朝"也是"朝见"的意思,它的主语"武丁"是商代的一个贤圣之君,因此,决不能认为"朝"这个动作是武丁发出的,只能认为是宾语"诸侯"发出了"朝"这一动作,所以"朝"是动词的使动用法,句意为"武丁让诸侯朝见他自己"。同样,例③和例④都有一个动词"降",但例③的"降"是主语"单于"想让宾语"苏武"发出的动作,所以是使动用法;例④的"降"是主语"涉间"自己发出的动作,宾语"楚"是动作的对象,所以"降"是一般用法。

不及物动词在一般用法时,它后边是不带宾语的;而用作使动时,它后边一般都要带有宾语。因此,区别不及物动词是一般用法还是使动用法,主要是看这个动词后是否带有宾语。如果带有宾语,这个动词就是使动用法;如果没带宾语,这个动词就是一般用法。例如:

① 华元夜入楚师,登子反之床,起之。(《左传·宣公十五年》)
② 鸡鸣而起,孳孳为善者,舜之徒也。(《孟子·尽心上》)
③ 天下尽以扁鹊为能生死人。(《史记·扁鹊仓公列传》)
④ 丈夫生而愿为之有室。(《孟子·滕文公下》)

前两例都有不及物动词"起"作谓语,但例①的"起"后带有宾语"之",所以是使动用法,"起之"意即"让他(子反)起来";例②的"起"后没带宾语,所以是一般用法。后两例都有不及物动词"生"作谓语,例③"生"后有宾语,是使动用法;例④"生"后无宾语,是一般用法。

当然,任何事物都不是绝对的。有时候用作使动的不及物动词后本应带的宾语,可以因为它刚在上文出现过而省略,这就与一般用法的不及物动词形式上相同了。遇到这种情况,就要根据上下文意,看看这个不及物动词后能不能补出来一个宾语。如能,它就是使动用法,如不能,它就是一般用法。例如:

① 及徙豪富茂陵也,解家贫,不中訾。吏恐,不敢不徙。(《史记·游侠列传》)
② 操军方连船舰,首尾相接,可烧而走也。(《资治通鉴·赤壁之战》)

例①第二个动词"徙"后可补出一个称代"郭解"的代词宾语"之",例②动词"走"后可补出一个称代"操军"的代词宾语"之",所以,这两个动词后虽然表面上看并没有宾语,但它们仍是使动用法。

在不少的古代汉语教材中,动词的使动用法都被看做词类活用现象的一种[①]。我们

[①] 见王力:《古代汉语》(第1册),中华书局,1981年版,第341~343页;郭锡良:《古代汉语》(上册),天津教育出版社,1991年版,第277页;李新魁:《古代汉语自学读本》,语文出版社,1987年版,第150页。

认为,词类活用指的是某个词在特定的语言环境中临时改变词性,具有了另一类词的语法特点。而动词在用作使动时,其词性并没有发生变化,仍具有动词的一切语法特点,所以这种情况不能被看做词类活用。

(三) 动词的为动用法

古汉语里动词与宾语的关系是复杂的,除了一般用法的动词其宾语可以表示动作行为的对象或处所、使动用法的动词其宾语表示动作的施事者之外,还有些宾语表示的是动作行为的原因、目的、间接对象等。这些动词表示的动作行为都是主语"为"宾语而发出的,因而我们把动词的这种用法称之为"动词的为动用法"。例如:

① 邴夏御齐侯。(《左传·成公二年》)
② 文嬴请三帅。(《左传·僖公三十三年》)
③ (齐王)封书谢孟尝君。(《战国策·齐策》)
④ 君三泣臣矣,敢问谁之罪也?(《左传·襄公二十二年》)
⑤ 争一言以相杀,是义贵于其身也。(《墨子·贵义》)
⑥ 伯夷死名于首阳之下。(《庄子·骈拇》)

例①动词"御"的直接对象是车,"齐侯"是间接对象;例②"请"的直接对象是赦免秦囚,"三帅"是间接对象;例③④的动词"谢"、"泣"都是不及物动词,本不能带宾语,这里的宾语也都是动作涉及的间接对象。例⑤动词"争"的宾语"一言"表示"争"的原因,例⑥"死"的宾语"名"表示"死"的目的。这种动宾关系不同于现代汉语动词与宾语之间的关系,理解时需要在宾语前加上介词"为",并把"为"和这个宾语移到动词之前。这个介词"为"可以表示各种不同的意义。"御齐侯"意为"给齐侯赶车","请三帅"意为"替三帅请求","谢孟尝君"意为"向孟尝君道歉","泣臣"意为"对臣哭泣","争一言"意为"因为一句话而争执","死名"意为"为名声而死"。

动词使动用法与为动用法的异同

相同之处:动词用作使动和用作为动时,其宾语与动词之间的语义关系都不同于一般用法。

不同之处:动词用作使动时,宾语表示的是动作行为的施事者;动词用作为动时,宾语表示的是动作行为的目的、原因或间接对象。

① 遂置姜氏于城颍,而誓之。(《左传·隐公元年》)
② 将袭郑,夫人将启之。(同上)
③ 郑人入于井,(狂狡)倒戟而出之。(《左传·宣公二年》)
④ 故远人不服,则修文德以来之。(《论语·季氏》)

前两例动词"誓"和"启"的宾语"之(分别称代姜氏和共叔段)"都是行为的间接对象,所以"誓"和"启"都是为动用法;后两例动词"出"、"来"的宾语"之(分别称代郑人和远人)"都是动作的施事者,所以"出"、"来"都是动词的使动用法。

(四) 动词做主语、宾语

最常充当主语、宾语的是名词和代词。一般认为,动词充当主语、宾语时,就活用做了

名词①。但实际上,动词充当主语、宾语有两种不同的情况。例如:

① 学不可以已。(《荀子·劝学》)
② 惩山北之塞,出入之迂也。(《列子·汤问》)
③ 狗彘食人食而不知检,涂有饿莩而不知发。(《孟子·梁惠王上》)
④ 今恶死亡而乐不仁,是犹恶醉而强酒。(《孟子·离娄上》)

这些句子中做主语的动词"学"、"出入(迂的主语)"和做宾语的动词"检"、"发"、"死亡"由于处在主语或宾语的位置,所以它们在表示动作行为的同时,还具有指称性。它们指称的都是这些动词所表示的动作本身,其意义没有变化,这种情况就是"动词作主语、宾语",不能说是动词活用作名词。再如:

① 日食饮得无衰乎?(《战国策·赵策》)
② 亡者侮之,乱者取之,推亡固存,国之道也。(《左传·襄公十四年》)
③ 又私自送往迎来,吊死问疾。(《汉书·食货志上》)

例①动词"食"、"饮"做主语,例②、③的动词"亡"、"存"、"往"、"来"、"死"、"疾"分别做宾语。它们指称的不是这些动词所表示的动作本身,而是指称具有这些动作特征的人或事物。"食"指称"吃的东西","饮"指称"喝的东西","亡"、"存"分别指称"灭亡的国家"、"存在的国家","往"、"来"、"死"、"疾"分别指称"去的人"、"来的人"、"死了的人"、"有病的人"。与上述指称动作本身的那种情况相比,这些动词体词性特征明显,意义也与一般用法时有了变化。有人称这种情况为"动词名物化"或"动词用如名词",我们以为视作"动词定语后省略名词中心词"更为合适。②

思考与练习(十)

一、什么是动词的使动用法?什么是动词的为动用法?

二、怎么区别动词的一般用法和动词的使动用法?动词的使动用法和动词的为动用法有什么不同?

三、找出下面各句中用作使动和为动的动词,并连同宾语把它译成现代汉语。

1. 秦昭王后悔出孟尝君,求之已去。(《史记·孟尝君列传》)
2. 遂置姜氏于城颍而誓之。(《左传·隐公元年》)
3. (范增)举所佩玉玦以示之者三。(《史记·项羽本纪》)
4. 吾非悲刖也,悲夫宝玉而题之以石……(《韩非子·和氏》)
5. 焉用亡郑以陪邻?(《左传·僖公三十年》)
6. 不战而屈人之兵,善之善者也。(《孙子·谋攻》)
7. (灌夫)非有大恶,争杯酒,不足引他过以诛也。(《史记·魏其武安侯列传》)
8. 若亡郑而有益于君,敢以烦执事。(《左传·僖公三十年》)
9. 越人非能生死人也。(《史记·扁鹊仓公列传》)
10. 养备而动时,则天不能病。(《荀子·天论》)

---

① 张世禄:《古代汉语》,上海教育出版社,1978年版,第151页。
② 魏清源:《古汉语宾位谓词的性质》,见《古汉语研究》,1989年增刊。

11. 故远人不服,则修文德以来之。(《论语·季氏》)
12. 食桃而甘,不尽,以其半啖君。(《韩非子·说难》)

四、标点并翻译下面的短文。

楚人伐宋以救郑宋公将战大司马固谏曰天之弃商久矣君将兴之弗可赦也已弗听及楚人战于泓宋人既成列楚人未既济司马曰彼众我寡及其未既济也请击之公曰不可既济而未成列又以告公曰未可既陈而后击之宋师败绩公伤股门官歼焉国人皆咎公公曰君子不重伤不禽二毛古之为军也不以阻隘也寡人虽亡国之余不鼓不成列子鱼曰君未知战勍敌之人隘而不列天赞我也阻而鼓之不亦可乎犹有惧焉且今之勍者皆吾敌也虽及胡耇获则取之何有于二毛明耻教战求杀敌也伤未及死如何勿重若爱重伤则如勿伤爱其二毛则如服焉三军以利用也金鼓以声气也利而用之阻隘可也声盛致志鼓儳可也

(《左传·僖公二十二年》)

二、形容词的用法

(一) 形容词的一般用法

形容词是用来表示事物的形状、性质或动作行为状态的。形容词一般在句中充当谓语。如:

① 国危矣,若使烛之武见秦君,师必退。(《左传·僖公三十年》)
② 其文约,其辞微,其志洁,其行廉。(《史记·屈原贾生列传》)

这些形容词都表示主语具有的性质或状态。

形容词还可以在句中作定语、状语或补语。例如:

① 吾闻出于幽谷迁于乔木者。(《孟子·滕文公上》)
② 彼圣人者,天下之利器也。(《庄子·胠箧》)
③ 今子蓬蓬然起于北海,蓬蓬然入于南海。(《庄子·秋水》)
④ 施施从外来,骄其妻妾。(《孟子·离娄下》)
⑤ 君师淹久鄙邑之地。(《左传·僖公三十三年》)
⑥ 公子遇臣厚。(《史记·魏公子列传》)

前两例形容词"幽"、"利"作定语,表示其后名词中心词所具有的性质状态;③④两例形容词"蓬蓬然"、"施施"作状语,表示其后动词中心词所具有的状态;⑤⑥两例的形容词"久"、"厚"作补语,表示其前边动词中心词所具有的性质状态。上述用法都与现代汉语相同,形容词仍具有谓词的语法特征。

(二) 形容词做主语、宾语

古汉语里形容词还可以在句中做主语或宾语。与动词做主语、宾语一样,形容词作主语、宾语时也存在两种不同情况。一种是形容词指称它们所表示的性状本身,它们的意义不变。例如:

① 秦以城求璧而赵不许,曲在赵。(《史记·廉颇蔺相如列传》)
② 用胶泥刻字,薄如钱唇。(《梦溪笔谈·活板》)

③ 君子忧道不忧贫。(《论语·卫灵公》)
④ 辨贵贱,君子不如贾人。(《荀子·儒效》)

这种情况可径称为"形容词做主语、宾语"。

另一种情况是做主语、宾语的形容词不是指称它们所表示的性状本身,而是指称具有它们所表性状的人或物。例如:
① 为肥甘不足于口与? 轻暖不足于体与?(《孟子·梁惠王上》)
② 然则小固不可以敌大,寡固不可以敌众,弱固不可以敌强。(同上)
③ 举士而求贤智。(《韩非子·难三》)
④ 劳师以袭远,非所闻也。(《左传·僖公三十二年》)

各例中的形容词"肥甘"指"肥甘的食物","轻暖"指"轻暖的衣服","小"指"小国","大"指"大国","寡"指"人少的国家","众"指"人多的国家","弱"指"弱小的国家","强"指"强大的国家","贤"指"贤士","智"指"智士","远"指"远方的国家(郑国)"。这些形容词体词性明显,我们称之为"形容词定语后省略名词中心词"。

思考与练习(十一)

一、一般用法的形容词具有什么特点?

二、形容词作主语和宾语时有哪两种不同情况?

三、找出下面各句中的形容词,并说明其用法和意义。
1. 故有无相生,难易相成,长短相形。(《老子·第二章》)
2. 少尝苦曰苦,多尝苦曰甘,则必以此人为不知甘苦之辩矣。(《墨子·非攻》)
3. 夫川竭而谷虚,丘夷而渊实。(《庄子·胠箧》)
4. 故曰大巧若拙。(同上)
5. 冰,水为之而寒于水。(《荀子·劝学》)
6. 夫得言不可以不察,数传而白为黑,黑为白。(《吕氏春秋·察传》)
7. 不救小而伐大,则失天下。(《韩非子·五蠹》)
8. 是故无事则国富,有事则兵强,此之谓王资。(同上)
9. 泾流之大,两涘渚崖之间,不辩牛马。(《庄子·秋水》)
10. 舌弊耳聋,不见成功。(《战国策·秦策》)

四、标点并翻译下面的短文。

使解扬如宋使无降楚曰晋师悉起将至矣郑人囚而献诸楚楚子厚赂之使反其言不许三而许之登诸楼车使呼宋人而告之遂致其君命楚子将杀之使与之言曰尔既许不谷而反之何故非我无信女则弃之速即尔刑对曰臣闻之君能制命为义臣能承命为信信载义而行之为利谋不失利以卫社稷民之主也义无二信信无二命君之赂臣不知命也受命以出有死无陨又可赂乎臣之许君以成命也死而成命臣之禄也寡君有信臣下臣获考死又何求楚子舍之以归

(《左传·宣公十五年》)

三、名词的用法

(一)名词的一般用法

表示人或事物名称的词叫名词。名词的一般用法是在句中作主语、宾语和定语。例如：

① 孟尝君使人给其食用,无使乏。(《战国策·齐策》)
② 辞多类非而是,多类是而非。(《吕氏春秋·察传》)
③ 汉五年,既杀项羽,定天下。(《史记·萧相国世家》)
④ 孔子过之,使子路问津焉。(《论语·微子》)
⑤ 仲尼之徒,无道桓文之事者。(《孟子·梁惠王上》)
⑥ 兰槐之根是为芷。(《荀子·劝学》)

前两例的名词"孟尝君"、"辞"作主语,③④两例的名词"项羽"、"天下"、"津"作宾语,⑤⑥两例的名词"仲尼"、"兰槐"作定语。这些用法都与现代汉语相同。

(二)名词做状语

现代汉语里名词一般不能单独用在动词之前做状语来修饰或限制动词中心词,古汉语里则可以。

普通名词做状语时有以下几种作用：

表示行为的方式。如：

① 将不胜其忿而蚁附之。(《孙子·谋攻》)
② 蚕食诸侯,使秦成帝业。(李斯《谏逐客书》)
③ 裂土田而瓜分之。(柳宗元《封建论》)

三例中"蚁"、"蚕"、"瓜"分别表示"附"、"食"、"分"这些动作的方式。这样的名词都有比喻的意义,可以译为"像……一样"。"蚁附"意为"像蚂蚁一样爬着"。余例类推。

表示行为的处所。如：

① 童子隅坐而执烛。(《礼记·檀弓上》)
② 黎丘之鬼效其子之状,扶而道苦之。(《吕氏春秋·疑似》)
③ 舜勤民事而野死。(《国语·鲁语》)

这样的名词可以译为"在(从、到)……"。"隅坐"意为"在墙角坐着"。余例类推。

表示行为的工具。如：

① 伍子胥橐载而出昭关。(《战国策·秦策》)
② 十九人相与目笑之。(《史记·平原君虞卿列传》)
③ 群臣后应者,臣请剑斩之。(《汉书·霍光传》)

这样的名词可以译为"用……"。"橐载"意为"用口袋装着"。余例类推。

表示行为的依据。如：

① 吾义固不杀人。(《墨子·公输》)
② 不容于世,义不苟取比周于朝。(邹阳《狱中上梁王书》)

③ 士无贤不肖，皆谦而礼交之。(《史记·魏公子列传》)

这样的名词可以译为"按照(根据)……"。"义固不杀人"意为"按照道义本来就不杀人"。余例类推。

表示对人的态度。如：
① 君为我呼入，吾得兄事之。(《史记·项羽本纪》)
② 今而后知君之犬马畜伋。(《孟子·万章下》)
③ 浞野侯为虏所得，后亡还，天子客遇之。(《汉书·李陵传》)

这样的名词可以译为"像对待……一样"。"兄事之"意为"像对待兄长一样侍奉他"。余例类推。

方位名词做状语有时表示行为的方向，有时表示行为的位置。例如：
① 孔子南适楚，厄于陈蔡之间。(《荀子·宥坐》)
② 北救赵而西却秦，此五霸之伐也。(《史记·魏公子列传》)
③ (秦)西取由余于戎，东得百里奚于宛。(李斯《谏逐客书》)
④ 扶苏以数谏故，上使外将兵。(《史记·陈涉世家》)

前两例的方位名词表示行为的方向，意为"向(往)……"；后两例的方位名词表示动作发生的位置，意为"在(到)……"。

"日"、"月"、"岁"这三个时间名词做状语时都不再仅仅表示"天"、"月"、"年"的意思。它们有三种用法。一是表示行为的频数和经常，意为"每天"、"每月"、"每年"。如：
① 吾日三省吾身。(《论语·学而》)
② 君子博学而日参省乎己。(《荀子·劝学》)
③ 良庖岁更刀，割也；族庖月更刀，折也。(《庄子·养生主》)

二是表示行为或性状的逐渐发展和变化，意为"一天比一天"、"一天一天地"。如：
① 贱妾守空房，相见常日稀。(《汉乐府·孔雀东南飞》)
② 田单兵日益多，乘胜，燕日败亡。(《史记·田单列传》)
③ 于是与亮情好日密。(《三国志·蜀书·诸葛亮传》)

三是表示对往事的追溯，意为"往日"、"以前"。如：
① 日宋之盟，屈建问范会之德于赵武。(《左传·昭公二十年》)
② 日君以夫公孙段为能任其事，而赐之州田。(《左传·昭公七年》)
③ 日吾来此也，非以狄为荣，可以成事也。(《国语·晋语》)

名词做主语与名词做状语的辨别

相同之处：名词做状语时与做主语一样，都是出现在动词或形容词谓语之前。

不同之处：名词做主语时，其后动词表示的动作就是这个名词所表人或事物发出的，其后形容词表示的性状就是这个名词所表人或事物具有的；名词做状语时，其后动词表示的动作不是这个名词所表人或事物发出的，其后形容词表示的性状也不是这个名词所表人或事物具有的。
① 夫人必自侮，然后人侮之。(《孟子·离娄上》)
② 豕人立而啼。(《左传·庄公八年》)
③ 水逆行泛滥于中国，蛇龙居之。(《孟子·滕文公下》)

④ 嫂蛇行匍伏,四拜自跪而谢。(《战国策·秦策》)

前两例的名词"人"分别用在动词"侮"和"立"前,例①的"人"是动词"侮"的发出者,所以它是"侮"的主语;例②发出"立"这个动作的是名词"豕",而不是名词"人",所以"豕"是主语,"人"是状语。后两例名词"蛇"分别用在动词"居"和"行"前,例③的"蛇"和"龙"一样,都是"居"这个动作的发出者,所以"蛇"是主语;例④中发出"行"这个动作的是名词"嫂",而不是名词"蛇",所以"蛇"是状语。

名词做状语也被许多古代汉语教材看作一种词类活用现象。我们认为名词在做状语时,虽然意义稍有变化,但不能说它的词性也发生了变化,只能说这是古汉语中名词与今不同的一种功能,不能说是一种词类活用的现象。

思考与练习(十二)

一、作状语的普通名词与动词中心词之间的意义关系有哪几种?
二、方位名词作状语有什么作用?
三、时间名词"月"、"岁"作状语时表示什么意义?"日"作状语时有哪几种用法?
四、在下列成语的括号里填上适当的名词状语。

1. (　　)飞(　　)灭　　　2. (　　)提(　　)命
3. (　　)狼(　　)贪　　　4. (　　)传(　　)教
5. (　　)餐(　　)宿　　　6. (　　)蟠(　　)踞
7. (　　)食(　　)吞　　　8. (　　)载(　　)量
9. (　　)崩(　　)解　　　10. (　　)厉(　　)行
11. (　　)奔(　　)突　　　12. (　　)谈(　　)议
13. (　　)折(　　)行　　　14. (　　)见(　　)闻
15. (　　)积(　　)累　　　16. (　　)起(　　)涌
17. (　　)流不息　　　　　18. (　　)视眈眈
19. (　　)理万机　　　　　20. (　　)食万钱

五、找出下列各句中的名词状语,说明其用法和意义。

1. 童子隅坐而执烛。(《礼记·檀弓上》)
2. 固主上所戏弄,倡优畜之,流俗之所轻也。(司马迁《报任安书》)
3. 四方之民,兽奔鸟窜。(苏轼《教战守策》)
4. 今有人日攘其邻之鸡者。(《孟子·滕文公下》)
5. 丁壮号哭,老人儿啼。(《史记·循吏列传》)
6. 泽居苦水者,买庸而决窦。(《韩非子·五蠹》)
7. 君为我呼入,吾得兄事之。(《史记·项羽本纪》)
8. 高祖以亭长为县送徒郦山,徒多道亡。(《汉书·高帝纪》)
9. 叩石垦壤,箕畚运于渤海之尾。(《列子·汤问》)
10. (秦)西取由余于戎,东得百里奚于宛。(李斯《谏逐客书》)
11. 夫以秦王之威,相如廷叱之。(《史记·廉颇蔺相如列传》)
12. 然而枝解吴起而车裂商君者,何也?(《韩非子·难一》)

13. 楚田仲以侠闻,喜剑,父事朱家。(《史记·游侠列传》)
14. 北救赵而西却秦,此五霸之伐也。(《史记·魏公子列传》)
15. 夸父与日逐走……道渴而死。(《山海经·海外北经》)

六、标点并翻译下面一段古文。

叶公子高问政于仲尼仲尼曰政在悦近而来远哀公问政于仲尼仲尼曰政在选贤齐景公问政于仲尼仲尼曰政在节财三公出子贡问曰三公问夫子政一也夫子对之不同何也仲尼曰叶都大而国小民有背心故曰政在悦近而来远鲁哀公有大臣三人外障距诸侯四邻之士内比周而以愚其君使宗庙不扫除社稷不血食者必是三臣也故曰政在选贤齐景公筑雍门为路寝一朝而以三百乘之家赐者三故曰政在节财

(《韩非子·难三》)

四、数量词的用法

(一) 数的称述

表示数目或次序的词叫数词。学习古汉语的数词,主要是要了解它与现代汉语不同的称述方式,以准确理解它的意义。

1. 基数与序数

基数词和基数的称述方式古今大致相同。需要注意的是零位数的表示方法。现代汉语两位以上的数字有零位时,常用"零"字来补位,如"十万零二千"、"二百零六"等;古汉语则一般不加"零"。例如:

① 胶东国,户七万二千二。(《汉书·地理志》)——"七万二千二"即七万二千零二
② 上谷郡,户三万六千八。(同上)——"三万六千八"即三万六千零八
③ 冬至后一百五日为寒食。(宗懔《荆楚岁时记》)——"一百五日"即一百零五日

另外,古人还常用"有(通又)"字来联系相邻的两个数位,这也是与现代汉语所不同的。如:

① 期三百有六旬有六日。(《尚书·尧典》)
② 受任于败军之际,奉命于危难之间,尔来二十有一年矣。(诸葛亮《出师表》)

古汉语序数的表示比较多样化。有的单用基数词来表示,有的用天干(甲、乙、丙、丁等)地支(子、丑、寅、卯等)来表示,有的用"首、上、次、末"等词来表示,还有的在基数词前加"第"、"其"等来表示。例如:

① 大上有立德,其次有立功。(《左传·襄公二十四年》)
② 桓公为五伯首。(《战国策·齐策》)
③ 萧何第一,曹参次之。(《史记·萧相国世家》)

其中"首"、"大上"都是"第一"的意思。

"二"是个常用的基数词。古汉语的"两"、"贰"、"再"意义都与"二"有联系,但又各不相同。一般来说,"两"常用于称述成双成对的事物,"贰"经常用作动词,有"生二心"、"不一致"等意义;"再"则常用来表示行为的数量,意为"两次"、"第二次"。例如:

① 泾流之大,两涘渚崖之间,不辨牛马。(《庄子·秋水》)

② 诸侯之贿聚于公室,则诸侯贰。(《左传·襄公二十四年》)
③ 一呼而不闻,再呼而不闻,于是三呼邪?(《庄子·山木》)

2. 约数和虚数

虽不精确但相差不远的数字叫约数。古人表示约数的方法大致有三:

一是举其成数,零数不说。如:

① 《诗》三百,一言以蔽之,曰:"思无邪。"(《论语·为政》)——实际上《诗经》有三百零五篇
② 括军败,卒四十万人降武安君。(《史记·白起王翦列传》)——实际上赵军降者绝不会恰巧四十万整

二是连用两个相邻的数词。如:

① 冠者五六人,童子六七人。(《论语·先进》)
② 是时山东被河灾……方二三千里。(《汉书·食货志》)

三是在数词前后加上表示约数的词语。如:

① 式脱身独分,独取畜羊百余。(《史记·平准书》)
② 北山愚公者,年且九十。(《列子·汤问》)
③ 才留三千所兵守武昌耳。(《三国志·吴书·周鲂传》)
④ 昔亡父赐书四千许卷。(《后汉书·列女传》)
⑤ 章小女,年可十二。(《汉书·王章传》)
⑥ 今滕,绝长补短,将五十里也。(《孟子·滕文公上》)

虚数一般与实际数字相去较远,多用来极言其多或少。极言其多时常用基数词"三"、"九"及其倍数、"十"、"百"、"千"等。如:

① 禹八年于外,三过其门而不入。(《孟子·滕文公上》)
② 肠一日而九回。(《汉书·司马迁传》)
③ 檀公三十六策,走是上计。(《南齐书·王敬则传》)
④ 将军百战死,壮士十年归。(《木兰诗》)
⑤ 同行十二年,不知木兰是女郎。(同上)

最后两例的"十"和"十二"显然不是确数,因为它们是矛盾着的,这里只是极言木兰在外参战时间之长罢了。

极言其少时,常使用基数词"一"、"二"、"一二"等。如:

① 杨子取为我,拔一毛而利天下,不为也。(《孟子·尽心上》)
② 春种一粒粟,秋收万颗籽。(李绅《悯农》)
③ 尝试为陛下陈其一二。(王安石《本朝百年无事札子》)

但是表示多或少的基数词并不是固定的。同样一个基数词,在这句话里是言其多,在另一句话里可能是言其少。这需要根据句意来确定其实际意义。例如:

① 若止印二三本,未为简易;若印数十百千本,则极为神速。(《梦溪笔谈·活板》)
② 以千百就尽之卒,战百万日滋之师。(韩愈《张中丞传后叙》)

其中例①的"百千"与"二三"对举,是言其多;例②的"千百"与"百万"对举,则是言其少。

3. 分数和倍数

古人表示分数的方法很多。例如：

① 一月之日，二十九日八十一分日之四十三。(《汉书·律历志》)
② 杀士三分之一而城不拔者，此攻之灾也。(《孙子·谋攻》)
③ 大都不过参国之一。(《左传·隐公元年》)
④ 丑三分二，寅九分八。(《史记·天官书》)
⑤ 郴之为州，在岭之上；测其高下，得三之二焉。(韩愈《送廖道士序》)
⑥ 千人一两人耳。(《史记·匈奴列传》)
⑦ 此纸十七供冥烧，十三供日用。(宋应星《天工开物》)

以上七例体现了古人表示分数的七种方法。例①是最完备的表示法，是"分母＋分＋名词＋之＋分子"；例②省去了例①中的名词，与现代汉语表示法相同；例③省去了例①的"分"；例④省去了例①的名词和"之"；例⑤省去了例①的"分"和名词；例⑥省去了例①的"分"和"之"；例⑦最简单，把例①的"分"、名词、"之"都省了，只剩下了分母和分子。

在古代汉语里，表示一倍用"倍"字，表示五倍有时用"蓰（xǐ）"字，其余的倍数直接用基数词来表示。例如：

① 夫物之不齐，物之情也；或相倍蓰，或相什百。(《孟子·滕文公上》)
② 用兵之法，十则围之，五则攻之，倍则分之。(《孙子·谋攻》)
③ 臣闻之，利不百，不变法；功不十，不易器。(《商君书·更法》)

古人在表示几倍于某数时，常常连用两个基数词，其中后一个表示某数，前一个表示倍数。例如：

① 有神人二八，连臂为帝司夜于此野。(《山海经·海外南经》)
② 晋楚不斗，越兵不起，是知二五而不知十也。(《史记·越王句践世家》)

两例中的"二八"即八的二倍，也就是十六，"二五"即十。

（二）量的称述

量词分为物量词和动量词两种。古汉语中物量的表示大致有三种方式。一是直接把数词放在名词前，这是最常见的；二是把数词直接放在名词后，三是数词与量词结合而放在名词之后。例如：

① 我亦欲正人心……以承三圣者。(《孟子·滕文公下》)
② 方士有言黄帝时为五城十二楼。(《汉书·郊祀志》)
③ 齐为卫故，伐晋冠氏，丧车五百。(《左传·哀公十五年》)
④ 汉王听其计，使卢绾刘贾将卒二万人，骑数百，渡白马津。(《史记·高祖本纪》)
⑤ 遣太傅赍黄金千斤、文车二驷、服剑一。(《战国策·齐策》)
⑥ 负服矢五十个。(《荀子·议兵》)

古人表示物量之所以多用数词而很少使用数量词组，并不是因为量词产生得晚——实际上在殷墟卜辞中，就已经有了量词——而是因为上古时期真正表示个体单位的量词很少，只是到了汉代以后，量词才发达起来，数量词组才逐渐成了物量的主要表示方式。例如：

① 成都有桑八百株。(《三国志·蜀书·诸葛亮传》)
② 于其室前生草一根。(《北史·孝行王崇传》)
③ 乃赐奔戎佩玉一支。(《穆天子传》)

　　古代汉语的动量词比物量词产生得更晚，南北朝以后逐渐出现。因此，这以前动量的表示一律采用把数词直接加在动词前面的方法。例如：
① 弩八，八发而止。(《墨子·迎敌祠》)
② 三进及溜，而后视之。(《左传·宣公二年》)
③ 又与之遇，七遇皆北。(《左传·文公十六年》)
④ 五就汤五就桀者，伊尹也。(《孟子·告子下》)
⑤ 凡六出奇计。(《史记·陈丞相世家》)

例中"八发"意即射了八次，"三进"即前进了三次，余例类推。

(三) 数量词的用法

　　量词一般不能单独充当句子成分。数词最经常的用法是做名词的定语。做定语的数词一般用在名词前边，但也可用在名词后边。例如：
① 十目所视，十手所指，其严乎！(《礼记·大学》)
② (秦)伐取义渠二十五城。(《史记·秦本纪》)
③ 吏二缚一人过王。(《晏子春秋·内篇杂下》)

其中例③的"二"就是"吏"的后置定语。

　　有时候，数词后的名词中心词可以省略，这样，数词就充当了主语或宾语。例如：
① 命夸娥氏二子负二山，一厝朔东，一厝雍南。(《列子·汤问》)
② 蜀之鄙有二僧，其一贫，其一富。(彭端淑《为学》)
③ 其始，太医以王命聚之，岁赋其二。(柳宗元《捕蛇者说》)

三例中的数词"一"分别指"一座山"、"一个僧"，做主语，"二"指"二条蛇"，做宾语。

　　表示动量的数词一般都用在动词之前作状语，例已如前举。但有时候，说话人为了强调某一行为的数量，常把表动量的数词从动词前移到句尾，并在数词的前面加上一个"者"字。这样，"者"与前边的词语成了全句的主语，句尾的数词就成了全句的谓语。例如：
① 鲁仲连辞让者三，终不肯受。(《战国策·赵策》)
② (范增)举所佩玉玦以示之者三。(《史记·项羽本纪》)
③ 盖一岁之犯死者二焉。(柳宗元《捕蛇者说》)

例①本可说成"鲁仲连三辞让"，现在把做修饰成分的数词"三"提出来做了主要成分谓语，自然就显得突出了。

思考与练习（十三）

一、古代汉语零位数的表示与今有何不同？约数的表示方法有哪几种？
二、古人是怎样表示分数的？
三、南北朝以前动量的表示采取的是什么方法？
四、说明下面各句中加点数词的意义。

1. 即不幸有方二三千里之旱,国胡以相恤?(贾谊《论积贮疏》)
2. 魏成子食禄千钟,什九在外,什一在内。(《史记·魏世家》)
3. 籍弟令毋斩,戍死者固十六七。(《史记·陈涉世家》)
4. 从弟子十人所。(《史记·滑稽列传》)
5. 冬至,日在斗二十一度四分度之一。(《汉书·律历志》)
6. 关山三五夜,客子忆秦川。(徐陵《关山月》)
7. 在刑部狱,见死而由窦出者,日三四人。(方苞《狱中杂记》)
8. 亦余心之所善兮,虽九死其犹未悔。(《楚辞·离骚》)
9. 三五容色满,四五妙华具。(鲍照《中兴歌》)
10. 鲁人从君战,三战三北。(《韩非子·五蠹》)

五、标点并翻译下面一段古文。

威王八年楚大发兵加齐齐王使淳于髡之赵请救兵赍金百斤车马十驷淳于髡仰天大笑冠缨索绝王曰先生少之乎髡曰何敢王曰笑岂有说乎髡曰今者臣从东方来见道旁有禳田者操一豚蹄酒一盂祝曰瓯窭满篝汙邪满车五谷蕃熟穰穰满家臣见其所持者狭而所欲者奢故笑之于是威王乃益赍黄金千溢白璧十双车马百驷髡辞而行至赵赵王与之精兵十万革车千乘楚闻之夜引兵而去威王大说置酒后宫召髡赐之酒问曰先生能饮几何而醉对曰臣饮一斗亦醉一石亦醉威王曰先生饮一斗而醉恶能饮一石哉其说可得闻乎

(《史记·滑稽列传》)

五、词类的活用

(一)词的本用与活用

在句中显示各种词本来的语法特点,充当各种词本来经常充当的句子成分,并且还是各类词本来的意义,这就是词的本用。词类活用则是指在特定的语言环境里,一个词临时丧失了它本来的语法特点,而具有了他类词的语法特点,充当了他类词经常充当的句子成分,并具有了他类词的意义。例如:

① 水由地中行,江、淮、河、汉是也。(《孟子·滕文公下》)
② 假舟楫者,非能水也,而绝江河。(《荀子·劝学》)

例①的"水"做主语,意思不变,完全具有名词应有的语法特点,所以是名词的本用;例②的"水"出现在了助动词"能"后,做了全句的谓语,意义也变成了"游泳",失去了名词应有的语法特点,而具备了动词的语法特点,产生了动词的意义,所以是名词的活用。

应该注意的是,确定一个词是本用还是活用,不能以这个词现代汉语的意义为参照,而要以这个词的古义为依据。如:

① 晋军函陵,秦军汜南。(《左传·僖公三十年》)
② 齐人三鼓,刿曰可矣。(《左传·庄公十年》)

"军"在现代汉语里是个名词,所以诸多注者都以为例①的"军"是名词用如动词。然而"军"从包省从车,本义"圜围也",本来就是个动词,意为"驻扎军队",所以不能说是名词用如动词。"鼓"在现代汉语里也是个名词,但其字形正像一人用槌击鼓之形,所以例②的

"鼓"用的是本义,也不能说是名词用如动词。

(二) 词类活用与词的兼类

词的兼类是指一个词同时具有两种以上词性的意义。如现代汉语的"锁",在"买把锁"中是名词的意义,在"锁上门"中是动词的意义。古汉语里的"任",在"任重道远"中是名词的意义,在"不任受怨"中是动词的意义。一个词活用之后,除了原有的意义之外,也产生了一个属于另一词类的意义。这样,活用词也有两种以上词性的意义。区别兼类词和活用词的方法是:看一个词的两种以上词性的意义是不是都是本来就具有的(脱离了具体的语言环境仍然具有)。如果两种以上词性的意义都是本来就具有的,这个词就是兼类词;如果两种以上词性的意义中一个是本来具有的,另一个只是临时具有的(进入具体的语句后才具有的),这个词就是活用词。如:

① 天下有变,则命一上将将荆州之军以向宛洛。(《三国志·诸葛亮传》)

② 从左右,皆肘之。(《左传·成公二年》)

例①两个"将"的意义不同,前者是名词"将领",后者是动词"带领"。由于这两个意义都是"将"本来就具有的,所以"将"是个兼类词,既不能说前一个"将"是动词活用作名词,也不能说后一个"将"是名词用如动词。"肘"本是个名词,指"上臂和前臂相接处向外面突起的部分",即"胳膊肘儿"。但例②的"肘"前有副词修饰,后又带了宾语,具有了动词"捣"的意义。这两个意义中,"胳膊肘儿"是它固有的意义,"捣"是它进入这个句子后才临时具有的意义,所以这个"肘"是名词活用作了动词。一般来说,词固有的意义词典里都会收录。如"将"字的上述两个意义就同时出现在《现代汉语词典》628页"将"字头下;词的临时意义也即活用意义词典里是不收录的。如《现代汉语词典》1637页"肘"字头下就只有"胳膊肘儿"这个意义,而没有"捣"这个意义。

由上可知,词类活用与词的兼类是有着比较明显的区别的。同时也要注意,我们说兼类词的每一个意义都不能算作活用,并不等于说兼类词的每一个意义都不能活用。例如:

齐威王欲将孙膑。(《史记·孙子吴起列传》)

这个句子里的"将"既不是它固有意义中的"将领"这个意思,也不是它固有意义中"带领"这个意思,而是"让……当将领"的意思。这个意义不是它本来就有的意义,是"将"在这个句子里的语言环境中才有的意义,离开了这个语言环境,这个意义就不存在,所以此句的"将"是个活用词。

(三) 名词的活用

1. 名词的活用类型

古汉语里的名词用法非常灵活,它既可以活用作一般动词,还可以用如使动、意动和为动。

名词用如一般动词,就是这个名词不再只是表示一个人或事物,而是表示主语发出的与这个名词所表人或事物有关的动作行为。如:

① 公子怒,欲鞭之。(《左传·僖公二十三年》)

② 范增数目项王。(《史记·项羽本纪》)

③ 左右欲刃相如。(《史记·廉颇蔺相如列传》)
④ 师还,馆于虞。(《左传·僖公五年》)
⑤ 孟尝君怪其疾也,衣冠而见之。(《战国策·齐策》)

例①的名词"鞭"用如动词,表示主语发出的动作"用鞭子抽"。例②名词"目"用如动词,表示主语发出的动作"用眼睛看"。例③名词"刃"用如动词,表示主语发出的"用刀杀"的动作。例④名词"馆"用如动词,表示主语发出的"驻扎"这个动作。例⑤名词"衣"、"冠"用如动词,表示主语发出的"穿上衣服"、"戴上帽子"的动作。

名词用如使动,就是这个名词不再只是表示一个人或事物,而是表示主语使宾语发出的与这个名词所表人或事物有关的一个动作行为。如:

① 吾见申叔,夫子所谓生死而肉骨也。(《左传·襄公二十二年》)
② 桓公解管仲之束缚而相之。(《韩非子·难一》)
③ 纵江东父兄怜而王我,我何面目见之?(《史记·项羽本纪》)
④ (项王)霸天下而臣诸侯。(《史记·淮阴侯列传》)
⑤ 天子不得而臣也,诸侯不得而友也。(《新序·杂事》)

例①名词"肉"用如使动,"肉骨"意为"使骨头上长出肉"。例②名词"相"用如使动,"相之"意为"使他做相"。例③名词"王"用如使动,"王我"意为"让我称王"。例④名词"臣"用如使动,"臣诸侯"意为"使诸侯称臣"。例⑤名词"臣"也用如使动,只是其后省略了宾语,"臣"意为"使(他)称臣";名词"友"也用如使动,"友"意为"使(他)成为朋友"。

名词用如意动,就是主语在主观意念上把宾语当成这个名词所表示的人或事物。如:

① 过我而不假道,鄙我也。(《左传·宣公十四年》)
② 毋友不如己者。(《论语·学而》)
③ (云)托地而游宇,友风而子雨。(《荀子·赋》)
④ 秦王师君,天下莫不知。(《战国策·秦策》)
⑤ 不如小决使道,不如吾闻而药之也。(《左传·襄公三十三年》)

例①的名词"鄙"用如意动,"鄙我"意为"把我们宋国当成你们楚国的边邑"。例②③名词"友"用如意动,"友不如己者"意为"把不如自己的人当成朋友","友风"意为"把风当成朋友"。例③的名词"子"也用如意动,"子雨"意为"把雨当成自己的儿子"。例④名词"师"用如意动,"师君"意为"把您(张禄)当成老师"。例⑤名词"药"用如意动,"药之"意为"把它(百姓的议论)当成良药"。

名词用如为动,就是这个名词不再只是表示一个人或事物,而是表示主语为宾语发出的与这个名词所表人或事物有关的一个动作行为。如:

① 王使富辛与石张如晋,请城成周。(《左传·昭公三十二年》)
② 父曰:"履我。"(《史记·留侯世家》)
③ 杀人如不能举,刑人如恐不胜。(《史记·项羽本纪》)

例①的名词"城"用如为动,"城成周"意为"为成周筑城"。例②名词"履"用如为动,"履我"意为"为我穿鞋"。例③名词"刑"用如为动,"刑人"意为"对人用刑"。

2. 名词用如动词的辨别

词的活用只有在句子中才能实现,静态的词是无所谓活用的。而词一旦进入句子,就要与它前后的词语发生这样那样的结构关系。根据不同的结构关系,我们就可以看出一个词所具有的语法特点,进而确定它究竟是本用还是活用。下面几种情况下的名词都用如动词:

副词后的名词用如动词。因为名词本来是不受副词修饰的,能受副词修饰的只有动词或形容词。例如:

① 晋灵公不君。(《左传·宣公二年》)
② 王无罪岁,斯天下之民至焉。(《孟子·梁惠王上》)

例①的名词"君"在副词"不"后,例②的名词"罪"在副词"无"后,所以都用如动词。

代词前的名词用如动词。因为代词平常不受名词修饰,而是经常用在动词后边,作动词的宾语。例如:

① 及陷于罪,然后从而刑之。(《孟子·梁惠王上》)
② 诞寘之寒冰,鸟覆翼之。(《诗经·大雅·生民》)

两例中的名词"刑"、"翼"都在代词"之"前,所以都用如动词。

助动词后的名词用如动词。因为助动词平时不能修饰名词而只修饰动词。例如:

① 子谓公冶长:"可妻也。"(《论语·公冶长》)
② 王计必欲东,能用信,信即留。(《史记·淮阴侯列传》)

两例中的名词"妻"和"东"分别在助动词"可"、"欲"之后,所以都用如动词。

代词"所"后的名词用如动词。因为代词"所"的语法特点就是只用在动词前而不用在别的词前。例如:

① 是以令吏人完客所馆。(《左传·襄公三十一年》)
② 置人所罾鱼腹中。(《史记·陈涉世家》)

例①的"馆"意为"住宿","所馆"即"住的地方"。例②的"罾"意为"用网打捞","所罾鱼腹中"意为"用网打捞的鱼肚子里"。

代词"者"前的名词用如动词。因为代词"者"的语法特点就是能用在动词、形容词后而不能用在名词之后。所以一旦它前边出现了名词,这个名词就用如动词。例如:

① 赵主之子孙侯者,其继有在者乎?(《战国策·赵策》)
② 文王之囿方七十里,刍荛者往焉,雉兔者往焉。(《孟子·梁惠王下》)

例①的"侯"意为"封侯",例②的"刍"、"荛"、"雉"、"兔"分别意为"割草"、"打柴"、"捕野鸡"、"捉野兔"。

连词"而"后的名词用如动词。因为连词"而"一般只能连接动词、形容词,而不能连接名词,所以一旦它后边出现了名词,这个名词就用如动词。例如:

① 宝玉而题之以石,贞士而名之以诳。(《韩非子·和氏》)
② 既臣大夏而君之。(《汉书·张骞传》)

例①的"名"意为"称名",例②的"君"意为"统治"。

连词"而"前边的名词不是主语或宾语时用如动词。例如:

① 孟尝君怪其疾也,衣冠而见之。(《战国策·齐策》)
② 下,视其辙;登,轼而望之。(《左传·庄公十年》)

例①的"衣冠"意为"穿上衣服戴上帽子",例②的"轼"意为"扶着车轼"。

如果"而"前的名词可以被认为是主语或宾语,那它就是本用而不是活用。如《论语·子路》:"人而无恒,不可以作巫医。"句中"而"前的名词"人"显然是"而"后动词"无"的主语,所以是本用。再如《墨子·公输》:"宋无罪而攻之,不可谓仁。"句中"而"前的名词"罪"很明显是它前边动词"无"的宾语,所以也是本用而不是活用。

　　介词结构后的名词用如动词。因为介词结构的主要作用是用在动词前对其起修饰限制作用,正常情况下介词结构是不能用在名词前的。例如:

　　① 魏地方不至千里……南与楚境,西与韩境。(《战国策·齐策》)
　　② 有背义帝之约,而以亲爱王,诸侯不平。(《史记·淮阴侯列传》)

例①名词"境"用在介词结构"与楚"后,用如动词,意为"接境";例②名词"王"用在介词结构"以亲爱"之后,用如动词,意为"封为王"。

　　介词结构前的名词不是主语或宾语时用如动词。因为介词结构还可以用在动词之后作动词的补语,所以它前边的名词只要不是主语或宾语,就用如动词,是介词结构补充的对象。例如:

　　① 君子之志于道也,不成章不达。(《孟子·尽心上》)
　　② 后妃率九嫔蚕于郊,桑于公田。(《吕氏春秋·上农》)

两例中的名词"志"、"蚕"、"桑"都用在介词结构之前,又都不是句子的主语和宾语,所以都用如动词,分别意为"有志"、"养蚕"、"植桑"。而《论语·述而》"子于是日哭,则不歌"中的名词"子"虽然也用在介词结构之前,但很明显它是整个句子的主语,所以它是本用而不是活用;《汉书·扬雄传》"东方朔割炙于细君"中的名词"炙"虽然也用在介词结构之前,但它很明显是其前动词"割"的宾语,所以也是本用而不是活用。

　　两个名词连用,且二者之间既不是联合关系,也不是偏正、同位关系时,其中一个名词用如动词。例如:

　　① 许子冠乎?(《孟子·滕文公上》)
　　② 杨朱之弟曰布,衣素衣而出。(《列子·说符》)
　　③ 于诸侯之约,大王当王关中。(《史记·淮阴侯列传》)

三例中的名词"冠"、"衣"、"王"分别与另外一个名词"许子"、"素衣"、"关中"连用,但它们之间都不是联合、偏正、同位关系,所以都用如动词,分别意为"戴帽子"、"穿"、"称王"。例①两个名词构成了主谓关系,例②两个名词构成了动宾关系,例③两个名词构成了动补关系。

　　再看下面的几个例子:

　　① 楚左尹项伯者,项羽季父也。(《史记·项羽本纪》)
　　② 是鲁孔丘与?(《论语·微子》)
　　③ 长沮桀溺耦而耕。(同上)

这三例中都有两个名词连用的现象,但例①名词"左尹"与"项伯"指的是同一个人,二者之间是同位关系;例②名词"鲁"与"孔丘"之间是偏正关系;例③名词"长沮"与"桀溺"之间是联合关系,所以这些名词都没有活用。

　　熟练掌握了上述名词用如动词的几种辨认方法,阅读古书时,我们就可以很容易地看出一个名词是不是用作了动词,从而就可以正确地理解其意义了。

3. 名词使动用法与意动用法的辨别

名词活用为动词后，它还可以表示不同的意义。有的名词活用为动词后，它所表示的动作行为是句子的主语发出的，这样的名词都用如一般动词；有的名词用如动词后，它所表示的动作行为是主语使其后的宾语发出的，这样的名词都用如使动词；还有些名词在用如动词后，并不表示具体的某一个动作，而只是表示了句子主语的一种主观认识，一种心里的想法，这样的名词都用如意动词。能否正确辨认一个名词是使动用法还是意动用法，直接关系到对这个名词意义的正确理解。

区别名词使动用法和意动用法的方法是，看这个句子是在表现宾语的一个动作，还是在表现主语的一种主观认识。如果表现的是宾语的动作，这个名词就是使动用法；如果表现的是主语的一种主观认识，这个名词就是意动用法。例如：

① 齐威王欲将孙膑。（《史记·孙子吴起列传》）
② 生乎吾前，其闻道也，固先乎吾，吾从而师之。（韩愈《师说》）

例①"将"前有助动词"欲"，后有相连的名词"孙膑"；例②"师"用在了连词"而"后和代词"之"的前边，所以都用如动词。例①是说齐王想让孙膑带兵打仗，所以"将孙膑"就不能理解为齐王仅仅是在他的主观意念上"把孙膑当成了将"，那样的话，孙膑仍然是无权号令三军的；只能是让孙膑实际上做了将，才能指挥作战。也就是说，这个句子主要是表现了宾语"孙膑"的一个行为"做将"，所以名词"将"是使动用法。例②既不是表现主语"做老师"的动作行为，也不是表现宾语"做老师"的动作行为，主要表现的是主语"吾"的一种主观认识——比我早生的人，他们懂得道理，都比我早，所以我有"把他们当成老师"的想法。所以名词"师"是意动用法。

有时候，一个名词究竟是使动用法还是意动用法，很难确定。这就需要把这个名词放在一定的语言环境里，细玩文意，认真分析。如《战国策·齐策》里齐人冯谖对其友人说的一句话"孟尝君客我"，句中的名词"客"如按使动来理解，句意则为"孟尝君让我做了门客"，如按意动来理解，句意则为"孟尝君把我当作了门客"。这两种意思似乎都是可通的。然而一个词在不进入句子也就是静态的时候，它可以有各种不同的用法；一旦进入了句子，处在一定的语言环境里以后，它的用法就是一定的了，绝不可能再是可此可彼的。要想确定上述句子的"客"是使动还是意动，就必须看一看它处在一个什么样的语言环境里。这句话的上文说，冯谖在做了孟尝君的门客后，先是不被重视，让吃粗恶的饭食。他发了发牢骚，孟尝君提高了他的待遇。不久，他又因没车坐而再次发牢骚，孟尝君又一次提高了他的待遇，让他既有鱼吃，又有车坐。这时的他就很高兴地对其友人说了上述那句话。因为这时候他做门客已有很长时间，所以这句话就不会再是"让我做了门客"的意思。据此，我们就可以断定，这句的"客"是名词的意动用法，句意是"现在孟尝君才把我真正当成了门客"。

（四）形容词的活用

1. 形容词的活用类型

和名词一样，古代汉语的形容词也有本用和活用之不同。在句中显示形容词本来的语法特点，充当定语、谓语、状语、补语等句子成分，具有形容词的意义，这就是形容词的本用;在句中显示他类词的语法特点,充当他类词经常充当的句子成分,并具有了他类词的意义,这就是形容词的活用。形容词有如下几种活用类型:

形容词用如一般动词,就是一个形容词不再只是表示一种性质或状态,而是表示主语发出的与这个形容词有关的动作行为。例如:

① 孟子独不与欢言,是简欢也。(《孟子·离娄下》)
② 以季子之位尊而多金。(《战国策·秦策》)
③ 卒使上官大夫短屈原于顷襄王。(《史记·屈原贾生列传》)

例①"简"的意思是"简慢地对待",例②"多"意为"有很多",例③"短"意为"诋毁"。

形容词用如使动,就是一个形容词表示的性状不是主语具有的,而是主语使宾语所表人或物具有的。例如:

① 夫子欲寡其过,而未能也。(《论语·宪问》)
② 故天将降大任于斯人也,必先苦其心志,劳其筋骨。(《孟子·告子下》)
③ 恃王国之大、兵之精锐,而攻邯郸,以广地尊名。(《战国策·魏策》)

例①"寡其过"意为"使其过少",例②"苦其心志"意为"使其心志受苦"。余例皆此。

形容词用如意动,就是主语在主观意念上认为宾语所表人或物具有了这个形容词所表示的性质状态。例如:

① 有马二十乘,公子安之。(《左传·僖公二十三年》)
② 西施病心而矉其里,其里之丑人见而美之。(《庄子·天运》)
③ 然则吾大天地而小毫末,可乎?(《庄子·秋水》)

例①"安之"意为"认为安适",例②"美之"意为"认为她漂亮"。余例皆此。

形容词用如为动,就是主语为宾语表示的人或物发出与这个形容词所表性状有关的动作。例如:

①其君能下人,必能信用其民矣。(《左传·宣公十二年》)
②(公子)不敢以其富贵骄士。(《史记·魏公子列传》)

例①"下人"意为"对人谦下",例②"骄士"意为"对士人骄横"。

2. 形容词用如动词的辨别

分析形容词的活用类型,首先要确定这个形容词是不是活用作动词了。与名词用如动词一样,形容词用如动词,也都是在句子里才能够实现的,因此,根据形容词在句子中和其他词语的结构关系,我们也可以找出辨认形容词活用的方法。

代词前的形容词用如动词。因为代词平时不受形容词的修饰,而是经常作动词的宾语,所以当形容词出现在代词之前时,它必然活用作动词。例如:

① 怪之,可也;而畏之,非也。(《荀子·天论》)
② 渔人甚异之。(陶渊明《桃花源记》)
③ 孟尝君怪其疾也,衣冠而见之。(《战国策·齐策》)

前两例的形容词"怪"、"异"都用在代词"之"前,后例的形容词"怪"用在代词"其"前,都用如动词。

助动词后的形容词用如动词。因为助动词平时都是用在动词之前,对动词起修饰限制作用的,所以助动词后一旦出现了形容词,这个形容词就必然用如动词。例如:

① 自上观之,至于子胥比干,皆不足贵也。(《庄子·盗跖》)
② 欲富国者,务广其地。(《战国策·秦策》)
③ 能富贵将军者,上也。(《史记·魏其武安侯列传》)

三例中的形容词分别用在助动词"足"、"欲"、"能"之后,所以都用如动词。

代词"所"后的形容词用如动词。因为代词"所"平时只能用在动词或动词性词组之前,所以一旦"所"后出现了形容词,这个形容词就用如动词。例如:

① 世之所高,莫若黄帝。(《庄子·盗跖》)
② 故俗之所贵,主之所贱也。(晁错《论贵粟疏》)

两例中的形容词"高"、"贵"、"贱"都用在"所"后,所以都用如动词。

名词(包括名词性词组)前的形容词不能理解为定语时用如动词。在一般情况下,用在名词前的形容词都与这个名词构成修饰与被修饰的关系。形容词是定语,名词是中心词。如果某个用在名词前的形容词,不能认为是这个名词的定语,那么这个形容词就必然用如动词,它后边的名词就是它的宾语了。例如:

① 是以圣人苟可以强国,不法其故。(《商君书·更法》)
② 大天而思之,孰与物畜而制之?(《荀子·天论》)
③ 今媪尊长安君之位,而封之以膏腴之地。(《战国策·赵策》)

三例中的形容词"强"、"大"、"尊"分别用在名词"国"、"天"和名词性词组"长安君之位"前,从意义上看,这些形容词都不是其后名词的定语,所以都用如动词。

3. 形容词使动用法和意动用法的辨别

形容词用如动词以后,除极少数是表示一个主语发出的动作行为即用如一般动词以外,绝大部分形容词要么表示主语使宾语具有了某种性质状态,要么表示主语在主观意念上认为宾语具有了某种性质状态。前者是形容词的使动用法,后者是形容词的意动用法。这两种用法不仅在古书中都经常出现,而且从形式上来看,还都表现为"形容词+宾语"这样一种形式。所以为了准确理解形容词的意义,就必须掌握辨别形容词使动用法和意动用法的方法。

区别形容词使动用法和意动用法的方法是,看这个形容词表示的性质状态是主语使宾语具有的,还是主语主观意念上认为宾语具有的。如果是主语使宾语具有的,这个形容词就是使动用法;如果是主语主观意念上认为宾语具有的,这个形容词就是意动用法。例如:

① 为巨室,则必使工师求大木。……匠人斫而小之,则王怒。(《孟子·梁惠王下》)
② 孔子登太山而小天下。(《孟子·尽心上》)
③ 其家甚智其子,而疑邻人之父。(《韩非子·说难》)
④ 燔诗书而明法令。(《韩非子·和氏》)

前两例都有形容词"小",且其后都带有宾语。分析文意可知,例①的"小"是句子的主语匠人用他"斫"的具体行为使宾语"之"(指代"大木")具有了"小"的状态,所以"小"是形容词的使动用法;例②的"小"则是句子的主语"孔子"登上太(泰)山以后凭高远眺时产生的一种主观认识,即认为宾语"天下"具有了"小"这样的状态,所以"小"是形容词的意动用法。例③的"智"是主语认为宾语"其子"具有的性质,是意动用法;例④的"明"是主语(省略)使宾语"法令"具有的性质,是使动用法。

一般来说,形容词用如使动时,句子侧重于对人或物客观行为的描写;而形容词用如意动时,则侧重于对人或物主观心理的描写。据此,区别形容词是使动用法还是意动用法,还可以看句子描述的事情是不是可以变成现实。如果可以变成现实,这个形容词一般就是使动用法;如果不能变成现实,这个形容词就是意动用法。如上举例①的"小之",木头是可以变小的,所以"小"是使动用法;例②的"小天下","天下"的大小是一定的,并不会因孔子上了泰山就变小,所以"小"是意动用法。再如:

① 秦违蹇叔,而以贪勤民。(《左传·僖公三十三年》)
② 吾妻之美我者,私我也。(《战国策·齐策》)

例①的"勤民"即"百姓辛劳"是可以变成现实的,所以"勤"是形容词用如使动;例②的"美我","我"如很丑,别人是不可能让"我"变美的(古代没有美容术),所以"美"是形容词的意动用法。

人的认识有正确的,有错误的。错误的认识永远不可能变成现实,而正确的认识则是可以变成现实的。所以,描述不能变成现实的事情的形容词必然是意动用法,但描述能够变成现实事情的形容词则不一定都是使动用法。如《汉书·赵充国传》:"时充国年七十余,上老之。"此句描述的也是主语"上"即汉武帝的一种主观认识,意为"皇帝认为他老了",而事实上,当时年已七十余岁的赵充国也确实老了,"老之"是客观事实,但这个"老"却是形容词的意动用法。因此,辨别形容词是使动用法还是意动用法,不能单独使用上述两种方法中的某一种,而应该两种方法结合使用,这样,我们的结论才可能是可靠的。

(五)数词的活用

数词可以用如一般动词。用如一般动词时,它就表示跟这个数字有一定联系的动词意义。例如:

① 势齐则不一。(《荀子·王制》)
② 六王毕,四海一。(杜牧《阿房宫赋》)

两例中的数词"一"都用如一般动词,意思都是"统一"。

数词也可用如使动。数词用如使动,就是主语使宾语发出与这个数词所表数字有联系的动作,或使宾语成为与这个数字有联系的事物。例如:

① 不嗜杀人者能一之。(《孟子·梁惠王上》)
② 士也罔极,二三其德。(《诗经·卫风·氓》)
③ 藉令秦始皇长世……虽四三皇六五帝,曾不足比隆也。(章炳麟《秦政记》)

例①的"一"表示"统一"这一动作,"一之"意即"使之(天下)统一";例②"二三"用如使动,"二三其德",意为"使其德反复无常";例③数词"四"、"六"用如使动,"四三皇"意为"使三皇变成四皇","六五帝"意为"使五帝成为六帝"。

思考与练习(十四)

一、什么叫词类活用?它与词的兼类有何不同?
二、名词、形容词各有哪几种活用类型?

三、怎样辨别形容词用如动词和名词用如动词？

四、找出下列各句中活用的形容词，并说明其活用类型和意义。

1. 既来之，则安之。（《论语·季氏》）
2. 王者不却众庶，故能明其德。（李斯《谏逐客书》）
3. 诸侯恐惧，会盟而谋弱秦。（贾谊《过秦论》）
4. 士不远千里而至者，以君能贵士而贱妾也。（《史记·平原君虞卿列传》）
5. 强本而节用，则天不能贫。（《荀子·天论》）
6. 卑身厚币，以招贤者。（《战国策·燕策》）
7. 管仲，世所谓贤臣，然孔子小之。（《史记·管晏列传》）
8. 诸侯以公子贤，多客，不敢加兵谋魏十余年。（《史记·魏公子列传》）
9. 赵见我走，必空壁逐我。（《史记·淮阴侯列传》）
10. 故伯夷丑周，饿死首阳山。（《史记·游侠列传》）

五、找出下列各句中活用的名词，说明其活用类型和意义。

1. 公子乃自骄而功之，窃为公子不取也。（《史记·魏公子列传》）
2. 吾见申叔，夫子所谓生死而肉骨也。（《左传·襄公二十二年》）
3. 先破秦入咸阳者王之。（《史记·项羽本纪》）
4. 寡人欲相甘茂，可乎？（《史记·甘茂列传》）
5. 越国以鄙远，君知其难也。（《左传·僖公三十年》）
6. 孔子师郯子、苌弘、师襄、老聃。（韩愈《师说》）
7. 宦官惧其毁己，皆共目之。（《后汉书·张衡传》）
8. 齐桓公合诸侯而国异姓。（《史记·晋世家》）
9. 项王乃复引兵而东。（《史记·项羽本纪》）
10. 孟尝君不西则已，西入相秦，则天下归之。（《史记·孟尝君列传》）

六、标点并翻译下面一段古文。

齐桓公将立管仲令群臣曰寡人将立管仲为仲父善者入门而左不善者入门而右东郭牙中门而立公曰寡人立管仲为仲父令曰善者左不善者右今子何为中门而立牙曰以管仲之智为能谋天下乎公曰能以断为敢行大事乎公曰敢牙曰若智能谋天下断敢行大事君因专属之国柄焉以管仲之能乘公之势以治齐国得无危乎公曰善乃令隰朋治内管仲治外以相参

（《韩非子·外诸说左下》）

文　选

子路等侍坐

(《论语·先进》)

子路、曾晳、冉有、公西华侍坐[1]。子曰:"以吾一日长乎尔,毋吾以也[2]。居则曰:'不吾知也[3]。'如或知尔,则何以哉[4]?"子路率尔而对曰[5]:"千乘之国,摄乎大国之间,加之以师旅,因之以饥馑[6]。由也为之,比及三年,可使有勇,且知方也[7]。"夫子哂之[8]。

[1]子路、曾晳、冉有、公西华:都是孔子的学生。
[2]以:前一个是介词,因为;后一个是动词,用。一日:这里指年龄。乎:介词,比。毋吾以:不用我。吾:是前置宾语。
[3]不吾知:不了解我。吾:前置宾语。
[4]或:虚指代词,有人。何以:做什么事情。何:前置宾语。
[5]率尔:轻率急忙的样子。
[6]乘:兵车。摄:逼近,夹在。师旅:指侵略军队。因之:等于说"继之"。饥馑:泛指荒年。
[7]由:子路的名。比及:等到。方:道理。
[8]哂:笑。

"求,尔何如[1]?"对曰:"方六七十,如五六十,求也为之,比及三年,可使足民[2]。如其礼乐,以俟君子[3]。"

[1]求:冉有的名。何如:怎么样。
[2]方:方圆。六七十:指六七十里。如:或者。足:用如使动,使……富足。
[3]如:至于。俟:等待。

"赤,尔何如[1]?"对曰:"非曰能之,愿学焉[2]。宗庙之事,如会同,端章甫,愿为小相焉[3]。"

[1]赤:公西华的名。
[2]焉:兼职代词,相当于"于此",在这方面。
[3]如:或者。会:指诸侯盟会。同:指诸侯共同朝见天子。端:古人用整幅布做的礼服。这里用如动词,穿上礼服。章甫:一种礼帽。这里用如动词,戴上礼帽。相:司仪。焉:兼职代词,相当于"于之",给他们。

"点,尔何如[1]?"鼓瑟希,铿尔,舍瑟而作[2],对曰:"异乎三子者之撰[3]。"子曰:"何伤乎?亦各言其志也[4]!"曰:"莫春者,春服既成,冠者五六人,童子六七人,浴乎沂,风乎舞雩,咏而归[5]。"夫子喟然叹曰:"吾与点也[6]。"

[1]点:曾皙的名。
[2]鼓:弹奏。希:"稀"的古字。这里指瑟音已近尾声。铿:象声词,形容推瑟发出的声音。舍:"捨"的古字,放下。作:站起来。
[3]异:不同。乎:介词,跟。撰:才能,才干。
[4]何伤:伤害什么,有什么伤害。
[5]莫:"暮"的古字。莫春:晚春。冠者:成年人。因古时男子到了二十岁须行冠礼,表明已成年。童子:少年。沂:水名,在今山东省曲阜市南。风:用如动词,吹风,乘凉。舞雩:求雨的坛。詠:"咏"的异体字,唱歌。
[6]喟然:长叹的样子。与:赞成,同意。

三子者出,曾皙后。曾皙曰:"夫三子者之言何如?"子曰:"亦各言其志也已矣[1]!"曰:"夫子何哂由也?"曰:"为国以礼,其言不让,是故哂之[2]。""唯求则非邦也与[3]?""安见方六七十如五六十而非邦也者[4]?""唯赤则非邦也与?""宗庙会同,非诸侯而何?赤也为之小,孰能为之大[5]?"

[1]已矣:两个语气词连用,罢了。
[2]为:治理。让:谦让。是故:因此。
[3]难道冉求说的就不是治国大事吗。邦:国家。
[4]安:疑问代词作状语,哪里。
[5]为之小:给他们做小相。这是双宾语结构。下句同此。

[阅读提示]

一、掌握下列加点词语在文中的意义。

1. 如或知尔
2. 率尔而对
3. 摄乎大国之间
4. 且知方也
5. 夫子哂之
6. 如五六十
7. 如其礼乐
8. 舍瑟而作

  9. 异乎三子者之撰　　　10. 吾与点也
  11. 其言不让　　　　　　12. 如会同
二、指出与下列加点字相应的今字或正体字。
  1. 詠而归　　　　　　　2. 莫春者，春服既成
  3. 鼓瑟希　　　　　　　4. 舍瑟而作
三、找出下列各句中的活用词，并说明其用法和意义。
  1. 可使足民。　　　　　2. 端章甫。
  3. 风乎舞雩。
四、指出下列语句中的前置宾语。
  1. 何伤乎？　　　　　　2. 毋吾以也。
  3. 不吾知也。　　　　　4. 何以哉？

季氏将伐颛臾

(《论语·季氏》)

  季氏将伐颛臾[1]。冉有、季路见于孔子[2]，曰："季氏将有事于颛臾[3]。"孔子曰："求！无乃尔是过与[4]？夫颛臾，昔者先王以为东蒙主，且在邦域之中矣[5]。是社稷之臣也，何以伐为[6]？"冉有曰："夫子欲之，吾二臣者皆不欲也[7]。"孔子曰："求！周任有言曰[8]：'陈力就列，不能者止。'危而不持，颠而不扶，则将焉用彼相矣[9]？且尔言过矣。虎兕出于柙，龟玉毁于椟中，是谁之过与[10]？"

  [1] 季氏：季孙氏，鲁国最有权势的贵族，这里指季康子，名肥。颛臾：据说是太皞氏的后裔，风姓，是鲁国的附庸国，故城在今山东费县西北。
  [2] 冉有：名求，字子有，孔子的弟子。季路：即子路。二人当时都是季康子的家臣。见(xiàn)：谒见。
  [3] 事：指军事行动。古代把祭祀和战争称为"国之大事"。
  [4] 无乃……与：古汉语中的习惯格式，表示一种推测语气，可译为"恐怕……吧"。尔是过：助词"是"作宾语前置的标志。过：用作动词，责备。
  [5] 先王：指周之先王。东蒙：即蒙山，在今山东蒙阴县南。主：主祭人。邦域：封域。邦：疆界。
  [6] 社稷之臣：国家的属臣。何以……为：古汉语中的习惯格式，表反问语气，可译为"还用……做什么呢"。
  [7] 夫子：指季康子。春秋时，对长者、老师以及大夫等均可尊称为夫子。

[8]周任:古代的一位史官。
[9]危:不稳,这里指站不稳。持:把住。颠:倒,跌。相:搀扶盲人走路的人。
[10]兕(sì):独角犀。柙:关猛兽的木笼子。龟:龟甲,用来卜吉凶。玉:指玉瑞和玉器。玉瑞用来表示爵位,玉器用于祭礼。龟玉都是宝物。椟:匣子。

  冉有曰:"今夫颛臾,固而近于费,今不取,后世必为子孙忧[1]。"孔子曰:"求!君子疾夫舍曰'欲之'而必为之辞[2]。丘也闻有国有家者,不患寡而患不均,不患贫而患不安[3]。盖均无贫,和无寡,安无倾[4]。夫如是,故远人不服,则修文德以来之[5];既来之,则安之[6]。今由与求也相夫子,远人不服而不能来也,邦分崩离析而不能守也,而谋动干戈于邦内[7]。吾恐季孙之忧不在颛臾,而在萧墙之内也[8]。"

  [1]今夫:句首语气词,表示要发议论。固:指城郭坚固。费(bì):季氏世代的采邑,其地在今山东费(fèi)县。
  [2]疾:痛恨,讨厌。夫:指示代词,那种。舍:"捨"的古字,舍弃,这里意思是避开。欲之:想那样。为之辞:给它找借口。"之"、"辞"作"为"的双宾语。辞:这里意思是托词、借口。
  [3]国:诸侯统治的政治区域。家:卿大夫统治的政治区域。这两句话当为:"不患贫而患不均,不患寡而患不安。"如此上下文才讲得通。《春秋繁露·制度篇》和《魏书·张普惠传》引均作"不患贫而患不均"。患:担心,忧虑。寡:少。这里指人口少。
  [4]大意是:财富分配均等,就不会有贫困的现象;上下和睦,四方人民都愿归附,就不会有人口少的情况;国家安定,人民乐业,就没有倾覆的危险。
  [5]夫:句首语气词。远人:远方之人。服:归附,归顺。修:增进,增强。文德:指礼乐教化。来之:使之来。来:不及物动词用作使动。
  [6]安之:使之安定。安:形容词用作使动。
  [7]相:辅佐。分崩离析:等于说四分五裂。干:古代一种防身用的兵器,类似盾。戈:进攻用的兵器。干戈:指代战争。
  [8]萧墙:国君宫门内的照壁。萧墙之内:指鲁国宫廷内部。当时季氏专权,鲁哀公怨之甚深,所以孔子认为季孙的忧患不在颛臾,而在于鲁君。

[阅读提示]

一、掌握下面加点词的意义。
 1. 见于孔子
 2. 有事于颛臾
 3. 邦域之中
 4. 陈力就列
 5. 危而不持
 6. 颠而不扶
 7. 焉用彼相
 8. 相夫子
 9. 有国有家者
 10. 不患贫而患不安

11. 谋动干戈于邦内　　　12. 固而近于费

二、课文中"无乃尔是过与"、"且尔言过矣"、"是谁之过与"三个句子中的"过",其词性、意义有什么不同?

三、课文中有哪些词类活用现象?请把这些句子找出来,并说明属于哪种类型的活用。

四、分析下列句子的语法结构,并把它们译成现代汉语。
    1. 无乃尔是过与?　　　　2. 是社稷之臣也。
    3. 何以伐为?　　　　　　4. 君子疾夫舍曰"欲之"而必为之辞。

长沮桀溺耦而耕

(《论语·微子》)

　　长沮、桀溺耦而耕[1]。孔子过之,使子路问津焉[2]。长沮曰:"夫执舆者为谁[3]?"子路曰:"为孔丘。"曰:"是鲁孔丘与[4]?"曰:"是也。"曰:"是知津矣!"问于桀溺。桀溺曰;"子为谁?"曰:"为仲由。"曰:"是鲁孔丘之徒与?"对曰:"然[5]。"曰:"滔滔者,天下皆是也,而谁以易之[6]?且而与其从辟人之士也,岂若从辟世之士哉[7]?"耰而不辍[8]。

　　[1]长沮、桀溺:当时的两个隐士,其姓名不一定真实。耦:古代的一种耕作方法,即两人各执一耜(sì),并肩而耕。两耜耕出之地,恰宽一尺。耦而耕:用耦耕的方法来耕作。
　　[2]问津焉:向他们问渡口。津:渡口。焉:兼职代词,相当于"于之"。
　　[3]那个在车上拿着缰绳的是谁?执舆:即执辔于车。
　　[4]是:代词,这个人。后三个"是"同。
　　[5]然:是的,对。
　　[6]滔滔:水势盛大的样子,这里比喻社会的混乱。因问渡口,故借水来做比喻。谁以易之:和谁去改变它呢? 以:与,介词。易:改变,变革。
　　[7]再说,你与其跟随"辟人之士"(指孔子,他躲避某种人而不跟他们合作),哪里比得上跟随"辟世之士"(躲避整个动乱社会的人,桀溺自谓)呢? 而:第二人称代词,你,指子路。辟:"避"的古字。与其……岂若……:略等于现代的"与其……不如……"。
　　[8]耰(yōu):播种以后,用土盖上。辍:停止。

　　子路行以告。夫子怃然[1],曰:"鸟兽不可与同群[2]。吾非斯人之徒与而谁与[3]? 天下有道,丘不与易也[4]。"

　　[1]怃然:失意的样子。

[2]鸟兽[我们]不可以跟它们同群。即不能隐居山林,脱离社会。

[3]我不跟人群在一起而跟谁在一起呢?意思是不能隐居。斯:指示代词,这。徒:徒众,这里指同类,"斯人之徒",等于说人群。两"与"字都当"跟……在一起"讲。

[4]与:与上句同。易:改革,改变。

[阅读提示]

一、注意课文中"是"的意义和用法。

二、掌握下面加点词在文中的意义。

 1. 耦而耕   2. 使子路问津

 3. 鲁孔丘之徒 4. 谁以易之

 5. 耰而不辍   6. 夫子怃然

 7. 辟人之士

三、分析下列句子的语法结构,并把它们译成现代汉语。

 1. 谁以易之?   2. 吾非斯人之徒与而谁与?

 3. 丘不与易也。 4. 滔滔者,天下皆是也。

子路从而后

(《论语·微子》)

  子路从而后,遇丈人,以杖荷蓧[1]。子路问曰:"子见夫子乎?"丈人曰:"四体不勤,五谷不分,孰为夫子[2]?"植其杖而芸[3]。子路拱而立[4]。止子路宿,杀鸡为黍而食之,见其二子焉[5]。

[1]从:跟随。后:动词,落在后面。丈人:对老年人的尊称。荷:扛。蓧(diào):古代除草用的农具。

[2]四体:四肢。勤:辛劳,辛苦。五谷:古代五种主要粮食作物。一说指稻、菽、麦、稷(去壳为黄米)、黍(似稷而粘);一说无稻有麻(指大麻子)。分:分辨,辨别。孰:疑问代词,谁,哪一个。

[3]植:直立于某处,这里指插在地上。芸:通"耘",除草。

[4]拱:拱手,两手合抱于胸前,表示敬意。

[5]止:留。黍:黏黄米。"为黍"即做粘黄米饭。食(sì)之:给他(指子路)吃,让他吃。见(xiàn):拜见。这里用作使动,使……拜见。

  明日,子路行,以告。子曰:"隐者也。"使子路反见之[1]。至则行矣[2]。子路曰:"不仕无义[3]。长幼之节,不可废也[4];君臣之义,如之何其废之[5]?欲洁其身而乱大伦[6]!君子之仕也,行其义也[7]。道之不行,已知之矣[8]。"

[1]反:"返"的古字。
[2][子路]到了[老人家时],[那老人]却已出门了。则:连词,表示它连接的后项所表示的事情的发生,是前项动作行为的施事者所没有料及的。
[3]不仕(出来做官)是不符合做人臣的原则的。义:合宜的,应该遵循的。
[4]长幼之间的礼节,是不能废弃的。子路认为,丈人"见其二子"是不废"长幼之节"的表现。
[5]如之何:固定结构,这里表示反问,可译为"怎么"。其:语气副词,加强反问语气。
[6]洁其身:使其身洁。洁:形容词用如使动。乱大伦:使大伦混乱。乱:也用如使动。伦:条理,次序。这里指人伦,即古代社会所规定的人与人之间的关系。
[7]行其义:做他们应该做的事,也就是尽人臣之义。
[8]道:这里指儒家的政治思想、原则。之:前一个"之"为结构助词,用于主谓之间;后一个"之"是代词,指代"道之不行"这种情况。

[阅读提示]

一、掌握下面加点的词的意义。
  1. 子路从而后
  2. 以杖荷蓧
  3. 四体不勤
  4. 子路拱而立
  5. 长幼之节不可废
  6. 不仕无义
  7. 植其杖而芸
  8. 杀鸡为黍

二、说明下列加点词的用法和意义。
  1. 杀鸡为黍而食之
  2. 见其二子焉
  3. 欲洁其身
  4. 而乱大伦

卫君待子而为政(白文)

(《论语·子路》)

子路曰卫君待子而为政子将奚先子曰必也正名乎子路曰有是哉子之迂也奚其正子曰野哉由也君子于其所不知盖阙如也名不正则言不顺言不顺则事不成事不成则礼乐不兴礼乐不兴则刑罚不中刑罚不中则民无所措手足故君子名之必可言也言之必可行也君子于其言无所苟而已矣

阳货欲见孔子（白文）

（《论语·阳货》）

阳货欲见孔子孔子不见归孔子豚孔子时其亡也而往拜之遇诸塗谓孔子曰来予与尔言曰怀其宝而迷其邦可谓仁乎曰不可好从事而亟失时可谓知乎曰不可日月逝矣岁不我与孔子曰诺吾将仕矣

一言可以兴邦（白文）

（《论语·子路》）

定公问一言而可以兴邦有诸孔子对曰言不可以若是其几也人之言曰为君难为臣不易如知为君之难也不几乎一言而兴邦乎曰一言而丧邦有诸孔子对曰言不可以若是其几也人之言曰予无乐乎为君唯其言而莫予违也如其善而莫之违也不亦善乎如不善而莫之违也不几乎一言而丧邦乎

【词义分析】（三）

为 为的繁体"爲"从爪从象，体现了"手牵大象干活"的造字意图，其本义是做、制造。《论语·微子》："杀鸡为黍而食之。""为黍"等于说做黄米饭。《孟子·滕文公上》："一人之身而百工之所为备，如必自为而后用之，是率天下而路也。"《战国策·齐策四》："王使人为冠。"在不同的语言环境里，"为"可以随文理解成各种具体的意思，如《论语·子路》："卫君待子而为政。""为"可以解释成治理，处理。《孟子·滕文公上》："有为神农之言者许行。""为"又可理解为学习、研习。同上："阳虎曰：'为富不仁矣，为仁不富矣。'""为富"可以说是致力于积累财富，"为仁"则要解释成行仁义之事。《左传·僖公三十年》："且君尝为晋君赐矣。"这个"为"又可以解释成给予……但这不等于说"为"这个词本身就有这么多的含义。

引申为担当，作为。《论语·雍也》："子游为武城宰。"《左传·宣公二年》："子为正卿，亡不越竟，反不讨贼。"又引申为变成，成为。《诗经·小雅·十月之交》："高岸为谷，深谷为陵。"《论语·季氏》："今不取，后世必为子孙忧。"又引申为叫作。《庄子·逍遥游》："北冥有鱼，其名为鲲。"又引申为算作，算是。《左传·襄公三年》："称其雠，不为谄；立其子，不为比。"《孟子·梁惠王上》："不为不多矣。"又相当于"是"。《论语·微子》："长沮曰：'夫执舆者为谁？'子路曰：'为孔丘。'"上述这些意义，都读 wéi。

作动词用，"为"还表示站在某人的一方面，替某人做事的意思。《论语·述而》："冉有曰：'夫子为卫君乎？'"《史记·吕太后本纪》："太尉将之入军门，行令军中曰：'为吕氏右袒，为刘氏左袒。'"这个意义读 wèi。

由替某人做事虚化为介词，引进行为的对象、原因、目的、主动者等，意为给、替、为了、因为、被等。参看第四单元"介词"一节。

兴 兴的基本意义是起，起来。《诗经·卫风·氓》："夙兴夜寐，靡有朝矣。"《论语·卫灵公》："从者病，莫能兴。"引申为举，发。《周礼·夏官·大司马》："进贤兴功，以作邦国。"《孟子·梁惠王上》："抑王兴甲兵，危士臣，构怨于诸侯，然后快于心与？"又引申为兴盛，昌盛，跟"废"相对。《国语·周语下》："三年之中，而害金再兴。"《论语·子路》："事不成，则礼乐不兴。"后来有"兴隆"、"兴替"、"兴废"等双音词。上面这些意思读 xīng。

兴还有喜悦，喜欢的意思。《礼记·学记》："不兴其艺，不能乐学。"郑玄注："兴之言喜也。"引申为兴致，旨趣。《世说新语·任诞》："吾本乘兴而行，尽兴而返。"《文心雕龙·体性》："叔夜（嵇康的字）隽侠，故兴高而采烈。"这种情况下的"兴"读 xìng。

持 《说文》："持，握也。""持"的本义是手握，拿着。《庄子·秋水》："庄子持竿不顾。"《孟子·公孙丑下》："子之持戟之士一日而三失伍。"引申为把住使之稳固。《论语·季氏》："危而不持，颠而不扶。"《孟子·滕文公上》："疾病相扶持。"又为保持，保有。《吕氏春秋·至忠》："将以忠于君王之身而持千岁之寿也。"谢灵运《登池上楼》诗："持操岂独古，无闷征在今。"又为执掌，主持。《韩非子·五蠹》："夫仁义辩智，非所以持国也。"《史记·魏其武安侯列传》："魏其，沾沾自喜耳，多易。难以为相持重。""持重"即掌握重权。又为双方势均力敌，相持不下。《左传·昭公元年》："子与子家持之。"孔颖达疏："弈棋谓不能相害为持，意亦同于此也。"又引申为制约，挟制。《荀子·正名》："以正道而辨奸，犹引绳以持曲直。"《史记·宁成列传》："宁成者，……致产数千金，为任侠，持吏长短，出从数十骑。"

疾 先秦"疾"指一般的病。《尚书·金縢》："既克商二年，王有疾，弗豫。"《论语·泰伯》："曾子有疾。"引申为毛病，缺点。《论语·阳货》："古者民有三疾，今也或是之亡也。"《孟子·梁惠王下》："寡人有疾，寡人好色。"又引申为痛苦，患苦。《管子·小问》："凡牧民者，必知其疾。"

由痛苦引申为痛恨、憎恶。《尚书·君陈》："尔无忿疾于顽。"《论语·季氏》："君子疾夫舍曰欲之而必为之辞。"今成语有"疾恶如仇"、"愤世嫉俗"等。由痛恨引申为妒忌、忌恨的意思。《尚书·泰誓》："人之有技，冒（同"媢"，嫉妒）疾以恶之。"《史记·孙子吴起列传》："膑至，庞涓恐其贤于己，疾之。"这种意义后来写作"嫉"。

疾的另一个主要意义是快，急速，跟"徐"相对。《庄子·天道》："不徐不疾。"《战国策·赵策四》："老臣病足，曾不能疾走。"今成语有"疾风劲草"。引申为敏捷。《史记·殷本纪》："帝纣资辨疾捷，闻见甚敏。"

津 津的本义是渡口。《论语·微子》："孔子过之，使子路问津焉。"王勃《滕王阁序》："舸舰迷津，青雀共龙之舳。""迷津"等于说找不到渡口。引申为过渡，渡河。《庄子·达生》："吾尝济乎觞深之渊，津人操舟若神。""津人"就是摆渡的船夫。《三国志·魏书·贾逵传》："从至黎阳，津渡者乱行，逵斩之，乃整。""津"与"渡"同义连文。又引申为传授。《刘子新论·崇学》："道象之妙，非言不津；津言之妙，非学不传。"又引申指润泽。《周礼·

地官·大司徒》:"二曰川泽……其民黑而津。"郑玄注:"津,润也。"又指津液,口水。《素问·调经论》:"人有精气津液。"《埤雅·释草·芥》:"今人望梅生津,食芥堕泪。"还可以指物经烧炼或自然渗出的液体。《博物志》卷七:"积艾草,三年后烧,津液下流。"

  徒 《说文》:"徒,步行也。从辵土声。""徒"的本义是步行。《周易·贲卦》:"舍车而徒。"《论语·先进》:"不可不徒行也。"引申为步卒,即不乘车的兵士。《左传·昭公二十五年》:"帅徒以往。"又引申指徒党,徒众。可以指手下的人,《左传·宣公二年》:"(灵辄)既而与为公介,倒戟以御公徒。"也可以指同类。《论语·微子》:"吾非斯人之徒与而谁与?"还可以指同一集团、学派或有着同一政治主张的人,《孟子·梁惠王上》:"仲尼之徒,无道桓文之事者。"又引申指门人,门徒。《论语·微子》:"是鲁孔丘之徒与?"

  步行即无所凭依,故徒又引申作形容词,表示空,空的。《孟子·离娄上》:"徒善不足以为政,徒法不能以自行。"空着手叫"徒手"。进一步引申作副词,表示徒然、白白地、没有效果地。《左传·襄公二十五年》:"齐师徒归。"今成语有"徒劳无功"。

  易 《说文》:"蜥易、蝘蜓、守宫也,象形。"假借为动词,基本意义是交易,交换。《周易·系辞下》:"交易而退,各得其所。"《孟子·滕文公上》:"以粟易械器者,不为厉陶冶。"引申为改换,改变,变革。《易·系辞下》:"上古结绳而治,后世圣人易之以书契。"《论语·微子》:"丘不与易也。"今成语有"移风易俗"。

  易假借为形容词,意为容易,与"难"相对。《墨子·亲士》:"是故君子自难而易彼,众人自易而难彼。"引申为简易。《论语·八佾》:"礼,与其奢也宁俭;丧,与其易也宁戚。"又引申为轻视,小看。《左传·僖公二十二年》:"国无小,不可易也。"还表示平坦的意思。《淮南子·兵略》:"易则用车,险则用骑。"又表示内心和悦、平稳。《诗经·小雅·何人斯》:"尔还而入,我心易也。"今成语有"平易近人"。

  从 从的本义是跟着走,跟随,追随。《论语·微子》:"子路从而后。"《史记·淮阴侯列传》:"及项梁渡淮,信仗剑从之。"引申为依从,听从。《左传·成公二年》:"师之耳目,在吾旗鼓,进退从之。"《战国策·赵策》:"十人而从一人者,宁力不胜,智不若耶?"今成语有"言听计从"、"从善如流"等。又为归顺。《左传·庄公十年》:"小惠未徧,民弗从也。"《汉书·匡衡传》:"得其序,则海内自修,百姓从化。"又引申为参与某事,如"从军"、"从政"、"从事"等。又为介词,表示从某一处所出发或从某一时间开始。《左传·宣公二年》:"(晋灵公)从台上弹人,而观其辟丸也。"《木兰辞》:"愿为市鞍马,从此替爷征。"

  从还有一种用法,即表示令(使)……随行,侍从。《庄子·列御寇》:"一悟万乘之主而从车百乘者,商之所长也。"《三国志·吴书·鲁肃传》:"乘犊车,从吏卒。""从车百乘"就是让车百乘随行,"从吏卒"就是令吏卒跟随侍从。又用作名词,如"仆从"、"从属"、"从者"等,这种用法旧读 zòng。

  由跟随还引申为追赶、追击的意思。《左传·成公二年》:"故中御而从齐侯。"《周易·屯卦》:"即鹿无虞,以从禽也。"这种意义旧时也读 zòng。

  从的另一比较常用的意义是指同一宗族次于最亲的,也就是堂房亲属,如"从父"、"从兄"、"从子"等。

  荷 荷本指荷花,但古汉语中常用来表示以肩承物,扛。《国语·齐语》:"负任担荷,服牛轺马,以周四方。"今成语有"荷枪实弹"。《论语·微子》:"以杖荷蓧。"引申为担任。

张衡《东京赋》:"荷天下之重任,匪怠皇以宁静。"又引申为承受。《左传·昭公三年》:"一为礼于晋,犹荷其禄,况以礼终始乎?"有双音词"感荷"、"拜荷"等。

表示肩扛的意思,原本作"何",但"何"常用作疑问代词,所以人们就借"荷"为之。如《诗经·曹风·候人》:"彼候人兮,何戈与祋。"《群经治要》本"何"作"荷"。《诗经·商颂·玄鸟》:"殷受命咸宜,百禄是何。"《左传·隐公三年》引作"荷",《经典释文》又说:"荷,本又作'何'。"到后来,这种意义就一律写作"荷"而不作"何"了。

废 废的基本意义是倒塌,崩坏。《淮南子·览冥》:"往古之时,四极废,九州裂。"引申为败坏,衰败,与"兴"相对。《礼记·学记》:"此六者,教之所由废也。"《孟子·离娄上》:"国之所以废兴存亡者亦然。"引申为无用的、失去功效的,如"废人"、"废物"等。又指身体残废。《礼记·王制》:"废疾非人不养者,一人不从政。"《庄子·让王》:"右手攫之,则左手废。"特指瘫痪。《史记·淮阴侯列传》:"项王喑噁叱咤,千人皆废。"又引申为废弃,舍弃,停止。《论语·微子》:"长幼之节不可废也。"《孟子·梁惠王上》:"然则废衅钟与?"《论语·雍也》:"力不足者,中道而废。"今成语有"废寝忘食"。又指废黜,除去职位。《管子·明法解》:"不胜其任者废免。"《汉书·霍光传》:"古者废放之人,屏于远方。"

贼 贼字从戈则声,本义是杀害,残杀。《左传·昭公十四年》:"杀人不忌为贼。"《左传·宣公二年》:"宣子骤谏,公患之,使鉏麑贼之。"引申为伤害,败坏。《庄子·秋水》:"寒暑弗能害,禽兽弗能贼。"《孟子·梁惠王下》:"贼仁者谓之贼,贼义者谓之残。"又引申为凶残,歹毒。《史记·游侠列传》:"少时阴贼。"用作名词,指残杀人的人,事情的败坏者。《论语·阳货》:"乡愿,德之贼也。"(乡愿,指貌似公允而实际上不讲原则、不分是非曲直的老好好)引申指大逆不道、犯上作乱的人。《左传·宣公二年》:"亡不越竟,反不讨贼。"封建统治者诬称农民起义造反者为"贼"。又引申指强盗。《墨子·非乐上》:"寇乱盗贼并兴。"《汉书·赵广汉传》:"使长安丞龚奢叩堂户晓贼。"

盗 盗的本义是偷窃。《左传·僖公二十四年》:"窃人之财,犹谓之盗,况贪天之功以为己力乎?"《荀子·不苟》:"盗名不如盗货。"引申指偷东西的人,小偷。《论语·阳货》:"色厉而内荏,譬诸小人,其犹穿窬之盗也与?"(穿窬,在墙上挖洞)《庄子·胠箧》:"将为胠箧探囊发匮之盗而为守备。"又引申指抢夺,劫掠。《汉书·班超传》:"往者匈奴独擅西域,寇盗西河。"又引申指抢掠财货的人,强盗。《喜雨亭记》:"狱讼繁兴,而盗贼滋炽。"进一步引申为非法从事某种活动。《史记·汲黯列传》:"民多盗铸钱,楚地尤甚。"

上古"偷"一般不作偷窃、小偷讲。秦以前表示偷窃的意思只能用"盗"或"窃"。"盗"跟"窃"在意义和用法上也有区别。作动词用,"盗"还有抢夺、劫掠的意思,而"窃"则没有;"盗"还可以用作名词,指窃贼,强盗,"窃"没有这种用法。"窃"可用作表谦副词,表示"私下里"、"私自"等意思,"盗"则没有这种用法。

上古"盗"和"贼"也有较大区别。作动词用,"盗"主要指偷窃、抢掠,"贼"主要指杀害、残害;作名词用,"盗"主要指偷窃者,抢掠者,"贼"主要指残杀人的人,事情的败坏者,犯上作乱者,也可以指强盗,但绝对不表示小偷、窃贼的意思。《荀子·儒效》:"故人无师无法而知则必为盗,勇则必为贼。"又《正论》:"盗不窃,贼不刺。"可见二者的不同。

兼 兼字从又持二禾。又持一禾为"秉",持二禾为"兼"。上古"兼"的基本意义是同时进行两个或两个以上方面的活动,同时具备两个方面。《墨子·兼爱》:"若使天下兼相爱,爱人若爱其身,犹有不孝者乎?"《孟子·尽心上》:"穷则独善其身,达则兼善天下。"《汉书·朱云传》:"平陵朱云,兼资文武。"引申为并吞,兼并。《左传·昭公八年》:"孺子长矣,而相吾室,欲兼我也。"又引申为加倍,两倍于,两个(种、件等)或两个(种、件等)以上的。《孙子·军事》:"倍道兼行,百里而争利,则擒三将军。""兼行"就是加倍赶路。《孟子·公孙丑下》:"前日于齐,王馈兼金一百而不受。""兼金"指价值倍于寻常的精金。《三国志·魏书·胡质传》:"广农积谷,有兼年之储。""兼年之储"等于说两年的储备。

第四单元

常识:语法(中)

一、代词

(一)人称代词

人称代词是用来称代人或物的。与现代汉语相比,古汉语的人称代词不仅数量多,而且复数的表示方法也不同。

常用的第一人称代词有"吾"、"我"、"余(予)"等。其中"吾"常作主语、定语,"我"常作主语、宾语,"余(予)"也常作主语和宾语。例如:

① 今者吾丧我。(《庄子·齐物论》)
② 吾日三省吾身。(《论语·学而》)
③ 我孰与城北徐公美?(《战国策·齐策》)
④ 余病矣。(《左传·成公二年》)
⑤ 王如用予,则岂徒齐民安,天下之民举安。(《孟子·公孙丑下》)

当"吾"作宾语时,它必须放在动词谓语的前面。如:

① 居则曰:"不吾知也。"(《论语·先进》)

在上古,可用作第一人称代词的还有"台(yí)"、"卬(áng)"、"朕"。其中"台"主要见于《尚书》,"卬"主要见于《诗经》。"朕"在秦代以前是人人都可用来指称自己的第一人称代词,从秦始皇统一六国后才被用作帝王的自称词。例如:

① 台恐德弗类。(《尚书·说命》)
② 人涉卬否,卬须我友。(《诗经·邶风·匏有苦叶》)
③ 臣作朕股肱耳目。(《尚书·益稷》)
④ 朕又何知?(《庄子·在宥》)

可用来指称说话人自己的还有两个词即"自"和"己"。有人称之为反身代词,其实其作用与第一人称代词相同。如:

① 天作孽,犹可违;自作孽,不可活。(《孟子·公孙丑上》)
② 宁信度,无自信也。(《韩非子·外储说左上》)

③ 陈胜自立为将军。(《史记·陈涉世家》)
④ 己所不欲,勿施于人。(《论语·颜渊》)
⑤ 不患人之不己知,患不知人也。(《论语·宪问》)

其中前三例的"自"分别作主语、宾语和状语,后两例的"己"分别作主语和宾语。

古汉语中常用的第二人称代词有"汝(女)"、"尔"、"若"、"乃"、"而"。它们可用作主语、宾语、定语。例如:

① 予告汝于难。(《尚书·盘庚》)
② 吾与汝毕力平险。(《列子·汤问》)
③ 五侯九伯,女实征之。(《左传·僖公四年》)
④ 居,吾语女。(《论语·阳货》)
⑤ 尔爱其羊,我爱其礼。(《论语·八佾》)
⑥ 盍各言尔志?(《论语·公冶长》)
⑦ 吾翁即若翁。(《史记·项羽本纪》)
⑧ 若为佣耕,何富贵也?(《史记·陈涉世家》)
⑨ 今欲发之,乃能从我乎?(《汉书·翟义传》)
⑩ 夫差,而忘越人之杀而父乎?(《左传·定公十四年》)

这些第二人称代词都可译为"你"、"你们"等。

常用的第三人称代词有"之"、"其"、"彼"、"夫"等。其中"之"一般用作宾语,"其"一般用作定语。例如:

① 爱共叔段,欲立之。(《左传·隐公元年》)
② 公使阳处父追之。(《左传·僖公三十三年》)
③ 执其手而与之谋。(《国语·越语》)
④ 吾见师之出而不见其入也。(《左传·僖公三十二年》)

由于"其"是定语,它实际上就等于"名词+之"。如例③的"其"相当于"文种之",例④的"其"相当于"师之"。

"彼"、"夫"本来都是指示代词,被借作第三人称代词用时,仍带有一定的指示性,并含有轻视的意味。它们可以作句子的主语或宾语。例如:

① 彼竭我盈,故克之。(《左传·庄公十年》)
② 彼,丈夫也,我,丈夫也,吾何畏彼哉?(《孟子·滕文公上》)
③ 我皆有礼,夫犹鄙我。(《左传·昭公十六年》)
④ 夫不恶女乎?(《左传·襄公二十六年》)

还有一个"厥"字,也可用作第三人称代词。它相当于"其",常作定语。如:

① 无念尔祖,聿修厥德。(《诗经·大雅·文王》)
② 故兴师遣将,以征厥罪。(《史记·卫青列传》)

"他"在现代汉语里是第三人称代词。"他"来源很早,《诗经》、《尚书》和诸子散文中就常常出现,但并不是作第三人称代词用的,而是一个指人或物的指示代词,意思是"别的"、"其他的"。如:

① 子不我思,岂无他人?(《诗经·郑风·褰裳》)

②王顾左右而言他。(《孟子·梁惠王下》)

到了后来,"他"才逐渐演变成第三人称代词。

关于人称代词,我们还应注意以下几点:

一是古汉语人称复数的表示方法与今不同。现代汉语表示复数是在表单数的代词"我"、"你"、"他"后加个词尾"们"。古汉语则单复数不分,都用前述那些代词来表示。下面我们举一些表示复数的例子。

① 十年春,齐师伐我。(《左传·庄公十年》)
② 四人从太子……上怪之,问曰:"彼何为者?"(《史记·留侯世家》)
③ 瑕甥、郤芮不获公,乃如河上;秦伯诱而杀之。(《左传·僖公二十四年》)
④ 龙人囚之。齐侯曰:"勿杀,吾与而盟,无入而封。"(《左传·成公二年》)

其中例①的"我"指"我们鲁国",例②的"彼"指跟从太子的四个隐士,例③的"之"指"瑕甥、郤芮"二人,例④的"而"指所有的龙地人。

有时,古人还用在第一或第二人称代词后加"侪"、"辈"、"曹"、"属"等字的办法来表示复数。这些字的意义比较实在,与现代汉语的词尾"们"不完全相同。例如:

① 吾侪何知焉,吾子其早图之。(《左传·昭公二十四年》)
② 天生汝辈,固需吾辈食也。(马中锡《中山狼传》)
③ 今欲尽杀若曹。(《汉书·东方朔传》)
④ 雍齿尚为侯,我属无患矣。(《史记·留侯世家》)

各例中的"吾侪"、"吾辈"、"我属"意为"我们这些人"、"我们这类人";"汝辈"、"若曹"意为"你们这些人"、"你们这类人"。

需要注意的第二个问题是第三人称代词"之"和"其"的变用。即在特定的语言环境里,"之"、"其"可临时变成称代说话人的第一人称代词或称代听话人的第二人称代词。如:

① 士季曰:"谏而不入,则莫之继也。会请先,不入,则子继之。"(《左传·宣公二年》)
② 通说范阳令徐公曰:"……窃闻公之将死,故吊之。"(《汉书·蒯通传》)
③ 孙子曰:"王徒好其言,不能用其实。"(《史记·孙子吴起列传》)
④ 坚默然良久,曰:"诸君各言其志。"(《资治通鉴·淝水之战》)

例①的前一个"之"称代听话人赵盾,后一个"之"称代说话人士季;例②的"之"称代听话人徐公;例③的"其"称代说话人孙子;例④的"其"称代听话人符坚的诸位部下。这样的变用一般出现在对话中,并不难辨别。

另外一个应注意的问题是谦称尊称的表达方法。

古汉语中人称代词虽然不少,但人们在对话或书信里却很少使用。他们常常用一些表示谦逊的名词来称呼自己,用一些表示尊敬的名词来称呼对方。这就是谦称和尊称。谦称词和尊称词本身都不是代词,不受代词规律的制约,但就意义来说,谦称词与第一人称代词同,尊称词与第二人称代词同。

常用的谦称词有"臣"、"仆"、"愚"、"小人"、"妾"、"婢子"、"老妇"、"不谷"、"寡人"、"孤"等。其中前四个用于一般人自称,中间三个用于女人自称,后三个用于帝王自称。略举数例如下:

① 欲与大叔,臣请事之。(《左传·隐公元年》)臣:郑国大夫公子吕自称。
② 仆虽不敏,数奉教于君子矣。(司马迁《报任安书》)仆:司马迁自称。
③ 小人有母,皆尝小人之食矣,未尝君之羹。(《左传·隐公元年》)小人:郑国颍考叔自称。
④ 妾愿没入为官婢。(《史记·孝文本纪》)妾:淳于公之女缇萦自称。
⑤ 若晋君朝以入,则婢子夕以死。(《左传·僖公十五年》)婢子:穆姬自称。
⑥ (楚庄王)曰:"不穀不德而贪,以遇大敌。"(《左传·宣公十二年》)不穀:楚庄王自称。
⑦ 桓侯曰:"寡人无疾。"(《史记·扁鹊仓公列传》)寡人:蔡桓侯自称。
⑧ 卿言至此,甚合孤意。(《资治通鉴·赤壁之战》)孤:吴王孙权自称。

常用的尊称词有"公"、"君"、"子"、"先生"、"足下"、"陛下"、"执事"等。其中前五个用来称呼一般人,后两个用来称呼帝王诸侯。如:
① 公徐行即免死,疾行则及祸。(《史记·项羽本纪》)公:宋义对高陵君显的尊称。
② 君云"视吾家所寡有者"。(《战国策·齐策》)君:冯谖对孟尝君的尊称。
③ 王曰:"子归,何以报我?"(《左传·成公三年》)子:楚王对晋国知䓨的尊称。
④ 先生所为文市义者,乃今日见之。(《战国策·齐策》)先生:孟尝君对冯谖的尊称。
⑤ 卜者知其指意,曰:"足下事皆成。"(《史记·陈涉世家》)足下:卜者对陈胜的尊称。
⑥ 愿陛下亲之信之。(诸葛亮《出师表》)陛下:诸葛亮对后主的尊称。
⑦ 虽遇执事,其弗敢违。(《左传·成公三年》)执事:知䓨对楚共王的尊称。

除了用谦称词和尊称词来表示谦称、尊称外,古人还有其他一些表示谦称和尊称的方法。如自称以名表谦,称人之字表敬;自称身份表谦,称人官职或身份表敬等,就不一一举例了。

(二) 指示代词

指示代词是用来指代人、事、物的。古汉语的指示代词又可分为近指代词、远指代词、虚指代词、无指代词等类。

近指代词用来指代那些距离说话人较近的人、事、物。常用的近指代词有"是"、"此"、"斯"、"兹"、"之"等。它们都可译为"这"、"这里"、"这个"等。如:
① 是心足以王矣。(《孟子·梁惠王上》)
② 今其人在是。(《战国策·赵策》)
③ 此则岠心之罪也。(《孟子·公孙丑下》)
④ 有美玉于斯。(《论语·子罕》)
⑤ 微斯人,吾谁与归?(范仲淹《岳阳楼记》)
⑥ 文王既没,文不在兹乎?(《论语·子罕》)
⑦ 之子于归,言秣其马。(《诗经·周南·汉广》)
⑧ 七十者衣帛食肉,黎民不饥不寒,然而不王者,未之有也。(《孟子·梁惠王上》)

例①"是"作定语,例②"是"作宾语,例③"此"是主语,例④"斯"是宾语,例⑤"斯"是定语,例⑥"兹"是宾语,例⑦"之"是定语,例⑧"之"作宾语。

另外，"若"、"尔"、"然"有时也可用作近指代词。如：

① 君子哉若人，尚德哉若人！（《论语·宪问》）
② 问君何能尔，心远地自偏。（陶渊明《饮酒诗》）
③ 古之人皆然。（《论语·宪问》）

例①"若"作定语，例②"尔"和例③"然"都是谓语。它们都是"如此"、"这样"的意思。

远指代词用来指代那些距离说话人较远的人、事、物。常用的远指代词有"其"、"彼"、"夫"等，它们都是"那"、"那个"、"那里"等的意思。如：

① 尔爱其羊，我爱其礼。（《论语·八佾》）
② 今欲举大事，则非其人不可。（《史记·项羽本纪》）
③ 彼一时也，此一时也。（《孟子·公孙丑上》）
④ 我欲易之，彼四人辅之。（《史记·留侯世家》）
⑤ 不以夫一害此一，谓之壹。（《荀子·解蔽》）
⑥ 微夫人之力不及此。（《左传·僖公三十年》）

例中的三个"其"都是定语，两个"彼"分别作主语和定语，两个"夫"则都是定语。

虚指代词用来指代那些说话人不愿或不必说出的人或事物。常用的虚指代词有"或"、"某"等。它们虽有指代对象，但所指对象并不明确。"或"只能在句中作主语。如：

① 子欲居九夷。或曰："陋，如之何？"（《论语·子罕》）
② 或告之曰："是非君子之道。"（《孟子·滕文公下》）
③ 宋人或得玉，献诸子罕。（《左传·襄公十五年》）
④ 唐人或相与谋。（《左传·定公三年》）

四例中的"或"都指人，作主语。其中后两例"或"前都有先行词，这种"或"指代的是先行词所示范围内的某个或某些人。"或"可译为"有人"、"有个人"或"有的人"等。

有时候，两个或两个以上的"或"字，前后连用，以示列举。这种"或"字最容易被误解为现代汉语的选择连词，但实际上，它仍是虚指代词。如：

① 项燕为楚将，数有功，爱士卒，楚人怜之，或以为死，或以为亡。（《史记·陈涉世家》）
② 天祥曰："南人不跪。"左右或牵头，或擎手，或按足，或以膝倚其背，卒不跪。（《宋史·文天祥传》）
③ 回视日观以西峰，或得日，或否。（《惜抱轩诗文集·登泰山记》）

其中例③的"或"指代物，意为"有的"。

"某"指代人时可译为"某人"，指代处所时可译为"某地"。如：

① 皆坐，子告之曰："某在斯，某在斯。"（《论语·卫灵公》）
② 从某至某广从六里。（《战国策·秦策》）

例①"某"作主语，例②"某"作宾语。

无指代词用来指代那些不存在的人或物。常用的无指代词有"莫"和"无"。它们虽为代词，实际上并不指代任何人或物。它们在句中也只能作主语。如：

① 子曰："莫我知也夫！"（《论语·宪问》）
② 终窭且贫，莫知我艰。（《诗经·邶风·北门》）
③ 盗莫大于子。（《庄子·盗跖》）

④ 晋国,天下莫强焉。(《孟子·梁惠王上》)
⑤ 吾矛之利,物无不陷也。(《韩非子·难势》)
⑥ 臣相人多矣,无如季相。(《史记·高祖本纪》)

其中例①、②、③、⑥的"莫"、"无"指人,意为"没有哪个人";例④、⑤的"莫"、"无"指物,分别意为"没有哪个国家"、"没有哪种东西";例③、④、⑤的"莫"、"无"前都有先行词,这些先行词表示"莫"、"无"否定的范围。

(三)疑问代词

疑问代词用来代替询问的人、事、物等。古汉语常用的疑问代词有"谁"、"孰"、"何"、"安"、"恶"、"焉"、"胡"、"奚"、"曷"、"盍"等。

"谁"主要代替要问的人,其用法和意义与今相同。如:

① 敢问谁之罪也?(《左传·襄公二十一年》)
② 寡人将谁朝而可?(《战国策·燕策》)

"孰"既可代所问的人,也可代所问的物。代人时意为"谁",代物时意为"什么",一般作主语。如:

① 孰谓微生高直?(《论语·公冶长》)
② 是可忍,孰不可忍也?(《论语·八佾》)

例①"孰"代人,例②"孰"代物。

在更多的情况下,"孰"是用在选择问句里,表示选择。它的先行词则表示选择的范围。如:

① 平公问叔向曰:"群臣孰贤?"(《韩非子·外储说左下》)
② 礼与食孰重?(《孟子·告子下》)

例①"孰"代人,意为"哪一个人";例②"孰"代物,意为"哪一种东西"。实际上,即使是用在非选择问句里,"孰"也含有选择的意味。如前举"是可忍,孰不可忍也"句,"孰"也可译为"哪一件事情"。

"孰"还经常与介词"与"连用,构成凝固结构,用来表示比较或选择。如:

① 吾孰与徐公美?(《战国策·齐策》)
② 孰与君少长?(《史记·项羽本纪》)
③ 公之视廉将军孰与秦王?(《史记·廉颇蔺相如列传》)
④ 从天而颂之,孰与制天命而用之?(《荀子·天论》)

例①意与"吾与徐公孰美"同,例②如之。后两例都没有出现如例①"美"那样的谓词,所以"孰与"就具有谓词的作用。其中例③是让答话人比较"廉将军"与"秦王"的强弱,说话人没有表示出自己的倾向,可以译为"您看廉将军与秦王相比,哪一个更强";例④则是说话人已有明显的倾向,所以要译为"哪里比得上……"。

"何"是使用频率最高的疑问代词。它可代替所问的事、物,偶尔也可代所问的人。如:

① 尔既许不谷而反之,何故?(《左传·宣公十五年》)
② 寡君有信臣,下臣获考死,又何求?(同上)

③ 何为浩然之气？（《孟子·公孙丑上》）
④ 吾何爱一牛？（《孟子·梁惠王上》）
⑤ 文姜者何？庄公之母也。（《公羊传·庄公二十二年》）

前四例的"何"代事、物，末例的"何"代人。五例中的"何"依次在句中作定语、宾语、主语、状语和谓语。

"安"、"恶"、"焉"这三个疑问代词以代替所问的处所为主。它们可以作宾语，意为"哪里"；也可以作状语，表示反问，意为"怎么"、"哪里"。如：

① 子非鱼，安知鱼之乐？（《庄子·秋水》）
② 梁客辛垣衍安在？（《战国策·赵策》）
③ 吾恶能知其辨？（《庄子·齐物论》）
④ 敢问夫子恶乎长？（《孟子·公孙丑上》）
⑤ 姜氏欲之，焉辟害？（《左传·隐公元年》）
⑥ 天下之父归之，其子焉往？（《孟子·离娄上》）

其中例①③⑤的"安"、"恶"、"焉"是状语，例②④⑥的"安"、"恶"、"焉"是宾语。

"胡"、"奚"、"曷"这三个疑问代词的用法基本相同。它们可以作状语，代所问的原因；也可以作宾语，代所问的事物。如：

① 谁为君夫人？余胡弗知？（《左传·襄公二十六年》）
② 胡为至今不朝也？（《战国策·赵策》）
③ 或谓孔子曰："子奚不为政？"（《论语·为政》）
④ 太师将奚以教寡人？（《韩非子·外储说右上》）
⑤ 汝曷弗告朕？（《尚书·盘庚上》）
⑥ 曷为不言楚子执之？（《公羊传·僖公三十一年》）

其中例①③⑤的"胡"、"奚"、"曷"是状语，意为"为什么"；例②④⑥的"胡"、"奚"、"曷"是介词的宾语，意为"什么"。

疑问代词"盍"一般在句中作状语，代替所问的原因。例如：

① 盍不起为寡人寿乎？（《管子·小称》）
② 善哉！技盖至此乎？（《庄子·养生主》）

例②的"盖"通"盍"，都是"为什么"、"怎么"的意思。

"盍"最常见的用法是作状语，相当于"何不"。如：

① 盍请济师于王？（《左传·桓公十一年》）
② 其母曰："盍亦求之？"（《左传·僖公二十四年》）
③ 或曰："寇至，盍去诸？"（《孟子·离娄下》）

这样的"盍"，我们一定不要把它只当做一个疑问代词来理解。

（四）兼职代词

"焉"和"诸"这两个词，不仅含有一个代词，而且还含有一个介词。它们同时兼有一个介词和一个代词的作用，所以有人称之为"兼词"。我们不列"兼词"一节，故称它们为"兼职代词"。

兼职代词"焉"都用于句尾，相当于介词"于"加上一个代词。"焉"所包含的这个代词，在不同的句子里，可以是远指代词"彼"，可以是近指代词"此"，还可以是人称代词"之"。例如：

① 余收尔骨焉。(《左传·僖公三十二年》)——"焉"，相当于"于彼"，意为"到那里"。
② 晋侯使士蒍为二公子筑蒲与屈，不慎，置薪焉。(《左传·僖公五年》)——"焉"，相当于"于彼"，意为"在那里边"。
③ 善哉！吾闻庖丁之言，得养生焉。(《庄子·养生主》)——"焉"，相当于"于此"，意为"从这里"。
④ 率妻子邑人来此绝境，不复出焉。(陶渊明《桃花源记》)——"焉"，相当于"于此"，意为"从这里"。
⑤ 长沮、桀溺耦而耕，孔子过之，使子路问津焉。(《论语·微子》)——"焉"，相当于"于之"，意为"向他们"。
⑥ 见贤思齐焉，见不贤而内自省也。(《论语·里仁》)——"焉"，相当于"于之"，意为"向他"。

当兼职代词"焉"用在形容词后面时，它隐含的代词就指代比较的对象。如：

① 服而舍之，德莫厚焉。(《左传·僖公十五年》)
② 晋国，天下莫强焉。(《孟子·梁惠王上》)

这样的"焉"相当于"于此"，意为"比这"。

有时候，"焉"里隐含的介词"于"的意义是可有可无的。这样，"焉"就只剩下了代词的意义，成为一个代词了。如：

① 众好之，必察焉。(《论语·卫灵公》)
② 故为之说，以俟夫观人风者得焉。(柳宗元《捕蛇者说》)

两例中的"焉"都是人称代词，意为"他"、"它"。

兼职代词"诸"是"之乎"的合音。"诸"可用于句中，也可用于句尾。用于句中时，它相当于代词"之"加上介词"乎"（作用同"于"）；用于句尾时，它相当于代词"之"加上语气助词"乎"。例如：

① 段入于鄢，公伐诸鄢。(《左传·隐公元年》)
② 穆公访诸蹇叔。(《左传·僖公三十二年》)
③ 文王之囿方七十里，有诸？(《孟子·梁惠王下》)
④ 晋公子有三焉，天其或者将建诸？(《左传·僖公二十三年》)

前两例的"诸"都相当于"之乎"，其中"之"是代词，分别作"伐"和"访"的宾语；"乎"是介词，分别与名词"鄢"、"蹇叔"组成介词结构作"伐"和"访"的补语。两个"诸"分别意为"他、到"和"这件事、向"，"访诸蹇叔"意即"向蹇叔咨询这件事"。后两例的"诸"也相当于"之乎"。其中"之"仍是代词作宾语，"乎"则是语气助词，表示疑问语气。两个"诸"分别意为"这事吗"、"他吧"。

(五) 附着性代词

"者"、"所"是古汉语中两个具有相同特点的代词。它们不像前边介绍的代词那样，可以单独起指代作用,单独作句子成分,而是要先附着在其他词语前后,和其他词语结合成一个整体,这时候,它们的指代作用才能显示出来,结合成的那个整体才能作句子的某一成分。因为"者"、"所"具有附着于他词的特性,所以有人称之为助词;更多的人则强调它们的指代性,称之为"特殊指示代词";也有人称之为"辅助性代词"。我们认为,"助词"说不能显示"者"、"所"的指代作用,"代词"说不能显示他们的"附着"特性,"辅助性代词"说的"辅助"二字意义不明,容易让人误解为"者"、"所"是"辅助"别的词起指代作用的,所以不如称之为"附着性代词"。这样,既突出了它们的指代作用,又显示了它们的附着特性,还不会让人产生误解。

附着性代词"者"经常附着在动词、动词性词组、形容词、形容词性词组、数词之后,与这些词语组成"者"字结构。"者"可指代人或事物,因此,"者"字结构具有名词性,可以像名词一样充当句子的主语、宾语、定语、判断句的谓语等。例如:

① 今吾子坏之,虽从者能戒,其若异客何?(《左传·襄公三十一年》)——"者"与动词"从"组成"者"字结构,作主语,指代人,意为"(跟从)的人"。
② 夫猎,追杀兽兔者狗也。(《史记·萧相国世家》)——"者"与动宾词组"追杀兽兔"组成"者"字结构,作主语,指代物,意为"(追杀兽兔)的"。
③ 智者不惑,仁者不忧。(《论语·子罕》)——"者"分别与形容词"智"、"仁"组成"者"字结构,作主语,指代人,意为"(聪明)的人"、"(有仁德)的人"。
④ 子苟赦越国之罪,又有美于此者将进之。(《国语·越语》)——"者"与形容词性词组"美于此"组成"者"字结构,作宾语,指代人,意为"(比这漂亮)的人"。
⑤ 此五者,邦之蠹也。(《韩非子·五蠹》)——"者"与数词"五"组成"者"字结构,作主语,指代人,意为"(五种)人"。
⑥ 城北徐公,齐国之美丽者也。(《战国策·齐策》)——"者"字结构"美丽者"作谓语,"者"意为"……的人"。

"者"也经常用在名词的后面,这样的"者"我们称之为语气助词,其用法和意义见"助词"一节。

"所"作为附着性代词,一般只附着在动词或动词性词组前。这时候,"所"便与它的附着对象共同组成一个同样具有名词性的"所"字结构。"所"后边的词语表示"所"字结构指代对象的特征。"所"意为"……的人(的东西、的原因、的地方等)"。例如:

① 望之不似人君,就之而不见所畏焉。(《孟子·梁惠王上》)——"所"与动词"畏"组成"所"字结构,作宾语,指代物,意为"(敬畏)的地方"。
② 其北陵,文王之所辟风雨也。(《左传·僖公三十二年》)——"所辟风雨"作谓语,"所"指代处所,意为"(躲避风雨)的地方"。
③ 仲子所居之室,伯夷之所筑与?抑盗跖之所筑与?(《孟子·滕文公下》)——"所居"、"所筑"分别作定语和谓语,"所筑"的"所"指代物,意为"(建)的房子"。
④ 攻未尝不取,所当未尝不破。(《韩非子·初见秦》)——"所当"作主语,指代物,意为"(抵挡)的城池"。

"所"字结构在作主语、宾语、谓语时,都指示并称代人、事、物,但在它作定语时,由于它指代的对象即是已经出现在其后的中心词,所以它的称代作用就没有了,只起指示的作用,如前举例③的"所居之室"。这样的"所"都不必译出。

有时候,"所"字结构后面还常用有一"者"字,构成"所……者"的形式。如:
① 其所善者,吾则行之。(《左传·襄公三十一年》)
② 伯乐教其所憎者相千里之马。(《韩非子·说林下》)

这种形式有人认为是"所"字结构,有人认为是"者"字结构,并都认为"者"、"所"词性相同,作用不一,"者"起称代作用,"所"起指示作用。根据"者"字结构常指代施事者、"所"字结构常指代受事者这一点来分析,"所善者"指的是"被认为好的人","所憎者"指的是"被憎恶的人",显然其表义作用都跟"所"字结构相同,也就是说,"所……者"实质上是"所"字结构+者。因为"所"字结构具有名词性,所以,就像别的名词后的"者"是语气助词一样,"所……者"这种结构中的"者"也是语气助词,其中的"所"仍是指代动作行为对象的附着性代词。

附着性代词"所"还常用在介词前边,组成"所+介词+动词(+宾语)"的格式。如:
① 是吾剑之所从坠。(《吕氏春秋·察今》)
② 陛下所为不乐,非为赵王年少。(《史记·张丞相列传》)
③ (柳镇)号为刚直,所与游皆当世名人。(韩愈《柳子厚墓志铭》)
④ 是乱之所由作也。(《荀子·正论》)
⑤ 夫金鼓旌旗者,所以一人之耳目也。(《孙子·军争》)
⑥ 使文王所以见恶于纣者,以其不得人心耶?(《韩非子·难二》)

这种用法的"所"与介词以及介词后的动词(有宾语时也包括宾语)合起来仍是一个名词性的"所"字结构。介词"从"前的"所"都指代行为的处所,"所从坠"即"坠落的地方";介词"为"前的"所"都指代原因或目的,"所为不乐"即"不高兴的原因";介词"与"前的"所"都指代与行为有关的对象,"所与游"即"跟他交游的人";介词"由"前的"所"都指代原因,"所由作"即"兴起的原因";介词"以"前的"所"或指代行为的工具、方式,或指代行为的原因,"所以一人之耳目"即"用来统一人们耳目的东西","所以见恶于纣"即"被纣王讨厌的原因"。

有时候,"所"后的介词还可以省去。如《左传·昭公四年》"冀之北土,马之所生","所生"实为"所从生",即"出产的地方"。

附着性代词"所"的基本语法功能是使动词性成分名词化。所以,当"所"后出现的不是动词而是名词或形容词时,这个名词或形容词即活用为动词,例见"词类活用"一节。

同样是附着性代词,"者"、"所"的相同之处是:附着的对象都可以是动词或动词性词组;组成的"者"字词组和"所"字词组都具有名词性,可以像名词一样充当名词可以充当的句子成分;都可以起指代人、事、物的作用;意义基本相同。它们的不同之处是:"所"的附着对象只能是动词或动词性词组,"者"的附着对象还可以是形容词、形容词性词组和数词;"者"在附着对象后,"所"在附着对象前;"者"都起指代作用,"所"有时只起指示作用;"者"的附着对象是动词时,都指代动作行为的施事者,"所"的附着对象是动词时,都指代动作行为的对象。其中最后一点是二者的本质区别。例如:
① 始臣之解牛之时,所见无非牛者。(《庄子·养生主》)
② 梓庆削木为锯,锯成,见者惊犹鬼神。(《庄子·达生》)

例①"所"附着在动词"见"前,"所"指代"见"这个动作的对象,"所见"意为"看见的东西"即

"牛";例②"者"附着在动词"见"后,"者"却指代发出"见"这个动作的人,"见者"指"看见了锯的人"。

思考与练习(十五)

一、代词共分哪几类?各类常用的代词有哪些?

二、说明下列各句中加点词的用法和意义。
 1. 汝知而心与左右手背乎?(《史记·孙子吴起列传》)
 2. 今滩上有石,或圆如箪,或方似屋。(《水经注·江水》)
 3. 东西南北,莫可奔走。(《盐铁论·非鞅》)
 4. 奇计或颇秘,世莫能闻也。(《史记·陈丞相世家》)
 5. 闻义不能徙,不善不能改,是吾忧也。(《论语·述而》)

三、下列各句中的"之"和"其"是人称代词还是指示代词?如是人称代词,请指出是第几人称。
 1. 晋侯始入而教其民,二年欲用之。(《左传·僖公二十七年》)
 2. 广出猎,见草中石,以为虎而射之,中石没镞。(《史记·李将军列传》)
 3. 异哉,之歌者非常人也。(《吕氏春秋·举难》)
 4. 子见南子,子路不说。夫子矢之曰:"予所否者,天厌之!天厌之!"(《论语·雍也》)
 5. 襄子击金而退之。军吏谏曰:"君诛中牟之罪,而城自坏者,是天助之也。"(《韩诗外传》)
 6. 臣愿悉言所闻,唯大王裁其罪。(《韩非子·初见秦》)
 7. 天子发政于天下百姓,言曰:"闻善而不善,皆以告其上。"(《墨子·尚同》)
 8. 其后,诸侯共击楚。(《史记·屈原贾生列传》)

四、根据句意,把"者"或"所"填在各个括号里,并说明其意义。
 1. ( )养( )非( )用,( )用( )非( )养。(《韩非子·显学》)
 2. 仁( )安仁,智( )利仁。(《论语·里仁》)
 3. 问鼎之轻重( )有之,射王中肩( )有之。(柳宗元《封建论》)
 4. 吾( )以有天下( )何?项氏之( )以失天下( )何?(《汉书·高帝纪》)
 5. 吾知子之( )以距我,吾不言。(《墨子·公输》)

五、指出下列各句中疑问代词在句中充当的句子成分和它们的意义。
 1. 孰可以代之?(《左传·襄公三年》)
 2. 子何以知之?(《左传·襄公二十一年》)
 3. 何不杀张仪?(《史记·屈原贾生列传》)
 4. 豫州今欲何至?(《资治通鉴·赤壁之战》)
 5. 此何声也?汝出视之。(欧阳修《秋声赋》)
 6. 其官爵何也?(《战国策·齐策》)
 7. 王室多故,予安逃死乎?(《史记·郑世家》)
 8. 女安从知之?(《汉书·黥布传》)

9. 子不能治子之身，恶能治国政？（《墨子·公孟》）
10. 未能事人，焉能事鬼？（《论语·先进》）
11. 田园将芜，胡不归？（陶渊明《归去来辞》）
12. 客胡为若此？（《战国策·齐策》）
13. 许子奚为不自织？（《孟子·滕文公上》）
14. 死者天地之理，物之自然者也，奚可甚哀？（《史记·文帝本纪》）
15. 此不叛寡人明矣，曷为击之？（《战国策·齐策》）

六、标点并翻译下面的短文。

晏子将使楚楚王闻之谓左右曰晏婴齐之习辞者也今方来吾欲辱之何以也左右对曰为其来也臣请缚一人过王而行王何为者也对曰齐人也王曰何坐曰坐盗晏子至楚王赐晏子酒酒酣吏二缚一人诣王王曰缚者曷为者也对曰齐人也坐盗王视晏子曰齐人固善盗乎晏子避席对曰吾闻之橘生淮南则为橘生于淮北则为枳叶徒相似其实味不同所以然者何水土异也今民生长于齐不盗入楚则盗得无楚之水土使民善盗耶王笑曰圣人非所与熙也寡人反取病焉

（《晏子春秋·内篇杂下》）

二、副词

副词是用来修饰动词、形容词的词类。副词在句中只能作状语和补语（偶可作谓语）。根据其对中心语修饰作用的不同，一般可把副词分为程度副词、范围副词、时间副词、否定副词、情态副词、语气副词、表敬副词、指代性副词等类，下面分别介绍。

（一）程度副词

程度副词用来表示动作或状况所达到的不同程度。

表示程度深重的常用词有"最"、"极"、"孔"、"良"、"甚"、"殊"、"颇"、"至"、"尤"等，它们可分别译为"最"、"很"、"非常"、"特别"等。如：

① 老臣贱息舒祺，最少，不肖。（《战国策·赵策》）
② 初极狭，才通人。（陶渊明《桃花源记》）
③ 《诗》云"谋夫孔多，是用不集。"（《资治通鉴·淝水之战》）
④ （西门豹）向河立待良久。（《史记·滑稽列传》）
⑤ 生之者甚少，而靡之者甚多。（贾谊《论积贮疏》）
⑥ 老臣今者殊不欲食。（《战国策·赵策》）
⑦ 自殷以来，诸侯不可得而谱，周以来乃颇可著。（《史记·三王世家》）
⑧ 水至清则无鱼。（东方朔《答客难》）
⑨ 然是说也，余尤疑之。（苏轼《石钟山记》）

其中"良"还可作情态副词，"颇"有时还可表示程度轻微。如：

① 诸将以为赵氏孤儿良已死，皆喜。（《史记·赵世家》）
② 臣愿颇采古礼，与秦仪杂就之。（《史记·刘敬叔孙通列传》）

例①"良"意为"的确"、"确实"，例②"颇"意为"稍微"。

表示程度轻微的常用词有"稍"、"少"、"略"、"微"、"小"等，可译作"稍微"、"略微"。如：
① 药稍熔，则以一平板按其面。（《梦溪笔谈·活板》）
② 太后之色少解。（《战国策·赵策》）
③ （籍）略知其意，又不肯竟学。（《史记·项羽本纪》）
④ 孔璋章表殊健，微为繁富。（曹丕《与吴质书》）
⑤ 其为人也小有才。（《孟子·尽心下》）

其中"稍"更常见的用法是作时间副词，表示时间的推移。例如：
① 项王乃疑范增与汉有私，稍夺之权。（《史记·项羽本纪》）
② 骑稍多，步兵不可胜数。（《三国志·魏书·武帝纪》）

这样的"稍"意为"逐渐"，要注意与表示程度轻微的"稍"相区别。

还有一些程度副词是表示比较的，即表示随着时间的推移，程度越来越重。这样的程度副词有"愈"、"益"、"弥"、"兹（滋）"等。如：
① 此数者愈善，而离楚愈远耳！（《战国策·魏策》）
② 诛罚良善，日以益甚。（《史记·吴王濞列传》）
③ 退而修《诗》、《书》、《礼》、《乐》，弟子弥众。（《史记·孔子世家》）
④ 亏人愈多，其不仁兹甚，罪益厚。（《墨子·非攻》）
⑤ 吴王恐，为谋滋甚。（《史记·吴王濞列传》）

这些词可译为"越"、"更加"等。

（二）范围副词

范围副词表示动作行为涉及范围的大小和数量的多少。又可细分为如下几类：表总括的、表限止的、表各别的、表共同的。

表示总括的范围副词有"皆"、"尽"、"悉"、"毕"、"咸"、"具（俱）"、"并"、"凡"等。如：
① 滔滔者，天下皆是也。（《论语·微子》）
② 尽信《书》，则不如无《书》。（《孟子·尽心下》）
③ 男女衣著，悉如外人。（陶渊明《桃花源记》）
④ 天子致胙于孝公，诸侯毕贺。（《史记·商君列传》）
⑤ 村中闻有此人，咸来问讯。（陶渊明《桃花源记》）
⑥ 项伯乃夜驰之沛公军，私见张良，具告以事，欲呼张良与俱去。（《史记·项羽本纪》）
⑦ 黄发垂髫，并怡然自乐。（陶渊明《桃花源记》）
⑧ 由是先主遂诣亮，凡三往，乃见。（《三国志·蜀书·诸葛亮传》）

其中"皆"、"尽"、"悉"、"毕"、"咸"可译为"都"、"完全"、"全部"等，"具"有"详尽"的意思，"俱"是"一起"之意，"凡"是"总共"之意。

表示限止的范围副词主要有"仅"、"惟"、"独"、"徒"、"特"、"但"、"止"、"直"、"只"、"第"等。例如：
① 狡兔有三窟，仅得免其死耳。（《战国策·齐策》）

② 鬼神非人实亲,惟德是依。(《左传·僖公五年》)
③ 汉定,伏生求其书,亡数十篇,独得二十九篇。(《史记·儒林列传》)
④ 孔子之仕,不为行道,徒求食也。(《论衡·问孔》)
⑤ 相如度秦王特以诈佯为予赵城。(《史记·廉颇蔺相如列传》)
⑥ 生不用封万户侯,但愿一识韩荆州。(李白《与韩荆州书》)
⑦ 担中肉尽,止有剩骨。(《聊斋志异·狼》)
⑧ 直不百步耳,是亦走也。(《孟子·梁惠王上》)
⑨ 虽杀之,无益,只益祸耳。(《史记·项羽本纪》)
⑩ 江山之外,第见风帆、沙鸟、烟云、竹树而已。(《小畜集·黄州新建小竹楼记》)

这些副词都可译为"只"、"只是"、"仅"、"仅仅"等。

其中"仅"到了中古时,又产生了一种新的用法,即表示数量之多,有"几乎"、"将近"的意思。例如:
① 初守睢阳时,士卒仅万人,城中居人户亦且数万。(韩愈《张中丞传后序》)
② 江国踰千里,山城仅百层。(杜甫《泊岳阳城下》)

这样的"仅"是极言其多,与表限止的"仅"意恰相反。

表各别的范围副词有"各"、"每"、"别"等。如:
① 旁开小窗,左右各四,共八扇。(魏学洢《核舟记》)
② 每一字皆有数印。(《梦溪笔谈·活板》)
③ 成树之后,树别下子一石。(《齐民要术·槐柳楸梓梧柞》)

其中例③"别"也是"各"的意思。

表共同的范围副词有"共"、"同"、"互"、"相"等。如:
① 其后诸侯共击楚,大破之。(《史记·屈原贾生列传》)
② 陈实、韩韶同看其事。(《后汉书·方术传》)
③ 渔歌互答,此乐何极。(范仲淹《岳阳楼记》)
④ 邻国相望,鸡犬之声相闻。(《老子·八十章》)

其中"共"、"同"意为"共同","互"、"相"意为"互相"。这样的"相"表示几个主语都发出某一个动作,又同时都是某个动作的受事者。而有的范围副词"相"虽然也表示几个主语都发出某一动作,但动作的受事者则是彼此接替的关系。如:
① 天下者,高祖天下,父子相传,此汉之约也。(《史记·魏其武安侯列传》)
② 往往而死者相藉也。(柳宗元《捕蛇者说》)

这样的"相"可译为"递相"或"一个……一个"。"相藉"意即"一个压着一个"。

(三) 时间副词

时间副词是表示动作行为发生的时间、时序等情况的。常用的时间副词较多,下面我们分为五组来介绍,其中与现代汉语用法相同的即不再举例。

表示动作行为已经发生的时间副词有"既"、"已"、"尝"、"曾"、"业"等。如:
① 既克,公问其故。(《左传·庄公十年》)
② 陈涉少时,尝与人佣耕。(《史记·陈涉世家》)

③ 良业为取履,因长跪履之。(《史记·留侯世家》)

其中"既"可以译成"已经",也可译成"……以后";"尝"是"曾经"之意;"业"是"已经"之意。

表示动作行为正在发生的时间副词有"正"、"方"、"会"、"适"等。如:

① 蚌方出曝,而鹬啄其肉。(《战国策·燕策》)

② 会天大雨,道不通。(《史记·陈涉世家》)

③ 此时鲁仲连适游赵。(《战国策·赵策》)

例①"方"可译为"正",例②"会"意为"正碰上",例③"适"意为"正好"。

表示动作行为将要发生的时间副词有"将"、"且"、"行"、"垂"等。如:

① 公将鼓之。(《左传·庄公十年》)

② 然后图南,且适南冥也。(《庄子·逍遥游》)

③ 行略定秦地。(《史记·项羽本纪》)

④ 乘累捷之势,击垂亡之国,何患不克?(《资治通鉴·淝水之战》)

这些副词可译为"将要"、"快要"等。

表示动作行为在最后发生的时间副词有"终"、"竟"、"卒"等。如:

① (韩非)终死于秦,不能自脱。(《史记·老庄申韩列传》)

② 陈涉虽已死,其所置遣侯王将相竟亡秦。(《史记·陈涉世家》)

③ 虎虽猛,疑畏卒不敢取。(柳宗元《黔之驴》)

这几个副词都可译为"终于"、"到底"等。

表示不定时的有:

① 楚左尹项伯者,项羽季父也,素善留侯张良。(《史记·项羽本纪》)

② 雍齿雅不欲属沛公。(《史记·高祖本纪》)

③ 常生常化者,无时不生,无时不化。(《列子·天瑞》)

④ 人恒执其所能以仰乎天,非有预乎寒暑云尔。(刘禹锡《天论》)

以上几例的时间副词表示时间的经常。"素"、"雅"意为平时、平常,"常"、"恒"意为经常、常常。

① 多行不义必自毙,子姑待之。(《左传·隐公元年》)

② 俄又置一石赤菽东门之外。(《韩非子·内储说上》)

③ 优哉游哉,聊以卒岁。(《左传·襄公二十一年》)

④ 卿但暂还家,吾今且报府。(《玉台新咏·焦仲卿妻》)

⑤ 登之罘,刻石,旋遂之琅琊,道上党入。(《史记·秦始皇本纪》)

⑥ 家贫,复为郡西门亭长,寻转功曹。(《后汉书·陈寔传》)

以上几例的时间副词表示时间的短暂。"姑"意为姑且,"俄"等意为不久、一会儿。

① 公惧,遽出见之。(《国语·晋语》)

② 天下无诛伐,则诸侯之相暴也立见。(《墨子·辞过》)

③ 有敢收视者,辄捕之。(《史记·季布栾布列传》)

④ 庄公寤生,惊姜氏,故名曰"寤生",遂恶之。(《左传·隐公元年》)

⑤ 赵奢许诺,即发万人趋之。(《史记·廉颇蔺相如列传》)

以上几例的时间副词表示时间的急促。都意为就、便、立即等。

① 赵王惧主父偃一出废齐,恐其渐疏骨肉,乃上书。(《史记·齐悼惠王世家》)
② 骑稍多,步兵不可胜数。(《三国志·魏书·武帝纪》)
③ 入而徐趋,至而自谢。(《战国策·赵策》)
④ 政由王氏出,灾异浸甚。(《汉书·刘向传》)

以上几例的时间副词表示时间的渐徐。都意为渐渐、逐渐。

(四) 否定副词

否定副词表示对行为、性状的否定。常用的否定副词有"不"、"弗"、"毋"、"勿"、"未"、"非"、"无"、"莫"、"否"。下面分别介绍它们的用法和意义。

"不"、"弗"都表示一般性否定,都可译为"不"、"没有"。它们用法上的区别是:"不"否定的可以是及物动词,也可以是不及物动词,这个及物动词既可以带宾语,也可以不带宾语;"弗"否定的一般是及物动词,而这个及物动词又常常不带宾语。例如:

① 老妇不闻也。(《战国策·赵策》)
② 子为正卿,亡不越竟,反不讨贼,非子而谁?(《左传·宣公二年》)
③ 岂不遽止?(《左传·襄公三十一年》)
④ 小惠未遍,民弗从也。(《左传·庄公十年》)
⑤ 天与弗取,反受其咎。(《史记·淮阴侯列传》)

例①例②的"不"后都是及物动词,但例①"闻"没带宾语,例②"越"、"讨"都带了宾语;例③"不"后是不及物动词"止";例④例⑤"弗"后都是及物动词,但都没有带宾语。

"毋"、"勿"都表示禁止性否定,都可译为"不要"、"别"。它们之间用法的区别同于"不"与"弗"的区别。"毋"相当于"不","勿"相当于弗。如:

① 毋妄言,族矣!(《史记·项羽本纪》)
② 距关,毋内诸侯。(同上)
③ 非礼勿视,非礼勿听,非礼勿言,非礼勿动。(《论语·颜渊》)

要注意的是,二者的区别到后代便不明显了。

"未"表示事情还没有实现,可译为"没有"。例如:

① 宣子未出山而复。(《左传·宣公二年》)
② 未闻好学者也。(《论语·雍也》)

有时,"未"也表示一般性否定,可译为"不"。如:

① 亡羊而补牢,未为迟也。(《战国策·楚策》)
② 小时了了,大未必佳。(《世说新语·言语》)

"非"主要用在判断句里的谓语前,否定谓语与主语的关系,可译为"不(是)"。如:

① 此非吾君也。(《孟子·尽心上》)
② 人非生而知之者。(韩愈《师说》)

有时,"非"也可以用在动词或形容词前,表示对行为或性状的否定,可译为"不是"。如:

① 非不说子之道,力不足也。(《论语·雍也》)
② 城非不高也,池非不深也。(《孟子·公孙丑下》)

"无"本来是否定性的动词,当"没有"讲,后边常带有宾语。如:
① 人谁无过?(《左传·宣公二年》)
② 勇而无礼则乱,直而无礼则绞。(《论语·泰伯》)
"无"作为副词,通"毋",用在祈使句中,表示禁止性否定,意为"不要"、"别"。如:
① 不如早为之所,无使滋蔓。(《左传·隐公元年》)
② 无友不如己者。(《论语·学而》)
"莫"在上古主要用作否定性的无指代词,但也偶可用作否定副词。如《诗经·小雅·小旻》:"人知其一,莫知其他。"汉代以后,"莫"就开始较多地用于祈使句,表示禁止性否定,作用同"毋",意为"不要"、"别"。如:
① 富贵莫相忘也。(《吴越春秋》)
② 愿早定大计,莫用众人之议也。(《资治通鉴·赤壁之战》)
"否"的用法比较特殊。前述否定副词都是作谓语修饰成分的,"否"却向来不出现在谓语之前。它要么单用,既表示否定,又隐含了一个谓语的意义;要么与谓语并用,构成肯定和否定相迭的句子,表示否定的一面。如:
① 孟子曰:"许子必种粟而后食乎?"曰:"然。""许子必织布然后衣乎?"曰:"否,许子衣褐。"(《孟子·滕文公上》)
② 听则进,否则退。(《国语·晋语》)
③ 宦三年矣,未知母之存否。(《左传·宣公二年》)
例①"否"意为"不是织布然后衣";例②"否"意为"不听";例③"否"表示"存"的反面,即"没存"。

(五) 情态副词

情态副词用来修饰谓语,说明动作进行的状态。
"诚"、"良"、"信"等表示情况的确如此,可译为"的确"、"确实"等。如:
① 臣诚知不如徐公美。(《战国策·齐策》)
② 此诚危急存亡之秋也。(诸葛亮《出师表》)
③ 古人思秉烛夜游,良有以也。(曹丕《与吴质书》)
④ 蔑也今而后知吾子信可事也。(《左传·襄公三十一年》)
⑤ 子晳信美矣。(《左传·昭公元年》)
"必"表示情况必定如此,"固"表示本来如此或坚决如此,"果"表示果然如此。如:
① 五百年必有王者兴,其间必有名世者。(《孟子·公孙丑下》)
② 王视晏子曰:"齐人固善盗乎?"(《晏子春秋·内篇杂下》)
③ 蔺相如固止之。(《史记·廉颇蔺相如列传》)
④ 尉果笞广。(《史记·陈涉世家》)
例①"必"意为"一定"、"必然",例②"固"意为"本来",例③"固"意为"坚决地",例④"果"意为"果然"。
情态副词"尚"表示情况仍然如此,"亦"表示情况同样如此,"宜"表示应该如此。如:
① 吾固愿见,今吾尚病,病愈,我且往见。(《孟子·滕文公上》)

② 今亡亦死,举大计亦死。(《史记·陈涉世家》)
③ 是以惟仁者宜在高位。(《孟子·离娄上》)
"且"表示姑且如此,"姑"也表示姑且如此,"故"表示故意如此或特地如此。如:
① 先生且休矣,我将念之。(《史记·淮阴侯列传》)
② 多行不义必自毙,子姑待之。(《左传·隐公元年》)
③ 广故数言欲亡,忿恚尉。(《史记·陈涉世家》)
④ 我今故与林公来相看。(《世说新语·政事》)
前两例的"且"、"姑"都可译为"姑且"、"暂且",后两例的"故"可分别译作"故意"、"特意"。

(六) 语气副词

语气副词用来修饰谓语,表示各种不同的语气。语气副词和语气助词虽然都是表示语气的,但语气助词意义虚灵,且不充当任何句子成分;语气副词不仅意义较实在,且都用在谓词之前,充当状语。

用来表示反问的语气副词主要有"岂"、"其"、"宁"、"独"、"庸"等。如:
① 子为恭也,仲尼岂贤于子乎?(《论语·子张》)
② 欲加之罪,其无辞乎?(《左传·僖公十年》)
③ 一之谓甚,其可再乎?(《左传·僖公五年》)
④ 王侯将相宁有种乎?(《史记·陈涉世家》)
⑤ 王独未见夫蜻蛉乎?(《战国策·楚策》)
⑥ 此天所置,庸可杀乎?(《史记·晋世家》)
这些语气副词都可译为"难道"、"哪里"。

"其"除了表示反问语气外,还可以表示祈使语气和推测语气。如:
① 昭王之不复,君其问诸水滨。(《左传·僖公四年》)
② 攻之不克,围之不继,吾其还也。(《左传·僖公三十三年》)
③ 王送知罃曰:"子其怨我乎?"(《左传·成公三年》)
④ 微管仲,吾其被发左衽矣。(《论语·宪问》)
前两例"其"表示祈使语气,可译为"还是";后两例"其"表示委婉的推测,意为"恐怕"、"大概"、"也许"等。

"岂"除了经常表示反问语气外,也可用来表商询语气。如:
① 诸葛孔明者,卧龙也,将军岂愿见之乎?(《三国志·蜀书·诸葛亮传》)
② 先生岂有志于济物哉?(马中锡《中山狼传》)
这种用法的"岂"可译为"是不是"。

语气副词"殆"经常表示推测语气。如:
① 吾尝见一子于路,殆君之子也。(《史记·赵世家》)
② 此殆空言,非至计也。(《汉书·赵充国传》)

语气副词"曾"可表示强调语气。如:
① 以君之力,曾不能损魁父之丘,如太行王屋何?(《列子·汤问》)
② 老臣病足,曾不能疾走。(《战国策·赵策》)

③ 尔何曾比予于管仲?(《孟子·公孙丑上》)

例①"曾"意为"连……都",例②③的"曾"可译为"居然"、"竟然"。

(七) 表敬副词

表敬副词用来表示对自己的谦卑和对人的尊敬。这类副词是古代等级森严的社会制度的产物。

用于表示对人尊敬的表敬副词有"请"、"敬"、"谨"、"幸"、"惠"、"辱"等。如:
① 城不入,臣请完璧归赵。(《史记·廉颇蔺相如列传》)
② 徒属皆曰:"敬受命"。(《史记·陈涉世家》)
③ 诚若先生之言,谨奉社稷而以从。(《史记·平原君虞卿列传》)
④ 先生不幸教寡人乎?(《战国策·秦策》)
⑤ 君惠吊亡臣,又重有命。(《国语·晋语》)
⑥ 曩者辱赐书。(《报任安书》)

这些词用作表敬副词时,都不再是原来的意义。"请"意为"请允许我","敬"可理解为"非常恭敬地","谨"有"谨慎小心地"之意,"幸"则有"您这样做是我的荣幸"的意思,"惠"则是"您的做法是给我的恩惠"之意,"辱"则含有"您这样做使您蒙受了屈辱"之意。但要注意的是,这些意义只能意会,很多情况下并不能译出。

表示自己谦卑的表敬副词有"敢"、"窃"等。如:
① 颍考叔曰:"敢问何谓也?"(《左传·隐公元年》)
② 若亡郑而有益于君,敢以烦执事。(《左传·僖公三十年》)
③ 臣闻吏议逐客,窃以为过矣。(李斯《谏逐客书》)
④ 陛下又不自忧,窃为陛下惜之。(《汉书·贾谊传》)

例①中"敢"有"冒昧"的意思,"窃"则可译为"私下里"。

表敬副词"请"本来是一个动词。作为动词,"请"有两种意思。一是后跟名词,意为"请求得到……";一是后跟动词,意为"请您……"。动词"请"的第二种用法与表敬副词"请"从形式上看都是出现在动词前的,但所表意义却不同。如《左传·隐公元年》的两个句子:"及庄公即位,为之请制。""欲与大叔,臣请事之;若弗与,则请除之。"第一句中"请"后是名词,所以"请"是动词,意为"请求得到";第二句中两个"请"都用在动词前,但第二个"请"后的动词"除"是对方发出的动作,所以"请"是动词,意为"请您";第一个"请"后的"事"是说话人子封自己发出的动作,本不必向人请求,所以只是为了表示他对庄公的尊敬,意为"请允许我",是表敬副词。

(八) 指代性副词

除了前述七类副词以外,古汉语中还有一类词,表面上看,它们也像其他副词一样,是用在动词前作状语的,但它们所起的作用却是指代动词后意念上的受事宾语。我们把这样的词叫作"指代性副词"。

常见的指代性副词有"相"、"见"这两个。例如:
① 始吾与公为刎颈交,今王与耳旦暮且死,而公拥兵数万,不肯相救。(《史记·张耳

陈余列传》）
② （禹）为吏以来，家无食客，公卿相造请，禹终不行报谢。（《汉书·酷吏传》）
③ 穆家居数年，在朝诸公多有相推荐者。（《后汉书·朱穆传》）
④ 子敬，孤持鞍下马相迎，足以显卿未？（《三国志·吴书·鲁肃传》）

例①"相"作动词"救"的状语，指代第一人称的受事宾语，意为"我"；例②③的"相"分别作动词"造请"、"推荐"的状语，指代第三人称的受事宾语，意为"他"；例④"相"作动词"迎"的状语，指代第二人称的受事宾语，可译为"你"。

前边已经介绍过的范围副词"相"的主语都是复数，表示几个人或物之间的施受关系，是"互相"、"递相"的意思；这里所说的指代性副词"相"的主语一般都是单数，表示的是主语一方发出动作，另一方接受动作的偏指关系。这两种"相"字要注意区别。

指代性副词"见"用法与指代性副词"相"一样，也是用在不带宾语的及物动词前，起指代受事宾语的作用。但"见"的使用范围要比"相"小得多，它指代的受事宾语只能是第一人称的。如：

① 凡举事无为亲厚者所痛，而为见仇者所快。（《后汉书·朱浮传》）
② 吾相遇甚厚，何以见负？（《晋书·罗企生传》）
③ 王笑曰："张祖希若欲相识，自应见诣。"（《世说新语·方正》）

三例中的"见"分别指代动词"仇"、"负"、"诣"的第一人称宾语，意为"我"、"自己"。

思考与练习（十六）

一、副词共分哪几类？各类常用的副词有哪些？
二、指出下面各个副词的两种不同用法。
　　良　颇　稍　仅　相　曾　独　且　其　岂
三、说明下面各句中加点副词的类别和意义。
　1. 小人有母，皆尝小人之食矣，未尝君之羹。（《左传·隐公元年》）
　2. 君惠徼福于敝邑之社稷，辱收寡君，寡君之愿也。（《左传·僖公四年》）
　3. 谚所谓"辅车相依，唇亡齿寒"者，其虞虢之谓也。（《左传·僖公五年》）
　4. 晋，吾宗也，岂害我哉？（同上）
　5. 且君尝为晋君赐也。（《左传·僖公三十年》）
　6. 楚子使申舟聘于齐，曰："无假道于宋。"（《左传·宣公十四年》）
　7. 余姑翦灭此而朝食！（《左传·成公二年》）
　8. 使吏召诸民当偿者，悉来合券。（《战国策·齐策》）
　9. 老臣窃以为媪之爱燕后，贤于长安君。（《战国策·赵策》）
　10. （秦王）卒廷见相如，毕礼而归之。（《史记·廉颇蔺相如列传》）
　11. 余闻而愈悲。（柳宗元《捕蛇者说》）
　12. 吾义固不杀人。（《墨子·公输》）
　13. 王好战，请以战喻。（《孟子·梁惠王上》）
　14. 夫庸知其年之先后生于吾乎？（韩愈《师说》）
　15. 贤者诚重其死。（《史记·季布列传》）

16. 霜露既降,草木尽脱。(苏轼《后赤壁赋》)
17. 天子业出兵诛宛。(《汉书·李广传》)
18. 将行,哭而过市。(《左传·文公十八年》)
19. 及夫至门,丞相尚卧。(《史记·魏其武安侯列传》)
20. 处遂改励,终为忠臣孝子。(《世说新语·自新》)

四、简述动词"请"与副词"请"、范围副词"相"与指代性副词"相"的区别。

五、指出下面各句中"请"、"相"、"独"、"其"的词性和意义。
1. 冉子为其母请粟。(《论语·雍也》)
2. 臣宜从,老不能,请数公子行日。(《史记·魏公子列传》)
3. 邻国相望,鸡犬之声相闻。(《老子·八十章》)
4. 聚室而谋曰:"吾与汝毕力平险,指通豫南,达于汉阴,可乎?"杂然相许。(《列子·汤问》)
5. 前后相随。(《老子·二章》)
6. 此独其将欲叛,恐其士卒不从。(《汉书·高帝纪》)
7. 相如虽驽,独畏廉将军哉?(《史记·廉颇蔺相如列传》)
8. 攻陈,陈守令皆不在,独守丞与战谯门中。(《史记·陈涉世家》)
9. 千金,重币也;百乘,显使也。齐其闻之矣。(《战国策·齐策》)
10. 吾子其无废先王之功。(《左传·隐公三年》)

六、标点并翻译下面一段古文。

景公之嬖妾婴子死公守之三日不食肤著于席而不去左右以复而君无听焉晏子入复曰有术客与医俱言曰闻婴子病死愿请治之公喜遽起曰病犹可为乎晏子曰客之道也以为良医也请尝试之君请屏洁沐浴饮食间病者之宫彼亦将有鬼神之事焉公曰诺屏而沐浴晏子命棺人入敛已敛而复曰医不能治病已敛矣不敢不以闻公作色不说曰夫子以医命寡人而不使视将敛而不以闻吾之为君名而已矣晏子曰君独不知死者之不可以生邪婴闻之君正臣从谓之顺君僻臣从谓之逆今君不道顺而行僻从逆者迩导害者远

(《晏子春秋·内篇谏下》)

三、介词

(一)介词的作用

介词主要用来把名词、代词或词组引介给以动词、形容词充当的中心词,介词与它引介的对象组成介宾词组,这个介宾词组或作状语,或作补语,共同对中心词起限制或补充作用。例如:

① 射其左,越于车下。(《左传·成公二年》)
② 若之何其以病败君之大事也。(同上)
③ 老臣窃以为媪之爱燕后,贤于长安君。(《战国策·赵策》)

例①"于"是介词,把"车下"引介给动词"越",与"车下"组成介宾词组,"于车下"作"越"的补语,补充说明"越"这个动作发生的处所。例②"以"是个介词,把"病"引介给动词"败",

与"病"组成介宾词组,"以病"作"败"的状语,说明"败"的原因。例③"于"是介词,把名词"长安君"引介给形容词"贤",与"长安君"组成介宾词组,这个介宾词组作"贤"的补语,补充说明"贤"的比较对象。

古汉语里的介词常用的有于(於)、乎、以、为、因、由、从、自、用、与、及等。其中后六个介词的用法与现在基本相同,不赘,我们主要介绍"于(於)"、"乎"、"以"、"为"、"因"这几个重点介词的用法和意义。

(二)介词"于(於)"的用法

"于"和"於"本来都是动词,分别意为"往"和"在",后来逐渐虚化为介词。由于二者上古音近,所以虚化为介词后,其用法也大致相同,所不同的只是在不同的古籍中的使用情况。如《诗经》以用"于"为多,《左传》、《论语》、《孟子》等以用"於"为多。现在,"于"和"於"都简化为"于"了。

介词"于(於)"的用法可细分为如下几种:

引进行为的时间。例如:

① 子于是日哭,则不歌。(《论语·述而》)
② 晋于是始墨。(《左传·僖公三十三年》)
③ 自吾氏三世居是乡,积于今六十岁矣。(柳宗元《捕蛇者说》)

例①的"于"引进行为发生的时间,意为"在";例②的"于"引进行为起自的时间,意为"从";例③的"于"引进行为归趋的时间,意为"到"。

引进行为的处所。例如:

① (齐、鲁)战于长勺。(《左传·庄公十年》)
② 子墨子闻之,起于鲁,行十日十夜。(《墨子·公输》)
③ 平原君已定从而归,归至于赵。(《史记·平原君虞卿列传》)
④ 吴王曰:"于周家,我为长。"(《史记·吴世家》)

例①的"于"引进行为发生的处所,意为"在";例②的"于"引进行为起自的处所,意为"从";例③的"于"引进行为归趋的处所,意为"到";例④"于"的宾语"周家"不是表示具体的处所,而是表示一定的范围,"于"可译为"在……中"。

引进行为涉及的对象。例如:

① 赵氏求救于齐。(《战国策·赵策》)
② 逢蒙学射于羿。(《孟子·离娄下》)
③ 于其身也,则耻师焉。(韩愈《师说》)
④ 东方朔割炙于细君。(《汉书·扬雄传》)
⑤ 子倍子之师而学之,亦异于曾子矣。(《孟子·滕文公上》)
⑥ 每自比于管仲乐毅。(《三国志·蜀书·诸葛亮传》)
⑦ 言先王之仁义,无益于治。(《韩非子·显学》)

例①②的"于"引进行为所向的对象,意为"向";例④的"于"引进行为所给的对象,意为"给";例⑤⑥的"于"引进行为所与的对象,意为"和"、"跟";例③⑦的"于"引进行为所对的对象,意为"对"或"对于"。

引进性状比较的对象。例如：
① 冰,水为之而寒于水。(《荀子·劝学》)
② 以予观夫子,贤于尧舜远矣。(《孟子·公孙丑上》)
这样的"于"意为"比"。

引进行为的主动者。例如：
① 内困于父母,外困于诸侯。(《国语·晋语》)
② 国人道之,闻之于宋君。(《吕氏春秋·察传》)
这样的"于"意为"被"。

引进行为或性状产生的原因。例如：
① 贫生于不足,不足生于不农。(晁错《论贵粟疏》)
② 业精于勤,荒于嬉。(韩愈《进学解》)
这样的"于"意为"由于"。

(三)介词"乎"的用法

介词"乎"的用法大多与介词"于"相同,也可以引进行为的时间、处所、对象、原因、比较对象、主动者等。例如：
① 生乎吾前,其闻道也,固先乎吾。(韩愈《师说》)
② 擢之乎宾客之中,立之乎群臣之上。(乐毅《报燕王书》)
③ 或问乎曾西曰:"吾子与子路孰贤?"(《孟子·公孙丑上》)
④ 吾尝疑乎是。(柳宗元《捕蛇者说》)
⑤ 治生乎君子,乱生乎小人。(《荀子·王制》)
⑥ 行高乎此矣。(《吕氏春秋·至忠》)
⑦ 万尝与庄公战,获乎庄公。(《公羊传·庄公十二年》)

例①"乎"分别引进时间和比较对象,意为"在"、"比";例②"乎"引进处所,分别意为"从"、"在";例③④"乎"引进行为对象,分别意为"向"、"对";例⑤"乎"引进原因,意为"因为";例⑥"乎"引进比较对象,意为"比";例⑦"乎"引进主动者,意为"被"。

(四)介词"以"的用法

"以"本来是一个动词,有"用"、"认为"等义。后虚化为介词,主要有以下几种用法：

引进动作行为的凭借。这是由动词"用"的意义虚化引申而来的。"以"的宾语既可以是行为凭借的具体工具,也可以是行为凭借的抽象事物。如：
① 以子之矛,陷子之盾,何如?(《韩非子·难势》)
② 以一平板按其面,则字平如砥。(《梦溪笔谈·活板》)
③ 秦亦不以城予赵,赵亦终不予秦璧。(《史记·廉颇蔺相如列传》)
三例中"以"都引进凭借的具体对象,可分别译为"用"、"拿"、"把"。再如：
① (廉颇)以勇气闻于诸侯。(《史记·廉颇蔺相如列传》)
② 斧斤以时入山林,材木不可胜用也。(《孟子·梁惠王上》)
③ 胥臣以下军之佐当陈蔡。(《左传·僖公二十八年》)

④ 若能以吴越之众与中国抗衡，不如早与之绝。(《资治通鉴·赤壁之战》)
这四例的"以"都引进凭借的抽象事物，可分别译作"凭"、"按"、"以……身份"、"依靠"。
　　引进动作行为产生的原因。这种用法是从引进行为凭借的用法引申过来的。如：
　　① 若之何其以病败君之大事也？(《左传·成公二年》)
　　② 乃欲以一笑之故杀吾美人，不亦甚乎？(《史记·平原君虞卿列传》)
　　③ 大道以多歧亡羊。(马中锡《中山狼传》)
这样的"以"可译为"因为"、"由于"。
　　引进动作行为发生的时间。如：
　　① 赏以春夏，刑以秋冬。(《左传·襄公二十六年》)
　　② 文以五月五日生。(《史记·孟尝君列传》)
　　③ 武以始元六年春至京师。(《汉书·苏武传》)
这样的"以"可译为"在"。
　　引进动作行为关涉的对象。如：
　　① 天下有变，王割汉中以楚和。(《战国策·秦策》)
　　② 王以巩伯宴，而私贿之。(《左传·成公二年》)
　　③ 宫之奇以其族行。(《左传·僖公五年》)
　　④ 项梁乃以八千人渡江而西。(《史记·项羽本纪》)
前两例的"以"意为"和"，后两例的"以"意为"带领"、"率领"。
　　介词"以"的宾语有时可以省略。如：
　　① 吾有老母，皆尝小人之食矣，未尝君之羹，请以□遗之。(《左传·隐公元年》)
　　② 衣食所安，弗敢专也，必以□分人。(《左传·庄公十年》)
例①"以"后省略了指代"羹"的代词宾语"之"，例②"以"后省略了指代"衣食"的代词宾语"之"。

(五) 介词"为"的用法

　　"为"在古汉语里经常作动词，音 wéi；有时是介词，音 wèi。介词"为"的主要用法有以下几种：
　　引进动作行为关涉的对象。如：
　　① 汤使亳众往为之耕。(《孟子·滕文公下》)
　　② 谁习计会，能为文收责于薛者乎？(《战国策·齐策》)
　　③ 太子入为王泣。(《韩非子·外储说右上》)
　　④ 寡人独为仲父言，而国人知之，何也？(《韩诗外传》)
　　⑤ 臣请为王言乐。(《孟子·梁惠王下》)
前两例"为"意为"给"，中间两例"为"意为"对"，后一例"为"意为"向"。
　　引进动作行为的原因。如：
　　① 天行有常，不为尧存，不为桀亡。(《荀子·天论》)
　　② 天不为人之恶寒也辍冬。(同上)
　　③ 为其老，强忍，下取履。(《史记·留侯世家》)

这样的"为"意为"因为"。

引进动作行为的目的。如：
① 天下熙熙，皆为利来。(《史记·货殖列传》)
② 今子弟远劳于外，人主为之夙夜不宁。(《盐铁论·忧边》)
③ 文章合为时而著，歌诗合为事而作。(白居易《与元九书》)

这样的"为"可译成"为了"、"为着"。

引进动作行为的主动者。如：
① 身死人手，为天下笑者，何也？(《史记·秦始皇本纪》)
② 兔不可复得，而身为宋国笑。(《韩非子·五蠹》)
③ 不为酒困。(《论语·子罕》)

这样的"为"可译为"被"，读 wéi。

引进动作行为发生的时间。如：
① 为其来也，臣请缚一人过王而行。(《晏子春秋·内篇杂下》)
② 为其贫也，使之有屋庐而多禄廪。(王安石《上执政书》)

这样的"为"可译为"在……的时候"。这种用法较少。

(六) 介词"因"的用法

介词"因"用法比现代汉语要复杂一些。其主要用法有：

引进动作行为的凭借。如：
① 因其富厚，交通王侯。(晁错《论贵粟疏》)
② 群臣守职，百官有常，因能而使之。(《韩非子·主道》)
③ 因其凶而攻之。(《左传·僖公二十八年》)
④ 魏往年大破于齐，诸侯畔之，可因此时伐魏。(《史记·商君列传》)

前两例"因"引进凭借的条件，可分别译为"凭着"、"根据"；后两例"因"引进凭借的时机，可译为"趁"、"趁着"。

引进动作行为的有关对象。如：
① 魏使人因平原君请从于赵，三言之，赵王不听。(《战国策·赵策》)
② 时子因陈子而以告孟子，陈子以时子之言告孟子。(《孟子·公孙丑下》)
③ 廉颇闻之，肉袒负荆，因宾客至蔺相如门谢罪。(《史记·廉颇蔺相如列传》)

由以上三例可知，介词"因"引进的行为对象往往是行为的中介人。这样的"因"可译为"通过"。

引进行为发生的原因。如：
① 因此怒，遣人追杀王姊道中。(《史记·张耳陈余列传》)
② 今政治和平，世无兵革，天下相安，何因当有大水一日暴至？(《汉书·王商传》)

这种用法的"因"可译为"因为"、"由于"。

(七) 介词用法的分析

介词的用法是由它的宾语与中心词的语义关系所决定的。不同的介词，用法不完全一样;同一个介词在不同的语言环境里,用法也不会一样。分析介词的用法,主要是看介词后的宾语与中心词之间到底是什么语义关系,也即看介词的宾语表示的是与动作行为或性质状态有关的哪方面的内容。宾语表示的是什么,介词的用法就是引进什么。例如:

① 秦人以急农兼天下,孝武以屯田定西域。(曹操《置屯田令》)
② 君子有四时:朝以听政,昼以访问,夕以修令,夜以安身。(《左传·昭公元年》)
③ 或问乎曾西曰……(《孟子·公孙丑上》)
④ 今吴不如过,而越大于少康。(《左传·哀公元年》)

例①"急农"、"屯田"分别表示"兼天下"、"定西域"的原因,所以介词"以"的用法是"引进原因",意为"因为"。例②"朝"、"昼"、"夕"、"夜"分别表示"听政"、"访问"等的时间,所以介词"以"的用法是"引进时间",意为"在"。例③"曾西"表示"问"的对象,所以介词"乎"的用法是"引进行为的对象",意为"向"。例④"少康"是就"大"这种性质进行比较的对象,所以介词"于"的用法是"引进比较的对象",意为"比"。

思考与练习(十七)

一、古汉语常用的介词有哪几个?

二、介词"于(於、乎)"、"以"、"为"、"因"各有哪几种用法?

三、指出下面各句中加点介词的用法和意义。
1. 始吾于人也,听其言而信其行。(《论语·公冶长》)
2. 宋公及楚人战于泓。(《左传·僖公二十二年》)
3. 战而不克,为诸侯笑。(《左传·襄公十年》)
4. 千里之行,始于足下。(《老子·六十四章》)
5. 当仁,不让于师。(《论语·卫灵公》)
6. 王如知此,则无望民之多于邻国也。(《孟子·梁惠王上》)
7. 曹操比于袁绍,则名微而众寡。(《三国志·蜀书·诸葛亮传》)
8. 故有备则制人,无备则制于人。(《盐铁论·险固》)
9. 君若以德绥诸侯,谁敢不服!(《左传·僖公四年》)
10. 高祖以亭长为县送徒郦山。(《史记·高祖本纪》)
11. 君子不以言举人,不以人废言。(《论语·卫灵公》)
12. 君为我呼入,吾得兄事之。(《史记·项羽本纪》)
13. 庖丁为文惠君解牛。(《庄子·养生主》)
14. 许子奚为不自织?(《孟子·滕文公上》)
15. 法者,见功而与赏,因能而受官。(《韩非子·外储说左上》)

四、根据文意,从介词"于"、"以"中选择一个合适的填入句中括号里,并说明其用法。
1. 庄周家贫,故往贷粟( )监河侯。(《庄子·外物》)
2. 今欲( )先王之政,治当世之民。(《韩非子·五蠹》)
3. 有过( )江上者,见人方引婴儿欲投之江中。(《吕氏春秋·察今》)
4. 吾( )天下贤士可谓无负矣。(《汉书·高帝纪》)
5. 子贡贤( )仲尼。(《论语·子张》)

6. 成（　）其小,劣之。(《聊斋志异·促织》)
7. 利泽施（　）万物。(《庄子·大宗师》)
8. 寡君使元（　）病告。(《左传·宣公十五年》)
9. 孟尝君就国（　）薛。(《战国策·齐策》)
10. 寡人不敢（　）先王之臣为臣。(同上)

五、标点并翻译下面的短文。

晏子使楚楚人以晏子短为小门于大门之侧而延晏子晏子不入曰使狗国者从狗门入今臣使楚不当从此门入傧者更道从大门入见楚王王曰齐无人耶使子为使晏子对曰齐之临淄三百闾张袂成阴挥汗成雨比肩继踵而在何为无人王曰然则何为使子晏子对曰齐命使各有所主其贤者使使贤主不肖者使使不肖主婴最不肖故宜使楚矣

(《晏子春秋·内篇杂下》)

四、连词

(一)连词的作用和类别

连词的作用是连接词、词组或句子,帮助表示所连语言单位之间各种语法或逻辑关系。例如:

① 子路拱而立。(《论语·微子》)
② 不如小决使道,不如吾闻而药之也。(《左传·襄公三十一年》)
③ 晋侯秦伯围郑,以其无礼于晋且贰于楚也。(《左传·僖公三十年》)

例①连词"而"连接"拱"和"立"两个动词,二者之间是修饰与被修饰关系。例②连词"而"连接主谓词组"吾闻"和动宾词组"药之",二者之间是承接关系。例③连词"以"连接"晋侯秦伯围郑"和"其无礼于晋且贰于楚"两个句子,二者之间是结果和原因的关系。

不同的连词所连接的语言单位之间可以具有不同的语法关系。根据这些语法关系的不同,我们可以把连词分为如下几类:

并列连词　这一类常用的有"与"、"及(暨)"、"而"、"以"、"且"等。它们所连接的两个(或两个以上)语言单位是平等的、不分主次的,因而可以互换位置而句意不变。如:

① 蜩与学鸠笑之。(《庄子·逍遥游》)
② 生庄公及共叔段。(《左传·隐公元年》)

这类连词都可译为"和",有的也可译为"又"。"而"、"以"、"则"、"且"是多义连词,下文我们将重点介绍其用法,这里暂不举例。

递进连词　这一类常用的有"而"、"且"、"况"、"何况"、"而况"、"况于"等。它们连接的两个语言单位,在语势语义上有轻重之别,后一部分都比前一部分语义更进一层。例如:

① 蔓草犹不可除,况君之宠弟乎?(《左传·隐公元年》)
② 管仲且犹不可召,而况不为管仲者乎?(《孟子·公孙丑下》)
③ 且庸人尚羞之,况于将相乎?(《史记·廉颇蔺相如列传》)

三例中的"况"、"而况"、"况于"都可译为"何况"。

选择连词 常用的有"若"、"如"、"抑"、"将"、"宁"、"且"等。它们所连接的两个语言单位所表示的事物是不能并存的,只能从中选择一个。例如:
① 大夫没矣,则称谥若字。(《礼记·玉藻》)
② 安见方六七十如五六十而非邦也者?(《论语·先进》)
③ 黄帝人耶,抑非也?(《礼记·五帝德》)
④ 先生老悖乎?将以为楚国妖祥乎?(《战国策·楚策》)
⑤ 人之情宁朝人乎?宁朝于人也?(《战国策·赵策》)
这一类连词都可译为"或"、"或者"、"是……还是……"。

承接连词 常用的有"斯"、"则"、"而"、"于是"、"然后"等。它们所连接的两个语言单位表示的动作行为是先后相承、连续发生的。如:
① 如知其非义,斯速已矣,何待来年?(《孟子·滕文公下》)
② 丕郑许诺,于是杀冀芮、卓子及骊姬。(《国语·晋语》)
这类连词可译为"就"、"便"等。

因果连词 常用的有"而"、"以"、"由"、"故"、"以故"、"是故"、"是以"、"是用"等。其中"以故"、"是以"、"是用"都是由介宾结构凝固而成的。这类连词连接的两个语言单位,一个表示原因,另一个表示产生的结果。例如:
① 由所杀蛇白帝子,杀者赤帝子,故上赤。(《史记·高祖本纪》)
② 汉败楚,楚以故不能过荥阳而西。(《史记·项羽本纪》)
③ 其言不让,是故哂之。(《论语·先进》)
④ 息师大败而还,君子是以知息之将亡也。(《左传·隐公十一年》)
⑤ 不谷恶其无成德,是用宣之。(《左传·成公十三年》)
其中"由"意为"因为",其他几个都可译为"因此"、"所以"。

假设连词 常用的有"而"、"则"、"且"、"如"、"若"、"令"、"向"、"苟"、"设"、"使"以及由这几个单音连词组成的复合连词,如"如使"、"如令"、"向使"、"向令"、"若使"、"若令"、"设使"、"设若"等。它们所连接的两个语言单位,一个表示假设的条件,一个表示推断的结果。例如:
① 如令子当高帝时,万户侯岂足道哉?(《史记·李将军列传》)
② 若止印二三本,未为简易。(《梦溪笔谈·活板》)
③ 令天可上,地上安得民?(《后汉书·五行志》)
④ 向不出其技,虎虽猛,疑畏卒不敢取。(柳宗元《黔之驴》)
⑤ 苟无岁,何以有民?(《战国策·赵策》)
⑥ 设百岁后,是属宁有可信者乎?(《史记·魏其武安侯列传》)
⑦ 使尔多财,我为尔宰。(《史记·孔子世家》)
⑧ 设使国家无有孤,不知当几人称帝。(《三国志·魏书·武帝纪》注)
这些连词都可译为"假如"、"如果"。

让步连词 常用的有"虽"、"虽然"、"纵"、"即"等。它们所连接的两个语言单位,前者表示姑且承认的事实,后者表示在前者所表前提下产生的结果。如:
① 虽与之俱学,弗若之矣。(《孟子·告子上》)

② 小大之狱，虽不能察，必以情。(《左传·庄公十年》)
③ 诸侯之礼，我未之学也。虽然，吾尝闻之矣。(《孟子·滕文公上》)
④ 虽然，公输盘为我为云梯，必取宋。(《墨子·公输》)
⑤ 且籍与江东子弟八千人渡江而西，今无一人还，纵江东父兄怜而王我，我何面目见之？(《史记·项羽本纪》)
⑥ 公子即合符，而晋鄙不授公子兵而复请之，事必危矣。(《史记·魏公子列传》)

其中"虽"可译为"虽然"、"即使"，"虽然"是让步连词和近指代词"然"的凝固形式，可译为"虽然这样"或"即使如此"；"纵"可译为"纵然"，"即"可译为"即使"。

转折连词 常用的有"而"、"则"、"然而"、"然则"等。它们所连接的两个语言单位，前者说一个意思，后者再说一个与前者相反或相对的意思，可译为"可是"、"但是"、"却"等。

除了以上八种外，还有偏正连词，连接状语和中心词；目的连词，连接的前者表示手段或方法，后者表示要达到的目的。

需要明确的是，我们把一个连词称作"并列连词"时，并不是说这个连词本身能够表示并列关系。并列的关系是这个连词所连接的两个语言单位在特定的语言环境中自然具有的。我们之所以称某个连词是并列连词，实际上是说它所连接的语言单位之间是并列关系。余类推。

(二) 连词"而"的用法

"而"是所有连词中用法最灵活、使用频率最高的一个。其主要用法有：

1. 表示并列关系

① 强本而节用，则天不能贫。(《荀子·天论》)
② 晋公子广而俭，文而有礼。(《左传·僖公二十三年》)
③ 永州之野产异蛇，黑质而白章。(柳宗元《捕蛇者说》)

例①"而"连接两个动宾词组，表示人们应该同时做的两件事情，意为"又"；例②"而"连接两个形容词和一个形容词、一个动宾词组，表示主语同时具备的两种性格特点，意为"又"；例③"而"连接两个名词，这种情况很少见，因为"而"主要连接谓词性词语，所以一旦它连接的是名词时，这些名词便都具有了动词的性质。此例"而"即表示主语同时具有的两种东西，"黑质而白章"意为"有黑色的质地和白色的花纹"或"有黑色的质地又有白色的花纹"。

2. 表示递进关系

① 君子博学而日参省乎己，则知明而行无过矣。(《荀子·劝学》)
② 今吾于人也，听其言而观其行。(《论语·公冶长》)
③ 使尽之，而为之箪食与肉。(《左传·宣公二年》)

这三例的"而"都连接两个动词性词组，其后的动词性词组所表示的意义都比前者更进一层，可译为"而且"、"并且"。

3. 表示承接关系

① 入竟而问禁，入国而问俗。(《礼记·曲礼》)
② 入而徐趋，至而自谢。(《战国策·赵策》)

③ 余姑翦灭此而朝食。(《左传·成公二年》)

这三例的"而"也都连接两个动词性词组。这两个动词或动词性词组所表示的动作行为都是一先一后相继发生的。"而"意为"就"、"便"等。

4. 表示偏正关系

① 河曲智叟笑而止之。(《列子·汤问》)
② 长驱到齐,晨而求见。(《战国策·齐策》)
③ 项王按剑而跽。(《史记·项羽本纪》)

例①③的"而"也连接两个动词或动词性词组,但前一个动词或动词性词组主要作用是表示后一动作行为的方式,它是状语。例②"而"连接的是时间状语和中心词。这样的"而"字都可不译。

5. 表示因果关系

① 楚不用吴起而削乱,秦行商君而富强。(《韩非子·问田》)
② 表恶其能而不能用也。(《资治通鉴·赤壁之战》)
③ 有怠而欲出者。(王安石《游褒禅山记》)

这三例的"而"都连接两个动词或动词性词组。它前边的动词或动词性词组表示原因,后边的动词或动词性词组则表示结果。"而"可译为"因而"。

6. 表示目的关系

① 虎求百兽而食之,得狐。(《战国策·楚策》)
② 惩山北之塞,出入之迂也,聚室而谋。(《列子·汤问》)
③ 爱其子,择师而教之。(韩愈《师说》)

这三例的"而"也都连接两个动词或动词性词组。其前一个动词或动词性词组表示主语采取的手段、方式,后一动词或动词性词组则表示要达到的目的。"而"可译为"以便"、"来"、"去"。

7. 表示假设关系

① 秦以城求璧而赵不许,曲在赵。(《史记·廉颇蔺相如列传》)
② 视其缶,而吾蛇尚存,则弛然而卧。(柳宗元《捕蛇者说》)
③ 管氏而知礼,孰不知礼?(《论语·八佾》)
④ 子产而死,谁其嗣之?(《左传·襄公三十年》)

前两例是先提出一个前提,然后假设一个条件,最后指出推断的结果。"而"用在表示假设条件的词语前,意为"如果";后两例"而"用于主谓之间,其中谓语部分是假设的条件,"而"也意为"如果"。

8. 表示转折关系

① 宋无罪而攻之,不可谓仁。(《墨子·公输》)
② 位尊而无功,奉厚而无劳。(《战国策·赵策》)
③ 君子而不仁者有矣夫!(《论语·宪问》)
④ 十人而从一人者,宁力不胜、智不若耶?畏之也。(《战国策·赵策》)

前两例"而"连接两个动词性词组,其中后一个动词性词组表示的意思与前边动词性词组表示的意思都是相反的,"而"意为"却";后两例"而"用于主语与谓语之间。"而"前表面上看只有一个主语,实际上它都包含了一层意思。如例③的"君子"含义是"君子就该仁",例④"十人"含义是"十人就不该从一人"。"而"后谓语部分表示的意义与前边的含义都不是一致的,"而"可译为"却"。

由上可以看出,从所连接的语言单位本身来看,"而"既可连接词、词组,也可连接句子;从所连接的语言单位之间的逻辑关系来看,"而"前后可以是并列、递进、承接等多种关系;从句子成分的角度来分析,"而"的前后可以是主语与谓语、谓语与谓语、状语与谓语,也可以是分句与分句。同时,"而"的各种用法并没有明显的形式标志,它前后的语言单位之间究竟是什么关系,必须联系上下文意才能分析得正确。如《诗经·鄘风·相鼠》:"相鼠有皮,人而无仪;人而无仪,不死何为?"句中"人而无仪"两现,似应义同。但第一个"人而无仪"与"相鼠有皮"联系起来分析,"而"应是表示转折关系的,意为"却";第二个"人而无仪"与"不死何为"联系起来分析,"而"却是表示假设关系的,意为"如果"。

(三) 连词"以"的用法

"以"不仅是一个常用的介词,而且还是一个常用的连词。连词"以"的主要用法有:

1. 表示并列关系

① 古之民朴以厚,今之民巧以伪。(《商君书·开塞》)
② 主明以严,将智以武。(《史记·张仪列传》)
③ 古之君子,其责己也重以周,其待人也轻以约。(韩愈《原毁》)

这种用法的"以"连接的都是两个形容词,表示主语同时具有的两种性状,意为"又"。

2. 表示目的关系

① 晋侯复假道于虞以伐虢。(《左传·僖公五年》)
② 愿令得补黑衣之数,以卫王宫。(《战国策·赵策》)
③ 皆刑其长吏,杀之以应陈涉。(《史记·陈涉世家》)

这种用法的"以"连接的都是两个动词性词组。前一动词性词组表示主语采取的手段,如例①的"假道于虞";后一动词性词组表示主语要达到的目的,如例①的"伐虢"。"以"可译为"以便"、"来"、"去"。

3. 表示因果关系

① 以不能取容当世,故终身不仕。(《史记·张释之列传》)
② 晋侯秦伯围郑,以其无礼于晋且贰于楚也。(《左传·僖公三十年》)
③ 孤违蹇叔以辱二三子,孤之罪也。(《左传·僖公三十三年》)
④ 以舅犯之谋与楚人战以败之。(《韩非子·难一》)

例①"以"用在由因及果的因果复句的原因分句前,例②"以"用在由果溯因的因果复句的原因分句前,都意为"因为";例③④的"以"用在作谓语的两个动词性词组间,其前一动词性词组如"孤违蹇叔"是原因,后一动词性词组如"辱二三子"是产生的结果,这样的"以"可译为"以致"、"结果"等。

4. 表示偏正关系

① 幸而得之,坐以待旦。(《孟子·离娄下》)
② 愿夫子辅吾志,明以教我。(《孟子·梁惠王上》)

③ 樊哙侧其盾以撞，卫士仆地。(《史记·项羽本纪》)
④ 黔无驴，有好事者船载以入。(柳宗元《黔之驴》)

这种用法的"以"前边都是由动词、动词性词组或形容词充当的状语，表示方式或性状，后边都是动词中心词。"以"可不译。

连词"以"的上述四种用法，各有自己的特点，一般不难辨别。但有时连词"以"与介词"以"的界限倒不十分清楚。如《左传·隐公元年》"命子封帅车二百乘以伐京"句，有人以为"以"是介词，后省宾语"之"，"以伐京"意即"用这些兵马攻打京城"。这实际上是错误的。句中"以"是连词，表示目的关系，意为"去"。

(四) 连词"则"的用法

连词"则"可用来连接词、词组和句子。它的主要用法有：

1. 表示承接关系

① 项王曰："赐之彘肩。"则与一生彘肩。(《史记·项羽本纪》)
② 于是至则围王离，与秦军遇。(《汉书·项籍传》)
③ 此印者才毕，则第二板已具。(《梦溪笔谈·活板》)
④ 既其出，则或咎其欲出者。(王安石《游褒禅山记》)

这样的"则"或连接两个动词、动词性词组，如例②，或连接两个分句，如例①③④，表示它后边的动作行为紧接着前边的动作行为而发生，"则"意为"就"、"便"。

2. 表示假设关系

① 诸侯之贿聚于公室，则诸侯贰。(《左传·襄公二十四年》)
② 使梁睹秦称帝之害，则必助赵矣。(《战国策·赵策》)
③ 文公曰："子则以为有罪，寡人亦有罪耶?"(《史记·循吏列传》)
④ 诚得劫秦王使悉反诸侯之侵地，则大善矣；则不可，因而刺杀之。(《战国策·燕策》)

例①②和例④的第一个"则"都用在假设复句中表示推断结果的分句前，可译为"那么"、"那就"；例③和例④的第二个"则"是用在假设复句中表示假设条件的分句前，可译为"如果"。

3. 表示转折关系

① 滕，小国也，竭力以事大国，则不得免焉。(《孟子·梁惠王下》)
② 爱其子，择师而教之；于其身也，则耻师焉。(韩愈《师说》)
③ 郑穆公使视客馆，则束载厉兵秣马矣。(《左传·僖公三十三年》)
④ 使子路反见之，至则行矣。(《论语·微子》)

前两例的"则"表示一般的转折，意为"却"、"可是"；后两例的"则"却不同，它的后项表示的事情是其前项的主语所没有预料到的，因而含有"原来却"的意思。

4. 表示并列关系

① 弟子入则孝，出则弟。(《论语·学而》)
② 有伊尹之志则可，无伊尹之志则篡也。(《孟子·尽心上》)
③ 天地则已易矣，四时则已变矣。(《礼记·三年问》)

这样的"则"是在结构相似的两个分句的相同位置各用一个,表示两个句子是对等平列的,"则"可译为"就",也可不译。

5. 表示让步关系

① 其室则迩,其人甚远。(《诗经·郑风·东门之墠》)
② 美则美矣,抑臣亦有惧矣。(《国语·晋语》)
③ 滕君,则诚贤君也;虽然,未闻道也。(《孟子·滕文公上》)

这样的"则"用在让步复句的偏句谓语前,可译为"倒是"、"倒"。

(五) 连词"且"的用法

"且"除了用作副词外,还经常用作连词。连词"且"主要用法有:

1. 表示并列关系

这种用法的"且"或连接两个形容词,或连接两个动词,表示两种性状的同时存在或两种行为同时发生。如:

① 邦有道,贫且贱焉,耻也。(《论语·泰伯》)
② 王不行,示赵弱且怯也。(《史记·廉颇蔺相如列传》)
③ 居一二日,何来谒上,上且怒且喜。(《史记·淮阴侯列传》)
④ 百工之事,固不可耕且为也。(《孟子·滕文公上》)
⑤ 且引且战,连斗八日。(《史记·李将军列传》)
⑥ 先生仓猝以手搏之,且搏且却。(马中锡《中山狼传》)

例①②的"且"用在两个形容词间,例③是在两个形容词前各用一个"且",都可译为"又"或"又……又……";例④"且"用在两个动词间,例⑤⑥则是在两个动词前各用一个"且",意为"一边……一边……"。

2. 表示递进关系

这样的"且"一般连接两个分句,其后一分句所表示的意思都比前一分句要进一层。如:

① 大夫何罪?且吾不以一眚掩大德。(《左传·僖公三十三年》)
② 公等遇雨,皆已失期。失期当斩。籍弟令毋斩,而戍死者固十六七,且壮士不死即已,死即举大名耳。(《史记·陈涉世家》)
③ 余悲之,且曰:"若毒之乎?"(柳宗元《捕蛇者说》)

这种用法的"且"可译为"而且"、"并且"、"再说"、"况且"等。

3. 表示选择关系

这样的"且"一般用在两个疑问句中的后一疑问句前,让听话人从两个问句所问的事情中选择一个。如:

① 王以天下为尊秦乎?且尊齐乎?(《战国策·齐策》)
② 富贵者骄人乎?且贫贱者骄人乎?(《史记·魏世家》)
③ 足下欲助秦攻诸侯乎?且欲率诸侯破秦也?(《史记·郦生陆贾列传》)
④ 丞相岂少我哉?且固我哉?(《史记·李将军列传》)

以上各例的"且"可译为"(是)……还是……"。

4. 表示假设关系

这样的"且"一般用在假设复句中表示假设条件的分句前。例如：
① 且靖郭君听辨而为之也，必无今日之患也。(《吕氏春秋·知士》)
② 且使我有雒阳负郭田二顷，吾岂能佩相印乎？(《史记·苏秦列传》)
③ 君且欲霸王，非管夷吾不可。(《史记·齐世家》)

这种用法的"且"都可译为"如果"、"假如"。

(六)连词用法的分析

连词的作用是连接两个词、词组或两个句子。我们说连词具有什么用法，并不是说用了它，它所连接的词语就具有了什么样的语义关系；恰恰相反，连词本身实际上只起连接作用，它所连接的两个语言单位之间的语义关系才决定了它的用法。所以，分析连词的用法，首先是要认真分析它连接的是哪两个语言单位，然后还要看这两个语言单位之间具有什么样的语义关系。两个语言单位之间的语义关系确定了，连词的用法和意义也就不言而喻了。例如：
① 吾尝终日而思矣，不如须臾之所学也。(《荀子·劝学》)
② 假舟楫者，非能水也，而绝江河。(同上)
③ 劳师以袭远，非所闻也。(《左传·僖公三十二年》)

例①"而"连接名词性词组"终日"和动词"思"，"终日"表示"思"的时间，是从时间上对"思"进行限制的，是"思"的状语，"思"是动词中心词，所以"终日"和"思"是前偏后正的关系，"而"的用法就是"表示偏正关系"。例②"而"连接动词性词组"非能水"和"绝江河"，一般来说，"非能水"的人不会"绝江河"，所以"绝江河"与"非能水"的意思相反，因此"而"的用法是"表示转折关系"。例③"以"连接动词性词组"劳师"和"袭远"，秦国之所以"使军队辛劳"，其目的是"袭击远方的郑国"，"劳师"是使用的手段，"袭远"是要达到的目的，所以"以"的用法是"表示目的关系"。

思考与练习(十八)

一、连词共分哪几类？各类常用的连词有哪些？
二、连词"而"、"以"、"则"、"且"各有哪几种用法，举例说明。
三、指出下列各句中加点连词的用法和意义。
1. 后狼止，而前狼又至。(《聊斋志异·狼》)
2. 林木茂而斧斤至焉。(《荀子·劝学》)
3. 子路率尔而对。(《论语·先进》)
4. 籍吏民、封府库而待将军。(《史记·项羽本纪》)
5. 诸君无意则已，诸君而有意，瞻予马首可也。(《清稗类钞·冯婉贞》)
6. 先自度其足而置之其坐。(《韩非子·外储说左上》)
7. 任重而道远。(《论语·泰伯》)
8. 吾恂恂而起。(柳宗元《捕蛇者说》)
9. 狐偃惠以有谋，赵衰文以忠贞。(《国语·晋语》)

10. 时墨者东郭先生将北适中山以干仕。(马中锡《中山狼传》)
11. 以其境过清,乃记之而去。(柳宗元《小石潭记》)
12. 及晏子如晋,公更其宅,反则成矣。(《左传·昭公三年》)
13. 及今上即位,则厚礼置祠之内中。(《史记·封禅书》)
14. 王入则侍景帝同辇,出则同车游猎。(《史记·梁孝王世家》)
15. 谨守成皋,则汉欲挑战,慎勿与战。(《史记·项羽本纪》)
16. 明搏而杀之……斗且出。(《左传·宣公二年》)
17. 曹操之众,远来疲惫……且北方之人不习水战。(《资治通鉴·赤壁之战》)
18. 河水清且直猗。(《诗经·魏风·伐檀》)
19. 夫垂泣不欲刑者,仁也;然而不可不刑者,法也。(《韩非子·五蠹》)
20. 义不杀少而杀众,不可谓知类。(《墨子·公输》)

四、从"而"、"以"、"则"、"且"四个连词中选择一个适当的填到下列句中的括号里,然后说明其用法和意义。
1. 先生(　)喜(　)愕。(马中锡《中山狼传》)
2. 公子若反晋国,(　)何以报不谷?(《左传·成公三年》)
3. 性贪(　)狠,党豺为虐。(马中锡《中山狼传》)
4. 见兔(　)顾犬,未为晚也。(《战国策·楚策》)
5. 人(　)无信,不知其可也。(《论语·为政》)
6. 是故财聚(　)民散,财散(　)民聚。(《礼记·大学》)
7. 季氏富于周公,(　)求也为之聚敛而附益之。(《论语·先进》)
8. 必若此,吾将伏剑(　)死。(《战国策·赵策》)
9. 季康问使民敬、忠(　)劝,如之何?(《论语·为政》)
10. 敛资财(　)送其行。(张溥《五人墓碑记》)
11. 治世之音安(　)乐,乱世之音怨(　)怒。(《礼记·乐记》)
12. 妻侧目(　)视。(《战国策·秦策》)
13. 养备(　)动时,(　)天不能贫。(《荀子·天论》)
14. 失天下(　)国危。(《韩非子·五蠹》)
15. 仓廪实(　)知礼节,衣食足(　)知荣辱。(《史记·管晏列传》)

五、标点并翻译下面的短文。
昭阳为楚伐魏覆军杀将得八城移兵而攻齐陈轸为齐王使见昭阳再拜贺战胜起而问楚之法覆军杀将其官爵何也昭阳曰官为上柱国爵为执圭陈轸曰异贵于此者何也曰唯令尹耳陈轸曰令尹贵矣王非置两令尹也臣窃为公譬可也楚有祠者赐其舍人卮酒舍人相谓曰数人饮之不足一人饮之有余请画地为蛇先成者饮酒一人蛇先成引酒且饮之乃左手持卮右手画蛇曰吾能为之足未成一人之蛇成夺其卮曰蛇固无足子安能为之足遂饮其酒为蛇者终亡其酒今君相楚而攻魏破军杀将得八城不弱兵欲攻齐齐畏公甚公以是为名居足矣官之上非可重也战无不胜而不知止者身且死爵且后归犹为蛇足也昭阳以为然解军而去

(《战国策·齐策》)

五、助词

(一) 助词的作用和类别

助词是用来表示不同的结构关系或不同语气的词。助词的特点是不能单独使用,不能充当句子成分,只能起辅助作用。根据助词作用的不同,可把助词分为两类:表示不同结构关系的助词叫结构助词,表示不同语气的助词叫语气助词。例如:

① 晋人归楚公子谷臣与连尹襄老之尸于楚,以求知䓨。(《左传·成公三年》)
② 射其御者,君子也。(《左传·成公二年》)

例①的"之"用在名词"襄老"与名词"尸"之间,表示二者之间修饰与被修饰的结构关系,是结构助词。例②"也"用在句尾,表示对所做的判断加以确认的语气,是语气助词。

(二) 结构助词"之"的用法

结构助词"之"的用法较多。其最常见的用法是用于定语和中心词之间,表示修饰与被修饰的结构关系。如:

① 食者,民之本也;民者,国之本也;国者,君之本也。(《淮南子·主术训》)
② 封之以膏腴之地。(《战国策·赵策》)
③ 公输盘为楚造云梯之械。(《墨子·公输》)

例①"之"用于领属性的定语之后,例②"之"用于修饰性的定语之后,都可译为"的";例③"之"用于同一性的定语之后,意为"这种"。

结构助词"之"在古汉语中的另一种主要用法是用于主语与谓语之间,表示这个主谓句的不独立性。就汉语来说,有了主语和谓语,就可构成一个独立的句子。但当结构助词"之"用在主谓之间时,这个句子的独立性便被破坏了,变成了一个语意不完整的词组。这个词组可以充当单句的主语、宾语或状语,也可以作复句中的一个分句。例如:

① 贡之不入,寡君之罪也。(《左传·僖公四年》)——"贡之不入"作主语。
② 两狼之并驱如故。(《聊斋志异·狼》)——"两狼之并驱"作主语。
③ 不识王之不可以为汤武。(《孟子·公孙丑下》)——"王之不可以为汤武"作宾语。
④ 故不登高山,不知天之高也。(《荀子·天论》)——"天之高"作宾语。
⑤ 臣之壮也,犹不如人。(《左传·僖公三十年》)——"臣之壮"作状语。
⑥ 子产之从政也,择能而使之。(《左传·襄公三十一年》)——"子产之从政"作状语。
⑦ 秦之灭大梁,张耳家外黄。(《史记·张耳陈余列传》)——"秦之灭大梁"作分句。
⑧ 宋殇公之即位也,公子冯出奔郑。(《左传·隐公四年》)——"宋殇公之即位"作分句。

例①"贡不入"本是一个完整独立的句子,"之"字往主语"贡"和谓语"不入"间一加,"贡之不入"便不成为一个句子了,它变成了一个语义不完整的作全句主语的一个词组。主谓之间加"之"字的词组在作状语或分句时,一般都表示某件事情的时间背景。如例⑤"臣之壮"意为"我年轻的时候",例⑦"秦之灭大梁"是"张耳家外黄"的时间,意为"秦国灭掉大梁的时候"。

除了上述两种常见用法之外,结构助词"之"还有三种用法:用于中心词与补语之间,用于主语与介词结构之间,用于前置宾语与动词之间。例如:

① 大之甚,勇之甚。(《谷梁传·定公四年》)
② 子奚哭之悲也?(《韩非子·和氏》)
③ 朕愧之甚。(《汉书·车千秋传》)

这三例的"之"用于动词或形容词中心语与补语之间,表示被补充与补充的关系,"之"意为"得"。再如:

① 天之于民厚矣。(《列子·说符》)
② 口之于味也,有同耆焉。(《孟子·告子上》)
③ 秦之与魏,譬若人之有心腹疾。(《史记·商君列传》)

这三例的"之"用于主语与介词结构之间,作用是把主语和介词结构凝结成一个整体,强调介词结构的意义,使"主语+之+介词结构"这样一个词组作全句的主语。"之"可不译。再如:

① "我之怀矣,自诒伊戚。"其我之谓矣!(《左传·宣公二年》)
② 吾以子为异之问,曾由与求之问。(《论语·先进》)
③ 宋何罪之有?(《墨子·公输》)

这三例的"之"都用在前置宾语与动词之间,表示先宾后动的结构关系。有人认为这样的"之"是代词,起复指前置宾语的作用。实际上,这样的"之"没有任何指代作用,它仅仅是宾语前置的一个标志,所以我们称之为结构助词,"之"可不译。

(三)其他结构助词的用法

除了"之"之外,其他能够用作结构助词的还有是、焉、实、所、见等。其中"是"、"焉"、"实"也和"之"一样可以用在前置宾语与动词之间,作宾语前置的标志。例如:

① 将虢是灭,何爱于虞?(《左传·僖公五年》)
② 我周之东迁,晋郑是依。(《国语·周语》)
③ 我周之东迁,晋郑焉依。(《左传·隐公六年》)
④ 安定国家,必大焉先。(《左传·襄公三十年》)
⑤ 鬼神非人实亲,惟德是依。(《左传·僖公五年》)

例①"将虢是灭"意为"将灭虢",例③"晋郑是(焉)依"意为"依靠晋、郑"。余例类推。

助词"见"和"所"则主要用在被动句中动词谓语的前边。例如:

① 年四十而见恶焉,其终也已。(《论语·阳货》)
② 盆成括见杀。(《孟子·尽心下》)
③ 世子申生为骊姬所谮。(《礼记·檀弓》)
④ 卫太子为江充所败。(《汉书·霍光传》)

这样的"见"和"所"用在动词之前,句子的被动意义就比较明显了。但二者所起的作用并不完全相同。例①②如果没有"见"字,句子就不成为被动句了,可见"见"表示被动的作用较强;例③④如果没有"所"字,句子仍然可以看出是被动句,可见"所"表示被动的作用较弱。

(四) 语气助词的用法

语气助词用来表示各种不同的句子语气。根据语气助词所处位置的不同,可以分为句首语气助词、句中语气助词、句尾语气助词。

句首语气助词常用的有夫、惟(维、唯)、盖。例如:

① 夫人必自侮,然后人侮之;家必自毁,而后人毁之。(《孟子·离娄上》)
② 夫得言不可以不察,数传而白为黑,黑为白。(《吕氏春秋·察传》)
③ 惟十有三祀,王访于箕子。(《尚书·洪范》)
④ 维昔黄帝,法天则地。(《史记·太史公自序》)
⑤ 阙秦以利晋,唯君图之。(《左传·僖公三十年》)
⑥ 舜目盖重瞳子。(《史记·项羽本纪》)
⑦ 盖文王拘而演《周易》,仲尼厄而作《春秋》。(司马迁《报任安书》)

例①②的"夫"用于句首,表示提示语气,即提起话题,引发下文的议论,无法译出。例③④的"惟"、"维"作用同"夫"。例⑤的"唯"表示祈使语气,有"希望"的意思。例⑥⑦的"盖"作用也与"夫"同,没有意义。

句中语气助词常用的有者、也、与。"者"主要表示提顿语气,即在表示语音停顿的同时,还有提示下文的作用。例如:

① 廉颇者,赵之良将也。(《史记·廉颇蔺相如列传》)
② 此二人者,实弑寡君。(《左传·隐公四年》)
③ 古者言之不出,耻躬之不逮也。(《论语·里仁》)
④ 伍奢有二子,不杀者,为楚国患。(《史记·楚世家》)

例①"者"用于判断句名词主语后,例②"者"用于叙述句名词主语后,例③"者"用于时间词之后,例④"者"用于假设复句中表示假设条件的分句后,都既表示语音停顿,又提示下文。

"也"用于句中,只表示顿宕语气,即表示在"也"字的位置上要有个语音停顿。例如:

① 子谓子贡曰:"女与回也孰愈?"(《论语·公冶长》)
② 胜也何敢言事?(《战国策·赵策》)
③ 今也将军杀臣,则吴必警守矣。(《韩非子·说林》)
④ 听讼,吾犹人也,必也使无讼乎!(《论语·颜渊》)
⑤ 始吾于人也,听其言而信其行。(《论语·公冶长》)
⑥ 师道之不传也久矣。(韩愈《师说》)

例①"也"用在作主语的联合词组后,例②"也"用在作主语的名词后,例③"也"用在时间状语后,例④"也"用在作状语的副词后,例⑤"也"用在作状语的介宾词组后,例⑥"也"用在作主语的主谓词组后,都表示顿宕语气。

"与"用于句中,也只表示顿宕。例如:

① 于予与何诛?(《论语·公冶长》)
② 我之大贤与,于人何所不容?(《论语·子张》)

例①"与"用在作状语的介宾词组后,例②"与"用在作主语的主谓词组后,表示语音上的停顿。

句尾语气助词较多,常用的有也、矣、乎、哉、与(欤)、邪(耶)、夫、耳、焉等。

"也"用于句尾,主要表示确认语气,即表示对所说的事情确信无疑。例如:

① 亚父者,范增也。(《史记·项羽本纪》)
② 夏后殷周之盛,地未有过千里者也。(《孟子·公孙丑上》)
③ 农夫惰于田者,则国贫也。(《韩非子·外储说左上》)
④ 攻之不克,围之不继,吾其还也。(《左传·僖公三十三年》)
⑤ 吾王庶几无疾病与?何以能鼓乐也?(《孟子·梁惠王下》)
⑥ 故不登高山,不知天之高也。(《荀子·劝学》)

例①"也"用在判断句尾,例②"也"用在叙述句尾,例③"也"用在描写句尾,例④"也"用在祈使句尾,例⑤"也"用在疑问句尾,例⑥"也"用在复句中后一分句句尾,都表示确认语气。有人认为例④⑤的"也"分别表示祈使语气和疑问语气,那是不对的,实际上这两句的"也"仍然表示确认语气。例④是说话人对自己将要做的事情表示确认,例⑤是说话人对自己发出的疑问表示确认。

"矣"的基本用法是用在叙述句尾,表示报道语气,即说话人把已经发生、正在发生或将要发生的事情作为一种新的情况告诉给别人。例如:

① 晋侯在外,十九年矣。(《左传·僖公二十八年》)
② 余助苗长矣。(《孟子·公孙丑上》)
③ 公闻其期,曰:"可矣。"(《左传·隐公元年》)
④ 孔子曰:"诺,吾将仕矣。"(《论语·阳货》)
⑤ 上下交征利,而国危矣。(《孟子·梁惠王上》)
⑥ 德何如则可以王矣?(《孟子·梁惠王上》)
⑦ 甚矣,汝之不惠!(《列子·汤问》)

前四例的"矣"都用在叙述句尾。例①②的"矣"是把已经发生的事情报道给别人,例③的"矣"是把正在发生的事情报道给别人,例④的"矣"是把将要发生的事情报道给别人。后三例的"矣"分别用在描写句、疑问句和感叹句尾,但它仍然表示报道语气。这些"矣"都相当于现代汉语的"了"。

"也"和"矣"都是常用的句尾语气助词,但它们在用法上却有明显的区别。

"也"是个静态语气词,不管它用在哪种句子的末尾,它的基本作用都是表示对静态事实的确认。如《左传·隐公元年》"蔓,难图也",就是对"共叔段的势力一旦滋长蔓延,就很难对付"这样的事实的确认。《韩非子·五蠹》:"吏之所诛,上之所养也。"则是对"官吏要诛杀的人,正是国君要豢养的人"这样的事实的确认。

"矣"是个动态语气词,不管它用在哪种句子的末尾,它的基本作用都是表示对某件处在发展变化中的事情的报道。如《左传·僖公三十年》"国危矣",就是表示:国家原来不危险,现在变得危险了,你还不知道,我现在告诉你。《左传·宣公十四年》:"晋师悉起,将至矣。"表示的意思是:晋国的救兵全部出发,现在虽还没到,但很快就会到来了,你还不知道,我现在告诉你。

同样是"可以"的意思,如说成"可也",意在说明某件事情确实可以做;如说成"可矣",

那就含有这样的意思:原来那件事情不可以做,但发展到现在,已经可以做了,你不知道,我来告诉你。如《左传·隐公元年》里,郑庄公在知道了共叔段偷袭郑国国都的日期时,就说了"可矣"两个字。它的意思就是:我原来早就想收拾你,但时机一直不成熟,现在你要与国家为敌,时机终于成熟了,我现在可以收拾你了,你们不知道这个意思,我现在就告诉你们。

"乎"主要表示疑问语气,有时也表示感叹语气。如:

① 冯公有亲乎?(《战国策·齐策》)
② 滕,小国也,间于齐楚,事齐乎?事楚乎?(《孟子·梁惠王下》)
③ 陛下与谁取天下乎?(《史记·留侯世家》)
④ 子曰:"何伤乎?亦各言其志也。"(《论语·先进》)
⑤ 日夜望将军至,岂敢反乎?(《史记·项羽本纪》)
⑥ 日食饮得无衰乎?(《战国策·赵策》)
⑦ 天乎!吾无罪。(《史记·秦始皇本纪》)

例①"乎"用在是非问句句尾,例②"乎"用在选择问句句尾,例③"乎"用在特指问句句尾,例④⑤"乎"用在反问句句尾,例⑥"乎"用在推测问句句尾,都表示疑问语气。例⑦"乎"用在感叹句尾,表示感叹语气。

"哉"有时表示反问语气,有时表示感叹语气。例如:

① 晋,吾宗也,岂害我哉?(《左传·僖公五年》)
② 岂人主之子孙则必不善哉?(《战国策·赵策》)
③ 子玉无礼哉!(《左传·僖公二十八年》)
④ 管仲之器小哉!(《论语·八佾》)

前两例的"哉"表示反问语气,后两例的"哉"表示感叹语气。

"与(欤)"、"邪(耶)"也可以用在各种疑问句尾,表示疑问语气,不过它们所表示的疑问语气没有"乎"强烈。例如:

① 是鲁孔丘与?(《论语·微子》)
② 仲子所居之室,伯夷之所筑与?抑亦盗跖之所筑与?(《孟子·滕文公下》)
③ 然则治天下,独可耕且为与?(《孟子·滕文公上》)
④ 虎兕出于柙,龟玉毁于椟中,是谁之过与?(《论语·季氏》)
⑤ 孝悌也者,其为仁之本与?(《论语·学而》)
⑥ 上曰:"将军怯邪?"(《史记·袁盎列传》)
⑦ 公以为吴兴兵,是邪?非邪?(《史记·淮南衡山王列传》)
⑧ 文帝曰:"吏不当如是耶?"(《史记·张释之冯唐列传》)
⑨ 然则何时而乐耶?(范仲淹《岳阳楼记》)
⑩ 今民生长于齐不盗,入楚则盗,得无楚之水土使民善盗耶?(《晏子春秋·内篇杂下》)

例①⑥的"与"、"邪"用在是非问句尾,例②⑦的"与"、"邪"用在选择问句尾,例③⑧的"与"、"耶"用在反问句尾,例④⑨的"与"、"耶"用在特指问句尾,例⑤⑩的"与"、"耶"用在推测问句尾,都表示疑问语气。

"夫"用在句尾表示感叹语气,"焉"用在句尾表示强调语气。例如:

① 子在川上曰:"逝者如斯夫!不舍昼夜。"(《论语·子罕》)
② 今日我疾作,不可以执弓,吾死矣夫!(《孟子·离娄下》)
③ 寒暑易节,始一反焉。(《列子·汤问》)
④ 君命大事,将有西师过轶我,击之,必大捷焉。(《左传·僖公三十二年》)

这样的"夫"和"焉"都不用翻译。

"耳"用在句尾,有时表示肯定语气,有时表示限止语气。如:

① 且壮士不死则已,死即举大名耳。(《史记·陈涉世家》)
② 诸将易得耳,至如信者,国士无双。(《史记·淮阴侯列传》)
③ 子曰:"二三子,偃之言是也,前言戏之耳。"(《论语·阳货》)
④ 直不百步耳,是亦走也。(《孟子·梁惠王上》)

前两例的"耳"表示一般的肯定语气,不译;后两例的"耳"表示限止语气,意同"而已",可译为"罢了"。

思考与练习(十九)

一、常用的语气助词有哪些?它们各有哪几种用法?

二、结构助词"之"共有哪几种用法?

三、指出下列各句中加点助词的用法和意义。

1. 楚左尹项伯者,项羽季父也。(《史记·项羽本纪》)
2. 是说也,人常疑之。(苏轼《石钟山记》)
3. 责毕收乎?来何疾也?(《战国策·齐策》)
4. 余病矣。(《左传·成公二年》)
5. 使梁睹秦称帝之害,则必助赵矣。(《战国策·赵策》)
6. 岂人主之子孙则必不善哉!(同上)
7. 然则师愈与?(《论语·先进》)
8. 不忧不惧,斯谓之君子乎?(《论语·颜渊》)
9. 惜乎!夫子之说君子也。(同上)
10. 为肥甘不足于口与?轻暖不足于体与?(《孟子·梁惠王上》)
11. 子之客妄人耳,安足用邪?(《史记·商君列传》)
12. 善哉!吾请无攻宋矣!(《墨子·公输》)
13. 夫畜积者,天下之大命也。(《贾谊集·无畜》)
14. 悲夫!本细末大,弛必至心。(《贾谊集·大都》)
15. 览物之情,得无异乎?(范仲淹《岳阳楼记》)

四、根据下列句意,从句后括号里的语气助词中选择一个合适的填到句中括号里,并指出它的用法。

1. 有一言而可以终身行之者(　　)?(也、乎、矣)(《论语·卫灵公》)
2. 此所谓天府,天下之雄国(　　)。(者、也、夫)(《战国策·秦策》)
3. 南冥(　　),天池(　　)。(乎、者、也、哉)(《庄子·逍遥游》)

4. 大（　）！尧之为君。（与、者、哉）（《孟子·滕文公上》）
5. 陈仲子,岂不诚廉士（　）！（也、哉、矣）（《孟子·滕文公下》）
6. 子朱曰:"朱（　）当御。"（也、夫、乎）（《国语·晋语》）
7. 今（　）每食不饱。（夫、也、乎）（《诗经·秦风·权舆》）
8. 胜已泄之（　）。（乎、矣、与）（《战国策·赵策》）
9. （　）贤人在而天下服,一人用而天下从。（矣、夫、乎）（《战国策·秦策》）
10. 燕雀安知鸿鹄之志（　）？（哉、与、耳）（《史记·陈涉世家》）

五、找出下列各句中的结构助词"之",并说明其用法和意义。
1. 吾在天地之间,犹小石小木之在大山也。（《庄子·秋水》）
2. 呜呼！师道之不复,可知矣。（韩愈《师说》）
3. 以君之力,曾不能损魁父之丘。（《列子·汤问》）
4. 君子之仕也,行其义也。（《论语·微子》）
5. 愿伯具言臣之不敢倍德也。（《史记·项羽本纪》）
6. 悍吏之来吾乡,叫嚣乎东西,隳突乎南北。（柳宗元《捕蛇者说》）
7. 日臣之使于楚也,子重问晋国之勇。（《左传·成公十六年》）
8. 公之去邺而南也,谭尚争冀州。（《三国志·魏书·武帝纪》）
9. 今之于古也,犹古之于后世也。（《吕氏春秋·长见》）
10. 不任区区向往之至。（王安石《答司马谏议书》）

六、标点并翻译下面一段古文。
　　孟尝君舍人有与君之夫人相爱者或以问孟尝君曰为君舍人而内与夫人相爱亦甚不义矣君其杀之君曰睹貌而相悦者人之情也其错之勿言也居期年君召爱夫人者而谓之曰子与文游久矣大官未可得小官公又弗欲卫君与文布衣交请具车马皮币愿君以此从卫君遊于卫甚重齐卫之交恶卫君甚欲约天下之兵以攻齐是人谓卫君曰孟尝君不知臣不肖以臣欺君且臣闻齐卫先君刑马压羊盟曰齐卫后世无相攻伐有相攻伐者令其命如此今君约天下之兵以攻齐是足下倍先君盟约而欺孟尝君也愿君勿以齐为心君听臣则可不听臣若臣不肖也臣辄以颈血湔足下衿卫君乃止齐人闻之曰孟尝君可语善为事矣转祸为功

（《战国策·齐策》）

文　选

寡人之于国也

（《孟子·梁惠王上》）

　　梁惠王曰[1]："寡人之于国也，尽心焉耳矣[2]：河内凶，则移其民于河东，移其粟于河内[3]；河东凶亦然。察邻国之政，无如寡人之用心者[4]。邻国之民不加少，寡人之民不加多，何也[5]？"

　　[1]梁惠王：即魏惠王，姓魏名莹。因魏建都大梁（今河南开封），故又称梁惠王。惠：是他的谥号。
　　[2]此句大意：我对于国家，总算尽了心了。寡人之于国：主语与介词结构之间用"之"字，使主语与介词结构变成一个词组。
　　[3]河内：指黄河北岸，今河南济源、沁阳一带。凶：荒年。河东：黄河以东，今山西西南部。
　　[4]察：观察。
　　[5]加：更。

　　孟子对曰："王好战，请以战喻[1]。填然鼓之，兵刃既接，弃甲曳兵而走，或百步而后止，或五十步而后止[2]。以五十步笑百步，则何如？"曰："不可，直不百步耳，是亦走也[3]。"

　　[1]请：表敬副词，请允许我。喻：比喻。
　　[2]填：象声词，形容鼓声。然：词尾。鼓：击鼓进攻。刃：锋刃。曳：拖着。走：跑，这里指逃跑。或：虚指代词，有人。百步：用如动词，跑百步。
　　[3]直：通"特"，范围副词，只、仅、不过。是：近指代词，这，指代跑五十步的行为。

　　曰："王如知此，则无望民之多于邻国也[1]。不违农时，谷不可胜食也[2]。数罟不入洿池，鱼鳖不可胜食也[3]。斧斤以时入山林，材木不可胜用也[4]。谷与鱼鳖不可胜食，材木不可胜用，是使民养生丧死无憾也[5]。养生丧死无憾，王道之始也[6]。五亩之宅，树之以桑，五十者可以衣帛矣[7]。鸡豚狗彘之畜，无失其时,七十者可以食肉矣[8]。百亩之田,勿夺其时,数口之家可以无饥矣。谨庠序之教,申之以孝悌之义,颁白者不负戴于道路矣[9]。七十者衣帛食肉,黎民不饥不寒,然而不王者,未之有也[10]。狗彘食人食而不知检,涂有饿莩而不知发[11],人死,则曰:'非我也,岁也。'是何异于刺人而杀之,曰:'非我也,兵也'?王无罪岁,斯天下之民至焉[12]。"

[1]无:通"毋",不要。下"王无罪岁"的"无"同。

[2]不违农时:指春夏秋农忙时不让老百姓服役。胜:尽。

[3]数(cù):密。罟:网。洿:"污"的异体字,浊水不流。洿池:即池塘。

[4]斤:斧子。以时:按一定的季节,指草木凋零时。

[5]生、死:动词,后省名词中心词,指活着的人、死去的人。丧:动词的为动用法,为……办丧事。憾:遗憾,不满意。

[6]王道:孟子理想中的政治。

[7]五亩:合现在一亩二分多。宅:宅院。衣:名词用如动词。据说古代一般人到了五十岁,如果养蚕就可以衣帛,否则只能衣麻。

[8]豚:小猪。彘:猪。畜:养。时:指繁殖的时机。

[9]谨:谨慎(从事)。庠、序:都是学校。殷代叫序,周代叫庠。教:教化。申:重复。义:道理。颁白者:头发花白的人。负:背东西。戴:把东西顶在头上。

[10]黎:众。未之有:未有之,宾语提前。

[11]检:通"敛",收积,储藏。涂:"途"的古字,道路。饿莩:饿死的人。发:指开仓济民。

[12]岁:年成。罪:用如动词,归罪。

[阅读提示]

一、指出下列各加点词在文中的意义。

1. 河东凶亦然
2. 民不加少
3. 数罟不入洿池
4. 斧斤以时入山林
5. 谨庠序之教
6. 申之以孝悌之义
7. 涂有饿莩
8. 而不知发
9. 狗彘食人食而不知检
10. 颁白者不负戴于道路

二、说明各加点词的词性、用法和意义。

1. 寡人之于国也
2. 请以战喻
3. 或百步而后止
4. 民之多于邻国也
5. 五十者可以衣帛矣
6. 王无罪岁
7. 养生丧死无憾
8. 何异于刺人而杀之

三、找出文中的古字、通假字和异体字,并指出其相应的今字、本字和正体字。

齐桓晋文之事

（《孟子·梁惠王上》）

齐宣王问曰[1]："齐桓晋文之事，可得闻乎[2]？"孟子对曰："仲尼之徒，无道桓文之事者，是以后世无传焉，臣未之闻也[3]。无以，则王乎[4]？"曰："德何如，则可以王矣？"曰："保民而王，莫之能御也[5]。"曰："若寡人者，可以保民乎哉？"曰："可。"曰："何由知吾可也？"曰："臣闻之胡龁曰[6]：'王坐于堂上，有牵牛而过堂下者。王见之，曰："牛何之[7]？"对曰："将以衅钟[8]。"王曰："舍之！吾不忍其觳觫，若无罪而就死地[9]。"对曰："然则废衅钟与？"曰："何可废也？以羊易之。"'不识有诸[10]？"曰："有之。"曰："是心足以王矣。百姓皆以王为爱也，臣固知王之不忍也[11]。"

[1]齐宣王：田氏齐国的第四代君。姓田名辟疆，其祖先为春秋时姜姓齐国的大夫，后放逐齐康公夺得齐国政权。
[2]齐桓：齐桓公。晋文：晋文公。
[3]道：说。儒家学派称道尧舜禹汤文武等"先王之道"，不主张"霸道"，所以孟子这样说。传：传述。未之闻：未闻之。否定句代词宾语前置。
[4]无以：不停止（依朱熹说）。"以"通"已"。这句话的意思是：您如果一定要谈一谈，那么就谈王天下的道理吧。
[5]保：安。御：阻挡。莫之能御：宾语前置句。
[6]我从胡龁那里听说。之：指下面一番话。胡龁（hé）：齐宣王左右的近臣。
[7]之：动词，到……去。
[8]以：后面省略了宾语"之"（指牛）。衅：杀牲用血涂钟鼓，这是上古的一种祭礼。
[9]觳觫（hú sù）：恐惧的样子。若：好像。就：走向。
[10]识：知道。诸：兼职代词，"之乎"的合音。
[11]爱：吝啬，吝惜。固：情态副词，本来。

王曰："然。诚有百姓者[1]。齐国虽褊小，吾何爱一牛[2]？即不忍其觳觫，若无罪而就死地，故以羊易之也。"曰："王无异于百姓之以王为爱也[3]。以小易大，彼恶知之[4]？王若隐其无罪而就死地，则牛羊何择焉[5]？"王笑曰："是诚何心哉[6]？我非爱其财而易之以羊也，宜乎百姓之谓我爱也[7]。"曰："无伤也，是乃仁术也[8]。见牛未见羊也。君子之于禽兽也，见其生，不忍见其死；闻其声，不忍食其肉。是以君子远庖厨也[9]。"

[1]的确有像百姓所说的情况。

[2]褊(biǎn):狭窄。

[3]异于:对……感到奇怪。

[4]彼:代词,他们,指百姓。恶(wū):疑问代词,哪里。

[5]隐:心里难过,可怜。用作为动,对……感到难过。

[6]是:指以小易大的做法。诚:情态副词,真的。

[7]宜:应当。乎:在这里表示感叹,这是个倒装句,"百姓之谓我爱也"是"宜乎"的主语,主语是个主谓词组,"之"字用在主谓之间,取消其独立性。

[8]无伤:没有损害,等于说"没有关系"。仁术:仁道,行仁政的途径。

[9]远:用作使动词,使……远。庖厨:厨房。

  王说,曰:"诗云:'他人有心,予忖度之。'夫子之谓也[1]。夫我乃行之,反而求之,不得吾心[2]。夫子言之,于我心有戚戚焉[3]。此心之所以合于王者,何也?"曰:"有复于王者曰:'吾力足以举百钧,而不足以举一羽[4];明足以察秋毫之末,而不见舆薪[5]。'则王许之乎[6]?"曰:"否!""今恩足以及禽兽,而功不至于百姓者,独何与[7]?然则一羽之不举,为不用力焉;舆薪之不见,为不用明焉;百姓之不见保,为不用恩焉[8]。故王之不王,不为也,非不能也。"曰:"不为者与不能者之形,何以异?"曰:"挟太山以超北海,语人曰[9]:'我不能。'是诚不能也。为长者折枝,语人曰[10]:'我不能。'是不为也,非不能也。故王之不王,非挟太山以超北海之类也;王之不王,是折枝之类也。老吾老,以及人之老[11];幼吾幼,以及人之幼,天下可运于掌[12]。诗云:'刑于寡妻,至于兄弟,以御于家邦[13]。'言举斯心加诸彼而已[14]。故推恩足以保四海,不推恩无以保妻子[15]。古之人所以大过人者,无他焉,善推其所为而已矣[16]。今恩足以及禽兽,而功不至于百姓者,独何与?权,然后知轻重[17];度,然后知长短[18]。物皆然,心为甚,王请度之[19]。——抑王兴甲兵,危士臣,构怨于诸侯,然后快于心与[20]?"

[1]引诗出自《诗经·小雅·巧言》。忖:揣度。度(duó):心里衡量。这里"忖度"同义连用,意思是推测。夫子之谓:说的是夫子。宾语前置句。之:宾语前置的标志。

[2]这句话的意思是:我这样做了,反过来追究一下我这种行动,自己也不了解自己当时的想法。

[3]戚戚:心动的样子。焉:语气词,表示强调语气。

[4]钧:三十斤。一羽:一根羽毛。

[5]明:视力。下文"为不用明"的"明"同此。察:等于说看清楚。秋毫之末:兽类秋季生出的新绒毛的尖端。毫:毛。末:端。舆:车。薪:柴。

[6]许:应允,同意。

[7]功:功德,功绩。独何与:偏偏又是什么原因呢。
[8]见:表被动。保:安抚。
[9]挟:夹在胳膊下。太山:即泰山。超:跳过。北海:渤海,在齐之北。语(yù):告诉。
[10]长者:老者。枝:通"肢"。折枝:即按摩。一说为屈折肢体,即弯腰鞠躬;另说为折取树枝。
[11]第一个"老"字用如意动,把……当成老人;第二个"老"字用如名词,指老者。
[12]第一个"幼"字用如意动,把……当成孩子;第二个"幼"字指幼者。运:转动。这句是比喻王天下的容易。
[13]此句引自《诗经·大雅·思齐》。刑:通"型",用如动词,示范。寡妻:谦称,也就是嫡妻。御:治理。家邦:家和国。
[14]这话是说把这种(爱自己亲人的)心加之于别人身上罢了。
[15]推:推广。四海:等于说天下。妻子:妻子和儿女。
[16]大过:大大胜过。他:旁指代词,别的。
[17]权:秤锤,用如动词,指称东西。
[18]度(duó):量(liáng)。
[19]此句大意是:凡物都这样,心特别是这样。甚:形容词,厉害。王请:等于"请王"。
[20]抑:连词,还是。兴:起,使动用法。甲兵:铠甲和武器,这里指军队。危:使动用法,使(士臣)陷于危险。士:士卒。臣:臣子。构:动词,结。怨:仇恨。快:高兴。

　　王曰:"否。吾何快于是?将以求吾所大欲也[1]。"曰:"王之所大欲,可得闻与?"王笑而不言。曰:"为肥甘不足于口与[2]?轻煖不足于体与[3]?抑为采色不足视于目与[4]?声音不足听于耳与?便嬖不足使令于前与[5]?王之诸臣,皆足以供之,而王岂为是哉?"曰:"否,吾不为是也。"曰:"然则王之所大欲可知已[6]:欲辟土地,朝秦楚,莅中国,而抚四夷也[7]。以若所为,求若所欲,犹缘木而求鱼也[8]。"王曰:"若是其甚与[9]?"曰:"殆有甚焉[10]。缘木求鱼,虽不得鱼,无后灾;以若所为,求若所欲,尽心力而为之,后必有灾。"曰:"可得闻与?"曰:"邹人与楚人战,则王以为孰胜[11]?"曰:"楚人胜。"曰:"然则小固不可以敌大,寡固不可以敌众,弱固不可以敌强。海内之地,方千里者九,齐集有其一[12];以一服八,何以异于邹敌楚哉[13]?盖亦反其本矣[14]?今王发政施仁,使天下仕者皆欲立于王之朝,耕者皆欲耕于王之野,商贾皆欲藏于王之市,行旅皆欲出于王之涂,天下之欲疾其君者,皆欲赴愬于王[15]。其若是,孰能御之?"

[1]所大欲:最想得到的东西。
[2]为:因为,下文直到"吾不为是也","为"字皆同。肥甘:指肥美的食品。

[3]轻煖:用如名词,指又轻又暖的衣服。煖:同"暖"。
[4]采:"彩"的古字,彩色。
[5]便嬖(pián bì):即便辟,亲幸的人。
[6]已:通"矣"。
[7]辟(pì):开辟,"闢"的古字,今"闢"又简化为"辟"。辟土地:指扩大领土。朝:使动用法,使……朝见。莅:监临,等于说据有。中国:对四夷而言,指黄河流域周王朝所统治的地方,即中原地带。抚:安抚,使……安定。四夷:指当时四方少数民族。
[8]若:如此,这样。缘:攀登。木:树。
[9]"其甚若是与"的倒装。是:代"缘木而求鱼"。甚:厉害。
[10]只怕有比这厉害的。殆:副词,只怕。
[11]邹:周代诸侯国,在今山东邹县一带。孰:谁。
[12]海内:等于说"天下"。方千里者:方圆千里的地方。集:会集,指截长补短计其面积。
[13]服:使动用法,使……降服。
[14]盍:通"盍",何不。反:回到,"返"的古字。本:根本,这里指王道仁政。
[15]发政:发布政令,"政"指王道的政令。施仁:推行仁道。仕者:做官的人。商贾:贩卖货物为商,囤积盈利为贾,所以有"行商坐贾"之说。这里是商人的统称。行旅:指外出行路的人。涂:"途"的古字,道路。愬:通"诉"。赴愬:跑来告诉(你)。

王曰:"吾惛,不能进于是[1]。愿夫子辅吾志,明以教我[2]。我虽不敏,请尝试之[3]。"曰:"无恒产而有恒心者,惟士为能[4]。若民,则无恒产因无恒心[5]。苟无恒心,放辟邪侈,无不为已[6]。及陷于罪,然后从而刑之,是罔民也[7]。焉有仁人在位,罔民而可为也!是故明君制民之产,必使仰足以事父母,俯足以畜妻子,乐岁终身饱,凶年免于死亡,然后驱而之善,故民之从之也轻[8]。今也制民之产,仰不足以事父母,俯不足以畜妻子,乐岁终身苦,凶年不免于死亡。此惟救死而恐不赡,奚暇治礼义哉[9]?王欲行之,则盍反其本矣?五亩之宅,树之以桑,五十者可以衣帛矣。鸡豚狗彘之畜,无失其时,七十者可以食肉矣。百亩之田,勿夺其时,八口之家可以无饥矣。谨庠序之教,申之以孝悌之义,颁白者不负戴于道路矣。老者衣帛食肉,黎民不饥不寒,然而不王者,未之有也[10]。"

[1]惛:糊涂。进于是:前进到这种地步。
[2]明:明白地。指把王政之道讲清楚。教:教导。
[3]敏:聪明。尝:试。在这里"尝"与"试"是同义连用。
[4]恒:常。恒产:指能长久维持生活的产业,如田里、树木、牲畜等。恒心:长久不变的善心。
[5]若:至于。因:因而。

[6]苟：连词，假如。放：放纵。辟（pì）：指行为不正，"僻"的古字。邪：和"辟"同义。侈：和"放"同义。这里"放辟邪侈"是泛指一切不守封建社会"规矩"的行为。

[7]及：等到。从：等于说跟着。刑：用如为动，对……用刑罚。罔：网，用如为动。罔民：对人民张罗网，即促使民陷于罪的意思。

[8]制：制定。畜：养活。因为在孟子看来，妻子比夫父低一等，所以说"俯足以畜妻子"。乐岁：丰年。驱：驱使、促使，督促。之：到……去。轻：容易。

[9]此：指上述情况。惟：只。赡：足。奚暇治礼义：哪里有闲工夫去从事礼义。暇：闲暇。

[10]此段参看《寡人之于国也》注。

[阅读提示]

一、解释下列句中"之"字的用法。
  1. 臣未之闻也。
  2. 保民而王，莫之能御也。
  3. 牛何之？
  4. 宜乎百姓之谓我爱也。
  5. 君子之于禽兽也，见其生，不忍见其死。

二、解释下列加点词在文中的意义。
  1. 保民而王　　　　　2. 不识有诸
  3. 皆以王为爱　　　　4. 若隐其无罪
  5. 予忖度之　　　　　6. 天下可运于掌
  7. 无以保妻子　　　　8. 救死而不赡
  9. 构怨于诸侯　　　　10. 今王发政施仁

三、说明下列加点词的用法和意义。
  1. 则可以王矣　　　　2. 是以君子远庖厨也
  3. 老吾老以及人之老　4. 幼吾幼以及人之幼
  5. 权然后知轻重　　　6. 莅中国朝秦楚
  7. 以一服八　　　　　8. 从而刑之
  9. 是罔民也　　　　　10. 兴甲兵危士臣

四、说明下列句子的类型。
  1. 臣未之闻也。　　　2. 莫之能御也。
  3. 夫子之谓也。　　　4. 是乃仁术也。
  5. 百姓之不见保。　　6. 然而不王者，未之有也。

五、指出下列括号中的字与它前边字的关系。
  1. 采（彩）色不足视于目　2. 刑（型）于寡妻
  3. 放辟（僻）邪侈　　　　4. 轻煖（暖）不足于体
  5. 盖（盍）亦反其本与　　6. 无不为已（矣）
  7. 盖亦反（返）其本与　　8. 皆欲赴愬（诉）于王

夫子当路于齐

(《孟子·公孙丑上》)

公孙丑问曰[1]:"夫子当路于齐,管仲、晏子之功,可复许乎[2]?"孟子曰:"子诚齐人也!知管仲、晏子而已矣。或问乎曾西曰[3]:'吾子与子路孰贤?'曾西蹵然曰[4]:'吾先子之所畏也[5]。'曰:'然则吾子与管仲孰贤?'曾西艴然不悦曰[6]:'尔何曾比予于管仲[7]?管仲得君,如彼其专也[8]!行乎国政,如彼其久也!功烈,如彼其卑也[9]!尔何曾比予于是?'"曰[10]:"管仲,曾西之所不为也,而子为我愿之乎?"曰:"管仲以其君霸,晏子以其君显[11]。管仲、晏子犹不足为与?"曰:"以齐王,由反手也[12]!"曰:"若是,则弟子之惑滋甚[13]。且以文王之德,百年而后崩,犹未洽于天下[14];武王、周公继之,然后大行[15]。今言王若易然,则文王不足法与[16]?"

[1]公孙丑:孟子的弟子,姓公孙,名丑。
[2]路:指仕途。当路:当时成语,指身居要职,当权,当政。管仲:齐桓公的相。晏子:即晏婴,齐景公的相。功:功业。许:赵岐注"许犹兴也"。
[3]曾西:孔子弟子曾参的孙子。
[4]蹵然:恭敬不安的样子。
[5]先子:指曾参。畏:敬畏。
[6]艴(fú)然:生气的样子。
[7]曾:语气副词,竟然。予:第一人称代词,我。
[8]得君:遇君,受到齐桓公的赏识。专:专一。
[9]功烈:功业。卑:卑微,不足道。
[10]这个"曰"指孟子接着说。
[11]以:介词,凭着。霸:称霸。
[12]由:通"犹"。反手:翻手。
[13]滋:程度副词,更。
[14]百年:举整数,文王实际活了九十七岁。洽:润泽。
[15]武王:文王之子。周公:武王之弟。大行:指德化畅行于天下。
[16]易然:容易的样子。法:效法。

曰:"文王何可当也[1]?由汤至于武丁,贤圣之君六七作,天下归殷久矣,久则难变也[2]。武丁朝诸侯，有天下，犹运之掌也[3]。纣之去武丁未久也，其故家遗俗，流风善政，犹有存者[4]；又有微子、微仲、王子比干、箕子、胶鬲[5]——皆贤人也——相与辅相之，故久而后失之也[6]。尺地，莫非其有也，一民，莫非其臣也[7]。然而文王犹方百里起，是以难也[8]。齐人有言曰：'虽有智慧，不如乘势[9]；虽有镃基，不如待时[10]。'今时则易然也。夏后、殷、周之盛，地未有过千里者也，而齐有其地矣[11]。鸡鸣狗吠相闻，而达乎四境，而齐有其民矣。地不改辟矣，民不改聚矣，行仁政而王，莫之能御也[12]。且王者之不作，未有疏于此时者也[13]；民之憔悴于虐政，未有甚于此时者也[14]。饥者易为食，渴者易为饮。孔子曰：'德之流行，速于置邮而传命[15]。'当今之时，万乘之国行仁政，民之悦之，犹解倒悬也[16]。故事半古之人，功必倍之，惟此时为然[17]。"

[1]当：繁体为"當"，从田尚声，本义是相当，这里意为相配，意为后世没有人能配得上文王。

[2]汤、武丁：皆殷代君王。贤圣之君：指汤、太甲、太戊、祖乙、盘庚、武丁等。作：兴起。

[3]朝：使动用法，使……来朝见。运：转动。

[4]去：离。其：那时的。故家：有功勋的旧臣之家。遗俗：先代留下的良好习俗。流风：流传下来的好风尚。善政：仁惠的政教。

[5]微子：名启，纣的庶兄（《孟子·告子上》以为纣的叔父，《左传》、《吕氏春秋》和《史记》以为是纣的庶兄）。微仲：微之弟，名衍。王子比干：纣的叔父，屡次向纣进谏，纣说："吾闻圣人心有七窍。"遂剖其心。箕子也是纣的叔父，王子比干被剖后，箕子佯狂为奴，后又被纣囚禁。胶鬲：纣王之臣。这五人都是纣王时的贤臣。

[6]相与：共同。辅相：同义词连用，辅助。

[7]莫：无指代词，没有哪个地方、没有哪个人。

[8]犹：通"由"，介词。起：兴起。

[9]势：时机，形势。

[10]镃基：锄头。时：指农时。

[11]夏后：夏代，"后"不是简化字。其地：指（齐国）这样广阔的土地。

[12]改辟：另外再开辟。辟："闢"的古字，现又简化为"辟"。莫之能御：莫能御之，宾语前置。

[13]疏：时间隔得久。

[14]憔悴：本指人瘦弱的样子，这里指人民困苦。

[15]速于置邮而传命：比驿站传达政令还迅速。置、邮：都是古代传递政令的办法。置驿是马递，邮驿是车递。命：政令。

[16]倒悬：用绳子把人倒吊着。

[17]故：连词，因此。然：代词，这样。

[阅读提示]

一、掌握下列加点词的意义。
　　1. 速于置邮而传命　　2. 可复许乎
　　3. 犹未洽于天下　　　4. 文王何可当也
　　5. 王者之不作　　　　6. 纣之去武丁未久
二、说明下列加点词的意义。
　　1. 武丁朝诸侯　　　　2. 文王不足法
　　3. 行仁政而王　　　　4. 王者之不作
　　5. 或问乎曾西　　　　6. 尔何曾比予于管仲
　　7. 纣之去武丁未久　　8. 尺地莫非其有也
三、找出文中的通假字，并说明其相应的本字。

许　行

（《孟子·滕文公上》）

　　有为神农之言者许行，自楚之滕，踵门而告文公曰[1]："远方之人，闻君行仁政，愿受一廛而为氓[2]。"文公与之处[3]。其徒数十人，皆衣褐，捆屦织席以为食[4]。陈良之徒陈相，与其弟辛，负耒耜而自宋之滕[5]，曰："闻君行圣人之政，是亦圣人也，愿为圣人氓[6]。"

　　[1] 为神农之言者：研究神农氏学说的人。为：这里指研究。神农：传说中的远古酋长，是"三皇"之一，因为相传是他开始教人民耕种的，所以叫神农。言：此处等于说"学说"。许行：不见他书，从文中看，属先秦农家学派，主张君臣并耕。滕：国名，在今山东滕县西南。踵：脚后跟，用如动词。踵门：足至门（依朱熹说），指走到门口。
　　[2] 廛（chán）：一般百姓的住宅。氓（méng）：自外地迁来的民。
　　[3] 与：给。处：名词，住所，这里即指"廛"。
　　[4] 衣（yì）：穿。褐（hè）：粗毛编织的衣服，是当时贫苦人的衣服。捆：砸。屦：鞋。捆屦：即做鞋。编麻鞋草鞋时要边编边砸，可以使鞋结实。以为食：等于说以此为生。
　　[5] 耒耜（sì）：犁。犁柄叫耒，犁铧叫耜。
　　[6] 为圣人氓：给圣人当民。这是个双宾语结构。

　　陈相见许行而大悦，尽弃其学而学焉[1]。陈相见孟子，道许行之言曰[2]："滕君，则诚贤君也；虽然，未闻道也[3]。贤者与民并耕而食，饔飧而治[4]；今也,滕有仓廪府库,则是厉民而以自养也,恶得贤[5]!"孟子曰:"许子必种粟而后食乎?"曰:"然。""许子必织布而后衣乎?"曰:"否。许子衣褐。""许子冠乎[6]?"曰:"冠"。曰:"奚冠?"曰:"冠素[7]。"曰:"自织之与?"曰:"否,以粟易之。"曰:"许子奚为不自织?"曰:"害于耕。"曰:"许子以釜甑爨,以铁耕乎[8]?"曰:"然。""自为之乎?"曰:"否,以粟易之。""以粟易械器者,不为厉陶冶[9];陶冶亦以械器易粟者,岂为厉农夫哉?且许子何不为陶冶,舍皆取诸宫中而用之[10]?何为纷纷然与百工交易[11]?何许子之不惮烦[12]?"曰:"百工之事,固不可耕且为也[13]。""然则治天下,独可耕且为与?有大人之事,有小人之事[14]。且一人之身而百工之所为备,如必自为而后用之,是率天下而路也[15]。故曰:或劳心,或劳力[16]。劳心者治人,劳力者治于人[17];治于人者食人,治人者食于人[18]:天下之通义也[19]。"

[1]学:第一个用如名词,指所学的。第二个是动词。焉:兼职代词,相当于"于之",向他。

[2]道:动词,转述。

[3]虽然:虽然这样。道:名词,指许行所认为的古圣贤治国之道。

[4]贤者:指古代的贤君。并:一起,一齐。饔(yōng):早餐。飧(sūn):晚饭。"饔飧"在这里用如动词,指自己做饭。治:指治理天下。

[5]仓廪:粮库。府库:藏财帛兵器的地方。则是:那么这是。厉:病。厉民:使人民困苦。自养:供养自己。恶(wū):哪里。恶得贤:哪里能够称得上贤君呢。

[6]冠:用如动词,戴帽子。

[7]奚冠:戴什么帽子。奚:疑问代词作宾语前置。素:生丝织成的绢帛,不染色。冠素:戴生绢做的帽子。

[8]釜:锅。甑(zèng):瓦做的蒸东西的炊具。爨(cuàn):炊,烧火做饭。铁:借指铁制的农具。

[9]厉:损害。陶:烧制陶器。冶:冶炼铁器。"陶、冶"在这里指制造釜甑和铁制农具的匠人。

[10]此句大意为:许子为什么不做陶器,冶炼铁器,什么东西都从自己家里拿来用?舍:后代做"啥",缓言成为"什么"。宫:室。上古"宫"还没有用来专指帝王的宫室。

[11]纷纷然:忙碌的样子。百工:从事各种工艺生产的人。

[12]不惮烦:不怕麻烦。

[13]且:连词,一边……一边……。为:做,治理。

[14]在《孟子》中,"大人"与"君子"同义,指统治者;"小人"与"野人"同义,指被统治者。

[15]所为:所做的东西。备:具备。这是说,一个人的生活要具备各行各业所生产的东西。路:疲弱,赢弱。

[16]或:虚指代词,有人。

[17]劳心者、劳力者:指上文"大人"、"小人"。治于人:被人治。

[18]食(sì):等于说供养。食于人:被别人供养。

[19]通义:一般的道理。在这段话里,孟子强调了社会分工的必要性。但他认为"小人"只能从事体力劳动,被人治理,养活治人者,并把这看成是永久不变的,反映了他的阶级偏见。

"当尧之时,天下犹未平[1]。洪水横流,氾滥于天下[2]。草木畅茂,禽兽繁殖,五谷不登,禽兽偪人[3]。兽蹄鸟迹之道,交于中国[4]。尧独忧之,举舜而敷治焉[5]。舜使益掌火,益烈山泽而焚之,禽兽逃匿[6]。禹疏九河,瀹济漯,而注诸海[7];决汝汉,排淮泗,而注之江[8];然后中国可得而食也。当是时也,禹八年于外,三过其门而不入,虽欲耕,得乎[9]?

[1]平:平定,治理好。

[2]洪:大。横流:不顺水道,乱流。氾:"泛"的异体字。

[3]登:成熟。偪:"逼"的古字,这里是威胁的意思。

[4]兽蹄鸟迹形成的道路。交:纵横交错。中国:指中原一带。

[5]敷:各书之注皆本赵岐说,认为此处意为"治"。非。实际是"普遍"的意思。

[6]益:舜的臣。掌火:掌管火,指任主火的官。烈:用如动词,燃火。山泽:偏义复词,指山。

[7]疏:开通。九河:相传禹在黄河下游为了疏浚黄河而开凿了九条支流,其故道已不可考。瀹(yuè):疏导。济、漯(tà):都是水名。故道都在今山东省。注:使……流入。诸:之于。海:指今黄海。

[8]杨伯峻说,孟子在此只是申述大禹治水有功,未必字字实在。汝汉淮泗四水,只有汉水流入长江。决:打开缺口,引导水流。汝:汝水,在今河南,东流入淮河。汉:汉水。排:排除,指排除水道淤塞。淮:淮河。泗:泗水,源出山东泗水县,古代泗水在今江苏淮阴附近入淮,今泗水流入运河,只是古代泗水的上游。江:长江。

[9]得乎:可能吗?

"后稷教民稼穑,树艺五谷,五谷熟而民人育[1]。人之有道也,饱食、煖衣、逸居而无教,则近于禽兽[2]。圣人有忧之,使契为司徒,教以人伦[3]:父子有亲,君臣有义,夫妇有别,长幼有叙,朋友有信[4]。放勋曰[5]:'劳之来之,匡之直之,辅之翼之,使自得之,又从而振德之[6]。'圣人之忧民如此,而暇耕乎?

[1]后:君主。稷:名弃,周的始祖。"稷"本是主管农事的官名,尧任命弃为稷,周人因称弃为后稷。稼穑:农业上种叫稼,收叫穑,这里泛指农事。树、艺:都是种植的意思。育:生养,这里有得以生存、繁殖的意思。

[2]人之有道也:等于说"人之为道也"(依王念孙说,见《经传释词》)。这句引起下文,

是说关于人的道理。煖："暖"的异体字。

[3]有：通"又"。这是承上"尧独忧之"而言。契(xiè)：尧的臣，商的始祖。司徒：官名，掌管教育等事。人伦：古代社会所规定的人与人之间的"正常"关系。以下五句即所谓五伦的具体内容。

[4]别：分别。叙：通"序"，等次。

[5]放勋：尧的号。

[6]劳(lào)：慰问。来(lài)：使……来(来归顺)。匡：正，使……正直，即纠正。翼：保护。自得：指自得其善性。振(通赈)：救济。德：恩惠。这里用如动词，指对人民施恩惠。以上是尧嘱咐契的话。

"尧以不得舜为己忧，舜以不得禹、皋陶为己忧[1]。夫以百亩之不易为己忧者，农夫也[2]。分人以财谓之惠，教人以善谓之忠，为天下得人者谓之仁[3]；是故以天下与人易，为天下得人难[4]。孔子曰[5]：'大哉，尧之为君[6]！惟天为大，惟尧则之[7]，荡荡乎，民无能名焉[8]！君哉，舜也[9]！巍巍乎，有天下而不与焉[10]！'尧舜之治天下，岂无所用心哉？亦不用于耕耳。

[1]皋陶(yáo)：舜的法官，相传禹和皋陶帮助舜治理天下。

[2]把种不好田当做自己的忧虑的人，是农夫。夫(fū)：句首语气词。百亩：参考《寡人之于国也》"五亩之宅"注。易：治。

[3]这里的"惠"、"忠"、"仁"，是孟子随文而做的解释，并不能概括这三个词在当时的全部涵义。

[4]把天下让给人容易，但是要为天下找到更贤的人却很难。

[5]下边引语出自《论语·泰伯》，原文是："大哉，尧之为君也！巍巍乎！唯天为大，惟尧则之。荡荡乎，民无能名焉。"

[6]大哉：等于说"伟大啊"，是全句的谓语，下文"君哉"同。

[7]则：法则。用如动词，效法。

[8]荡荡乎：广大辽阔的样子。名：用如动词，指用言语来称赞形容。

[9]君哉：指得人君之道。

[10]巍巍乎：高大的样子。与(yù)：参与。不与：等于说不相干。有天下而好像跟自己不相干，意思是不以占有天下为己荣。

"吾闻用夏变夷者，未闻变于夷者也[1]。陈良，楚产也，悦周公、仲尼之道，北学于中国[2]；北方之学者，未能或之先也[3]。彼所谓豪杰之士也[4]。子之兄弟，事之数十年，师死而遂倍之[5]。昔者孔子没，三年之外，门人治任将归[6]，入揖于子贡，相向而哭，皆失声，然后归[7]。子贡反，筑室于场，独居三年，然后归[8]。他日，子夏、子张、子游，以有若似圣人，欲以所事孔子事之，强曾子[9]。曾子曰：'不可。江汉以濯之，秋阳以暴之，皜皜乎不可尚已[10]！'今也，南蛮鴃舌之人,非先王之道[11];子倍子之师而学之,亦异于曾子矣。吾闻出于幽谷迁于乔木者,未闻下乔木而入于幽谷者[12]。鲁颂曰:'戎狄是膺,荆舒是惩[13]。'周公方且膺之,子是之学,亦为不善变矣[14]。"

[1]夏:指当时文化较发达的中原各国。变夷:使夷同化。变于夷:被夷同化。夷:见《齐桓晋文之事》"四夷"注。

[2]楚产:出生在楚地的人。当时楚文化也已很发达,但孟子仍斥之为夷。北:往北。

[3]或:虚指代词,有人。先:用如动词,指超过。之:"先"的宾语,指陈良。

[4]豪杰:才能出众的人。

[5]倍:通"背",背叛。

[6]没:"殁"的古字,死。任:担子,指行李。治任:收拾行装。上古时代,弟子为老师服新丧三年(哀痛与丧父相仿,但不服丧服,所以称心丧),所以三年过后门人散去。

[7]相向:面对面。失声:泣不成声。

[8]场:墓前供祭祀用的场地。子贡因对孔子感情深挚,所以又守墓三年。

[9]有若:即有子,孔子弟子,字子有,鲁国人,主张"礼之用,和为贵"(见《论语·学而》)。圣人:指孔子。强:勉强。

[10]濯:洗。以:介词,用。"江汉"是"以"的宾语。下句结构相同。秋阳:秋天的太阳。周历的七八月相当于夏历的五六月,正是阳光最强的时候。暴(pù):"曝"的古字,晒。皜:光明洁白。尚:通"上"。不可尚:指任何人达不到孔子的境界。

[11]鴃(jué):鸟名,又名伯劳,叫的声音不好听。孟子用"鴃舌"来比喻许行的话难听。许行是楚人,操楚语,所以孟子这样说。这是孟子歧视非华夏之国的偏见。

[12]出于幽谷迁于乔木:引自《诗经·小雅·伐木》。幽谷:幽暗的山谷。《诗经》说的是鸟,孟子用来比喻人改邪归正。

[13]引自《诗经·鲁颂·閟宫》。膺:击。荆:国名,就是楚。舒:南方的小国,从属于楚。惩:使人受创而警惧。

[14]方且:将要。是:指戎狄荆蛮。"是"是"学"的前置宾语,用"之"作标志。变:即承上文"用夏变夷"的"变"。

"从许子之道,则市贾不贰,国中无伪[1];虽使五尺之童适市,莫之或欺[2]。布帛长短同,则贾相若[3];麻缕丝絮轻重同,则贾相若[4];五谷多寡同,则贾相若;屦大小同,则贾相若。"

[1]贾:"价"的古字,价格。贰:同"二"。国中:都城中。

[2]五尺:古人尺短,一尺大约23厘米。适:到……去。莫:无指代词。之:代词作宾语前置。或:句中语气词。

[3]相若:相像,也就是相同。

[4]缕(lǚ):线。这段话是陈相所说。

曰:"夫物之不齐,物之情也[1]:或相倍蓰,或相什百,或相千万[2]。子比而同之,是乱天下也[3]。巨屦小屦同贾,人岂为之哉[4]?从许子之道,相率而为伪者也,恶能治国家[5]!"

[1]情:指自然之理。
[2]或:虚指代词,有的。蓰(xǐ):五倍。什百、千万:都是说的倍数。什:十倍。
[3]比:旧读去声,平列,等于说同等看待。同:等同起来,等于说划一。
[4]孟子的意思是:物之不齐是自然的道理,它们有精粗的分别,就和有大小的分别一样。假如鞋的粗细不同而同价,人们还肯做精细鞋出卖吗?若不论大小,使之同价,人们又岂肯做大鞋出卖?
[5]相:指代性副词,他们。相率:带领他们。

[阅读提示]

一、掌握下列加点词在文中的意义。
   1. 何许子之不惮烦
   2. 率天下而路
   3. 树艺五谷
   4. 劳之来之
   5. 辅之翼之
   6. 从而振德之
   7. 强曾子
   8. 江汉以濯之
   9. 戎狄是膺
   10. 门人治任将归

二、说明下列加点词的用法和意义。
   1. 踵门而告文公
   2. 皆衣褐
   3. 必织布而后衣乎
   4. 许子冠乎
   5. 烈山泽而焚之
   6. 劳之来之
   7. 匡之直之
   8. 从而振德之
   9. 惟尧则之
   10. 北学于中国

三、找出下列句中的古字、通假字、异体字,并说明相应的今字、本字和正体字。
   1. 禽兽偪人。
   2. 汜滥于天下。
   3. 饱食、煖衣、逸居而无教。
   4. 圣人有忧之。
   5. 长幼有叙。
   6. 师死而遂倍之。
   7. 秋阳以暴之。
   8. 皜皜乎不可尚已。
   9. 昔者孔子没。
   10. 则市贾不贰。

四、说明下列各句的句子类型。
   1. 是亦圣人也。
   2. 劳力者治于人。
   3. 未能或之先也。
   4. 彼所谓豪杰之士也。
   5. 江汉以濯之。
   6. 秋阳以暴之。
   7. 子是之学。
   8. 莫之或欺。

9. 戎狄是膺。   10. 荆舒是惩。

陈仲子(白文)

(《孟子·滕文公下》)

　　匡章曰陈仲子岂不诚廉士哉居於陵三日不食耳无闻目无见也井上有李螬食实者过半矣匍匐往将食之三咽然后耳有闻目有见

　　孟子曰于齐国之士吾必以仲子为巨擘焉虽然仲子恶能廉充仲子之操则蚓而后可者也夫蚓上食槁壤下饮黄泉仲子所居之室伯夷之所筑与抑亦盗跖之所筑与所食之粟伯夷之所树与抑亦盗跖之所树与是未可知也

　　曰是何伤哉彼身织屦妻辟纑以易之也曰仲子齐之世家也兄戴盖禄万钟以兄之禄为不义之禄而不食也以兄之室为不义之室而不居也避兄离母处于於陵他日归则有馈其兄生鹅者已频顣曰恶用是鶂鶂者为哉他日其母杀是鹅也与之食之兄自外至曰是鶂鶂之肉也出而哇之以母则不食以妻则食之以兄之室而弗居以於陵则居之是尚为能充其类也乎若仲子者蚓而后充其操者也

所谓故国者(白文)

(《孟子·梁惠王下》)

　　孟子见齐宣王曰所谓故国者非谓有乔木之谓也有世臣之谓也王无亲臣矣昔者所进今日不知其亡也

　　王曰吾何以识其不才而舍之曰国君进贤如不得已将使卑踰尊疏踰戚可不慎与左右皆曰贤未可也诸大夫皆曰贤未可也国人皆曰贤然后察之见贤焉然后用之左右皆曰不可勿听诸大夫皆曰不可勿听国人皆曰不可然后察之见不可焉然后去之左右皆曰可杀勿听诸大夫皆曰可杀勿听国人皆曰可杀然后察之见可杀焉然后杀之故曰国人杀之也如此然后可以为民父母

文王之囿（白文）

（《孟子·梁惠王下》）

齐宣王问曰文王之囿方七十里有诸孟子对曰于传有之曰若是其大乎曰民犹以为小也曰寡人之囿方四十里民犹以为大何也曰文王之囿方七十里刍荛者往焉雉兔者往焉与民同之民以为小不亦宜乎臣始至于境问国之大禁然后敢入臣闻郊关之内有囿方四十里杀其麋鹿者如杀人之罪则是方四十里为阱于国中民以为大不亦宜乎

【词义分析】（四）

病 《说文》："病，疾加也。"上古"病"多指严重的疾病。《论语·述而》："子疾病，子路请祷。""子疾病"是说孔子病了，病得很重。也指一般的疾病。《庄子·列御寇》："秦王有病召医。"引而申之，凡因饥饿、受伤、劳累而体质虚弱，精神疲倦难以支持都可以叫"病"。《左传·宣公二年》："见灵辄饿，问其病，曰：'不食三日矣。'"《成公二年》："郤克伤于矢，流血及屦，未绝鼓音，曰：'余病矣！'"《孟子·公孙丑上》："宋人有闵其苗之不长而揠之者，芒芒然归，谓其子曰：'今日病矣，予助苗长矣！'"又引申为动词，有病，得重病。《战国策·赵策四》："老臣病足，曾不能疾走。"《华佗传》："见一人病咽塞。"又为患苦，为……所困苦。《左传·襄公二十四年》："范宣子为政，诸侯之币重，郑人病之。"《荀子·天论》："养备而动时，则天不能病。"又为忧患，担心。《论语·卫灵公》："君子病无能焉，不病人之不己知也。"由疾病又引申为弊病，毛病。《史记·平津侯主父列传》："然今日庭诘弘，诚中弘之病。"

先秦"疾"和"病"有明显的区别。"疾"指一般的病，"病"多指严重的疾病。"疾病"连用，有时泛指病，如《周礼·天官·疾医》："掌养万民之疾病。"有时则表示"病了而且病得非常严重"。因受伤、饥饿、劳累而体质极度虚弱，精神疲惫难以支持，只能说"病"，不能说"疾"。另外"病"有忧患、担心的意思，"疾"没有；而"疾"可以表示憎恨、嫉妒、急速的意思，"病"不能。

情 情的基本意义是性情、情绪、情感。《礼记·礼运》："何谓人情？喜怒哀乐爱恶欲七者，不学而能。""不学而能"，是说此七者乃人之本能，后天不用学习就会产生。特指爱情。《后汉书·乌桓传》："其嫁娶则先略女通情。"白居易《长恨歌》："惟将旧物表深情。"引申指事物的本性。《孟子·滕文公上》："夫物之不齐，物之情也。"事物的本性是不可作伪的，所以又引申为真实的情况。《左传·庄公十年》："小大之狱，虽不能察，必以情。""必以情"即一定依据真实情况（处理案件）。这种意义上，"情"与"伪"是相反的。《左传·僖公二十八年》：“晋侯在外十九年矣……民之情伪，尽知之矣。"又指情形，情况。《周易·系辞上》："精气为物，游魂为变，是故知鬼神之情状。"又指情态，姿态。唐·卢照邻《长安古意》诗："鸦黄粉白车中出，含娇含态情非一。""情"还有意趣、趣味的意思。《世说新语·文学》："其夜清风朗月，闻江渚间估客船上有咏诗声，甚有情致。"唐·段成式《题谷隐兰若》诗之二："鸟啄灵雏恋落晖，村情山趣顿忘机。"

望 小篆从月从臣从壬，臣为竖目之形，甲文从臣从壬，本义是往远处看。《左传·庄公十年》："登，轼而望之。"《战国策·赵策四》："故愿望见太后。"引申为希望，盼望。《孟子·梁惠王上》："王如知此，则无望民之多于邻国也。"由希望引申为名誉，名望。《诗经·大雅·卷阿》："令闻令望。"今成语有"德高望重"。

望还有怨、怨恨、责怪的意思。司马迁《报任安书》："若望仆不相师。"《史记·汲郑列传》："黯褊心不能无少望。"

古代阴历每月十五日前后，日月相望，月光满盈时叫"望"。又把十五日称为"望日"。《汉书·苏武传》："以武著节老臣，令朝朔望。"（朔，初一）又《张禹传》："罢就第，以列侯朝朔望。"（既望）阴历的十六日。《尚书·周书·召诰》："惟二月既望。"苏轼《前赤壁赋》："七月既望。"

发 发的繁体"發"从弓，本义是把箭射出去。《孟子·尽心上》："君子引而不发。"《孟子·公孙丑上》："射者正己而后发。"引申为派出、派遣。《战国策·楚策》："于是使人发驺征庄辛于赵。"《史记·淮阴侯列传》："发使使燕。"由派出引申为出发。《庄子·秋水》："夫鹓雏发于南海，而飞于北海。"《楚辞·哀郢》："发郢都而去闾兮。"也引申为出，出来。《庄子·养生主》："是以十九年而刀刃若新发于硎。"又引申为起，起用。《孟子·告子下》："舜发于畎亩之中。"还引申为打开。《庄子·胠箧》："将为胠箧探囊发匮之盗而为守备。"又特指开仓济民。《孟子·梁惠王上》："涂有饿莩而不知发。"又指启封。《史记·淮阴侯列传》："韩信使者至，发书。"引申为开花。庾肩吾《摘梅花》："窗梅朝始发。"又用于抽象的意义，启发，阐发。《论语·述而》："不愤不启，不悱不发。"《论语·为政》："退而省其私，亦足以发。"

负 《说文》："恃也。从人守贝，有所恃也，一曰受贷不偿。"《史记·魏其武安侯列传》："武安负贵而好权。"又《廉颇蔺相如列传》："秦贪，负其彊以空言求璧。"又表示"欠债"。《汉书·邓通传》："通家尚负债数钜万。"背，载。《孟子·梁惠王上》："颁白者不负戴于道路矣。"《庄子·逍遥游》："水之积也不厚，则其负大舟也无力。"引申为"靠着"。《孟子·尽心下》："虎负隅。"今成语"负隅顽抗"。

由欠债引申为缺少。司马迁《报任安书》："仆少负不羁之才。"引申为对不起人。《战国策·齐策》："客果有能也！吾负之，未尝见也。"今成语"忘恩负义"。双音词有"辜负"。还引申为败，与"胜"相对。《史记·陈丞相世家》："无益于胜负之数。"

当 《说文》："田相值也。从田尚声。"本义为"对等"、"相当"。《礼记·王制》："次国之上卿，位当大国之中，中当其下，下当其上大夫。"引申为对着，面对。《礼记·曲礼下》："凡奉者当心。"（凡捧物对着胸口）《论衡·变动》："盛夏之时，当风而立。"又用于抽象意义。《论语·卫灵公》："当仁，不让於师。"引申为挡住，阻挡。《庄子·人间世》："汝不知夫螳螂乎？怒其臂以当车辙。"今成语有"螳臂当车"。又为抵御、抵挡。《史记·项羽本纪》：

"料大王士卒足以当项王乎？"又："楚战士莫不一以当十。"古代"阻挡"的意义都写成"当"，但是读平声。

由对着、面对引申为处在某个地方。《孟子·公孙丑上》："夫子当路于齐。"扬雄《解嘲》："当涂者升青云。"又指时间，"当在……的时候"。《孟子·滕文公上》："当尧之时，天下犹未平。"

由本义引申为判罪、判决。《史记·魏其武安侯列传》："乃劾魏其矫先帝诏，罪当弃市。"又《李将军列传》："汉法：博望侯留迟后期，当死，赎为庶人。"

由本义还引申为应该、必定。《史记·魏其武安侯列传》："夫魏其毁君，君当免冠解印绶归。"李密《陈情表》："臣生当陨首。"再引申为合适，合宜。《孟子·万章下》："会计当而已矣。"司马迁《报任安书》："今举事一不当。"《文心雕龙·丽辞》："务在允当。"这个意义读 dàng。

置　《说文》："从网直。""直"为知母职部，"置"为端母职部，此应为形声字。本义为赦罪，释放。《史记·淮阴侯列传》："高帝曰：'置之。'乃释通之罪。"《汉书·尹赏传》："赏亲阅，见十置一。"引申为放下来，放弃。《史记·项羽本纪》："沛公则置车骑，脱身独骑。"嵇康《与山巨源绝交书》："足下若嬲之不置。"也引申为安放、放、安置。《史记·项羽本纪》："项王则受璧，置之坐上。"又《淮阴侯列传》："置之亡地而后存。"又"诸侯之见项王迁逐义帝，置江南。"引申为安置在某一职位上。《史记·项羽本纪》："因置以为上将军。"韩愈《进学解》："投闲置散。"（置散：安置在不重要的位子上。）

由安置引申为建立、设立。多指机关或官职。《汉书·张禹传》："置从事史五人。"《汉书·霍光传》："置园邑三百家。"引申为购置，特指购买产业。《宋史·食货志》："女适人以匲钱置产，以夫为户。"（匲钱：陪嫁的钱）

驿车、驿马。《孟子·公孙丑上》："德之流行，速於置邮而传命。"苏轼《荔枝叹》诗："十里一置飞尘灰。"按，"置"字的意义随时代而不同：大约在先秦时代，"置"指驿车；汉代以后，"置"指驿马。

注意："置"与"寘"二字古不同音，"置"属知母职部，"寘"属照母锡部。其意义也不尽相同。"置"的"安放"意义写作"寘"，其他意义不能。

辟　音 bì，辟字从卩从辛从口，本义是法。《诗经·小雅·雨无正》："辟言不信，如彼行迈，则靡所臻。"引申为"君"，"君主"。《诗经·大雅·文王有声》："皇王维辟。"又《棫朴》："济济辟王。"（济济，容貌美的样子）现代有双音词"复辟"。由君主引申为征召。《后汉书·黄宪传》："宪初举孝廉，又辟公府。"又《徐迟传》："屡辟公府，不起。"又"迟尝为大尉黄琼辟。"

又读 pì，刑，刑法。《尚书·吕刑》："墨辟疑，赦；其罚百锾。"（墨：古代五刑之一，即脸上刺字。锾 huán：古代度量单位，六两为锾。）又"劓辟疑，赦；其罚惟倍。"（劓 yì：五刑之一。割去鼻子。）"大辟"古代五刑之一。死刑。《尚书·吕刑》："大辟疑，赦；其罚千锾。"《礼记·文王世子》："其死罪，则曰某之罪在大辟。"

假借为躲避，后写作"避"。《左传·僖公三十二年》："其北陵，文王之所辟风雨也。"又《成公二年》："旦辟左右。"

假借为开辟。《孟子·梁惠王上》："欲辟土地，朝秦楚。"又《离娄上》："辟草莱任土地者次之。"后来写作"闢",今简化为"辟"。

假借为不正。后做"僻"。《孟子·梁惠王上》:"放辟邪侈。"

假借为卑贱而得宠的,后做"嬖"。《论语·季氏》:"友便辟,友善柔,友便佞,损矣!"《战国策·齐策四》:"王使人为冠,不使左右便辟。"

保 《说文·人部》:"保,养也。"甲骨文"保"从人从子会意,金文"保"左边的"人"把手伸向背后,揽着背上的"子",其本义就是"负幼儿于背"。《尚书·召诰》:"夫知保抱携持厥妇子,以哀吁天。"句中"保"与"抱"、"携"、"持"为四种不同的带子方式。对于背负小孩的大人来说,他还负有抚养、抚育小孩的职责。所以由本义又引申出"抚养"、"抚育"的意思。《尚书·康诰》:"若保赤子,惟民其康乂。"《国语·周语上》:"事神保民。"韦昭注:"保,养也。"《孟子·梁惠王上》:"保民而王,莫之能御也。"上古的"保民"都是"抚育百姓"的意思。由"抚养"、"抚育"的意义可以引申出很多意义。可以引申为负责养育小孩具体事务的人,即今言"保姆"。《礼记·内则》:"保受乃负之。"郑玄注:"保,保母。"《慎子·君人》:"爱赤子不慢其保,绝险者不慢其御。"可以引申为负责皇子生活的人,即"太保"(古三公之一)。《尚书·君奭序》:"召公为保,周公为师,相成王为左右。"孔安国传:"保,太保也;师,太师也。"《礼记·文王世子》:"入则有保,出则有师,是以教育而德成也。"据《礼记·保傅》记载,太保负责皇子的身体保养,太师负责皇子的知识教育,太傅负责皇子的品德修养。抚育小孩的人同时也有保护小孩的职责。所以由"抚养"、"抚育"还可引申为"保护"、"庇护"。《尚书·召诰》:"今相有殷,天迪格保。"《世说新语·识鉴》:"然保卿家,终当在兄。"抚育小孩的人当然也就拥有了这个小孩。所以还可以引申为"保有"、"据有"、"占有"。《诗·唐风·山有枢》:"宛其死矣,他人是保。"郑玄笺:"保,居也。"《南史·宋本纪上》:"去城四十里有巨蔑水,超告五楼急据之。比至,为龙骧将军孟龙符所保。五楼乃退。"句中先言"据之"后言"所保",可知"保"与"据"意同。从被抚育的小孩来说,有了人来抚育他,他也就有了依附,所以从"抚育"还可引申为"依附"的意思。《庄子·列御寇》:"女处己,人将保女矣。"王先谦集解:"司马云:'保,附也。'案:言汝且处乎家,人将附汝矣。"《汉书·高帝纪》:"(沛令)欲诛萧、曹,萧、曹恐,逾城保高祖。""保高祖"即投靠、依附高祖。

由"保护"的意义再引申出"守卫"的意思。《诗·大雅·崧高》:"南土是保。"郑玄笺:"保,守也。"《汉书·高帝纪》:"民前或相聚保山泽,不书名数。"颜师古注:"保,守也。"由"依附"的意义则可以引申出"仗恃"、"凭借"的意思。《左传·僖公二十三年》:"保君父之命而享其生禄,于是乎得人。"杜预注:"保,犹恃也。"班固《东都赋》:"子实秦人,保界河山。"王念孙《读书杂志》:"界读为介,保、介皆恃也,言恃河山以为固也。"由"守卫"的意义就可以引申出"据以守卫的建筑"。《左传·襄公八年》:"焚我郊保,冯陵我城郭。"《礼记·檀弓下》:"公叔禺人遇负杖入保者息。"王力注:"保,城堡,后来写作'堡'。"①《资治通鉴·汉光武帝建武三年》:"诸营保附岑者皆来降。"胡三省注:"保与堡同。"这个意义《汉语大字典》释为"小城"②,不确。"郊保"应在城郊,不能认为城郊还有一个小城。"郊保"实际上就是处在城郊的用来守卫城市的建筑。这个意义后来写作"堡"。

---

① 王力:《古代汉语》,中华书局,1999年版,第209页。
② 见《汉语大字典》,湖北、四川辞书出版社,1986年版,第161页。

度 从又庶声,读去声 duò。量长短。《孟子·梁惠王上》:"度,然后知长短。"枚乘《上书谏吴王》:"寸寸而度之,至丈必过。"

读 duó。计算,揣度,推测。《左传·隐公十一年》:"山有木,工则度之。"《史记·项羽本纪》:"度我至军中,公乃入。"又《陈涉世家》:"度已失期。"引申为量长短的标准,读 dù。《论语·尧曰》:"谨权量,审法度。"又引申为限度,尺度。贾谊《论积贮疏》:"生之有时,而用之亡度。"杨恽《报孙会宗书》:"诚荒淫无度,不知其不可也。"又引申为法度,法制。《左传·隐公元年》:"今京不度,非制也。"又《昭公三年》:"公室无度。"

读 dù。风度,度量。《汉书·高帝纪》:"常有大度。"《潜夫论·交际》:"有度之士。"

读 dù。过,渡过。《木兰辞》:"关山度若飞。"李白《蜀道难》:"猿猱欲度愁攀援。"《汉书·贾谊传》:"犹度江河亡维楫。"(亡:无。维:系船的绳子。楫:船桨。)《后汉书·光武纪》:"度水逃去。"渡水的这个意义后代写作"渡"。

踵 从足重声,本义是脚后跟。成语"接踵而至"。《楚辞·离骚》"及前王之踵武"。引申为到、至。《孟子·滕文公上》:"踵门而告文公。"又引申为跟随。《汉书·武帝纪》:"各将五万骑,步兵踵军后数十万人。"引申为继承、沿袭。《汉书·刑法志》:"踵秦而置材官于郡国。"

宫 从宀,躳省声,本义是房屋,住宅。先秦与"室"同义。《论语·子张》:"譬之宫墙。"《孟子·滕文公上》:"且许子何不为陶冶,舍皆取诸其宫中而用之?"秦汉以后专指帝王所住的房屋,宫殿。贾谊《过秦论》:"作阿房宫。"杜甫《咏怀古迹》(其四):"先主窥吴幸三峡,崩年亦在永安宫。"

五声之一。古代音乐,宫商角徵羽为五声。《礼记·乐记》:"宫乱则荒,其君骄。"

古代五刑之一,阉割之刑。《尚书·吕刑》:"宫辟疑,赦;其罚六百锾。"

治 从水台声,治水,防御或疏导水流。《孟子·告子下》:"禹之治水,水之道也。"引申为处理,进行某种工作。《孟子·滕文公上》:"然则治天下独可耕且为与?"又"恶能治国家?"又"门人治任将归。"《孟子·梁惠王上》:"奚暇治礼义哉?"《庄子·马蹄》:"伯乐善治马,而陶匠善治埴木。"(陶:烧窑工人。匠:木匠。埴 zhí:陶土,黏土。)《左传·成公三年》:"二国治戎。"按:"治"字的引申义应用很广,凡加在名词的前面,就表示对此事物进行应有的处理。

又引申为治理好,特指国家被治理得很好、太平。跟"乱"相对。《论语·泰伯》:"舜有臣五人而天下治。"《荀子·天论》:"治乱,天邪?"又"禹以治,桀以乱,治乱非时也。"

第五单元

常识：语法（下）

一、判断句

（一）判断句的基本特征

现代汉语的判断句一般是用判断动词"是"来表示肯定判断，在"是"字前加否定副词"不"来表示否定判断。如：
① 我们都是炎黄子孙。
② 他不是一个老师。
古代汉语判断句的结构则与现代汉语不同。例如：
① 周公，弟也。（《孟子·公孙丑下》）
② 晏婴，齐之习辞者也。（《晏子春秋·内篇杂下》）
由此我们可以看出古代汉语判断句与今天判断句的明显不同就是句中一般不用判断动词"是"字。它最基本的特征是用名词（如例①的"弟"）或名词性词组（如例②的"齐之习辞者"）直接作谓语来表示判断。可见判断句是我们根据句子谓语性质的不同划分出的一种句子类型。用动词作谓语的是叙述句，用形容词作谓语的是描写句，而用名词作谓语的则是判断句。

（二）判断句的常见句式

从结构形式上看，我们可以将古代汉语的判断句分为五种句式。
"……者，……也。"即在主语后面加语气词"者"，用以表示提示语气；同时谓语的后面再用语气词"也"来帮助判断。例如：
① 彼圣人者，天下之利器也。（《庄子·胠箧》）
② 魏公子无忌者，魏昭王少子而魏安釐王异母弟也。（《史记·魏公子列传》）
③ 陈胜者，阳城人也。（《史记·陈涉世家》）
这一类判断句中的"者"、"也"，在翻译为现代汉语时，都不必译出。
"……，……也。"即主语后面不用语气词，只在名词谓语的后面加语气词"也"来帮助判断。例如：

① 晋，吾宗也。(《左传·僖公五年》)
② 制，岩邑也。(《左传·隐公元年》)
③ 董狐，古之良史也。(《左传·宣公二年》)

这一类判断句中的语气词"也"在译成现代汉语时没有对译词，因此不必译出。

"……者，……。"即只在主语后面用语气词"者"，不在谓语后面用语气词"也"。例如：

① 粟者，民之所种。(晁错《论贵粟疏》)
② 天下者，高祖天下。(《史记·魏其武安侯列传》)
③ 虎者，戾虫。(《战国策·秦策》)

"……，……。"即主语和谓语后面都不用语气词。例如：

① 堂邑父，胡人。(《汉书·张骞传》)
② 刘备，天下枭雄。(《资治通鉴·赤壁之战》)
③ 秦，虎狼之国。(《史记·屈原贾生列传》)

这一类判断句肯定的意味较弱。

"……，(副词)……(也)。"即在谓语的前边用一个副词来加强判断语气或表示否定判断。例如：

① 是乃圣人之过也。(《庄子·胠箧》)
② 此诚危急存亡之秋也。(诸葛亮《出师表》)
③ 梁父即楚将项燕。(《史记·项羽本纪》)
④ 此则寡人之罪也。(《国语·越语上》)
⑤ 民惟邦本，本固邦宁。(《尚书·五子之歌》)
⑥ 劳师以袭远，非所闻也。(《左传·僖公三十二年》)
⑦ 此非所以跨海内、制诸侯之术也。(李斯《谏逐客书》)

例①至例⑤是在名词谓语的前面分别加上了副词"乃"、"诚"、"即"、"则"、"惟"，这些副词可译为"就(是)"，但是这些副词和"就是"的词性不同，"乃、诚、即、则、惟"等是副词，"就是"是副词"就"修饰系词"是"以加强判断；例⑥⑦是在名词谓语的前面加上了否定副词"非"来表示否定判断，"非"也可以译为"不是"，但"非"与"不是"的词性也不同，"非"是否定副词，否定后面的名词性谓语；"不是"则是用否定副词"不"修饰系词"是"，以构成否定性判断。

(三) 判断句的表达功能

古代汉语的判断句，经常用以表示类属关系，即主语所指称的事物，属于谓语所指称事物的一部分。例如：

① 陈胜者，阳城人也。(《史记·陈涉世家》)
② 此悉贞良死节之臣。(诸葛亮《出师表》)

判断句还可以表示等同关系，即主语所表达的事物，就是谓语所表达的事物。例如：

① 梁父即楚将项燕。(《史记·项羽本纪》)
② 昔者鬼侯、鄂侯、文王，纣之三公也。(《战国策·赵策》)

上述两种表达功能与现代汉语的判断句相同。除此之外,古代汉语的判断句还可以表达一些现代汉语判断句所不能表达的意义。

① 韩,天下之咽喉。(《战国策·秦策》)
② 君子之德,风。小人之德,草。(《论语·颜渊》)
③ 夫战,勇气也。(《左传·庄公十年》)
④ 百乘,显使也。(《战国策·齐策》)

前两例中主语"韩"和谓语"咽喉"、主语"君子之德"和谓语"风"、主语"小人之德"和谓语"草",既不是同类的事物,也不是同一种事物,它们只是把谓语作为喻体,来对主语进行比喻的,我们可把这样的判断句称之为"表示比喻的判断句"。这样的判断句翻译时要在谓语前加上一些喻词。如例①意为"韩国好比是天下的咽喉"。后两例主语"战"和谓语"勇气"、主语"百乘"和谓语"显使"之间也非同类或同一事物。它们的意思本来都应该用一个叙述句来表达,说话人把叙述句中的某些词语省略以后,使它们成了判断句。我们可以把这些判断句称之为"紧缩了的判断句"。这样的判断句在翻译时就要在名词谓语前根据句意加上适当的词语。如例③要译为"作战靠的是勇气",例④可译为"百辆车子表明这是一个显赫的使者"。

此外,古代汉语的判断句还可以用来解释造成某种结果的原因。例如:
① 桓公九合诸侯,不以兵车,管仲之力也。(《论语·宪问》)
② 孟尝君为相数十年,无纤介之祸者,冯谖之计也。(《战国策·齐策》)

例①"管仲之力"是"桓公九合诸侯,不以兵车"的原因;例②"冯谖之计"是"孟尝君为相数十年,无纤介之祸"的原因。这种判断句我们可以称之为"解释因果的判断句",需在谓语前加上"是因为"来翻译。如例①就可译为"桓公多次会合诸侯,不靠兵车,是因为管仲的力量"。

(四) 判断句的辨认

前边我们介绍了判断句的五种常见句式,就是说古代汉语的判断句可以用如上的句式来构成,但是我们却不可以反过来说,只要符合这五种句式的句子就都是判断句。如果认为主语后有个"者"、谓语后有个"也",这样的句子就是判断句,那就错了。例如:
① 蔓,难图也。(《左传·隐公元年》)
② 使其主有大失于上,臣有大罪于下,索国之不亡者,不可得也。(《韩非子·孤愤》)
③ 吾妻之美我者,私我也。(《战国策·齐策》)

例①在句尾用了语气词"也",但"也"前的谓语是动词"图(对付)"而不是名词,所以全句是叙述句而不是判断句。后两例形式上都符合"……者,……也"这种句式,但例②"也"前的谓语是动词"得",例③"也"前的谓语是动词"私",所以这两个句子也都是叙述句而不是判断句。

前边我们说过,古代汉语的判断句与现代汉语判断句的明显不同就是句中不用判断词"是",但并不是说只要句中有"是"字的句子就都不是判断句。因为"是"字经常可以以指示代词的身份出现在判断句里,在判断句里作主语或谓语。例如:
① 吾不能早用子,今急而求子,是寡人之过也。(《左传·僖公三十年》)

② 虎兕出于柙，龟玉毁于椟中，是谁之过与？（《论语·季氏》）
③ 是鲁之孔丘与？（《论语·微子》）
④ 是非君子之言也。（《礼记·檀弓上》）
⑤ 汤之问棘也是已。（《庄子·逍遥游》）
⑥ 以智说愚必不听，文王说纣是也。（《韩非子·难言》）

例①②的"是"复指它前边的句子，与其一起作判断句的主语。例③④的"是"则是单独作判断句的主语。这些"是"都是近指代词，意为"这"。例⑤⑥中的"是"作判断句的谓语，可译为"这样"。这样的"是"很像是现代汉语判断句中的系词，实际上却都是近指代词。

在文言文中，有些用"为"作谓语的句子，其表达功能与判断句相同。例如：
① 吾乃今日而知先生为天下之士也。（《战国策·赵策》）
② 颍考叔为颍谷封人。（《左传·隐公元年》）
③ 四体不勤，五谷不分，孰为夫子？（《论语·微子》）

这些句子中的"为"，翻译成"是"，整个句子的意思很顺畅，因而有很多人认为这些句子都是判断句。我们不同意这种观点。一是因为古代汉语里的"为"是一个用法和意义相当灵活的动词，如果认为这种句子是判断句，就与我们所说的判断句的基本特征"名词或名词性词组作谓语"相悖了；二是因为这些句子中的"为"并不是非翻译成"是"不可。如例①"先生为天下之士"就可译成"先生称得上是天下真正的士人"，例②就可译成"颍考叔担任颍谷的封人（这个职务）"。正像王力所说的那样，这种句子中的"为"字"虽然可以用现代的是字来对译，但不必认为就是上古的真正的系词"。这样的句子当然也不是判断句了。

在辨认判断句时还要注意一种情况，即在对话的语言环境里判断句经常只出现名词或名词性词组谓语，而主语则因上文刚刚出现过或不说出来对方也知道而省略。例如：
① 楚人和氏得玉璞楚山中，奉而献之厉王。厉王使玉人相之，玉人曰："石也。"（《韩非子·和氏》）
② 孟尝君怪之，曰："此谁也？"左右曰："乃歌夫长铗归来者也。"（《战国策·齐策》）
③ （灵辄）对曰："翳桑之饿人也。"（《左传·宣公二年》）

例①名词谓语"石"前省略了主语"玉璞"，例②"左右"的话里省略了主语"此（人）"，例③灵辄的话里省略了主语"吾"。

思考与练习（二十）

一、古代汉语判断句与现代汉语的判断句有什么不同？

二、古代汉语判断句的基本特征是什么？常用的句式有哪几种？

三、分析下面判断句的句式。

1. 彼秦者，弃礼义而上首功之国也。（《战国策·赵策》）

2. 夫积贮者，天下之大命也。（贾谊《论积贮疏》）

3. 夫以百亩之不易为己忧者，农夫也。（《孟子·滕文公上》）

4. 昔者之战也，非二三子之罪也，寡人之罪也。（《国语·越语上》）

5. 吾乃梁人也。（《战国策·赵策》）

6. 吏之所诛，上之所养也。（《韩非子·五蠹》）

7. 虢仲虢叔，王季之穆也。（《左传·僖公五年》）
8. 是故善人者，不善人之师。（《老子》）
9. 是炎帝之少女。（《山海经·北山经》）
10. 法者，所以爱民也。（《商君书·更法》）
11. 荀卿，赵人。（《史记·孟子荀卿列传》）
12. 既畜王资而承敌国之衅，超五帝侔三王者，必此法也。（《韩非子·五蠹》）
13. 沛公之参乘樊哙者也。（《史记·项羽本纪》）
14. 此则寡人之罪也。（《国语·越语上》）
15. 夫令名，德之舆也；德，国家之基也。（《左传·僖公二十四年》）

四、标点并翻译下面的短文。

楚王使陈轸之秦秦王谓轸曰子秦人也寡人与子故也寡人不佞不能亲国事矣故子弃寡人事楚王今齐楚相伐或谓救之便或谓救之不便子独不可以为子主计以其余为寡人乎陈轸曰王独不闻吴人之游楚者乎楚王甚爱之病故使人问之曰诚病乎意亦思乎左右曰臣不知其思与不思诚思则将吴吟今轸将为王吴吟王不闻夫管与之说乎有两虎诤人而斗者管庄子将刺之管与止之曰虎者戾虫人者甘饵也今两虎诤人而斗小者必死大者必伤子待伤虎而刺之则是一举而兼两虎也无刺一虎之劳而有刺两虎之名齐楚今战战必败败王起兵救之有救齐之利而无伐楚之害计听知覆逆者唯王可也计者事之本也听者存亡之机计失而听过能有国者寡也故曰计有一二者难悖也听无失本末者难惑

（《战国策·秦策》）

二、被动句

（一）被动句的基本特征

被动句是根据句子主语性质的不同划分出的一种句子类型。主语是施事者的句子是主动句，主语是受事者的句子就是被动句。例如：

① 初，郑武公娶于申。（《左传·隐公元年》）
② 蔓草犹不可除，况君之宠弟乎？（同上）

例①主语"郑武公"是"娶"这个动作的施事者，是主动句。例②主语"蔓草"是"除"这个动作的受事者，是被动句。所以，被动句的基本特征就是以行为的受事者作主语。

（二）被动句的类型

古汉语的被动句和现在一样，都可以分为两大类。一类从结构上看与主动句基本相同，句子的被动意义就靠动词本身来体现；另一类从结构上看，动词谓语前后用有一些能够标识被动的词语，句子的被动意义由这些词语来彰显。例如：

① 君能补过，衮不废矣。（《左传·隐公元年》）
② 盖文王拘而演《周易》，仲尼厄而作《春秋》，屈原放逐乃赋《离骚》。（司马迁《报任安书》）
③ 父母宗族，皆为戮没。（《战国策·燕策》）

④ 百姓之不见保，为不用恩焉。(《孟子·梁惠王上》)

这四个例句中加点的动词都用于被动意义。前两例句子的结构与主动句一样，后两例分别在谓语"戮没"和"保"前用了一个介词"为"和一个助词"见"来帮助表示被动。我们把结构与主动句一样的被动句称为"意念上的被动句"，而把用有彰显被动意义词语的被动句称为"有形式标志的被动句"。后者才是古代汉语里真正的被动句式。下文我们所说的被动句都指的是后者。

(三) 被动句的句式

有形式标志的被动句中能够用作被动标志的词语有"于"、"为"、"见"和"被"，由这些被动标志可以构成的被动句式有如下几种：

1. **动词＋于＋名词(代词)**

这种句式中的"于"是被动句的形式标志，"于"后的名词或代词是由"于"引进的行为的施事者。如：

① (冉雍)屡憎于人。(《论语·公冶长》)
② 内困于父母，外困于诸侯。(《国语·晋语》)
③ 先发制人，后发制于人。(《汉书·项籍传》)

这些句子的主语都省略了，但从句意来看，肯定都是行为的受事者，所以这些句子都是被动句。

在文言文中，用"于"的被动句经常和主动句配合使用，使文章有很强的对比效果。例如：

① 治于人者食人，治人者食于人。(《孟子·滕文公上》)
② 劳心者治人，劳力者治于人。(同上)
③ 有备则制人，无备则制于人。(《盐铁论·险固》)
④ 君子役物，小人役于物。(《荀子·修身》)

例①的前一句为者字结构作主语的主动句，后一句为者字结构作主语的被动句，对比使用，使意义表达得鲜明、突出。例②与例①基本相同。例③的前一句是动宾结构作主语的主动句，后一句是动宾结构作主语的被动句。例④的前一句为名词作主语的主动句，后一句为名词作主语的被动句。

需要注意的是，"于"是一个常用的介词，很多主动句动词之后也能用"于"来引进行为的对象、处所、原因、时间等，所以用"于"的句子是不是被动句，关键还是要看其主语是不是行为的受事者。如果不是行为的受事者，就不是被动句。如《左传·成公三年》"射其左，越于车下"，"越于车下"的主语是车上站在左边的人，而这个人显然是"越"这个动词所表动作的施事者，所以这个句子是主动句而不是被动句。

2. **为＋名词(代词)＋动词**

这种句式的"为"也是被动句式的一种形式标志，"为"后的名词或代词是由"为"引进的行为的施事者。例如：

① 不为酒困。(《论语·子罕》)
② 战而不克，为诸侯笑。(《左传·襄公十年》)

③ 吾属今为之虏矣。(《史记·项羽本纪》)

这种句式还可以有如下三种变式：一是"为＋名词(代词)＋所＋动词"式，即在动词之前又用了一个表示被动的助词"所"；二是"为＋动词"式，即介词"为"后省略了它的宾语；三是"为＋所＋动词"式，即介词"为"后省略了宾语，并在动词之前又用了一个助词"所"。如：

① 仆以口语遇此祸，重为乡党所笑。(司马迁《报任安书》)
② 今足下……终为之所禽矣。(《史记·淮阴侯列传》)
③ 亲戚为戮，不可以莫之报也。(《左传·昭公二十年》)
④ 贵为天子，富有天下，而身为禽者，其救败非也。(贾谊《过秦论》)
⑤ 不者，若属皆且为所虏。(《史记·项羽本纪》)
⑥ 官府加讨，屡为所败。(《旧唐书·黄巢传》)

这些句子中加点的"为"都可以译成"被"，"所"字可不译。

和"于"字一样，"为"也是一个常用的介词，它除了引进行为的主动者外，还可以引进行为的对象、原因、目的、时间等，所以"为＋名词＋动词"(包括它的三种变式)这样的句子到底是不是被动句，也要看句子的主语是不是行为的受事者。如司马迁《报任安书》"然此可为智者道，难为俗人言也"，"为俗人言"虽然也是"为＋名词＋动词"，但其省略的主语"我"显然是动词"道"和"言"所表行为的施事者，所以这个句子是主动句而不是被动句。

3. 见＋动词

这种句式里的"见"也是被动句式的一种形式标志，它是一个助词，用来表示被动。例如：

① 随之见伐，不量力也。(《左传·僖公二十八年》)
② 汝可疾去矣，且见禽。(《史记·商君列传》)
③ 盆成括见杀。(《孟子·尽心下》)

由于这种句子中的"见"是一个助词，所以它不能像介词那样可以引进行为的主动者。如果句子有必要让行为主动者出现，可以在"见＋动词"之后再用一个介词"于"把行为的主动者引介给动词。这就构成了"见"字被动句的变式——"见＋动词＋于＋名词"。如：

① 吾长见笑于大方之家。(《庄子·秋水》)
② 然而公不见信于人，私不见信于友。(韩愈《进学解》)
③ 吾尝三仕三见逐于君。(《史记·管晏列传》)

由于"见"除了用作表示被动的助词外，还可用作指代性副词，所以见到"见＋动词"的句式，要确定它是不是被动句，也要看它的主语是不是受事者。如李密《陈情表》"生孩六月，慈父见背"，句中的"见"就是一个指代性副词，"见背"意为"离开了我"，整个句子是主动句而不是被动句。

4. 被＋动词

这种句式里动词前的"被"在汉代以前都还是一个表示被动的助词，所以它与"见"字一样是不能引进行为主动者的。例如：

① 国一日被攻，虽欲事秦，不可得也。(《战国策·齐策》)
② 今兄弟被侵必攻者，廉也。(《韩非子·五蠹》)

③ 信而见疑,忠而被谤,能无怨乎?(《史记·屈原贾生列传》)

这种意义的"被"实际上是从"遭受"的意义发展而来的,甚至它们都还处在从"遭受"的意义向"被"的意义的转变过程之中。如果这些用"被"的被动句有必要让行为的主动者出现的话,和"见"字一样,也需要在动词后面用介词"于"来引进行为的主动者。如《战国策·齐策》:"万乘之国,被围于赵。"汉代以后,"被"已发展得与"为"一样成为介词,可以引进行为的主动者了。如:

① 祢衡被魏武谪为鼓吏。(《世说新语·言语》)

② 臣被尚书召问。(蔡邕《被收时表》)

思考与练习(二十一)

一、被动句分为哪两种类型?

二、哪些词语能够用作被动标志?

三、常见的被动句式有哪几种?

四、下面的被动句,各属于哪种句式?

1. 虽万被戮,岂有悔哉?(司马迁《报任安书》)
2. 光武帝九岁而孤,养于叔父良。(《后汉书·光武帝纪》)
3. 道术将为天下裂。(《庄子·天下》)
4. 救人未必能存,而交大未必不有疏,有疏则为强国制矣。(《韩非子·五蠹》)
5. (伍子)胥之父兄为戮于楚,欲自报其仇耳。(《史记·吴太伯世家》)
6. 广之将兵,宽缓不苛,士卒以此爱乐为用。(《史记·李将军列传》)
7. 江南金锡不为用,西蜀丹青不为采。(李斯《谏逐客书》)
8. 先帝哀边人之久患,苦为虏所系获也。(《盐铁论·本议》)
9. 取其实而去其名,无招越蜀吠怪,而为外廷所笑。(柳宗元《答韦中立论师道书》)
10. 岱不从,遂与战,果为所杀。(《三国志·魏书·武帝纪》)
11. 又别遣校尉救民于广阳谷,羌虏盛多,皆为所破。(《汉书·冯奉世传》)
12. 世俗以为鼠啮衣者,其主不吉,今单衣见啮,是以忧戚。(《三国志·魏书·曹冲传》)
13. 武帝使中郎将苏武使匈奴,见留二十年。(《汉书·燕刺王旦传》)
14. 吾尝三仕三见逐于君,鲍叔不以我为不肖,知我不遭时也。(《史记·管仲晏子列传》)
15. 且夫有高人之行者,固见负于世。(《商君书·更法》)
16. 闵王毁于五国,桓公劫于鲁庄。(《荀子·王制》)
17. 善战者致人,而不善战者致于人。(《孙子·虚实》)
18. (怀王)内惑于郑袖,外欺于张仪。(《史记·屈原贾生列传》)

五、标点并翻译下面的短文。

平原君家楼临民家民家有躄者槃散行汲平原君美人居楼上临见大笑之明日躄者至平原君门请曰臣闻君之喜士士不远千里而至者以君能贵士而贱妾也臣不幸有罢癃之病而君之后宫临而笑臣臣愿得笑臣者头平原君笑应曰诺躄者去平原君笑曰观此竖子乃欲以一笑

之故杀吾美人不亦甚乎终不杀居岁余宾客门下舍人稍稍引去者过半平原君怪之曰胜所以待诸君者未尝敢失礼而去者何多也门下一人前对曰以君之不杀笑躄者以君为爱色而贱士士即去耳于是平原君乃斩笑躄者美人头自造门进躄者因谢焉其后门下乃复稍稍来

(《史记·平原君虞卿列传》)

三、双宾语句

(一)双宾语句的结构

一个动词带有两个宾语,就构成了双宾语句。双宾语句的结构一般是"动词＋宾1＋宾2"。其中的"宾1"从结构上看,紧挨动词,谓之"近宾语";从意义上看,常指动词所表动作涉及的间接对象,所以又叫间接宾语。"宾2"从结构上看,离动词远些,谓之"远宾语";从意义上看,它常指动词所表动作涉及的直接对象,所以又叫直接宾语。如:

① 公赐之食。(《左传·隐公元年》)
② 重为之礼而归之。(《左传·成公三年》)

例①动词"赐"带了两个宾语,其中"之"指人,是间接宾语;"食"指物,是直接宾语。例②动词"为"带了两个宾语,其中"之"指人(晋人知罃),是间接宾语;"礼"指物,是直接宾语。

(二)一般双宾语句

表示授予意义和教示意义的动词带两个宾语,这样的句子与现代汉语的双宾语句一样,我们谓之"一般双宾语句"。例如:

① 我欲中国而授孟子室。(《孟子·公孙丑下》)
② 静女其娈,贻我彤管。(《诗经·邶风·静女》)
③ 公语之故,且告之悔。(《左传·隐公元年》)
④ 于是项王乃教籍兵法。(《史记·项羽本纪》)

例①②的动词"授"、"贻"是表示授予意义的动词,分别带了两个宾语;例③④的动词"语"、"告"、"教"是表示教示意义的动词,也分别带了两个宾语。它们都是一般双宾语句,句中动词谓语与两个宾语之间都是一般动宾关系。

(三)为动双宾语句

用作为动的动词带两个宾语所构成的句子叫为动双宾语句。这种句子中动词与间接宾语之间都是为动关系,与直接宾语之间都是一般动宾关系。例如:

① 天生民而立之君。(《左传·襄公十四年》)
② 欲见贤人而不以其道,犹欲其入而闭之门也。(《孟子·万章上》)
③ 紾兄之臂而夺之食,则得食。(《孟子·告子下》)
④ 不如早为之所,无使滋蔓。(《左传·隐公元年》)
⑤ 为之驾,比门下之车客。(《战国策·齐策》)
⑥ 而为之箪食与肉,置诸橐以与之。(《左传·宣公二年》)

各例中的动词"立"、"闭"、"夺"、"为"等后都带了双宾语。例①"立之君"意为"给他们立国君",例②"闭之门"意为"对他们关上了大门",例③"夺之食"意为"向他夺取饭食",例④"为之所"意为"给他们安排处所",例⑤"为之驾"意为"给他准备车马",例⑥"为之箪食与肉"意为"给他准备一箪子食物和肉"。动词"为"经常用作为动并带两个宾语,如后三例。

(四)使动双宾语句

用作使动的动词带两个宾语所构成的句子是使动双宾语句。这种双宾语句里的动词与间接宾语之间都是使动关系,与直接宾语之间都是一般动宾关系。例如:

① 若弗与,则请除之,无生民心。(《左传·隐公元年》)
② 秋九月,晋侯饮赵盾酒。(《左传·宣公二年》)
③ 大子帅师,公衣之偏衣,佩之金玦。(《左传·闵公二年》)
④ 均之二策,宁许以负秦曲。(《史记·廉颇蔺相如列传》)

例①"生民心"意为"使民生二心";例②"饮赵盾酒"意为"请赵盾喝酒";例③"衣之偏衣"意为"让他穿上偏衣","佩之金玦"意为"让他佩带上金玦";例④"负秦曲"意为"使秦国背负理屈的名声"。

(五)双宾语句的辨认

双宾语句的结构特征是动词之后有两个名词或代词,但并非动词之后只要有两个名词或代词的就都是双宾语句。动词之后虽有两个名词或代词,但二者之间能按同位、联合、偏正关系理解的句子不是双宾语句。例如:

① 子安取礼而来待吾君?(《战国策·赵策》)
② 高祖东击韩王信余反寇于东垣。(《史记·高祖本纪》)
③ 是岁,徙贵族楚昭、屈、景、怀、齐田氏关中。(同上)
④ 汉王引诸侯兵北,示鲁父老项羽头。(同上)

各例中动词"待"、"击"、"徙"、"示"后都有两个以上的名词或代词。其中例①代词"吾"与名词"君"之间是偏正关系,因而此句不是双宾语句。例②"击"后有三个名词,"韩王"与"信"之间是同位关系,"信"与"余反寇"之间是偏正关系,因而此句也不是双宾语句。例③动词"徙"后有九个名词,"贵族"与"楚昭"、"屈"、"景"、"怀"、"齐田氏"之间是同位关系,"楚"与其后的"昭"、"屈"、"景"、"怀"之间是偏正关系,"楚昭"、"屈"、"景"、"怀"、"齐田氏"之间是联合关系,因而此句也不是双宾语句。例④动词"示"后有四个名词,其中"鲁"与"父老"之间、"项羽"与"头"之间虽是偏正关系,但"鲁父老"与"项羽头"之间既不是同位关系,又不是偏正、联合关系,所以此句是双宾语句。

动词之后虽有两个名词或代词,但最后一个名词是处所名词的句子不是双宾语句。例如:

①(上)与诸列侯剖符行封,徙韩王信太原。(《史记·高祖本纪》)
② 樊哙别将兵定代,斩陈豨当城。(同上)

例①动词"徙"后的最后一个名词"太原"是处所名词,例②动词"斩"后的最后一个名词"当城"也是处所名词。这两句都不是双宾语句,最后的处所名词都是作动词补语的。

"动+之+名"结构中的名词只要不是处所名词,这样的句子都是双宾语句。如前所举"语之故"、"告之悔"、"立之君"、"夺之食"、"为之所"、"闭之门"、"为之驾"、"衣之偏衣"、"佩之金玦"等。然而对这些句子学界还有不同看法。有不少人认为上述句子中的"之"都用同"其",是后边那个名词的定语,所以上述句子都是单宾语句而不是双宾语句。对此我们不敢苟同。一是因为在上古汉语中,"之"、"其"作为代词,本来它们的语法功能有明显的区别:"之"一般作宾语,"其"一般作定语,不应该在这些句子中例外。二是因为上述动宾结构中,"语之故"、"告之悔"不可否认是双宾语结构,何以"立之君"、"夺之食"等同样的结构就不能是双宾语结构呢?有人专门以《孟子·万章上》"欲见贤人而不以其道,犹欲其入而闭之门也"为例来说明"之"是"门"的定语,"闭之门"是单宾语结构。如果这样理解,全句意思就是"想要去见贤人却不用见贤人应该用的方法,那就等于想要让别人进入自家却关上了他的门"。但从意义上来看,此"门"应是"自家"的,不应是"别人"的。所以这个"之"是不能看作"门"的定语的。同理,"为之所"不能理解为"安排他们的处所","为之驾"不能理解为"准备他的车马","衣之偏衣"不能理解为"穿上他的偏衣","佩之金玦"不能理解为"佩带上他的金玦"。这些都是双宾语结构而不是单宾语结构。

思考与练习(二十二)

一、现代汉语里哪些动词可以带双宾语?
二、古代汉语的双宾语句有哪几种类型?
三、下面的双宾语句各属于哪种类型?
    1. 多予之重器,而不及今令有功于国。(《战国策·赵策》)
    2. 赵王与之精兵十万,革车千乘。(《史记·滑稽列传》)
    3. 吾不忍为之民。(《战国策·赵策》)
    4. 晏子至,楚王赐晏子酒。(《晏子春秋》)
    5. 先王恐其不文也,是以緆其期,足之日也。(《荀子·礼论》)
    6. 问之民所疾苦。(《史记·滑稽列传》)
    7. 予我千金,吾生若。(方苞《狱中杂记》)
    8. 诏赐抚臣名马衣缎。(《聊斋志异·促织》)
    9. 相如度秦王特以诈佯为予赵城,实不可得。(《史记·廉颇蔺相如列传》)
    10. 秦昭王闻之,使人遗赵王书。(同上)

四、标点并翻译下面的短文。
    秦武王谓甘茂曰寡人欲车通三川以窥周室而寡人死不朽乎甘茂对曰请之魏约伐韩王令向寿辅行甘茂至魏谓向寿子归告王曰魏听臣矣然愿王勿攻也事成尽以为子功向寿归以告王王迎甘茂于息壤甘茂至王问其故对曰宜阳大县也上党南阳积之久矣名为县其实郡也今王倍数险行千里而攻之难矣臣闻张仪西并巴蜀之地北取西河之外南取上庸天下不以为多张仪而贤先王魏文侯令乐羊将攻中山三年而拔之乐羊反而语功文侯示之谤书一箧乐羊再拜稽首曰此非臣之功主君之力也今臣羁旅之臣也樗里疾公孙衍二人者挟韩而议王必听之是王欺魏而臣受公仲侈之怨也昔者曾子处费费人有与曾子同名族者而杀人人告曾子母曰曾参杀人曾子之母曰吾子不杀人织自若有顷焉人又曰曾参杀人其母尚织自若也顷之一人又告之曰曾参杀人其母惧投杼逾墙而走夫以曾参之贤与母之信也而三人疑之则慈母不

能信也今臣之贤不及曾子而王之信臣又未若曾子之母也疑臣者不適三人臣恐王为臣之投杼也王曰寡人不听也请与子盟于是与之盟于息壤

(《战国策·秦策》)

四、宾语前置句

古代汉语一般句子里宾语的位置与现代汉语一样,都在动词或介词之后,但有些句子的宾语可以在动词或介词之前,这种现象叫宾语前置,用在动词或介词之前的宾语是前置宾语,用有前置宾语的句子就是宾语前置句。例如:

① 先生不羞,乃有意欲为收责于薛乎?(《战国策·齐策》)
② 臣窃矫君命,以责赐诸民。(同上)
③ 滔滔者,天下皆是也,而谁以易之?(《论语·微子》)
④ 鸟兽不可与同群,吾非斯人之徒与而谁与?(同上)

例①动词"有"、"收"的宾语"意"、"责"都在其后,例②宾语"君命"、"责"分别在动词"矫"和介词"以"之后。而例③④介词"以"、"与"的宾语"谁"、"斯人之徒"却在它们之前。"谁"、"斯人之徒"就是前置宾语,这两个句子就是宾语前置句。

(一)否定句中代词宾语前置

古代汉语中宾语的前置都是有规律的。当一个句子是否定句,且句中的否定词是"不"、"毋(无)"、"未"、"莫",动词的宾语又是由代词充当的时候,这个代词宾语可以前置。例如:

① 硕鼠硕鼠,无食我黍,三岁贯女,莫我肯顾。(《诗经·魏风·硕鼠》)
② 谏而不入,则莫之继也。(《左传·宣公二年》)
③ 若胜我,我不若胜,若果是也,我果非邪?(《庄子·齐物论》)
④ 不患人之不己知,患不知人也。(《论语·先进》)
⑤ 楚君之惠,未之敢忘。(《左传·僖公二十八年》)
⑥ 然而不王者,未之有也。(《孟子·梁惠王上》)
⑦ 以吾一日长乎尔,毋吾以也。(《论语·先进》)
⑧ 我无尔诈,尔无我虞。(《左传·宣公十五年》)

例①②中有否定词"莫",动词"顾"、"继"的代词宾语"我"、"之"前置;例③④中有否定词"不",动词"胜"、"知"的宾语"若"、"己"前置;例⑤⑥中有否定词"未",动词"忘"、"有"的宾语"之"前置;例⑦中有否定词"毋",动词"以"的宾语"吾"前置;例⑧中有否定词"无"(通"毋"),动词"诈"、"虞"的宾语"尔"、"我"前置。其中例①⑤的代词宾语"吾"、"之"更是提到了动词"顾"的状语"肯"和动词"忘"的状语"敢"之前。其中例④非常有启发性:同样是用有否定词"不",动词谓语同样是"知",宾语"己"由于是代词,就前置了;宾语"人"由于不是代词,所以就没有前置。

这种宾语前置规律实际上包含了两个条件:第一,这个句子必须带有否定副词"不、未、毋(无)"或无指代词"莫";第二,这个句子中的宾语必须是代词。两个条件缺任何一项,宾语都不能前置。例如:

① 君未知战。(《左传·僖公二十二年》)
　　② 今人归吾，吾何忍弃去？(《三国志·蜀书·先主传》)
例①由于宾语"战"不是代词而没有前置，例②的宾语"吾"由于所在句子不是否定句而没有前置。

　　带有否定副词"弗、勿"的否定句一般是不带宾语的，但如果出现宾语，并且又是代词，同样，这个宾语也要放在动词之前。如《墨子·非攻中》："大国亦弗之从而爱利。"代词宾语"之"就前置到谓语"从"的前面。只不过像这样的情况比较少见而已。

　　但是，在先秦的作品中，这一类宾语前置的规律并不十分严格。例如：
　　① 圣人不爱己。(《荀子·正名》)
　　② 子无敢食我也。(《战国策·楚策》)
这两个句子都是否定句，作宾语的也都是代词，但是宾语"己"、"我"却没有前置。

(二) 疑问句中疑问代词宾语前置

　　在疑问句中，当动词或介词的宾语是疑问代词时，这个宾语都要前置。这是古人都严格遵守的规律。疑问代词作动词宾语前置的如：
　　① 王者孰谓？谓文王也。(《公羊传·隐公元年》)
　　② 内省不疚，夫何忧何惧？(《论语·颜渊》)
　　③ 梁客辛垣衍安在？(《战国策·赵策》)
　　④ 吾谁欺？欺天乎？(《论语·子罕》)
　　⑤ 天下之父归之，其子焉往？(《孟子·离娄上》)
这五例中的疑问代词"孰"、"何"、"安"、"谁"、"焉"分别是动词"谓"、"忧"、"惧"、"在"、"欺"、"往"的前置宾语。其中例④非常有启发性：两个分句的动词谓语都是"欺"，前分句的宾语"谁"是疑问代词，这个宾语就前置；后分句的宾语"天"是名词而不是疑问代词，这个宾语就不能前置。

　　疑问代词作介词宾语前置的如：
　　① 子归，何以报我？(《左传·成公三年》)
　　② 上不欲就天下乎？何为斩壮士？(《史记·淮阴侯列传》)
　　③ 君之楚，将奚为北面？(《战国策·魏策》)
　　④ 奚以知其然也？(《庄子·逍遥游》)
　　⑤ 胡为至今不朝也？(《战国策·齐策》)
　　⑥ 学恶乎始？恶乎终？(《荀子·劝学》)
以上各句中，作介词宾语的疑问代词"何"、"奚"、"胡"、"恶"分别放到了介词"以"、"为"、"乎"的前面。"何以"意为"凭借什么"，"何为"、"奚为"、"奚以"、"胡为"意为"因为什么"，两个"恶乎"分别意为"从哪里"、"到哪里"。

(三) 为了强调而将宾语前置

　　前述两种宾语前置规律分别适用于否定句和疑问句。在一般的叙述句中，有时人们为了强调，也可以把宾语放在动词的前边。但为了避免把这个前置的宾语误解为主语，一般都要在前置宾语与动词谓语之间加上一个结构助词，来作为宾语前置的标志。能够用作宾语前置标志的结构助词有"是"、"之"、"实"、"焉"等。例如：

① 姜氏何厌之有？（《左传·隐公元年》）
② 女罪之不恤，而又何请焉？（《左传·昭公二年》）
③ 岂不谷是为？先君之好是继。（《左传·僖公四年》）
④ 将虢是灭，何爱于虞？（《左传·僖公五年》）
⑤ 鬼神非人实亲，唯德是依。（同上）
⑥ 我周之东迁，晋郑焉依。（《左传·隐公六年》）

例①为了强调，将宾语"何厌"提到了动词"有"的前面，用"之"作标志；例②为了强调，把宾语"罪"提到了动词"恤"的前面，用"之"作标志；例③宾语"先君之好"提到了动词"继"的前面，用"是"作标志；例④的宾语"虢"提到了动词"灭"的前面，用"是"作标志。例⑤宾语"人"提到了动词"亲"的前面，用"实"作标志；宾语"德"提到了动词"依"的前面，用"是"作标志。例⑥宾语"晋郑"提到了动词"依"的前面，用"焉"作标志。

有时，在使用这种宾语前置的格式时，为了强调宾语的单一性或排他性，还常在前置的宾语前面再加上范围副词"唯（惟）"，从而构成"唯（惟）……是（之）……"的格式。上举例⑤"唯德是依"即是。他如：

① 率师以来，唯敌是求。（《左传·宣公十二年》）
② 父母唯其疾之忧。（《论语·为政》）

例①动词"求"的宾语"敌"前置，前有范围副词"唯"，用"是"作标志；例②动词"忧"的宾语"其疾"前置，前有范围副词"唯"，用"之"作标志。

如果被强调并前置的宾语是代词，那么宾动之间就只能用结构助词"之"来作标志了。这样前置的宾语一般只限于"是"，其他代词不多见。例如：

① "我之怀矣，自诒伊戚"。其我之谓矣！（《左传·宣公二年》）
② 古者民有三疾，今也或是之亡也。（《论语·阳货》）
③ 周公方且膺之，子是之学，亦为不善变矣。（《孟子·滕文公上》）

例①中动词"谓"的宾语"我"前置，用"之"作标志；例②③中动词"亡（无）"、"学"的宾语"是"前置，用"之"作标志。

介词的宾语也可因强调而前置，并在介宾之间用结构助词"之"或"是"作标志。例如：

① 我楚国之为，岂为一人行也？（《左传·襄公二十八年》）
② 吾非夫人之为恸而谁为？（《论语·颜渊》）
③ 岂不谷是为？先君之好是继。（《左传·僖公四年》）

例①②介词"为"的宾语"楚国"、"夫人"前置，中间用结构助词"之"作标志；例③介词"为"的宾语"不谷"前置，用结构助词"是"作标志。

（四）宾语的无条件前置

除在上述三种条件下，动词或介词的宾语可以前置外，在上古时期，动词和介词的宾语还可以无条件地直接前置。动词宾语直接前置的限于代词。如：

① 昭王南征而不复，寡人是问。（《左传·僖公四年》）

② 君子是则是效。(《诗经·小雅·鹿鸣》)
③ 赫赫师尹,民具尔瞻。(《诗经·小雅·节南山》)

例①②动词"问"、"则"、"效"的代词宾语"是"直接前置;例③动词"瞻"的代词宾语"尔"直接前置。

介词的宾语不论是代词还是名词,都可以无条件前置。例如:
① 谚所谓"室于怒市于色"者,楚之谓矣。(《左传·昭公十九年》)
② 鸟兽不可与同群,吾非斯人之徒与而谁与?(《论语·微子》)
③ 是以事行而不悖。(《国语·周语上》)
④ 楚国方城以为城,汉水以为池。(《左传·僖公四年》)
⑤ 江汉以濯之,秋阳以暴之,皓皓乎不可尚矣。(《孟子·滕文公上》)

例①中介词"于"的宾语"室"、"市"直接前置,"室于怒"意为"在家里生了气","市于色"意为"在集市上给人看脸色"。例②介词"与"的宾语"斯人之徒"直接前置;例③④⑤介词"以"的宾语"是"、"方城"、"汉水"、"江汉"、"秋阳"等也都是直接前置。

思考与练习(二十三)

一、动词宾语前置有哪几种规律?介词宾语前置有哪几种规律?

二、指出下面句子中的前置宾语,并说明其前置的条件。
1. 楚王谓平原君曰:"客何为者也?"(《史记·平原君虞卿列传》)
2. 丞相数言将军,将军何以教寡人计策?(《史记·淮阴侯列传》)
3. 大伯不从,是以不嗣。(《左传·僖公五年》)
4. 大命将泛,莫之振救。(贾谊《论积贮疏》)
5. 夫子焉不学,而亦何常师之有?(《论语·子张》)
6. 圣王有百,吾孰法焉?(《荀子·非相》)
7. 民弃其上,不亡何待?(《左传·昭公二十三年》)
8. 小国将君是望,敢不唯命是听?(《左传·襄公二十八年》)
9. 若受吾币而不吾假道,将奈何?(《吕氏春秋·权勋》)
10. 微斯人,吾谁与归?(范仲淹《岳阳楼记》)
11. 率师以来,唯敌是求。(《左传·宣公十二年》)
12. 夫晋何厌之有?既东封郑,又欲肆其西封。(《左传·僖公三十年》)
13. 野语有之曰:"闻道百,以为莫己若"者,我之谓也。(《庄子·秋水》)
14. 故明主者,不恃其不我叛也,恃吾不可叛也。(《韩非子·外储说左下》)
15. 君亡之不恤,而群臣是忧,惠之至也。(《左传·僖公十五年》)
16. 当臣之临河持竿时,心无杂念,唯鱼之求。(《列子·汤问》)
17. 在于王所者,长幼尊卑皆薛居州也,王谁与为不善?(《孟子·滕文公下》)
18. 责毕收,以何市而反?(《战国策·齐策》)
19. 何以知其然邪?(《庄子·胠箧》)
20. 尔贡包茅不入,王祭不共,无以缩酒,寡人是征。(《左传·僖公四年》)

三、标点并翻译下面的短文。

扁鹊见蔡桓公立有间扁鹊曰君有疾在腠理不治将恐深桓侯曰寡人无扁鹊出桓侯曰医之好治不病以为功居十日扁鹊复见曰君之病在肌肤不治将益深桓侯不应扁鹊出桓侯又不悦居十日扁鹊复见曰君之病在肠胃不治将益深桓侯又不应扁鹊出桓侯又不悦居十日扁鹊望桓侯而还走桓侯故使人问之扁鹊曰疾在腠理汤熨之所及也在肌肤针石之所及也在肠胃火齐之所及也在骨髓司命之所属无奈何也今在骨髓臣是以无请也居五日桓公体痛使人遍索扁鹊已逃秦矣桓侯遂死

(《韩非子·喻老》)

五、凝固结构和习惯句式

（一）凝固结构

　　凝固结构是指那些虽由词与词组成但其意义却与组成它的词语关系不大，从结构上看类似于词组但又不能按一般的词组进行结构分析的语言单位。这种结构形体固定，以一个整体参与句子的构成。

　　凝固结构的形成原因不同，大致有三：一是因省略而形成。如"如之何"省而为"如何"，"若之何"省而为"若何"，"奈之何"省而为"奈何"。二是因易位而形成。如"……与……孰……"易而为"……孰与……"，"为何……"易而为"何为……"。三是因虚化而形成。如"如之何"、"若之何"中的"之"本是代词，"之"虚化后就与"如何"、"若何"凝固成了一个整体。

　　1. "如何（何如）"、"若何（何若）"、"奈何"的用法

　　这几个凝固结构都是用来表示疑问的。它们可以在句子里作谓语、定语和状语。例如：

　　① 与不谷同好，如何？《左传·僖公四年》
　　② 使归就戮于秦，以逞寡君之志，若何？《左传·僖公三十三年》
　　③ 秦称帝之害将奈何？《战国策·赵策》
　　④ 以子之矛，攻子之盾，何如？《韩非子·难势》
　　⑤ 得此三人者以事大王，何若？《汉书·龚胜传》
　　⑥ 伤未及死，如何勿重？《左传·僖公二十二年》
　　⑦ 若何从之？《左传·襄公二十六年》
　　⑧ 民不畏死，奈何以死惧之？《老子·七十四章》
　　⑨ 陛下以绛侯周勃何如人也？《史记·张释之列传》
　　⑩ 此为何若人？《墨子·公输》

以上前五例的"如何"、"若何"、"奈何"、"何如"、"何若"分别作谓语，询问方式方法，意思是"怎么样"；例⑥⑦⑧的"如何"、"若何"、"奈何"分别作状语，表示反问，意思是"怎么"；例⑨⑩的"何如"、"何若"分别作定语，询问性状，意思是"怎么样"。

　　2. "如之何"、"若之何"的用法

　　这两个凝固结构也都是表示疑问的，其中的"之"已经彻底虚化，没有任何意义，与"如何"、"若何"凝固成为一个整体。它们可以在句中作谓语和状语。例如：

① 析薪如之何？匪斧不克。(《诗经·齐风·南山》)
② 昔者疾，今日愈，如之何不吊？(《孟子·公孙丑下》)
③ 是吾师也，若之何毁之？(《左传·襄公三十年》)
④ 如之何其使斯民饥而死也？(《孟子·梁惠王上》)
⑤ 若之何其以病败君之大事也？(《左传·成公二年》)

例①的"如之何"作谓语，询问方式方法，意为"怎么办"；例②③的"如之何"、"若之何"作状语，询问原因，意为"为什么"；例④⑤的"如之何"、"若之何"作状语，表示反问，意为"怎么"。

3. "孰与"、"孰若"的用法

凝固结构"孰与"主要用于表示比较。例如：

① 我孰与城北徐公美？(《战国策·齐策》)
② 孰与君少长？(《史记·项羽本纪》)
③ 救赵孰与勿救？(《战国策·齐策》)
④ 公之视廉将军孰与秦王？(《史记·廉颇蔺相如列传》)
⑤ 从天而颂之，孰与制天命而用之？(《荀子·天论》)
⑥ 然不伐贼，王业亦亡；惟坐待亡，孰与伐之？(《后出师表》)

六例中的"孰与"虽然都是表示比较的，但是句子的结构并不相同。①②两例的"孰与"前后是比较的双方，最后是比较的性状，意思是"……与……谁(哪一个)……"。如例①就是"我与城北徐公谁漂亮"的意思。③④两例"孰与"前后只出现比较的双方，最后用以比较的性状没有出现，但可以补充出来，意思与前两例相同。如例③就是"救赵与不救赵哪一种做法(更好)"的意思。这两种情况的"孰与"都是说话人自己没有结论，提出问题等待对方回答。⑤⑥两例的"孰与"却是说话人已有结论，直接把自己比较的结果告诉对方，意思是"……哪里比得上……"。如例⑤就是"顺从自然并且歌颂它，哪里比得上控制自然规律并且利用它"的意思。

"孰若"也是用来表示比较的，它的用法与"孰与"的第三种用法相同，它后边的语言单位常常就是说话人经过比较之后选择的结果。例如：

① 为两郎僮，孰若为一郎僮耶？(柳宗元《童区寄传》)
② 与其杀是童，孰若卖之？(同上)
③ 与其坐而待亡，孰若起而拯之？(《清稗类钞·冯婉贞》)

例①是单用"孰若"表示比较，意思是"做两个人的童仆，哪里比得上做一个人的童仆"。后两例都是与"与其"前后呼应表示比较。例②意思是"与其杀了这个小孩，哪里比得上把他卖掉"，例③意思是"与其坐着等待被毁灭，哪里比得上行动起来拯救它"。

(二) 习惯句式

习惯句式是指那些由若干固定词语和非固定词语共同组成的句式。这种句式能够习惯性地表达特定的语气或意义。

习惯句式与凝固结构不同。凝固结构是由固定的词语凝固而成，习惯句式是由固定词语与非固定词语共同组成；凝固结构的固定词语紧密地结合成为一个整体，中间不能插入别的词语;习惯句式的固定词语之间或前后则可以插入别的词语;凝固结构的性质更像是一个词组,而习惯句式的性质则是一个句子。

下面介绍一些常见的习惯句式。

1. **如……何、若……何、奈……何**

这种习惯句式中的"如何"、"若何"、"奈何"是谓语,中间嵌入的名词或代词是状语。它们的作用都是用来表示疑问的,可译为"对(把)……怎么办(怎么样)"。

① 以君之力,曾不能损魁父之丘,如太行王屋何?(《列子·汤问》)
② 晋侯谓庆郑曰:"寇深矣,若之何?"(《左传·僖公十五年》)
③ 如三日之间,公见孟子,孟子奈前言何?(《论衡·刺孟》)
④ 巫妪、三老不来还,奈之何?(《史记·滑稽列传》)
⑤ 虞兮虞兮,奈若何?(《史记·项羽本纪》)

例①"如太行王屋何"意为"把太行山王屋山怎么样"。例②"若之何"意为"对这件事怎么办"。例③"奈前言何"意为"对于自己以前讲的话怎么办呢"。例④"奈之何"意为"对这件事怎么办"。例⑤"奈若何"意为"对你怎么办"。

当这种习惯句式中嵌入的是代词"之"时,其形式就与前述凝固结构"如之何"、"若之何"、"奈之何"相同了。它们的区别在于:习惯句式中的"之"是嵌入的代词,都有指代对象和实际意义;凝固结构中的"之"已彻底虚化为助词,没有指代对象和任何实际意义,与"如(若奈)何"凝固成了一个不可分割的整体。一般来说,作状语的"如之何"、"若之何"肯定都是凝固结构,而作谓语的"如之何"、"若之何"、"奈之何"究竟是凝固结构还是习惯句式,就不太容易确定了,这主要是由于其中的"之"究竟有无指代对象,不太容易确定。如:

① 年饥,用不足,如之何?(《论语·颜渊》)
② 国不堪贰,君将若之何?(《左传·隐公元年》)

例①"如之何"中的"之"如果说它有指代对象的话,那它指代的就是"年饥,用不足","如之何"就是习惯句式,就得译为"对这件事怎么办";可是"年饥,用不足"就在它的前边,说"之"没有指代作用也未尝不可,这样的话,"如之何"就是凝固结构,就要译为"怎么办"。例②的"若之何"也是如此,都是既可按习惯句式来理解,也可以按凝固结构来理解。之所以出现这种两可的情况,是因为这些句子里的"如之何"、"若之何"正处在由习惯句式向凝固结构演变的过程中,这种情况还是按凝固结构来理解更好一些。

2. **何(奚)……之有**

这是一种宾语前置的习惯句式。"有"是动词谓语,"……"可以是名词、形容词等,是"有"的前置宾语;"何(奚)"是疑问代词作定语;"之"是结构助词,作宾语前置的标志。其作用是用来表示反问,可译为"有什么……呢"。如:

① 苟得闻子大夫之言,何后之有?(《国语·越语》)
② 三军之士用命,克也何力之有焉?(《国语·晋语》)
③ 以是之故能立功,皆计利形势,自然之理,何神之有哉?(《战国策·秦策》)
④ 为主而无臣,奚国之有?(《韩非子·扬权》)

例①"何后之有"意即"有什么晚呢",例②③类推。例④"奚"替换了"何","奚国之有"意为"还有什么国家呢"。

3. 何(奚、恶)以(用)……为

这也是表示反问的习惯句式。一般认为"为"是动词谓语;"何(奚、恶)"是疑问代词,作"为"的前置宾语;"以(用)"是介词,引进行为的凭借;"……"可以是名词、动词、动词性词组等,作介词"以(用)"的宾语。可译为"还用……做什么"。如:

① 支期说于长信侯曰:"王命召相国。"长信侯曰:"王何以臣为?"(《战国策·魏策》)
② 是社稷之臣也,何以伐为?(《论语·季氏》)
③ 奚以之九万里而南为?(《庄子·逍遥游》)
④ 恶用是鶃鶃者为哉?(《孟子·滕文公下》)

例①"何以臣为"意为"还用我做什么"。例②"何以伐为"意为"还用攻打他们做什么"。例③"奚"替换了"何",全句意为"还用往南飞到九万里远做什么"。例④"恶"替换了"何","用"替换了"以",句意为"还用这些鶃鶃叫的鹅做什么"。

对这种习惯句式的结构有不同看法。洪成玉认为,"何"是疑问代词作状语;"以"是动词谓语;"……"是"以"的宾语;"为"是句末语气词,整个句式的意思是"为什么……呢"。①笔者以为,"为"是一个非常常见且意义灵活的动词,在其他情况下,未见"为"用作语气词的例子,所以这种句式末尾的"为"按动词理解更合适。

4. 何……为

这种习惯句式中的"为"是介词,"何"是它的前置宾语,"……"一般是嵌入的动词或动词性词组,"为何"是这个动词或动词性词组的状语。它的作用有两种,一种是有疑而问,要求对方回答;一种是无疑而问,不要求对方回答。例如:

① 夕时,庄贾乃至。穰苴曰:"何后期为?"贾谢曰:"不佞大夫亲戚送之,故留。"(《史记·司马穰苴列传》)
② 人曰:"子,卒也,而将军自吮其疽,何哭为?"(《史记·孙子吴起列传》)
③ 天之亡我,我何渡为?(《史记·项羽本纪》)
④ 汤为天子大臣,被恶言而死,何厚葬为?(《汉书·张汤传》)

前两例是有疑而问。"何后期为"意为"为什么晚于约定的期限呢","何哭为"意为"为什么哭呢"。后两例是无疑而问,实际上是以反问的形式表示否定。"何渡为"意为"还为什么要渡江呢","何厚葬为"意为"还为什么厚葬他呢"。

表示反问的"何……为"也有人认为是"何以……为"的省略。如此一来,"何渡为"就要译成"还用渡江做什么"。从意思上看,这当然也通。我们之所以不说它是"何以……为"的省略,是因为"何……为"在表示一般的疑问时,不能加上"以"字来理解。

5. 不亦……乎

这种习惯句式中的"不"、"亦"都是副词作状语,"……"可以是动词、动词性词组或形容词等,"乎"是语气词。其作用是用来表示反问,可译为"不很……吗"。如:

① 学而时习之,不亦说乎?(《论语·学而》)
② 舜犹不以此说尧令从己,乃躬亲,不亦无术乎?(《韩非子·难一》)
③ 而彭祖乃今以久特闻,众人匹之,不亦悲乎?(《庄子·逍遥游》)

---

① 洪成玉:《古汉语复音虚词和固定结构》,浙江教育出版社,1984年版,第51页。

④ 求剑若此,不亦惑乎?(《吕氏春秋·察传》)

例中"不亦说乎"意即"不是很高兴吗","不亦无术乎"意即"不是太缺少方法了吗"。

这种句式中所含的"很"、"太"的意思从何而来?山西大学白平先生的短文《"不亦……乎"新解》作了探讨。他认为这里的"亦"通"以"、"已"。《孟子·滕文公下》:"后车数十乘,从者数百人,以传食于诸侯,不以泰乎?"杨伯峻注:"以,太也。"《礼记·哀公问》:"然冕而亲迎,不已重乎?"郑玄注:"已,犹大也。"从语源上来说,"亦"的"很"、"太"义,当与"奕"的音义有关。《说文》:"奕,大也。"《诗经·周颂·噫嘻》:"亦服尔耕。"郑玄笺:"亦,大。"孔颖达疏:"亦,大;服,事。"可见"不亦……乎"中的"很"、"太"义是由"亦"表示的。①

6. 得无(毋、微)……乎

这种习惯句式中的"得无(毋、微)"是副词作状语,"……"是动词或动词性词组作谓语,"乎"是语气词。其作用是表示推测,可译为"该不会……吧"。如:

① 日食饮得无衰乎?(《战国策·赵策》)
② 然则白公之乱,得无遂乎?(《战国策·楚策》)
③ 吾欲使酒腐于爵、肉腐于俎,得毋害于霸乎?(《说苑·尊贤》)
④ 诸侯得微有故乎?国家得微有事乎?(《晏子春秋·内篇杂上》)

例中的"得无衰乎"意为"该不会减少吧","得无遂乎"意为"该不会成功吧","得毋害于霸乎"意为"该不会有害于霸业吧","得微有事乎"意为"该不会有战事吧"。

7. 无(毋)乃……乎

这也是一种表示推测的习惯句式,其中"无乃"是副词作状语,"……"中的动词或动词性词组是谓语,"乎"是语气词。可译为"恐怕……吧"。如:

① 师劳力竭,远主备之,无乃不可乎?(《左传·僖公三十二年》)
② 今君王既栖于会稽之上,然后乃求谋臣,无乃后乎?(《国语·越语》)
③ 买之五羊之匹而属事焉,无乃天下笑乎?(《吕氏春秋·慎人》)
④ 既受吾赏,又责吾礼,毋乃难乎?(《说苑·尊贤》)

例①中的"无乃不可乎"意为"恐怕不可以吧",例④中的"毋乃难乎"意为"恐怕很难吧"。余例类推。

8. 有以……、无以……

这种习惯句式中的"有(无)"是动词谓语,"以"是介词,其前隐含一附着性代词"所","……"一般是动词或动词性词组,"(所)以……"是一个名词性的"所"字词组,作动词"有(无)"的宾语。可译为"有(没有)用来……的方法(东西等)"。如:

① 凡贤人之德,有以知之也。(《吕氏春秋·本味》)
② 不先定其神,而曰:"我有以治天下。"(《史记·太史公自序》)
③ 长铗归来乎!无以为家。(《战国策·齐策》)
④ 不积跬步,无以至千里;不积小流,无以成江海。(《荀子·劝学》)

例中"有以知之"意为"有用来了解它的方法","无以为家"意为"没有用来养家的东西"。余例类推。

---

① 白平:《汉语史研究新论》,书海出版社,2002年版,第243~245页。

9. 有所……、无所……

这种习惯句式中的"有(无)"是动词谓语,"……"中一般是动词或动词性词组,"所"是附着性代词,与其后的动词或动词性词组组成名词性的"所"字词组,共同作"有(无)"的宾语。可译为"有(没有)……的地方(原因、东西等)"。如:

① 使老有所终,壮有所用。(《礼记·礼运》)
② 日月星宿,亦积气中之有光耀者,只使坠,亦不能有所中伤。(《列子·天瑞》)
③ 楚国方城以为城,汉水以为池,虽众,无所用之。(《左传·僖公四年》)
④ 诸将亡者已数十,公无所追,追信,诈也。(《汉书·韩信传》)

例中"老有所终"意为"老人有终老的地方","无所用之"意为"没有使用他们的地方"。余例类推。

10. 何所……

这种习惯句式中的"何"是疑问代词作谓语,"所"是附着性代词,与其后的动词或动词性词组组成的"所"字词组作主语。可以表示周遍的意义,意思是"……的东西(原因等)是什么"。如:

① 我之大贤与,于人何所不容?(《论语·子张》)
② 任天下勇武,何所不诛?(《史记·淮阴侯列传》)

例①"何所不容"意为"不能包容的人是谁",也就是任何人都能包容的意思。例②"何所不诛"意为"不能杀掉的人是谁",也就是所有人都能杀掉的意思。但也有"何所……"不表示周遍的情况。如《木兰诗》"问女何所思,问女何所忆","何所思"意为"想的是什么","何所忆"意为"回忆的是什么"。

11. 何……之……

结构一:"何"是疑问代词作其后名词的定语,"何……"是"之"后动词的前置宾语,"之"是结构助词作宾语前置的标志。作用是表示反问。如:

① 自践土以来,宋何役之不会?(《左传·昭公二十五年》)
② 前世不同教,何古之法?(《商君书·更法》)

例①"何役之不会"意为"没有参加过哪个盟会",例②"何古之法"意为"效法哪个古代"。

结构二:"何"是疑问代词作其后动词或形容词的状语,"之"后形容词是补语,"之"是结构助词作补语的标志。作用是表示感叹。可译作"怎么……这么……"。如:

① 思深哉!其有陶唐氏之遗民乎?不然,何忧之远也?(《左传·襄公二十九年》)
② 今君逐兽砀入此,何行之太远也?(《新序·杂事》)

例①"何忧之远"意为"怎么忧虑得这么远",例②"何行之太远"意为"怎么走得这么远"。

结构三:"何"是疑问代词作状语,"何"后的名词是"之"后动词的前置宾语,"之"是结构助词作宾语前置的标志。作用是表示反问。例如:

① 小国是惧,不然,何劳之敢惮?(《左传·襄公二十八年》)
② 君之羁臣,苟得容以逃死,何位之敢择?(《左传·昭公七年》)

例①"何劳之敢惮"意为"哪里还敢害怕劳累",例②"何位之敢择"意为"哪里还敢挑拣品位"。

思考与练习(二十四)

一、常见的凝固结构有哪些?它们都有哪些句法功能?

二、常见的习惯句式有哪些?它们各自的作用是什么?

三、找出下列各句中的凝固结构,并说明它们充当的句子成分。

1. 大王自料,勇悍仁强,孰与项王?(《史记·淮阴侯列传》)
2. 扁鹊曰:"其死何如时?"曰:"鸡鸣。"(《史记·扁鹊列传》)
3. 得此三人者以事大王,何若?(《史记·苏秦列传》)
4. 取妻如何?匪媒不得。(《诗经·豳风·伐柯》)
5. 今欲相委以重事,若何?(《后汉书·第五种传》)
6. 晋公子贤,又同姓,穷来过我,奈何不礼?(《史记·晋世家》)
7. 取吾璧,不予我城,奈何?(《史记·廉颇蔺相如列传》)
8. 市义奈何?(《战国策·齐策》)
9. 守西河而秦兵不敢西向,韩赵宾从,子孰与(吴)起?(《史记·孙吴列传》)
10. 因问陆生曰:"我孰与萧何、曹参、韩信贤?"(《史记·郦生陆贾列传》)

四、找出下列各句中使用的习惯句式,并翻译各句。

1. 信问郦生:"魏得毋用周叔为大将乎?"(《汉书·韩信传》)
2. 居简而行简,无乃大简乎?(《论语·雍也》)
3. 阻而鼓之,不亦可乎?(《左传·僖公二十二年》)
4. 女亦无所思,女亦无所忆。(《木兰诗》)
5. 诵《诗》三百,授之以政,不达;使于四方,不能专对,虽多,亦奚以为?(《论语·子路》)
6. 何子居之高、视之下、仪貌之壮、语言之野也!(《论衡·书虚》)
7. 人不知而不愠,不亦君子乎?(《论语·学而》)
8. 夫晋何厌之有?既东封郑,又欲肆其西封。(《左传·僖公三十年》)
9. 河曲智叟亡以应。(《列子·汤问》)
10. 尔贡包茅不入,王祭不共,无以缩酒,寡人是问。(《左传·僖公四年》)
11. 吾终当有以活汝。(马中锡《中山狼传》)
12. 师劳力竭,远主备之,无乃不可乎?(《左传·僖公三十二年》)
13. 不能正其身,如正人何?(《论语·子路》)
14. 仁者爱人,义者循理,然则又何以兵为?(《荀子·议兵》)
15. 而孟子云:"孔子成《春秋》,乱臣贼子惧。"无乃乌有之谈欤?(《史通·惑经》)
16. 夫子焉不学,而亦何常师之有?(《论语·子张》)
17. 嘻!亡一羊,何追者之众!(《列子·说符》)
18. 一薛居州,独如宋王何?(《孟子·滕文公下》)
19. 公梦疾为二竖子曰:"彼良医也,惧伤我,焉逃之?"其一曰:"居肓之上,膏之下,若我何?"(《左传·成公十年》)
20. 冕而亲迎,不亦重乎?(《谷梁传·桓公三年》)

五、标点并翻译下面的短文。

　　甘茂亡秦,且之齐,出关,遇苏子,曰:"君闻夫江上之处女乎?"苏子曰:"不闻。"曰:"夫江上之处女,有家贫而无烛者,处女相与语,欲去之。家贫无烛者将去矣,谓处女曰:'妾以无烛,故常先至,扫室布席,何爱余明之照四壁者?幸以赐妾,何妨于处女?妾自以有益于处女,何为去我?'处女相语,以为然,而留之。今臣不肖,弃逐于秦而出关,愿为足下扫室布席,幸无我逐也。"苏子曰:"善,请重公于齐。"乃西说秦王曰:"甘茂,贤人也,非恒士也。其居秦累世重矣,自殽塞溪谷,地形险易尽知之。彼若以齐约韩魏,反以谋秦,是非秦之利也。"秦王曰:"然则奈何?"苏代曰:"不如重其贽,厚其禄,以迎之,彼来则置之槐谷,终身勿出,天下何从图秦?"秦王曰:"善。"与之上卿,以相迎之齐。甘茂辞不往。苏秦伪谓王曰:"甘茂,贤人也,今秦与之上卿,以相迎之,茂德王之赐,故不往,愿为王臣。今王何以礼之?王若不留,必不德王,彼以甘茂之贤,得擅用强秦之众,则难图也。"齐王曰:"善。"赐之上卿,命而处之。

　　　　　　　　　　　　　　　　(《战国策·秦策》)

文　选

秋水（节选）

（《庄子》）

　　秋水时至，百川灌河[1]；泾流之大，两涘渚崖之间，不辩牛马[2]。於是焉，河伯欣然自喜，以天下之美为尽在己[3]。顺流而东行，至于北海[4]。东面而视，不见水端[5]。於是焉，河伯始旋其面目，望洋向若而叹曰[6]："野语有之曰'闻道百，以为莫己若'者，我之谓也[7]。且夫我尝闻少仲尼之闻，而轻伯夷之义者，始吾弗信[8]；今我睹子之难穷也，吾非至于子之门，则殆矣[9]。吾长见笑于大方之家[10]。"

　　[1]时：季节，这里作状语，按季节。灌：注入。河：黄河。
　　[2]泾流：通流，直流。涘：岸，水边。渚：洲，水中的小块陆地。崖：高的河岸。不辩：分辨不清。辩：通"辨"。
　　[3]於是焉：等于说"於是乎"。焉：语气词。河伯：河神。战国时代相传河神姓冯，名夷，本华阴潼堤乡人，得水仙之道而为神。欣然：高兴的样子。
　　[4]东行：往东行走。"东"作"行"的状语。北海：指现在的渤海一带。
　　[5]东面：面朝东。"面"这里用作动词，面向；"东"是它的状语。端：尽头。
　　[6]旋：掉转。望洋：叠韵联绵词，仰视的样子。若：海神的名字，即下文的北海若。
　　[7]野语：俗语。闻道百：听说的道理很多。百：表示很多。莫己若：莫若己。否定句中代词宾语"己"前置。
　　[8]且：连词，表示递进关系。夫：语气词，表示下面要发议论。少：觉得……少。形容词用作意动。闻：前一个是动词，听说；后一个是名词，指见闻，学识。轻：认为……轻。形容词用作意动。伯夷：商代孤竹国的太子，与其弟叔齐互相让国不受位；武王灭商后，他们耻食周粟，饿死在首阳山上。封建社会视伯夷、叔齐为清高廉洁的典范。
　　[9]子：对人的尊称，这里指北海若。穷：尽，这里指走到尽头。殆：危险。
　　[10]长：长久。见：结构助词，用在动词前表示被动。大方之家：指有很高学识的人。方：道，学识。

　　北海若曰："井蛙不可以语于海者，拘于虚也[1]；夏虫不可以语于冰者，笃于时也[2]；曲士不可以语于道者，束于教也[3]。今尔出于崖涘，观于大海，乃知尔丑[4]。尔将可与语大理矣。天下之水，莫大于海，万川归之，不知何时止而不盈[5]；尾闾泄之，不知何时已而不虚[6]。春秋不变，水旱不知[7]。此其过江河之流，不可为量数[8]。而吾未尝以此自多者，自以比形于天地，而受气于阴阳[9]。吾在于天地之间，犹小石小木之在大山也，方存乎见少，又奚以自多[10]？计四海之在天地之间也，不似礨空之在大泽乎[11]？计中国之在海内，不似稊米之在大仓乎[12]？号物之数谓之万，人处一焉[13]；人卒九州，谷食之所生，舟车之所通，人处一焉[14]。此其比万物也，不似豪末之在于马体乎[15]？五帝之所连，三王之所争，仁人之所忧，任士之所劳，尽此矣[16]！伯夷辞之以为名，仲尼语之以为博，此其自多也，不似尔向之自多于水乎[17]？"

[1]语：谈论。拘：约束，局限。虚：所住的地方。

[2]夏虫：只生活在夏天的昆虫。笃于时：被季节所限制。笃：固定，限制。

[3]曲士：乡曲之士，指孤陋寡闻的人。束：束缚，限制。教：所受的教育。

[4]乃：副词，才。丑：不好，这里指鄙陋。

[5]莫：无指代词，没有什么。万川归之：许许多多的河流汇入大海。止：停止，止息。盈：满，满溢。

[6]尾闾：古代传说中的海底泄水之处。泄：排泄，排放。已：止，停。虚：空虚，这里指海水泄尽。

[7]这两句是说，海水不因春秋季节的改易而有所变化（指增减），也不因为水灾旱灾的发生而受影响。

[8]过：超过。江河之流：长江黄河的水流。不可为量数：不能够进行测量计算。为：动词，做，进行。

[9]以此自多：因为这而自我夸耀。多：用作动词，称赞，夸耀。以：以为，认为。比形：寄形。比：通"庇"，寄托，依附。受气于阴阳：从阴阳那里禀受了生气。古代认为万物皆由阴阳二气而化生。

[10]方存乎见少：正在于见闻太少。方：正。存：在。奚以：凭什么。奚：何，疑问代词。

[11]计：考虑，谋算。礨(lěi)空：小孔，指蚁穴。大泽：这里指旷野。

[12]中国：指中原黄河流域一带，处于九州之中。古代以九州之外为四海，所以说"中国之在海内"。稊(tí)米：一种像稗子的草所结的实，状如小米。大(tài)仓：储粮的大仓库。大："太"的古字。

[13]这句是说，称呼物类的数目可以说"万"，而人类在这万物中只不过是其中的一种。号：称，称呼。处：占有，据有。

[14]卒：通"萃"，聚集。九州：这里指中国大地。这句话是说，凡是有粮食生长的地方，有舟车通行的地方，都聚集着人群，个人只不过是人群的一分子。

[15]豪末：毫毛的末梢。豪：通"毫"。

[16]任士:指以天下为己任的志士。任:担负。所劳:辛苦从事的事情。尽此:最终归结于此。意思是说,上面那些事情从整个宇宙来看,都跟毫末之在马体一样,显得那么微不足道。

[17]辞:辞让。之:指代天下。以为名:以此取得名声。语之:谈论它。"之"指代学问。以为博:以此显示自己渊博。此其自多也:这就是他们的自我夸耀。不似尔向之自多于水乎:不就像你刚才面对着河水上涨而自夸一样吗。向:刚才,先前。

[阅读提示]

一、指出下列语句中的通假字,并指出它们各自的本字。
1. 不辩牛马。
2. 不似豪末之在于马体乎?
3. 比形于天地。
4. 人卒九州。

二、掌握下面加点词在文中的意义。
1. 秋水时至
2. 百川灌河
3. 两涘渚崖
4. 望洋向若而叹
5. 则殆矣
6. 拘于虚
7. 止而不盈
8. 号物之数
9. 辞之以为名
10. 向之自多于水

三、分析下列加点词的用法和意义。
1. 秋水时至
2. 顺流而东行
3. 少仲尼之闻
4. 轻伯夷之义
5. 东面而视
6. 以此自多

兼　爱

(《墨子》)

圣人以治天下为事者也,必知乱之所自起,焉能治之[1];不知乱之所自起,则不能治。譬之如医之攻人之疾者然[2]:必知疾之所自起,焉能攻之;不知疾之所自起,则弗能攻。治乱者何独不然[3]?必知乱之所自起,焉能治之;不知乱之所自起,则弗能治。圣人以治天下为事者也,不可不察乱之所自起。

[1]事:事业,任务。所自起:产生的原因或地方。焉:乃,才。

[2]之:第一个是代词;第二个为结构助词,用于主谓结构"医攻人之疾"之间;第三个也是结构助词,用于定语和中心语之间。攻:治,医治。

[3]治乱者:治理天下纷乱的人。这句意思是:治理天下纷乱的人又哪里独独不是这样呢?

当察乱何自起,起不相爱[1]。臣子之不孝君父,所谓乱也[2]。子自爱不爱父,故亏父而自利[3];弟自爱不爱兄,故亏兄而自利;臣自爱不爱君,故亏君而自利。此所谓乱也。虽父之不慈子,兄之不慈弟,君之不慈臣,此亦天下之所谓乱也。父自爱也,不爱子,故亏子而自利;兄自爱也,不爱弟,故亏弟而自利;君自爱也,不爱臣,故亏臣而自利。是何也[4]?皆起不相爱。

[1]当:通"尝",曾经。起不相爱:起于不相爱。
[2]意思是,臣不孝君、子不孝父,就是所说的祸乱。此句使用了并提的修辞方法,两个主语"臣、子"并提,两个宾语"君、父"并提。
[3]亏:缺损,用作使动,使……受损失。
[4]这是什么缘故呢?

虽至天下之为盗贼者亦然[1]:盗爱其室,不爱异室,故窃异室以利其室[2];贼爱其身,不爱人身,故贼人身以利其身[3]。此何也?皆起不相爱。

[1]至:至于,表示另提一事。盗:窃贼,小偷。贼:强盗,犯上作乱的贼寇。
[2]其室:指盗的家。不爱异室:原本作"不爱其异室","其"王念孙(《读书杂志》)以为衍文,今据删。异室:指别人的家。
[3]"不爱人身"之"身",原本无,据俞樾说补。下句"人身"之"身"同。贼人身:残害别人身体。

虽至大夫之相乱家,诸侯之相攻国者亦然[1]:大夫各爱其家不爱异家,故乱异家以利其家[2];诸侯各爱其国,不爱异国,故攻异国以利其国。天下之乱物,具此而已矣[3]。察此何自起,皆起不相爱。

[1]家:这里指卿大夫的采地食邑。国:诸侯的封地。
[2]以利其家:原本脱"其"字,依孙诒让《墨子间诂》说补。
[3]乱物:祸乱之事。物:事。具此:毕尽于此,全部在这里。

若使天下兼相爱,爱人若爱其身,犹有不孝者乎[1]?视父兄与君若其身,恶施不孝[2]?犹有不慈者乎?视子弟与臣若其身,恶施不慈?故不孝不慈亡有[3]。犹有盗贼乎?故视人之室若其室,谁窃[4]?视人身若其身,谁贼?故盗贼亡有。犹有大夫之相乱家、诸侯之相攻国者乎?视人家若其家,谁乱?视人国若其国,谁攻?故大夫之相乱家、诸侯之相攻国亡有。若使天下兼相爱,国与国不相攻,家与家不相乱,盗贼亡有,君臣父子皆能孝慈,若此则天下治。

［1］兼：同时进行若干方面的活动。兼相爱：不但爱自己，同时也爱别人。犹：副词，还。

［2］恶(wū)施不孝：向哪里施行不孝的事？意思是说，怎么会做了不孝的事来呢？恶：疑问代词，哪里。

［3］这句原本作"不孝亡"，此据孙诒让说补。亡：没。

［4］此句前边的"故"字，孙诒让疑为衍文，是。谁窃：还去偷谁。"谁"是疑问代词作宾语前置。下"谁贼"、"谁乱"、"谁攻"，同此。

故圣人以治天下为事者，恶得不禁恶而劝爱[1]？故天下兼相爱则治，交相恶则乱[2]。故子墨子曰"不可以不劝爱人"者，此也[3]。

［1］怎么能不禁止(相互)憎恨而鼓励(相互)友爱呢？前一个"恶"读 wū，疑问代词；后一个"恶"读 wù，动词，憎恨、憎恶的意思。

［2］交相恶(wù)：相互仇恨。交相：交互，相互。"交"字原本无，依王念孙说补。

［3］子墨子：前一"子"字，是对老师的尊称，犹称"夫子"；后一"子"字，是对男子的尊称。

[阅读提示]

一、掌握下列加点词语在文中的意义。

1. 譬之如医之攻人之疾者然
2. 盗爱其室，不爱异室
3. 贼爱其身，不爱人身
4. 故窃异室以利其室
5. 故贼人身以利其身
6. 犹有大夫之相乱家
7. 诸侯之相攻国
8. 天下兼相爱则治
9. 不可以不劝爱人

二、课文中"恶"字有几种用法？"恶得不禁恶而劝爱"一句中的两个"恶"各读什么音？属于哪种词性？

三、分析下列加点词语的用法和意义。

1. 亏父而自利
2. 犹有大夫之相乱家
3. 乱异家以利其家
4. 攻异国以利其国

劝 学(节选)

(《荀子》)

君子曰："学不可以已[1]。"青，取之于蓝而青于蓝[2]；冰，水为之而寒于水。

木直中绳,鞣以为轮,其曲中规[3];虽有槁暴,不复挺者,鞣使之然也[4]。故木受绳则直,金就砺则利,君子博学而日参省乎己,则知明而行无过矣[5]。故不登高山,不知天之高也;不临深豁,不知地之厚也[6];不闻先王之遗言,不知学问之大也。干、越、夷、貉之子,生而同声,长而异俗,教使之然也[7]。《诗》曰:"嗟尔君子,无恒安息[8]。靖共尔位,好是正直[9]。神之听之,介尔景福[10]。"神莫大于化道,福莫长于无祸[11]。

[1]已:停止。
[2]青:青色。蓝:染青色的植物。青于蓝:比蓝草青。
[3]中(zhòng):符合。绳:匠人用来取直的墨线。鞣:通"煣",用火烤使弯曲。规:取圆的工具。
[4]槁暴:木头因受潮暴晒而变形。挺:直。然:代词,这样。
[5]金:这里指金属制成的刀剑等。砺:磨刀石。参:同"叁",作"省"的状语,表示动量。省(xǐng):检查。知:"智"的古字,智慧。
[6]豁:"溪"的异体字。
[7]干:小国名,后被吴灭。越:国名。夷:东方的外族。貉:即貊(mò),北方的少数民族。
[8]嗟:叹词。无:通"毋"。恒:经常。息:歇息。
[9]靖:通"静"。共:"供"的古字,供职。好(hào):喜欢。
[10]之:前一个是结构助词,用于主谓之间;后一个是代词,作"听"的宾语。介:给予。景:大。
[11]神:指精神修养。道:指圣贤之道。化道:等于说"化于道"。

吾尝终日而思矣,不如须臾之所学也[1];吾尝跂而望矣,不如登高之博见也[2]。登高而招,臂非加长也,而见者远[3];顺风而呼,声非加疾也,而闻者彰[4]。假舆马者,非利足也,而致千里[5];假舟檝者,非能水也,而绝江河[6]。君子生非异也,善假于物也[7]。

[1]须臾:联绵词,一会儿。
[2]跂:提起后脚跟。博见:见得广。
[3]招:招手。加:更。见者:看见(招手)的人。
[4]彰:清楚,此指听清楚。
[5]利足:善于走路。致:使……至,到达。
[6]檝:"楫"的异体字。水:名词用如动词,游泳。绝:横渡。
[7]生:"性"的古字。

南方有鸟焉,名曰蒙鸠,以羽为巢,而编之以发,系之苇苕[1]。风至苕折,卵破子死。巢非不完也，所系者然也[2]。西方有木焉，名曰射干，茎长四寸，生于高山之上，而临百仞之渊[3]。木茎非能长也，所立者然也。蓬生麻中，不扶而直[4]；白沙在涅，与之俱黑[5]。兰槐之根是为芷，其渐之滫，君子不近，庶人不服[6]。其质非不美也，所渐者然也。故君子居必择乡，游必就士，所以防邪僻而近中正也[7]。

[1]蒙鸠：又叫鹪鹩（jiāo liáo），俗称巧妇。苕：芦苇的穗。
[2]完：完整。所系者：它系的地方。然：（使它）这样。
[3]射（yè）干：植物名，开白花，根可入药。仞：七或八尺为一仞。
[4]蓬：蓬草。
[5]涅（niè）：黑泥。
[6]兰槐：香草名。是：指示代词，复指"根"。其：等于说"若"。渐：浸。滫（xiǔ）：臭水。服：佩带。
[7]游：旅行。就：接近，即结交。所：附着性代词，……的方法。

　　物类之起，必有所始[1]；荣辱之来，必象其德[2]。肉腐出虫，鱼枯生蠹；怠慢忘身，灾祸乃作[3]。强自取柱，柔自取束[4]；邪秽在身，怨之所构[5]。施薪若一，火就燥也[6]；平地若一，水就湿也。草木畴生，禽兽群焉，物各从其类也[7]。是故质的张而弓矢至焉，林木茂而斧斤至焉，树成荫而众鸟息焉，醯酸而蜹聚焉[8]。故言有召祸也，行有招辱也[9]。君子慎其所立乎[10]！

[1]所始：开始的原因。
[2]象：像，依照。
[3]忘身：忘了自身的利害。作：起。
[4]柱：通"祝"，断。
[5]构：集结。
[6]施：铺陈。燥：指干燥的柴草。
[7]畴：通"俦"，同类。群焉：依王念孙说应为"群居"。
[8]质：箭靶。的：箭靶正中的圆心。张：挂起来。醯：醋。蜹："蚋"的异体字，虫名，蚊类。
[9]有：用同"或"，有的。
[10]立：立身行事。

　　积土成山，风雨兴焉；积水成渊，蛟龙生焉；积善成德，而神明自得，圣心备焉[1]。故不积跬步，无以至千里[2]；不积小流，无以成江海。骐骥一跃，不能十步[3]；驽马十驾，功在不舍[4]。锲而舍之，朽木不折[5]；锲而不舍，金石可镂[6]。

蟮无爪牙之利，筋骨之强，上食埃土，下饮黄泉，用心一也[7]。蟹六跪而二螯，非蛇蟮之穴无可寄托者，用心躁也[8]。是故无冥冥之志者，无昭昭之明[9]；无惛惛之事者，无赫赫之功[10]。行衢道者不至，事两君者不容[11]。目不能两视而明，耳不能两听而聪。螣蛇无足而飞，梧鼠五技而穷[12]。《诗》曰："尸鸠在桑，其子七兮[13]。淑人君子，其仪一兮[14]。其仪一兮，心如结兮。"故君子结于一也[15]。

[1]神明：指人的智慧。圣心：圣人的思想。备：具备。

[2]跬步：半步，跨出一脚叫"跬"。

[3]骐骥：良马名。

[4]驽马：劣马。十驾：马拉车一天叫一驾，即十天的路程。舍：停止。

[5]锲：雕刻。

[6]镂：也是雕刻的意思。

[7]蟮："蚓"的异体字。上、下：方位名词作状语，往上，往下。

[8]跪：脚。六跪当为八跪之误。螯(áo)：节肢动物前边的钳夹。蟮："鳝"的异体字。

[9]冥冥：昏暗不明的样子，引申为精诚专一。志：此指精神。昭昭：明显的样子。

[10]惛惛：不明。惛惛之事：指踏踏实实地工作。赫赫之功：特殊的成绩。

[11]衢道：等于说歧路。容：宽容。

[12]螣蛇：传说能飞的蛇。梧：当为鼯(shí)鼠，形状像兔子，传说它能飞不能上屋，能爬树不能到顶，能游水不能过溪谷，能挖洞不能掩藏自身，能跑不能超过人，所以是"五技而穷"。

[13]见《诗经·曹风·鸤鸠》。尸鸠：即鸤鸠，布谷鸟。

[14]仪：态度。

[15]一：专一，始终不变。

[阅读提示]

一、掌握下列加点词在文中的意义。

1. 学不可以已
2. 日参省乎己
3. 介尔景福
4. 而绝江河
5. 庶人不服
6. 质的张而弓矢至焉
7. 锲而不舍
8. 其渐之滫
9. 木直中绳
10. 怨之所构

二、"巢非不完也"中的"完"能不能换成"备"？为什么？

三、找出下列语句中的古字、异体字、通假字，并说明相应的今字、正体字和本字。

1. 鞣以为轮。
2. 知明而行无过。
3. 不临深豀。
4. 无恒安息。
5. 靖共尔位。
6. 假舟楫者。

7. 生非异也。
8. 强自取柱。
9. 草木畴生。
10. 醯酸而蚋聚。
11. 蟮无爪牙之利。
12. 非蛇蟺之穴。

四、掌握下列加点词语的用法和意义。
1. 君子博学而日参省乎己。
2. 假舟楫者，非能水也。
3. 上食埃土，下饮黄泉。
4. 青，取之于蓝而青于蓝。
5. 不临深渊，不知地之厚也。
6. 吾尝终日而思矣。

五　蠹（节选）

（《韩非子》）

儒以文乱法，侠以武犯禁，而人主兼礼之，此所以乱也[1]。夫离法者罪，而诸先生以文学取[2]；犯禁者诛，而群侠以私剑养[3]。故法之所非，君之所取[4]；吏之所诛，上之所养也。法趣上下，四相反也，而无所定[5]。虽有十黄帝，不能治也[6]。故行仁义者非所誉，誉之则害功[7]；工文学者非所用，用之则乱法[8]。楚之有直躬，其父窃羊而谒之吏[9]。令尹曰[10]："杀之。"以为直于君而曲于父，报而罪之[11]。以是观之，夫君之直臣，父之暴子也[12]。鲁人从君战，三战三北[13]。仲尼问其故，对曰："吾有老父，身死莫之养也。"仲尼以为孝，举而上之[14]。以是观之，夫父之孝子，君之背臣也。故令尹诛而楚奸不上闻，仲尼赏而鲁民易降北，上下之利，若是其异也。而人主兼举匹夫之行，而求致社稷之福，必不几矣[15]。

[1]儒：儒家。文：指古代文献经典。法：法制。侠：游侠。禁：禁令。人主：指国君。兼礼之：都以礼对待他们。礼：活用作动词，以礼对待。

[2]离：通"罹"，触犯。罪：治罪。诸先生：指上文所谓"儒"。文学：指儒家学术。取：被录用。

[3]以私剑养：意思是靠行刺的行径被蓄养。

[4]非：非难，责怪。

[5]法：指法之所非。趣：通"取"，指君之所取。上：指上之所养。下：指吏之所诛。意思是说这四种情况自相矛盾而没有一定的标准。

[6]黄帝：轩辕氏，传说中远古时代的好帝王。

[7]非所誉:不是(应当)称誉的人。功:指耕战之事。

[8]工:擅长,精通。

[9]之:当为"人"之误(依松皋圆说。见《韩非子纂闻》)。直躬:直身而行的人(指品行,参用朱熹说,见《论语集注》)。谒之吏:向官吏报告这件事。谒:禀告。

[10]令尹:楚官职名,相当于后代的宰相。

[11]认为他对君忠,对父却不孝。曲:不直,这里指不孝。报:判决。罪:治罪。

[12]暴:下凌上叫暴,这里指不孝。

[13]北:败走。

[14]举:举荐。上:用如动词。上之:使之上,等于说置之上位。

[15]举:指称赞。几:庶几,希望。

古者苍颉之作书也,自环者谓之"私",背私谓之"公"[1]。公私之相背,乃苍颉固以知之矣[2]。今以为同利者,不察之患也[3]。然则为匹夫计者,莫如修行义而习文学[4]。行义修则见信,见信则受事[5];文学习则为明师,为明师则显荣[6]。此匹夫之美也。然则无功而受事,无爵而显荣,有政如此,则国必乱,主必危矣。故不相容之事,不两立也[7]。斩敌者受赏,而高慈惠之行[8];拔城者受爵禄,而信廉爱之说;坚甲厉兵以备难,而美荐绅之饰[9];富国以农,距敌恃卒,而贵文学之士[10];废敬上畏法之民,而养游侠私剑之属[11]:举行如此,治强不可得也[12]。国平养儒侠,难至用介士,所利非所用,所用非所利[13]。是故服事者简其业,而游学者日众,是世之所以乱也[14]。

[1]苍颉:相传为黄帝的史官,据说是他创造了文字(实际上文字不可能是一个人创造的)。书:指文字。自环:自绕。公:从"八"从"厶"。"八"有"分"的意思,"厶"是"私"的初文,所以说"背私谓之公"。

[2]固:本来。以:通"已"。

[3]这句话的大意是:现在认为公私利益一致,那是没有经过仔细考察的毛病。同利:指公私的利益相同。

[4]计:计划,考虑。者:语气词。行:当作"仁",下句"行义修"的"行"同此(依王先慎说)。

[5]受事:指接受国君委托的工作。

[6]显荣:显贵荣耀。

[7]不两立:等于说不并存。

[8]高:意动用法,以……为高,这里有"推崇"的意思。

[9]坚:坚固,使动用法。甲:甲胄。厉:"砺"的古字,磨。备:防备。美:意动用法,以……为美。荐:通"搢",插。绅:衣带。儒者的服装,要在衣带中间插笏(古代朝见时所拿的手版),所以称荐绅。

[10]距:通"拒"。恃:依靠。

[11] 废:指弃而不用。属:略等于现代的"辈"。
[12] 举行:等于说行为、措施。治:和乱相对,指国家太平。强:强盛。
[13] 平:太平。介士:即甲士。介:甲。利:养(依郭在贻说)。
[14] 服事:即服役。服事者:泛指从事劳动的人。简:怠慢、荒废。

今境内之民皆言治,藏商管之法者家有之,而国愈贫[1];言耕者众,执耒者寡也[2]。境内皆言兵,藏孙吴之书者家有之,而兵愈弱[3];言战者多,被甲者少也[4]。故明主用其力,不听其言;赏其功,必禁无用;故民尽死力以从其上。夫耕之用力也劳,而民为之者,曰:可得以富也[5];战之为事也危,而民为之者,曰:可得以贵也。今修文学,习言谈,则无耕之劳而有富之实,无战之危而有贵之尊,则人孰不为也?是以百人事智而一人用力[6]。事智者众,则法败;用力者寡,则国贫。此世之所以乱也。故明主之国,无书简之文,以法为教[7];无先王之语,以吏为师;无私剑之捍,以斩首为勇[8]。是境内之民,其言谈者必轨于法,动作者归之于功,为勇者尽之于军[9]。是故无事则国富,有事则兵强,此之谓王资[10]。既畜王资而承敌国之衅,超五帝侔三王者,必此法也[11]。

[1] 商:商鞅,秦孝公的相。管:管仲,齐桓公的相。法:指有关法令方面的书。家:每家。
[2] 耒:古时称犁为耒。
[3] 孙:孙武,春秋时吴国人(或指战国时齐国的孙膑)。吴:吴起,先为魏文侯将,后为楚悼王相。他们都是有名的军事家。
[4] 言战:谈论战略。被:"披"的古字。被甲:指参加战斗。
[5] 以富:靠(耕种)富足起来。以:介词,后省宾语。
[6] 事智:从事智力活动,指"修文学"、"习言谈"。用力:指从事耕战等体力劳动。
[7] 书简:就是书籍。简:竹简,上古没有纸,把文字写在竹简上,称为简策。书简之文,就是上文所谓文学。
[8] 捍:通"扞",干犯。指上文"侠以武犯禁"。
[9] 轨:用如动词,这里有"遵循"的意思。动作者:指劳动人民。归:使动用法。功:指耕作之事。尽之于军:使他们全部到军队中去服役。
[10] 无事:无战事,指国家太平。资:等于说资本。王资:建立王业的资本,这里是比喻。
[11] 承:通"乘",指趁机会。衅:隙缝,这里引申为破绽、弱点。侔:相等。

今则不然。士民纵恣于内,言谈者为势于外[1]。外内称恶,以待强敌,不亦殆乎[2]?故群臣之言外事者,非有分于从衡之党,则有仇雠之患,而借力于国也[3]。从者,合众弱以攻一强也;而衡者,事一强以攻众弱也。皆非所以持国也[4]。今人臣之言衡者,皆曰:"不事大,则遇敌受祸矣[5]!"事大未必有实,则举图而委,效玺而请兵矣[6]。献图则地削,效玺则名卑。地削则国削,名卑则政乱矣。事大为衡,未见其利也,而亡地乱政矣。人臣之言从者,皆曰:"不救小而伐大,则失天下,失天下则国危,国危而主卑[7]。"救小未必有实,则起兵而敌大矣。救小未必能存,而交大未必不有疏,有疏则为强国制矣[8]。出兵则军败,退守则城拔。救小为从,未见其利,而亡地败军矣[9]。

[1]士民:指儒士,游侠。纵:放肆。恣:骄横。内:指国内。言谈者:指纵横家。为势于外:指借国外的力量造成自己的权势。外:指国外。

[2]称:举,行。殆:危险。

[3]这句话的大意是:群臣中向国君谈外交事务的人,不是属于合纵家或连横家一党,就是个人有仇怨,想凭借国家的力量报私仇。从:"纵"的古字,即合纵。战国时苏秦倡合纵之说,说服六国共同对秦。衡:通"横",连横。为了对付合纵,张仪倡连横之说,使六国各自和秦结成联盟,以便各个击破。患:一本做"忠"。

[4]持国:保持住国家。

[5]事大:事奉大国。

[6]实:指实际行动。"未"是衍文,下文"救小未必有实"中的"未"同此(依俞樾说,见《诸子平议》)。图:地图。委:交付。效:献。玺:国君的印。请:指请求大国发落。"兵"字是衍文(依俞樾说,见《诸子平议》)。

[7]失天下:指失去天下人的信任。

[8]王先慎认为"交"当作"敌"。这两句大意是:援救小国未必一定能使它存在,而以大国为敌,未必一定不会有疏忽。

[9]败军:使军队失败。败:用作使动。

是故事强,则以外权市官于内[1];救小,则以内重求利于外[2]。国利未立,封土厚禄至矣;主上虽卑,人臣尊矣;国地虽削,私家富矣。事成则以权长重,事败则以富退处[3]。人主之听说于其臣,事未成而爵禄已尊矣。事败而弗诛,则游说之士,孰不为用矰缴之说,而徼幸其后[4]?故破国亡主,以听言谈者之浮说,此其故何也[5]?是人君不明乎公私之利,不察当否之言,而诛罚不必其后也[6]。皆曰:"外事,大可以王,小可以安。"夫王者,能攻人者也,而安则不可攻也;强则能攻人者也,治则不可攻也。治强不可责于外,内政之有也[7]。今不行法术于内,而事智于外,则不至于治强矣[8]。

[1]外权:国外的权势。市:买。市官:指猎取官位。内:指国内。

[2]重:指权势。内重:指国内权势。外:指国外。

[3]以权长重:指纵横家凭借权势在国内长期受重用。退处:指隐居。

[4]矰:一种系绳的短箭。缴(zhuó):带在箭上的丝线。矰缴之说:指纵横家用来猎取功名富贵的虚言浮辞。其后:指事败之后。

[5]国破主亡,是因为国君听从了纵横家的空谈,造成此种后果的原因是什么呢?此:指示代词,代这种后果。其:语气副词,表示推测语气。

[6]当:适当。否:这里指不适当。不必其后:等于说"不必于其后"。

[7]责:求。外:这里指外交活动。有:取。内政之有:从内政中取得。

[8]至:达到。(以下有删节)

夫明王治国之政,使其商工游食之民少而名卑,以寡趣本务而趋末作[1]。今近习之请行,则官爵可买[2];官爵可买,则商工不卑也矣。奸财货贾得用于市,则商人不少矣[3]。聚敛倍农,而致尊过耕战之士,则耿介之士寡,而高价之民多矣[4]。

[1]游食之民:指没有定居的人,如商贾、工匠等。趣:通"趋"。"寡"当为衍文(依《韩非子纂闻》)。本务:根本的事务,指农业。"趋"当为"外"(依王先慎说)。外:用如动词,有"排斥"、"疏远"的意思。末作:不重要的行业,指工商。

[2]近习:指国君左右亲近的人。请:指近习的请求。行:实行。

[3]货贾(gǔ):指投机的商业活动。用:这里有"施行"的意思。

[4]倍农:超过农民(收入)一倍。这是说商人聚积的钱财比农民的收入要多一倍。致尊:导致尊贵的地位,指得到社会的尊重。过:超过。耿介:光明正大。高价:当为"商贾"(依《韩非子纂闻》)。

是故乱国之俗:其学者,则称先王之道以籍仁义,盛容服而饰辩说,以疑当世之法,而贰人主之心[1]。其言古者,为设诈称,借于外力,以成其私,而遗社稷之利[2]。其带剑者,聚徒属立节操以显其名,而犯五官之禁[3]。其患御者,积于私门,尽货赂,而用重人之谒,退汗马之劳[4]。其商工之民,修治苦窳之器,聚沸靡之财,蓄积待时,而侔农夫之利[5]。——此五者,邦之蠹也[6]。人主不除此五蠹之民,不养耿介之士,则海内虽有破亡之国、削灭之朝,亦勿怪矣[7]。

[1]以:而。籍:通"藉",凭借。籍仁义:指凭借仁义推行说教。盛:整。盛容服:指讲究容貌服装。饰辩说:修饰辞令。疑:惑乱。贰:不专一,这里是使动用法。

[2]古:当为"谈"(依顾广圻说,见《韩非子识误》)。为:"伪"的古字。为设:虚构事实。诈称:说谎弄假。私:指个人利益。遗:丢掉,不管。

[3]徒属:党徒。五官:指司徒、司马、司空、司士、司寇。五官之禁:泛指国家的禁令。

[4]患御:等于说近习。私门:指贵族世卿之门。尽:活用为动词,指搜刮尽。用:采用,接受。重人:指有权势的重要人物。谒:请托。汗马之劳:指战功。

[5]苦:粗劣。窳(yǔ):有毛病。沸靡:比喻水煮烂生物。沸靡之财:指高利润的钱财。时:机会。侔:通"牟",谋取。

[6]蠹:蛀虫。

[7]削灭:被动用法,被削弱消灭。朝:朝廷。

[阅读提示]

一、分析下列加点词的词性、用法和意义。

1. 而人主兼礼之
2. 离法者罪
3. 法之所非
4. 报而罪之
5. 举而上之
6. 高慈惠之行
7. 坚甲厉兵以备难
8. 美荐绅之饰
9. 富国以农
10. 贵文学之士
11. 游学者日众
12. 大可以王

二、辨析下列句式。

1. 身死莫之养也。
2. 行义修则见信,见信则受事。
3. 是世之所以乱也。
4. 有疏则为强国治矣。
5. 此五者,邦之蠹也。

三、掌握下列加点词的意义。

1. 工文学者非所用
2. 报而罪之
3. 三战三北
4. 举而上之
5. 服事者简其业
6. 言谈者必轨于法
7. 士民纵恣于内
8. 效玺而请兵
9. 不可责于外
10. 修治苦窳之器

四、找出下列语句中的通假字、古字,并说明与其相应的本字和今字。

1. 非有分于从衡之党。
2. 坚甲厉兵以备难。
3. 离法者罪。
4. 法趣上下。
5. 固以知之矣。
6. 距敌持卒。
7. 难至用介士。
8. 而侔农夫之利。

景公病久不愈(白文)

(《晏子春秋》)

景公疥且疟期年不已召会谴梁丘据晏子而问焉曰寡人之病病矣使史固与

祝佗巡山川宗庙牺牲圭璧莫不备具其数常多先君桓公桓公一则寡人再病不已滋甚予欲杀二子者以说于上帝其可乎会谴梁丘据曰可晏子不对

公曰晏子何如晏子曰君以祝为有益乎公曰然若以祝为有益则诅亦有损也君疏辅而远拂忠臣拥塞谏言不出臣闻之近臣嘿远臣喑众口铄金今自聊摄以东姑尤以西者此其人民众矣百姓之咎怨诽谤诅君于上帝者多矣一国诅两人祝虽善祝者不能胜也且夫祝直言情则谤吾君也隐匿过则欺上帝也上帝神则不可欺上帝不神祝亦无益愿君察之也不然刑无罪夏商所以灭也

公曰善解余惑加冠命会谴毋治齐国之政梁丘据毋治宾客之事兼属之乎晏子晏子辞不得命受相退把政改月而君病悛公曰昔吾先君桓公以管子为有力邑狐与谷以共宗庙之鲜赐其忠君则是多忠臣也子今忠臣也寡人请赐子州款辞曰管子有一美婴不如也有一恶婴不忍为也其宗庙之养鲜也终辞而不受

察 传（白文）

（《吕氏春秋》）

夫得言不可以不察数传而白为黑黑为白故狗似玃玃似母猴母猴似人人之与狗则远矣此愚者之所以大过也闻而审则为福矣闻而不审不若不闻矣齐桓公闻管子于鲍叔楚庄闻孙叔敖于沈尹筮审之也故国霸诸侯也吴王闻越王勾践于太宰嚭智伯闻赵襄子于张武不审也故国亡身死也

凡闻言必熟论其于人也必验之以理鲁哀公问于孔子曰乐正夔一足信乎孔子曰昔者舜欲以乐传教于天下乃令重黎举夔于草莽之中而进之舜以为乐正夔于是正六律和五声以通八风而天下大服重黎又欲益求人舜曰夫乐天地之精也得失之节也故唯圣人为能和乐之本也夔能和之以平天下若夔者一而足矣故曰夔一足非一足也

宋之丁氏家无井而出溉汲常一人居外及其家穿井告人曰吾穿井得一人有闻而传之者曰丁氏穿井得一人国人道之闻之于宋君宋君令人问之于丁氏丁氏对曰得一人之使非得一人于井中也求闻之若此不若无闻也

子夏之晋过卫有读史记者曰晋师三豕涉河子夏曰非也是己亥也夫己与三相近豕与亥相似至于晋而问之则曰晋师己亥涉河也

辞多类非而是多类是而非是非之经不可不分此圣人之所慎也然则何以慎缘物之情及人之情以为所闻则得之矣

九方皋相马（白文）

（《列子》）

秦穆公谓伯乐曰子之年长矣子姓有可使求马者乎伯乐对曰良马可形容筋骨相也天下之马者若灭若没若亡若失若此者绝尘弭辙臣之子皆下才也可告以良马不可告以天下之马也臣有所与共担纆薪菜者有九方皋此其于马非臣之下也请见之

穆公见之使行求马三月而反报曰已得之矣在沙丘穆公曰何马也对曰牝而黄使人往取之牡而骊穆公不说召伯乐而谓之曰败矣子所使求马者色物牝牡尚弗能知又何马之能知也伯乐喟然太息曰一至于此乎是乃其所以千万臣而无数者也若皋之所观天机也得其精而忘其粗在其内而忘其外见其所见不见其所不见视其所视而遗其所不视若皋之相者乃有贵乎马者也马至果天下之马也

【词义分析】（五）

假 假字从人叚声，本义是借。《左传·僖公五年》："晋侯复假道于虞以伐虢。"引申作凭借。《荀子·劝学》："假舆马者，非利足也，而致千里。"又"君子生非异也，善假于物也。""假寐"指不脱衣冠睡觉。《左传·宣公二年》："坐而假寐。"引申为不是真的。《史记·淮阴侯列传》："大丈夫定诸侯，即为真王耳，何以假为！"这个意义先秦多用"伪"，两汉以后才用"假"。由不真引申为连词，表示假设，如果。《史记·淮阴侯列传》："假令韩信学道谦让。"

绝 从糸从刀从卩，本义是绳索断。枚乘《上书谏吴王》："系方绝，又重镇之。"引申为一般的断。枚乘《上书谏吴王》："夫十围之木，始生如蘖，足可搔而绝。"引申为停止、隔绝。枚乘《上书谏吴王》："不如绝薪止火而已。"又"纳其基，绝其胎，祸何自来？"晁错《募民徙塞下疏》："陛下绝匈奴不与和亲。"司马迁《报任安书》："故绝宾客之知。"又引申为横渡。《荀子·劝学》："假舟楫者，非能水也，而绝江河。"陆游《夜泊水村》："老子犹堪绝大漠。"

又引申作形容词。极[远、高、好等]。《后汉书·班超传》："效命绝域。"江淹《别赋》："至如一赴绝国，讵相见期？"沈约《谢灵运传论》："绝唱高踪，久无嗣响。"《三国志·魏书·华佗传》："佗之绝技，凡此类也。"

临 从卧品声。"卧"从人臣，"臣"为竖目之形，"品"又表示众物，声中有义，其字像俯视众物之形，本义是从高往低看。《荀子·劝学》："不临深谿，不知地之厚也。"《诗经·秦风·黄鸟》："临其穴，惴惴而慄。"引申为从上监视着，统治。《诗经·大雅·大明》："上帝临女。"《荀子·性恶》："故为之立君上之执以临之。"（执：势）又引申为敬辞，表示从上面到下面来。《左传·襄公三年》："请君临之。"后来有双音词"莅临"、"光临"。又引申为遇到，到。《论语·述而》:"必也临事而惧,好谋而成者也。"《三国志·吴书·吴主传》:"而曹公已临其境。"又表示面对。曹操《步战令》:"临战,兵弩不可离阵。"由面对引申为对着书面的范本摹放。如"临摹"、"临帖"等。

又旧读 lìn。众人相聚而哭。《左传·宣公十二年》:"国人大临,守陴者皆哭。"(陴:城墙上的短墙)又指众人定时在灵柩前哭。《汉书·霍光传》:"朝暮临。"

常 从巾尚声,本义同"裳",裙子。《逸周书·度邑》:"叔旦泣涕于常,悲不能对"。其常用义为永久的,固定的。《论语·子张》:"而亦何常师之有?"《韩非子·五蠹》:"是以圣人不期修古,不法常可。"引申为规律。《荀子·天论》:"天行有常。"又特指礼教中所规定的秩序。伪古文《尚书·泰誓下》:"今商王受,狎侮五常。"(受:通"纣",即纣王。五常:仁、义、礼、智、信。)

由永久引申为副词,常常。《庄子·天地》:"身常无缺。"《列子·天瑞》:"常生常化者,无时不生,无时不化。"再引申为平素,平常。这是后起义。《文心雕龙·情采》:"故知君子常言未尝质也。"

又为量词,八尺为寻,倍寻为常。《韩非子·五蠹》:"布帛寻常,庸人不释。"作平时义的"寻常"是后起义。杜甫《江南逢李龟年》"岐王宅里寻常见。"

薄 从艸溥声,本义是林薄,即草木丛生的地方。屈原《九章·涉江》:"死林薄兮。"王逸注:"丛木曰林,草木交错曰薄"。

与"厚"相对。《诗经·小雅·小旻》:"如临深渊,如履薄冰。"又用于抽象意义。《左传·僖公三十年》:"邻之厚,君之薄也。"引申为少,小。《荀子·非相》:"知行浅薄。"《孟子·离娄下》:"薄乎云尔,恶得无罪?"由少、小又引申为酒味薄,不浓。《庄子·胠箧》:"鲁酒薄而邯郸围。"由少、小还引申为鄙视,瞧不起。《史记·汲郑列传》:"君薄淮阳邪?"又《孙子吴起列传》:"曾子薄之。"

迫近。李密《陈情表》:"日薄西山,气息奄奄。"《楚辞·哀郢》:"尧舜之抗行兮,瞭杳杳而薄天。"《荀子·天论》:"寒暑未薄而疾。"

离 其繁体从隹离声,本义是鸟名,黄鹂,即黄莺。《诗经·豳风·七月》:"有鸣仓庚",毛传:"仓庚,离黄也。"

假借为失掉。《国语·周语下》:"言爽饭日反其信,听淫日离其名。"韦昭注:"离,失也。"引申为分散,分离。跟"合"、"即"相对。《论语·季氏》:"邦分崩离析而不能守也。"《楚辞·哀郢》:"民离散而相失兮,方仲春而东迁。"今成语有"若即若离"、"悲欢离合"。

假借为遭受、触犯。《离骚》:"进不入以离尤兮,退将复修吾初服。"《韩非子·五蠹》:"夫离法者罪,而诸先生以文学取。"这个意义又写作"罹"。

简 从竹间声,本义是竹简,古代用来写字的狭长竹片。一简为一行,若干简并排编起来,成为一篇文章或一本书,叫作"策"或"册"。《左传·襄公二十五年》:"南史氏闻太史尽死,执简以往。"萧统《文选序》:"虽传之简牍,而事异篇章。"引申为简略,简单。《论语·雍也》:"居简而行简,无乃太简乎!"再引申为怠慢。《孟子·离娄下》:"孟子独不与驩言,是简驩也。"(驩:齐大夫右师王驩)又"子敖以我为简,不亦异乎!"(子敖:王驩的字)

趣 《说文》:"疾也,从走取声。"本义为快走。承培元《广说文答问疏证》:"趣,疾走也。……凡言走之疾速者,皆以趣为正字。"引申为趋向,奔赴。《史记·孙吴列传》:"兵法：百里而趣利者蹶上将。"司马迁《报任安书》"趣舍异路。"趣舍：指进取或退止。又引申为倾向，意向。《淮南子·原道》："秉其要归之趣。"嵇康《琴赋·序》："览其旨趣，亦未达礼乐之情也。"又引申为趣味，兴趣。陶潜《归去来辞》："园日涉以成趣。"杜甫《送高司直寻封阆州》诗："荒山甚无趣。"

通"促"，cù。催促。《礼记·月令》："趣民收敛。"《史记·陈涉世家》："趣赵兵亟入关。"引申为赶快，急。《史记·项羽本纪》："若不趣降汉，汉今虏若，若非反敌也。"《汉书·周勃传》："趣为我语。"

通"取"。《韩非子·五蠹》："法趣上下，四相反也。"《庄子·齐物论》："趣舍不同。"《经典释文》注："趣本作取。"

官 行政机关，指处所。《论语·子张》："不见宗庙之美，百官之富。"《墨子·尚贤中》："不能治千人者，使处于万人之官。"（有一万职员的行政机关。）这个意义可以说成"官府"，"官"与"府"是并列结构。《荀子·强国》："及都邑官府，其百吏肃然。"引申为行政职务。《左传·成公二年》："敢告不敏，摄官承乏。"又《襄公三年》："伯华得官。"这个意义可以说成"官守"或"官职"，"官"与"守"、"官"与"职"都是并列结构。《左传·昭公二年》："信其邻国，慎其官守。"又《襄公三十一年》："臣有臣之威仪，其中畏而爱之，故能守其官职。"又引申为职责。《韩非子·难一》："耕渔与陶，非舜官也。"又引申为行政机关的首长。《论语·宪问》："百官总己，以听于冢宰。"（所有机构中的长官都全面负责自己的职务，而服从太宰的统一领导）最后这一意义上古很少用。

五官（耳、目、口、鼻、心）。《庄子·养生主》："官知止而神欲行。"这里"官"指目。《荀子·君道》："人之百事，如耳、目、鼻、口之不可以相借官也。"

信 从人从言，本义是言语真实，不虚伪。《老子》八十一章："信言不美，美言不信。"《战国策·楚策》："子以我为不信。"《左传·庄公十年》："牺牲玉帛，弗敢加也，必以信。"引申为对人真诚，不虚伪。《论语·学而》："与朋友交而不信乎？"又引申为守信，实践诺言。《左传·宣公二年》："弃君之命，不信。"又引申为相信，认为可靠。《论语·公冶长》："始吾于人也，听其言而信其行。"《左传·襄公三十一年》："人谓子产不仁，吾不信也。"引申为副词，真的，的确。《韩非子·难一》："舜其信仁乎。"《孟子·公孙丑上》："信能行此五者，则邻国之民仰之若父母矣。"

由"相信"、"可靠"引申为可靠的使者，送信的人（后起义）。《世说新语·雅量》："谢公与人围棋，俄而谢玄淮上信至，看书竟，默然无言。"

通"伸"。《周易·系辞下》："尺蠖之屈，以求信也。"

道 从辵从首，本义为道路。《史记·陈涉世家》："会天大雨，道不通。"《战国策·齐策》："民扶老携幼，迎君道中。"《论语·雍也》："中道而废。"又《泰伯》："仁重而道远。"引申为抽象的意义，表示途径、方法。《孟子·梁惠王下》："交邻国有道乎？"《商君书·更法》："治世不一道，便国不必法古。"特指达到某种道德标准或思想标准的途径。《论语·里仁》："朝闻道，夕死可矣。"由方法引申为技巧。《论语·子张》："虽小道，必有可观者焉。"由方法引申为规律。《庄子·养生主》："臣之所好者，道也。"由方法引申为正当的手段。《论语·里仁》："不以其道得之，不处也。"又表示封建社会认为好的政治措施和政治局面。《论语·卫灵公》："邦有道则仕，邦无道则卷而怀之。"

由规律引申为思想，学说。《论语·里仁》："吾道一以贯之。"又《雍也》："非不说子之道。"由学说引申为把学说表述出来，述说。《论语·宪问》："夫子自道也。"又《季氏》："乐道人之善。"《孟子·梁惠王上》："仲尼之徒，无道桓文之事者。"由述说再引申为提倡。《韩非子·难一》："释庸主之所易，道尧舜之所难。"由提倡引申为引导。《论语·子张》："道之斯行。"又《为政》："道之以政。"《左传·襄公三十一年》："小决使道。"这个意义后来写作"导"。

举 举字从手与声，《说文》："对举也。"本义为双手向上托起。《孟子·梁惠王上》："吾力足以举百钧，而不足以举一羽。"引申为抬起，拿起。李白《静夜思》："举头望明月，低头思故乡。"李白《月下独酌》："举杯邀明月，对影成三人。"也引申为发起，兴起。《韩非子·外储说左上》："举兵而伐中山，遂灭之。"还引申为攻下，拔取。《史记·项羽本纪》："其势必举赵。"由攻下又引申为成功。《孔雀东南飞》："莫令事不举。"

从托起义又引申为对人的提拔、荐举。《吕氏春秋·去私》："内举不避子。"《墨子·尚贤》："使（伊尹）为庖人，汤得而举之，立为三公。"

又引申为举出，称引。《韩非子·五蠹》："故举先王言仁义者盈廷，而政不免于乱。"再引申为揭发。《史记·秦始皇本纪》："吏见知不举者，与同罪。"

又为副词，全，整个。《庄子·逍遥游》："且举世誉之而不加劝，举世非之而不加沮。"

第六单元

常识:音韵

一、音韵学基础知识

(一)音韵学及其功用

1. 音韵学和它的三个部门

研究古代汉语各个历史时期声、韵、调系统及其发展规律的学问叫**音韵学**。音韵学又叫声韵学,它分为三个部门:今音学、古音学、等韵学。研究中古时期(隋唐时代)语音系统的学问叫**今音学**,主要以《切韵》系韵书为研究对象;研究上古(先秦两汉)时期语音系统的学问叫**古音学**,主要以先秦两汉的诗歌韵文特别是《诗经》为研究对象;用"等"的概念分析汉语韵母及声韵配合规律的学问叫**等韵学**,主要以宋元以来的等韵图为研究对象。由于音韵学开始成为语言文字学的一个重要部门是在韵书产生以后,并且古音学又是在今音学的基础上建立起来的,等韵学一开始也是以《切韵》系韵书为研究对象,所以学习音韵学应以今音学作为基础和重点。了解和掌握了中古音,就可据以上推古音,下探现代语音。

2. 音韵学的功用

学习音韵学的知识有助于我们更好地了解现代汉语的语音系统。现代汉语的语音是由古代汉语的语音发展而来的,有了音韵学的知识,懂得了古今语音演变的规律,我们才可以明了许多现代语音现象的来源,把语音规范化的工作做得更好。如"械"字古有两读:jiè、xiè,现在我们之所以确定它读后者,是因为"械"古读胡介切,为匣母字。其他的古匣母字在今音齐撮两呼的前面声母都已变为x了,"械"当然不应该例外。

学习音韵学的知识有助于我们对方言的研究。我们国家地域辽阔,方言众多。这些方言都是历史形成的。有了音韵学的知识,就可以对普通话与方言之间的对应关系了解得更深入。如广东梅县话里"坚"念作 giān,就是因为凡普通话声母为 j、q、x 的字,梅县话都读 g、k、h。

学习音韵学的知识有助于我们对文字的研究。汉字是形音义的结合体,字音是汉字的物质外壳。有了音韵学的知识,我们才可能对汉字在使用过程中出现的许多现象有正确的解释。如《诗经·周南·葛覃》"害澣害否?归宁父母"中的"害"应读如"曷"。从语音上来看,这是因为"害"和"曷"虽然今音不同,但在上古音里同属匣母月部,是同音关系,所以二字才可以通假。

学习音韵学的知识有助于我们对词汇的研究。人类在创造语言的初始阶段,词义与语音之间大多没有必然的联系,但在基本词汇基础上再创造新词时,新词与旧词之间就不可避免地有了语音和语义上的联系。如草木缺水为"枯",江河缺水为"涸",人畜缺水为"渴"。三字之所以能在"缺水"的意思上相通,是因为古音"枯"、"渴"都属溪母,"涸"属匣母,匣母与溪母是旁纽的关系;从韵部上来分析,"枯"与"涸"是鱼铎对转的关系,"枯"与"渴"是鱼月旁转的关系,三字的读音极近。我们有了音韵学的知识后,对它们的音义联系认识得就会更加深入。

学习音韵学的知识有助于我们对语法的研究。有些语法规律可以运用音韵学的知识去加以解释。如古代汉语为什么要用"不"、"弗"、"毋"、"勿"、"未"、"非"、"否"、"莫"、"无"、"靡"、"蔑"等而不是别的词来表示否定?原来这一组词古音都是相同或相近的。从声母上看,"不"、"弗"、"否"、"非"属帮母,"毋"、"勿"、"未"、"莫"、"无"、"靡"、"蔑"都属明母,帮母与明母都是唇音,是旁纽的关系。从韵部上看,"不"、"否"是之部,与物部的"弗"、"未"、"勿"是通转的关系,与微部的"非"是旁转的关系;"无"、"毋"是鱼部,与铎部的"莫"是对转的关系,与歌部的"靡"和月部的"蔑"是通转的关系。

学习音韵学的知识有助于我们对诗词曲赋的欣赏。诗词曲赋作为古典文学的重要组成部分,都具有音乐的美感。这种音乐的美感,主要来自于押韵。但现在我们在阅读它们时会发现,有许多原本押韵的诗句念起来不押韵了。这种现象只有运用音韵学的知识才能给以正确的解释。如《诗经·周南·关雎》"求之不得,寤寐思服。优哉游哉,辗转反侧","得"、"服"、"侧"今天读来已经不押韵了,但原本是押韵的,因为古音它们都是同一个韵部——职部的字。诗词的写作除了押韵之外,字的平仄也有讲究,这也涉及字音的问题。

(二)声母及对声母的分析

1. 音素、音节、元音、辅音、声母

音素是从音质的角度划分出的最小的语音单位。如英语的"书"book[buk] ①,有 b、u、k 三个音素,汉语"理"[li]有两个音素,汉语"广"[kuaŋ],有 k、u、a、ŋ 四个音素。

音节是指在听觉上自然感到的一个发音片断。它由若干个音素构成。如英语的"茶"[tiː]、汉语的"家"[tɕia]发出的音都是一个音节。一般来说,一个汉字就是一个音节(儿化音例外)。

元音是音素的一种,其特点是发音时气流通过声门使声带发生振动,而在通过咽腔、口腔、鼻腔时不受阻碍,发音器官保持均衡的紧张状态,呼出的气流较弱。如 a、o、e、y、u、ü 等。

辅音也是音素的一种,其特点是发音时气流必须克服所遇到的阻碍才能通过,只有形成阻碍的那一部分器官保持紧张,其他部位不紧张,发出的气流较强。如 b、p、m、f、d、t、

---

① [ ]中是国际音标。下同。

n、l、g、k、h、j、q、x、z、c、s、zh、ch、sh、r 等。其中 b、p、m 是双唇音，f 是唇齿音，z、c、s 是舌尖前音，d、t、n、l 是舌尖中音，zh、ch、sh、r 是舌尖后音，j、q、x 是舌面音，g、k、h 是舌根音。

声母指一个音节开头的辅音。如"好"hǎo 这个音节中的 h，"青"qīng 这个音节中的 q。有些汉字的音节没有辅音声母，而是直接以元音开头，我们称之为零声母。如"安"an、"恩"en 等。

2. 字母、纽、声纽、声类

字母指声母的代表字。古代没有拼音字母，当人们对音节进行结构分析并分出了不同的声母之后，就用某一个汉字来做这一类声母的代表字，这就是字母。如"帮"代表的是[p]这个声母，"明"代表[m]这个声母等。字母相传是唐末和尚守温受梵文"悉昙"的启发而创制的，最初他创制的共有三十个字母，人们称之为"守温三十字母"。分别是：不、芳、並、明、端、透、定、泥、知、彻、澄、日、见、溪、群、来、疑、精、清、从、心、邪、照、穿、审、禅、影、晓、匣、喻。

纽是声母的简称，取其声母为音节之枢纽之义。声母还简称为"声"。

声纽是声母的别称，是"声"与"纽"的合称。

声类是指对反切上字的归类。同一个声母的反切上字都不止一个，有的甚至多达十几个。把这些同一声母的反切上字归到一起，就是一个"声类"。如"居、举、九、俱、纪、几、规、吉、诡"就同为"居"这个声类，"都、丁、多、当、得、德、冬"同为"都"这个声类。

3. 中古三十六字母

在守温三十字母的基础上，宋初有人根据当时的语音实际，又增加了"非、敷、奉、微、娘、床"这六个字母，并改"不"为"帮"、改"芳"为"滂"，即成为"三十六字母"。这三十六字母比较真实地反映了唐末宋初汉语的声母系统，后来人们在研究其他历史时期声母系统时，即与三十六字母进行比对，在它的基础上或增或减，所以它就成了研究各个历史时期语音系统的工具。

4. 五音、七音、清音、浊音

这四个名称都是对声母的分类。不同的声母其发音部位和发音方法是不同的。

五音指人们按照发音部位的不同给声母分出的五个类别。它们是：唇音、舌音、齿音、牙音、喉音。如"帮、滂、並、明"是唇音，"端、透、定、泥"是舌音等。

七音是人们在按照发音部位的不同给声母分出的五个类别的基础上又增加了两种，合称"七音"。它们是：唇音、舌音、齿音、牙音、喉音、半舌音、半齿音。

清音是人们按照发音方法的不同给声母分出的一个类别。发音方法指发音时构成阻碍和克服阻碍的方式。对发音方法的分析一般从成阻方式、带音与不带音、送气与不送气三个方面来进行。清音，即不带音，这样的声母在发音时声带不振动。如帮母[p]、端母[t]等。

浊音是人们按照发音方法的不同给声母分出的另一个类别。浊音也即带音，这样的声母在发音时声带要振动。如明母[m]、定母[d]等。

5. 全清、次清、全浊、次浊

全清、次清是人们对清音声母进一步分出的两个类别。具体地说，所谓全清，指的是不送气不带音的塞音、塞擦音和不带音的擦音；所谓次清指的是送气不带音的塞音、塞擦音。

全浊、次浊是人们对浊音声母进一步分出的两个类别。具体地说,所谓全浊,指的是带音的塞音、塞擦音和擦音;所谓次浊,指的是带音的鼻音、边音和半元音。

三十六字母的名称、类别如下表:

七音	旧名	新名	全清	次清	全浊	次浊	全清	全浊
唇音	重唇	双唇	帮	滂	並	明		
	轻唇	唇齿	非	敷	奉	微		
舌音	舌头	舌尖中	端	透	定	泥		
	舌上	舌面前	知	彻	澄	娘		
齿音	齿头	舌尖前	精	清	从		心	邪
	正齿	舌面前	照	穿	床		审	禅
牙音		舌根	见	溪	群	疑		
喉音		零声母	影					
		舌根	晓		匣			
		半元				喻		
半舌音		舌尖边				来		
半齿音		面鼻擦				日		

(三)韵母及对韵母的分析

1. 韵母、韵腹、韵头、韵尾

韵母指一个音节中除声母以外的部分。它可以是一个元音,也可以是几个元音,还可以是元音加辅音。如"发"fa、"刚"gang、"刘"liu、"庄"zhuang 中的 a、ang、iu、uang。

韵腹是指韵母中唯一的元音或开口度最大的元音。如"机"ji、"快"kuai、"月"yue、"落"luo 中的 i、a、e、o。韵腹是韵母中不可或缺的成分,所以又称为"主要元音"。

韵头指韵母中韵腹之前的音素。它主要由高元音[i]、[u]、[y]充当。如"粮"liang、"换"huan、"虐"nüe 中的 i、u、ü。由于它的位置介于声母与主要元音之间,所以又称为"介音"。有的韵母可以没有韵头,如"塔"ta、"波"bo、"跟"gen。

韵尾指韵母中最后的音素。它可以是元音,也可以是辅音。如"白"bai、"油"you、"兰"lan、"更"geng 中的 i、u、n、ng。有的韵母可以没有韵尾,如"拉"la、"力"li、"破"po。

2. 韵、韵部、韵目、韵类、韵摄

韵指相同声调的音节中除声母和韵头以外的音素。它不同于韵母。韵母包含韵头且不论声调,韵不包含韵头但须同一声调。韵头、韵腹、韵尾都相同的才算同韵母;韵腹、韵尾、声调相同就算同韵,不论韵头的有无和不同。如 ān、iān、uān、üān,由于韵头不同,所以它们属于不同的韵母;但主要元音、韵尾和声调相同,所以它们属于同一个韵。

韵部指同韵字汇集而成的整体。如东、同、铜、童、忠、终、嵩、弓、穹、空、洪、工等汇集起来就是一个韵部,鱼、初、书、居、车、余、予、梳、诸、茹等汇集起来也是一个韵部。

韵目指从一个韵部中选出来作为标目的代表字。如上述第一个韵部就选用了"东"作那个韵部的标目,那个韵部就叫"东"部;第二个韵部就选用了"鱼"作标目,那个韵部就叫"鱼"部。

韵类指同一韵部中包含的各类不同的韵母。这一名称本来是指韵书中反切下字的分类。在韵书中,每个韵下边都列了许多反切下字,那些反切下字表示的韵母不同。每个不同的韵母就是一个韵类,每个韵类也选取其中一个作为代表字。如东韵里就有两个韵类:红、东、公等属"红"这个韵类,弓、中、融、宫、终等属"弓"这个韵类。韵类和韵母也不完全相同。韵类有声调的差别,洪、孔、共声调不同,就属于不同的韵类;韵母不论声调,洪、孔、共虽声调不同,但是同一个韵母。

韵摄指韵腹相同或相近、韵尾相同或部分相同的一组韵。它是对韵的进一步归纳。这种归纳不论韵头,不计声调,对韵尾的要求也不严格。韵摄的出现,使《广韵》206 韵的复杂情况得到简化,有利于人们掌握同类韵母的特点及其发展规律。最先把 206 韵归为十六摄的是宋元之际无名氏的《四声等子》,后经调整被沿用至今的十六摄名称如下:

1. 通摄　　2. 江摄　　3. 止摄　　4. 遇摄
5. 蟹摄　　6. 臻摄　　7. 山摄　　8. 效摄
9. 果摄　　10. 假摄　　11. 宕摄　　12. 梗摄
13. 曾摄　　14. 流摄　　15. 深摄　　16. 咸摄

3. 开口呼、合口呼

这是根据韵母第一个音素的不同对韵母进行分析所提出的两个概念。

现代汉语除了以元音开头的韵母之外,还有用 i、u、ü 开头的韵母。它们被依次称为开口呼、齐齿呼、合口呼、撮口呼。中古时期韵头则只有[i]、[u]两个,没有[y]。韵母中只要不含[u]的都是开口呼,只要含有[u]的都是合口呼。如[an]、[ian]是开口呼,[uan]、[iuan]是合口呼。用[u]作韵头发音时都要圆唇,不用[u]作韵头发音时都不用圆唇。所以也可以说合口开口二呼就是圆唇与不圆唇的区别。

中古时期人们还把开合二呼各分为洪细二种。开口洪音大致相当于今天的开口呼,开口细音大致相当于今天的齐齿呼;合口洪音大致相当于今天的合口呼,合口细音大致相当于今天的撮口呼。因此现代的四呼从中古时就已见端倪了。

4. 阴声韵、阳声韵、入声韵

这是根据韵尾的不同给韵母所分出的三个类别。

现代汉语的韵尾一般分为开韵尾(没有韵尾)、元音韵尾、鼻音韵尾三类。古音里还多出一种韵尾类型,即以[-p]、[-t]、[-k]收尾的塞音韵尾。根据韵尾的不同,人们把古韵分为三大类:无韵尾和以元音收尾的韵合称阴声韵,以鼻音[-m]、[-n]、[-ŋ]收尾的韵叫阳声韵,以塞音[-p]、[-t]、[-k]收尾的韵叫入声韵。

在汉语里,阴声韵、阳声韵、入声韵这三种韵尾不是各自孤立的,而是比较整齐地相配的。现代汉语普通话里没有了入声韵后,阴声韵和阳声韵同样整齐地相配着。如阴声韵[ai](来)、[au](好)就有阳声韵[an](看)、[ang](帮)与之相配。同时,这三种韵随着语音的历史演变,还可以互相转化。如阳声韵[an]的鼻音韵尾一消失,就变成了阴声韵,鼻音韵尾一旦变成塞音韵尾,阴声韵就又变成了入声韵。以此类推,由[nai]到[naŋ]是阴声韵转化成了阳声韵,由[pat]到[pa]是入声韵转化成了阴声韵,由[lan]到[lat]则是阳声韵转化成了入声韵。三种韵尾的互相转化,古人称之为"阴阳对转"。这种转化有一个前提,那就是主要元音不能变。

5. 四等

等是根据韵头、韵腹的状况对韵母的分类。现代汉语对韵母的分类是根据舌位的高低和口形的圆展度进行的。如高元音、半高元音、前元音、央元音等。古代则把韵头和韵腹的状况结合在一起来对韵母进行分类。这样分出的类就叫"等"。中古每一个韵摄的韵都分四个等。如《韵镜》中的这两组:

一等　开口翰韵　岸[ɑn]　　合口换韵　贯[uɑn]
二等　开口谏韵　雁[an]　　合口谏韵　惯[uan]
三等　开口线韵　彦[iæn]　　合口线韵　眷[iuæn]
四等　开口霰韵　砚[ɛn]　　合口霰韵　䁘[uɛn]

按现代音来说,开口二、三、四等韵已无区别,合口一、二等韵已无区别,合口三、四等韵已无区别。但在中古,它们是有区别的。清人江永认为这四个等的区别是"一等洪大,二等次大;三四皆细,而四尤细"。这里的"大"和"细"都指音的响度。也就是说响度最大的是一等韵,次大的是二等韵,较细的是三等韵,最细的是四等韵。现在看来,构成洪细差别的就是韵头的有无和韵腹元音的音值。下面参考胡安顺的《汉语音韵学通论》①,对开合口四等描述如下:

开口一等韵大体指没有韵头、韵腹元音为[ɑ]、[ɒ]、[ə]的韵母。如[ai]、[ɒi]、[əŋ]等。

开口二等韵大体指没有韵头、韵腹元音为[a]、[æ]、[ɐ]、[ɔ]的韵母。如[ai]、[æn]、[ɐm]、[ɔŋ]等。

开口三等韵大体指有韵头[i]、韵腹元音为[ɑ]、[a]、[ɐ]、[ə]、[ɜ]、[e]的韵母或无韵头、韵腹元音为[i]的韵母。如[iɑ]、[ia]、[iɐi]、[iəi]、[iuɜi]、[iei]、[i]等。

开口四等韵大体指没有韵头[i]、韵腹元音为[ɛ]的韵母。如[ɛi]、[ɛn]等。

合口一等韵大体指韵头为[u]、韵腹元音为[ɑ]、[ɒ]、[ə]的韵母或没有韵头、韵腹元音为[u]、[o]的韵母。如[uɑ]、[uɒi]、[uən]、[u]、[oŋ]等。

合口二等韵大体指韵头为[u]、韵腹元音为[a]、[æ]、[ɐ]的韵母。如[uai]、[uæn]、[uɐi]等。

合口三等韵大体指韵头为[iu]、韵腹元音为[ɑ]、[a]、[e]、[ə]、[ɜ]、[ɐ]的韵母或韵头为[i]、韵腹元音为[u]、[o]的韵母。如[iuɑ]、[iuaŋ]、[iuei]、[iuəi]、[iuɜi]、[iuɐ]、[iuŋ]、[ioŋ]等。

合口四等韵大体指韵头为[u]、韵腹元音为[ɛ]的韵母。如[uɛi]、[uɛn]等。

中古二呼洪细音与今音四呼对比,开口洪音指的就是开口一、二等韵,开口细音指的就是开口三、四等韵;合口洪音指的就是合口一、二等韵,合口细音指的就是合口三、四等韵。换言之,今音开口呼是由中古开口一、二等韵变来的,今音齐齿呼是由中古开口三、四等韵变来的,今音合口呼是由中古合口一、二等韵变来的,今音撮口呼是由中古合

---

① 胡安顺:《汉语音韵学通论》,陕西人民教育出版社,1998年版,第20页。

口三、四等韵变来的。

（四）声调及对声调的分析

1. 声调、调类、调值

声调是指某些语言中每个音节所固有的能区别意义的声音的高低升降。世界上多数语言没有声调特征，汉语是有声调特征的语言之一。人们的发音有高低强弱的不同，而声调则主要体现在音高上。音高往往是复合的，但并不是由一个音跳到另一个音，而是从一个音滑动到另一个音。按照"五度标音法"，如果一个声调为"51"的话，不是发完5后再发1，而是从5开始，快速经过4、3、2后，滑落到1。

调类指某一种语言里声调的类别。把相同声调的字归并到一起就是一个调类。例如普通话就有四个调类，南京话有五个调类，长沙话则有六个调类等。

调值指声调实际读音高低、升降、曲直、长短的形式。如普通话四个声调的调值分别是：阴平55，阳平35，上声214，去声51。

2. 四声

四声专指中古的平、上、去、入四种调类。现代虽也是四个声调，但不可能是古人的"四声"之所指。四声之说始于南北朝齐梁时代，时人沈约、周颙等发现了汉字的四个声调，并"将平上去入四声，以此制韵"。其后"音韵蜂出"，韵书迭现，"四声"就逐渐为人们所了解和掌握了。不过人们也只是知道当时的汉字有平上去入四个声调，至于这四个声调的具体音高，至今人们也不清楚。现在普通话包括各地方言的调类都是中古四声发展变化的结果。

中古平上去入四声演变为现代阴平、阳平、上声、去声的规律大致是：

A. 平分阴阳，即中古的平声字到了现代汉语中，分成了阴平和阳平两类：清声母的平声字今读阴平，浊声母的平声字今读阳平；

B. 浊上变去，即全浊声母的上声字今读去声，清声母及次浊声母的上声字仍读上声；

C. 去声不变，即中古的去声字今仍读去声；

D. 入派三声，即中古的入声字后来分别归入平、上、去三声之中。

（五）反切

1. 双声、叠韵

双声指两个音节声母相同。如琳琅(lín láng)，声母都是l；参差(cēn cī)，声母都是c。这两个词的两个音节都是双声的关系。

叠韵指两个音节的韵相同。如逍遥(xiāo yáo)，韵都是ao；蹒跚(pán shān)，韵都是an。这两个词的两个音节都是叠韵的关系。

2. 直音、譬况

直音是直接用一个同音字给另一个字注音的方法。早在汉代，一些训诂家们在给经典中的僻字注音时就采用了这种方法。如：

《周礼·天官·冢宰》："贾八人。"郑玄注："贾音古。"（用"古"给"贾"注音）

《说文解字·口部》："啥，食也。读与含同。"（用"含"给"啥"注音）

譬况是通过描述来表示一个字读音的方法。例如：

《淮南子·地形训》："其地宜黍，多旄犀。"东汉高诱注："旄读绸缪之缪，急气言乃得之。"

又《原道训》："蛟龙水居。"高诱注："蛟读人情性交易之交，缓气言乃得之。"

3. 读若、读如

读若、读如是用比喻的方法来给字注音的两个术语，意思是"读得像×一样"。如：

《说文解字·角部》："觳，盛觵卮也，一曰射具。从角殼声。读若斛。"

《仪礼·乡饮酒礼》："公如大夫入。"郑玄注："如，读若今之若。"

《周礼·夏官·序官》："司爟。"郑注："爟，读如'予若观火'之观。"

《周礼·春官·甸祝》："禂牲禂马。"郑玄注："禂，读如'伏诛'之诛。"

上述几种注音方法中，不仅譬况注音法不能让人知道被注字的确切读音，就是直音注音法和读若、读如注音法也有很大的局限性：有的字没有同音字可以用来给它注音；有的字虽有同音字，但却非常生僻，这样注了也等于没注。所以人们又创造了新的注音方法——反切。

4. 反切

反切是用两个汉字来给另一个字注音的方法。这种注音方法是在人们对汉字的读音已经有了科学分析的基础上，自觉运用拼音的原理创造出来的。《颜氏家训》："孙叔然创《尔雅音义》，是汉末人独知反语。"比起前几种注音方法来说，反切注音法的出现，是一大进步。

5. 切语、被切字、反切上字、反切下字

切语指用反切的方法给字注音时用的一句话。如"町，他丁反"，这就是一个切语；"公，姑翁切"，这也是一个切语。

被切字即被注音的字。如上述切语中的"町"、"公"。

反切上字即切语中被切字后用来注音的两个字中的第一个字。因古书竖写时它处在上边，所以叫反切上字。如上述切语中的"他"、"姑"。反切上字与被切字都是双声关系。

反切下字即切语中被切字后用来注音的两个字中的第二个字。因古书竖写时它处于下边，因而叫反切下字。如上述切语中的"丁"、"翁"。反切下字与被切字都是叠韵关系。

6. 反切方法

用反切的方法给字注音，实际上就是用反切上字表示被切字的声母，用反切下字表示被切字的韵母和声调。简而言之，即"上字取声，下字取韵和调"。如：

红，胡笼切。反切上字"胡"取其声母 h，反切下字"笼"取其韵母和声调 óng，h + óng = hóng，即被切字"红"的读音。

音，猗金反。反切上字"猗"取其声母 y，反切下字"金"取其韵母和声调 īn，y + īn = yīn，即被切字"音"的读音。

康，苦冈切。反切上字"苦"取其声母 k，反切下字"冈"取其韵母和声调 āng，k + āng = kāng，即被切字"康"的读音。

眷，居倦切。反切上字"居"取其声母 j，反切下字"倦"取其韵母和声调 uàn，j + uàn = juàn，即被切字"眷"的读音。

很明显,反切这种注音方法增加了注音的准确性、科学性,克服了直音法、譬况法、读若法的缺陷,所以这种方法产生之后不久,就大为流行,且经久不衰,一直沿用到"五四"前,长达一千七百多年。

7. 反切的复杂性

如果所有的反切都像前边所举的四个切语那样,只要按"上字取声,下字取韵和声调"的方法就能直接切出被切字的读音,那就太简单了。事实上,一方面由于古人在表示同一个声母时选用的反切上字不一、在表示同一个韵母和声调时选用的反切下字不一,另一方面一个切语中被切字、反切上字、反切下字的声、韵、调与今天相比大多都有变化,这就使得要想凭古人的切语切出一个被切字的正确读音,在多数情况下是不可能的。如:

貂 diāo,都聊切。d(ū)+(l)iáo ≠ diāo(声调不合)

狂 kuáng,巨王切。j(ù)+(w)áng ≠ kuáng(声母不合)

妙 miào,眉召切。m(éi)+(zh)ào ≠ miào(韵母不合)

阻 zǔ,侧吕切。c(è)+(l)ǔ ≠ zǔ(声母韵母不合)

8. 音和切、类隔切

音和切指按"上字取声、下字取韵和调"的方法能够直接拼出被切字读音的反切。如上举"红,胡笼切"和"康,苦冈切"等。这种反切只占《广韵》全部反切的30%。

类隔切指按"上字取声、下字取韵和调"的方法不能直接拼出被切字读音的反切。如上举"貂,都聊切"和"阻,侧吕切"等。这样的反切占《广韵》全部反切的70%。要想依据古人有类隔的切语拼出被切字的正确读音,必须对古今语音的流变有深入的认识。仍以"貂,都聊切"为例,据反切下字"聊 liáo",被切字"貂"应该读阳平。之所以今读阴平,是因为中古平声不分阴阳,后来清音声母的平声字分化为阴平,浊音声母的平声字分化为阳平。"聊"属来母,是次浊音,所以今读阳平;"貂"属端母,是全清音,所以今读阴平。

思考与练习(二十五)

一、汉语音韵学包括哪些部门?它们各自的研究对象是什么?

二、解释下面的名词。

1. 今音学　　2. 古音学　　3. 等韵学　　4. 音素
5. 音节　　　6. 元音　　　7. 辅音　　　8. 声母
9. 字母　　　10. 纽　　　　11. 声纽　　　12. 声类
13. 直音　　　14. 五音　　　15. 七音　　　16. 清音
17. 浊音　　　18. 全清　　　19. 次清　　　20. 全浊
21. 次浊　　　22. 韵母　　　23. 韵腹　　　24. 韵头
25. 韵尾　　　26. 韵　　　　27. 韵部　　　28. 韵目
29. 韵类　　　30. 韵摄　　　31. 开口呼　　32. 合口呼
33. 阴声韵　　34. 阳声韵　　35. 入声韵　　36. 四等
37. 声调　　　38. 调类　　　39. 调值　　　40. 四声
41. 双声　　　42. 叠韵　　　43. 反切　　　44. 切语
45. 被切字　　46. 反切上字　47. 反切下字　48. 音和切

49. 类隔切 50. 中古三十六字母

三、填空。
1. 古音指_____时期的语音,今音指_____时期的语音。
2. 传统音韵学上声母的代表字叫_____,唐宋时期的声母系统有___个这样的代表字,称为_____。
3. 从发音部位上看,帮滂并明是___音,非敷奉微是___音,端透定泥是___音,知彻澄娘是___音,精清从心邪是___音,照穿床审禅是___音,见溪群疑是___音,影晓匣喻是___音,来是___音,日是___音。
4. 两个字的声母相同叫_____,两个字的韵相同叫_____。
5. 古人按发音部位不同把声母分为_____、_____、_____、_____、_____五类,称为_____。宋人又增加___音___母和___音___母,成为_____。
6. 古人按发音方法的不同,把声母分为_____、_____两类,发音时声带颤动的叫_____,不颤动的叫_____。

四、标点并翻译下面一段短文。
苏秦死其弟苏代欲继之乃北见燕王哙曰臣东周之鄙人也窃闻王义甚高甚顺鄙人不敏窃释耡耨而干大王至于邯郸所闻于邯郸者又高于所闻东周臣窃负其志乃至燕廷观王之群臣下吏大王天下之明主也王曰子之所谓天下之明主者何如者也对曰臣闻之明主者务闻其过不欲闻其善臣请谒王之过夫齐赵者王之仇雠也楚魏者王之援国今王奉仇雠以伐援国非所以利燕也王自虑此则计过无以谏者非忠臣也王曰寡人之于齐赵也非所敢欲伐也曰夫无谋人之心而令人疑之殆而令人知之拙谋未发而闻于外则危今臣闻王居处不安食饮不甘思念报齐身自削甲扎曰有大数矣妻自组甲絣曰有大数矣有之乎王曰子闻之寡人不敢隐也

(《战国策·燕策》)

二、中古音

(一)《切韵》等韵书的产生

1. 《切韵》之前的韵书

韵书是将同韵字编排在一起供写作韵文者查检的字典。韵书起源于魏晋。在此之前,小学类的书籍只有字书和辞书。字书如《说文解字》、《仓颉篇》、《急就篇》等,辞书如《尔雅》、《方言》、《释名》等。魏晋时期,反切注音法已被普遍应用,为韵书的产生创造了必要的条件。

据《隋书·经籍志》记载,我国最早的韵书是魏李登的《声类》,该书分10卷,按宫、商、角、徵、羽五音分类,共收11520字。西晋吕静仿《声类》体例,作《韵集》5卷。两书均早佚。南朝齐梁时沈约等人发现四声后,韵书的编撰呈云涌之势,陆续出现了《周研声韵》41卷、无名氏《韵集》10卷、张谅《四声韵林》28卷、段宏《韵集》8卷、阳休之《韵略》1卷、李概《音谱》4卷、夏侯咏《四声韵略》13卷等。但这些韵书也均已亡佚。

2. 《切韵》

现在我们所能见到的最早的韵书是隋陆法言的《切韵》。《切韵》书成于隋仁寿元年（公元601年），其编写体例、审韵原则由当时著名的音韵学家颜之推、萧该等八人所定，陆法言为执笔人。依陆法言《序》所言，其编写目的一是为研究音韵者提供一本正音字典，二是为诗人提供一本检韵的韵书。由于《切韵》撰者名高、审音精确、权威性强、适应面大，所以该书一出，其他韵书旋即湮没无闻。到唐代后，《切韵》更被作为科举考试的标准韵书，其地位得到进一步确认。

《切韵》原本早已亡佚，现在所能见到的是清末以后才陆续从敦煌莫高窟、新疆吐鲁番、故宫等地发现的残卷。全书共5卷，收字12150个。平声字多，分为上平声一卷和下平声一卷，上声、去声、入声各一卷。以四声为纲编排，共计193韵。在每一韵内，把同音字排在一起，为一小韵。每小韵的第一字下注明反切和本小韵所辖字数。

3. 《切韵》的增修

由于《切韵》在唐代备受重视，为之增字作注者很多。其中影响最大的是王仁昫的《刊谬补缺切韵》。此书成于唐中宗神龙二年（公元706年），书名下注文"刊谬者谓刊正谬误，补缺者谓加字及训"写明了该书的写作宗旨。全书收字17600个，训释详于《切韵》，编排一仍旧例，只是比《切韵》增加了"广"、"严"二韵。

继王书之后，唐开元二十年（公元732年），又有孙愐增修《切韵》，书成，改名《唐韵》，为时人所重。全书共收15000多字。由序言可知，其增修内容如下：增字3500个；把从唐初至开元二十年的建置载于注中；特别指出字体偏旁相近者等。此书也已失传，近年发现有两种传写本残卷。

（二）《广韵》的声母和韵部

1. 《广韵》的产生

宋景德四年（公元1007年），陈彭年、邱雍等人奉真宗之敕，组织人力对《切韵》进行第一次修订。同年书成，仍名《切韵》；次年，进行第二次修订，书成，改名《大宋重修广韵》，简称《广韵》。这是现在我们所能见到的我国最早最完整的一部韵书。

《广韵》继承了《切韵》、《唐韵》的成果，是《切韵》系韵书的集大成者。它反映了唐宋之际我国语音系统的实际，是研究中古音的重要材料之一。1982年6月，北京市中国书店据张氏泽存堂本出版了影印本；1983年上海古籍出版社据宋代闽中建宁府黄三八郎书铺刻本，也出版了一个影印本。但最好的本子应是周祖谟先生以张氏泽存堂为底本、用其他各种本子精校而成的《广韵校本》（1960年中华书局出版）。

2. 《广韵》的体例

《广韵》编写体例依照《切韵》，也是以声统韵，四声相承。全书共收26194字，分属206韵。其中平声57韵，由于所属字多，分置于两卷；上声55韵、去声60韵、入声34韵，各为一卷，共五卷。

每卷之中所列各韵用一个代表字作为名称，叫作"韵目"。韵的排列顺序用序数加上韵目的名称来表示。如"一东"、"二冬"、"三钟"、"四江"等。

一韵之中所含各字按声母的不同分别排列。同声母（当然也同韵）的排在一起，为一个小韵（也叫"纽"）；每小韵的第一个字先释义，再用反切注音，后标出小韵所辖字数；小韵中的其他字则只简单释义。小韵与小韵之间用"○"隔开。

如卷一"一东"："一东，春方也。《说文》曰：'动也。从日在木中。'亦东风菜……《曹瞒传》有'南阳太守东里昆'，《何氏姓苑》有东莱氏。德红切，十七。""东"即是一个韵目，同时也代表"东"这个小韵。其后"春方也"——"有东莱氏"为释义，"德红切"为反切注音，"十七"指这个小韵的字数。此后"菄䱍蝀涷倲"等十六个字为"东"这个小韵的属字。最后一个属字后用一个"○"与下一个小韵"同"隔开。

3.《广韵》的声母系统

由上文可知，《广韵》是按韵编排的，所以它的声母系统没有直接表现出来。清人陈澧首先发现，根据反切上字与被切字同声母、反切下字与被切字同韵同声调的原理，通过对反切上、下字的系联，可以分析出一部韵书的声类和韵类，进而就可以考察出一部韵书的声母和韵部系统。他在《切韵考·条例》中阐述了系联的具体方法和原则：凡反切上字同用、互用、递用者，必属同一声类。

同用例：冬，都宗切；当，都郎切。冬、当同用"都"作反切上字，则冬与当必同类。

互用例：当，都郎切；都，当孤切。当、都互用作反切上字，则当、都必同类。

递用例：冬，都宗切；都，当孤切。冬用"都"作反切上字，都用"当"作反切上字，则冬、都、当必同类。

陈澧的时代，《切韵》早佚。他所说《切韵》实为《广韵》。根据上述条例及他所确定的补充条例，陈澧从《广韵》452个反切上字中系联出了40个声类。由于他在使用补充条例时有主观成分，所以他系联出的这40个声类不完全符合《广韵》的实际，后来的学者在他研究的基础上又有修订。黄侃、钱玄同分为42个声类，高本汉、白涤洲分为47个声类，曾运乾、陆志韦、周祖谟分为51个声类。每类的类名都选取各类中使用频率最高者，括号中先列与该类对应的字母，次列可与之相拼的反切下字的等属，这51声类如下：

一、博类（帮一二四）：边布补伯百北博巴 8
二、方类（帮三）：方甫府必彼卑兵陂并分笔畀鄙封 14
三、普类（滂一二三四）：普匹滂譬 4
四、芳类（滂三）：芳敷抚孚披丕妃峰拂 9
五、蒲类（并一二四）：蒲薄傍步部白裴 7
六、符类（并三）：符扶房皮毗防平婢便附缚浮冯父弼苻 16
七、莫类（明一二四）：莫模谟慕母摸 6
八、武类（明三）：武亡弥无文眉靡明美绵巫望 12
九、都类（端一四）：多德得丁都当冬 7
一〇、他类（透一四）：他托土吐通天台汤 8
一一、徒类（定一四）：徒同特度杜唐堂田陀地 10
一二、奴类（泥一二三四）：奴乃诺那内你 6
一三、陟类（知二三）：张知猪徵中追陟卓竹 9
一四、丑类（彻二三）：抽痴楮褚丑耻敕 7
一五、直类（澄二三）：除场池治持迟伫柱丈直宅 11

一六、女类(娘二三)：尼拏女 3
一七、作类(精一四)：作则祖臧 4
一八、子类(精三)：将子资即借兹醉姊遵 9
一九、仓类(清一四)：仓千采苍麤麁青醋 8
二〇、七类(清三)：亲迁取七此雌 6
二一、昨类(从一四)：才徂在前藏昨酢 7
二二、疾类(从三)：疾慈秦自匠渐情 7
二三、苏类(心一四)：苏素速桑先 5
二四、息类(心三)：相悉思司斯私虽须胥写息辛 12
二五、徐类(邪三)：徐祥详辞似旬寺夕随 9
二六、侧类(庄二三)：庄争阻邹簪侧仄 7
二七、初类(初二三)：初楚创测叉厕刍 7
二八、士类(崇二三)：锄鉏床豺查雏助崇士仁俟 11
二九、所类(生二三)：山疏疎沙砂生色数所史 10
三〇、之类(章三)：之止章征诸煮支职正旨占脂 12
三一、昌类(昌三)：昌尺赤充处叱春 7
三二、食类(船三)：神乘食实 4
三三、式类(书三)：书舒伤商施失矢试式识赏诗释始 14
三四、时类(禅三)：时殊常尝蜀市植殖寔署臣承是氏视成 16
三五、古类(见一二四)：古公过各格兼姑佳诡 9
三六、居类(见三)：居九俱举规吉纪几 8
三七、苦类(溪一二四)：康枯牵空谦口楷客恪苦 10
三八、去类(溪三)：去丘墟区起羌绮岂驱钦倾窥祛诘曲 15
三九、渠类(群三)：渠强求巨具白衢其奇暨 10
四〇、五类(疑一二四)：五俄吾研 4
四一、鱼类(疑三)：鱼疑牛语宜拟危玉遇虞愚 11
四二、乌类(影一二四)：乌伊一安烟鷖爱挹哀握 10
四三、於类(影一二三四)：於央忆依衣忧乙谒纡 9
四四、呼类(晓一二四)：呼火荒虎海呵馨花 8
四五、许类(晓三)：香朽羲休况许兴喜虚 9
四六、胡类(匣一二四)：胡乎侯户下黄何 7
四七、于类(云三)：于羽雨云王韦永有远荣为洧筠 13
四八、以类(以三)：余馀予夷以羊弋翼与营移悦 12
四九、卢类(来一二四)：卢郎落鲁来洛勒赖练 9
五〇、力类(来三)：力良吕里林离连缕 8
五一、而类(日三)：如汝儒人而仍儿耳 8

上文说过，声类与声母是不同的概念。声类是对反切上字的归类，声类与声母并不全是一一相对应的，有的声母的反切上字可以分为两个声类。根据上述51声类，我们可以把《广韵》的声母归纳为 37 个。如下：

《广韵》声母、51 声类与三十六字母对照表

《广韵》声母	51 声类	三十六字母	《广韵》声母	51 声类	三十六字母
帮	博类 方类	帮 非	心	苏类 息类	心
滂	普类 芳类	滂 敷	邪	徐类	邪
			庄（照二）	侧类	照
並	蒲类 符类	並 奉	初（穿二）	初类	穿
			崇（床二）	士类	床
明	莫类 武类	明 微	生（审二）	所类	审
			章（照三）	之类	照
端	都类	端	昌（穿三）	昌类	穿
透	他类	透	船（床三）	食类	床
定	徒类	定	书（审三）	式类	审
泥	奴类	泥	禅	时类	禅
娘	女类	娘	日	而类	日
来	卢力	来	见	古居	见
知	陟类	知	溪	苦去	溪
彻	丑类	彻	群	渠类	群
澄	直类	澄	疑	五鱼	疑
精	作子	精	影	乌於	影
清	仓类 七类	清 清	晓	呼许	晓
			匣	胡类	匣
从	昨类 疾类	从 从	云（喻三）	于类	喻
			以（喻四）	以类	喻

从上表可以看出，《广韵》声母与三十六字母相比，其不同有三：

一、《广韵》中没有轻唇音"非敷奉微"，这是因为轻唇音还没有从重唇音中分化出来。上表中我们虽然看到"帮滂並明"各包括两个声类，但这两个声类并不是轻重唇的分别，而是由于反切下字的不同要求才使得反切上字也分为了两个声类。其中的"方芳符武"这四个声类在表中虽分别对应三十六字母中的"非敷奉微"，但它们实际上并不是完全对应的。也就是说"方芳符武"四个声类的字并不是在三十六字母中全部都读轻唇。读轻唇的只是

"方芳符武"中的合口三等字,而开口三等字则在三十六字母中仍读重唇。

二、《广韵》中正齿音分为两组。与二等韵相拼的为"庄初崇生",与三等韵相拼的为"章昌船书禅"。它们在三十六字母中则同属于"照穿床审禅"。

三、三十六字母中的喻母在《广韵》中一分为二,与三等韵相拼的为"云"母,与四等韵相拼的为"以母"。①

4.《广韵》的韵母系统

研究《广韵》的韵母系统,一般也是从《广韵》的反切入手,先系联出《广韵》的韵类,再进而归纳出其韵母系统。陈澧在《切韵考》中确定的系联韵类的原则是:凡是反切下字同用、互用、递用者,必属同一韵类。

同用例:东,德红切;公,古红切。东、公同用红为反切下字,则东、公必同类。

互用例:公,古红切;红,户公切。红、公互为其反切下字,则公、红必同类。

递用例:东,德红切;红,户公切。红为东的反切下字,公为红的反切下字,则东、红、公必同类。

根据以上原则及确定的补充条例,陈澧对《广韵》1190个反切下字进行系联后得出311个韵类。此后,许多人都对《广韵》的韵类进行了研究,但由于对《广韵》中唇音字的开合、重纽、分类方法、误切、异切等问题的认识不同,各人的归类结果也不尽相同:高本汉290类,黄侃335类,周祖谟324类,李荣334类。王力在《汉语音韵学》中采用高本汉的分类,把《广韵》的韵类确定为290个。这290个韵类是分平上去入四声的,如不分声调,则只有90类。其中多类平上去入四声齐备,少数有缺。类目如下(括号中为所缺者):

1. 红类	2. 弓类(上)	3. 冬类(上)
4. 容类	5. 江类	6. 支类(入)
7. 为类(入)	8. 夷类(入)	9. 追类(入)
10. 之类(入)	11. 希类(入)	12. 非类(入)
13. 鱼类(入)	14. 俱类(入)	15. 胡类(入)
16. 奚类(入)	17. 携类(上入)	18. 例类(平上入)
19. 芮类(平上入)	20. 盖类(平上入)	21. 外类(平上入)
22. 佳类(入)	23. 娲类(入)	24. 皆类(入)
25. 怀类(上入)	26. 犗类(平上入)	27. 夬类(平上入)
28. 回类(入)	29. 来类(入)	30. 废类(平上入)
31. 邻类	32. 瑟类(去)	33. 沦类
34. 臻类(上去)	35. 云类	36. 斤类
37. 言类	38. 袁类	39. 昆类
40. 痕类(入)	41. 干类	42. 官类
43. 奸类	44. 还类	45. 闲类
46. 顽类	47. 前类	48. 玄类
49. 连类	50. 缘类	51. 聊类(入)

---

① 王力的《汉语音韵》里喻三归匣,喻四为"余",仍为三十六个声母。

52. 遥类(入)	53. 交类(入)	54. 刀类(入)
55. 何类(入)	56. 禾类(入)	57. 靴类(上去入)
58. 加类(入)	59. 遮类(入)	60. 瓜类(入)
61. 良类	62. 方类	63. 郎类
64. 光类	65. 庚类	66. 京类
67. 横类	68. 兵类	69. 耕类
70. 萌类(上)	71. 盈类	72. 营类(去)
73. 经类	74. 扃类(去)	75. 陵类
76. 域类(平上去)	77. 登类	78. 肱类(上去)
79. 鸠类(入)	80. 侯类(入)	81. 幽类(入)
82. 林类	83. 含类	84. 甘类
85. 廉类	86. 兼类	87. 咸类
88. 衔类	89. 严类	90. 凡类

就像声类不同于声母一样,韵类也不等同于韵母。因为韵类需要区别声调,而韵母则不需要区别声调。所以《广韵》有 290 个韵类,并不意味着《广韵》就有 290 个韵母。但是我们根据这 290 个韵类,却可以按照"凡韵头、主要元音、韵尾相同的韵类,依平、上、去相承归为一类、入声单算一类"的原则,归纳出《广韵》的韵母。当然,由于人们所概括的韵类不同,相应地所归纳的《广韵》韵母也不完全相同。依王力《汉语史稿》,《广韵》的韵母应为 142 个,其中阴声韵 40 个,阳声韵 51 个,入声韵 51 个。

5.《广韵》的韵部

根据《广韵》的 142 个韵母,把主要元音和韵尾相同的合在一起,再按声调的不同分为四声,可以得到《广韵》206 个韵部。其中平声 57 韵(上平声 28 韵,下平声 29 韵),上声 55 韵,去声 60 韵,入声 34 韵。

《广韵》平上去入四声相承,本来应该四声韵部数目相同;之所以不同,主要因为四声并不是每韵俱全。《广韵》与入声韵相配的只有阳声韵,阴声韵不与入声韵相配。如去声中的"祭、泰、夬、废"四韵就没有平声、上声与之相承。其次还有一个原因,即有些韵部的字数太少,不宜单独立为一个韵部,只好寄附于相邻的韵部中。如与平声冬韵相承的上声韵只有三个字,于是就寄之于"肿"韵;与平声臻韵相承的上声韵也只有三个字,于是就寄之于"隐"韵。这就是上声韵比平声韵少 2 韵的原因。去声比平声多出了"祭、泰、夬、废"4 韵,按说总数应是 61 个韵,但由于与平声臻韵相配的去声韵只有一个字,被寄之于"焮"韵,所以去声实有 60 个韵。《广韵》206 韵的韵目如下:

平声	上声	去声	入声	平声	上声	去声	入声
上平声				下平声			
1. 东	1. 董	1. 送	1. 屋	1. 先	27. 铣	32. 霰	16. 屑
2. 冬		2. 宋	2. 沃	2. 仙	28. 狝	33. 线	17. 薛
3. 钟	2. 肿	3. 用	3. 烛	3. 萧	29. 篠	34. 啸	
4. 江	3. 讲	4. 绛	4. 觉	4. 宵	30. 小	35. 笑	
5. 支	4. 纸	5. 寘		5. 肴	31. 巧	36. 效	

6.脂	5.旨	6.至		6.豪	32.皓	37.号	
7.之	6.止	7.志		7.歌	33.哿	38.箇	
8.微	7.尾	8.未		8.戈	34.果	39.过	
9.鱼	8.语	9.御		9.麻	35.马	40.祃	
10.虞	9.麌	10.遇		10.阳	36.养	41.漾	18.药
11.模	10.姥	11.暮		11.唐	37.荡	42.宕	19.铎
12.齐	11.荠	12.霁		12.庚	38.梗	43.映	20.陌
		13.祭		13.耕	39.耿	44.诤	21.麦
		14.泰		14.清	40.静	45.劲	22.昔
13.佳	12.蟹	15.卦		15.青	41.迥	46.径	23.锡
14.皆	13.骇	16.怪		16.蒸	42.拯	47.证	24.职
		17.夬		17.登	43.等	48.嶝	25.德
15.灰	14.贿	18.队		18.尤	44.有	49.宥	
16.咍	15.海	19.代		19.侯	45.厚	50.候	
		20.废		20.幽	46.黝	51.幼	
17.真	16.轸	21.震	5.质	21.侵	47.寝	52.沁	26.缉
18.谆	17.准	22.稕	6.术	22.覃	48.感	53.勘	27.合
19.臻			7.栉	23.谈	49.敢	54.阚	28.盍
20.文	18.吻	23.问	8.物	24.盐	50.琰	55.艳	29.叶
21.欣	19.隐	24.焮	9.迄	25.添	51.忝	56.㮇	30.帖
22.元	20.阮	25.愿	10.月	26.咸	52.豏	57.陷	31.洽
23.魂	21.混	26.慁	11.没	27.衔	53.槛	58.鑑	32.狎
24.痕	22.很	27.恨		28.严	54.俨	59.酽	33.业
25.寒	23.旱	28.翰	12.曷	29.凡	55.范	60.梵	34.乏
26.桓	24.缓	29.换	13.末				
27.删	25.潸	30.谏	14.黠				
28.山	26.产	31.裥	15.鎋				

(三)《广韵》之后的韵书

1.《韵略》

宋景德四年(1007年),在陈彭年等奉敕修订《切韵》的同时,戚纶奉诏删减《切韵》(第二年即更名为《广韵》),以应一般人作文、考试之需。当年书成,名曰《韵略》,又名《景德韵略》,同用独用例与《广韵》同,是《广韵》的缩编本。原书已佚,后人所见乃其增补本和注本。

2.《集韵》

《广韵》颁行31年后,刑部郎中丁度等人奉诏以"务从该广"为主旨对《广韵》进行增修。书成,于1039年刊行,皇帝亲自赐名为《集韵》,也分206个韵部,共10卷(上平声、下平声、上声、去声、入声各两卷），收 53525 字，比《广韵》多收了 27321 字。所多者主要为各种古体、异体、俗体。所以《集韵》不仅对音韵学，而且对文字学、训诂学的研究都有很高的参考价值。

3.《礼部韵略》

宋景佑四年（1037 年），刑部郎中丁度奉诏修订《韵略》，同年书成，由礼部颁行，故称《礼部韵略》。全书 5 卷，分部依《广韵》，分为 206 韵，收常用字 9590 个，注释简略，便于科考，为当时考官、学子共守的范本。

《礼部韵略》颁行之后，丁度自己对其进行了修订，其修订本名《附释文互注礼部韵略》。该书于每一字下先列"官注"，后附互注。所附释文主要是对官注的补充说明。

1162 年，毛晃、毛居正父子因《礼部韵略》收字范围太小，而广搜典籍，依韵对《礼部韵略》进行了增修。共增 2655 字，订正 485 字。该书名为《增修互注礼部韵略》，简称《增韵》，是《礼部韵略》修订本中比较重要的一种。

4.《壬子新刊礼部韵略》

作者刘渊，江北平水（今山西临汾）人。书成于南宋淳祐壬子年（1252 年），是毛晃、毛居正父子《增修互注礼部韵略》的修订本。该书以一种改新的精神，将《广韵》、《礼部韵略》等书注明同用的邻近的韵直接合并，变 206 韵为 107 韵。此书虽已亡佚，但从元代熊忠《古今韵会举要》中可知其共分上平声 15 韵，下平声 15 韵，上声 30 韵，去声 30 韵，入声 17 韵。此即后人常说的"平水韵"①。平水韵的具体韵目见第八单元"诗律"部分。

5.《中原音韵》

作者周德清，字挺斋，高安（今江西高安）人。书成于元泰定元年（1324 年）。此书对历代韵书的撰写体制进行了改革，不受《广韵》一系韵书的束缚，以元代北方官话的实际语音为依据分韵，直接为当时的词曲制作服务。全书收字 5866 个，分十九韵，每韵各用两个字作韵目：

一东钟	二江阳	三支思	四齐微
五鱼模	六皆来	七真文	八寒山
九桓欢	十先天	十一萧豪	十二歌戈
十三家麻	十四车遮	十五庚青	十六尤侯
十七侵寻	十八监咸	十九廉纤	

分部不论声调。一部之中包括平、上、去声的字，其中平声分为阴、阳两类，入声字分别附于平、上、去声字之后，称作"入派三声"。

思考与练习（二十六）

一、《广韵》代表的是什么时期的语音系统？其价值是什么？

二、《广韵》的韵部为何大大多于先秦古韵？

三、《广韵》的声母是怎样研究出来的？

四、《广韵》的声母与中古三十六字母有何不同？

---

① 最近也有人认为"平水韵"实指王文郁的《平水韵略》，详见第八单元。

五、填空。

1. 韵书是按_____编排的。
2. 《广韵》共有_____部，按_____分卷，共有_____卷，因为_____。
3. 最早研究《广韵》声母系统的是清人_____，其著作是_____，他从《广韵》中系联出_____个声类，王力在《汉语史稿》中又把《广韵》的声母修订为_____个。
4. 古平声到现代分为_____类，其中清声母变为_____，浊声母变为_____。
5. 古全浊上声现代变为_____声，古次浊声母的入声现代大多变为声，全浊入声多数变为_____声。

六、标点并翻译下面一段短文。

晋毕阳之孙豫让始事范中行氏而不说去而就知伯知伯宠之及三晋分知氏赵襄子最怨知伯而将其头以为饮器豫让乃变姓名为刑人入宫涂厕欲以刺襄子襄子如厕心动执问涂者则豫让也左右欲杀之赵襄子曰彼义士也吾谨避之耳居顷之襄子当出豫让伏所当过桥下襄子至桥而马惊襄子曰此必豫让也使人问之果豫让于是赵襄子面数豫让曰子不尝事范中行氏乎知伯灭范中行氏而子不为报仇反委质事知伯知伯已死子独何为报雠之深也豫让曰臣事范中行氏范中行氏以众人遇臣臣故众人报之知伯以国士遇臣臣故国士报之襄子乃喟然叹泣曰嗟乎豫子豫子之为知伯名既成矣寡人舍子亦以足矣子自为计寡人不舍子使兵环之豫让曰臣闻明主不掩人之义忠臣不爱死以成名君前已宽舍臣天下莫不称君之贤今日之事臣故伏诛然愿请君之衣而击之虽死不恨非所望也敢布腹心于是襄子义之乃使使者持衣与豫让豫让拔剑三跃呼天击之曰而可以报知伯矣遂伏剑而死死之日赵国之士闻之皆为涕泣

（《战国策·赵策》）

三、上古音

（一）上古音的声母

1. 研究上古声母的材料和方法

对上古声母的研究是从清代开始的。所用的材料主要有：

谐声字：由同一个字作声符组成的形声字，在上古它们的声母应该是相同的。如果到了中古乃至以后变得不同了，就说明了声母的变化。如：

甫：捕补逋薄 b　　蒲匍圃浦 p　　甫缚辅傅脯 f
童：僮瞳 t　　　　 幢撞鐘 zh　　　 憧 ch

第一组都是由主谐字"甫"作声符构成的谐声字，第二组都是由主谐字"童"作声符构成的谐声字。现在它们的声母不同，但在上古应该相同。

异文：上古文献中同一个词的不同书写形式，其声母也应该是相同的，如果后来不同，也能说明声母有了变化。如：

伏羲又作庖羲，则"伏"与"庖"本来声母应该一样；
封域又作邦域，则"封"与"邦"本来声母也应相同；
匍匐又作扶服，则"匍"与"扶"、"匐"与"服"上古声母应该相同。

注音：上古的注音材料中，用来注音的字与被注字应该音同。后来如果不同，也能说明声母的变化。如：

《左传·成公二年》："曲县繁缨以朝。"《经典释文》："繁,步干反。"被切字"繁"与反切上字应该同声,中古开始不同,说明上古声母与中古声母有变化。

《尚书·大传》："播国率相行事。"郑玄注："播读为藩。"被注字"播"应与用来注音的字"藩"同音,中古以后才变得不同。

声训:在声训材料中,被释词与释词的字音在上古也应该相同或相近。如果后来不同,也能说明声母的变化。如：

《释名》："房,傍也,室之两旁也。"被释词"房"与解释词"傍"今音声母不同,但在上古,二者应是相同的。

又："邦,封也。有功于是,故封之也。"被释词"邦"与解释词"封"上古声母也应相同。

《说文解字》："冲,动也。""冲"与"动"今音声母不同,上古也应相同。

重文:重文也即异体,反映一个字的不同写法。既是一个字的不同写法,当然字音应是完全相同的。如果今天不同,就能从中看出其变化。如：

《论语·雍也》："文质彬彬,然后君子。"《说文解字》："彬,古文份。""彬"与"份"为异体,二字声母在上古应是相同的。

研究上古音声母的方法是:在中古三十六字母的基础上,通过上述各种材料所反映的事实,证明中古的哪些声母在上古存在,哪些声母在上古不存在,不存在的声母又该归入何处等等,最后就可以得出上古的声母系统。

2. 上古声母的研究成果

古无轻唇:即上古的声母中不存在三十六字母中的"非敷奉微"这组轻唇音,这组音在上古都读作"帮滂并明"。得出这一结论的是清人钱大昕。证据如下：

《论语·季氏》："且在邦域之中矣。"《释文》："邦或作封。"邦,帮母;封,非母。

《释名》："法,逼也。"法,非母;逼,帮母。

《仪礼·管人》："布幕于寝门之外。"注："今文布作敷。"布,帮母;敷,敷母。

《庄子·山木》："虽羿蓬蒙不能眄睨。"蓬蒙,《孟子》作逢蒙。蓬,并母;逢,奉母。

《水经注·汉水》："文水即门水也。"文,微母;门,明母。

《礼记·曾子立事》："君子终身守此勿勿。"注："勿勿犹勉勉。"勿,微母;勉,明母。

非—悲:非,非母;悲,帮母;

分—扮:分,非母;扮,帮母;

孚—脬:孚,敷母;脬,滂母;

冯—凭:冯,奉母;凭,并母;

文—闵:文,微母;闵,明母。

古无舌上:即上古的声母中不存在三十六字母中的"知彻澄娘"这组舌上音,这组音在上古都读作"端透定泥"。得出这一结论的也是清人钱大昕。证据如下：

枚乘《七发》："踰岸出追。"李善注："追,古堆字。"追,知母;堆,端母。

《后汉书·杜笃传》："摧天督。"注："即天竺国。"督,端母;竺,知母。

《说文解字》："田,陈也。"田,定母;陈,澄母。

《说文解字》："冲,读若动。"冲,澄母;动,定母。

带—滞：带，端母；滞，澄母；
奠—鄭：奠，端母；鄭，澄母。

娘日归泥：即上古的声母中不存在三十六字母中的"娘、日"这两个声母，这两个声母在上古都读作"泥"母。得出这一结论的是章太炎。证据如下：

仲尼，《三苍》作仲屔。尼，娘母；屔，泥母。
《白虎通·德论》："男，任也。"男，泥母；任，日母。
《释名》："南之为言任也。"南，泥母；任，日母。
奴—呶：奴，泥母；呶，娘母；
而—耐：而，日母；耐，泥母；
若—诺：若，日母；诺，泥母；
仁—佞：仁，日母；佞，泥母。

喻三归匣：即中古三十六字母中的"喻母三等字"在上古归入匣母。这一结论是音韵学家曾运乾在他的《喻母古读考》一文中提出的。证据如下：

《春秋·襄公二十七年》"陈孔奂"，《公羊传》作"陈孔瑗"。奂，匣母；瑗，喻三。
《春秋》"楚公子围"，《史记·楚世家》作"公子回"。围，喻三；回，匣母。
《释名》："淮，围也，围绕扬州北界，东至海也。"淮，匣母；围，喻三。
雩—鄠：雩，喻三；鄠，匣母；
云—魂：云，喻三；魂，匣母。

喻四隶定：即中古三十六字母中的"喻母四等字"在上古归入定母。这一结论也是曾运乾在《喻母古读考》一文中提出的。证据如下：

《周易·涣卦》："匪夷所思。"《释文》："夷，荀本作弟。"夷，喻四；弟，定母。
《管子·戒》"易牙"，《礼记·保傅》作"狄牙"。易，喻四；狄，定母。
《史记·周本纪》"赧王延"，《索引》作"赧王诞"。延，喻四；诞，定母。
舀—稻：舀，喻四；稻，定母；
也—地：也，喻四；地，定母。

照二归精：即中古三十六字母中的照系二等字在上古应归入齿头音精系。这是黄侃先生的观点。如：

斩—渐：斩，照二；渐，精母；
宗—崇：宗，精母；崇，床二；
乌—趋：乌，穿二；趋，清母；
仓—创：仓，清母；创，穿二；
斩—惭：斩，照二；惭，从母；
秦—臻：秦，从母；臻，照二；
山—仙：山，审二；仙，心母；
辛—莘：辛，心母；莘，审二。

照三为舌：即中古三十六字母中的照系三等字在上古接近舌音。这种情况清人钱大昕就已发现，他认为"古人多舌音"。王力先生则明确地把正齿音照系三等字归入舌音中，并另名之为"章昌船书禅"。例证如下：

《诗经》"何以舟之",毛传:"舟,带也。"舟,照三;带,端母。

《礼记》"行并植于晋国",注:"植或为特。"植,照三;特,端母。

周—雕:周,照三;雕,端母;

至—螯:至,照三;螯,定母;

者—都:者,照三;都,端母;

寿—祷:寿,禅母;祷,端母。

3. 上古的声母

在吸取前人研究成果的基础上,全面提出上古声母系统的有三家:章太炎 21 组(见《国故论衡》),黄侃 19 组。王力先生则在肯定"古无轻唇"、"古无舌上"、"喻三归匣"的观点,并参考"照二归精"、"照三为舌"见解的基础上,利用等韵学和音位学的原理,把上古声母归纳为 32 个:

唇音:帮滂並明

舌头:端透定泥余　　　舌面:章昌船书禅

齿头:精清从心邪　　　正齿:庄初崇生

牙音:见溪群疑　　　　喉音:影晓匣

半舌:来　　　　　　　半齿:日

从表中可以看出,对于前人研究上古声母的成果,王力先生既有所取,也有所正。

"古无轻唇"是王力先生所赞成的。这不仅是因为钱氏所举例证足以服人,而且从音理上来看,重唇音"帮滂並明"能与所有的一、二、四等韵和开口三等韵相拼,轻唇音"非敷奉微"只能与合口三等韵相拼,二者是互补关系,存在分化的条件。

"古无舌上"也为王力先生所吸纳。因为从音理上看,"端透定泥"能与一、四等韵相拼,"知彻澄娘"能与二、三等韵相拼,二者也是互补关系,所以到了中古才可以分化。

"喻三归匣"的结论也被王力先生采纳了。"匣"母能和一、二、四等韵相拼,"喻三"只能与三等韵相拼,二者也是互补关系,所以才可以分化。

"喻四隶定"之所以没被采纳,是因为王力先生认为喻四与定母都可以与四等韵相拼,没有分化的条件,所以不把它归入定母,而是在舌头音中另立"余"母。

"娘日归泥"也没被采纳。娘母自不必说,日母之所以不能归入泥母,是因为它们都可以与三等韵相拼,找不到分化的条件。

"照二归精"说王力先生同样没有采纳。在王先生看来,庄组能与二、三等韵相拼,精组也可以与三等韵相拼,它们也不存在分化的条件。所以王力先生把照系一分为二:照二仍为齿音,另名之为"庄初崇生"以示区别;照三为舌,另名之为"章昌船书禅"以示区别。

4. 上古声母之间的关系

上文我们说过,无论是通假字还是同源词,它们都必须是音同或音近的关系。就声母来说,究竟何者为同,何者为近?王力先生在《同源字典》中有详细的说明。他先把上古 32 个声母列为下表:

喉音		影						
牙音		见	溪	群	疑		晓	匣
舌音	舌头	端	透	定	泥	来		
	舌面	章	昌	船	日	余	书	禅
齿音	正齿	庄	初	崇			山	
	齿头	精	清	从			心	邪
唇音		帮	滂	並	明			

然后他说：

同纽者为双声：

刚:坚（见母双声）　　如:若（日母双声）

时:是（禅母双声）　　矢:屎（书母双声）

同类同直行，或舌齿同直行者为准双声：

著:彰（端章准双声）　　乃:而（泥日准双声）

至:臻（章庄准双声）　　铄:销（书心准双声）

同类同横行者为旁纽：

走:趋（精清旁纽）　　背:负（帮並旁纽）

国:域（见匣旁纽）　　劲:强（见群旁纽）

同类不同横行者为准旁纽：

它:蛇（透船准旁纽）　　跳:跃（定余准旁纽）

喉与牙、舌与齿为邻纽：

影:景（影见邻纽）　　顺:驯（船邪邻纽）

以上各种关系中，"双声"是声母相同，其他都是声母相近。就相近的程度而言，旁纽最近，其次准双声，再次准旁纽、邻纽。同源词之间的声纽关系是：双声最多，其次旁纽，其余各种类型都比较少见。通假字与本字、谐声字与其声旁之间也都是这样的关系。

（二）上古音的韵部

1. 研究上古韵部的材料和方法

先秦两汉时期还没有韵书出现，反切注音法也出现在汉末，所以研究上古音韵部的材料主要是以《诗经》、《楚辞》为代表的先秦韵文，另外再辅之以《说文解字》的谐声系统、异文、声训等。

对于先秦的韵文，人们主要采用绳引系联法来归纳韵部。在弄清《诗经》韵例之后，先把各首诗中的韵脚字找出来，再对所有押韵的字进行系联。如：

小宛:兢、冰（二字押韵）

无羊:蒸、雄、兢、崩、肱、升（由"兢"系联蒸、雄等）

正月:蒸、梦、胜、憎（由"蒸"系联梦、胜等）

元鸟:胜、乘、承（由"胜"系联乘、承）

天保：恒、升、崩、承（由"承"系联恒、升等）
抑：绳、承（由"承"系联绳）
閟宫：乘、滕、弓、增、膺、惩、承（由"承"系联弓、增等）
小戎：膺、弓、滕、兴、音（由"弓"等系联兴、音等）
采绿：弓、绳（二字已被系联）
螽斯：薨、绳（由"绳"系联薨）
天保：兴、陵、增（由"兴"、"增"系联陵）
正月：陵、惩、梦、雄（各字皆已系联）
閟宫：崩、腾、朋、陵（由"陵"系联崩、腾等）
绵：薨、登、冯、兴、胜（由"薨"等系联登、冯等）

系联上的这些字都应属于同一个韵部，从这些字中找出"蒸"作为这个韵部的代表字，这就是上古的一个韵部。

谐声系统对于上古韵部研究的重要作用，清人已经认识得很清楚。段玉裁在他的《六书音均表》中就断言"同谐声者必同部也"。意即以同一个主谐字构成的谐声系统中的字在上古都应属于同一个韵部。例如：

主属侯部，则驻、柱、注、住、炷、蛀都属侯部；
甫属鱼部，则補、捕、哺、脯、辅、蒲、匍、葡、圃都属鱼部；
蜀属屋部，则燭、躅、蠋、觸、属、嘱、瞩、矚都属屋部；
乍属铎部，则作、昨、祚、胙、柞、酢都属铎部。

我们把《诗经》中所有的韵脚字都系联一遍，《诗经》中没做过韵脚字的再用先秦其他韵文来系联，然后再证以谐声系统，上古的韵部系统就可以比较准确地归纳出来了。

2. 上古韵部研究的成就

对上古韵部的研究是从南宋开始的。吴棫在《韵补》一书中首次将古韵分为九部，其后的郑庠则在《诗古音辨》中分古韵为六部。但他们的分部只是在中古韵部基础上的简单合并，科学性不强。明代语言学家陈第明确指出"时有古今，地有南北，字有更改，音有转移"后，特别是到了清代，古音学的研究开始进入鼎盛时期。先是顾炎武（1613～1682年）用了三十年时间，写成了《音学五书》，在证明古音不同于今音的同时，离析《唐韵》，直言古音，考订出上古的十个韵部：

一东（东冬钟江）
二脂（脂之微齐佳皆灰咍、支半①、尤半，去声祭泰夬废，入声质术栉物迄月没曷末黠鎋屑薛职德、屋半、麦半、昔半）
三鱼（鱼虞模侯、麻半，入声烛陌、屋半、沃半、觉半、药半、铎半、麦半、昔半）
四真（真谆臻文殷元魂痕寒桓删山先仙）
五萧（萧宵肴豪幽、尤半，入声屋半、沃半、觉半、药半、铎半、锡半）
六歌（歌戈、麻半、支半）
七阳（阳唐、庚半）

---

① 支半即《唐韵》支部的一半。下同。

八耕(耕清青、庚半)

九蒸(蒸登)

十侵(侵覃谈盐添咸衔严凡，入声缉合盍葉帖洽狎业乏)

继有江永(1681～1762年)在其《古韵标准》中分古韵为十三部，即从真部中分出一个元部，从侵部中分出一个谈部，从鱼部和宵部各分出一部分组成幽部。其后，段玉裁(1735～1815年)在其《六书音均表》中把江氏的脂部分为之、脂、支三部，把江氏的真部又分为真、文二部，把江氏的幽部又分为幽、侯二部，定古韵为十七部。而戴震(1723～1777年)又在段氏十七部的基础上，幽侯合并、真文合并，把脂部中的祭、泰、夬、废独立为祭部，加上独立出来的九个入声韵部，便成了二十五个韵部。此后又经孔广森、王念孙、江有诰、章太炎、黄侃等人的研究，定古韵为二十八部。

3. 上古的韵部系统

王力先生在黄侃古韵二十八部的基础上，又提出脂微异部、微物文三分的观点，在其《汉语史稿》中正式把古韵定为三大类十一小类三十部：

	1.	2.	3.	4.	5.	6.
甲	之 ə	支 e	鱼 a	侯 o	宵 au	幽 u
	职 ək	锡 ek	铎 ak	屋 ok	药 auk	觉 uk
类	蒸 əŋ	耕 eŋ	阳 aŋ	东 oŋ		冬 uŋ
	7.	8.	9.			
乙	微 əi	脂 ei	歌 a			
	物 ət	质 et	月 at			
类	文 ən	真 en	元 an			
	10.	11.				
丙	缉 əp	葉 ap				
类	侵 əm	谈 am				

这30个韵部，共分11个小类。除第5小类没有阳声韵、10和11小类没有阴声韵之外，其余各小类都是阴声韵、阳声韵、入声韵相配。其中1～6小类属于甲类，共有"之支鱼侯宵幽"六个阴声韵、"职锡铎屋药觉"六个入声韵和"蒸耕阳东冬"五个阳声韵；7～9小类为乙类，共有"微脂歌"三个阴声韵、"物质月"三个入声韵和"文真元"三个阳声韵；10、11小类为丙类，共有"缉葉"两个入声韵和"侵谈"两个阳声韵。

4. 上古韵部之间的关系

同韵部者为叠韵：

待：俟(之部叠韵)；小：少(宵部叠韵)

房：旁(阳部叠韵)；失：逸(质部叠韵)

同类同直行者为对转：(元音相同、韵尾发音部位相同)

负：背(之职对转)；趣：促(侯屋对转)

捨：释(鱼铎对转)；阔：宽(月元对转)

同类同横行者为旁转：(元音相近，韵尾相同)

省：相(耕阳旁转)；焚：燔(文元旁转)

寑:渐(侵谈旁转);逼:迫(职铎旁转)

旁转而后对转者为旁对转:

柔:弱(幽药旁对转);回:还(微元旁对转)

冒:蒙(幽东旁对转);曳:引(月真旁对转)

不同类而同直行者为通转:(元音相同,但韵尾发音部位不同)

在:存(之文通转);吾:我(鱼歌通转)

强:健(阳元通转);莫:晚(铎元通转)

在这些关系中,叠韵是韵部相同,其他是韵部相近。就其相近的程度来说,对转最近,其次旁转,再次旁对转、通转。同源词之间的韵部关系是:叠韵常见,其次对转,旁转、旁对转、通转少见。通假字与本字、谐声字与其声旁之间也都是这样的关系。

(三)上古音的声调

1. 清人对上古声调的研究

明代陈第认为上古没有声调。到了清代,人们以为上古有声调者多。但具体认识并不相同。顾炎武主张"四声一贯",认为上古字的声调与中古相同。对于上古韵文中有些韵脚字的声调在中古看来并不相同的情况,他说是人们在诵读诗歌时,可以临时改变韵脚字的声调以求与其他的韵脚字相协。他的这些观点在他的《音学五书》中有详细的论述。

江永在他的《古韵标准》中也认为上古字的声调与中古相同,但他是把中古不同声调的字在上古一章诗中押韵的现象看作异调相押,而不是临时变调。

段玉裁的"古无去声说"比顾、江的认识进了一步。他在《六书音均表·古四声说》中说:"古四声不同今韵,犹古本音不同今韵也。考周秦汉初之文,有平上入而无去;洎乎魏晋,上入声多转而为去声,平声多转为仄声,于是乎四声大备,而与古不侔。""古平、上为一类,去、入为一类,上与平一也,去与入一也。上声备于三百篇,去声备于魏晋。"他看到了古今声调的不同,并认识到去声在上古与入声关系密切,这都是他的卓识。

王念孙和江有诰分别在《合韵谱》、《唐韵四声正》中阐述了他们的观点。他们认为上古的声调与中古一样,都是平、上、去、入四声,但是每个字的声调并不一定与中古相同。他们通过对《诗经》押韵字的比较分析,认为《切韵》中的有些上声字在上古读作去声,如"享、饗、逞"等;《切韵》中有些去声字上古读作平声,如"讼、化、震"等;也有一些《切韵》中的平声字上古读作上声和《切韵》中的去声字上古读作上声的情况。

2. 今人对上古声调的研究

王力先生也持"古无去声说",但与段玉裁的看法又有不同。段氏认为上古只有平、上、入三个声调,王力则认为上古虽无去声,但也有两类四调。他分的两类四调是:舒声—平声(高长调)、上声(低短调);促声—长入(高长调)、短入(低短调)。王力先生之所以把入声分为两种,正如他自己所说:"这是因为,假如上古入声没有两类,后来就没有分化的条件了。"促声中的短入到中古时仍为入声,促声中的"长入由于元音较长,韵尾-k、-t容易失落,于是变为去声"。

在《汉语史稿》里,王力先生还通过大量事实,详细分析了中古去声字的来源。他认为,中古的阴声去声字主要来源于上古的长入,还有一部分是来源于上古的平声和上声;

而中古的阳声去声字则分别来源于上古的平声和上声。阴声去声字在上古与入声字的密切关系可以从以下材料中得到证明：

从谐声字来看，有声符为入声、被谐字为去声的：责——债、各——路、卒——醉、折——逝、卓——掉；有声符为去声、被谐字为入声的：夜——液、兑——脱、世——泄、祭——察、害——割。

从《诗经》押韵情况来看，有去声与入声通押的，《诗经·召南·野有死麕》："舒而脱脱兮，无感我帨兮，无使尨也吠。"脱，入声末韵；帨，去声祭韵；吠，去声废韵。

从《广韵》两读字来看，有202字有去声和入声两读。如：作，藏故切（去声）、则落切（入声）；乐，五教切（去声）、五角切（入声）；射，神夜切（去声）、食亦切（入声）；足，子句切（去声）、即玉切（入声）。

另外，异文、通假及声训材料都有这方面的例证。

如果说王力的观点是对清人段玉裁观点的继承和发展的话，那么，周祖谟的观点则是对清人王念孙、江有诰观点的继承和发展。在《古音有无上去二声辨》等文中，他认真考察了先秦韵文特别是《诗经》用韵材料中的一章四声分用之例，发现其中有平、上分用者，有平去分用者，有去入分用者、上入分用者、平入分用者等，证明了上古的确不但有平声、入声，而且有上声、去声。

3. 上古声调的实际情况

"古无去声说"和"古有平上去入四声说"虽然都非常重视对《诗经》等先秦韵文用韵情况的考察，但得出的结论却不相同。现在更多的人赞同"古有平上去入四声说"。主要证据如下：

从《诗经》押韵看，平上去入同类的字相押，占76%，其他混押占24%。具体来说，据胡安顺统计，平去分押数693＋128＝821，平去混押数127；上去分押数275＋128＝403，上去混押数67；去入分押数128＋243＝371，去入混押数64。各类分押数都大大超过混押数。特别是四声在一篇各章中的交替使用，更说明平上去入四声在上古的确存在。

从谐声系统来看，虽有主谐字为平（上、去、入）声，被谐字却分别为平上去入者，但此种情况为数不多。更多的是主谐字为某声调，被谐字也为某声调。如：

　　卢——芦鸬胪栌舻颅庐垆　　　　　　（平谐平）
　　禹——瑀楀踽蒩齲　　　　　　　　　（上谐上）
　　会——荟哙脍桧侩浍绘襘　　　　　　（去谐去）
　　失——迭跌昳泆鴃趺詄芙秩帙佚轶　　（入谐入）

这种情况也同样能够证明在上古平、上、去、入四声都存在的事实。

思考与练习（二十七）

一、研究上古声纽的材料有哪些？
二、王力所定的上古声纽有多少个？与中古三十六字母相比，有何不同？
三、试述上古韵部研究的材料和方法。
四、上古有多少韵部？其中阴声韵、阳声韵和入声韵各有哪些？
五、填空。

1. "古无轻唇音"和_____都是清人_____研究上古声母得出的重要结论。
2. 曾运乾研究上古声母得出的重要结论是_____。
3. "娘日二纽归泥"是_____研究上古声母得出的结论。
4. 王力先生定上古声纽为___个。
5. 上古声母与中古不同,一是无轻唇音_____,二是无舌上音_____,三是喻三归_____,喻四为_____,四是照二仍为_____音,另名之为"庄初崇生"以示区别;照三为舌音,另名之为_____以示区别。
6. 清人中主张"古无去声说"的是_____。

六、解释下面的名词。
   1. 双声　　　2. 准双声　　　3. 旁纽　　　4. 准旁纽
   5. 邻纽　　　6. 叠韵　　　　7. 对转　　　8. 旁转
   9. 旁对转　　10. 通转

七、标点并翻译下面的短文。

景公饮酒田桓子侍望见晏子而复于公曰请浮晏子公曰何故也无宇对曰晏子衣缁布之衣麋鹿之裘栈轸之车而驾驽马以朝是隐君之赐也公曰诺晏子坐酌者奉觞进之曰君命浮子晏子曰何故也田桓子曰君赐之卿位以显其身宠之百万以富其家群臣之爵莫尊于子禄莫重于子今子衣缁布之衣麋鹿之裘栈轸之车而驾驽马以朝则是隐君之赐也故浮子晏子避席对曰请饮而后辞乎其辞而后饮乎公曰辞然后饮晏子曰君赐之卿位以显其身婴非敢为显受也为行君令也宠之百万以富其家婴非敢为富受也为通君赐也臣闻古之贤君臣有受厚赐而不顾其困族则过之临事守职不胜其任则过之君之内隶臣之父兄若有离散在于野鄙此臣之罪也君之外隶臣之所职若有播亡在于四方此臣之罪也兵革之不完战车之不修此臣之罪也若夫弊车驽马以朝意者非臣之罪乎且以君之赐父之党无不乘车者母之党无不足于衣食者妻之党无冻馁者国之简士待臣而后举火者数百家如此者为彰君赐乎为隐君赐乎公曰善为我浮无宇也

(《晏子春秋·内篇杂下》)

文　选

平原君列传(节选)

(《史记》)

　　秦之围邯郸,赵使平原君求救合从于楚[1]。约与食客门下有勇力、文武备具者二十人偕[2]。平原君曰:"使文能取胜,则善矣[3];文不能取胜,则歃血于华屋之下,必得定从而还[4]。士不外索,取于食客门下足矣[5]。"得十九人,余无可取者,无以满二十人。门下有毛遂者,前,自赞于平原君曰:"遂闻君将合从于楚,约与食客门下二十人偕,不外索,今少一人。愿君即以遂备员而行矣[6]。"平原君曰:"先生处胜之门下,几年于此矣?"毛遂曰:"三年于此矣。"平原君曰:"夫贤士之处世也,譬若锥之处囊中,其末立见[7]。今先生处胜之门下,三年于此矣,左右未有所称诵,胜未有所闻,是先生无所有也[8]。先生不能,先生留。"毛遂曰:"臣乃今日请处囊中耳。使遂蚤得处囊中,乃颖脱而出,非特其末见而已[9]。"平原君竟与毛遂偕,十九人相与目笑之,而未废也[10]。

　　[1]赵孝成王六年,秦将白起在长平大破赵军,二年后,秦军遂包围赵国首都邯郸。平原君:名胜,赵国人,赵孝成王的叔父,初封于平原,故称平原君,战国四公子之一。之:结构助词,用于主谓之间,使"秦围邯郸"变为时间状语。合从:联合六国以便对付秦国。从:"纵"的古字。
　　[2]食客:寄食于富贵之家并为之所用的人。门下:门庭之下,亦指食客。偕:同行。
　　[3]使:连词,假如。文:名词作状语,凭文,不动武。
　　[4]歃血:古代会盟时,会盟各方把牲血涂在唇上以示诚意。华屋:华丽的房子,此指会盟之所。定从:定下合纵之策。
　　[5]外:方位名词作状语,从外边。
　　[6]备员:凑足人数。
　　[7]末:尖端。见:"现"的古字。
　　[8]诵:称道。是:此。无所有:没有可以赞扬之处。
　　[9]蚤:通"早"。颖:本指禾末,引申为尖端。特:仅仅。
　　[10]竟:最终。目:名词作状语,用眼睛。废:废止。

毛遂比至楚,与十九人论议,十九人皆服[1]。平原君与楚合从,言其利害,日出而言之,日中不决[2]。十九人谓毛遂曰:"先生上。"毛遂按剑历阶而上,谓平原君曰[3]:"从之利害,两言而决耳。今日出而言从,日中不决,何也?"楚王谓平原君曰:"客何为者也?"平原君曰:"是胜之舍人也[4]。"楚王叱曰:"胡不下[5]!吾乃与而君言,汝何为者也[6]!"毛遂按剑而前曰:"王之所以叱遂者,以楚国之众也。今十步之内,王不得恃楚国之众也,王之命县于遂手[7]。吾君在前,叱者何也?且遂闻汤以七十里之地王天下,文王以百里之壤而臣诸侯[8]。岂其士卒众多哉?诚能据其势而奋其威[9]。今楚地方五千里,持戟百万,此霸王之资也[10]。以楚之强,天下弗能当。白起,小竖子耳,率数万之众,兴师以与楚战,一战而举鄢郢,再战而烧夷陵,三战而辱王之先人[11]。此百世之怨,而赵之所羞,而王弗知恶焉[12]。合从者为楚,非为赵也。吾君在前,叱者何也?"楚王曰:"唯唯,诚若先生之言,谨奉社稷而以从。"毛遂曰:"从定乎?"楚王曰:"定矣。"毛遂谓楚王之左右曰:"取鸡狗马之血来。"毛遂奉铜槃而跪进之楚王曰[13]:"王当歃血而定从,次者吾君,次者遂。"遂定从于殿上。毛遂左手持槃血而右手招十九人曰:"公相与歃此血于堂下[14]。公等录录,所谓因人成事者也[15]。"

[1]比:等到,及。
[2]决:定下来。
[3]历:经过。
[4]舍人:王公贵族的侍从左右、亲近食客的通称。
[5]胡:疑问代词作状语,为什么。
[6]而:第二人称代词,你的。
[7]县:"悬"的古字。
[8]王天下:称王天下。臣诸侯:使诸侯称臣。王、臣分别为名词活用为动词、名词用作使动。
[9]诚:实在(是因为)。奋:振作,发挥。
[10]持戟:代称持戟之士卒。资:资本,凭借。
[11]白起:战国时秦将,善用兵。竖子:小孩子,鄙贱之称。举:攻下。鄢、郢:楚国地名,均曾作为楚都。再:第二次。辱:使受辱。公元前278年,秦将白起烧毁楚先王之墓,逼楚迁都到陈(今河南淮阳)。
[12]羞:形容词意动用法,认为羞。恶(wù):羞恶。
[13]奉:"捧"的古字,此为献上之义。槃:"盘"的异体字。
[14]相与:一起。
[15]录录:平庸的样子,一般写作"碌碌"。因人成事:依靠别人成就事业。

平原君已定从而归,归至于赵,曰:"胜不敢复相士[1]。胜相士多者千人,寡者百数,自以为不失天下之士,今乃于毛先生而失之也。毛先生一至楚,而使赵重于九鼎大吕[2]。毛先生以三寸之舌,强于百万之师。胜不敢复相士。"遂以为上客。

　　[1]胜:平原君自称以名,以表谦虚。相:看,鉴别。相士:鉴别贤士。
　　[2]九鼎:相传为大禹所铸,象征九州,后世奉为传国之宝。大吕:相传为周代所铸的大钟,其音与古乐律中的大吕相协,故名。这句是说,因为毛遂至楚,赵国被天下看重。

[阅读提示]
一、指出下列句子中加点词的词性、用法和意义。
　1. 十九人相与目笑之。
　2. 且遂闻汤以七十里之地王天下,文王以百里之壤臣诸侯。
　3. 此百世之怨,而赵之所羞。
　4. 秦之围邯郸,赵使平原君求救合从于楚。
　5. 约与食客门下有勇力、文武备具者二十人偕。
　6. 夫贤士之处世也,譬若锥之处囊中。
　7. 吾乃与而君言,汝何为者也?
　8. 而使赵重于九鼎大吕。
二、指出下列句中的古字、通假字、异体字。
　1. 遂闻君将合从于楚。
　2. 使遂蚤得处囊中,乃颖脱而出,非特其末见而已。
　3. 王之命县于遂手。
　4. 毛遂奉铜槃而跪进之楚王。
　5. 夫贤士之处世也,譬若锥之处囊中,其末立见。

李将军列传(节选)

(《史记》)

　　李将军广者,陇西成纪人也[1]。其先曰李信,秦时为将,逐得燕太子丹者也[2]。故槐里,徙成纪[3]。广家世世受射[4]。孝文帝十四年,匈奴大入萧关,而广以良家子从军击胡,用善骑射,杀首虏多,为汉中郎[5]。广从弟李蔡亦为郎,皆为武骑常侍,秩八百石[6]。尝从行,有所冲陷、折关及格猛兽,而文帝曰[7]:"惜乎,子不遇时! 如令子当高帝时,万户侯岂足道哉[8]!"

[1]陇西：秦汉郡名，今甘肃南部一带。成纪：县名，在今甘肃秦安县北。
　　[2]先：祖先。逐得：追赶并捉得。
　　[3]故槐里：原籍槐里。槐里：汉县名，在今陕西兴平市境。
　　[4]受射：传授射箭技法。受："授"的古字，传授。
　　[5]萧关：关中地区的重要关口，当时四关之一，故址在今宁夏固原市东南。以：介词，以……身份。良家子：医、巫、商贾、百工以外人家的子弟。胡：古代对北方民族的统称，此指匈奴。用：介词，因为。中郎：皇帝的侍从官名，通称为郎。
　　[6]从弟：堂弟。武骑常侍：郎的加官，常跟随皇帝左右护卫皇帝。秩：俸禄。石：容量单位，十斗为一石。汉代官俸分十五等，最高的上万石，最低的为一百石。
　　[7]从行：跟随皇上出行。冲陷：突击、攻击。折关：破关，攻下关隘。格：打斗，抵挡。
　　[8]如令：假若。当：处在（某时）。高帝：即汉高祖刘邦。万户侯：食邑万户的王侯。

　　及孝景初立，广为陇西都尉，徙为骑郎将[1]。吴、楚军时，广为骁骑都尉，从太尉亚夫击吴、楚军，取旗，显功名昌邑下[2]。以梁王授广将军印，还，赏不行[3]。徙为上谷太守，匈奴日以合战[4]。典属国公孙昆邪为上泣曰[5]："李广才气，天下无双，自负其能，数与虏敌战，恐亡之[6]。"于是乃徙为上郡太守。后广转为边郡太守，徙上郡[7]。尝为陇西、北地、雁门、代郡、云中太守，皆以力战为名。

　　[1]都尉：郡一级掌军事的最高长官。徙：迁任，调任。骑郎将：骑郎是骑马护卫皇帝的侍从官，主管骑郎的长官为骑郎将。
　　[2]吴、楚军时：汉景帝三年，鉴于诸侯王势力过于强大，于是减削他们的封地，吴、楚等七个诸侯王不满，起兵叛乱，周亚夫被景帝任命为太尉，率兵平定了叛乱。骁骑都尉：骑兵长官。太尉：三公之一，最高军事长官。昌邑：县名，在今山东金乡县。
　　[3]以：因为。梁王：汉文帝之子刘武，景帝的同母弟，在七国之乱中，坚守睢阳有功，后欲争继王位，不成，病死。梁王因李广作战有功，授予将军之印。李广回到京城，朝廷认为李广接受了诸侯王的封赏，是对中央的不忠，所以不给他封赏。行：施行。
　　[4]日：每天。以：连词，连接状语与中心词，表偏正关系。合战：交战。
　　[5]典属国：官名，掌管民族交往事务。公孙昆邪：人名。为：介词，对。
　　[6]负：仗恃。敌战：对抗、作战。亡：丢失，失去。之：代词，代李广。
　　[7]边郡：汉郡名，本文的上谷、上郡、陇西、北地、雁门等均为汉代郡名。李广任职的这些郡，大都处于边疆地区。本句以及下句可能位置有误，《汉书·李广苏建传》这两句在下段之末。

　　匈奴大入上郡，天子使中贵人从广勒习兵击匈奴[1]。中贵人将骑数十，纵[2]。见匈奴三人，与战。三人还射，伤中贵人，杀其骑且尽。中贵人走广[3]。

广曰:"是必射雕者也。"广乃遂从百骑往驰三人[4]。三人亡马步行,行数十里,广令其骑张左右翼,而广身自射彼三人者,杀其二人,生得一人,果匈奴射雕者也[5]。已缚之上马,望匈奴有数千骑,见广,以为诱骑,皆惊,上山陈[6]。广之百骑皆大恐,欲驰还走。广曰:"吾去大军数十里,今如此以百骑走,匈奴追射我立尽;今我留,匈奴必以我为大军之诱,必不敢击我。"广令诸骑曰:"前!"前,未到匈奴陈二里所,止[7]。令曰:"皆下马解鞍!"其骑曰:"虏多且近,即有急,奈何[8]?"广曰:"彼虏以我为走,今皆解鞍以示不走,用坚其意[9]。"于是胡骑遂不敢击。有白马将出护其兵,李广上马与十余骑犇射杀胡白马将,而复还至其骑中,解鞍,令士皆纵马卧[10]。是时会暮,胡兵终怪之,不敢击[11]。夜半时,胡兵亦以为汉有伏军于旁欲夜取之,胡皆引兵而去。平旦,李广乃归其大军。大军不知广所之,故弗从[12]。

[1]中贵人:宫中受宠的宦官。从:随同。勒习兵:约束、训练士兵。
[2]将:率。纵:放任,这里指骑着马随意转转。
[3]走广:逃跑到李广处。
[4]从:使随从,率领。驰:驱马快跑,此指驱马追击。
[5]张左右翼:张开左右翅膀,这是比喻的说法,指从左右两边包抄。身:亲自,与"自"同义连用。者:语气助词,无义。生得:活捉。
[6]陈:"阵"的古字,排开阵势。
[7]陈:"阵"的古字,阵地。二里所:二里左右。止:停下。
[8]且:连词,又。即:连词,如果。
[9]示:显示。用:介词,以,其后省"之"。坚:用如使动,使……坚。
[10]护:监护。犇:"奔"的异体字,飞跑。
[11]会:正遇上,正好。怪:形容词意动用法,认为奇怪。
[12]之:到。从:跟随,此指救援、接应。

居久之,孝景崩,武帝立[1]。左右以为广名将也,于是广以上郡太守为未央卫尉,而程不识亦为长乐卫尉[2]。程不识与李广俱以边太守将军屯[3]。及出击胡,而广行无部伍行陈,就善水草屯,舍止人人自便,不击刁斗以自卫[4]。莫府省约文书籍事,然亦远斥候,未尝遇害[5]。程不识正部曲行伍营陈,击刁斗,士吏治军簿至明,军不得休息,然亦未尝遇害[6]。不识曰:"李广军极简易,然虏卒犯之,无以禁也[7];而其士卒亦佚乐,咸乐为之死[8]。我军虽烦扰,然虏亦不得犯我。"是时汉边郡李广、程不识皆为名将,然匈奴畏李广之略,士卒亦多乐从李广而苦程不识[9]。程不识孝景时以数直谏为太中大夫,为人廉,谨于文法[10]。

[1]居久之:过了很久。崩:山崩,这是皇帝死了的委婉说法。

[2]以上郡太守为未央卫尉:凭着上郡太守的身份做了未央宫卫尉。未央:宫名,是皇帝处理政务的地方。卫尉:禁卫军长官。长乐:宫名,在未央宫东,为皇太后的居所。

[3]将军屯:率领军队驻扎。

[4]行:行军。部伍:部曲行伍,为军中编制单位。部曲:大将军下设五部,部下设曲,曲下设屯。行陈:行列、阵法。就:靠近。舍止:停下驻扎。刁斗:铜容器,可盛一斗,白天可用来做饭,夜晚可用以敲击巡更。

[5]莫府:即幕府,将军处理军务的地方。因军队外出作战无固定场所,以临时搭起的帐幕为府署,故称。省约:简省。文书籍事:公文、簿册等事项。远斥候:在远处侦察放哨。斥、候为同义词连用,均为侦察的意思。又可指侦察敌情的人。

[6]正:形容词使动用法,使……正,端正。士吏:军中文官。治:管理。军簿:军中有关书册、档案。至:极,副词。

[7]简易:简慢、轻忽。卒(cù):"猝"的古字,猝然,突然。无以:没有用来……的办法。禁:阻止,抵御。

[8]佚乐:安逸快活。佚:通"逸"。咸:都。乐:乐意。

[9]苦:形容词意动用法。认为……苦。

[10]文法:条文、法令。

后汉以马邑城诱单于,使大军伏马邑旁谷,而广为骁骑将军,领属护军将军[1]。是时单于觉之,去,汉军皆无功。其后四岁,广以卫尉为将军,出雁门击匈奴[2]。匈奴兵多,破败广军,生得广。单于素闻广贤,令曰:"得李广必生致之[3]。"胡骑得广,广时伤病,置广两马间,络而盛卧广[4]。行十余里,广详死,睨其旁有一胡儿骑善马,广暂腾而上胡儿马[5]。因推堕儿,取其弓,鞭马南驰数十里,复得其余军,因引而入塞[6]。匈奴捕者骑数百追之,广行取胡儿弓,射杀追骑,以故得脱[7]。于是至汉,汉下广吏[8]。吏当广所失亡多,为虏所生得,当斩,赎为庶人[9]。

[1]后:后来。马邑城:地名,在今山西朔县。单于(chán yú):匈奴国君的通称。领属护军将军:领属于护军将军,受护军将军统领节制。

[2]雁门:即雁门关,古代西北重要关口,因建在雁门山上,故名。故址在今山西代县西北。

[3]生致:活捉。

[4]伤病:伤势很重。络:用绳结成网兜着。盛卧广:装着李广,使李广卧着。卧:动词使动用法。

[5]详:通"佯",假装。睨:斜视。暂:副词,突然,猛地。

[6]余军:残余部队。引:率领。入塞:进入关塞,即入雁门关。

[7]行取:一边行一边取出。

[8]下广吏:下广于吏,把李广交给执法官。下:下投。
[9]当:判决,判定。赎为庶人:按汉代法律,死刑可出钱五十万赎出免死。庶人:一般百姓。

顷之,家居数岁。广家与故颍阴侯孙屏野居蓝田南山中,射猎[1]。尝夜从一骑出,从人田间饮[2]。还至霸陵亭,霸陵尉醉,呵止广[3]。广骑曰:"故李将军[4]。"尉曰:"今将军尚不得夜行,何乃故也!"止广宿亭下。居无何,匈奴入杀辽西太守,败韩将军[5]。后韩将军徙右北平。于是天子乃召拜广为右北平太守。广即请霸陵尉与俱,至军而斩之。广居右北平,匈奴闻之,号曰"汉之飞将军",避之数岁,不敢入右北平。

[1]故颍阴侯孙:原颍阴侯灌婴的孙子,灌强。屏野:屏居山野,在山野隐居。蓝田:汉县名,治所在今陕西蓝田县西。
[2]从一骑:带着一个骑马的。从:使跟从,带领。后一"从"字义为跟随,跟。
[3]霸陵亭:守护霸陵的亭驿。霸陵为汉文帝的陵墓,汉设霸陵县,故址在今陕西西安长安区东。尉:县尉,主管一县的治安。
[4]故:原来的。
[5]无何:不久。败:动词使动用法,使……败,打败。韩将军:韩安国,即前文的护军将军。

广出猎,见草中石,以为虎而射之,中石没镞,视之,石也[1]。因复更射之,终不能复入石矣[2]。广所居郡闻有虎,尝自射之。及居右北平射虎,虎腾伤广,广亦竟射杀之[3]。

[1]中石:射中石头。没:隐没,陷进去。镞:箭头。
[2]因:于是。复:再。更:重新。
[3]腾:跳起来。竟:最终。

广廉,得赏赐辄分其麾下[1]。饮食与士共之,终广之身,为二千石四十余年,家无余财,终不言家产事。广为人长,猨臂,其善射亦天性也[2]。虽其子孙他人学者,莫能及广。广讷口少言,与人居则画地为军陈,射阔狭以饮[3]。专以射为戏,竟死[4]。广之将兵,乏绝之处,见水,士卒不尽饮,广不近水;士卒不尽食,广不尝食。宽缓不苛,士以此爱乐为用[5]。其射,见敌急,非在数十步之内,度不中不发,发即应弦而倒[6]。用此,其将兵数困辱,其射猛兽亦为所伤云[7]。

[1]辄:总是。麾下:部下。

[2]长:高。猨臂:似猿的长臂。猨:"猿"的异体字。天性:生来如此,天生的。

[3]讷(nè)口:不善言谈,嘴笨。居:居处。射阔狭以饮:看所射出的箭离目标的远近宽窄来决定谁饮酒。

[4]竟死:一直到死。

[5]苛:苛刻,严厉。爱乐为用:喜欢为他所用,愿意为他效力。

[6]度(duó):估计。发:把箭射出去。应:本为应和,此处指伴随着。

[7]用此:因此。数困辱:多次被困受辱。云:用于句末,有"据说如此"之义。

  居顷之,石建卒,于是上召广代建为郎中令[1]。元朔六年,广复为后将军,从大将军军出定襄,击匈奴[2]。诸将军多中首虏率,以功为候者,而广军无功[3]。后三岁,广以郎中令将四千骑出右北平,博望侯张骞将万骑与广俱,异道[4]。行可数百里,匈奴左贤王将四万骑围广,广军士皆恐,广乃使其子敢往驰之[5]。敢独与数十骑驰,直贯胡骑,出其左右而还,告广曰"胡骑易与耳[6]。"军士乃安。广为圜陈外向,胡急击之,矢下如雨[7]。汉兵死者过半,汉矢且尽。广乃令士持满毋发,而广身以大黄射其裨将,杀数人,胡虏益解[8]。会日暮,吏士皆无人色,而广意气自如,益治军。军中自是服其勇也。明日,复力战,而博望侯军亦至,匈奴军乃解去。汉军罢,弗能追[9]。是时广军几没,罢归[10]。汉法,博望侯留迟后期,当死,赎为庶人[11]。广军功自如,无赏。

[1]石建:人名,当时任郎中令。卒:死。代:顶替。郎中令:九卿之一,为皇帝的宿卫侍从官,掌管皇宫守卫等。

[2]元朔:汉武帝的年号。后将军:前、后、左、右四将军之一。从:跟随。大将军军:大将军的军队。大将军:汉代最高级的将军,此指卫青。定襄:郡名,在今山西西北、内蒙古西南一带。

[3]中首虏率:符合斩首、擒敌的有关标准。当时规定,斩首擒敌到某种数目,可受赏封侯。中(zhòng):符合。率:标准。

[4]俱:动词,一起出征。异道:从不同道路进发。

[5]可:大约。敢:李广的儿子李敢。驰之:驱马攻击他们(匈奴兵)。

[6]贯:穿过。出其左右而还:从匈奴兵左右两侧冲出而回。与:对付。耳:语气词,罢了。

[7]圜:圆形,通常写作"圆"。外向:朝外面对着。外:方位名词作状语。

[8]且:副词,将要。持满:保持满弓,一直把弓拉开着。大黄:弓名,一种用兽角制成的大型弓箭。裨将:副将,辅助之将。益:逐渐。解:散开。

[9]罢:通"疲"。

[10]没:覆没。罢:罢兵,收兵。

[11]留迟:滞留迟到。后期:晚于约定日期。当:判……罪。

初,广之从弟李蔡与广俱事孝文帝。景帝时,蔡积功劳至二千石,孝武帝时,至代相[1]。以元朔五年为轻车将军,从大将军击右贤王,有功中率,封为乐安侯[2]。元狩二年中,代公孙弘为丞相。蔡为人在下中,名声出广下甚远,然广不得爵邑,官不过九卿,而蔡为列侯,位至三公[3]。诸广之军吏及士卒或取封侯[4]。广尝与望气王朔燕语,曰[5]:"自汉击匈奴,而广未尝不在其中,而诸部校尉以下,才能不及中人,然以击胡军功侯者数十人,而广不为后人,然无尺寸之功以得封邑者,何也[6]?岂吾相不当侯邪,且固命也[7]?"朔曰:"将军自念,岂尝有所恨乎[8]?"广曰:"吾尝为陇西守,羌尝反,吾诱而降,降者八百余人,吾诈而同日杀之[9]。至今大恨独此耳。"朔曰:"祸莫大于杀已降,此乃将军所以不得侯者也[10]。"

[1]积功劳至二千石:累积功劳,官俸至二千石。二千石,相当于郡守一级的待遇。代相:代国的丞相。代国是汉文帝儿子刘参的封国,当时中央派员前往诸侯国任相,具体掌管行政事务。

[2]元朔五年:公元前124年。轻车将军:将军的一种称号。

[3]汉代有九品论人之说。人品有上中下三品(等),三品之中又细分为上中下,共九品。下中为第八品。爵邑:爵位和封邑。汉代功至某种规定,即可封侯,从而得到食邑,享用食邑内的赋税。九卿:中央各部门长官的通称,包括李广曾做过的卫尉、郎中令。三公:中央机关皇帝之下的最高长官,包括丞相、太尉、御史大夫。

[4]或:有些人。

[5]望气:观测星相云气来占卜人生。燕:通"宴",安闲。燕语:闲谈。

[6]侯者:封侯的人。侯:名词用如动词,封侯。下句"侯"同。

[7]且:连词,表示选择关系,是……还是……。

[8]尝:曾经。恨:遗憾。

[9]羌:散居在西部的少数民族的一种。降:动词的使动用法,使……降。

[10]莫:代词,没有哪一件。所以……者:……的原因。

后二岁,大将军、骠骑将军大出击匈奴[1]。广数自请行,天子以为老,弗许;良久乃许之,以为前将军。是岁,元狩四年也[2]。广既从大将军青击匈奴,既出塞,青捕虏知单于所居,乃自以精兵走之,而令广并于右将军军,出东道[3]。东道少回远,而大军行,水草少,其势不屯行[4]。广自请曰:"臣部为前将军,今大将军乃徙令臣出东道;且臣结发而与匈奴战,今乃一得当单于,臣愿居前,先死单于[5]。"大将军青亦阴受上诫,以为李广老,数奇,毋令当单于,恐不得所欲[6]。而是时公孙敖新失侯,为中将军从大将军,大将军亦欲使敖与俱当单于,故徙前将军广[7]。广时知之,固自辞于大将军[8]。大将军不听,令长史封书与广之莫府,曰:"急诣部,如书[9]!"广不谢大将军而起行,意甚愠怒而就部,引兵与右将军食其合军出东道。军亡导,或失道,后大将军[10]。大将军与单于接战,单于遁走,弗能得而还。南绝幕,遇前将军、右将军[11]。广已见大将军,还入军。大将军使长史持糒醪遗广,因问广、食其失道状,青欲上书报天子军曲折[12]。广未对,大将军使长史急责广之幕府对簿[13]。广曰:"诸校尉无罪,乃我自失道。吾今自上簿。"至莫府,广谓其麾下曰:"广结发与匈奴大小七十余战,今幸从大将军出接单于兵,而大将军又徙广部,行回远,而又迷失道,岂非天哉[14]!且广年六十余矣,终不能复对刀笔之吏[15]。"遂引刀自刭。广军士大夫一军皆哭;百姓闻之,知与不知,无老壮皆为垂涕[16]。而右将军独下吏,当死,赎为庶人。

[1]大将军:指卫青。骠骑将军:指霍去病。
[2]元狩四年:公元前119年。
[3]捕虏:捉住匈奴人。走:奔袭。右将军:指赵食(yì)其(jī)。出东道:从东道出兵。
[4]少:稍微。回:迂回,后来此义写作"迴",今又简化为"回"。屯行:聚在一起行进。屯:聚集。
[5]结发:古代男子二十岁结发举行冠礼,表示已经成人。此指从青年时起。一得:得一次机会。当:对,抵挡迎战。死:动词使动用法,使……死。
[6]阴受上诫:暗中接受皇上的告诫。数:命运,天数。奇(jī):命运不好。
[7]公孙敖:汉代武将,救过卫青,曾因军功封为合骑侯,在一次作战中误期当斩,赎为庶人,故曰"新失侯"。
[8]固:副词,坚决地。辞:不接受。
[9]诣:到……去。如:按照。书:信。
[10]谢:辞别,告辞。愠怒:恼怒,生气。就部:回到部队。亡导:没有向导。亡:无。或:"惑"的古字。或失:迷失。后:动词,落后于。
[11]南:名词作状语,向南。绝:横越,穿过。幕:通"漠",沙漠。
[12]糒醪(bèi láo):干粮与酒浆。遗:赠送。失道状:迷路的情况。曲折:详细情况。
[13]急责:急迫要求。责:要求。对簿:与文簿记载对证。
[14]接:交战。
[15]刀笔之吏:文官。古代用竹简写字记事,错了用刀删削,故称。
[16]无:无论。

太史公曰:《传》曰[1]:"其身正,不令而行;其身不正,虽令不从。"其李将军之谓也[2]!余睹李将军悛悛如鄙人,口不能道辞[3]。及死之日,天下知与不知,皆为尽哀[4]。彼其忠实心诚信于士大夫也[5]。谚曰:"桃李不言,下自成蹊[6]。"此言虽小,可以谕大也[7]。

[1]传：汉代把六经之外的贤人著作都称为"传"。此指《论语》，此文见《论语·子张》。
[2]大概说的就是李将军吧。其：语气词，表示推测语气。李将军："谓"的前置宾语。
[3]悛悛(xún)：通"恂恂"，恭谨小心的样子。鄙人：郊野之人。
[4]为：介词，后省宾语"之(代李将军)"。尽哀：深表哀痛。
[5]他的那颗忠实的心确实为士大夫们所信服啊。诚：确实。
[6]蹊：小路。
[7]小：指小事。大：指大道理。

[阅读提示]

一、说明下列句中加点词的词性与意义。
1. 而广以良家子从军击胡，用善骑射，杀首虏多，为汉中郎。
2. 匈奴日以合战。
3. 三人还射，伤中贵人，杀其骑且尽。
4. 而广身自射彼三人者，杀其二人，生得一人。
5. 广身自以大黄射其裨将，杀数人，胡虏益解。
6. 虏多且近，即有急，奈何？
7. 舍止人人自便，不击刁斗以自卫。
8. 广暂腾而上胡儿马。
9. 虎腾伤广，广亦竟射杀之。
10. 广廉，得赏赐辄分其麾下。
11. 虽其子孙他人学者，莫能及广。
12. 士卒不尽饮，广不近水。
13. 宽缓不苛，士以此爱乐为用。
14. 用此，其将兵数困辱。
15. 是时会暮，胡兵终怪之。

二、解释下列句中加点词的意义。
1. 广乃遂从百骑往驰三人。
2. 而广行无部伍行陈，就善水草屯。
3. 于是天子乃召拜广为右北平太守。
4. 告广曰："胡骑易与耳。"
5. 博望侯留迟后期，当死，赎为庶人。
6. 至今大恨独此耳。

三、找出下列句中的通假字，并指出其相应的本字。
1. 行十余里，广详死。
2. 汉兵罢，弗能追。
3. 广尝与望气王朔燕语。
4. 南绝幕，遇前将军、右将军。
5. 至莫府，广谓其麾下曰。

6.余睹李将军悛悛如鄙人。

田单列传(节选)

《史记》

　　田单者,齐诸田疏属也[1]。湣王时,单为临菑市掾,不见知[2]。及燕使乐毅伐破齐,齐湣王出奔,已而保莒城[3]。燕师长驱平齐,而田单走安平,令其宗人尽断其车轴末而傅铁笼[4]。已而燕军攻安平,城坏,齐人走,争涂,以轊折车败,为燕所虏[5]。唯田单宗人以铁笼故得脱,东保即墨[6]。燕既尽降齐城,唯独莒、即墨不下[7]。燕军闻齐王在莒,并兵攻之。淖齿既杀湣王于莒,因坚守,距燕军,数年不下[8]。燕引兵东围即墨,即墨大夫出与战,败死。城中相与推田单,曰:"安平之战,田单宗人以铁笼得全,习兵。"立以为将军,以即墨距燕。

　　[1]诸田:田氏宗室。齐国本为姜子牙的封国,战国初年齐相田和篡位,国号仍为齐,齐国国君及宗室均变为田氏子弟。疏属:远亲,远房子弟。
　　[2]湣王:田氏国君的第五代,公元前313年~前284年在位。临菑:即临淄,齐国国都,今山东临淄市。市掾:官名。管理集市的属官。见:被。
　　[3]乐(yuè)毅:赵国人,在燕国任上将军。公元前285年,乐毅率军伐齐,攻破齐国七十余城。
　　[4]宗人:同宗族的人。尽:全都。车轴末:车轴的外端。傅:通"附",附着,此指裹住。笼:即车轴头,与下文"轊"同义。
　　[5]城:城墙。坏:倒塌。涂:"途"的古字,道路。轊(wèi):车轴头。败:毁坏。
　　[6]东:名词作状语,向东。即墨:齐地名,在今山东平度东南。
　　[7]降:动词使动用法,使……降。下:攻下。
　　[8]淖(nào)齿:楚国将军,带兵入齐救援,齐湣王任命为相,淖齿乘机杀掉了湣王。距:通"拒",抵抗。

　　顷之,燕昭王卒[1]。惠王立,与乐毅有隙[2]。田单闻之,乃纵反间于燕,宣言曰[3]:"齐王已死,城之不拔者二耳[4]。乐毅畏诛而不敢归,以伐齐为名,实欲连兵南面而王齐[5]。齐人未附,故且缓攻即墨以待其事[6]。齐人所惧,唯恐他将之来,即墨残矣。"燕王以为然,使骑劫代乐毅[7]。

　　[1]顷之:不久。燕昭王:燕王哙之子,姓姬名平,公元前311年~前279年在位。卒:死。

[2]惠王:昭王子,公元前278年～前272年在位。隙:裂痕,此指情感上的裂痕,矛盾。

[3]纵:发放,施用。宣言:公开声言,扬言。

[4]拔:攻下。耳:语气词,罢了。

[5]连兵:与齐军联合。南面:朝南面对,面朝南。古代天子面对南方登基坐殿,群臣面朝北对天子朝拜。王:名词用为动词,称王。

[6]附:归附。且:暂且。其事:(在齐称王)那件事。

[7]骑劫:燕国大将。

乐毅因归赵,燕人士卒忿。而田单乃令城中人食必祭其先祖于庭,飞鸟悉翔舞城中,下食[1]。燕人怪之[2]。田单因宣言曰:"神来下教我。"乃令城中人曰:"当有神人为我师。"有一卒曰:"臣可以为师乎?"因反走[3]。田单乃起,引还,东乡坐,师事之[4]。卒曰:"臣欺君,诚无能也。"田单曰:"子勿言也!"因师之[5]。每出约束,必称神师[6]。乃宣言曰:"吾唯惧燕军之劓所得齐卒,置之前行与我战,即墨败矣[7]。"燕人闻之,如其言。城中人见齐诸降者尽劓,皆怒,坚守,唯恐见得[8]。单又纵反间曰:"吾惧燕人掘吾城外冢墓,僇先人,可为寒心[9]。"燕军尽掘垄墓,烧死人。即墨人从城上望见,皆涕泣,俱欲出战,怒自十倍[10]。

[1]庭:庭院。悉:副词,都。翔舞城中:翔舞于城中,在城内上空盘旋飞舞。下食:飞下啄食。

[2]怪:形容词意动用法,认为……奇怪。

[3]卒:士卒。因反走:于是返身就跑。反:"返"的古字。

[4]引:拉。乡:"嚮"的古字,嚮又简化为"向",面对。东乡坐:古人席上座次以坐西朝东为尊。师:名词作状语,像对待老师一样。事:侍奉。

[5]师:名词意动用法,把(他)当作老师。

[6]出:发布。约束:命令。称:声言。

[7]劓(yì):古代割掉鼻子的酷刑。行(háng):军队的行列。

[8]见得:被捉住。

[9]僇(lù):羞辱,侮辱。为:通"谓"。寒:形容词使动用法,使……寒。

[10]涕泣:流泪哭泣。怒自十倍:怒气自然增长十倍。

田单知士卒之可用,乃身操版插,与士卒分功,妻妾编于行伍之间,尽散饮食飨士[1]。令甲卒皆伏,使老弱女子乘城,遣使约降于燕,燕军皆呼万岁[2]。田单又收民金,得千溢,令即墨富豪遗燕将,曰[3]:"即墨即降,愿无虏掠吾族家妻妾,令安堵[4]。"燕将大喜,许之。燕军由此益懈[5]。

[1] 身:亲自。操:持,拿。版:筑墙的夹板。插:通"锸",掘土的锹类工具。功:工作。行伍:五人为伍,五伍为行,是军队编制。散:分。飨:招待,犒劳。
[2] 伏:埋伏,藏起来。乘城:登上城墙。
[3] 溢:通"镒",二十四两为一镒。遗(wèi):赠送。
[4] 愿:希望。无:通"毋",不要。族家:同族人家。安堵:安居。
[5] 益:逐渐。

田单乃收城中得千余牛,为绛缯衣,画以五彩龙文,束兵刃于其角,而灌脂束苇于尾,烧其端[1]。凿城数十穴,夜纵牛,壮士五千人随其后。牛尾热,怒而奔燕军,燕军夜大惊。牛尾炬火光明炫耀,燕军视之皆龙文,所触尽死伤[2]。五千人因衔枚击之,而城中鼓噪从之,老弱皆击铜器为声,声动天地[3]。燕军大骇,败走。齐人遂夷杀其将骑劫[4]。燕军扰乱奔走,齐人追亡逐北,所过城邑皆畔燕而归[5]。田单兵日益多,乘胜,燕日败亡,卒至河上,而齐七十余城皆复为齐[6]。乃迎襄王于莒,入临菑听政[7]。襄王封田单,号曰安平君。

[1] 为:做。绛:深红色。缯:绸子。文:"纹"的古字,花纹。束:捆绑。脂:油。端:(芦苇的)一头。
[2] 炬:火把。此指用芦苇扎成的灌有油脂的火把。炫耀:强烈耀眼。触:顶撞,此处正用其本义。
[3] 衔枚:古代行军时,为了不让士兵喧哗,用类似筷子的棍棒衔在口中。鼓噪:擂鼓呐喊。噪:"噪"的异体字,叫嚷。从:追赶。为声:制造声响。
[4] 夷:铲平,义同"杀"。"夷杀"是同义连用。
[5] 扰:乱,"扰乱"是同义连用。逐北:追赶败逃的人。畔:通"叛"。归:回归(齐国)。
[6] 日:时间名词作状语,一天一天地。卒:最终。河上:地名。齐国最北界。
[7] 襄王:湣王的儿子,名法章。湣王被杀后,莒城人找到法章,立为王。听:处理。

太史公曰:兵以正合,以奇胜[1]。善之者,出奇无穷[2]。奇正还相生,如环之无端[3]。夫始如处女,适人开户[4];后如脱兔,适不及距[5]。其田单之谓邪[6]?

[1] 兵:用兵,打仗。正:正面军队。合:交战。奇:诈谋奇计。
[2] 善之者:善用诈谋奇计的人。出奇无穷:能想出无穷无尽的奇谋。
[3] 还:旋转,循环。环:玉环。端:头。
[4] 处女:未婚女子,比喻柔弱宁静。适:通"敌"。开户:开门,言疏忽大意,不及防备。
[5] 脱兔:逃脱的野兔,比喻迅疾。距:通"拒",抵挡。
[6] 大概说的就是田单吧。"田单"是"谓"的前置宾语。

[阅读提示]

一、说明下列加点词的词性、意义、用法。

1. 东保即墨
2. 尽降齐城
3. 燕人怪之
4. 东乡坐
5. 师事之
6. 因师之
7. 可为寒心
8. 为燕所虏
9. 唯恐见得

二、说明下列加点字与括号中字的关系。

1. 傅(附)铁笼
2. 齐人走争涂(途)
3. 因反(返)走
4. 东乡(嚮)坐
5. 身操版插(锸)
6. 得千溢(镒)
7. 五彩龙文(纹)
8. 畔(叛)燕而归
9. 鼓譟(噪)从之
10. 适(敌)人开户
11. 适不及距(拒)

三、比较下列各组加点词的意义。

1. 燕引兵东围即墨/田单乃起，引还
2. 项之，燕昭王卒/燕日败亡，卒至河上/有一卒曰："臣可以为师乎？"
3. 以辒折车败，为燕所虏/即墨大夫出与战，败死

淮阴侯列传(节选)

(《史记》)

及项梁渡淮，信杖剑从之，居戏下，无所知名[1]。项梁败，又属项羽，羽以为郎中[2]。数以策干项羽，羽不用[3]。汉王之入蜀，信亡楚归汉，未得知名，为连敖[4]。坐法当斩，其辈十三人皆已斩，次至信，信乃仰视，适见滕公，曰[5]："上不欲就天下乎？何为斩壮士[6]！"滕公奇其言，壮其貌，释而不斩[7]。与语，大说之[8]。言于上，上拜以为治粟都尉，上未之奇也[9]。

[1]项梁：秦末人，项羽的叔父，曾率义兵屡破秦兵，后为秦将章邯所杀。杖：持，拿着。戏(huī)下：帅旗之下。戏：通"麾"，将帅之旗。

[2]属：跟随。郎中：管守卫的小官。

[3]策：计谋。干：求取功名。干项羽：在项羽处求取功名。

[4]亡楚：亡于楚，从楚军逃走。连敖：接待宾客的小官。

[5]坐法：犯法。当：判决。次：按顺序。适：恰好，副词。滕公：夏侯婴，刘邦好友，屡

有战功。曾任滕县令,故名。

[6]上:皇上,此指刘邦。就:成就,此指拥有。

[7]奇、壮:形容词意动用法,认为……奇,认为……壮。释:释放。

[8]说:"悦"的古字。

[9]拜:授给官职。治粟都尉:管粮饷的中级军官。奇:形容词意动用法。之:代韩信,是"奇"的前置宾语。

　　信数与萧何语,何奇之。至南郑,诸将行道亡者数十人[1]。信度何等已数言上,上不我用,即亡[2]。何闻信亡,不及以闻,自追之[3]。人有言上曰:"丞相何亡。"上大怒,如失左右手。居一二日,何来谒上,上且怒且喜,骂何曰[4]:"若亡,何也[5]?"何曰:"臣不敢亡也,臣追亡者。"上曰:"若所追者谁?"何曰:"韩信也。"上复骂曰:"诸将亡者以十数,公无所追。追信,诈也。"何曰:"诸将易得耳,至如信者,国士无双。王必欲长王汉中,无所事信[6];必欲争天下,非信无所与计事者,顾王策安所决耳[7]。"王曰:"吾亦欲东耳,安能郁郁久居此乎[8]?"何曰:"王计必欲东,能用信,信即留;不能用,信终亡耳。"王曰:"吾为公以为将[9]。"何曰:"虽为将,信必不留。"王曰:"以为大将。"何曰:"幸甚。"于是王欲召信拜之。何曰:"王素慢,无礼,今拜大将,如呼小儿耳,此乃信所以去也[10]。王必欲拜之,择良日,斋戒,设坛场,具礼,乃可耳。"王许之。诸将皆喜,人人各自以为得大将。至拜大将,乃韩信也,一军皆惊。

[1]南郑:地名,当时为汉王都城,在今陕西省南郑市。诸将行:犹诸将们。道:名词作状语,在道路上。

[2]度(duó):推测。不我用:不用我。

[3]以闻:以之闻。闻:使闻,告知。

[4]居:停,过了。谒:拜见。且:又。

[5]若:你,第二人称代词。

[6]必:副词,一定。王:用如动词,称王。事:任用。无所事信:没有任用韩信的必要。

[7]顾:只看。

[8]东:名词用如动词,向东发展。郁郁:忧愁沉闷的样子。

[9]意思是:我看在您的份上把他任命为将。

[10]素:平常。慢:轻慢。

　　信拜礼毕,上坐。王曰:"丞相数言将军,将军何以教寡人计策?"信谢,因问王曰[1]:"今东乡争权天下,岂非项王邪[2]?"汉王曰:"然。"曰:"大王自料勇悍仁强孰与项王[3]?"汉王默然良久,曰:"不如也。"信再拜贺曰:"惟信亦为大王不如也。然臣尝事之,请言项王之为人也[4]。项王喑噁叱咤,千人皆废,然不能任属贤将,此特匹夫之勇耳[5]。项王见人恭敬慈爱,言语呕呕[6];人有疾病,涕泣分食饮;至使人有功当封爵者,印刓敝,忍不能予,此所谓妇人之仁也[7]。项王虽霸天下而臣诸侯,不居关中而都彭城,有背义帝之约而以亲爱王,诸侯不平[8];诸侯之见项王迁逐义帝,置江南,亦皆归逐其主而自王善地[9];项王所过,无不残灭者,天下多怨,百姓不亲附,特劫于威,强耳[10]。名虽为霸,实失天下心,故曰其强易弱。今大王诚能反其道,任天下武勇,何所不诛[11]！以天下城邑封功臣,何所不服！以义兵从思东归之士,何所不散[12]！且三秦王为秦将,将秦子弟数岁矣,所杀亡不可胜计,又欺其众降诸侯[13]。至新安,项王诈阬秦降卒二十余万,唯独邯、欣、翳得脱,秦父兄怨此三人,痛入骨髓[14]。今楚强以威王此三人,秦民莫爱也[15]。大王之入武关,秋豪无所害,除秦苛法,与秦民约法三章耳,秦民无不欲得大王王秦者[16]。于诸侯之约,大王当王关中,关中民咸知之[17]。大王失职入汉中,秦民无不恨者[18]。今大王举而东,三秦可传檄而定也[19]。"于是汉王大喜,自以为得信晚,遂听信计,部署诸将所击。

[1]谢:谦让。
[2]争权天下:争权于天下。
[3]勇悍仁强:勇敢、剽悍、仁厚、强大。孰与:与……相比,谁……,表疑问的固定格式。
[4]尝:曾经。事:侍奉,在手下做事。请:请允许我。
[5]喑(yīn)噁(wù):满怀怨气。叱咤:发怒的声音。废:瘫倒。任属(zhǔ):任用、嘱托。属:"嘱"的古字。特:副词,只。匹夫:独夫。
[6]呕呕(xū xū):和悦的样子。
[7]刓(wán):削去棱角。敝:损坏。忍不能予:狠心不给。
[8]霸:名词用如动词,称霸。臣:名词使动用法,使……称臣。关中:靠近咸阳、长安的地区,因处于函谷关、散关、武关、萧关四关之中而得名。都:名词用如意动,以……为都。彭城:地名,在今江苏徐州。义帝之约:项羽自立为楚霸王后,尊楚怀王为义帝。怀王曾与诸侯约定,"先破秦入关者王之",后来刘邦先入咸阳,而项羽却把关中一带分封给秦的降将章邯、司马欣、董翳三人(即下文所说"邯、欣、翳")。亲爱:亲爱的人。王:封王。
[9]归逐其主:回去赶走那些地方的主子。自王善地:自王于善地。
[10]残灭:杀害,伤害。特:副词,只是。劫:胁迫。劫于威:被威势逼迫。强:勉强。
[11]诚:真的。任:任用。
[12]从:使动用法,使跟随,率领。
[13]三秦王:被封于秦地的三个秦的降将。
[14]阬:"坑"的异体字,活埋。章邯等人投降时率有秦兵二十万,项羽恐其不服,把他们活埋在新安。怨:恨。痛:恨。

[15]王：名词使动用法，使……为王。莫：没有谁。
[16]豪：通"毫"。约法三章：刘邦入关，与秦地百姓约："杀人者死，伤人及盗抵罪。"
[17]王关中：在关中称王。咸：都。
[18]失职：失去应有的职位。恨：遗憾。
[19]举：兴兵。檄(xí)：古代用木简做成的征召晓谕的文书。传檄而定：不用作战，仅靠传送一道文书就可以平定。

  信与张耳以兵数万，欲东下井陉击赵[1]。赵王、成安君陈余闻汉且袭之也，聚兵井陉口，号称二十万[2]。广武君李左车说成安君曰[3]："闻汉将韩信涉西河，虏魏王，禽夏说，新喋血阏与[4]。今乃辅以张耳，议欲下赵，此乘胜而去国远斗，其锋不可当[5]。臣闻'千里馈粮，士有饥色[6]；樵苏后爨，师不宿饱[7]'。今井陉之道，车不得方轨，骑不能成列，行数百里，其势粮食必在其后[8]。愿足下假臣奇兵三万人，从间道绝其辎重，足下深沟高垒，坚营勿与战[9]。彼前不得斗，退不得还，吾奇兵绝其后，使野无所掠，不至十日，而两将之头可致于戏下[10]。愿君留意臣之计。否，必为二子所禽矣。"成安君，儒者也，常称"义兵不用诈谋奇计"，曰："吾闻《兵法》'十则围之，倍则战[11]'。今韩信兵号数万，其实不过数千。能千里而袭我，亦已罢极[12]。今如此避而不击，后有大者，何以加之[13]？则诸侯谓吾怯，而轻来伐我[14]。"不听广武君策。

[1]张耳：曾任外黄令，秦末与陈余共同平定赵地，被项羽封为常山王。后来投奔刘邦。井陉：地名，在今河北井陉县东北。
[2]赵王：赵歇。陈余迎赵歇为赵王，自己为代王，号成安君，为赵的丞相。且：时间副词，将。
[3]李左车：赵国谋士，封号为广武君。
[4]涉：徒步过河。禽："擒"的古字。夏说(yuè)：陈余的相。喋血：踏血，指血战。喋：通"蹀"，踩，踏。阏与：地名，在今山西和顺西北。
[5]下赵：攻下赵国。去国远斗：离开封国在远方作战。
[6]馈："馈"的异体字，送。
[7]樵：打柴。苏：打草。爨：烧火做饭。师：军队。宿：常。
[8]方轨：指两车并排行驶。方：并。轨：两车轮压出的痕迹。
[9]愿：希望。假：借给。间道：小路。绝：切断，截下。辎重：军用器械、粮草、营帐等的统称。深、高：形容词使动用法，挖深，加高。坚营：坚守营垒。
[10]致：送到。
[11]十：指十倍。
[12]罢：通"疲"。
[13]加：等于说胜。
[14]轻：轻易。

广武君策不用。韩信使人间视,知其不用,还报,则大喜,乃敢引兵遂下[1]。未至井陉口三十里,止舍[2]。夜半传发,选轻骑二千人,人持一赤帜,从间道萆山而望赵军[3],诫曰:"赵见我走,必空壁逐我,若疾入赵壁,拔赵帜,立汉赤帜[4]。"令其裨将传飧,曰:"今日破赵会食[5]。"诸将皆莫信,详应曰[6]:"诺。"谓军吏曰:"赵已先据便地为壁,且彼未见吾大将旗鼓,未肯击前行,恐吾至阻险而还[7]。"信乃使万人先行,出,背水陈[8]。赵军望见而大笑。平旦,信建大将之旗鼓,鼓行出井陉口,赵开壁击之,大战良久[9]。于是信、张耳详弃鼓旗,走水上军[10]。水上军开入之,复疾战[11]。赵果空壁争汉鼓旗,逐韩信、张耳。韩信、张耳已入水上军,军皆殊死战,不可败[12]。信所出奇兵二千骑,共候赵空壁逐利,则驰入赵壁,皆拔赵帜,立汉赤帜二千。赵军已不胜,不能得信等,欲还归壁,壁皆汉赤帜,而大惊,以为汉皆已得赵王将矣,兵遂乱,遁走,赵将虽斩之,不能禁也。于是汉兵夹击,大破虏赵军,斩成安君泜水上,禽赵王歇[13]。

[1]间:秘密地,悄悄地。引兵:率军。
[2]舍:军队驻扎一夜叫一舍,此为驻扎。
[3]夜半:午夜,半夜。传发:传令出发。萆(bì)山:隐蔽在山上。萆:通"蔽"。
[4]走:逃跑。壁:营垒。逐:追。若:第二人称代词,你们。
[5]裨(pí)将:副将。飧(sūn):晚饭,此处指零食,垫底的饭食。会食:会餐。
[6]莫:否定副词,不。详:通"佯",假装。下文"详"同。
[7]便地:有利地形。前行:先头部队。阻险:险要不平之处。
[8]陈:"阵"的古字,陈列军队,布阵。
[9]平旦:天亮时。建:竖起。鼓行:敲着鼓行进。良:很。
[10]走水上军:逃到水军中。
[11]开入之:开门让他们进入。"入"是动词使动用法。疾战:激战。
[12]殊死战:拼死作战。不可败:不能被打败。
[13]大破虏赵军:等于说"大破赵军,大虏赵军",是一种共用的修饰方法。泜(chī)水:河名,在井陉口附近。

信乃令军中毋杀广武君,有能生得者购千金[1]。于是有缚广武君而致戏下者,信乃解其缚,东乡坐,西乡对,师事之[2]。

诸将效首虏,休,毕贺[3]。因问信曰:"《兵法》'右倍山陵,前左水泽'[4]。今者将军令臣等反背水陈,曰破赵会食,臣等不服,然竟以胜,此何术也?"信曰:"此在《兵法》,顾诸君不察耳[5]。《兵法》不曰'陷之死地而后生,置之亡地而后存[6]'?且信非得素拊循士大夫也,此所谓'驱市人而战之'[7]。其势非置之死地,使人人自为战;今予之生地,皆走,宁尚可得而用之乎[8]?"诸将皆服,曰:"善。非臣所及也。"

　　[1]生得:活捉。购:悬赏。
　　[2]东乡坐:面朝东坐,古人以东向为尊。师:名词作状语,像对待老师一样。事:事奉。
　　[3]效:献。休:结束。毕:都。
　　[4]右边和背后要靠山,前面和左边要临近水泽。倍:通"背"。
　　[5]顾:只是。察:看清楚,注意到。
　　[6]见《孙子兵法·九地》,原文是"投之亡地然后存,陷之死地然后生"。
　　[7]素:平常。拊循:抚爱。拊、循同义连用。市人:集市上的人。战:动词使动用法,使……战。
　　[8]今:表假设,相当于"如果"。宁:难道。尚:还。

[阅读提示]

一、指出下列加点实词的用法,并说明其意义。
　　1.深沟高垒　　　　　　2.师事之
　　3.奇其言　　　　　　　4.壮其貌
　　5.道亡者数十人　　　　6.长王汉中
　　7.臣诸侯　　　　　　　8.都彭城
　　9.以义兵从思东归之士　10.以威王此三人
　　11.大王举而东　　　　　12.东下井陉击赵
　　13.驱市人而战之　　　　14.水上军开入之

二、找出下列句中省略的介词或介词宾语。
　　1.与语,大说之。　　　　2.今东乡争权天下。
　　3.聚兵井陉口。　　　　　4.然竟以胜。
　　5.陷之死地而后生。　　　6.置之亡地而后存。
　　7.斩成安君泜水上。

三、注意下列句式的特点。
　　1.何为斩壮士。　　　　　2.上未之奇也。
　　3.上不我用。　　　　　　4.必为二子所禽矣。
　　5.何以加?　　　　　　　6.非臣所及也。
　　7.何以教寡人计策?　　　8.此所谓妇人之仁也。

四、注意下列加点词语在文中的意义。
　　1.无不恨者　　　　　　　2.购千金
　　3.东乡坐　　　　　　　　4.效首房
　　5.顾诸君不察　　　　　　6.据便地为壁
　　7.杖剑戏下　　　　　　　8.干项羽

9. 坐法当斩
10. 适见滕公
11. 信谢
12. 怨此三人
13. 间视

五、找出文中的通假字、异体字和古字,并说明其相应的本字、正体字和今字。

高祖行封(白文)

《史记·萧相国世家》

　　汉五年既杀项羽定天下论功行封群臣争功岁余功不决高祖以萧何功最盛封为酂侯所食邑多功臣皆曰臣等身被坚执锐多者百余战少者数十合攻城略地大小各有差今萧何未尝有汗马之劳徒持文墨议论不战顾反居臣等上何也高帝曰诸君知猎乎曰知之知猎狗乎曰知之高帝曰夫猎追杀兽兔者狗也而发纵指示兽处者人也今诸君徒能得走兽耳功狗也至于萧何发纵指示功人也且诸君独以身随我多者两三人今萧何举宗数十人皆随我功不可忘也群臣皆莫敢言

　　列侯毕已受封及奏位次皆曰平阳侯曹参身被七十创攻城略地功最多宜第一上已桡功臣多封萧何至位次未有以复难之然心欲何第一关内侯鄂君进曰群臣议皆误夫曹参虽有野战略地之功此特一时之事夫上与楚相距五岁常失军亡众逃身遁者数矣然萧何常从关中遣军补其处非上所诏令召而数万众会上之乏绝者数矣夫汉与楚相守荥阳数年军无见粮萧何转漕关中给食不乏陛下虽数亡山东萧何常全关中以待陛下此万世之功也今虽亡曹参等百数何缺于汉汉得之不必待以全奈何欲以一旦之功而加万世之功哉萧何第一曹参次之高祖曰善于是乃令萧何第一赐带剑履上殿入朝不趋上曰吾闻进贤受上赏萧何功虽高得鄂君乃益明于是因鄂君故所食关内侯邑封为平安侯是日悉封何父子兄弟十余人皆有食邑乃益封何二千户以帝尝繇咸阳时何送我独赢奉钱二也

圯上老父(白文)

《史记·留侯世家》

　　良尝闲从容步游下邳圯上有一老父衣褐至良所直堕其履圯下顾谓良曰孺子下取履良鄂然欲殴之为其老强忍下取履父曰履我良业为取履因长跪履之父

以足受笑而去良殊大惊随目之父去里所复还曰孺子可教矣后五日平明与我会此良因怪之跪曰诺五日平明良往父已先在怒曰与老人期后何也去曰后五日早会五日鸡鸣良往父又先在复怒曰后何也去曰后五日复早来五日良夜未半往有顷父亦来喜曰当如是出一编书曰读此则为王者师矣后十年兴十三年孺子见我济北谷城山下黄石即我矣遂去无他言不复见旦日视其书乃太公兵法也良因异之常习诵读之

　　子房始所见下邳圯上老父与太公书者后十三年从高帝过济北果见谷城山下黄石取而葆祠之留侯死并葬黄石冢每上冢伏腊祠黄石

陈平行间（白文）

（《史记·陈丞相世家》）

　　陈平曰顾楚有可乱者彼项王骨鲠之臣亚父钟离昧龙且周殷之属不过数人耳大王诚能出捐数万斤金行反间间其群臣以疑其心项王为人意忌信谗必内相诛汉因举兵而攻之破楚必矣汉王以为然乃出黄金四万斤恣所为不问其出入

　　陈平既多以金纵反间于楚军宣言诸将钟离昧等为项王将功多矣然而终不得裂地而王欲与汉为一以灭项氏而分王其地项羽果意不信钟离昧等项王既疑之使使至汉汉王为太牢具举进见楚使即详惊曰吾以为亚父使乃项王使复持去更以恶草具进楚使楚使归具以报项王项王果大疑亚父亚父欲急攻下荥阳城项王不信不肯听亚父闻项王疑之乃怒曰天下事大定矣君王自为之愿请骸骨归归未至彭城疽发背而死

【词义分析】（六）

　　忍　忍字从心刃声。本义为忍耐。《论语·八佾》："是可忍也，孰不可忍也。"引申为克制，抑制。《荀子·儒效》："志忍私，然后能公；行忍情性，然后能修。"引申为狠心对待。《韩非子·内储说下》："公不忍之，彼将忍公。"又为形容词，狠心，残忍。《史记·项羽本纪》："君王为人不忍。"《史记·楚世家》："且商臣蜂目而豺声，忍人也。"又引申为忍心，愿意。《史记·周本纪》："杀人父子而君之，予不忍为。"《潜夫论·忠贵》："宁见朽贯千万，而不忍赐人一钱。"

　　伯　伯字从人白声，本义当为兄弟排行中的老大。《仪礼·士冠礼》："伯，某甫，仲、叔、季，唯其所当。"郑玄注："伯、仲、叔、季，长幼之称。"引申为长官。《左传·僖公十九年》："诸侯无伯。"杜预注："伯，长也。"引申指诸侯的盟主，这个意义后来写作"霸"。《荀子·王霸》："虽在僻陋之国，威动天下，五伯是也。"《史记·齐太公世家》："天子使晋称伯。"

再引申为动词,称霸。《荀子·儒效》:"用万乘之国,则举措而定,一朝而伯。"

古代诸侯五等爵位的第三等也叫伯。《礼记·王制》:"王者之制禄爵,公、侯、伯、子、男,凡五等。"

察 察本义为细究、详审。《尔雅·释诂》:"察,审也。"《吕氏春秋·察传》:"夫得言不可以不察。"《左传·庄公十年》:"小大之狱,虽不能察,必以情。"引申为仔细看。《周易·系辞上》:"仰以观于天文,俯以察于地理。"曹植《洛神赋》:"远而望之,皎若太阳升朝霞;迫而察之,灼若芙蕖出渌波。"再引申为看清楚。《商君书·禁使》:"上别飞鸟,下察秋豪。"(豪通"毫")再引申为清楚,明晰,也用于比喻政治清明。《荀子·非相》:"禹汤有传政,而不若周之察也。"《楚辞·九叹》:"时溷浊犹未清兮,世殽乱犹未察。"

由细究义又引申为调查,考察。《论语·卫灵公》:"众恶之,必察焉;众好之,必察焉。"《新唐书·百官志》:"监察御史……掌分察百寮。"再引申为经考察后予以荐举。《三国志·吴书》:"郡察孝廉,州举茂才。"《抱朴子·审举》:"举秀才,不知书;察孝廉,别父居。"

过 过字从辵呙声,本义为经过,走过。《孟子·滕文公上》:"禹八年于外,三过其门而不入。"《吕氏春秋·察传》:"子夏之晋,过卫。"引申为超过、胜过。《论语·公冶长》:"由也好勇过我,无所取材。"《左传·隐公元年》:"都城过百雉,国之害也。"由空间转向时间,引申为过去。曹操《精列》:"年之暮奈何,时过时来微。"

超过界线,就可能带来失误,故由超过引申为过失、错误。《商君书·开塞》:"夫过有厚薄,则刑有轻重。"用作动词,义为有过失。《周礼·地官·调人》:"凡过而杀人者,以民成之。"郑玄注:"无本意也。"可见此处"过"为无意而犯错误,又泛指犯错误。《吕氏春秋·察传》:"此愚者之所以大过也。"犯了错误,则遭人责备,故又引申为责备。《吕氏春秋·适威》:"烦为教而过不识,数为令而非不从。"高诱注:"过,责。"《谷梁传·成公七年》:"不言日,急辞也,过有司也。"杨士勋疏:"以责有司也。"

由走过又引申为拜访、探望。《诗经·召南·江有汜》:"子之归,不我过。"《战国策·齐策》:"于是乘其车,揭其剑,过其友。"

和 和字从口禾声。本义为应和,即跟着唱,跟着说,跟着叫。《后汉书·黄琼传》:"阳春之曲,和者必寡。"《周易·中孚》:"鸣鹤在阴,其子和之。"引申为附和,响应。《商君书·更法》:"论至德者不和于俗,成大功者不谋于众。"引申为以诗歌酬答,依据别人的诗词形式或内容写作诗词。白居易《初冬早起寄梦得》:"诗成遣谁和,还是寄苏州。"以上各义读去声。

由本义引申为和谐,协调。《老子》:"音声相和。"又指人际关系的和谐、融洽。《三国志·蜀志》:"或以为蜀之与吴,本为和国。"陆贽《奉天论延访朝臣表》:"情不变,则邦不和。"用为动词,义为使和谐,即调和,调治。《吕氏春秋·察传》:"和五声。"《周礼·天官·食医》:"食医掌和王之六食、六饮、六膳、百羞、百浆、八珍之齐。"郑玄注:"和,调也。"从和谐义又引申为和解,和平。《孙子·行军》:"无约而请和者,谋也。"又引申为暖和。王逸《九思·悯时》:"风习习兮和暖,百草萌兮华荣。"这些意义的"和"都读平声。

采 采字从爪从木,本义为摘取。《诗经·小雅·采薇》:"采薇采薇,薇亦作止。"引申为采取,选取。《史记·秦始皇本纪》:"采上古帝位号,号曰'皇帝'。"曹植《与杨德祖书》:"夫街谈巷说,必有可采。"引申为收集,采集。《汉书·艺文志》:"古有采诗之官。"以上意义,后来写作"採",今又简化为"采"。

"采"又指多色的丝织品。《礼记·杂记下》:"麻不加于采。"《汉书·货殖传》:"文采千匹。"颜师古注:"帛之有色者曰采。"此义后来写作"綵"。又指彩色,色彩。李斯《谏逐客书》:"西蜀丹青不为采。"《礼记·月令》:"命妇官染采。"郑玄注:"采,五色。"又引申为文章的辞藻,文采。《文心雕龙·情采》:"繁采寡情,味之必厌。"又引申为光彩。谢庄《月赋》:"增华台室,扬采轩宫。"彩色以下各义后来写作"彩"。

"采"又指古代卿大夫的封地,音 cài。《礼记·礼运》:"大夫有采以处其子孙。"也称"采邑"、"采地"、"食地"。后来此义也写作"寀"、"埰"。

益 益字从水从皿,本义为水漫出来。《吕氏春秋·察今》:"澭水暴益,荆人弗知,循表而夜涉,溺死者千有余人。"此义后来写作"溢"。引申为增加。《左传·襄公二十六年》:"子木惧,言诸王,益其禄爵而复之。"又引申为增加的东西,即利益、好处。《尚书·大禹谟》:"满招损,谦受益。"又引申为有好处。《论语·季氏》:"友直、友谅、友多闻,益矣。"李斯《谏逐客书》:"损民以益雠。""益"此处用为使动用法。"益"作为形容词,意义又为富裕,饶多。《吕氏春秋·贵当》:"其友皆孝悌纯谨畏令,如此者,其家必日益,身必日荣矣。"

益作为副词,其义有二,也是由本义引申而来。一为更加。《孟子·梁惠王下》:"如火益深,如火益热。"一为逐渐。《礼记·坊记》:"使民富不足以骄,贫不致于约,贵不慊于上,故乱益亡。"

顾 顾字从页雇声,本义为回头看。《楚辞·离骚》:"瞻前而顾后兮,相观民之计极。"引申为回头。《战国策·齐策》:"孟尝君顾谓冯谖。"引申为返回。《穆天子传》:"吾顾见汝。"由回头看又引申为看。《诗经·邶风·终风》:"终风且暴,顾我则笑。"引申为看望,拜访。《出师表》:"先帝不以臣卑鄙,猥自枉屈,三顾臣于草庐之中。"引申为关心,顾惜。《诗经·魏风·硕鼠》:"三岁贯女,莫我肯顾。"

用作副词,表示轻微的转折语气,相当于"只是"、"不过",也是"顾"的引申义。《后汉书·马援传》:"帝复笑曰:'卿非刺客,顾说客耳。'"又相当于"反倒"、"反而"。《史记·高祖本纪》:"顾反居臣等上。"《汉书·周勃传》:"今居一小县,顾欲反邪?"颜师古注:"顾犹倒也。"

被 被字从衣皮声,本义为被子。《说文》:"被,寝衣,长一身有半。"引申为覆盖。《楚辞·招魂》:"皋兰被径兮斯路渐。"特指覆盖在身上,穿在身上。《史记·高祖本纪》:"臣等身被坚执锐。"这个意义后来写作"披"。从覆盖义引申为加于某某之上,施于。《荀子·不苟》:"去乱而被之以治。"《荀子·臣道》:"功参天地,泽被生民。"被加给不幸的事则为遭受。《史记·高祖本纪》:"平阳侯曹参身被七十创。"再进一步引申虚化,且其后为动词时"被"字便成为表示被动的助词。《史记·屈原贾生列传》:"信而见疑,忠而被谤。"被字后有宾语时"被"为引进主动者的介词。《世说新语·言语》:"弥衡被魏武谪为鼓吏。"

亡 亡字依《说文》为会意字,本义为逃亡,逃跑。《史记·项羽本纪》:"是时桓楚亡在泽中。"《史记·高祖本纪》:"常失军亡众。"引申为丢失,失去。《史记·高祖本纪》:"陛下虽数亡山东……"成语有"亡羊补牢"。引申为不在,外出。《论语·阳货》:"孔子时其亡也而往拜之,遇诸途。"再引申为死亡,灭亡,消亡。《公羊传·桓公十五年》:"曷为末言尔?祭仲亡矣。"《墨子·经说下》:"光至景亡。"消亡了也就是没有了,故引申为没有。《史记·

高祖本纪》:"今虽亡曹参等百数,何缺于汉?"贾谊《论积贮疏》:"用之亡度,则物力必屈。"

师 师本义为古代军队编制的一级,二千五百人为师。《诗经·小雅·采芑》:"陈师鞠旅。"郑玄注:"二千五百人为师,五百人为旅。"《周礼·地官·小司徒》:"五旅为师,五师为军。"引申之,则泛指军队,通常指出兵在外的军队。《左传·庄公十年》:"齐师伐我。"又指军事长官,特指军师。《左传·成公十八年》:"旅不偪师。"杜预注:"师,二千五百人之帅也。"《史记·孙子吴起列传》:"于是乃以田忌为将,而孙子为师。"《史记·留侯世家》:"读此则为王者师矣。"又指军队以外其他专司一职的官。《周礼》有"医师","众医之长";有"追师",掌王后之首饰服装。另外古代有"乐师"、"农师"等。又引申为老师。《论语·述而》:"三人行,必有我师焉。"引申为榜样。《战国策·赵策》:"前事之不忘,后事之师。"用为意动,则为效法。《史记·秦始皇本纪》:"今诸生不师今而学古。"

习 习字繁体从羽从日(甲骨文从日,后讹为白,郭沫若云:"盖谓禽鸟于晴日学飞。")本义为雏鸟反复学飞。《礼记·月令》:"鹰乃学习,腐草为萤。"引申为学习。《吕氏春秋·听言》:"造父始习于大豆,蜂门始习于甘绳。"引申为温习,复习。《史记·留侯世家》:"常习诵读之。"《论语·学而》:"学而时习之,不亦说乎?"引申为熟悉,了解。《史记·田单列传》:"田单宗人以铁笼得全,习兵。"引申为习惯。《商君书·战法》:"民习以力攻难,故轻死。"用为副词,义为常常,这也是由"反复飞"引申而来。《汉书·董仲舒传》:"习闻其号,未烛厥理。"

第七单元

常识：古文阅读

一、古书的注释

(一) 古注的类型和体例

我国古籍浩如烟海，其中早期的一些著作如《尚书》、《诗经》等，到春秋晚期时，一般人就已经不容易看懂了。于是，以解释古书语义为主要任务的训诂就应运而生了。训诂的体式主要有两种：随文释义的注释、通释语义的专著。给各种古书做随文释义的注释，到汉代开始陆续出现。这些注释内容丰富，形式多样，名称、术语各不相同。因此，了解古书注释的有关常识，对我们提高阅读古书的能力、更好地继承古代文化遗产无疑会有很大帮助。

目前可见的比较重要的古书，前人大都作过注释，并且很多不止一家，但注释名称比较繁杂，如传、解、训诂、注、笺、释、诠、音义、疏、正义、集解、集释、说、微、章句等，而实际内容大同小异。根据各自不同的特点，古书注释大致可分为传注体、义疏体、集解体、章句体、评注体五种类型。

传注体 "传"即传述解说。先师所言为"经"，后师解说"经"的就叫"传"。相传孔子作《春秋》经，左丘明、公羊高、谷梁赤分别为之作解，这就是"三传"，后来"三传"也变成了经。"注"即注释经文，"解经以明其义曰注"（段玉裁《说文解字注》）。汉代郑玄的《三礼注》，就是注解"三礼"中的难懂字句的。"传"和"注"原本有别："传"侧重于传述老师的话，老师讲经，弟子原原本本地记下来，整理成书，这就是传；"注"则是按自己的理解对经书加以解释。所以说，"传"是相承的师说，"注"是自己的见解。但是后来则"传"、"注"无异，都是对古书中难懂字句的注释，因而《离骚传》和《离骚注》实质上并无区别。后世注释古书，习惯上以称注为多。

"笺"本为小竹片。古人读书时随手将心得记在竹片上，夹在经卷中相应的位置，这就是笺。东汉郑玄给《毛诗》作注，自称为"笺"。他说："注诗宗毛为主，毛义若隐略，则更表明；如有不同，即下己意，使可识别也。"（郑玄《六艺论》）这说明，郑笺是在毛传的基础上解释《诗经》，一方面，对毛传隐晦简略之处，加以申明补充；另一方面，把不同于毛传的意见写出来,表示与已有注释不同。

"传"、"注"、"笺"以及"解"、"诂"、"训"、"释"大体上可归为一类,称为"传注体"。传注体的特点是,以解释原著中语词为主要内容,以今语释古语,用通语释方言。它尽管也分析原著中的句子或篇章,但以疏通字面意思为主要目的;尽管也援引前贤之说,但主要是传注者的一家之言。因此,传注体的古注一般都简明扼要,客观朴实。

就现存古籍一般版本而言,传注体的编排体例是:原文用竖行大字排列,注文用竖行双行小字排列,置于原文相应的句子之下。如王弼《老子注》(这里变竖排为横排,变繁体为简体,其他照旧。下同):

五色令人目盲。五音令人耳聋。五味令人口爽。驰骋畋猎令人心发狂。爽差失也失口之用故谓之爽 目口心皆顺其性也不以顺性命反以伤自然故曰盲聋爽狂也 难得之货。令人行妨。难得之货塞人正路故令人行妨也

义疏体 "义疏"即疏通其义,简称"疏",又叫"正义"。由于语言的发展,先秦古书到了汉魏时期,人们已经不很容易看懂了,于是就有人为之作注。可是到南北朝以后,一般人不仅读不懂古书原文,连汉魏注文也读不懂了,因此又产生了一种既注释古书原文又注释汉魏注文的新的古注类型——义疏体。比较有名的有唐代孔颖达等人奉诏撰写的《五经正义》等。"疏义"、"义注"、"义证"、"疏证"等也大都属于义疏体。

义疏体的特点是:它不仅要注"经"(古书原文),而且还要注前人所做的"注",并且一般要逐字逐句甚至逐章地讲解经文和注文。义疏体解释周详,有利于理解古书原文和汉魏注家见解,但作疏者死守"疏不破注"教条,使得很多义疏缺乏新意。

义疏体的体例是,经文用竖行大字排列;注文和疏文均用双行小字列于相应的经文之下。注疏同时出现时,注文在前,疏文在后。疏文前冠以[疏]字。因此,义疏体一般由经文、注文、疏(正义)三部分组成。在宋人合刊的《十三经注疏》中,除《仪礼》、《孝经》、《论语》、《孟子》外,其他各经的注文后还附有唐代陆德明《经典释文》中有关各经的音义。音义为经文和注文中的难字注音,有时兼及释义。注文和音义间用"○"隔开。疏文中,一般先标明所疏内容的起止范围,然后才是正文,中间也用"○"隔开。如孔颖达《春秋左传正义》:

> 初。郑武公娶于申。曰武姜 _{申国今南阳宛县○宛于元反}
>
> _{娶取 住反} [疏] 初郑武公娶于申曰武姜○正义曰杜以为凡倒本其事者皆言初也……○注申国今南阳宛县○正义曰外传说伯夷之后曰申吕虽衰齐许犹在则申吕与齐许同为姜姓也……

例子中单行大字"初郑武公娶于申曰武姜"是《左传》正文。后边的双行小字是注文。其中紧挨正文的"申国今南阳宛县"是杜预的注;"宛于元反娶取住反"是陆德明的音义,中间用○隔开。[疏]以下是孔颖达的正义。因为正义既释经文又释注文,因此需标明解释的对象。内容较少则照录原文,较多就标明"××至××",以说明起止范围。上例中是照录经文和注文,"○"后"正义曰"才是正义的正文。

集解体 古代影响较大的经典著作往往有多家注解,把各家注解汇集起来就是"集解"。"集解"又称"集释"、"集注"、"集说"等。集解体的特点是,汇集有关某部古书的各种解说,然后再加上自己的见解和评论,因而材料丰富,便于人们在互相对照中理解原著,但也有些集解无选择地堆砌,失之于滥。

集解体的体例是,古书原文用竖行大字排列,各家注释以及作者自己的见解用竖行双行(或单行)小字列于原文相应的句子之下。对各家的注释,有的标明注者姓名,有的仅记其姓,其全名一般已在前文或序言凡例中交代清楚。凡未注明姓氏的即是作者自己的见解。如何晏《论语集解》(据阮刻《十三经注疏》本):

> 子曰。学而时习之。不亦说乎。_{马曰子者男子之通称谓孔子也王曰时者学者以时诵习之诵习以时学无废业所以为说怿} 有朋自远方来。不亦乐乎。_{包曰同门曰朋} 人不知而不愠。不亦君子乎。_{愠怒也凡人有所不知君子不怒}

注文中"王"指王肃,"包"指包咸。最后"愠怒也凡人有所不知君子不怒"这一段没注出姓氏,是何晏自己的见解。

需要注意的是,有的古注名为"集解",实非集诸家之解。如晋杜预《春秋左氏经传集解》,实际是汇集《春秋》经和《左氏传》并为之作解,属于传注体。

章句体 "章句"意为"离章辨句"。作为一种古注类型,章句体的特点是,除解释原著中的字词以外,还要分章析句,串讲全句或全章大意。汉代赵岐的《孟子章句》中,每章之后还有"章指"用于概括全章中心思想。如《孟子·梁惠王上》"寡人之于国也"一章之后赵岐注:"章指言:王化之本,在于使民养生丧死之用备足,然后导之以礼义;责己矜穷,则斯民集矣。"章句体讲解详细,便于把握原著主题思想,但一般比较烦琐,所以"通人恶烦,羞学章句"(《文心雕龙·论说篇》)。在编排体例上,章句体也是先以竖行大字列出古书原文,其下用双行小字解词释义、分章辨句。如王逸《楚辞章句》:

日月忽其不淹兮春与秋其代序 <small>淹久也代更 也序次也言</small>

<small>日月昼夜常行忽然不久春往秋来
以次相代言天时易过人年易老也</small>

例中"淹,久也"等是释词,"言日月昼夜常行"等是串讲全句,"言天时易过,人年易老也"是分析主旨。

评注体 "评注"是边评边注,既注又评。注是注音释义、疏通文义;评是评论原著的遣词造句、布局谋篇、思想内容等。又称"点评",点即点明文章妙处。可见,评注体的特点是,不仅要从语言的角度解释原著中的字词句,而且还要从文学的角度评论原著的写作特点和主题思想。这对人们理解以至鉴赏原著、提高分析文学作品的能力都很有帮助。当然,单就注释古书而言,有些评论也并非必不可少。清初吴楚材、吴调侯编注的《古文观止》即为评注体。

评注体的体例是,古书原文用竖行单行大字排列,注释和评论用双行小字列于其后,一般先注后评,篇末再加总评。总评主要用来分析层次、点明主题、总结写作特点。如《古文观止·烛之武退秦师》:

晋侯（文公）秦伯（穆公）围郑。（晋文主兵秦穆会之）以其无礼于晋（文公出亡过郑郑不礼之）、且贰于楚也（郑伯虽受曹盟、犹有二心于楚○二句言致伐之由）晋军函陵、秦军氾南（函陵、氾南、皆郑地。○二句写秦晋分军次舍、可以乘闲私说、伏下烛之武夜缒见秦君）佚之狐（郑大夫）言于郑伯曰、国危矣。若使烛之武（郑大夫）见秦君、师必退（佚之狐已有定算）公从之。（遣烛之武）辞曰、臣之壮也、犹不如人。今老矣、无能为也已。（隐示不早见用意。虽近怨、然辞亦婉曲）……

郑近晋、而远于秦。秦得郑而晋收之、势必至者。越国鄙远、亡郑陪邻、阙秦利晋、俱为至理。古今破同事之国、多用此说。篇中前段写亡郑、乃以陪晋。后段写亡郑、即以亡秦。中间引晋背秦一证、思之毛骨俱竦。宜乎秦伯之不但去郑、而且戍郑也

（二）古注的内容

古书注释的根本目的是帮助读者读懂原著，因此古注的内容非常丰富，几乎无所不包。

注明字音 给多音字、难字以及通假字等注音，这是古注的基本内容之一。古注中的注音主要采用比况、读若、直音、反切等方法。如：

① 《公羊传·庄公二十八年》："《春秋》伐者为客，伐者为主。"何休注："伐人者为客，读伐，长言之，齐人语也。""见伐者为主，读伐，短言之，齐人语也。"
② 《说文·羊部》："羒，五月生羔也，从羊宁声。读若宁。"
③ 《诗经·魏风·硕鼠》："适彼乐土。"陆德明音义："乐音洛。"
④ 《诗经·小雅·黄鸟》："黄鸟黄鸟，无集于谷，无啄我粟。"陆德明音义："啄，陟角反。"

例①用"长言之"、"短言之"来描绘"伐"的不同读音，用的是比况法。例②③④分别用读若法、直音法、反切法注音。

解释词义 语言三要素（语音、词汇、语法）中，词汇变化最快，因而阅读古书时难懂词语是最大的障碍。注释古书时，释词就成了核心内容。

古人在注中解释词义，方法主要有三种：形训、义训、声训。

形训是通过分析汉字的形体结构来探求字（词）的本义。作为表意性质的文字，汉字

在造字之初,字形与字义有着密切的联系,象形、指事均有所"象",会意、形声必有所"从",因此,历代训诂学家都比较重视从字形结构上寻求字的本义或本义所属的范畴。这些在第一单元中我们已经作了介绍。再如:

① 《说文》:"皿,饭食之用器也。象形。与豆同意。"段玉裁注:"上象其能容,中象其体,下象其底也。与豆略同而少异。"

② 《说文》:"羴,羊臭也,从三羊。"段玉裁注:"臭者,气之通于鼻者也。羊多则为羴,故从三羊。"

义训不借助于字音与字形,而直接从词义的角度用今语释古语,以通言释方言。义训大致可归纳为两类:一是以词释词,二是标明义界。以词释词,古人称之为"异言相代",简称"代言",是选用一个当时通用的词进行解释。例如《诗经·周南·汝坟》毛传:

"遵,循也。"

"枝曰条,干曰枚。"

"既,已;遐,远也。"

"孔,甚;迩,近也。"

以词释词中包括所谓的"互训"、"递训"等。互训是用两个同义词互相训释。如《尔雅·释宫》:"宫谓之室,室谓之宫。"递训是用一组词递相训释。如《尔雅·释鱼》:"蝾螈,蜥蜴。蜥蜴,蝘蜓。蝘蜓,守宫也。"

标明义界,即用一句或几句话对词义加以概括或描写。如《诗经·魏风·伐檀》毛传:

"坎坎,伐檀声。"

"风行水成文曰涟。"

"种之曰稼,敛之曰穑,一夫之居曰廛。"

"兽三岁曰特。"

"熟食曰饔。"

声训是从语音的角度,用音近义通的词解释词义,探究词义来源。又称音训。如:

① 《释名》:"日,实也,光明盛实也。""月,阙也,满则阙也。""山顶曰冢。冢,肿也,言肿起也。"

② 《论语·为政》:"为政以德,譬如北辰,居其所而众星拱之。"朱熹注:"政之为言正也,所以正人之不正也。德之为言得也,得于心而不失也。"

两例中的解释词"实"、"阙"与被释词"日"、"月"音近,解释词"肿"、"正"、"得"与被释词"冢"、"政"、"德"音同。

串讲文意 为了帮助读者更准确地掌握经文要旨,注释家往往在注音释词之外,还要通过串讲或翻译经文全句或全段来疏通上下文意,甚或点明中心思想。例如:

① 《论语·子张》:"子夏曰:'小人之过也,必文。'"邢昺疏:"此章言小人不能改过也,必文饰其过,强为辞理,不言情实也。"

② 《诗经·王风·君子于役》:"君子于役,不知其期,曷至哉?"郑笺:"曷,何也。君子于往行役,我不知其反期,何时当来至哉?"

例① 中,疏文先概括说明全句的主题,然后串讲全句。例②中,郑笺"曷,何也"是释词,其下是对全句的翻译。

诠释典故 古人写诗作文喜欢征引典故,魏晋南北朝时,用典更是成了一种风气。阅读古书时能否知晓典故出处,直接影响对文意的理解,因此,释典也是注释古书的一个内容。唐代李善的《文选注》就很注重释典,以至于到了"释事而忘义"的地步。如王粲《登楼赋》:"钟仪幽而楚奏兮,庄舄显而越吟。"李善注:

《左氏传》曰:"晋侯观于军府,见钟仪,问曰:'南冠而絷者谁也?'有司对曰:'郑人所献楚囚也。'使税之,问其族,对曰:'伶人也。'使与之琴,操南音。公曰:'乐操土风,不忘旧也。'"

《史记》曰:"陈轸适楚,秦惠王曰:'子去寡人之楚,亦思寡人不?'陈轸对曰:'昔越人庄舄仕楚,执圭,有顷而病。楚王曰:"舄,故越之鄙细人也,今仕楚执圭,富贵矣,亦思越不?"对曰:"凡人思故在其病也。彼思越则越声,不思越且楚声。"使之往听之,犹尚越声也。今臣虽弃逐之楚,岂能无秦声者哉?'"

这里李善分别引用了《左传》和《史记》中有关记载,注释了王粲文章中的两个典故。

分析句读 古文无标点符号,古人读书时,往往在文中该停顿的地方加"、"号,叫作"读";在一句之末加"。"号,叫"句",合称"句读"。"句读"是读书的基本功,所以前人在给古书作注时,一般通过行文格式和串讲句意来告诉读者如何断句,不专门说出。但句读一错,文意可能大不相同,因此,对有争议或容易引起误解的地方,注释者往往要明确指出。如:

《左传·僖公二十五年》:"昔赵衰以壶飧从径,馁而弗食。"杜预注:"言其廉且仁,不忘君也。径,犹行也。"陆德明音义:"径,古定反。一读'以壶飧从'绝句,读'径'为'经',连下句。乖于杜意。"孔颖达疏:"杜以'径犹行'者,以《传》文为径,故释为行,上读为义。刘炫改'径'为'经',谓经历饥馁,下属为句,则改其字以规杜氏。非也。"

对这句话的断句,杜预没有明说,但于注文中足见其主张。陆氏音义提出,有人(刘炫)在"径"字前断句,改读"径"为"经"。孔氏比较了两种说法,认为还是在"径"后断句才是正确的。

校勘文字 由于古书往往都几经传抄刻印,其中的错误必不可免。所以古人在注释古书时,对古书中的文字进行订正和考异就成为一个必不可少的内容。他们或校订错字,或乙正错简,或删消衍文,或比较异同,于校勘用力颇勤。如:

《论语·微子》:"子路曰:'不仕无义。……'"朱熹《集注》:"福州有国初时写本'路'下有'反子'二字。以此为'子路反'而夫子'言'之也,未知是否。"

此例是用对校法比较异同,不下结论,让读者自己斟酌取舍。(对校法即用同书的祖本或别本互相校勘,以发现讹误)

《荀子·城相》:"上能尊主爱下民。"王念孙《读书杂志》:"'爱下民'当作'下爱民',与'上能尊主'对文。《不苟》、《臣道》二篇并云'上则能尊君,下则能爱民',是其证。"

此例是用本校法乙正错简,指明原文中的倒文。(本校法即用同书的前后文字互证,以断定其中的错误)

  《汉书·苏武传》:"乃幽武置大窖中,绝不饮食。"王念孙《读书杂志》:"此本作'绝不与饮食',师古所见本脱'与'字,则文义不可通。……旧本《北堂书钞·设官部》十五、《服饰部》三、《艺文类聚·天部下》、《太平御览·天部》十二、《人事部》百二十七、《服用部》十引此皆作'绝不与饮食',是诸家所见本,皆与师古异也。……今据以订正。"

此例是用他校法补缀脱文。(他校法即用他书勘定本书。凡本书有采自前人者,可据前人之书校之;有为后人用者,可据同时或同性质之书校之;其史料事实有为同时之书所并载者,可据同时或同性质之书校之)

  《管子·霸言》:"故贵为天子,富有天下而伐不谓贪者,其大计存也。"俞樾《古书疑义举例》:"伐乃代字之误。《管子》原文作'世不谓贪',言一世之人不以为贪也。唐人避讳,改世为代,后人传写又误代为伐。"

此例是用理校法订正误字。(理校即根据文字、音韵、语法、文理等的规律来推测其讹误)

  校勘的方法虽有上述四种,但实际上经常掺和使用。如今本《战国策·赵策》有"左师触詟愿见太后"一句,清代著名训诂家王念孙,在其《读书杂志》里,就综合运用了对校法、理校法、他校法以及大量确凿的证据考定"龙言二字误合为詟"。正因为他综合运用了各种校勘方法,既有本证又有佐证,因而持之有故,言之成理,为后人所不得不折服。1973年长沙马王堆三号汉墓出土的帛书《战国策》证明,王氏的推论是完全正确的。

  阐述语法 古人系统的语法观念产生得较晚,但在传注里,有关虚词和语序的说明和分析还是屡屡可见。这些虽不完整,不成系统,但对于了解句子的结构和语气,还是有帮助的。

  有对虚词的说明。如:

  《诗经·周南·麟之趾》:"于嗟麟兮!"毛传:"于嗟,叹辞。"

  《诗经·大雅·文王》:"思皇多士。"毛传:"思,辞也。"郑笺:"思,愿也。"正义:"思,语辞,不为义。……笺以思之为辞,止于句末。今句首言之,不宜为辞,故易传。"

以上是解释虚词。

  《诗经·小雅·常棣》:"原隰裒矣,兄弟求矣。"毛传:"求矣,言求兄弟也。"

  《诗经·周南·汝坟》:"既见君子,不我遐弃。"正义:"不我遐弃者,犹云'不遐弃我也'。古人之语多倒,诗之此类众矣。"

以上是说明语序。"原隰裒矣,兄弟求矣",在形式上似乎是对偶的,但毛亨对前一句未加说明,意思是可按原文的结构即主谓结构来理解;对后句特意说明,意为"求兄弟也",意即应按动宾关系来理解。《汝坟》的正义则告诉我们,"不我遐弃"是宾语前置句。

《左传·隐公元年》:"惠公元妃孟子,孟子卒。"正义:"重言孟子者,服虔云:嫌与惠公俱卒,故重言孟子。"

此为释句法。指出重言"孟子"的原因。

　　《吕氏春秋·期贤》:"然则君何不相之?"高诱注:"何不以段干木为相也?"

　　《春秋·襄公二十五年》:"襄公二十有五年,吴子遏伐楚,门于巢卒。"《公羊传》:"门于巢卒者何?入门乎巢而卒。入门乎巢而卒者何?入巢之门而卒也。"

以上为说明词类活用。前例指出了"相"是今天所说的意动用法,后例通过句式变换,指出"门"是名词用如动词,是"入门"的意思。

　　旧时训诂,实词必注,虚词从略。尤其是助词,往往仅以"语辞"、"辞也"等一语带过。同时,这些例子说明,古人虽无语法术语,然确有语法意识。像这样的材料如能加以分析整理,对于古代汉语语法发展规律的研究,将会有不少实际的帮助。

　　显示修辞　人们在说话或写作时,总是在符合语法的基础上,力求表达得准确、鲜明、生动,这种把内容表达得准确、鲜明、生动的手段就是修辞。修辞手段产生得很早,正像刘大白所说:"中国人在说话的时候,修了几百万年的辞,并且在作文的时候,也已修了几千年的辞。"(见陈望道《修辞学发凡》序)在传注训诂中,说明古人修辞手段的情况随处可见。它的作用是可以加深读者对文意的理解。如:

　　《诗经·小雅·鹤鸣》:"鹤鸣于九皋,声闻于野。"毛传:"兴也。皋,泽也。言身隐而名显也。"

　　《诗经·小雅·节南山》:"节彼南山,维石岩岩。赫赫师尹,民具尔瞻。"(节,高峻的样子;岩岩,石堆积的样子。)毛传:"兴也。"

"赋"、"比"、"兴"是《诗经》的不同写作手法。日本人儿岛献吉郎《毛诗考》说:"赋是纯叙述法,比是纯比喻法,兴是半比半赋之法,前半用比,后半用赋。"也就是先用他物作比然后引起所咏之物。因为这种表现手法比较委婉,所以毛亨特意点明一下,指出例一这两句起兴是用来比喻贤人虽隐居荒野,但他的名声却仍然传之远方;例二前两句起兴则是用来比喻太师权重势大。

　　《诗经·小雅·车攻》:"萧萧马鸣,悠悠旆旌。"毛传:"言不喧哗也。"

这是指明了双关的修辞方法。表面上是写马鸣旗飘,实际上是烘托征人出征时的肃穆气氛。

　　叙事考史　有些训诂家为了让读者更准确地理解文意,在注解时特意把原文中涉及的历史事实叙述出来。这也是一项重要的注释内容。如:

　　《诗经·邶风·二子乘舟》:"二子乘舟,泛泛其景。"毛传:"二子,伋、寿也。宣公为伋取于齐女而美,公夺之,生寿及朔。朔与其母诉伋于公,公令伋之齐,使贼先待于隘而杀之。寿知之,以告伋,使去之。伋曰:'君命也,不可以逃。'寿窃其节而先往,贼杀之。伋至,曰:'君命杀我,寿有何罪?'贼又杀之。国人伤其陟危遂往,如乘舟而无所薄,泛泛然迅疾而不碍也。"

毛亨的注释不仅解释了"二子"为何人,同时也给我们讲述了有关"二子"的一些历史事实。

不仅给经书、子书作的注里有叙述历史事实的,在给史书作的注里,有的注释家甚至以叙事考史为主。如裴松之的《三国志注》即如此。他认为陈寿的《三国志》"失在于略,时有所脱漏",所以在给《三国志》作注时,"寿所不载,事宜存录者,罔不毕取,以补其阙"。裴松之的注保存了魏晋时期大量的史料,成为研究三国时期历史的重要的参考资料。如:

《三国志·魏书·武帝纪》:"太祖少机警,有权数,而任侠放荡,不治行业,故世人未之奇也。"裴注:"《曹瞒传》云:太祖少好飞鹰走狗,游荡无度,其叔父数言之于嵩。太祖患之。后逢叔父于路,乃阳败面喎口。叔父怪而问其故,太祖曰:'卒中恶风。'叔父以告嵩,嵩惊愕,呼太祖,太祖口貌如故。嵩问曰:'叔父言汝中风,已差乎?'太祖曰:'初不中风,但失爱于叔父,故见罔耳。'嵩乃疑焉。自后叔父有所告,嵩终不复信。太祖于是益得肆意矣。"

此例《三国志》原文简略而不具体,读之不会给人留下很深的印象。但有了裴松之的注,我们对曹操"机警"、"有权数"的性格特征就会有很深的印象。

解释篇题　为了方便读者,古书注释中还有解释篇题一项内容。这些解释有的是说明取名的由来,有的是概括介绍文章的思想内容或故事情节。例如:

《尚书·皋陶谟》伪孔传:"谟,谋也。皋陶为帝舜谋。"孔颖达正义:"孔以此篇惟与禹言,嫌其不对帝舜,故言'为帝舜谋',将言为帝舜谋,故又训谟为谋,以详其文。"

《皋陶谟》是《尚书》的一个篇名。皋陶与大禹同是帝舜的大臣。这一篇是一次会议上,皋陶同舜、大禹讨论如何继承帝尧的光荣传统的记录,大约为后人整理而成。伪孔传、孔颖达正义都明确地解释了篇名的意思和由来。

《诗经·鄘风·桑中》毛传:"桑中,刺奔也。卫之公室淫乱,男女相奔,至于世族在位,相窃妻妾,期于幽远,政散民流,而不可止。"

《诗经·卫风·氓》毛传:"刺时也。宣公之时,礼义消亡,淫风大行。男女无别,遂相奔诱,华落色衰,复相弃背,或乃困而自悔,丧其妃耦,故序其事以风焉。"

此二例毛亨分别指出了《桑中》和《氓》这两个诗篇的义旨。

《文选·两都赋》李善注:"自光武至和帝,都洛阳,西京父老有怨,班固恐帝去洛阳,故上此词以谏,和帝大悦也。"

《两都赋》为汉班固所作,被梁萧统编入《昭明文选》。唐李善注《文选》,重要的文章题目,他差不多都做了解释。对《两都赋》,简单几句话便交代清了写作背景及效果。

(三)古注的术语

古书注释中常用的术语数量多,用法复杂。这里仅择其要者就其一般用法举例说明。

曰、为、谓之 这三个术语相当于今言"叫作"、"称之为"。可用于标明词的义界,又可用于辨析同义词,其中"谓之"更常用于辨析同义词。被释词在术语之后。标明义界的如:

①《诗经·周南·关雎》:"在河之洲。"毛传:"水中可居者曰洲。"
②《诗经·周南·关雎》:"琴瑟友之。"郑笺:"同志为友。"
③《诗经·小雅·巧言》:"彼何人斯,居河之麋。"毛传:"水草交谓之麋。"

辨析同义词一般是同一术语连用。如:

①《诗经·小雅·雨无正》:"降丧饥馑,斩伐四国。"毛传:"谷不熟曰饥,蔬不熟曰馑。"
②《尔雅·释训》:"善父母为孝,善兄弟为友。"
③《尔雅·释器》:"木豆谓之豆,竹豆谓之笾,瓦豆谓之登。"

谓、言 这两个术语相当于"指"、"说的是"。可用于解释词或词组,也可用于串讲一句或一段话的大意。其中"言"更常用于串讲。如:

①《礼记·乐记》:"致乐以治心,则易直子谅之心油然而生矣。"孔颖达正义:"致谓深致详审,易谓和易,直谓正直,子谓子爱,谅谓诚信。言能深远详审此乐以治正其心,则和易、正直、子爱、诚信之心油油然从内而生也。言乐能感人、使善心生也。"
②《诗经·郑风·野有蔓草》:"野有蔓草,零露漙兮。"郑笺:"零,落也。蔓草而有露。谓仲春之时,草始生,霜为露也。"
③《诗经·邶风·谷风》:"凡民有丧,匍匐救之。"郑笺:"匍匐,言尽力也。"

貌 相当于"某某样子",用于说明人或事物的形态状貌。常用于解释形容词或副词。如:

①《诗经·小雅·湛露》:"湛湛露斯,匪阳不晞。"毛传:"湛湛,露茂盛貌。"
②《诗经·陈风·月出》:"佼人僚兮。"毛传:"僚,好貌。"
③《汉书·高帝纪》:"喟然大息。"颜师古注:"喟,叹息貌。大息,言其叹息之大。"

犹、犹言 这两个术语相当于"等于"、"等于说"。除用于一般释义外,还表明某词本无某义,但在具体语言环境中相当于某,所以段玉裁说:"凡汉人训诂,本异义而通之曰'犹'。"如:

①《周礼·文王世子》:"众安得不喻焉?"郑玄注:"喻,犹晓也。"
②《汉书·西域传》:"辟在西南,不当孔道。"颜师古注:"辟读曰僻。孔道者,穿山险为道,犹今言穴径耳。"
③《诗经·召南·采蘩》:"于以采蘩。"郑笺:"于以,犹言往以也。"

以上是一般释义。用于义异而通者如:

①《孟子·梁惠王上》:"老吾老以及人之老,幼吾幼以及人之幼。"赵岐注:"老,犹敬也。幼,犹爱也。"
② 贾谊《吊屈原赋》:"袭九渊之神龙兮。"李善注引《音义》曰:"袭,覆也,犹言察也。"

之言、之为言 这两个术语是用于声训的,表示释词与被释词音义相通,有同源关系。相当于"就是(所谓的)"。如:

①《论语·季氏》:"吾恐季孙之忧,不在颛臾,而在萧墙之内也。"郑玄注:"萧之言肃也。墙谓屏也。君臣相见之礼,至屏而加肃敬焉,是以谓之萧墙。"

②《尔雅·释训》："鬼之为言归也。"郭璞注："《尸子》曰'古者谓死人为归人'。"

例中以"肃"释"萧"、以"归"释"鬼"，音近义通。但有时古人用此术语仅着眼于语音关系。

读曰、读为 这两个术语用于标明通假，用本字说明借字。如：

①《礼记·弓人》："丰肉而短，宽缓以荼。"郑玄注："荼，古文舒，假借字。郑司农云：'荼读为舒。'"

②《汉书·贾谊传》："天下倍畔之心。"颜师古注："倍读曰背。"

这里分别说明了"荼"通"舒"、"倍"通"背"。但也偶有用"读为"注音的。如《周礼·弓人》："凡取干之道七，柘为上，檍次之。"郑玄注："郑司农云：'檍读为亿万之亿。'"

读若、读如 这两个术语一般是用来注音的，但有时也可以用来说明通假字，此时用法与"读为"相同。用于注音的例子已见第六单元，用来说明假借的如：

①《楚辞·国殇》："霾两轮兮絷四马，援玉枹兮击鸣鼓。"洪兴祖注："霾，读若埋。"

②《礼记·祭义》："阴阳长短，终始相巡。"郑玄注："巡，读如'沿汉'之沿。谓更相从道。"孔颖达疏："案文公十年《左传》云：'子西沿汉溯江将入郢。'是'沿'为顺流而下，故读从之。"

当作、当为 这是古注中用于改正文字讹误的术语，校勘时常用。如：

①《周礼·训方氏》："诵四方之传道。"郑玄注："故书'传'为'傅'，杜子春云：'傅'当作'传'。"

②《韩非子·说林上》："宣子曰：'无故请地，故弗予。'"王先慎注："'请'当为'索'，上下文并作'索'，《策》亦作'索'。"

③《礼记·缁衣》："《君雅》曰：'夏日暑雨，小民惟曰怨；资冬祈寒，小民亦惟曰怨。'"郑玄注："资当为至，齐鲁之语，声之误也。"

例①"传（傅）"与"傅"字形相近而误，郑玄引杜子春语予以指出。例②"索"与"请"此处意义相通，故误改作"请"，王氏据上下文及《战国策》予以说明。例③"至"与"资"在齐鲁之语中音同，故误作"资"，郑氏明确指出系"声之误"。

衍文、脱文 这也是两个常见的校勘术语。古籍在传抄排印过程中多出文字的现象称为"衍"，所多出的文字称"衍文"、"衍字"。古籍在传抄排印过程中脱漏文字的现象称"脱"（或写作"敓"、"夺"），所脱漏的文字称"脱文"、"脱字"。如：

①《韩非子·诡使》："名之所以成，城池之所以广者，战士也。"王先慎《韩非子集解》注曰：顾广圻曰："池当作地。"俞樾曰："顾说是也。惟城地连文近于不辞，'城'疑衍文，'名之所以成，地之所以广'，两文相对，不当有'城'字，盖即'成'字之误而衍者。"

②《淮南子·主术训》："故民之化也，不从其所言而从其所行。"王念孙《读书杂志》案："'民之化也'本作'民之化上也'，下句'其'字正指'上'而言，脱'上'字则义不相属，《文子·精诚》篇正作'民之化上'。"

例①王先慎引顾、俞二家之说，指出"城池之所以广"中，"池"是"地"字之误，"城"为多出之衍文。例②王念孙根据义理及他书指出《淮南子》"民之化也"中脱漏"上"字。

辞、词、语词、语助、发声 这几个术语都是用来说明某字是虚词的。例如：

①《诗经·周南·汉广》："汉之广矣，不可泳思。"毛传："思，辞也。"

②《楚辞·九歌》:"蹇夜谁留兮中洲?"王逸注:"蹇,词也。"
③《楚辞·离骚》:"羌内恕己以量人兮。"王逸注:"羌,楚人语词也。"
④《礼记·檀弓》:"檀弓曰:'何居?我未之前闻也。'"郑玄注:"居,读为姬姓之姬,齐鲁之间语助也。"
⑤《诗经·邶风·式微》:"式微式微,胡不归?"郑笺:"式,发声也。"

如字 这是个用于说明多音字字音的古注术语。用"如字",是说该字应读它的本音。如:

①《礼记·大学》:"所谓诚其意者,毋自欺也,如恶恶臭,如好好色。"陆德明《音义》:"恶恶,上乌路反,下如字。……好好,上呼报反,下如字。"
②《论语·微子》:"四体不勤,五谷不分。"陆德明《音义》:"分,包云如字,郑扶问反,云犹理。"
③《诗经·周南·关雎》:"窈窕淑女,君子好逑。"陆德明《音义》:"好,毛如字,郑呼报反。"

例①"下如字"是说第二个"恶"、"好"都应读它们的本音 è、hǎo。例②"包云如字"是说包咸认为"分"在这句话里应读 fēn。例③"毛如字"是说毛亨认为该句"好"应读 hǎo,"郑呼报反"则是说郑玄认为"好"应读 hào。

(四)《十三经注疏》

十三经的由来 早在春秋战国之际,就有"六经"之说。《庄子·天运》说:"孔子谓老聃曰:'丘治《诗》、《书》、《礼》、《乐》、《易》、《春秋》六经,自以为久矣,孰知其故矣……'老子曰:'幸矣,子之不遇治世之君也。夫六经,先王之陈迹也……'"孔子学无常师,博采鲁、周、宋、杞等故国所遗文献,在深入研究的基础上对古"六经"进行了系统的整理和修订,使之变成了能体现孔子思想的、用于教授弟子的教科书,这就是被后世尊为经典的儒家"六经"。

《诗》是我国最早的诗歌总集,汉以后尊称为《诗经》。据《史记·孔子世家》所言,诗本有三百多篇,至孔子,去其重,取其可施于礼义者三百零五篇,分为《风》、《小雅》、《大雅》、《颂》四个部分。"三百五篇,孔子皆弦歌之,以求合韶武雅颂之音。"

《书》,后世称《尚书》或《书经》,是夏商周政治言论的汇集。我国史官建置很早,周制,王朝与各诸侯国均设有史官,有大史小史、左史右史,"左史记言,右史记事;事为《春秋》,言为《尚书》。"(《汉书·艺文志》)旧说孔子选取历代史官所记之"言",加以编订,成《尚书》一百篇,上自《尧典》,下至《泰誓》。今存《尚书》仅五十八篇,且有后人伪造的。

《礼》又称《仪礼》、《士礼》,是周代礼仪制度的汇编。分《士冠礼》、《士昏礼》等十七篇。据说也是孔子编选,用于教学的。《仪礼》与后来的《周礼》、《礼记》合称"三礼"。其中《周礼》系孔子之后的儒生采集周、鲁、宋等国官制,再加上儒家理想,增减排比而成的一部官制汇编;《礼记》是西汉研究《仪礼》的儒生博采七十子后学者所记录的讲礼文字加以编辑而成的讨论礼节制度的论文集,其中有些篇幅记述的是孔子及孔子门人的杂事。

《乐》又称《乐经》,已亡佚。一说《周礼·大司乐章》就是儒家所传的《乐经》。

《易》又称《周易》、《易经》,包括《经》和《传》两部分。《经》主要是六十四卦和三百八十四爻及卦辞爻辞,作为占卜之用。《传》包括《彖辞》、《象辞》、《系辞》等十篇,统称为《十翼》,是解释卦辞爻辞的。《史记·孔子世家》记载:"孔子晚而喜《易》,序《彖》、《系》、《象》、《说卦》、《文言》,读《易》韦编三绝。"《汉书·儒林传》也沿用此说。看来孔子曾下功夫研究过《易经》,并按其思想体系讲述给弟子。

《春秋》是一部编年体史书。东周时文化比较发达的诸侯国,都有史官记事。据说孔子在鲁国史官所记《春秋》的基础上加以整理修订,寓褒贬于"书法"(写史的原则、条例)之中,就形成了这部传世的要使"天下乱臣贼子惧"的儒家经典。《春秋》文字简短,意义隐晦。与之同时或稍后的鲁国史官左丘明,采各国史料,编成《春秋左氏传》一书,用详明的事实对《春秋》进行了解释。解释《春秋》的还有《春秋公羊传》、《春秋谷梁传》两书,两家本是口耳相传,至西汉才形成文字。《春秋左氏传》、《春秋谷梁传》、《春秋公羊传》合称《春秋三传》或简称"三传"。

经过秦始皇焚书坑儒,"六经"至西汉时,仅剩下"五经",《乐经》亡佚。汉武帝选取《春秋公羊》学大师董仲舒、公孙弘为群儒之首,并设立《易经》、《书经》、《诗经》、《仪礼》、《公羊春秋》五经十四博士,令以此教授弟子,解经说义。

东汉统治者提倡"孝治",在"五经"之外又加上《论语》、《孝经》,成为"七经"。《论语》辑录孔子及其门人的语录与答问,为其门人编辑而成,集中反映了孔子的哲学思想和政治主张。《孝经》宣传宗法思想,论述封建孝道,大概也是孔门后学所作。

唐代以科举取士,在"明经"科考试中,考试内容有"三礼"、"三传"、《易》、《书》、《诗》等,称为"九经"。

后来在唐太和年间又刻印了"十二经"。"十二经"是在"九经"基础上加上《论语》、《孝经》和《尔雅》。《尔雅》是春秋至汉初许多儒士递相辑录而成的我国第一部词典,因儒生可据此解"经"读"经",所以也跻身于"十二经"之中。

宋代将《孟子》一书也视为"经",于是就成了"十三经"。《孟子》一书系战国时孟子及其弟子编著的记录孟子言行与理想的著作,今本共七篇,充分发挥了孔子学说中的仁义部分,丰富和发展了儒家思想。

由此可见,"十三经"是由"六经"增减而成的,共包括《诗经》、《尚书》、《周易》、《仪礼》、《周礼》、《礼记》、《春秋左氏传》、《春秋公羊传》、《春秋谷梁传》、《孝经》、《论语》、《尔雅》、《孟子》等十三部儒家经典著作。

《十三经注疏》 儒学在西汉以后的中国封建社会,一直占据着统治地位。要想做官,就得通经,通经以致用,通经以修身、治国、平天下,因此讲经注经者历代都大有人在,有关儒经的注释解说也相当多,但由于种种原因,写成书并流传至今的却寥寥无几。

西汉统治者"独尊儒术",设立五经博士,传授弟子。一旦成为博士,其弟子就可以不服徭役,并且可能进入仕途,因此,讲经注经成风。但博士讲授五经所用的教材是靠博闻强识的经师们凭记忆用汉代通行的隶书记录下来的(称为"今文经"),解经注经时注重微言大义,迷信色彩极浓,而且烦冗庞杂,有人释"尧典"二字竟用了十多万字。因此他们的注释之作大都没有保留下来。与博士们的"今文经"学相对的是"古文经"学。古文经学以西汉发现和搜寻到的秦以前六国文字和篆文写成的经书为研究对象,通训诂、举大义,言简义明,较少迷信色彩。他们虽不被统治者重视,但在学术上却很有成就,西汉流传下来的《毛诗诂训传》和相传为孔安国作的《尚书传》两部注经之作都是古文经注。

《毛诗诂训传》三十卷，《汉书》不著作者姓名，《后汉书》、《隋书》均认为是赵人毛苌所作，晋人陆机《毛诗草木虫鱼疏》认为："毛亨作训诂传，以授赵人毛苌。"今一般认为是毛亨所传。

《尚书传》，旧题汉代孔安国传。今《汉书》无载，唐代陆德明《经典释文·序录》始称《汉书·艺文志》云孔安国献《尚书传》。《四库提要》说，题名孔安国的《古文尚书注》，是晋豫章内史梅赜采摘魏王肃的《尚书注》，再加上其他有关古注汇集而成，是假托的，所以今人称之为"伪孔安国传"。

东汉时古文经学大有发展，出现了贾逵、许慎、马融、郑玄等以古文为宗、兼通今文的经学大师（马融是比较标准的古文经学家），影响很大。今文经学方面也出了个集大成者何休。各位大师遍注群经，著作甚丰。传到今日且影响较大的有郑玄《三礼注》、《毛诗笺》、何休《公羊解诂》、赵岐《孟子章句》。

郑玄字康成，其《三礼注》包括《仪礼注》、《周礼注》和《礼记注》。两汉间注释他经的名家很多，《三礼》却只有郑玄一人为之系统作注，《四库提要》说："玄于《三礼》本为专门，故所释特精。"但也有不足之处，就是注中采用了今文家的纬书说和神怪之说。

《毛诗笺》也就是《毛诗》"注"。郑玄的群经注释都叫作"注"，只有《毛诗》注解叫作"笺"。这是专门为《毛诗诂训传》而作，《毛传》有不明白的地方就加以补充说明，有郑玄认为错误的地方就写上自己的见解，使之可以识别。

《公羊解诂》，何休著。何休与郑玄同时，精研今文诸经，同时吸取古文家训诂考据之长，闭门十七年，写成《春秋公羊解诂》一书。今本《十三经注疏》中仅有一家今文经注，这就是何休此书。

《孟子》一书，宋代才定为"经"，但东汉已有赵岐的《孟子章句》。《孟子章句》为章句体，与上述其他古文经注略有不同，比较注重章旨句意。

魏晋时代不受家法约束的注释家又写出了一些新的注经之作，《易》、《书》、《诗》、《礼》、《春秋三传》、《论语》、《孝经》等，都有数十家注解，流传至今的有玄学创始人何晏的《论语集解》和王弼《周易注》，有晋初杜预的《春秋左氏经传集解》和东晋范宁的《春秋谷梁传集解》。《尔雅》此时尚未成"经"，却也有郭璞《尔雅注》。

何晏的著作较多，《论语集解》"集诸家之说，记其姓名；有不安者，颇为改易"（《论语集解·序》）。王弼是何晏的学生，他改用玄理解说《周易》，遂使汉以来马融、郑玄、王肃三家《易》注逐渐废亡。今本《十三经注疏》"系辞"以下是晋代韩康伯注。杜预的《春秋左氏经传集解》汇集《春秋经》和《左氏传》为之作解，影响较大。其后，范宁厌恶时人崇尚玄理，觉得《谷梁传》没有好的注本，便花了数年时间写成了《春秋谷梁传集解》。郭璞博学多才，著述很多，对《尔雅》用功尤深，认为《尔雅》"虽注者十余，然犹未详备，并多纷谬，有所漏略"，于是就"缀集异闻，荟萃旧说"、"考六国之语，采谣俗之志"，做成《尔雅注》一书。

南北朝后期，由于受玄学和佛教影响，儒家开始设立讲座，登座讲经。口头讲经的稿子和记录叫讲疏、讲义和义疏，于是开义疏体古注的先河。至唐代，太宗以为经籍去圣久远，文字多讹谬，诏令颜师古考定五经，写成《五经定本》，同时又觉得汉魏以来师学多门，章句繁杂，异说纷立，又命令孔颖达等人编撰五经义疏，书成后经过考订，定名《五经正义》。同时，贾公彦著《周礼注疏》、《仪礼注疏》，杨士勋著《春秋谷梁传注疏》。其后，徐彦著《春秋公羊传注疏》。另外，唐代还有唐玄宗《孝经注》。

孔颖达受诏主持编写的《五经正义》，以《周易》王弼和韩康伯注、《尚书》伪孔安国传、《诗》毛传郑笺、《礼记》郑玄注、《左传》杜预注为依据，参考南北朝时有关各经的义疏而编成。包括《周易正义》、《尚书正义》、《毛诗正义》、《礼记正义》、《春秋左传正义》，共二百二十三卷，是朝廷颁行的官书。凡士人参加明经科考试，必须依此诵习儒经，不得有异。从此以后，两汉以来众说纷纭的各种经说一扫而空，怒目而视的各种学派在此统为一体。但正义疏经疏注，死守"疏不破注"教条，注文错了或有比注文更好的解释，也仍要"叶落归根"、"狐死首丘"，不得纠正错误，也不得采用新说。这实际上束缚了经学和训诂学的发展。

贾公彦是研究《三礼》的专家，孔颖达撰《五经正义》中的《礼记正义》时，常与之共同商定。他采用郑玄《周礼注》、《仪礼注》，做成《周礼注疏》、《仪礼注疏》，计九十二卷。其中《周礼注疏》被朱熹称为唐人注疏中最好的。杨士勋与孔颖达同时，采用范宁《春秋谷梁传集解》，作《春秋谷梁传注疏》，体例仿孔颖达《春秋左传正义》，但远不及孔书充实。其后徐彦采用何休《公羊解诂》，做成《春秋公羊传注疏》。《公羊》、《谷梁》二传魏以来不被重视，专门研究并为之义疏的人很少，杨、徐二人缺乏参考，因此二人之疏不免失之空泛。《孝经》在东汉时已归入"七经"之内，孔安国、郑玄、高诱等都曾为之作注。到了唐代，玄宗以为各种注本均不理想，于是便两次亲自给《孝经》作注，颁行天下。还让元行冲为自己的注作疏，也一并颁行天下。后来宋代邢昺《孝经注疏》就是以元行冲的疏为蓝本，加以剪裁改编而成的。

宋人继唐人之后，也编撰了四种义疏，即邢昺的《论语注疏》、《孝经注疏》、《尔雅注疏》和孙奭的《孟子注疏》。《论语注疏》采用何晏《论语集解》，以南朝皇侃的义疏为底本予以修订，在章句、训诂、名物考证方面较为精详。《孝经注疏》前已述及。《尔雅注疏》采用郭璞注，参照前人义疏加以编定，成就较高。《孟子注疏》一书，旧题孙奭撰，但《宋史》不载。《朱子语类》说是"邵武士假托"，不曾解出名物制度，只是绕缠赵岐之说，全不似疏体。《四库提要》也说"其疏皆敷衍语气，如乡塾讲章"，是《十三经注疏》中最为低劣的。

南宋以后，人们把以上介绍的"十三经"的汉魏之注和唐宋之疏分经合刊在一起，并采集陆德明《经典释文》中有关各经的《音义》附于各经注文之后，称之为《十三经注疏》。清代阮元据宋本重刊，并作《校勘记》附于各经之后，这就是现在通行的《十三经注疏》。现将其各经注者疏者表列于下：

《诗经》	汉·毛亨传、郑玄笺	唐·孔颖达等正义
《尚书》	汉·孔安国传	唐·孔颖达等正义
《周易》	魏·王弼、晋·韩康伯注	唐·孔颖达等正义
《周礼》	汉·郑玄注	唐·贾公彦疏
《仪礼》	汉·郑玄注	唐·贾公彦疏
《礼记》	汉·郑玄注	唐·孔颖达等正义
《春秋左氏传》	晋·杜预注	唐·孔颖达等正义
《春秋公羊传》	汉·何休注	唐·徐彦疏

《春秋谷梁传》	晋·范宁注	唐·杨士勋疏
《论语》	魏·何晏注	宋·邢昺疏
《孝经》	唐玄宗注	宋·邢昺疏
《尔雅》	晋·郭璞注	宋·邢昺疏
《孟子》	汉·赵岐注	宋·孙奭疏

有关儒家《十三经》的注解，除上述《十三经注疏》中汉魏之注和唐宋之疏外，需特别提出的尚有清儒所做的各经注疏。清代训诂学异常发达，涌现出一大批有成就的训诂学家，写出了大量注经之作。仅被收入阮元《皇清经解》和王先谦《皇清经解续编》中的注经之作就达157家、389种之多。比较重要的如：惠栋《周易述》、焦循《易章句》；阎若璩《古文尚书疏证》、江声《尚书集注音疏》、孙星衍《尚书今古文注疏》；马瑞辰《毛诗传笺通释》、陈奂《诗毛氏传疏》；孙诒让《周礼正义》、丁晏《周礼释注》；凌廷堪《礼经释例》、胡培翚《仪礼正义》；孙希旦《礼记集解》、朱彬《礼记训纂》；刘文淇《左传旧疏考证》、段玉裁《春秋左传古经》、惠栋《春秋左传补注》；孔广森《春秋公羊通义》、陈立《春秋公羊义疏》；刘宝楠《论语正义》；皮锡瑞《孝经郑注疏》；郝懿行《尔雅义疏》、邵晋涵《尔雅正义》；戴震《孟子字义疏证》、焦循《孟子正义》等等。

《十三经注疏》的体例　　阮元主持校刻的《十三经注疏》，号为善本，但卷帙浩繁，不便查阅。新中国成立前，世界书局曾将阮刻本缩印为两巨册，比较便于使用。1980年中华书局又据以影印，并稍有改正，是现在比较通行的本子。

《十三经注疏》全书分经编排，书前有《目录》、阮元《重刻宋版注疏总目录》等。书中分经编次，上册：《周易》、《尚书》、《诗经》、《周礼》、《仪礼》、《礼记》；下册：《左传》、《公羊传》、《谷梁传》、《论语》、《孝经》、《尔雅》、《孟子》。

每经正文之前有《四库全书总目提要》和注者或疏者序、阮元的校勘记序（仅《仪礼》前无疏序和注序）。正文分卷，每卷之末有校勘记，指明正文中某处别本如何，是否有误等，正文相应之处用"▲"标出。

正文内包括经文、注文、疏文。经文用竖行大字排列，注文疏文用双行小字列于其下。紧靠经文之后的是注文，[疏]字之后是疏文。《尚书》、《毛诗》、《周礼》、《礼记》、《三传》、《尔雅》等八经的注文之后还附陆氏《音义》。《周易》中《音义》附在全文之末。

具体到每一经的注疏体例，因注的类型不同，体例稍有区别。其中，《周易注》、《尚书传》、《毛诗诂训传》、《毛诗笺》、《三礼注》、《公羊解诂》、《孝经注》、《尔雅注》，都是传注体。《左传》的注是杜预的《春秋左氏经传集解》，名为"集解"，实际也是传注体。以上各经的注，在体例上都具有传注体的体例特点。《谷梁传》用范宁的《春秋谷梁传集解》，《论语》用何晏的《论语集解》，此二经之注都具有集解体的体例特点。《孟子》用赵岐《孟子章句》，具有章句体的体例特点。至于"十三经"各经疏文，在体例上是大体相同的（参见前文"古注的类型及体例"）。

从总体上看，《十三经注疏》有经、有注、有疏，属义疏体。

思考与练习（二十八）

一、古书注释有哪几种类型？各种类型的主要特点是什么？

二、传注体、集解体、章句体的编排体例如何？
三、古书注释的主要内容有哪些？
四、古注常用术语有哪些？各自的作用是什么？
五、"十三经"指的是哪些经典？《十三经注疏》中各经的注者、疏者是谁？
六、解释以下名词。
   1. 毛传   2. 郑笺   3. 衍文
   4. 脱文   5. 如字   6. 形训
   7. 声训   8. 义训   9. 义界
   10. 三礼   11. 三传   12. 五经
七、标点并翻译下面的短文。

    先生王斗造门而欲见齐宣王宣王使谒者延入王斗曰斗趋见王为好势王趋见斗为好士于王何如使者复还报王曰先生徐之寡人请从宣王因趋而迎之于门与入曰寡人奉先君之宗庙守社稷闻先生直言正谏不讳王斗对曰王闻之过斗生于乱世事乱君焉敢直言正谏宣王忿然作色不说有间王斗曰昔先君桓公所好者九合诸侯一匡天下天子受籍立为大伯今王有四焉宣王说曰寡人愚陋守齐国唯恐失抎之焉能有四焉王斗曰否先君好马王亦好马先君好狗王亦好狗先君好酒王亦好酒先君好色王亦好色先君好士是王不好士宣王曰当今之世无士寡人何好王斗曰世无骐驎騄耳王驷已备矣世无东郭俊卢氏之狗王之走狗已具矣世无毛嫱西施王宫已充矣王亦不好士也何患无士

                                  （《战国策·齐策》）

二、古文的修辞

    古人写文章，十分重视修辞表达，因此，读古书就不能不懂修辞。古代汉语中的修辞方式很多，有些与现代汉语中的用法相同或相近，这对于我们今天的辨识和理解不太困难，但也有一些是现代汉语中不常见到的，或者是古代汉语中特有的，这些是我们的学习重点。

（一）譬喻

    譬喻手法的运用，主要是为了使所要描绘的事物更具体、更生动、更形象。古代汉语中常见到的譬喻手法有三种，即明喻、暗喻和借喻。明喻又叫直喻，是指直接显明地用类似事物来譬喻所说的事物。古代汉语中一般用"如"、"若"、"犹"、"似"等字来表示。例如：
   ① 有女同行，颜如舜英。（《诗经·郑风·有女同车》）
   ② 晚来风起花如雪。（刘禹锡《柳枝词》）
   ③ 寡人闻古之贤君，四方之民归之，若水之趋下也。（《国语·越语》）
   ④ 君子之交淡若水，小人之交甘若醴。（《庄子·山木》）
   ⑤ 孤之有孔明，犹鱼之有水也。（《三国志·蜀书·诸葛亮传》）
   ⑥ 民之有口也，犹土之有山川也。（《国语·周语》）
   ⑦ 问君能有几多愁，恰似一江春水向东流。（李煜《虞美人》）

明喻中还有一种类型是说理性的比喻,在喻语和正文之间不用喻辞,喻语可在前,也可置后。如:
① 长袖善舞,多财善贾。(《韩非子·五蠹》)
② 忠言逆耳利于行,良药苦口利于病。(《史记·留侯世家》)
③ 狡兔死,走狗烹;高鸟尽,良弓藏;敌国破,谋臣亡。(《史记·淮阴侯列传》)

例①是喻语在前,正文在后。例②是正文在前,喻语在后。例③是在前连用两个喻语,正文在后。

暗喻又叫隐喻,它是把譬说的事物和被说的事物说成是一个事物。这种譬喻在正文与喻语之间不加譬说辞,却用"是"、"为"等来表明关系。例如:
① 君子之德,风也;小人之德,草也。(《孟子·滕文公上》)
② 君者,舟也;庶人者,水也。(《荀子·王制》)
③ 天地为炉兮,造化为工;阴阳为炭兮,万物为铜。(贾谊《鵩鸟赋》)
④ 水是眼波横,山是眉峰聚。(苏轼《卜算子》)

例①②④其实是以判断句的形式表达某种譬喻。

暗喻和明喻的区别很明显:明喻表达的是两种事物的相似之处,而暗喻却把两者混而为一;明喻是说"甲如乙",暗喻是说"甲是乙"。根据这些特点,一般能将它们区别开。

借喻是指借用譬喻的事物来代替所要说的事物。其特点是,正文不出现,就以譬喻的事物来代它。根据正文和譬喻物之间的关系,我们又可将这种比喻分成数种。

譬喻外形特征或状况。即运用某一事物的鲜明特点来描绘另一事物的外形或状况。例如:
① 春寒赐浴华清池,温泉水滑洗凝脂。(白居易《长恨歌》)
② 昔天下之网尝密矣。(《史记·酷吏列传》)
③ 民以为将拯己于水火之中也。(《孟子·梁惠王下》)
④ 长桥卧波,未云何龙?复道行空,不霁何虹?(杜牧《阿房宫赋》)

例①用"凝脂"喻指身体。例②用"网"喻指法令。例③用"水火之中"喻指人民困苦的生活状况。例④用"龙"喻指高跨水面的桥梁,用"虹"喻代华丽的复道,都是抓住某一特点来喻指所要表现事物的外部特征。

譬喻本质属性。即用某些事物的本质属性来描绘另一事物的本质和属性。例如:
① 然则君之所读者,古人之糟魄也夫。(《庄子·天道》)
② 非疏骨肉而爱过客也,多少之实异也。(《韩非子·五蠹》)
③ 上思股肱之美,乃图画其人于麒麟阁。(《汉书·苏武传》)
④ 诸侯不朝,力政争权,并为十二国,未有雌雄。(东方朔《答客难》)

例①以"糟魄"喻指不好的作品内容。例②以"骨肉"喻指亲人。例③以"股肱"喻指大臣,这是说股肱于人体就像大臣对国君一样重要。例④以"雌雄"喻指力量的大小强弱,这些都是或以关系的亲近、或以地位的重要、或以强弱的不同来描绘所说事物的本质和属性的。

还有譬喻事物行为方式的。例如:
① 老吾老,以及人之老;幼吾幼,以及人之幼,天下可运于掌也。(《孟子·梁惠王

上》）

② 颜渊虽笃学，附骥尾而行益显。（《史记·伯夷列传》）

③ 而将军鱼游于沸鼎之中，燕巢于飞幕之上。（梁丘迟《与陈伯之书》）

例①以"天下可运于掌"喻指操纵管理天下的极其容易。例②以"附骥尾而行"喻指颜渊的紧紧追附孔子之后。例③以"鱼游于沸鼎之中"喻指处身于危急的境地，以"燕巢于飞幕之上"喻指所处地位极不安稳。这都是用某一行为方式描绘另一事物的行为方式。

有些借喻非常隐晦，必须结合上下文仔细分析，才能找出其所要说明的事物是什么。例如：

① 仁，人之安宅也；义，人之正路也，旷安宅而弗居，舍正路而不由，哀哉！（《孟子·离娄上》）

② 木之折也必通蠹，墙之坏也必通隙。然木虽蠹，无疾风不折；墙虽隙，无大雨不坏。万乘之主，有能服术行法以为亡征之君风雨者，其兼天下不难矣。（《韩非子·亡征》）

例①先用"安宅"喻"仁"，用"正路"喻"义"，然后借用这两个比喻说明丢掉仁、舍弃义是悲哀的。例②是说有蠹之木没有疾风吹它不会折，有隙之墙没有大雨淋不会坏，将要亡国的君主（亡征之君），也像上述的木和墙一样，只要万乘之主善于呼"风"唤"雨"（服术行法……风雨者），就一定会征服天下。这里的"风雨"被用来喻指政治的或军事的力量。

总之，借喻就是所要说的事物不出现，而是借譬说的事物来代替它，即用乙来代甲。

（二）代称

不直接指称某一事物，而是用和该事物有密切关系的另一事物来替代它，这就是代称。根据这一特点，大致可将代称分为七种。

以事物的特征来代替该事物。例如：

① 君子不重伤，不禽二毛。（《左传·僖公二十二年》）

② 马氏五常，白眉最良。（《三国志·蜀书·马良传》）

③ 永元中，崔慧景举兵围都，衣冠悉投名刺。（《南史·江淹传》）

④ 纨袴不饿死，儒冠多误身。（杜甫《赠韦左丞诗》）

这些例子中的"二毛（谓黑白二种头发）"是老人的特征，用以代指老人；马良眉中有白毛，故用"白眉"代指马良；"衣冠"一般是达官贵人的服饰，用以代指达官贵人；"纨袴"是富家子弟的标志，"儒冠"是文人学者的标志，分别代指富家子弟和文人学者。

用事物的性状或属性代指该事物。例如：

① 身被轻暖，口厌百味。（曹植《求自试表》）

② 凌晨过骊山，御榻在嵽嵲。（杜甫《自京赴奉先县咏怀五百字》）

③ 是处红衰翠减，苒苒物华休。（柳永《八声甘州》）

④ 但愿人长久，千里共婵娟。（苏轼《水调歌头》）

"轻暖"指代又轻又暖的衣服。"御榻"是皇帝的床，这里指唐玄宗。"嵽嵲（dié niè）"形容山高峻的样子，这里指山的高度。"红"指花，"翠"指叶。"婵娟"本来是形容美好的样子，此处指月亮。

用事物的所属代替该事物。例如：
① 强公室，杜私门，蚕食诸侯，使秦成帝业。(李斯《谏逐客书》)
② 应玚和而不壮，刘桢壮而不密。(曹丕《典论·论文》)
③ 坐乃起更衣，稍稍去。(《史记·魏其武安侯列传》)
④ 人生如梦，一樽还酹江月。(苏轼《念奴娇》)
⑤ 平原不在，正见清河。(《世说新语·自新》)
⑥ 虽古竹帛所载，丹青所画，何以过子卿？(《汉书·苏武传》)

例①"诸侯"指诸侯所有的土地。例②"应玚"、"刘桢"都是人名，此处用以指他们的作品。例③"坐"指座席上的客人。例④"一樽"指一樽酒。例⑤"平原"指陆机，他曾作过平原内史；"清河"指陆云，他曾作过清河内史。这是先以地名代官名，后又以官名代人名。例⑥"竹"、"帛"都是制造书籍的原料，此处指书籍；"丹青"是画画的原料，用以指画。

以具体的事物代指抽象的事物。例如：
① 惜乎！夫子之说君子也，驷不及舌。(《论语·颜渊》)
② 虽有轩冕之赏弗能劝，斧钺之威弗能禁。(《庄子·胠箧》)
③ 虽袒裼裸裎于我侧，尔焉能浼我哉？(《孟子·万章下》)
④ 将军白发征夫泪。(范仲淹《渔家傲》)

例①以"舌"代言语。例②以做官者乘坐的车子和戴的帽子"轩冕"代官职，以刑具"斧钺"代刑罚。例③以"袒裼（脱去或敞开上衣）裸裎（光着身子）"代指没有礼貌。例④以"白发"指年老，以"泪"代愁。

以特殊的事物代指一般的事物。例如：
① 人皆可以为尧舜。(《孟子·告子下》)
② 一夫作难而七庙堕。(贾谊《过秦论》)
③ 自引谢病，拥赵女，屏闲处而不朝。(《史记·魏其武安侯列传》)
④ 千里马常有，而伯乐不常有。(韩愈《马说》)

例①以"尧舜"代指贤能之人。例②"七庙"本是指天子的宗庙，这里以"七庙"代国家。例③以"赵女"代美女，古人认为赵地女子多美貌。例④以"伯乐"代善相马的人。

以事物的部分代指整个事物。例如：
① 长铗归来乎！食无鱼。(《战国策·齐策》)
② 三冬文史足用。(《汉书·东方朔传》)
③ 过尽千帆皆不是，斜晖脉脉水悠悠。(温庭筠《望江南》)
④ 翔禽爱密叶，游鳞悦新藻。(白居易《寄行简》)

例①"长铗"本指剑把，此处指剑。例②以"冬"代年。例③以"帆"代船。例④以"鳞"代鱼。

以事情的结果代指事情的原因。例如：
① 列子见之而心醉。(《庄子·应帝王》)
② 商鞅因景监见，赵良寒心；同子参乘，袁丝变色。(司马迁《报任安书》)
③ 矢石之难，汗马之劳，此复受次赏。(《史记·晋世家》)
④ 去家日已远，衣带日以缓。(《古诗十九首》)

例①"心醉"是倾心迷恋的结果，例②"寒心"、"变色"都是感到耻辱的结果，例③"汗马"是全力作战的结果,例④"衣带日以缓"是腰瘦的结果,它们就分别指"倾心迷恋"、"耻辱"、"全力作战"和"腰瘦"。

(三) 夸饰

夸饰又叫夸张,它是通过形象化的语言,把被描写的事物说得超乎客观事实,从而给人以异乎寻常的感觉。夸张可以分为两类。

向大、长、多、难、强、快等方面夸张。例如:

① 天子之怒,伏尸百万,流血千里。(《战国策·魏策》)
② 挟太山以超北海。(《孟子·梁惠王上》)
③ 以若所为求若所欲,犹缘木而求鱼。(同上)
④ 力拔山兮气盖世,时不利兮骓不逝。(《史记·项羽本纪》)
⑤ 夫以一缕之任,系千钧之重,上悬之无极之高,下垂之不测之渊,虽甚愚之人,犹知哀其将绝也。(枚乘《上书谏吴王》)
⑥ 哙遂入,披帷西向立,瞋目视项王,头发上指,目眦尽裂。(《史记·项羽本纪》)
⑦ 西北有高楼,上与浮云齐。(《古诗十九首》)
⑧ 白发三千丈,缘愁似个长。(李白《秋浦歌》)
⑨ 笔落惊风雨,诗成泣鬼神。(杜甫《寄李十二白》)
⑩ 回眸一笑百媚生,六宫粉黛无颜色。(白居易《长恨歌》)

向小、短、少、易、弱、缓等方面夸张。例如:

① 谁谓河广,曾不容刀。(《诗经·卫风·河广》)
② 明足以察秋毫之末,而不见舆薪。(《孟子·梁惠王上》)
③ 人生如朝露,何久自苦如此?(《汉书·苏武传》)
④ 杨子取为我,拔一毛而利天下,不为也。(《孟子·尽心上》)
⑤ 假令仆伏法受诛,若九牛亡一毛,与蝼蚁何以异?(司马迁《报任安书》)
⑥ 艰难奋长戟,千古用一夫。(杜甫《潼关吏》)

对于古汉语中的夸张,我们的理解不能只拘泥于字面的意义,而是应该认真体会作者的写作心境,避免照字直解。此外,还要正确认识修辞方式的兼格现象,如"人生如朝露"又可认为用了"比喻",这是由看问题的角度不同而形成的。遇到这样的情况,就要看作者的主要目的是什么,然后再看是属于哪一种修辞格式。

(四) 用典

古人写文章常常喜欢援引前人的事迹或摘取古代典籍中的词句来阐明自己的观点,这就是用典。用典的方式多种多样,有明用、暗用、反用、化用等。

明用,是指作者直接说明了故事的来源、人物事件或语句的出处,我们一看就能知道的。例如:

① 王说曰:"诗云:'他人有心,予忖度之。'夫子之谓也。"(《孟子·梁惠王上》)
② 于是焉河伯始旋其面目,望洋向若而叹曰:"野语有之曰:'闻道百,以为莫己若'者,我之谓也!"(《庄子·秋水》)

③ 臣闻吏议逐客，窃以为过矣。昔穆公求士，西取由余于戎，东得百里奚于宛，迎蹇叔于宋，求丕豹公孙支于晋。此五子者，不产于秦，而穆公用之，并国二十，遂霸西戎。（李斯《谏逐客书》）

④ 琦乃将亮游观后园，共上高楼，饮宴之间，令人去梯，因谓亮曰："今日上不至天，下不至地，言出子口，入于吾耳，可以言未？"亮笑曰："君不见申生在内而危，重耳在外而安乎！"琦意感悟，阴规出计。会黄祖死，得出，遂为江夏太守。（《三国志·蜀书·诸葛亮传》）

例①例②是引用典籍中的和古人的话来说明问题，后两例明引故事来说明问题。李斯引用了诸多故事说明客无负于秦，客不当逐；诸葛亮则引用申生和重耳的故事说明出外可以安全，使刘琦感悟，出为江夏太守。

暗用是指作者所想表达的意思暗含在典故之中，不容易看出，必须对引用的典故做一番分析，才能弄清楚作者的意图。例如：

① 惧匏瓜之徒悬兮，畏井渫之莫食。（王粲《登楼赋》）

② （陶渊明）谓亲朋曰："聊欲弦歌，以为三径之资可乎？"执事者闻之，以为彭泽令。（《晋书·陶潜传》）

③ 自以才弱位隆，不宜久荷分陕。（《宋书·武帝纪》）

例①的上句暗引了孔子的故事。《论语·阳货》："子曰：'吾岂匏瓜也哉，焉能系而不食？'"意思是说自己并非无用之人，应该得到当权者的重用而推行自己的政治主张。作者引用此典，抒发了自己怀才不遇的愤懑。下句引于《周易·井卦》，原文为："井渫不食，为我心恻。"意谓淘干净了井而没有人饮用，自己非常痛心。作者用以说明自己虽然修身洁性，但仍害怕当权者不用。例②的"弦歌"暗含"当县令"的意思。《论语·阳货》："子之武城，闻弦歌之声，夫子莞尔而笑，曰：'割鸡焉用牛刀？'子游对曰：'昔者偃也闻诸夫子曰："君子学道则爱人，小人学道则易使也。"'子曰：'二三子！偃之言是也，前言戏之耳。'"这段话是说孔子的弟子言偃在武城做县令，以礼乐教民，孔子到武城后，听到城内弦歌之声不绝，便和言偃开了个玩笑，说治理这个小地方，用得着以礼乐教育吗？言偃就说听先生说过，做官的学会了就有仁爱之心，老百姓学会了，就容易听指挥。孔子就对别的学生说，言偃的话是对的。因"弦歌"是言偃当县令的政绩，故陶渊明便用"聊欲弦歌"来暗示自己想当县令。例③的"分陕"暗含主持地方军政大权，也就是当封疆大吏的意思。《公羊传·隐公五年》记载，周初，周公和召公分陕而治，周公治陕以东，召公治陕以西，后人就以"分陕"指出任地方高级长官。

反用是指引用典故时反其义而用之。例如：

① 宝弃怨何人？和氏有其愆。（曹植《赠徐干》）

② 南亩焉可事？买剑卖牛犊。（梅尧臣《田家语》）

例①用了"和氏璧"一典。《韩非子·和氏》载，楚人和氏在楚山中得到一块璞玉，先后献给厉王和武王，都无人认识是玉，和氏因此被加以欺君之罪而受到刖足之刑。直到楚文王时才认出是真正的宝玉，于是取名为"和氏璧"。和氏本是受害者，可是，曹植用此典时，把徐干比作宝玉，把自己比作和氏，反说宝玉未被认识，是由于和氏的过失造成的。例②典出《汉书·龚遂传》。龚遂当渤海太守时，由于灾荒，民众多携刀剑为盗，龚遂就动员那些带刀剑而不务农的人"卖剑买牛,卖刀买犊。"这里作者却反用其事,说由于连年战争,农民都荒废了农作而被迫从军。

化用是指用典时把典故融化在字里行间,也就是作者根据自己的需要,将典故加以改写,有时还加进新的语言和内容。典故经过改写以后,原典故的语言和内容与新加的那部分有机地结合在一起。例如:

① 恐足下羞庖人之独割,引尸祝以自助,手荐鸾刀,漫之膻腥。(嵇康《与山巨源绝交书》)

② 不知腐鼠成滋味,猜意鹓雏竟未休。(李商隐《安定城楼》)

例①典出《庄子·逍遥游》,原文是:"庖人虽不治庖,尸祝不越樽俎而代之。"庖人指厨师,尸祝是祭师。嵇康出于讽刺当权者的需要,把"庖人虽不治庖"改写为"羞庖人之独割",把"尸祝不越樽俎而代之"改写为"引尸祝以自助",并且加上"手荐鸾刀,漫之膻腥",这样就起到了讽刺的作用。例②典出《庄子·秋水》。这是个寓言故事,庄子要见梁国宰相惠子,惠子怕庄子夺走相位,就四处搜捕他。于是庄子见惠子说:"南方有鸟,其名为鹓雏,子知之乎?夫鹓雏,发于南海,而飞于北海,非梧桐不止,非练实不食,非醴泉不饮。于是鸱得腐鼠,鹓雏过之,仰而视之曰:'吓。'"庄子是以这个寓言故事来表明自己对官位的鄙视。李商隐则加以改写,以"腐鼠"比"功名利禄",表明自己营求官职并不像人们猜测的那样是热衷于功名利禄,而是为了实现济民救国的大志。

用典用得好,能使文章委婉、含蓄、典雅、精练,具有很好的修辞效果。因此,文章用典起源很早,发展到后来,骈体文中大量用典就成为此文体的一大特点,但是,骈体文用典的目的已经不是为了证明自己的主张正确,而主要是为了追求文章的典雅精练。

古人用典还有一种倾向应注意,这就是,为了求得句式的整齐匀称,作者在用典时往往把古人的名字或古书中的文句随意割裂拼凑,从而形成一种生造的畸形词语。如王勃《滕王阁序》:"杨意不逢,抚凌云而自惜,钟期既遇,奏流水以何惭。"句中"杨意"是人名杨得意的割裂,"钟期"是人名钟子期的割裂。对于这种不良倾向,我们应有所了解,并且还要批判地对待。

(五)并提

并提又叫分承,它是指在遣词造句时,把本来应写成两个短语或两个句子的话,合并为形式上的一个短语或一个句子,这样就把相同的语句成分放在一起并提,但在表意上仍然需要按照两个短语或句子的组合关系来分别相承。例如:

① 普施行之,年九十余,耳目聪明,齿牙完坚。(《三国志·魏书·华佗传》)

② 饮食则温淳甘膬,腥酸肥厚。(枚乘《七发》)

③ 掾主吏萧何、曹参曰:"君为秦吏,今欲背之,帅沛子弟,恐不听。"(《汉书·高帝纪》)

④ 劲弩长戟射疏及远,则匈奴之弓弗能格也。(《汉书·晁错传》)

例①的"耳目聪明"从形式上看是一个主谓结构,其中"耳目"并提,是主语成分;"聪明"并提,是谓语成分,但实际上,它是由两个主谓结构合并而成的,"聪"承"耳","明"承"目,理解时应理解为"耳聪目明"。例②"腥酸肥厚"在形式上也是一个主谓结构,"腥(肥肉)酸(醴酒)"并提,是主语成分;"肥厚"并提,是谓语成分,但它也是由两个主谓结构合并而来,"肥"承"醴","厚"承"酤",应理解为"醴肥酤厚"。例③的"掾主吏萧何、曹参"在形式上是一个偏正结构,但它是由两个偏正结构合并而成,应理解为"掾曹参"、"主吏萧何"。例④"劲弩长戟射疏及远"在形式上是一个主谓句,但它是由两个主谓句合并而成的,应理解为"劲弩射疏"、"长戟及远"。

并提手法在文章中的应用,可以使行文紧凑,但在内容的表达上却容易使人产生误解。如何才能避免理解错误呢?一方面我们应该尽可能地掌握并提的规律:一般是第一个词和第三个词相承,第二个词和第四个词相承(偶有例外);另一方面我们还要多掌握一些历史的文化的知识。只有这样,遇到类似的句子才能正确理解其内容。

(六) 互文

有意识地把一个意思比较复杂的语句分成两个(极少有三个的)形式相同、用词交错有致的句子,并且使这两个句子(或三个)的意义和内容有彼此隐含、彼此渗透、相互呼应、相互补充的关系。这种修辞表达方式就叫互文,古人也称作互言、互备、互体、参互等。互文,有对句互文,也有单句互文。

对句互文是指两个句子的文意互相补充,互相包容,即上句隐含着下句,下句隐含着上句。例如:

① 岂人主之子孙则必不善哉?位尊而无功,奉厚而无劳,而挟重器多也。(《战国策·赵策》)
② 百姓殷阜,年登俗乐,鳏寡不闻犬豕之食,茕独不见牛马之衣。(《洛阳伽蓝记》卷四)
③ 战城南,死郭北,野死不葬乌可食。(汉乐府《战城南》)
④ 将军角弓不得控,都护铁衣冷难着。(岑参《白雪歌送武判官归京》)
⑤ 大城铁不如,小城万丈余。(杜甫《潼关吏》)
⑥ 思家步月清宵立,忆弟看云白日眠。(杜甫《恨别》)

例①"位尊而无功,奉厚而无劳"两句互文,实际是说"位尊奉厚而无功无劳"。例②"鳏寡不闻犬豕之食,茕独不见牛马之衣"两句互文,实际是说"鳏寡茕独不闻不见犬豕之食、牛马之衣"。例③"战城南,死郭北"两句互文,实际是说"战于城南郭北,死于城南郭北"。例④两句是形容边塞的寒苦,实际是说将军、都护连角弓都拉不开、铠甲也难披挂上。例⑤中的"大城"、"小城"都是指潼关上的城,两句互文,是说潼关上不管大城小城,都是既坚固又高峻,言外之意是说不好攻破。例⑥是描写思家之情的,两句互文,实际上是说:思家忆弟时,或步月清宵立,或看云白日眠。

单句互文是指一个句子之中前后的某些字、词意义互相补充、互相包容。例如:

① 朝歌夜弦,为秦宫人。(杜牧《阿房宫赋》)
② 烟笼寒水月笼沙,夜泊秦淮近酒家。(杜牧《泊秦淮》)
③ 秦时明月汉时关,万里长征人未还。(王昌龄《出塞》)
④ 奴温婢饱身晏起,致兹快活良有因。(白居易《雪中晏起,偶咏所怀,兼呈张常侍、韦庶子、皇甫郎中》)

⑤ 陵阳佳地昔年游，谢朓青山李白楼。（陆龟蒙《怀宛陵旧游》）

例①"朝歌夜弦"是指早早晚晚都唱歌弹琴，例②"烟笼寒水月笼沙"实际是说烟雾和月色笼罩着寒凉的江水和沙滩，例③"秦时明月汉时关"实际是说秦时汉时的明月和关寨，例④"奴温婢饱身晏起"是说奴婢温奴婢饱后起身很晚，例⑤"谢朓青山李白楼"实际是说谢朓李白登过的山、谢朓李白登过的楼。

上面这些例子，只要我们掌握了互文见义的一般规律和特点，要理解它们并不难。但在古代的作品中，有一些互文的表达方式却并不这么简单。例如：

① 花径不曾缘客扫，蓬门今始为君开。（杜甫《客至》）
② 王赐乘马，是用左王。赐用弓彤矢，其央。赐用戉，用征栾方。（《虢季子白盘铭文》）
③ 不闻夏殷衰，中自诛褒妲。（杜甫《北征》）

例①的两句看起来并不相关，但实际上它们的表述部分是相互补充的，这种互文不是单纯字、句上的互补，而是意义上的互相渗透，整句话的意思是：花径不曾缘客扫，今始为君扫；蓬门不曾为君开，今始为君开。这里的客是指一般的客人，君则指来访的崔明府。由于这里使用了互文手法，生动表现了隐居草堂、交游冷淡的作者见到崔明府来访的喜悦心情。例②三句也是互文见义，我们应把它结合起来理解，使它们的意思互相补足，这就是：王赐乘马，赐用弓彤矢，赐用戉，是用左王，用征栾方。例③的情况更复杂。妲己是商纣王的宠妃，褒姒是周幽王的宠妃，可是，上文提到的两个朝代是"夏殷"，其中，妲可以承殷，褒却不能承夏。原来，作者在这里使用了错综其文、参互见义的互文手法，由于作者所能用的文字只有十个，而要表达的内容又很复杂，所以只得上句言夏和殷，其间隐含了周，下句言妲己和褒姒，其间隐含了夏桀的宠妃妹喜。换言之，上句提到夏，自然提示了妹喜；下句提到褒姒，自然提示了周朝，因为"殷"和"妲"的关系已为这种提示做了铺垫。全句应为：唐朝之所以没有像夏、商、周三个朝代那样衰亡，是因为唐玄宗杀了像妹喜、妲己、褒姒那样的女人杨贵妃。

由此可知，互文见义不一定只是单纯的字句上的互补，更重要的是具有内容意义上的相互隐含和渗透。

（七）委婉

不直截了当地说出所要表述的内容，而是有意识地把话说得婉转曲折、含蓄有致，这就是委婉的修辞手法。人们常使用谦敬语、避讳语、迂回语等来达到委婉的目的。

谦敬语是指表示自己谦虚或对别人敬重的话。如对别人（特别是对尊者）不用第二人称代词称呼，而是代之以"左右"、"足下"、"先生"、"执事"、"陛下"等敬称；对自己则尽量不用第一人称代词，而是代之以"仆"、"愚"、"妾"、"奴"、"小人"、"下臣"、"不谷"、"寡人"等谦称。此外，还使用"请"、"幸"、"谨"、"敬"、"惠"、"辱"等表敬副词来表示对对方所作所为的尊敬，使用"窃"、"忝"、"狠"、"伏"等表谦副词来表示对自己所作所为的贬斥。例如：

① 君美甚，徐公何能及君也！（《战国策·齐策》）
② 先生奈何而言若此！（《战国策·秦策》）
③ 若亡郑而有益于君，敢以烦执事。（《左传·僖公三十年》）

④ 大王尝闻布衣之怒乎？（《战国策·魏策》）
⑤ 昭王南征而不复,寡人是问。（《左传·僖公四年》）
⑥ 妾父为吏,齐中皆称其廉平。（《史记·孝文本纪》）
⑦ 仆非敢如此也。（司马迁《报任安书》）
⑧ 愚谓大计不如迎之。（《三国志·吴书·周瑜传》）
⑨ 诚若先生之言,谨奉社稷而以从。（《史记·平原君列传》）
⑩ 臣闻吏议逐客,窃以为过矣。（李斯《谏逐客书》）

这种用谦敬语的修辞手段可参看代词及表敬副词部分。

除了自称用谦辞外,古人对于自己任职做官、品德、行事等方面也常用一些谦辞来表述。例如:

① 请略陈固陋。（司马迁《报任安书》）
② 仆赖先人绪业,待罪辇毂下,二十余年矣。（同上）
③ 庶竭驽钝,攘除奸凶。（诸葛亮《出师表》）
④ 今臣亡国贱俘,至微至贱。（李密《陈情表》）
⑤ 臣备员枢属,义不与桧等共戴天。（胡铨《戊午上高宗书》）

例①的"固陋"是指固执鄙陋的见解,是司马迁的自谦之词。例②的"待罪"是说自己身居要职但力不胜任,必将获罪。例③的"驽钝"是说自己的才能低下。例④中作者自称"亡国贱俘",实际上李密并没有真正当过俘虏,这里只是说自己是蜀汉的遗民。例⑤的"备员"是聊以充数、徒占其位的意思。像这一类的自谦辞,古书中有很多。

避讳语是指对于一些不吉利、不光彩、不雅观的事情用回避、掩盖或装饰、美化的方法来表述。例如:

① 来时,太夫人已不幸,陵送葬至阳陵。（《汉书·苏武传》）
② 一旦山陵崩,长安君何以自托于赵？（《战国策·赵策》）
③ 虽少,愿及未填沟壑而托之。（同上）
④ 生孩六月,慈父见背。行年四岁,舅夺母志。（李密《陈情表》）
⑤ 而恐太后玉体之有所郄也,故愿望见太后。（《战国策·赵策》）
⑥ 昔者有王命,有采薪之忧,不能造朝。（《孟子·公孙丑下》）
⑦ 帝猎夜还,与克明……等二十有八人群饮,既酣,帝更衣,烛忽灭。（《新唐书·宦者传下》）

例①中的"不幸"、例②中的"山陵崩"、例③中的"填沟壑"都是死亡的避讳语。例④中的"见背",字面意思是说慈父把我丢弃了,其实是慈父死去的委婉说法；"舅夺母志"是母亲改嫁的委婉说法,由于封建社会改嫁是不光彩的事,因此李密用"舅舅迫使母亲改变了志向"来遮掩此事。例⑤中的"有所郄"和例⑥的"采薪之忧"都是有病的避讳语。例⑦中的"更衣"是指大小便,由于不雅,所以用更衣这一委婉的说法。

另外,避忌讳这一委婉修辞手法还有一种畸形发展,这就是对君王或尊长(主要是自己父母)的名进行避讳。避帝王的名叫"避国讳"、"避君讳",避自己父母或祖父的名叫"避家讳"。这种避讳,不只是表现在不直接称呼君主或尊长的名,而且还表现在凡是和君主或尊长的名相同的字都要回避。古人使用的具体避讳办法是改字、缺笔或空字。例如:

① 周公及武公娶于薛,孝惠娶于商,自桓以下娶于齐。(《左传·哀公二十四年》)
② 博览亡不通,依老子、严周之指,著书十余万言。(《汉书·王贡两龚鲍传》)
③ 同子参乘,袁丝变色。(司马迁《报任安书》)
④ 因读吴王夫差时事,僖废书叹曰:"若是,所谓画龙不成反为狗者!"(《后汉书·孔僖传》)

例①中的"薛"、"齐"都是国名,"商"也应为国名,但春秋时并无商国,这里的"商"实指宋国(宋国是殷商的后裔),作者为避鲁定公姬宋的名讳而改宋为商。例②中的"严周"是指庄周,作者班固为避东汉明帝刘庄之讳而改庄为严(庄、严义相近)。例③中的"同子"是指汉文帝的宦官赵谈,因作者的父亲叫司马谈,与赵谈同名,因此用"同子"来代称赵谈。例④中的"画龙不成反为狗"本应是"画虎不成反为狗",原来是唐章怀太子李贤注《后汉书》时,为避李渊祖父李虎的名讳而改虎为龙的。这一类的避讳改字毫无修辞价值,但因古书中普遍存在,我们还应有所了解。

空字是指把要避讳的字空一格不写,例如许慎写《说文解字》时,为避东汉光武帝刘秀的名讳,就在"禾部"该写"秀"的地方空一格,并注以"上讳"二字。缺笔是到唐代才开始有的。例如,唐代避唐太宗李世民讳,"世"字不写最下边的一横;宋代避宋真宗赵恒讳,"恒"字也不写最下边的一横;唐以后避孔子讳,"丘"不写右边的一竖等。同改字一样,这种避讳方法给古书造成了不少混乱,我们阅读古书时应多加注意。

迂回语是指本来想说甲事,可偏说成乙事;本来用意在彼,却偏偏讲成如此。古人在外交场合经常如此。例如:
① 若从君惠而免之,三年将拜君赐。(《左传·僖公三十三年》)
② 有带甲五千人,将以致死,乃必有偶,是以带甲万人事君也。(《国语·越语》)
③ 后期年,齐王谓孟尝君曰:"寡人不敢以先王之臣为臣。"(《战国策·齐策》)
④ 韩厥执絷马前,再拜稽首,奉觞加璧以进,曰:"寡君使群臣为鲁卫请,曰无令舆师陷入君地。下臣不幸,属当戎行,无所逃隐,且惧奔辟而忝两君。臣辱戎士,敢告不敏,摄官承乏。"(《左传·成公二年》)

例①的"将拜君赐"实际意思是"我们将回来报仇"。例②的"以带甲万人事君",实际意思是"用一万个带甲的士兵跟您拼命"。例③是齐王担心孟尝君危及自己的统治,想要罢免他的官职,但又不能直说,于是就以"不敢以先王之臣为臣"为借口。例④是晋国大将韩厥自以为捉住了齐王之后,对齐王行"殒命之礼"后说的一番话。表面上看话说得很客气,很好听,似乎尽说自己不行,但这段话的实际意思是:晋国对齐作战,是为了鲁卫之请,是为了伸张正义,并不想占有齐国土地,今天我碰到了你,只好对不起了,我要抓获你。像这样的迂回语,我们不能字字当真去理解,一定要透过字面意思,认真体味说话人的真实意图。

(八)共用

在行文中,两个相连的词或词组共用某一个或几个词语,这种修辞手法就是共用。从结构上来说,有的是两个谓语共用一个宾语,有的是两个谓语共用一个状语,有的是两个中心语共用一个定语,有的是两个补语共用一个谓语等。例如:
① 今君有区区之薛,不抚爱子其民,因而贾利之。(《战国策·齐策》)

② 曰安且治者,非愚则谀,皆非事实、知治乱之体者也。(贾谊《治安策》)

③ 武骂律曰:"女为人臣子,不顾恩义,畔主背亲,为降虏于蛮夷,何以女为见?"(《汉书·苏武传》)

④ 仆诚以著此书,藏之名山,传之其人、通邑大都,则仆偿前辱之责,虽万被戮,岂有悔哉!(司马迁《报任安书》)

例①中的"抚爱"和"子"是两个谓语,它们共用了前边一个状语"不",还共用了后边的宾语"其民",意为"不抚爱其民,不子其民"。例②中的"皆非事实、知治乱之体者也",其中状语"皆非"二字为"事实"和"知治乱之体者"两个判断句的谓语共用,应为"皆非事实,皆非知治乱之体者也"。例③中的"女为人臣子",其中"人"是"臣"和"子"两个中心语的定语,意为"女为人臣为人子"。例④中的"传之其人、通邑大都",其中"其人"和"通邑大都"这两个补语共用了前边的谓语"传"和宾语"之",应是"传之其人,传之通邑大都"之意。

掌握共用这种修辞方法的关键,是要找出文中被共用的词,确定了共用的词语之后,让它使用两次,文意就比较好理解了。

共用这种表达方式还经常和并提方式结合在一起使用。例如:

① 两手不仁,耳目不聪明。(《后汉书·班超传》)

② 繁启蕃长于春夏,畜积收藏于秋冬。(《荀子·天论》)

③ 自非亭午夜分,不见曦月。(郦道元《水经注》)

④ 故君父至尊亲,送其终也,有时而既。(杨恽《报孙会宗书》)

例①中的"耳目"与"聪明"为并提关系,"不"是其共用成分,应理解为"耳不聪,目不明"。例②中的"繁启蕃长"和"春夏"、"畜积收藏"和"秋冬"都是并提关系,而"于"为它们的共用成分,应是"繁启于春,蕃长于夏,畜积于秋,收藏于冬"。例③中的"亭午夜分"与"曦月"是并提关系,而"不见"为它们的共用成分,应是"亭午不见曦,夜分不见月"。例④中的"君父"和"尊亲"为并提关系,"至"为它们的共用成分,应是"君至尊,父至亲"。

思考与练习(二十九)

一、古代汉语常见的修辞方式有哪些?

二、并提、互文、共用这三种修辞方式各有什么特点?

三、譬喻有哪几种具体手法?

四、指出下列句子所用的修辞方式。

1. 自伯之东,首如飞蓬。(《诗经·卫风·伯兮》)

2. 但以刘日薄西山,气息奄奄。(李密《陈情表》)

3. 大耳儿最叵信。(《后汉书·吕布传》)

4. 乘坚策肥,履丝曳缟。(晁错《论贵粟疏》)

5. 千禄百福,子孙千亿。(《诗经·大雅·假乐》)

6. 齐、楚遣项它、田巴将兵随市救魏。(《汉书·魏豹传》)

7. 悍吏之来吾乡,叫嚣乎东西,隳突乎南北。(柳宗元《捕蛇者说》)

8. 主人下马客在船,举酒欲饮无管弦。(白居易《琵琶行》)

9. 清清泠泠,愈病析酲,发明耳目,宁体便人。(宋玉《风赋》)

10. 《书》曰:"予欲观古人之象。"言必遵修旧文而不穿凿。(许慎《说文解字叙》)
11. 伊五帝之不同礼,三王亦又不同乐。(赵壹《刺世疾邪赋》)
12. 信知汉王畏恶其能,常称病不朝从。(《史记·淮阴侯列传》)
13. 天子春秋鼎盛,行义未过,德泽有加焉,犹尚如是,况莫大诸侯,权力且十此者乎?(贾谊《治安策》)
14. 臣事君,犹子事父也,子为父死,无所恨,愿勿复再言。(《汉书·苏武传》)
15. 世人不问愚智,皆欲识人之多,见事之广,而不肯读书,是犹求饱而懒营馔,欲暖而惰裁衣也。(《颜氏家训·勉学》)
16. 有人于此,力不能胜一匹雏。(《孟子·告子下》)

五、标点并翻译下面短文。

　　荆王弟在秦秦不出也中射之士曰资臣百金臣能出之因载百金之晋见叔向曰荆王弟在秦秦不出也请以百金委叔向叔向受金而以见之晋平公曰可以城壶丘矣平公曰何也对曰荆王弟在秦秦不出也是秦恶荆也必不敢禁我城壶丘若禁之我曰为我出荆王之弟吾不城也彼如出之可以德荆彼不出是卒恶也必不敢禁我城壶丘矣公曰善乃城壶丘谓秦公曰为我出荆王之弟吾不城也秦因出之荆王大说以炼金百镒遗晋

(《韩非子·说林下》)

三、古文的标点

　　古人写文章,是不用标点符号的,因此,读古书就必须自己断句。古代启蒙的第一步就是断句。今天我们阅读古书,同样也需要这种能力。我国传世的古籍浩如烟海,虽然整理、标点过一部分,但绝大部分还是"白文"(即未加标点的文字材料),所以,标点古文水平的高低直接影响着古书的阅读能力,我们应充分重视这种能力的训练和培养。

(一)标点与句读

　　句读与标点是不同的概念。古人断句时,用"。"和"、"作为句子结束和句间停顿的标记,就叫"句读",也有人写作"句投"、"句逗"、"句度"的。

　　句读符号很早就产生了,但一直是非正式地被零散使用着,写法也很不统一。用圆点作句读开始于宋朝的雕版书籍,清代刻印的书则多用圈点断句。然而,由于种种原因,古人使用句读的传统,最终也没有发展成为写作规范。19世纪末西方的标点符号传到中国,到了五四时期,新的文学作品开始普遍使用标点符号。

　　我们今天使用的标点符号,分标号和点号两种。标号,是以各种不同的符号标志书面语言互相区别的内容,有引号、括号、破折号、省略号、着重号、书名号、专名号等七种。点号是表示语气、停顿的符号,有句号、逗号、顿号、分号、冒号、问号、感叹号等七种。总之,标号和点号都是符号,都起着标志书面语言的作用,只是侧重点有所不同而已。

　　传统的句读和标点不一样,但也有联系。我们今天使用的标点符号就是以传统的句读为基础,同时吸收西方的标点经验,经过逐步改进、发展而形成的。从功能上看,句读和标点都是用来断句并且标志语音停顿的长短的。它们的差别在于,标点的内容要比句读符号丰富,传统的句读只起断句作用,而标点不仅能断句,还能表达各种语气和感情。

掌握句读非常重要,它是从结构和意念上分析书面语言的方法,如果句读错了,必然会误解原文的意思。例如:

> 哀公问于孔子曰:"吾闻夔一足,信乎?"曰:"夔,人也;何故一足?彼其无他异而独通于声,尧曰:'夔一而足矣。'使为乐正。故君子曰:夔有一,足。非一足也。"(《韩非子·外储说左下》)

鲁哀公由于弄错了句读,将"夔一,足"误读为"夔一足",闹出了笑话。

句读还是后人整理古代文献时初步要解决的问题,如果句读错误,势必会给文献增添新的错误。例如:

> 钦字子夏,少好经书,家富而目偏盲,故不好为吏。茂陵杜邺与钦同姓字,俱以材能称京师,故衣冠谓钦为"盲杜子夏"以相别。(《汉书·杜周传》)

这段文字是说杜钦、杜邺都因为有才能被京城里的士大夫们称道,他们两个同姓又同字,为了区别二人,就根据杜钦瞎了一只眼睛的生理特征,把他叫"盲杜子夏"。但是,原来王念孙并不这么断句,他以"俱以材能称"断句,并认为"故"字应当在"京师"之前,即"故京师衣冠"连读。显然,王氏弄错了句读。

句读正确了,并不意味着标点就一定正确。一句话应当使用什么标点,需要理解、领会作者的感情,如陈述句后用句号,疑问句后用问号,感叹句、祈使句后用感叹号等。当然,以今人去领会古人的思想感情,难免会有见仁见智的争议,但是,只要我们把握住标点的基本原则,还是能够在句读正确的基础上用好标点的。

(二) 标点古文常见的错误

标点正确的要求,应该是标点之后的文字符合古代汉语的语言规律,符合客观事理和事物的历史面貌。因此,要想能够正确标点古书,就必须掌握一些古代汉语的基本知识,熟知有关的历史、地理及其他文化知识,了解一些有关古书版本、校勘、义例等方面的内容,否则,就会误断句读、误用标点。

在断句、标点中常见到的错误一般是在不应该点断的地方点断了,应该点断的地方又没有点断;应该属上读的字句误判属下读,或者相反,将应属下读的字句误归于上句;由于不能正确地领会作者所要表达的情意,从而标点用得不恰当等。造成这些错误的原因多种多样,下面我们仅就断句中常见错误作一介绍。

有些断句、标点的错误是由误解词义引起的。例如:

① 故有所览,辄省记通籍。后俸去书来,落落大满。(袁枚《小仓山房文集》卷22)

这一句的错处在于应把"通籍"后的句号前移在"省记"之后,使"通籍"与"后俸去书来"连读。造成错误的原因是不明词义。"省记"指仔细阅读并且记住。"通籍"指记名于门籍,可以进出宫门。后代也称初做官为通籍,意谓朝中已有了名籍。"通籍后俸去书来,落落大满"是说做官后用俸钱买书,稀稀疏疏地装满了书橱。

② 子西曰:"胜如卵,余翼而长之楚国第。我死,令尹、司马,非胜而谁。(《左传·哀公

十六年》）

这样断句，是因为把"第"看成了"次第"的意思，断句后，文义不通。武亿《经读考异》说："考此'第'作'但'字训，宜读'余翼，而长之楚国'为句，'第我死'为句。"他把"楚国"连上句读，是把"楚国"看作句子的补语，"楚国"的前面省略了介词"于"。还有人认为，"余翼而长之"一句的文意已经完整，把"楚国"加在后面没有必要。"楚国"应另为一读，仍看作前面省略了介词"于"，但这样是以介词结构作状语的，从而使下面的句子"第我死，令尹、司马，非胜而谁"的句义更清楚。整段话的意思是：胜是楚国太子建的儿子，他把令尹子西当作仇人，准备杀他。子西听说后，误以为胜是想夺权而不信他有杀人之心，于是就对人说：胜像鸟卵，我用翅膀保护他使他长大，在楚国，等我死后，令尹、司马的职位，不用胜还能用谁（只能由胜来担任）。从意思的表达上看，后一种断句更为恰当一些。

有些断句、标点的错误是由于忽视了语法规律造成的。例如：

① 季康子问："使民敬、忠以劝如之何？"子曰："临之以庄，则敬；孝慈，则忠；举善而教，不能则劝。"（《论语·为政》）

这段话的意思是，季康子向孔子请教："要使老百姓对上尊敬、效忠而又知道自勉，应该怎么办？"孔子回答说："对他们态度庄严，他们就会尊敬你；对父母孝顺，对子女慈爱，他们就会效忠你；选用善良的人，又教育能力不够的人，他们就知道自勉了。"句中的"不能"应连在"举善而教"后面，"则劝"为一句。因为从句型上看，孔子的答话是三个并列的条件复句，都用连词"则"连接每一复句，如果按"不能则劝"来断句，就会使句子显得不和谐，不一致。再者，从内容上看，季康子问的是如何才能使民"敬、忠以劝"，"劝"是知道自勉，并不是只对"不能"的人才需要劝勉，"不能则劝"没有与问句形成照应。所以正确的断法是"举善而教不能，则劝"。

② 建一官而三物成，能举善也夫。唯善，故能举其类。（《左传·襄公三年》）

这一句断句有争议的地方是"夫"字。有人认为"夫"应属下读，即为"能举善也，夫唯善"。哪一种断句更恰当些呢？"建一官"是指设置军尉的职务，"三物"指三件事：解狐得到推举，祁午得到职位，羊舌伯华继承了父亲的职务。那么第一句应是叙述句，而不是感叹句，"也夫"连用时放在句尾一般是表感叹的，因此，在"也"字后用句号更准确，而不该"也夫"连用。这样"夫"就放在下句的句首，作助词，强调祁奚是善人，才能推举善人，表达了一种赞美的感情。从语气和内容上看，当以"夫"属下句。

有些断句标点的错误是由于忽视了音韵常识。我国的古籍中，除了诗词歌赋重视音韵外，周秦时代的散文也有用韵的，或者是在散文中夹有韵语。因此，音韵也同样可能影响到句读、标点的正确性。例如：

① 赵王饿，乃歌曰："诸吕用事兮，刘氏微；迫胁王侯兮，强授我妃。我妃既妒兮，诬我以恶；谗女乱国兮，上曾不寤。我无忠臣兮何故？弃国。自快中野兮，苍天与直。于嗟不可悔兮，宁早自贼！为王饿死兮，谁者怜之？吕氏绝理兮，托天报仇！"（《汉书·高五王传》）

按这样断句，主要是为了使"故"能够和"妒"、"恶"、"寤"押韵，但文义却不通。颜师古在"我无忠臣兮何故"下注云："谓不能明白之也。"但同时又在"自贼"下注说："悔不早弃赵国，而快意自杀于田野之中。"前后意思不一致。杨树达认为"故"不应该入韵，而是应该使

"国"字与下文中的"直"、"贼"押韵。"我无忠臣兮何故？弃国"应为"我无忠臣兮，何故弃国？"这样，文义就通了。

② 维是子产，执政之式。维其不遇，化止一国。诚率是道，相天下君。交畅旁达，施及无垠。呜呼四海。所以不理。有君无臣。谁其嗣之，我思古人。（韩愈《子产不毁乡校颂》）

颂赞体主要用于歌功颂德，一般为四字韵语。但有时字数也会略有变化，发语词、感叹词可以不算在内。上面的标点，太拘泥四字一句的格式，忽视了文意的连贯，因而误断了句子。后几句应为："呜呼！四海所以不理，有君无臣。谁其嗣之？我思古人。"由此可见，韵文的句读、标点也不能因辞害意。

当然，断错句子，误用标点的原因是很多的，仅仅从词汇、语法、音韵的角度去分析还远远不够。例如：

① 己未，或走马过汝阴王之门，卫士恐。有为乱者奔入杀王，而以疾闻，上不罪而赏之。（《资治通鉴 135 卷》）

这段文字并没有难懂的词汇、语法现象，却不容易弄明白。汝阴王是南朝刘宋的末代皇帝——顺帝被废后的封号，"上"指齐高祖肖道成。从史实上考证，公元 479 年，"齐王弑汝阴王并灭其族"，可知汝阴王是被齐王派人杀死的，而这个被齐王指派的人应该就是文中提到的"卫士"。卫士名义上是保护汝阴王，实际上是监视他。当卫士看到"或走马过汝阴王之门"时，于是就"恐有为乱者"，并且"奔入杀王"，而且又"以疾闻"，由于齐王就是想杀汝阴王的，所以"上不罪而赏之"。原来的"卫士恐。有为乱者奔入杀王"，应为"卫士恐有为乱者，奔入杀王"，这样，文理就通畅了。这是由于不明史实而断错了句子。

② 攻大泽乡。收而攻蕲，蕲下，乃令符离人葛婴将兵徇蕲以东，攻铚、酂、苦、柘、谯，皆下之。（《史记·陈涉世家》）

文中提到的蕲和大泽乡都在今天的安徽省宿州市，其余的"铚、酂、苦、柘、谯"都在"蕲"的西面，这样就与葛婴"徇蕲以东"方向相反。原来是这样的，陈涉等攻下蕲后，就兵分两路，葛婴向东为一路，而陈涉一路向西攻下铚、酂等五地。上述断句虽然不错，但标点不对。正确的标法应是："攻大泽乡，收而攻蕲。蕲下，乃令符离人葛婴将兵徇蕲以东。攻铚、酂、苦、柘、谯，皆下之。"这句中出现的标点错误则是因不明地理而造成的。

总之，标点之后的文字应当做到上下文联系起来讲得通，符合情理，并能体现作者所要表达的思想感情。而断句、标点错误的，往往会出现层次不清、道理窒碍难懂，作者的意思看不明白等。遇到这样的情况，应该多问几个"为什么"，并从各个角度分析，一直到找到错误所在为止。

（三）标点古文的方法

标点古文，可以分两步进行：先断句，然后加上标点符号。

阅读古文、古书的人，要能够把没有标点的文字读断，读成一个个清晰的句子，这就叫"断句"。断句当然是要对古文的词义、句义有正确的理解，否则，就不可能断得正确。然而，有许多时候也可以在粗知词义、对句义也是似是而非的情况下，根据语言形态的某些特点，先断开句子，再去加深对句义的理解。由此可见，断开句子和理解内容是相辅相成的关系;断开句子有助于理解内容,理解了内容有助于准确地断开句子。在实践中也是这样,有时是根据词义知道该如何断开句子的,有时则是根据语法规律判断出该如何断句,进而推知句中词的意义的。若遇到疑难问题,就既需要反复详审词义,也需要根据句法、句式去考虑该如何断句了。

　　词汇方面的知识是日积月累得到的,大多数接触到断句问题的人都或多或少地具有了这些知识,如果进一步掌握一些从语言现象入手去断句的方法,那么,不仅断句的速度会加快,而且断句的水平也会越来越高。

　　文言文是比较稳定规范的书面语言,我们首先可以从句子首尾常见的词语上去判断句子的起讫。

　　常见的用来领句的发语词有盖、夫、今夫等;用时间副词领句的词有昔者、曩者、既而、向者(乡者)、俄而、乃今等,用相连的两个虚词领句的词有其唯、岂唯、然则、故夫等,此外还有用谦敬词语、名词或代词领句的等等。通过这些词的用法,如果能寻找到句头,断句就方便了不少。例如:

　　①臣请言之不敢避斧钺之诛愿陛下留意焉夫沙丘之谋公子及大臣皆疑焉(《史记·李斯列传》)
　　②楚成王以商臣为太子既而又欲置公子职(《韩非子·内储说下》)
　　③赵襄主学御于王子於期俄而与子期逐三易马而三后(《韩非子·喻老》)
　　④名不可得而闻身不可得而见其唯江上之丈人乎(《吕氏春秋·异宝》)
　　⑤上尝罢朝怒曰会须杀此田舍翁后问为谁上曰魏征每廷辱我后退具朝服立于庭上惊问其故后曰妾闻主明臣直今魏征直由陛下之明故也妾敢不贺上乃悦(《资治通鉴194卷》)

　　例①中"夫沙丘之谋"以"夫"发语,可在"夫"前断句。这种用法应当与"夫"的其他用法分别清楚。"愿陛下留意焉"以"愿"发语。例②是说楚成王把商臣立为太子,随后又想立公子职为太子。"既而又欲置公子职"以"既而"发语。"既而"是紧接着、跟着的意思。例③中"俄而与子期逐"以"俄而"发语。"俄而"指过了很短很短的时间。赵襄子向王子期学习驾车,刚刚学会,就和王子期比赛,当然几次换马也比不过。例④中"其唯江上之丈人乎"以"其唯"发语,"其唯"用在句首表示委婉的问话或赞叹的话,相当于"大概只有"、"恐怕只有"。这句是说,不能闻其姓名,不能见其身的人,大概只有江上老人吧! 例⑤"妾闻主明臣直"、"妾敢不贺"都以谦辞"妾"发语,"上尝罢朝"、"上惊问其故"、"后问"、"后曰"都分别以名词"上"、"后"发语,可在这些词语的前面断句。这句是说,唐太宗生气了,想杀魏征,皇后得知后郑重地穿上朝服,向唐太宗表示祝贺,认为只有明君,臣子才能直颜犯上。

　　根据领句词语判断句子起点时,应该注意这些领句词语的其他用法,不可以一概而论,见到这些词就断定是用在句首的,而是应该认真分析之后再下结论。

　　断句的正常方法是找句首。其实,找句首的同时也是在寻找句尾,有一些词语是只能用于句尾或主要是用于句尾的,那么,利用这些词语来断句也是非常方便的。这些词中,有表示某些语气的,如与(欤)、邪(耶)、乎、哉、也、矣、焉、耳、兮等;有两个虚词连用的,如何如、奈何、也夫、已矣、云尔、云云、也已等。例如:

　　① 为是其智弗若与曰非然也(《孟子·告子上》)

② 危哉楼子之计是愈疑天下而何慰秦之心哉独不言其示天下弱乎且臣言勿与者非固勿与而已也秦索六城于王而王以六城赂齐(《资治通鉴5卷》)
③ 子曰赐也始可与言诗已矣告诸往而知来者(《论语·学而》)
④ 七年而太史公遭李陵之祸幽于缧绁乃喟然而叹曰是余之罪也夫是余之罪也夫身毁不用矣(《史记·太史公自序》)

例①在"与"下断句。例②分别在"哉"、"乎"、"也"后断句。例③可在"已矣"后断句。例④可在"也夫"、"矣"后断句。当然，所举的例子中不止这些可断的地方，但是，根据这些常出现在句尾的词，我们可以首先把这些地方断开，然后再断其他地方，就会快得多。

对大多数句子而言，结尾的还是实词，我们要善于鉴别这些实词。一般来讲，宾语在句子末尾，这些宾语应该是从动宾关系中发现的，作宾语的一般是名词，但也有代词。此外，还有些句子是补语在句尾或者是谓语在句尾。

古书、古文中常有一些词语、词组，具有相对的独立于句子、句群之外的特性，断句时可以把这些词语、词组单独断出来。这些词或词组有嗟夫、呜呼、呜呼哀哉、嘻、故曰、由此观之等。例如：

① 武安负贵而好权杯酒责望陷彼两贤呜呼哀哉迁怒及人命亦不延众庶不载竟被恶言呜呼哀哉祸所从来矣(《史记·魏其武安侯列传》)
② 孔子曰求非我徒也小子鸣鼓而攻之可也由此观之君不行仁政而富之皆弃于孔子者也(《孟子·离娄上》)

例①中的两个"呜呼哀哉"可单独断句。例②中的"由此观之"可单独断句。

文言文中还有一些惯用词语，我们也可以据此来断开句子。如表顺序的词语、表示言语的词语等。例如：

① 夫立策决胜之术其要有三一曰形二曰势三曰情形者言其大体得失之数也势者言临时之宜进退之机也情者言其心志可否之实也(《资治通鉴10卷》)
② 淳于髡曰男女授受不亲礼与孟子曰礼也曰嫂溺则援之以手乎曰嫂溺不援是豺狼也男女授受不亲礼也嫂溺援之以手者权也(《孟子·离娄上》)
③ 故古之人欲有所为未尝不先之以征诛而得其意诗曰是伐是肆是绝是忽四方以无拂此言文王先征诛而后得意于天下也(王安石《上仁宗皇帝言事书》)
④ 庄暴见孟子曰暴见于王王语暴以好乐暴未有以对也曰好乐何如(《孟子·梁惠王下》)

例①中，"其要有三"是个清晰的提示，说明下文分三个方面谈，而下面的"一曰、二曰、三曰"和上句相照应。第一步先断开这几处，下文的"形者"、"势者"、"情者"领起的分论就不难断开了。古人比较讲究文章中的逻辑顺序，读古文时只要细心一些，不难发现诸如此类的词语。例②中的几个"曰"是表言的动词，后面是所说的话，因此可以在"曰"后断开。应注意的是，还有一些其他记言的词，如"言"、"说"、"谓"、"告"等，这些词不一定都能断开，要仔细辨别。例③句中的"诗"指《诗经》，下引了十三个字。断句时，可把这些引文先断出来，就减少了断开全段文字的困难。另外，古人引文还常用"子曰"、"传曰"、"传云"、"书曰"等，其中，"子曰"专指孔子说过的话；"传曰"、"传云"常泛指古书中的话；"书曰"指《尚书》中的话。例④中，"曰"前的句子不好断，因为主语省略了。从句意看，第一个"曰"的主语应是庄暴,第二个"曰"的主语也是庄暴。因此,当遇到"曰"出现时,把"曰"断开后,还要十分小心地分析出"曰"后的句子和"曰"前面的句子,否则,或者会张冠李戴,弄错说话的主语;或者分不清到底说了些什么,说到哪儿为止。

文言文在长期的发展过程中,常用的一些词和词之间,形成了不少固定的搭配关系,其中有的还成为凝固结构或习惯句式。每一种凝固结构和习惯句式,不仅有其固定的使用范围,还表达特定的语气或语势。我们利用这些结构和句式,也可以断开这些句子。例如:

① 国有沃野之饶而民不足于食者工商盛而本业荒也有山海之货而民不足于财者不务民用而淫巧众也故川源不能实漏卮山海不能赡溪壑(《盐铁论·本议》)

② 陈嚣问孙卿子曰先生议兵常以仁义为本仁者爱人义者循理然则又何以兵为凡所有为兵者为争夺也(《荀子·议兵》)

例①是"者"、"也"搭配的判断句,所以就可以分别在"者"后和"也"后断开。例②中的"然则又何以兵为"一句,用了"何以……为"这一习惯句式来表示反问,可据此把这一句断开。古代汉语中的凝固结构和习惯句式有很多,可参见语法部分的"凝固结构和习惯句式"一节。

此外,我们还可以从修辞、文体的一些特点入手,提高断句水平。例如:

① 故治国无法则乱守法而弗变则悖悖乱不可以持国世易时移变法宜矣譬之若良医病万变药亦万变病变而药不变向之寿民今为殇子矣故凡举事必循法以动变法者因时而化若此论则无过务矣(《吕氏春秋·察今》)

这一段文字中用了一个比喻。因为比喻的特点是浅显、易懂、具体,所以不难发现,然后,先断开和比喻有关的前后句子,再逐步断开全文。至于文体特点,它包括有语言方面的特点。初学断句的人,在给一段文字断句之前,最好先了解这段文字是什么体裁的,然后再动手去断。如散文和诗歌不同,骈体文与论说文又不同。总的来说,常见文体的一些语言特点我们还是可以区分清楚的。

利用上述这些特点断开句子,是非常有效的办法之一,我们虽然介绍了不少,但远远不止这些。所以,要想真正学会断句,还要靠长时间的、反复的亲身实践,在实践中运用、体会、积累、丰富有关的知识和技巧。

仅仅能把句子断开是不够的,我们还要给古文加上标点符号。标点的应用和现代汉语基本上是一样的,不同在于,今天是自己行文、自己就随手加上标点,古书则是古人行文由我们加上标点的。这就要求我们在加标点时,既要领会全文的内容,又必须认真地琢磨各个句子的语气。

句号表示一句话完了之后的停顿,它可以用在独词句、无主句、简单的陈述句、复杂的单句、判断句、复句、多重复句等句子的句尾。例如:

① 夏,大旱。(《资治通鉴12卷》)

② 初四日,十五里,至汤口。(徐宏祖《游黄山记》)

③ 和氏璧,天下所共传宝也。(《史记·廉颇蔺相如列传》)

④ 虽少,愿及未填沟壑而托之。(《战国策·赵策》)

⑤ 先帝属将军以幼孤,寄将军以天下,以将军忠贤,能安刘氏也。(《汉书·霍光传》)

例①是无主句,例②是陈述句,例③是判断句,例④是转折复句,例⑤是二重复句,句尾都要用句号。

  标点古文时用好句号很关键。要用准句号,一是要准确判断哪些话能构成完整的句子,二是要注意这个句子所在句群中各个句子的内部联系。任何句子都不是孤立存在的,只有清楚地知道一个句群包括哪几个句子、各句之间有什么内在联系,然后,才能确定如何用标点把这种联系准确、恰当地表现出来。如果就句论句,标点就很难准确。

  逗号是表示句子中间停顿的一种符号。文言文中,它可以用在判断句的主语后面;有时用在陈述句的主语后面;用在复句中的分句之间。总结、推论、概括等所用的过渡语,也可用逗号断开。例如:

① 南京柳敬亭,黧黑,满面疤瘤,悠悠忽忽,土木形骸。(张岱《柳敬亭说书》)

② 纵彼不言,籍独不愧于心乎!(《史记·项羽本纪》)

③ 岁余,匈奴每来,出战;出战数不利,失亡多,边不得田畜。(《史记·廉颇蔺相如列传》)

④ 由是观之,犹有刚强不忍之气,非子房其谁全之?(苏轼《留侯论》)

例①中第一个逗号是用在陈述句主语之后,后三个逗号用在并列词组之间。例②的逗号用在复句的分句之间。例③句中第一层承接复句用分号标示,第二层的条件复句、因果复句用逗号断开。例④的"由此观之"是总括之词,后用逗号断开。

  顿号是表示句子中并列成分之间的停顿的。古代汉语中,它可以分别用来断开作主语的联合结构中的各个成分,断开作定语的联合结构中的各个成分,断开宾语中的联合成分,断开谓语中的联合成分,断开作补语的联合成分,可用于序数词之后等。例如:

① 惠文、武、昭襄蒙故业、因遗策。(贾谊《过秦论上》)

② 国初时,有一妪名黄道婆者,自崖州来,乃教以做捍、弹、纺、织之具。(陶宗仪《南村辍耕录》)

③ 研味《孝》、《老》,则知文质附乎性情;详览《庄》、《韩》,则见华实过乎淫侈。(《文心雕龙·情采》)

④ 古之人观于天地、山川、草木、虫鱼、鸟兽,往往有得,以其求思之深而无不在也。(王安石《游褒禅山记》)

例①中前两个顿号是断开各主语中的联合成分;后一个顿号断开谓语中的联合成分。例②中的顿号断开定语中的联合成分。例③中的顿号断开宾语中的联合成分。例④中的顿号断开补语中的联合成分。

  分号主要是表示复句中并列分句之间的停顿的。停顿时间比句号短,比逗号长。它常用于联合复句中的各分句之间;用在有些多重复句的第一层上;并列的主谓词组或动宾词组作主语、谓语或宾语时,词组之间要用分号断开;并列的排比句,要用分号标示出来。例如:

① 入则与王图议国事,以出号令;出则接遇宾客,应对诸侯。(《史记·屈原贾生列传》)

② 今媪尊长安君之位,而封之以膏腴之地,多予之重器,而不及今令有功于国;一旦山陵崩,长安君何以自托于赵?(《战国策·赵策》)

③ 故善用兵者,屈人之兵,而非战也;拔人之城,而非攻也;毁人之国,而非久也。(《孙子兵法·谋攻》)

例①在两个分句之间用分号。例②用分号断开第一层,是因果复句。例③有三个词组都是说明"善用兵者"这个主语的,这三个词组是并列谓语,它们之间用分号断开。

冒号是用来提示下文的。它可以用在"曰"后,提起下文,跟着用引号;可以用在"曰"后,直接领起下文,不再用引号;用于书信的开头语后;用于下文解释上文的地方;用于下文概括、评论上文的地方;引用某书、某些文字,在书名、篇名后用冒号;用于一些特殊的文告、奏表后面。例如:

① 叶公问政。子曰:"近者说,远者来。"(《论语·子路》)
② 士大夫之族,曰师曰弟子云者,则群聚而笑之。(韩愈《师说》)
③ 某启:昨日蒙教。(王安石《答司马谏议书》)
④ 子厚有子男二人:长曰周六,始四岁;季曰周七,子厚卒乃生。女子二人,皆幼。(韩愈《柳子厚墓志铭》)
⑤ (孟子)曰:"庖有肥肉,厩有肥马,民有饥色,野有饿莩:此率兽而食人也。"(《孟子·梁惠王上》)

例①是"曰"后用冒号,必定接着用引号。例②的"曰"后不用冒号,相当于"叫作",无说话的意思。例③的冒号用在书信的开头。例④是用在需要解释的上文之后。例⑤冒号后的话是对前文的评论。

感叹号主要用于感叹句句尾,还可以用在祈使句句尾。例如:

① 管仲之器小哉!(《论语·八佾》)
② 文惠君曰:"善哉!吾闻庖丁之言,得养生焉。"(《庄子·养生主》)
③ 先生曰:"吁!子前来!"(韩愈《进学解》)
④ 侯生曰:"公子勉之矣!老臣不能从。"(《史记·魏公子列传》)

例①②的感叹号是用在感叹句尾,例③④的感叹号是用在祈使句尾。

问号是表示疑问句句末停顿的,它可以用在各种疑问句后。例如:

① 王侯将相,宁有种乎?(《史记·陈涉世家》)
② 辛垣衍曰:"先生独未见夫仆乎?十人而从一人者,宁力不胜、智不若耶?畏之也。"(《战国策·赵策》)
③ 人之情宁朝人乎?宁朝于人也?(《战国策·赵策》)
④ 大天而思之,孰与物畜而制之?从天而颂之,孰与制天命而用之?(《荀子·天论》)

引号是用来标明书面语中引用部分的符号。凡是作品中人物的语言、引用的古人的话、古书中的句子、要特别强调的词语以及引用的俗语、谚语、民谣、成语等都要用引号。引号分单引号、双引号两种,单引号主要用于套引,即作品中人物在说话时又引用了别人(或书中)的话语、句子。引号的用法比较简单,不再举例说明。

上面介绍的是常用标点符号在文言文中的用法,当然也是些最基本的用法。这些常识只有当我们真正在实践中运用时,才会被我们掌握。不进行大量的练习,就很难做到应用时的准确无误。

除了这些标点符号外,还有一些没有一并列举,如专名号、书名号、破折号、括号等。这些符号在标点古文时的用法比较简单,而且有些还极少用到。只要对原文的理解不错,这些标点符号一般不会用错。

思考与练习(三十)

一、句读与标点有什么不同?

二、指出下列句子中标点错误的地方,并改正。

1. 晋侯围曹门焉。多死。曹人尸诸城上。晋侯患之。(《左传·僖公二十八年》)
2. (佗)复与两钱散。成得药去。五六岁,亲中人有病如成者,谓成曰:"卿今强健,我欲死,何忍无急去药,以待不详?"(《三国志·华佗传》)
3. 子厚前时少年。勇于为人。不自贵重。顾籍谓功业可立就。(韩愈《柳子厚墓志铭》)
4. 天子既闻大宛及大夏、安息之属,皆大国,多奇物土著,颇与中国同俗。(《汉书·张骞传》)
5. 孤始举孝廉,年少,自以本非岩穴知名之士,恐为海内人之所见凡,愚欲为一郡守,好作政教,以建立名誉,使世士明知之。(曹操《让县自明本志令》)
6. 厩焚,子退朝,曰:"伤人乎不?"问马。(《论语·乡党》)
7. 是故治世之音安。以乐其政和。乱世之音怨。以怒其政乖。亡国之音哀。以思其民困。(《礼记·乐记》)
8. 公疾病,求医于秦。秦伯使医缓为之。未至,公梦疾为二竖子,曰:"彼良医也,惧伤我焉!逃之。"其一曰:"居肓之上,膏之下,若我何!"(《左传·成公十年》)
9. 秦昭王问于左右曰:"今时韩、魏孰与始强?"左右对曰:"弱于始也。今之如耳、魏齐,孰与曩之孟常、芒卯?"对曰:"不及也。"(《韩非子·难三》)
10. 夫功者难成而易败,时者难得而易失也;时乎,时不再来。愿足下详察之。(《史记·淮阴侯列传》)
11. 诸垒相次土崩,悉弃其器甲,争投水死者十余万,斩首亦如之。(《资治通鉴》)
12. 使尽之,而为之箪食,与肉,置诸橐以与之。(《左传·宣公二年》)

三、标点并翻译下面短文。

靖郭君善齐貌辨齐貌辨之为人多疵门人弗说士尉以证靖郭君靖郭君不听士尉辞而去孟尝君又窃以谏靖郭君大怒曰划而类破吾家苟可慊齐貌辨者吾无辞为之于是舍之上舍令长子御旦暮进食数年威王薨宣王立靖郭君之交大不善于宣王辞而之薛与齐貌辨俱留无几何齐貌辨辞而行请见宣王靖郭君曰王之不说婴甚公往必得死焉齐貌辨曰固不求生也请必行靖郭君不能止齐貌辨行至齐宣王闻之藏怒以待之齐貌辨见宣王王曰子靖郭君之所听爱夫齐貌辨曰爱则有之听则无有王之方为太子之时辨谓靖郭君曰太子相不仁过颐豕视若是者信反不若废太子更立卫姬婴儿郊师靖郭君泣而曰不可吾不忍也若听辨而为之必无今日之患也此为一至于薛昭阳请以数倍之地易薛辨又必听之靖郭君曰受薛于先王虽恶于后王吾独谓先王何乎且先王之庙在薛吾岂可以先王之庙与楚乎又不肯听辨此为二宣王大息动于颜色曰靖郭君之于寡人一至此乎寡人少殊不知此客肯为寡人来靖郭君乎齐貌辨对曰

敬诺

(《战国策·齐策》)

四、古文的今译

为了让今天的人能够读懂古代作品,最常用的办法就是把作品中难懂的字句用现代汉语注解出来。这种办法有一定的作用,但也有它的不足:由于一般的注解都是按字句注解或按句子串讲的,因此比较零散;再加上每个人阅读文言文的能力高低不同,一般的注释不可能适合每个人的需要。如果把古代作品译成现代汉语,就可以弥补注解的不足。通过现代汉语的译文,人们可以轻松迅速地全面掌握原文的思想内容和写作特点,同时,把文言文翻译成现代汉语,也是提高阅读古文能力的一种有效办法。当然,这样的翻译需要方法、技巧以及诸多方面的知识,下面我们就介绍一些这方面的内容。

(一)今译的标准

要想使译文具有其真正的价值,那么,在把文言文翻译成白话文时,就应该依照"信"、"达"、"雅"的标准进行。所谓"信",就是要求译文一定要忠实原文的内容,不能添加译者的主观臆想;所谓"达",就是要求译文的语句通顺,符合现代汉语的遣词造句规范;所谓"雅",就是要求译文的语言尽可能优美、雅致。这三者之间,"信"是最重要的,是第一位的,"达"则是基本要求,而"雅"是在"信"、"达"的前提下应努力做到的。例如:

① 见其生不忍见其死,闻其声不忍食其肉,是以君子远庖厨也。(《孟子·梁惠王上》)

这句中的"是以君子远庖厨也"一句,有的译文不了解古代汉语形容词的使动用法,把"远庖厨(使庖厨远离)"误译成"君子远离庖厨"。这样翻译就不能叫忠实原文。

② 则千里虽远,亦或迟或速,或先或后,胡为乎其不可以相及也。(《荀子·修身》)

此句中的"或迟或速,或先或后"应是"有的人慢,有的人快,有的人先,有的人后",但有的译文把代词"或"误译成现代汉语的连词"或者",这样的翻译也是错误的。

这两例错误都是由于译者没能掌握古代汉语的基本知识、没有真正读懂原文造成的,但是,也不是说读懂了原文就一定能够翻译好文言文。古代汉语与现代汉语的差异很大,如词义的发展变化、语法的更革、所用修辞手段的不同以及文化背景的悬殊等等,都会影响译文的准确性,因此,一方面我们应该全面地掌握古代汉语的知识内容,另一方面还要具有一定的翻译方法和技巧。

(二)今译应具备的知识

翻译古文,我们首先遇到的是词汇方面的问题。汉语词汇从古到今变化非常大,有些词古时有,今天已不再用;有些词的词义古今都用;还有些词的词义古今既有差异,又有相同之处。因此,翻译时应格外小心,不然就会用今天的意思去解释古义。例如:

① 卫鞅语事良久,孝公时时睡,弗听。(《史记·商君列传》)

② (尧二女)事舜亲戚,甚有妇道。(《史记·五帝本纪》)

③ 子为父死亡所恨。(《汉书·苏武传》)

例①中的"睡"不是"躺下睡觉",而是"打瞌睡"、"打盹"的意思。例②中的"亲戚"指内亲,即父母,而不是现代汉语中所指的外亲(即有血缘关系的旁系亲属)。例③中的"亡所恨"是"没有什么可遗憾的",不可把"恨"误译为"痛恨"。

古代汉语中,古音通假现象很普遍,这就要求在翻译时要了解这种现象,不可指鹿为马。例如:

① 庄公寤生,惊姜氏。(《左传·隐公元年》)

杜预注云"寐寤而庄公已生,故惊而恶之",是说庄公是在姜氏睡着时出生的。清初的黄生以为"寤"是"牾"的通假字,这样就是说庄公是难产(倒着出生)。显然,两种解释中,后者要比前者合理。

② 八月剥枣。(《诗经·豳风·七月》)

王安石《毛诗新义》中说:"剥者,剥其皮而进之,所以养老也。"实际上,这里的"剥"是"攴"的假借字,是"敲打"、"击"的意思。

这两例都是由于不明假借而望文生训,当然译文也就无"信"可言。另外,虚词也是翻译过程中的麻烦问题之一。虚词的用法比较灵活,关键是要把握某个词所处的句法位置,分析其所起的作用,最后来确定其意义。例如:

① 故吾以强国之术说君,君大悦之耳。(《史记·商君列传》)
② 君子不以言举人,不以人废言。(《论语·卫灵公》)
③ 夫夷以近,则游者众;险以远,则至者少。(王安石《游褒禅山记》)
④ 发愤忘食,乐以忘忧。(《论语·述而》)

"以"可作介词,又可做连词,要弄清楚句中的"以"应是什么词,首先必须明白介词与连词的用法区别,据此判定例①②的"以"是介词,例③④的"以"是连词;然后进一步分析句中的"以"的作用是什么,从而判断出例①的"以"引进动作行为的凭借,意思是"用",例②的"以"引进的是动作发生的原因,可译为"因为";例③的"以"连接两个形容词,表并列关系,可译为"又";例④的"以"连接两个动词性成分,表示后一动作是前一动作的结果,可译为"以致"。虚词的用法和意义在语法部分讲得很详细,应该认真掌握。

除了这些,譬如联绵词、偏义复词、同义词连用等在翻译时,也要多加注意,前文有介绍,在此就不一一举例了。

如果弄懂了句子中每个词的意义,基本上就可以懂得这句话的意思了,因为古今汉语在语法上的差别不是很大。但是,有些句子就不一定是这样,我们还应多懂一些句法方面的知识,尤其是句子成分的次序、名词作状语、特殊的动宾关系、判断句、句子成分的省略等。

古今汉语句子成分次序的不同,主要包括宾语前置、介词结构作补语、动量词的位置等。例如:

① 臣未之闻也。(《孟子·梁惠王上》)
② 侨闻为国非不能事大字小之难,无礼以定其位之患。(《左传·昭公十六年》)
③ 青,取之于蓝而青于蓝。(《荀子·劝学》)
④ 鲁人从君战,三战三北。(《韩非子·五蠹》)

以上举的这几个句子是不能够完全按原来的词序来翻译的。例①中动词的宾语"之"前置,翻译时应将其还原,即为:我没有听到过这样的事。例②中的"不能事大字小"和"无礼以定其位"都是较为复杂的动词性词组,分别作谓语"难"和"患"的宾语,并且前置,同时又用结构助词"之"作标志。因此翻译时就必须把宾语还原到谓语的后面,即为:我公孙侨听说,治理国家不必担心不能事奉大国安抚小国,而是担心不以礼仪来巩固国家的地位。例③是"于"字介宾结构作补语,"于蓝"分别表示处所和比较对象,若按原来的词序翻译就不符合现代汉语的习惯,所以译时也应把介词结构提前使其作状语,以符合现代汉语的行文规范,即为:青色,是从蓝草中提取出来的,但是又比蓝草要青。例④的"三战三北"是古人表示动量的方法,和今天的说法不同,翻译时应符合现代汉语的习惯,即为"战了三次,逃跑了三次"。

名词作状语、特殊的动宾关系、判断句、句子成分的省略等,都是古代汉语中普遍存在的语言现象,它们都与现代汉语或多或少地有所不同,翻译时也应照顾现代汉语的习惯。例如:

① 射之,豕人立而啼。(《左传·庄公八年》)
② 止子路宿,杀鸡为黍而食之。(《论语·子路》)
③ 今先生俨然不远千里而庭教之。(《战国策·秦策》)
④ 是炎帝之少女。(《山海经·北山经》)
⑤ 故圣人明君者,非能尽其万物也,知万物之要也。(《商君书·农战》)

例①中的"豕人立而啼",其中"人"作状语,表比喻,翻译就应将这种用法体现出来:豕像人一样站立着,大声号叫。例②如果照字面去译,就会把"食之"理解成"吃子路",这里的"食之"实际上是特殊的使动关系,明白这一点,翻译时就应把它译作"使子路吃"。例③中有两处不同于现代汉语:一是"远"的用法,应是形容词的意动用法;二是"庭"的用法,为名词作状语,表处所。翻译时,这两点都应注意到:现在,先生你郑重地不以千里为远地跑来在朝廷上教导我。例④为判断句,应注意的是在主谓之间加上判断词"是",译成现代汉语就是:这是炎帝的小女儿。例⑤的句中有省略的成分,如果已影响到句意的表达,翻译时就应该将省略的部分补充出来,即为:因此圣贤之人和英明的君主不是完全(知道)各种各样的事物,只了解各种事物的关键罢了。

古代汉语中的修辞手法有很多,有些用法古今一致,翻译时可以直接译成现代汉语;但也有不少用法不再适用于今天,翻译时就不能原词直录了。例如:

① 我二十五年矣,又如是而嫁,则就木焉。(《左传·僖公二十三年》)

句中的"就木",若按字面翻译就是"接近木头",但实际上这里用了"代称"的修辞方法,以原料代成品,"木"指的是用木料做成的"棺木"。那么就应该译成"进棺材",这样就恰当地表现出了原文生动、风趣的语言特点。

② 寡君使群臣为鲁卫请,曰"无令舆师陷入君地"。下臣不幸,属当戎行,无所逃隐,且惧奔辟而忝两君。臣辱戎士,敢告不敏,摄官承乏。(《左传·成公二年》)

这段文字是说在齐晋鞌之战中,由于齐顷公骄傲轻敌、指挥失当,齐军失败,齐侯在仓皇逃跑当中,被晋国大将韩厥追上,危急关头,齐侯的卫士逢丑父通过和齐侯换位置的办法(古时作战,尊者居左,保卫尊者的人居右),自己装成齐侯的样子,让齐侯下车取水,借机逃走。这时,韩厥对假齐侯下拜叩首,奉献杯酒和玉环,并讲了这么一段冠冕堂皇的外交辞令。其中用到许多谦敬语,如"寡君"、"臣"、"忝"、"辱"、"敢"等,翻译时既要考虑到现代汉语的习惯,又应体现原文柔中带刚、不卑不亢的特点:敝国君主叫他的群臣为鲁国、卫国请求贵国不要与他们作对,并且不让敝国军队深入贵国领土。我不幸得很,正好碰上了贵军,又没有躲避的地方。而且我如果逃跑也会使晋齐两国君主蒙受耻辱。我当一名将领是不称职的,冒昧地禀告阁下,我是不会办事的,只不过因为人才缺乏,由我来勉强承担这项任务。但这段话的真正意思却并不像韩厥所言,而是要抓获齐侯。

我们在这儿谈到的翻译古文时应具有的知识只是一些最基本的,另外还会遇到许多问题,如文化背景、语言风格等。能否熟练地运用现代汉语把古人的文章意义表述出来,还要靠平时的日积月累,多看、多记、多练,才有可能得心应手。

(三)今译的方法和技巧

古文今译通常用"直译"和"意译"两种方法。所谓直译就是依照文言和现代汉语之间的语言对应关系进行翻译,它要求译文和原文的词对词、句对句,字字有着落,句句相照应。这种译法的长处是能够保持原文用词造句的特点,比较容易反映出原文的语言风格。所谓意译就是对文言和现代汉语之间的对应关系不作十分严格的限定,只按照原文的内容大意进行翻译。

直译是古文今译中最常用的方法。例如:

① 吾不能早用子,今急而求子,是寡人之过也。(《左传·僖公三十年》)——我不能早用您,现在国家危急了才求您,这是我的过错。
② 吴广素爱人,士卒多为用者。将尉醉,广故数言欲亡,忿恚尉,令辱之,以激怒其众。(《史记·陈涉世家》)——吴广平常爱护别人,士兵中有很多愿意为他出力的人。将尉喝醉了酒,吴广故意多次扬言要逃跑,使将尉愤怒,让他侮辱自己,借以激怒众人。

这两个例子的译文和原文的句法结构基本相当,词序也大致相同,用词几乎是一对一的关系,是典型的直译。

有些句子用直译的方法不能把原文的意思完全准确地表达出来,翻译时需加上一些词语,这是意译,例如:

① 尔何知?中寿,尔墓之木拱矣!(《左传·僖公三十三年》)——你知道什么?如果你只活到六七十岁,你墓上的树现在也该长到两手合抱那么粗了。
② 人民不胜禽兽虫蛇。(《韩非子·五蠹》)——人民禁不住禽兽虫蛇的侵害。

这两例中,译文都根据需要加上了些词语。

不论直译还是意译,都必须忠实原文,特别是意译,并不是可以随便添枝加叶的。

关于古文今译的技巧,有人总结成六个字,即对、换、留、删、补、调。"对"就是对译,是把文言中的单音词翻译成以该词为词素的复音词;"换"就是替换,是用现代汉语的词替换文言文中相应的词;"留"是保留的意思,文言文中的人名、地名、年号、国号、官职名、朝代名等,以及古今词义没有发生变化的词,如"山、水、牛、羊、哭、笑"等,均可按照原文保留在译文中;"删"指的是删除,文言文中有些虚词,在现代汉语中没有对等的词来翻译,或者现代汉语在这个地方根本不用虚词,便可"删"而不译;"补"就是补充,由于古文的省略现象比较多见,译文就必须在有些相应的省略处补充词语,以完满地表达原意;"调"是调整的意思,古今汉语句子成分的位置有些不同之处,为了照顾现代汉语的语言习惯,译文就需要对原文的语序作某些调整。运用这些技巧翻译文言文,基本上可以解决常见到的一些问题。例如:

① 天行有常,不为尧存,不为桀亡。(《荀子·天论》)——大自然的运行有一定的规律,(这种规律)不因为是尧就存在,也不因为是桀就消亡。

② 庆历四年春,滕子京谪守巴陵郡。(范仲淹《岳阳楼记》)——(宋仁宗)庆历四年春天,滕子京被贬为巴陵郡郡守。

这两例的译文,就集中体现了"对"、"换"、"留"的技巧:例①译文中的复音词"运行"、"因为"、"存在"、"消亡"分别是以原文中的单音词"行"、"为"、"存"、"亡"为词素对译来的。实际上"对"的技巧正适应了古今汉语的发展规律,古汉语以单音词为主,现代汉语以复音词为主,因此,翻译文言文时,必然要用许多复音词来取代原文中的单音词。例①的译文还运用了"换"的技巧,如用"大自然"换"天",用"规律"换"常"等。因为"尧"、"桀"是人名,"有"、"不"的古今词义无变化,于是在译文中都原样保留了下来。例②原文中的"庆历"是年号,"四"、"年"古今词义没有变化,故均保留在译文中。

③ 今者项庄拔剑舞,其意常在沛公也。(《史记·项羽本纪》)——今天项庄拔剑起舞,他的用意总在杀沛公上。

这一句的译文除了用"对"、"换"、"留"的手法外,还用了"删"的技巧:"者"用在时间词后,表停顿,"也"是个语气词,它们在现代汉语里都不用,所以译文均删而不译。

④ 见渔人,乃大惊,问所从来,具答之。(陶渊明《桃花源记》)——村中人看到打鱼的人,竟大为吃惊,问他从哪里来的,打鱼人详细告诉了他们。

这句的译文除了前三例使用过的几种技巧外,它还用了"补"的方法,因为其中两句的主语都省掉了,翻译时如果不补出来,会使人不明其意。

⑤ 惟陈言之务去,戛戛乎其难哉!(韩愈《答李翊书》)——一定要去掉那些陈腐的言辞,真是不容易啊!

此句中的"惟……之……"是古汉语中宾语前置的一种常用格式,如果照原文的语序翻译,就不合现代汉语的习惯,因此翻译时应将前置的宾语"陈言"还原到谓语"务去"后面,结构助词"之"也删而不要,这样,译文才能符合现代汉语的规范。

思考与练习(三十一)

一、古文今译的标准是什么?要译好古文,应该具备哪些方面的知识?翻译时有哪些方法和技巧?

二、翻译下面的句子。

1. 劝秦王显岩穴之士。(《史记·商君列传》)
2. 公都子曰:"冬日则饮汤,夏日则饮水。"(《孟子·告子上》)
3. 田忌一不胜而再胜。(《史记·孙子吴起列传》)
4. 无或乎王之不智也。(《孟子·告子上》)

5. 魏果去邯郸,与齐战于桂陵。(《史记·孙子吴起列传》)
6. 人固有一死,或重于泰山,或轻于鸿毛。(司马迁《报任安书》)
7. 通说范阳令徐公曰:"……窃闻公之将死,故吊之。"(《汉书·蒯通传》)
8. 君子不重伤,不禽二毛。(《左传·僖公二十二年》)
9. 张良入谢,曰:"沛公不胜杯杓,不能辞。"(《史记·项羽本纪》)
10. 齐之临淄三百闾,张袂成阴,挥汗成雨,比肩继踵而在,何为无人!(《晏子春秋·内篇杂下》)

三、标点并翻译下面的短文。

楚人和氏得玉璞楚山中奉而献之厉王厉王使玉人相之玉人曰石也王以和为诳而刖其左足及厉王薨武王即位和又奉其璞而献之武王武王使玉人相之又曰石也王又以和为诳而刖其右足武王薨文王即位和乃抱其璞而哭于楚山之下三日三夜泣尽而继之以血王闻之使人问其故曰天下之刖者多矣子奚哭之悲也和曰吾非悲刖也悲夫宝玉而题之以石贞士而名之以诳此吾所以悲也王乃使玉人理其璞而得宝焉遂命曰和氏之璧

(《韩非子·和氏》)

文　　选

苏武传(节选)

(《汉书·李广苏建传》)

　　武字少卿,少以父任,兄弟并为郎[1]。稍迁至栘中厩监[2]。时汉连伐胡,数通使相窥观[3]。匈奴留汉使郭吉、路充国等,前后十余辈[4]。匈奴使来,汉亦留之以相当[5]。天汉元年,且鞮侯单于初立[6]。恐汉袭之,乃曰:"汉天子,我丈人行也[7]。"尽归汉使路充国等。武帝嘉其义,乃遣武以中郎将使,持节送匈奴使留在汉者,因厚赂单于,答其善意[8]。武与副中郎将张胜及假吏常惠等,募士、斥候百余人俱[9]。既至匈奴,置币遗单于[10]。单于益骄,非汉所望也[11]。

[1]以父任:因为父亲的关系而任职。汉代官至二千石,子弟可保举为郎。郎:皇帝侍从官的统称。并:都。
[2]稍:逐渐。迁:升职。栘(yí)中厩监:官名,管理宫中栘园内马厩里的鞍马鹰犬等射猎用具。
[3]连:连续。胡:对西北部少数民族的通称,此指匈奴。相窥观:相互窥探、观察对方情况。一说"相"也是观察的意思。
[4]留:扣留。十余辈:十多批。
[5]当:抵,对等。
[6]天汉:汉武帝年号之一。且鞮(jū dī)侯:匈奴君主的封号名。单于:匈奴国君的通称。
[7]丈人:对男性年长者的尊称。行(háng):辈。
[8]嘉:形容词意动用法,认为……好。义:合宜的行为。以中郎将使:以中郎将的身份出使。中郎将:官名,统领皇帝侍卫官。节:使者所持信物,以竹为之,柄长八尺,饰以羽毛。赂:赠送财物。答:答谢,回报。
[9]假吏:临时充任的使臣下属官吏。募士、斥候:招募士卒和侦察人员。俱:一起去。
[10]置:摆出。币:礼物。遗(wèi):赠送。
[11]益:逐渐。望:期望。

方欲发使送武等,会缑王与长水虞常等谋反匈奴中[1]。缑王者,昆邪王姊子也,与昆邪王俱降汉,后随浞野侯没胡中[2]。及卫律所将降者,阴相与谋劫单于母阏氏归汉[3]。会武等至匈奴。虞常在汉时,素与副张胜相知,私候胜[4],曰:"闻汉天子甚怨卫律,常能为汉伏弩射杀之[5]。吾母与弟在汉,幸蒙其赏赐。"张胜许之,以货物与常。后月余,单于出猎,独阏氏、子弟在。虞常等七十余人欲发,其一人夜亡,告之[6]。单于子弟发兵与战,缑王等皆死,虞常生得。

[1]方:正。会:正遇上。缑(gōu)王:匈奴一个亲王。长水:地名,在今陕西蓝田县西北。

[2]昆邪(hún yé)王:匈奴亲王。汉武帝元狩二年率部降汉。浞野侯:汉将赵破奴的封号。太初元年,匈奴左大都尉欲杀单于降汉,汉武帝派赵破奴前往接应,兵败被匈奴俘虏,所率部队陷落于匈奴,其中包括缑王。没:陷落。

[3]及:介词,与。卫律:本为胡人,生于汉,受李延年推荐出使匈奴。因李延年全家被捕,怕受牵连,投降匈奴,被匈奴封为丁令王。阴:暗地。相与:共同。阏氏(yān zhī):匈奴皇后的通称。

[4]素:平素,一向。私候:私下拜访看望。
[5]怨:恨。伏弩:埋伏弓弩手。
[6]发:发动,起事。亡:逃走。

单于使卫律治其事[1]。张胜闻之,恐前语发,以状语武[2]。武曰:"事如此,此必及我。见犯乃死,重负国[3]!"欲自杀。胜、惠共止之。虞常果引张胜[4]。单于怒,召诸贵人议,欲杀汉使者。左伊秩訾曰[5]:"即谋单于,何以复加?宜皆降之[6]。"单于使卫律召武受辞[7]。武谓惠等:"屈节辱命,虽生,何面目以归汉!"引佩刀自刺。卫律惊,自抱持武,驰召医。凿地为坎,置煴火,覆武其上,蹈其背以出血[8]。武气绝,半日复息。惠等哭,舆归营[9]。单于壮其节,朝夕遣人候问武,而收系张胜[10]。

[1]治:审理。
[2]发:泄露,被发觉。语(yù):告诉。
[3]见犯:被侮辱。乃:才。负:对不起,辜负。
[4]引:攀引,供出。
[5]伊秩訾:匈奴封王的称号,有左右之分。
[6]即:如果,假如。谋:谋害。降:动词使动用法,使……投降。
[7]受辞:受审讯。
[8]坎:坑。煴(yūn)火:没有火苗的小火。覆:动词使动用法,使……覆盖。蹈:通

"捣",轻轻拍打。

[9]舆:名词活用作动词,用车子载。

[10]壮:形容词意动用法,认为……伟大。候问:看望,慰问。收系:逮捕。

武益愈[1]。单于使使晓武,会论虞常,欲因此时降武[2]。剑斩虞常已[3],律曰:"汉使张胜,谋杀单于近臣,当死,单于募降者赦罪[4]。"举剑欲击之,胜请降。律谓武曰:"副有罪,当相坐[5]。"武曰:"本无谋,又非亲属,何谓相坐?"复举剑拟之,武不动[6]。律曰:"苏君,律前负汉归匈奴,幸蒙大恩,赐号称王,拥众数万,马畜弥山,富贵如此[7]!苏君今日降,明日复然。空以身膏草野,谁复知之[8]?"武不应。律曰:"君因我降,与君为兄弟[9]。今不听吾计,后虽复见我,尚可得乎?"武骂律曰:"女为人臣子,不顾恩义,畔主背亲,为降虏于蛮夷,何以女为见[10]!且单于信女,使决人死生,不平心持正,反欲斗两主,观祸败[11]!南越杀汉使者,屠为九郡[12];宛王杀汉使者,头县北阙[13];朝鲜杀汉使者,即时诛灭[14];独匈奴未耳!若知我不降明,欲令两国相攻,匈奴之祸从我始矣[15]!"

[1]益:逐渐。愈:病愈。
[2]晓:晓谕,告知。会:一起,共同。论:判决。因:趁。降:用如使动,使……降。
[3]剑:名词作状语,用剑。已,完毕。
[4]当:判处……罪。募:招。
[5]副:副使。坐:连坐,一人犯罪,把与他相关的其他人一同治罪。
[6]拟:比画。
[7]弥:充满。
[8]空:徒然,白白地。膏:名词用如动词,肥,润泽。
[9]因:依靠。
[10]顾:顾念,顾惜。畔:通"叛",背叛。为降虏于蛮夷:在蛮夷做投降的俘虏。何以女为见:为什么要见你。
[11]决人死生:决定他人的死活。平心持正:使心公平,主持公正。斗:动词使动用法,使……斗。
[12]武帝元鼎五年,南越相吕嘉杀掉汉使及南越王,自立为王。武帝派兵征讨,次年斩吕嘉,在南越设置南海、苍梧等九个郡。屠:平定。
[13]武帝太初元年,汉派人到大宛求良马,大宛王不给并在回程中杀了汉使,武帝发兵征讨。太初三年,大宛贵族杀死国王,献马投降。县:"悬"的古字。北阙:汉宫北面的门楼。
[14]武帝元封二年,朝鲜杀汉使,武帝发兵征讨,次年朝鲜大臣杀死国王而投降。
[15]若:你。明:明白。

律知武终不可胁，白单于[1]。单于愈益欲降之，乃幽武，置大窖中，绝不饮食[2]。天雨雪，武卧啮雪，与旃毛并咽之，数日不死[3]。匈奴以为神，乃徙武北海上无人处，使牧羝，羝乳乃得归[4]。别其官属常惠等，各置他所[5]。武既至海上，廪食不至，掘野鼠去中实而食之[6]。杖汉节牧羊，卧起操持，节旄尽落[7]。积五六年，单于弟于靬王弋射海上[8]。武能网纺缴，檠弓弩，于靬王爱之，给其衣食[9]。三岁余，王病，赐武马畜、服匿、穹庐[10]。王死后，人众徙去。其冬，丁令盗武牛羊，武复穷厄[11]。

[1]胁：胁迫。白：报告。
[2]愈益：更加。幽：囚禁。窖：地洞。绝不饮食：据王念孙考证，"不"后脱"与"字。
[3]雨：下。啮：咬，吃。旃(zhān)：通"毡"，一种毛织物。
[4]北海：今俄罗斯贝加尔湖，为匈奴最北界。羝：公羊。乳：生子，生羊羔。
[5]别：分开。他所：别的地方。
[6]廪食：粮仓中的食物，指匈奴官家供应的食物。去：通"弆(jǔ)"，收藏。中(chè)：草。
[7]杖：持。节旄：节上用牦牛尾毛做的饰物。尽：全。
[8]积：累计。于靬(wū jiān)王：匈奴王号。弋射：射猎。弋：用带丝绳的箭射鸟等。
[9]网纺缴：《太平御览》引作"结网纺缴"，即织网纺线。缴(zhuó)：弋射时系在箭尾的丝线。檠(qíng)：矫正弓弩的工具，这里用作动词，矫正弓弩。给：供给。
[10]服匿：一种盛酒酪的瓦器。穹庐：大型的圆顶帐篷。
[11]丁令：匈奴族的别支，当时卫律为丁令王。穷：走投无路。厄：穷困。

初，武与李陵俱为侍中[1]。武使匈奴明年，陵降，不敢求武[2]。久之，单于使陵至海上，为武置酒设乐，因谓武曰："单于闻陵与子卿素厚，故使陵来说足下，虚心欲相待[3]。终不得归汉，空自苦亡人之地，信义安所见乎[4]？前长君为奉车，从至雍棫阳宫，扶辇下除，触柱折辕，劾大不敬，伏剑自刎[5]，赐钱二百万以葬。孺卿从祠河东后土，宦骑与黄门驸马争船，推堕驸马河中，溺死，宦骑亡[6]。诏使孺卿逐捕，不得，惶恐饮药而死[7]。来时，太夫人已不幸，陵送葬至阳陵[8]。子卿妇年少，闻已更嫁矣。独有女弟二人，两女一男，今复十余年，存亡不可知[9]。人生如朝露，何久自苦如此！陵始降时，忽忽如狂，自痛负汉，加以老母系保宫，子卿不欲降，何以过陵[10]！且陛下春秋高，法令亡常，大臣亡罪夷灭者十家，安危不可知，子卿尚复谁为乎[11]？愿听陵计，勿复有云！"武曰："武父子亡功德，皆为陛下所成就，位列将，爵通侯，兄弟亲近，常愿肝脑涂地[12]。今得杀身自效，虽蒙斧钺汤镬，诚甘乐之[13]。臣事君，犹子事父也，子为父死，亡所恨[14]。愿勿复再言！"陵与武饮数日，复曰："子卿，壹听陵言[15]。"武曰："自分已死久矣[16]！王必欲降武，请毕今日之驩，效死于前[17]！"陵见其至诚,喟然叹曰:"嗟乎,义士!陵与卫律之罪,上通于天。"因泣下霑衿,与武决去[18]。陵恶自赐武,使其妻赐武牛羊数十头[19]。后陵复至北海上,语武:"区脱捕得云中生口,言太守以下吏民皆白服,曰:'上崩[20]。'"武闻之,南乡号哭,欧血,旦夕临数月[21]。

[1]李陵:李广的孙子,字少卿,武帝时随李广利攻打匈奴,因众寡悬殊,援兵不至,兵败投降,被匈奴封为右校王。侍中:官名,汉代为宫内掌管皇帝乘舆服饰的官。

[2]明年:第二年。求:访求,看望。

[3]厚:交情深厚。说(shuì):劝说。足下:对对方的尊称,相当于"先生"。虚心:使心虚,无成见。

[4]亡:无,没有。见:表现,"现"的古字。

[5]长君:苏武的长兄苏嘉。奉车:即奉车都尉,掌管皇帝车舆。从:跟随。至:到。雍:地名,在陕西凤翔南。棫阳宫:本为秦宫,在雍东北。除:台阶。劾:弹劾。伏:通"服",用。

[6]孺卿:苏武的弟弟苏贤。祠:祭祀。河东:郡名,在今山西西南部一带。后土:土地神。宦骑:骑马侍从的宦官。黄门驸马:驸马都尉属下的官名。驸马都尉掌管皇帝副车所用的马匹。亡:逃跑。

[7]逐捕:追捕。惶恐:忧虑害怕。

[8]太夫人:对对方母亲的尊称。不幸:死的委婉说法。阳陵:古地名,在今咸阳市东。

[9]女弟:妹妹。两女一男:指苏武的两个儿女一个儿子。

[10]忽忽:精神恍惚的样子。痛:痛心。负:对不起。系:囚禁。保宫:汉代监狱名,囚禁犯罪大臣及其眷属的地方。

[11]春秋高:年纪大的委婉说法。亡常:无常,没有一定。夷灭:灭族。

[12]成就:等于说栽培提拔。位列将,爵通侯:官位在将军之列,爵位是受封之侯。苏武之父为平陵侯。

[13]效:献出。蒙:遭受。钺:大斧。镬(huò):大锅。诚甘乐之:实在甘心乐意如此。

[14]事:侍奉。恨:遗憾。

[15]壹:一定。

[16]分(fèn):料定。

[17]降:使动用法。毕:尽。驩:通"欢"。效:献。

[18]霑:浸湿。衿:同"襟"。决:辞别,后来作"诀"。去:离去。

[19]恶(wù):讨厌,此为羞愧义。

[20]区(ōu)脱:匈奴语,边界。云中:汉郡名,在今山西北部内蒙古西南一带。生口:活口,俘虏。太守:郡的最高长官。白服:穿白色孝服。上崩:皇上死了。崩为皇帝死的委婉说法。

[21]乡:面对。号哭:大声哭。欧:吐,"呕"的古字。临:哭吊死者。

昭帝即位数年,匈奴与汉和亲。汉求武等,匈奴诡言武死[1]。后汉使复至匈奴,常惠请其守者与俱,得夜见汉使,具自陈道,教使者谓单于[2],言:"天子射上林中,得鴈,足有系帛书,言武等在某泽中[3]。"使者大喜,如惠语以让单于[4]。单于视左右而惊,谢汉使曰:"武等实在[5]。"

　　……

　　武以始元六年春至京师[6]。诏武奉一太牢,谒武帝园庙[7]。拜为典属国,秩中二千石;赐钱二百万,公田二顷,宅一区[8]。常惠、徐圣、赵终根皆拜为中郎,赐帛各二百匹[9]。其余六人老,归家,赐钱人十万,复终身[10]。常惠后至右将军,封列侯,自有传[11]。武留匈奴凡十九岁,始以强壮出,及还,须发尽白。

[1]求:索要。诡言:欺骗说。
[2]具:全部,详细。陈道:陈说。
[3]上林:苑名,皇帝游玩射猎的园林。鴈:"雁"的异体字。系帛书:绑着用丝织品写的信。
[4]让:责备。
[5]谢:道歉。实在:确实还活着。
[6]以:介词,在。始元:汉昭帝年号。
[7]诏:诏令。奉:敬献。太牢:用于祭祀的牛、猪、羊。园庙:陵园、祠庙。
[8]拜:授予官职。典属国:官名,掌管外交及少数民族事务。秩:官吏的俸禄。中(zhòng)二千石:满二千石,汉代二千石分为中二千石、二千石、比二千石三等。区:处,所。
[9]中郎:官名,担任宫中侍卫。
[10]人十万:每人十万。复:免除徭役赋税。
[11]自有传:《汉书》另外有常惠的传记。

[阅读提示]

一、找出下列各句中活用的词和作状语的名词。
  1. 武帝嘉其义,乃遣武以中郎将使,持节送匈奴使留在汉者。
  2. 惠等哭,舆归营。单于壮其节。
  3. 单于使使晓武,会论虞常,欲因此时降武。剑斩虞常已,律曰……
  4. 空以身膏草野,谁复知之?
  5. 反欲斗两主,观祸败。
  6. 天雨雪,武卧啮雪,与旃毛并咽之。
二、解释下面加点的词语在文中的意义。
　　稍迁/丈人/厚赂单于/置币遗单于/甚怨卫律/半日复息/当相坐/头县北阙/杖汉节/幽武/羝乳乃得归/给其衣食/扶辇下除/更嫁/

亡所恨/效死于前/让单于/武等实在

三、指出下面句中"发"、"引"的意义,并说明是本义、引申义还是假借义。

发:1. 方欲发使送武等。
2. 虞常等七十余人欲发。
3. 单于子弟发兵与战。
4. 张胜闻之,恐前语发,以状语武。
5. 广乃令士持满毋发,而广身自以大黄射其裨将。

引:1. 虞常果引张胜。
2. 引佩刀自刺。
3. 复得其余军,因引而入塞。
4. 君子引而不发,跃如也。

四、找出文中的古字、异体字、通假字,并说明其相应的今字、正体字和本字。

张骞传(节选)

(《汉书·张骞李广利传》)

张骞,汉中人也,建元中为郎[1]。时匈奴降者言匈奴破月氏王,以其头为饮器,月氏遁而怨匈奴,无与共击之[2]。汉方欲事灭胡,闻此言,欲通使,道必更匈奴中,乃募能使者[3]。骞以郎应募,使月氏,与堂邑氏奴甘父俱出陇西[4]。径匈奴,匈奴得之,传诣单于[5]。单于曰:"月氏在吾北,汉何以得往使?吾欲使越,汉肯听我乎[6]?"留骞十余岁,予妻,有子,然骞持汉节不失[7]。

[1]汉中:汉代郡名,郡治在今陕西汉中市。建元:汉武帝的年号。郎:官名,宫廷侍卫的通称。

[2]月氏(zhī):我国古代北方少数民族名。遁:逃隐。怨:恨。与:同盟。

[3]事:从事。胡:指匈奴。道:路。更:经过。募:招募。能使者:能出使的人。

[4]以郎应募:以郎的身份接受招募。堂邑氏奴甘父:即下文"堂邑父",本为匈奴人。陇西:郡名,在今甘肃临洮一带。

[5]径:路,这里用为动词,取道,经过。传诣:用传车送到。传:古代驿站上用于传递公文的马车,这里是名词作状语。

[6]越:南越,故地在今岭南,汉武帝派兵平定,分为九郡。听:同意。

[7]留:扣留。节:使节,用竹子做成,上以羽毛为饰,是使臣出使的凭证。

居匈奴西,骞因与其属亡乡月氏,西走数十日,至大宛[1]。大宛闻汉之饶财,欲通不得,见骞,喜,问欲何之[2]。骞曰:"为汉使月氏,而为匈奴所闭道,今亡,唯王使人道送我[3]。诚得至,反汉,汉之赂遗王财物,不可胜言[4]。"大宛以为然,遣骞,为发译道,抵康居[5]。康居传致大月氏[6]。大月氏王已为胡所杀,立其夫人为王。既臣大夏而君之,地肥饶,少寇,志安乐,又自以远远汉,殊无报胡之心[7]。骞从月氏至大夏,竟不能得月氏要领[8]。留岁余,还。并南山,欲从羌中归,复为匈奴所得[9]。留岁余,单于死,国内乱,骞与胡妻及堂邑父俱亡归汉。拜骞太中大夫,堂邑父为奉使君[10]。

骞为人强力,宽大信人,蛮夷爱之[11]。堂邑父,胡人,善射,穷急,射禽兽给食[12]。初,骞行时百余人,去十三岁,唯二人得还。

[1]因:趁机。属:手下。乡:趋向,奔向。西:名词作状语,向西。大宛(yuān):西域国名,在今乌兹别克境内。

[2]饶:富,多。之:到。

[3]唯:语气词,表示希望、祈求语气。道:引导,"导"的古字。

[4]反:"返"的古字。赂遗:赠送。二词同义连用。胜:尽。

[5]遣:送。发:派遣。译道:翻译、向导。康居:西域国名,在今哈萨克和乌兹别克境内。

[6]传致:用传车送达。

[7]臣:名词使动用法,使……臣服。君:名词用如动词,做君主。大夏:中亚西亚古国,在今阿富汗北部。寇:侵扰者,侵略者。志:心意。远远(第二个远音 yuàn):远离。殊:副词,很。报:报复。

[8]竟:最终。要领:关键,此指明确态度。

[9]并:通"傍",沿着。南山:指阴山。羌:西部少数民族名。

[10]拜:授给官职。太中大夫:官名,掌议论政事。奉使君:官名。

[11]强力:坚强、有毅力。信人:取信于人,对人讲信誉。蛮夷:对少数民族及外地人的不尊重的称呼,此指堂邑父等。

[12]穷:困顿,窘迫。给:供应。

骞身所至者,大宛、大月氏、大夏、康居,而传闻其旁大国五六,具为天子言其地形所有。语皆在《西域传》。骞曰:"臣在大夏时,见邛竹杖、蜀布,问安得此,大夏国人曰[1]:'吾贾人往市之身毒国[2]。'身毒国在大夏东南可数千里。其俗土著,与大夏同,而卑湿暑热[3]。其民乘象以战。其国临大水焉[4]。及骞度之,大夏去汉万二千里,居西南,今身毒又居大夏东南数千里,有蜀物,此其去蜀不远矣[5]。今使大夏,从羌中,险,羌人恶之;少北,则为匈奴所得[6];从蜀,宜径,又无寇。"天子既闻大宛及大夏、安息之属皆大国,多奇物,土著,颇与中国同俗,而兵弱,贵汉财物[7];其北则大月氏、康居之属,兵强,可以赂遗设利朝也[8]。诚得而以义属之,则广地万里,重九译,致殊俗,威德徧于四海[9]。天子欣欣以骞言为然[10]。乃令因蜀、犍为发间使,四道并出[11]:出駹,出冉,出徙、邛,出僰,皆各行一二千里[12]。其北方闭氐、筰,南方闭嶲、昆明[13]。昆明之属无君长,善寇盗,辄杀略汉使,终莫得通[14]。然闻其西可千余里,有乘象国,名滇越,而蜀贾间出物者或至焉,于是汉以求大夏道始通滇国[15]。初,汉欲通西南夷,费多,罢之。以骞言可以通大夏,乃复事西南夷[16]。

[1]邛:邛崃山,在今四川中部。蜀:汉郡名,在成都周围。
[2]贾(gǔ)人:商人。市:买。身毒:原为印度河古名,后为地名、国名,包括今印度、巴基斯坦、孟加拉等国。
[3]土著:有城郭可定土而居,非游牧迁徙。卑湿:地势低,潮湿。
[4]临:靠近。大水:大河,指恒河。
[5]度:估计,推测。其:语气词,表示推测。去:离。
[6]少:稍。得:捉住。
[7]安息:西亚古国名,在今伊朗一带。颇:略微。贵:形容词意动用法,认为……贵,看重。
[8]以:用,通过。设利:施给好处。朝:动词使动用法,使……朝拜。
[9]属:动词使动用法,使……归属、归附。广:形容词使动用法,使广大。重(chóng):重复设置。九译:许多翻译。九为虚数。致:使来。殊:不同。徧:"遍"的异体字。
[10]欣欣:高兴的样子。然:对,正确。
[11]因:从。犍为:郡名,在今四川境内。发:派出。间使:秘密使者。
[12]駹(máng):氐族小国名。筰:筰族小国。徙:徙族小国。僰(bó):白族小国。均在今四川云南境内。
[13]闭:堵塞。氐:古代西南少数民族名。嶲(xī)、昆明:均为西南古少数民族名。
[14]寇:抢劫。辄:副词,总是。略:抢夺。莫:副词,不。
[15]滇越:古滇国,在今云南东部一带。间出物者:私下运出货物的人。或:有人。于是:至此。
[16]事:从事,致力于,此指致力于与……交往。西南夷:西南各少数民族。

骞以校尉从大将军击匈奴,知水草处,军得以不乏,乃封骞为博望侯[1]。是岁,元朔六年也[2]。后二年,骞为卫尉,与李广俱出右北平击匈奴[3]。匈奴围李将军,军失亡多,而骞后期,当斩,赎为庶人[4]。是岁骠骑将军破匈奴西边,杀数万人,至祁连山[5]。其秋,浑邪王率众降汉,而金城、河西并南山至盐泽,空,无匈奴[6]。匈奴时有候者到,而希矣[7]。后二年,汉击走单于于幕北[8]。

[1]校尉:大将军的属官,掌管屯兵。乏:缺少,此指缺少水草等军需品。博望侯:张骞的封爵。博望在今河南南阳。

[2]元朔:汉武帝的年号之一。

[3]卫尉:九卿之一,管宫廷守卫。李广:汉名将。参见《李将军列传》。右北平:郡名,在今河北平泉县。俱:副词,一起。

[4]当:判罪。赎为庶人:汉代规定,犯死罪者交钱可免除死罪,有爵位的免为普通人。

[5]骠骑将军:将军名号,位次于大将军,此指霍去病。西边:西部。

[6]浑邪:匈奴部落之一,也写作"昆邪"。金城:汉代郡名,在今甘肃皋兰。河西:黄河以西今甘肃省西北部。并:沿着。南山:指阴山。盐泽:今罗布泊。

[7]候者:侦察人员。希:"稀"的古字,稀少。

[8]幕:通"漠",沙漠。

天子数问骞大夏之属。骞既失侯,因曰:"臣居匈奴中,闻乌孙王号昆莫[1]。昆莫父难兜靡本与大月氏俱在祁连、敦煌间,小国也。大月氏攻杀难兜靡,夺其地,人民亡走匈奴。子昆莫新生,傅父布就翕侯抱亡[2]。置草中,为求食,还,见狼乳之,又乌衔肉翔其旁,以为神[3]。遂持归匈奴,单于爱养之。及壮,以其父民众与昆莫,使将兵,数有功[4]。时月氏已为匈奴所破,西击塞王。塞王南走远徙,月氏居其地[5]。昆莫既健,自请单于报父怨,遂西攻破大月氏[6]。大月氏复西走,徙大夏地。昆莫略其众,因留居,兵稍强,会单于死,不肯复朝事匈奴[7]。匈奴遣兵击之,不胜,益以为神而远之。今单于新困于汉,而昆莫地空。蛮夷恋故地,又贪汉物,诚以此时厚赂乌孙,招以东居故地,汉遣公主为夫人,结昆弟,其势宜听[8]。则是断匈奴右臂也。既连乌孙,自其西大夏之属皆可招来而为外臣[9]。"天子以为然。拜骞为中郎将,将三百人,马各二匹,牛羊以万数,赍金币帛直数千钜万,多持节副使,道可,便遣之旁国[10]。骞既至乌孙,致赐谕指,未能得其决[11]。语在《西域传》。骞即分遣副使使大宛、康居、月氏、大夏。乌孙发译道送骞,与乌孙使数十人,马数十匹,报谢,因令窥汉,知其广大[12]。

骞还,拜为大行[13]。岁余,骞卒。后岁余,其所遣副使通大夏之属者皆颇与其人俱来,于是西北国始通于汉矣。然骞凿空,诸后使往者皆称博望侯,以为质于外国,外国由是信之[14]。其后,乌孙竟与汉结婚[15]。

[1]乌孙:西北部少数民族建立的小国。

[2]傅父:教育奉养王子的人。布就翕(xī)侯:官号。亡:逃跑。

[3]求:寻找。乳之:给他吃奶。翔:回旋地飞。

[4]与:给予。将:率领。

[5]南走:向南逃跑。

[6]健:健壮,成人。怨:仇恨。

[7]略:抢,夺取。稍:逐渐。会:正遇上。朝事:朝拜、侍奉。

[8]赂:赠送财物。昆弟:兄弟。

[9]外臣:古代臣子在别国君主面前自称为外臣,此指臣服于本国的外国。

[10]中郎将:官名,中郎的长官,位仅次于郎中令。赍:带。币帛:礼品。直:价值,"值"的古字。钜万:万万。持节副使:拿着使臣符节的副使。遣:派遣。之:到……去。

[11]致赐:送上赏赐。谕指:告知旨意。指:通"旨"。决:决断,定说。

[12]报谢:回报,答谢。

[13]大行:官名,九卿之一,负责民族事务及外交事务。

[14]凿空:开凿通道。指开辟了通向西域各国的道路。质:诚信。

[15]竟:最终。结婚:结为婚姻,结为亲家,此指结成姻亲之国。

[阅读提示]

一、说明下列句中加点词的词性、意义和用法。

1. 西走数十日,至大宛。
2. 康居传致大月氏。
3. 既臣大夏而君之。
4. 具为天子言其地形所有。
5. 少北,则为匈奴所得。
6. 则广地万里,重九译,致殊俗。
7. 昆莫略其众,因留居,兵稍强。
8. 及壮,以其父民众与昆莫。

二、说明下面句子在句式上的特点。

1. 张骞,汉中人也。
2. 月氏在吾北,汉何以得往使?
3. 为汉使月氏,而为匈奴所闭道。
4. 少北,则为匈奴所得。
5. 堂邑父,胡人。

三、解释下列句中加点语词的意义。

1. 汉之赂遗王财物,不可胜言。
2. 穷急,射禽兽给食。
3. 其国临大水焉。
4. 乃令因蜀、犍为发间使。
5. 昆莫既健,自请单于报父怨。
6. 赍金币帛直数千钜万。
7. 诸后使往者称博望侯,以为质于外国。
8. 道必更匈奴中。

四、找出文中的古字、异体字和通假字,并说明其相应的今字、正体字和本字。

华佗传(节选)

(《三国志·魏书》)

华佗字元化,沛国谯人也,一名旉[1]。游学徐土,兼通数经[2]。沛相陈珪举孝廉,太尉黄琬辟,皆不就[3]。晓养性之术,时人以为年且百岁而貌有壮容[4]。又精方药,其疗疾,合汤不过数种,心解分剂,不复称量,煮熟便饮,语其节度,舍去辄愈[5]。若当灸,不过一两处,每处不过七八壮,病亦应除[6]。若当针,亦不过一两处,下针言:"当引某许,若至,语人[7]。"病者言"已到",应便拔针,病亦行差[8]。若病结积在内,针药所不能及,当须刳割者,便饮其麻沸散,须臾便如醉死,无所知,因破取[9]。病若在肠中,便断肠湔洗,缝腹膏摩,四五日,差,不痛,人亦不自寤,一月之间,即平复矣[10]。

[1]华佗:是东汉末期一位杰出的医学家。沛国:东汉分封的一个王国,以今安徽宿县为中心,包括今安徽省东北、江苏省西北、河南省东南一带,治所在今宿县西北。谯:沛国的县,在今安徽省亳县。旉:"敷"的古字。

[2]游学:有一定学问后,到远处去求学。徐土:徐州地区。古九州之一,包括今江苏省长江以北和山东省南部地区,汉末治所在下邳。经:指《诗》、《书》、《礼》、《易》、《春秋》等儒家经典。

[3]沛相:沛国的相。汉景帝平定"七国之乱"后,改封国的丞相为相,由中央委派,掌握地方实权。陈珪字汉瑜。太尉:汉朝掌管军事的最高长官。黄琬:字子琰(yǎn),做过司徒、太尉等官,后被董卓部将李傕(jué)杀害。辟:征召任用。不就:不去就任。

[4]养性:即养生,保养。术:方法,门道。

[5]方药:医方药物。合汤:配合汤药。分:分量。剂:指各种药物配合的比例。舍:"捨"的古字,此处指离开。

[6]灸:中医治病的方法之一。用艾绒做成艾栓,点火燃烧,薰熨或温灼于患者的一定穴位。壮:一灸称为一壮。

[7]当引某许:(针刺感应)应当延伸到某处。许:处,地方。语人:告诉人,此处指告诉我(华佗)。

[8]行:行将,这里是"很快"的意思。差(chài):病愈。下文中的"差"都是此义。

[9]刳(kū)割:剖开割除。饮:用作使动,让……喝。

[10]断肠:指割除肠子的患病部分。断:用作使动,使……断开,割除。湔(jiān)洗:指清洗肠子的伤口及感染部分。湔的本义是洗涤衣物的污垢处。膏摩:用药膏敷上。膏:名词作状语。摩:涂抹,敷擦。人亦不自寤(wù):病人自己也不觉得。寤:醒,此处指感

觉到。

府吏兒寻、李延共止,俱头痛身热,所苦正同[1]。佗曰:"寻当下之,延当发汗[2]。"或难其异[3]。佗曰:"寻外实,延内实,故治之宜殊[4]。"即各与药,明旦并起[5]。

[1]兒:通"倪(ní)",姓。共止:一起停止下来,指同时来就诊看病。所苦:痛苦的症状。所:附着性代词,……的情况。
[2]下之:把它泻下来。下:中医治病的四种方法(汗、吐、下、补)之一,即泻。这里用作使动,使……泻下。之:指倪寻的病。
[3]或:虚指代词,有人,有的人。难:用作意动,认为……难。此处指提出疑问。
[4]实:指实证。中医分析病症的八种基本类别(即"八纲":阴阳、表里、虚实、寒热)之一。实证又分表(外)实证和里(内)实证。表实证一般应当发汗,但需内亦实,才可发汗。里实证一般应当用泻的办法,但需外亦实,才可以泻。华佗采用的是中医反治的办法,所以外实下之,内实发汗。宜殊:应当不同。
[5]明旦:第二天早晨。

佗行道,见一人病咽塞,嗜食而不得下,家人车载欲往就医[1]。佗闻其呻吟,驻车往视,语之曰:"向来道边有卖饼家,蒜齑大酢,从取三升饮之,病自当去[2]。"即如佗言,立吐虵一枚,县车边,欲造佗[3]。佗尚未还,小儿戏门前,逆见,自相谓曰[4]:"似逢我公,车边病是也。"疾者前入坐,见佗北壁县此虵辈约以十数[5]。

[1]病咽塞:患咽喉堵塞的病。病:名词用作动词,患病。嗜食:想吃食物。车载:用车装载。车:名词作状语。
[2]向:刚才。蒜齑:蒜泥,用蒜捣成的糊状物。酢(cù):同"醋"。
[3]如:如同,像。虵:"蛇"的异体字,此处指一种寄生虫。县:"悬"的古字,挂着。造:到……去。
[4]小儿:小孩,此处指华佗的小孩。逆见:迎面看见。自相谓:小孩自己互相对着说。
[5]疾者:有疾的人。疾:名词用作动词,得病,有病。前:名词用作动词,向前。虵辈:蛇类,这里指同类的寄生虫标本。

广陵太守陈登得病,胸中烦懑,面赤不食[1]。佗脉之曰[2]:"府君胃中有虫数升,欲成内疽,食腥物所为也[3]。"即作汤二升,先服一升,斯须尽服之[4]。食顷,吐出三升许虫,赤头皆动,半身是生鱼脍也,所苦便愈[5]。佗曰:"此病后三期当发,遇良医乃可济救[6]。"依期果发动,时佗不在,如言而死。

太祖闻而召佗,佗常在左右[7]。太祖苦头风,每发,心乱目眩[8]。佗针鬲,随手而差[9]。

　　[1]广陵:汉代郡名,郡治在今江苏扬州市。陈登:陈珪之子,字元龙,曹操令为广陵太守,后迁东城太守。
　　[2]脉:名词用如动词,把脉,切脉。
　　[3]府君:对太守的尊称。内疽(jū):腹内一种肿胀坚硬的毒疮。
　　[4]斯须:一会儿。尽:完全,全部。
　　[5]食顷:一顿饭的工夫。半身是生鱼脍:一半身体还是生鱼脍。这一记载部分失实,实际是陈登吐出来的寄生虫的下半身很像生鱼脍。这种寄生虫当是赤虫,即姜片虫。脍:切得很细的肉。
　　[6]三期(jī):三年。周年叫"期"。发:发病。济:与"救"同义。
　　[7]太祖:指曹操。曹操死后,他的儿子曹丕称帝,追尊他为武皇帝,孙子曹睿又定他的庙号为太祖。
　　[8]头风:脑神经痛,俗说头痛。
　　[9]针:名词用作动词,扎针。鬲(gé):现在写作"膈",这里指膈俞(shù)穴。穴位在第七胸椎下。

　　佗之绝技,凡此类也。然本作士人,以医见业,意常自悔[1]。后太祖亲理,得病笃重,使佗专视[2]。佗曰:"此近难济,恒事攻治,可延岁月[3]。"佗久远家思归,因曰:"当得家书,方欲暂还耳[4]。"到家,辞以妻病,数乞期不反[5]。太祖累书呼,又敕郡县发遣[6]。佗恃能厌食事,犹不上道[7]。太祖大怒,使人往检[8]:若妻信病,赐小豆四十斛,宽假限日,若其虚诈,便收送之[9]。于是传付许狱,考验首服[10]。荀彧请曰[11]:"佗术实工,人命所县,宜含宥之[12]。"太祖曰:"不忧,天下当无此鼠辈耶?"遂考竟佗[13]。佗临死,出一卷书与狱吏,曰:"此可以活人[14]。"吏畏法不受,佗亦不强,索火烧之。佗死后,太祖头风未除。太祖曰:"佗能愈此[15]。小人养吾病,欲以自重,然吾不杀此子,亦终当不为我断此根原耳[16]。"及后爱子仓舒病困,太祖叹曰:"吾悔杀华佗,令此儿强死也[17]。"

　　[1]以医见业:被人看成以医术为职业。业:名词用如动词,作为职业。封建时代,医生是所谓"方技"一类,被视为"贱业"。
　　[2]亲理:亲自处理国事。可能是指建安二十一年(公元217年)曹操晋爵魏王,进一步取代了汉献帝的统治。笃重:沉重。专视:指专门为曹操个人看病。
　　[3]济:愈,治好。恒:经常,不断地。事:从事,进行。攻治:治理,此处指医疗。
　　[4]当:刚刚。方:正,恰。耳:语气词,略等于而已,罢了。

[5]辞:推辞,推托。反:"返"的古字。
　　[6]累:多次。敕:本指官府的命令,后专指皇帝的诏令。此处用作动词,下诏令。发遣:征发、遣送。
　　[7]恃能:倚仗才能。厌食事:厌恶吃侍候人的饭。意思是不愿行医。
　　[8]检:查验。
　　[9]信:确实。斛:古以十斗为斛。收:逮捕。送:指押送。
　　[10]传:递解,押送。付:交给。许狱:许昌的监狱。考验:拷问,审究。首服:招供,服罪。
　　[11]荀彧:曹操的重要谋士。
　　[12]实工:确实高明。工:精巧,技术高明。人命所县(xuán):关系着人们的生命。县:"悬"的古字,挂,系着。含宥:包含,宽容。宥:宽恕,赦免。
　　[13]考竟:判决,这里指处死。
　　[14]活人:使人活命。活:用作使动,使……存活。
　　[15]愈:痊愈,用作使动,使……痊愈。
　　[16]养:此处指对病有意拖延,不加根治。自重:抬高自己的地位。原:"源"的古字。
　　[17]强死:活活地死去。

　　广陵吴普、彭城樊阿皆从佗学[1]。普依准佗治,多所全济[2]。佗语普曰:"人体欲得劳动,但不当使极尔[3]。动摇则谷气得消,血脉流通,病不得生,譬犹户枢不朽是也[4]。是以古之仙者为导引之事,熊颈鸱顾,引挽腰体,动诸关节,以求难老[5]。吾有一术,名五禽之戏[6]:一曰虎,二曰鹿,三曰熊,四曰猨,五曰鸟,亦以除疾,并利蹄足,以当导引[7]。体中不快,起作一禽之戏,沾濡汗出,因上著粉,身体轻便,腹中欲食[8]。"普施行之,年九十余,耳目聪明,齿牙完坚[9]。阿善针术。凡医咸言背及胸藏之间不可妄针,针之不过四分,而阿针背入一二寸,巨阙胸藏针下五六寸,而病辄皆瘳[10]。阿从佗求可服食益于人者,佗授以漆叶青黏散[11]。漆叶屑一升,青黏屑十四两,以是为率,言久服去三虫,利五藏,轻体,使人头不白[12]。阿从其言,寿百余岁。漆叶处所而有,青黏生于丰、沛、彭城及朝歌云[13]。

　　[1]彭城:今江苏徐州市附近。
　　[2]依准:依据,按照。济:指医治好。
　　[3]劳:体力活动。极:极点,顶点。此处用作动词,达到极点。尔:句末语气词,而已,罢了。
　　[4]谷气:中医术语,又称水谷之气,指饮食中的精气。户枢:门户的转轴。
　　[5]导引:现在称"气功"。既可锻炼身体,又可作为治病的体育疗法,主要是讲求呼吸吐纳,运动关节。熊颈:应作"熊经",(模仿)熊攀挂树枝的动作。经:悬挂。鸱(chī)顾:(模仿)鸱鹰回头顾盼的动作。顾:回头看。熊、鸱都是名词作状语。引挽:牵引,伸展。

[6]禽：禽兽，在此不专指鸟类。戏：游戏，古代把有关文娱、体育的活动都称作戏。这里指模仿各种动物动作的体操。

　　[7]猨："猿"的异体字。利：使动用法，使……轻快。

　　[8]沾濡：浸湿。因：接着。著：使附着在别的物体上。

　　[9]耳目聪明：耳聪目明。齿牙完坚：齿完牙坚。这里都是"并提"的修辞手法。

　　[10]咸言：都说。藏：今作"脏"，内脏。妄针：乱扎针。巨阙：穴位名，在脐上六寸。下：扎进去。辄：总是。瘳(chóu)：病愈。

　　[11]漆叶青黏散：补药。漆叶可治虚劳病，又可以杀寄生虫。青黏又名黄精，可以滋补身体，又可治风湿病。散：粉末状的成药。

　　[12]率：比例。以是为率：用这个作比例。

　　[13]处所：处处，到处。丰：在今江苏丰县。沛：县名，在今江苏沛县东。汉高祖刘邦生于沛县丰邑，所以丰、沛连称。朝歌：在今河南淇县。云：句末语气词，表示不确定的语气，有"据说如此"的意思。

[阅读提示]

一、掌握下列加点词的意义。

　　1. 太尉黄琬辟　　　　　2. 病亦行差
　　3. 遇良医乃可济救　　　4. 得病笃重
　　5. 使人往检　　　　　　6. 若妻信病
　　7. 便收送之　　　　　　8. 以是为率
　　9. 传付许狱　　　　　　10. 恒事攻治
　　11. 后三期当发　　　　　12. 欲造佗

二、解释句中加点词的用法和意义。

　　1. 若当针，亦不过一两处。　　2. 佗行道，见一人病咽塞。
　　3. 家人车载欲往就医。　　　　4. 疾者前入坐。
　　5. 佗脉之曰。　　　　　　　　6. 以医见业，意常自悔。
　　7. 太祖累书呼。　　　　　　　8. 此可以活人。
　　9. 动诸关节，以求难老。　　　10. 亦以除疾，并利蹄足。
　　11. 断肠湔洗，缝腹膏摩。　　　12. 于是传付许狱，考验首服。

三、说明下列加点字与其后括号中字的关系。

　　1. 舍去辄愈（捨）　　2. 立吐虵一枚（蛇）
　　3. 佗针鬲（膈）　　　4. 数乞期不反（返）
　　5. 人命所县（悬）　　6. 不为我断此根原（源）
　　7. 背及胸藏之间（脏）　8. 四曰猨（猿）

狱中上梁王书[1]

邹阳

臣闻"忠无不报,信不见疑",臣常以为然,徒虚语耳[2]。昔荆轲慕燕丹之义,白虹贯日,太子畏之[3];卫先生为秦画长平之事,太白食昴,昭王疑之[4]。夫精诚变天地,而信不谕两主,岂不哀哉[5]!今臣尽忠竭诚,毕议愿知,左右不明,卒从吏讯,为世所疑[6]。是使荆轲卫先生复起,而燕秦不寤也[7]。愿大王孰察之[8]。昔玉人献宝,楚王诛之[9];李斯竭忠,胡亥极刑[10]。是以箕子阳狂,接舆避世,恐遭此患也[11]。愿大王察玉人李斯之意,而后楚王胡亥之听,毋使臣为箕子接舆所笑[12]。臣闻比干剖心,子胥鸱夷,臣始不信,乃今知之[13]。愿大王孰察,少加怜焉。

[1]邹阳,西汉初时齐地人。本文是邹阳投于梁孝王门下,因其为人耿直不苟合,遭人谗忌而入狱后,在狱中给梁孝王写的信。梁孝王看信后,就释放了他,并把他当做上客。

[2]信不见疑:讲信用没有被怀疑的。见:助词,表被动。徒虚语耳:只是一句空话罢了。徒:副词,只,仅仅。耳:句尾语气词,表限止语气。

[3]荆轲:战国末卫人。燕丹:燕太子丹。丹曾在秦做人质,秦始皇对他非常无礼,丹于是逃回。当时秦蚕食诸侯,燕丹就厚养荆轲,让他去刺杀秦王。行刺没有成功,荆轲被杀。畏之:指畏其不去。据《战国策·燕策》载,荆轲临出发至秦,等一个事先约好的一同到秦国去的人,迟迟不动身。太子丹怀疑他是不想去秦了。

[4]卫先生:秦人。长平之事:秦将白起伐赵,在赵地长平大败赵军,打算趁机灭赵,派卫先生说秦昭王增兵拨粮,被秦相应侯范雎从中破坏,事未成。"昭王疑之"即指此事。太白:即金星。昴(mǎo):星宿名,赵的分野。太白食昴:金星运行到昴宿的位置,遮住了昴宿,预兆赵地将有兵事。这也是说卫先生的精诚达于上天。

[5]谕:明白,懂得。用作使动。

[6]全部把计议说了希望(大王)知道。卒从吏讯:最终听从了狱吏(对我)的审讯。

[7]寤:通"悟",醒悟。

[8]孰:"熟"的古字,仔细,周详。

[9]楚人卞和得璞(玉在石中未经治理叫璞),献给楚厉王,厉王交给治玉的工匠看,工匠说是石头,于是厉王砍断了卞和的右脚。武王即位,卞和又献,武王也以为是石头,又砍断了他的左脚。到文王时,卞和抱着璞在郊外哭,文王让工匠治理,果然得到宝玉。后代称这块玉为和氏璧。诛之:刑之,惩罚他。

[10]胡亥:秦二世名。二世即位后荒淫无道,李斯上书谏戒,胡亥不听,反而听信赵高诬陷的话,把李斯杀了。极刑:死刑。

[11]箕子:名胥余,纣的叔伯,因封于箕,故称箕子。纣为君无道,箕子谏而不听,又不肯出走"彰君之恶",于是假装疯癫。阳:通"佯",假装。接舆:姓陆,名通,字接舆,楚国的隐者,为了避世,假装疯狂,因此又称楚狂。

[12]后:名词用作使动,把……放在后边。意思是不要那样做。

[13]比干:纣的叔父,由于曾极力谏纣,纣大怒,说:"我听说圣人的心有七个窍。"于是挖出比干的心来看。子胥:伍子胥,名员(yún),字子胥,春秋时楚人。子胥的父兄都被楚平王杀死,子胥逃到吴国,辅佐吴王夫差攻打楚国、灭掉越国。后来夫差想攻打齐国,子胥劝谏,夫差不听,命子胥自杀,并用皮口袋装了他的尸体扔到江中。鸱(chī)夷:用皮革制成的口袋。这里用作动词。

语曰:"白头如新,倾盖如故[1]。"何则?知与不知也。故樊於期逃秦之燕,藉荆轲首以奉丹事[2];王奢去齐之魏,临城自刭,以却齐而存魏[3]。夫王奢樊於期非新于齐秦而故于燕魏也,所以去二国、死两君者,行合于志,而慕义无穷也[4]。是以苏秦不信于天下,为燕尾生[5];白圭战亡六城,为魏取中山[6]。何则?诚有以相知也。苏秦相燕,人恶之于燕王,燕王按剑而怒,食以䭾䮹[7];白圭显于中山,人恶之于魏文侯,文侯赐以夜光之璧[8]。何则?两主二臣,剖心析肝相信,岂移于浮辞哉[9]?故女无美恶,入宫见妒[10];士无贤不肖,入朝见嫉。昔司马喜膑脚于宋,卒相中山[11];范雎拉胁折齿于魏,卒为应侯[12]。此二人者,皆信必然之画,捐朋党之私,挟孤独之交,故不能自免于嫉妒之人也[13]。是以申徒狄蹈雍之河,徐衍负石入海,不容于世,义不苟取比周于朝,以移主上之心[14]。故百里奚乞食于道路,缪公委之以政[15];宁戚饭牛车下,而桓公任之以国[16]。此二人岂素宦于朝、借誉于左右、然后二主用之哉?感于心,合于行,坚如胶漆,昆弟不能离,岂惑于众口哉?故偏听生奸,独任成乱。昔鲁听季孙之说逐孔子,宋信子冉之计囚墨翟[17]。夫以孔墨之辩,不能自免于谗谀,而二国以危。何则?众口铄金,积毁销骨也[18]。是以秦用戎人由余,而霸中国[19];齐用越人子臧,而强威宣[20]。此二国岂拘于俗、牵于世、系奇偏之辞哉[21]?公听并观,垂明当世。故意合则胡越为昆弟,由余子臧是矣;不合则骨肉为雠敌,朱象管蔡是矣[22]。今人主诚能用齐秦之明,后宋鲁之听,则五伯不足侔,三王易为比也[23]。

[1]这句是说,相识多年,直到头发白了,还和新结识一样,没有很深的感情;在路上相遇,停车交谈,就好像有多年的交情一样。语:俗语。倾盖:指两车紧靠着以致把车盖都挤歪了。

[2]樊於期:秦将,因遭谗害而逃到燕国。秦王杀了他全家,并用重金购其头。荆轲要刺秦王,樊於期自刎,让荆轲用他的头来做进献的礼物,以便荆轲能接近秦王。之:到……去。藉:借助。奉:意思是帮助。

[3]王奢:齐臣,从齐逃到魏,后来齐伐魏,王奢登城对齐将说:"你们来无非是因为我的缘故,我不愿苟且偷生,成为魏国的拖累。"于是自杀。刎:用刀割脖子。以:连词,表目的关系。

[4]所以:……的原因。去:离开。死:用作为动,为……而死。

[5]尾生:古代传说中极守信用的人。据说他与一个女子约定在桥下相见,女子没到,大水来了,他抱桥柱而死。这里"尾生"指极守信用而被人信任的人。苏秦曾先说秦、赵而没有被采用,又以合纵说燕文侯,文侯出资让他去游说诸侯。苏秦终于成为纵约之长,并相六国。后来诸侯不再信任苏秦,唯独燕国仍信任他,使他为相。

[6]白圭:战国时中山国的将,因失掉六城,中山王要杀他,他逃到魏,魏文侯对他非常礼遇,于是,白圭为魏攻取了中山。

[7]恶之:指进谗言诋毁他。怒:指对谗者怒。駃騠(jué tí):骏马名。食:用作使动,给……食。

[8]显:显贵。魏文侯:名都。魏、赵、韩分晋后,至魏文侯始列为诸侯。

[9]相:指代性副词,代"信"的宾语"他们"。移:转移。这里指变心。

[10]无:不分,不论。见:助词,表被动。妒:"妒"的异体字。

[11]司马喜:战国时人,据说在宋受膑刑,后来三次为中山国之相。膑:古代酷刑,割去膝盖骨。脚:小腿。

[12]范雎:战国时魏人。初随魏国中大夫须贾出使到齐国,回国后,魏相魏齐怀疑范雎通齐,毒打范雎,以致肋断齿脱,然后把他扔到厕所里。范雎逃到秦国,做了秦相,封为应侯。拉:折断。

[13]意思是,都相信自己认为必然可行的计策。画:谋划,计策。捐:抛弃,丢掉。朋党:相勾结形成集团。挟:依,持。

[14]申徒狄:姓申徒,名狄,商代人,谏君不听,投水而死。狄先投入雍水而后流入黄河,所以说"蹈雍之河"。蹈:踩,这里指跳进水中。之:到……去。徐衍:周末人,因恶世之乱而自杀。比周:结党。

[15]百里奚:春秋时虞人,曾被楚人捉去放牛,秦穆公知其名,将他赎买到秦,举以为相。这里说"乞食于道路",未详出处。缪公:即秦穆公。

[16]宁戚:春秋时卫人,因不被用,于是行商,住在齐郭门之外。齐桓公夜里出来,宁戚唱着歌喂牛。桓公知道他是贤者,举用为大夫。饭:喂,给……吃。

[17]季孙:即季桓子。齐人送给季桓子女子歌舞队,季桓子接受了,并且三天没有上朝,于是孔子离开鲁国。鲁君听信季孙,就等于是逐孔子。

[18]铄:熔化。销:熔解。毁:诋毁,谗言。

[19]由余:春秋时人,其祖先为晋人,后来入居戎地。戎人听说秦穆公贤明,派由余到秦国观察,穆公和他交谈,知其贤能,于是用计迫他降秦。后来由余替秦谋划攻打西戎,使秦国得以称霸。

[20]子臧:人名。威、宣:指齐威王、齐宣王。强:作用使动。此事未详出处。

[21]牵:牵制。系:束缚。奇偏之辞:一面之词。

[22]朱:指丹朱,尧之子。丹朱顽凶不肖,所以尧没传位给他而禅让于舜。象:舜之后

母弟。象曾与父母共谋,要害死舜。管蔡:指管叔和蔡叔,周武王之弟。武王灭商后,封纣的儿子武庚于殷故地,让管叔、蔡叔辅佐他。武王死,成王年幼,周公摄政,管、蔡挟武庚反,周公杀死武庚、管叔,流放了蔡叔。

[23] 侔:相等。意思是能够相提并论。下句"比"也属此义。

  是以圣王觉寤,捐子之之心,而不说田常之贤,封比干之后,修孕妇之墓,故功业覆于天下[1]。何则?欲善无厌也[2]。夫晋文公亲其雠而强霸诸侯,齐桓公用其仇而一匡天下[3]。何则?慈仁殷勤,诚加于心,不可以虚辞借也[4]。至夫秦用商鞅之法,东弱韩魏,立强天下,而卒车裂之[5];越用大夫种之谋,禽劲吴而霸中国,遂诛其身[6]。是以孙叔敖三去相而不悔,於陵子仲辞三公,为人灌园[7]。今人主诚能去骄傲之心,怀可报之意,披心腹,见情素,堕肝胆,施德厚,终与之穷达,无爱于士,则桀之犬可使吠尧,跖之客可使刺由[8]。何况因万乘之权,假圣王之资乎[9]?然则荆轲湛七族,要离燔妻子,岂足为大王道哉[10]?

[1] 觉寤:省悟,明白。寤:通"悟"。捐:除去,放弃。子之:战国时燕王哙之相,哙极信任子之,让位给他,燕国大乱,齐趁机而入。说(yuè):高兴,喜欢。"悦"的古字。田常:春秋时齐简公的臣,杀简公,立平公(简公之弟),为平公相,五年,专国政。后来齐终于被田氏篡权。贤:这里着重指能力。后:指比干之子。

[2] 厌:满足。

[3] 雠(chóu):指寺人(宦官)披。晋文公重耳为公子时,献公使寺人披去杀重耳,斩去重耳的袖子。后来重耳归国为君,晋臣吕甥、郤芮要杀他,披就谒见重耳告密,使重耳得免于难。仇:指管仲。齐襄公死后,鲁送公子纠回国,桓公小白由莒国先入。齐鲁交战,在战斗中管仲曾射中桓公的带钩。后来桓公以管仲为相,齐国遂霸。

[4] 殷勤:热情而周到。以虚辞借:借用空话,用空话作借口。

[5] 弱:用作使动,使……弱。车裂:古代的一种酷刑,用牛或马驾车分裂人的身体。商鞅变法,对贵族宗亲伤害很大。孝公死后,商鞅被处车裂之刑。

[6] 种:春秋时越国大夫,姓文名种。曾使已经灭亡的越国复兴,促成勾践称霸诸侯,但最终被迫自杀。禽:捕捉,降服,"擒"的古字。

[7] 孙叔敖:楚人,曾三次做楚庄王的相。《史记·循吏列传》说他三次为相而不喜,因为他知道这是自己的才能得来的;三次免去相职也不悔,因为知道并不是自己的罪过所造成的。於陵子仲:楚王曾派使者用重金请於陵子仲出任楚相,他都拒绝了,并带着家人逃走,替别人灌园。

[8] 见(xiàn):表现,用作使动,使……现出。素:通"愫",真情。情素:即真情实意。堕肝胆:即肝胆涂地的意思。穷:不得志,不显贵。达:得志,显贵。无爱于士:对士毫不吝啬。爱:吝啬,舍不得。由:许由。据说尧想把天下让给他,他退而隐居在颍水之阳、箕山之下。尧又召他做九州长,许由听说后认为玷污了他的耳朵,于是洗耳于颍水之滨。

[9]因:依靠,凭借。假:借助。资:能力。
[10]湛:通"沉"。湛七族:即因荆轲一人而使七族被杀。要离:春秋时吴人。公子光(即吴王阖庐)杀吴王僚而自立,当时僚之子庆忌在卫,公子光使要离前去刺杀,要离为了能接近庆忌,请公子光假装加罪于他而烧死了他的妻子和孩子。燔:烧。妻子:妻子和孩子。

臣闻明月之珠,夜光之璧,以暗投人于道,众莫不按剑相眄者,何则[1]?无因而至前也。蟠木根柢,轮囷离奇,而为万乘器者,何则[2]?以左右先为之容也[3]。故无因而至前,虽出随侯之珠,夜光之璧,祇足结怨而不见德[4]。故有人先游,则枯木朽株,树功而不忘[5]。今天下布衣穷居之士,身在贫羸,虽蒙尧舜之术,挟伊管之辩,怀龙逢比干之意,而素无根柢之容,虽竭精神,欲开忠于当世之君,则人主必袭按剑相眄之迹矣[6]。是使布衣之士,不得为枯木朽株之资也[7]。

[1]以暗投人于道:在路上(把宝物)从暗地扔给行人。以:介词,从,自。莫:无指代词,没有谁。眄:斜着眼看。
[2]蟠木:屈曲的树。柢(dǐ):树根。轮囷、离奇:都是联绵词,盘绕屈曲的样子。万乘:此处指天子。器:指服玩之类的物件。轮囷离奇的树根,正好雕饰成玩物。
[3]以:连词,因为。左右:指周围环境。容:雕饰。
[4]随:春秋时国名。随侯之珠:据说随侯曾救活过一条受了伤的大蛇,后来大蛇衔来一颗明珠报答他,后世即称之为随珠。祇(zhǐ):通"适",只,但。德:恩惠,恩德。
[5]游:指游扬。树:建立。
[6]穷居之士:处于不得志时的人。羸:瘦弱。伊管:指伊尹和管仲。龙逢(péng):关龙逢,夏代贤臣。桀无道,龙逢强谏,被桀杀死。袭:因袭。
[7]资:作用。此句大意是:这就使布衣之士甚至起不了枯木朽株的作用了。

是以圣王制世御俗,独化于陶钧之上,而不牵乎卑辞之语,不夺乎众多之口[1]。故秦始皇任中庶子蒙嘉之言,以信荆轲,而匕首窃发[2];周文王猎泾渭,载吕尚而归,以王天下[3]。秦信左右而亡,周用乌集而王,何则[4]?以其能越拘挛之语,驰域外之议,独观于昭旷之道也[5]。今人主沉于谄谀之辞,牵于帷墙之制,使不羁之士与牛骥同皁,此鲍焦所以愤于世也[6]。

[1]钧:陶工制陶器时放在模子下面能够旋转的工具。牵:拘泥,约束。夺:指受影响而改变。
[2]中庶子:官名,太子的属官,职如侍中。蒙嘉:人名。荆轲到秦国后,赠蒙嘉重礼,蒙嘉替他在秦王那里说好话,荆轲因而得见秦王。荆轲见到秦王,进献樊於期首级及燕督

亢地方的地图，地图内藏有匕首。荆轲展开地图给秦王看，趁机刺秦王。

[3]泾渭：二水名，都在今陕西省。吕尚：姓姜，因祖先封于吕，所以称吕尚。吕尚钓于渭水，文王出来打猎，遇见了他，与他交谈，知道他是贤者，和他一同乘车回去。后来吕尚辅佐武王而有天下。

[4]乌集：像乌鸦那样猝然聚合，这里指乌集之人，即素不相识的人，指吕尚。

[5]越：超出。拘挛：沾滞，固执。域外之议：即不受任何局限的议论。昭：光明。旷：宽广。

[6]帷墙：指近臣、妻妾等。制：制约。皁：同"皂"，牲口槽。鲍焦：周时隐士，相传因不满当时政治，抱木饿死。

　　臣闻盛饰入朝者，不以私汙义[1]；砥厉名号者，不以利伤行[2]。故里名胜母，曾子不入[3]；邑号朝歌，墨子回车[4]。今欲使天下寥廓之士，笼于威重之权，胁于位势之贵，回面汙行以事谄谀之人，而求亲近于左右[5]，则士有伏死堀穴岩薮之中耳，安有尽忠信而趋阙下者哉[6]！

[1]汙：同"污"。

[2]砥、厉：都是磨刀石，砥细而厉粗，这里用如动词。厉："砺"的古字。砥厉名号：指修身立名。

[3]曾子极孝，以为胜过母亲之名不顺，所以不入朝为官。里：乡里，家乡。

[4]朝歌：殷之故都，在今河南淇县。纣曾作乐叫"朝歌"。墨子"非乐"，认为朝歌就是早晨唱歌的意思。早晨不是唱歌的时候，所以回车不入朝歌。

[5]寥廓：极高的样子。笼：笼络。回面：掉转脸孔，指改变态度。

[6]堀：同窟。薮（sǒu）：湖泽。

[阅读提示]

一、掌握课文中这些词的意义。

藉荆轲首/膝脚于宋/捐朋党之私/积毁销骨/系奇偏之辞/
按剑相眄/无根柢之容/化于陶钧之上/砥厉名号/岩薮之中/
比周/轮囷/离奇/拘挛之语/寥廓之士

二、找出下列句中的古字、异体字、通假字，并说明其相应的今字、正体字和本字。

1. 燕秦不寤也　　　　　　2. 是以箕子阳狂
3. 女无美恶，入宫见妒　　4. 不说田常之贤
5. 禽劲吴而霸中国　　　　6. 披心腹，见情素
7. 荆轲湛七族，要离燔妻子　8. 砥足结怨而不见德
9. 使不羁之士与牛骥同皁　10. 不以私汙义
11. 砥厉名号者，不以利伤行　12. 则士有伏死堀穴岩薮之中耳

三、说明下列加点词的用法和意义。

1. 信不谕两主,岂不哀哉。
2. 后楚王胡亥之听。
3. 比干剖心,子胥鸱夷。
4. 却齐而存魏。
5. 所以去二国、死两君。
6. 燕王按剑而怒,食以駃騠。
7. 齐用越人子臧,而强威宣。
8. 东弱韩魏,立强天下。
9. 而卒车裂之。
10. 披心腹,见情素。
11. 周用乌集而王。
12. 载吕尚而归,以王天下。

报孙会宗书(白文)

杨恽

恽材朽行秽文质无所底幸赖先人余业得备宿卫遭遇时变以获爵位终非其任卒与祸会足下哀其愚曚赐书教督以所不及殷勤甚厚然窃恨足下不深惟其终始而猥随俗之毁誉也言鄙陋之愚心则若逆指而文过默而息乎恐违孔氏各言尔志之义故敢略陈其愚惟君子察焉

恽家方隆盛时乘朱轮者十人位在列卿爵为通侯总领从官与闻政事曾不能以此时有所建明以宣德化又不能与群僚同心并力陪辅朝廷之遗忘已负窃位素餐之责久矣怀禄贪势不能自退遂遭变故横被口语身幽北阙妻子满狱当此之时自以夷灭不足以塞责岂意得全其首领复奉先人之丘墓乎伏惟圣主之恩不可胜量君子游道乐以忘忧小人全躯说以忘罪窃自念过已大矣行已亏矣长为农夫以没世矣是故身率妻子勠力耕桑灌园治产以给公上不意当复用此为讥议也

夫人情所不能止者圣人弗禁故君父至尊亲送其终也有时而既臣之得罪已三年矣田家作苦岁时伏腊烹羊炰羔斗酒自劳家本秦也能为秦声妇赵女也雅善鼓瑟奴婢歌者数人酒后耳热仰天抚缶而呼呜呜其诗曰田彼南山芜秽不治种一顷豆落而为其人生行乐耳须富贵何时是日也拂衣而喜奋袖低昂顿足起舞诚淫荒无度不知其不可也恽幸有余禄方籴贱贩贵逐什一之利此贾竖之事污辱之处恽亲行之下流之人众毁所归不寒而栗虽雅知恽者犹随风而靡尚何称誉之有董生不云乎明明求仁义常恐不能化民者卿大夫之意也明明求财利常恐困乏者庶人之事也故道不同不相为谋今子尚安得以卿大夫之制而责仆哉

夫西河魏土文侯所兴有段干木田子方之遗风凛然皆有节概知去就之分顷者足下离旧土临安定安定山谷之间昆夷旧壤子弟贪鄙岂习俗之移人哉于今乃睹子之志矣方当盛汉之隆愿勉旃无多谈

陈情表（白文）

李密

　　臣密言臣以险衅夙遭闵凶生孩六月慈父见背行年四岁舅夺母志祖母刘愍臣孤弱躬亲抚养臣少多疾病九岁不行零丁孤苦至于成立既无伯叔终鲜兄弟门衰祚薄晚有儿息外无期功强近之亲内无应门五尺之僮茕茕独立形影相吊而刘夙婴疾病常在床蓐臣侍汤药未曾废离

　　逮奉圣朝沐浴清化前太守臣逵察臣孝廉后刺史臣荣举臣秀才臣以供养无主辞不赴命诏书特下拜臣郎中寻蒙国恩除臣洗马猥以微贱当侍东宫非臣陨首所能上报臣具以表闻辞不就职诏书切峻责臣逋慢郡县逼迫催臣上道州司临门急于星火臣欲奉诏奔驰则刘病日笃欲苟顺私情则告诉不许臣之进退实为狼狈

　　伏惟圣朝以孝治天下凡在故老犹蒙矜育况臣孤苦特为尤甚且臣少仕伪朝历职郎署本图宦达不矜名节今臣亡国贱俘至微至陋过蒙拔擢宠命优渥岂敢盘桓有所希冀但以刘日薄西山气息奄奄人命危浅朝不虑夕臣无祖母无以至今日祖母无臣无以终余年母孙二人更相为命是以区区不能废远臣密今年四十有四祖母刘今年九十有六是臣尽节于陛下之日长报养刘之日短也乌鸟私情愿乞终养臣之辛苦非独蜀之人士及二州牧伯所见明知皇天后土实所共鉴愿陛下矜愍愚诚听臣微志庶刘侥幸保卒余年臣生当陨首死当结草臣不胜犬马怖惧之情谨拜表以闻

师说（白文）

韩愈

　　古之学者必有师师者所以传道受业解惑也人非生而知之者孰能无惑惑而不从师其为惑也终不解矣生乎吾前其闻道也固先乎吾吾从而师之生乎吾后其闻道也亦先乎吾吾从而师之吾师道也夫庸知其年之先后生于吾乎是故无贵无贱无长无少道之所存师之所存也

　　嗟乎师道之不传也久矣欲人之无惑也难矣古之圣人其出人也远矣犹且从师而问焉今之众人其下圣人也亦远矣而耻学于师是故圣益圣愚益愚圣人之所以为圣愚人之所以为愚其皆出于此乎

　　爱其子择师而教之于其身也则耻师焉惑矣彼童子之师授之书而习其句读

者也非吾所谓传其道解其惑者也句读之不知惑之不解或师焉或不焉小学而大遗吾未见其明也巫医乐师百工之人不耻相师士大夫之族曰师曰弟子云者则群聚而笑之问之则曰彼与彼年相若也道相似也位卑则足羞官盛则近谀呜呼师道之不复可知矣巫医乐师百工之人君子不齿今其智乃反不能及其可怪也欤

圣人无常师孔子师郯子苌弘师襄老聃郯子之徒其贤不及孔子孔子曰三人行则必有我师是故弟子不必不如师师不必贤于弟子闻道有先后术业有专攻如是而已

李氏子蟠年十七好古文六艺经传皆通习之不拘于时学于余余嘉其能行古道作师说以贻之

【词义分析】(七)

造 造字从辵,隶变后简化为辶,与行走有关,它的本义是前往,到。《三国志·魏书·华佗传》:"即如佗言,立吐虵一枚,县车边,欲造佗。"《孟子·公孙丑下》:"不幸而有疾,不能造朝。"由本义引申为拜访,到尊贵者的地方去。《世说新语·言语》:"庾公造周伯仁。"《战国策·齐策》:"先生王斗,造门而欲见齐宣王。"进一步引申为达到某一境界。如《孟子·离娄下》:"君子深造之以道。"现代汉语中的成语"登峰造极"、双音词"造诣"、"造就"等,就保存了这一意义。

今天"造"的一些常用义制作、做等,上古已经存在。如《诗经·郑风·缁衣》:"缁衣之好兮,敝予又改造兮。"《礼记·玉藻》:"大夫不得造车马。"这些意义古今是一样的。

差 差是个音、义都比较复杂的词。音 chā 时,义为错、不当。《荀子·天论》:"乱生其差,治尽其详。"现代汉语中,成语"差三错四"、"差之毫厘、失之千里"等就用的此义。引申为邪、斜。《淮南子·本经训》:"衣无隅差之削。"高诱注:"差,邪也。"

音 chà 时,义为差别,不同。许慎《说文解字》:"差:贰也,差不相值也。"《荀子·荣辱》:"使有贵贱之等,长幼之差,知愚能不能之分。"现代汉语中的"差不多"、"差点"等就保存了这一意义。引申为异、奇异。《梁书·刘显传》:"陆倕闻之叹曰:'刘郎可谓差人。'"又引申为欠、缺少、低、次等义,都是现代汉语中的常用义。

音 chāi 时,义为选择。如《诗经·小雅·吉日》:"吉日庚午,既差我马。"毛传:"差,择也。"《汉书·王莽传》:"已使有司征孝宣皇帝玄孙二十三人,差度宜者,以嗣孝平皇帝之后。"颜师古注:"差度谓择也。"引申为派遣。《三国志·吴书·陆抗传》:"前乞精兵三万,而主者循常,未肯差赴。"用作名词,则为差事、被派出做事的人等。又指徭役。白居易《论王锷欲除官事宜状》:"又闻王锷在镇日,不恤凋残,唯务差税。"

音 chài 时,指病愈,病除。《三国志·魏书·华佗传》:"应便拔针,病亦行差。"宋范仲淹《与韩魏公书》:"儿子致疾由此也,近却肯服药,有差望耳。"

音 cī 时,为次第、等级义。《孟子·万章下》:"庶人在官者,其禄以是为差。"《史记·刺客列传》:"已而论功,赏群臣及当坐者各有差。"用为动词,是分别等级、依次排列的意思。《荀子·大略》:"列官职,差爵禄。"

音 cuō 时，为渐、淘洗义。《礼记·丧大记》："管人汲，授御者，御者差沐于堂上。"郑玄注："差，渐也，渐饭米，取其潘以为沐也。"

差有错、不当义，故有差失、差舛、差爽、差讹、差误等同义连用；有不同、差别义，故有差异、差殊、差歧等同义连用；有派遣义，故有差使、差派、差任、差遣等同义连用。有病除义，故有差愈同义连用；有等级、分等级等义，故有差序、差次、差品、差等、差第等同义连用。对于这些不同意义，必须认真辨别。

更 更字从攴丙声，《说文》："改也。"本义为改变，更改。《论语·子张》："过也，人皆见之；更也，人皆仰之。"引申为替代，代替。《淮南子·时则》："祭不用牺牲，用圭璧更皮币。"引申为经历，经过。《韩非子·外储说左上》"更日久则涂干而椽燥。"《汉书·张骞传》："欲通使，道必更匈奴中。"引申之，指古代夜间的计时单位，一夜分五更，每更约两小时。

虚化为副词，音 gèng，义为另、另外。《后汉书·班超传》："并求更选使使西域。"引申为重又、再。《汉书·苏武传》："子卿妇年少，闻已更嫁矣。"王之涣《登鹳雀楼》："欲穷千里目，更上一层楼。"再引申为更加。柳宗元《行路难》："开口抵掌更笑喧。"

除 除字从阜余声，本义为台阶。《汉书·苏武传》："从至雍棫阳宫，扶辇下除，触柱折辕。"《史记·魏公子列传》："赵王扫除自迎，执主人之礼。"引申为去掉。《尚书·泰誓》："树德务滋，除恶务本。"去掉不好的意味着迎来好的，所以除有去旧迎新之意，可用于指时间的更替。《诗经·小雅·小明》："日月方除"。引申为任命官职。《汉书·景帝记》："列侯薨及诸侯太傅初除之官，大行奏谥、诔、策。"

岁 岁字依《说文》从步戌声，本义为木星。古人认为木星十二年绕天一周，每年运行一个星次，因而古人常用"岁在某"纪年。如《左传·襄公二十八年》："岁在星纪，而淫于玄枵。"引申为年，即岁星运行一个星次的时间。《汉书·苏武传》："武留匈奴凡十九岁。"《汉书·陈汤传》："发民作城，日作五十人，二岁乃已。"引申为时光，光阴。《论语·阳货》："日月逝矣，岁不我与。"又引申为年成，收成。《孟子·梁惠王上》："人死，则曰：'非我也，岁也。'"又引申为年龄。《史记·秦始皇本纪》："年十三岁，庄襄王死，政代为秦王。"

传 传字从人专声，本义为驿站，驿舍。音 zhuàn。《后汉书·陈忠传》："发人修道，缮理亭传。"引申为驿车，驿站所备的供传达命令等急用的马车。《汉书·张骞传》："康居传致大月氏。"《三国志·魏书·华佗传》："于是传付许狱，考验首服。"又为传述，记载。《孟子·梁惠王下》："齐宣王问曰：'汤放桀，武王伐纣，有诸？'孟子对曰：'于传有之。'"注释经文的文字也称为传。如毛传、《左传》等。

引申为传送、传递，音 chuán。《孟子·公孙丑上》："速于置邮而传命。"引申为传授。韩愈《师说》："师者，所以传道受业解惑也。"又引申为流传，传扬。《礼记·祭统》："有善而弗知，不明也；知而弗传，不仁也。"由传送义又引申为逮捕。《汉书·刘屈氂传》："又诈为诏书，以奸传朱安世。"

涕 涕在古代的基本义是眼泪，而不是鼻涕。贾谊《治安策》："可为流涕者二。"《诗经·卫风·氓》："泣涕涟涟。"《左传·襄公二十三年》："臧叔入，哭甚哀，多涕。"《庄子·大宗师》："孟孙才其母死，哭泣无涕，中心不戚。"《史记·吕后本纪》："太后哭，涕不下。"几处指的都是眼泪。成语"痛哭流涕"、"破涕为笑"，都保存了眼泪的意思。

涕当眼泪用时，鼻涕叫"泗"或"洟"。它们之间的分别很清楚。如《诗经·陈风·泽陂》中"涕泗滂沱"，毛传："自目曰涕，自鼻曰泗。"《易经·萃卦》："赍咨涕洟。"孔疏："自目曰涕，自鼻曰洟。"

上古没有"泪"字，眼泪都用"涕"表示。汉代之后"泪"字出现，"涕"才有了鼻涕的意思，但这一用法一般只出现在历代比较接近口语的作品中。汉以后的文章、诗歌等仍旧经常用"涕"指眼泪。如司马迁《报任安书》："士无不起，躬自流涕。"即使是"涕泪"连用，也常是单指眼泪。如司马相如《长门赋》："左右悲而垂泪兮，涕流离而纵横。"

狱 狱在汉代之前一般指官司，案件，而不是指监狱，牢狱。如《左传·昭公二十八年》："梗阳人有狱，魏戊不能断。"又《庄公十年》："小大之狱，虽不能察，必以情。"先秦时"狱"和"讼"常连用，也是指官司等。

汉代之前一般用"囹圄"指监牢。如《韩非子·三守》："守司囹圄（守司：主管）。"汉代之后，狱开始指监狱，如《史记·邹阳列传》："恐死而负累，乃从狱中上书。"杨恽《报孙会宗书》："妻子满狱。"但"狱"指官司、案件的意义也一直沿用了下来。如贾谊《治安策》："百姓素朴，狱讼衰息。"一般文章中"狱辞"指官司讼辞，"狱吏"指处理案件的官吏等，都不能把这里的"狱"理解为监牢。

诛 诛字从言朱声，本义是谴责，以言语批评。《周礼·大宰》："七曰废，以驭其罪；八曰诛，以驭其过。"李陵《重报苏武书》："汉厚诛陵不死。"《论语·公冶长》："于予与何诛？"（对于宰予还有什么可责怪的呢？）

引申为声讨，讨伐。贾谊《治安策》："下无倍畔之心，上无诛伐之志。"《左传·僖公二十三年》："得志于诸侯，而诛无礼。"现代成语有"口诛笔伐"，正是保存了这个意思。引申为强求，索取。《左传·襄公三十一年》："诛求无时。"又《庄公八年》："诛屡于徒人费。"又引申为治罪，惩处。如邹阳《狱中上梁王书》："昔玉人献宝，楚王诛之。"《韩非子·五蠹》："夫离法者罪，而诸先生以文学取；犯禁者诛，而群侠以私剑养。"又特指杀戮，消灭。《荀子·正论》："诛纣，断其首。"《晏子春秋·内篇问上》："不诛之则为乱。"

怜 怜在古汉语中的基本义是怜悯，同情。如邹阳《狱中上梁王书》："愿大王孰察，少加怜焉。"《庄子·庚桑楚》："汝欲反汝情性而无由入，可怜哉！"《韩非子·用人》："忧悲不哀怜。"杜甫《月夜》："遥怜小儿女，未解忆长安。"

怜还常表示爱的意思。《战国策·赵策》："丈夫亦爱怜其少子乎？"韩愈《送李愿归盘谷序》："争妍而取怜。"不过，"怜"的这一意义在上古用得较少。

当"可怜"二字连用时，不仅有可怜悯的意思，还有可爱、可羡、可惜、可怪等意义。白居易《长恨歌》："姊妹兄弟皆列士，可怜光彩生门户。"这是可羡的意思。韩愈《赠崔立之》："可怜无补费精神。"这是可惜的意思。陆游《平水》："可怜陌生离离草，一种逢春各短长。"这是可怪的意思。

策 策的本义是竹制马鞭。贾谊《过秦论》："振长策而御宇内。"用作动词则为鞭策、鞭打、赶等。《左传·哀公十一年》："抽矢策其马。"晁错《论贵粟疏》："乘坚策肥，覆丝曳缟。"

策又指用于计数的小筹（小竹片）。《老子》："善数不用筹策。"也指卜筮用的蓍草。《楚辞·卜居》："詹尹乃端策拂龟。"（端策：将蓍草摆正）引申为策划，策略。如枚乘《上书谏吴王》：" 忠臣不避重诛以直谏，则事无遗策，功流万世。"

策常与"册"通用，指简册、策问等。《左传·隐公十一年》："不书于策。"这是指简册。《左传·僖公二十八年》："(晋侯)受策以出。"这里指帝王对臣下封土、授爵或免官的文书。《汉书·公孙弘传》："上策诏诸儒。"这里指策问。（汉代起，皇帝为选拔人才举行考试，事先把问题写在竹简上，叫"策"。）

穷 穷的基本义是极，尽，走投无路。《礼记·乐记》："穷高极远而测深厚。"《荀子·劝学》："梧鼠五技而穷。"《史记·项羽本纪》："田假为与国之王，穷来从我，不忍杀之。"用作动词则是到尽头。《庄子·秋水》："今我睹子之难穷也。"现代成语有"无穷无尽"、"理屈词穷"、"日暮途穷"。

穷常用来特指仕途上的不得志，与"达"相对。邹阳《狱中上梁王书》："终与之穷达，无爱于士。"王勃《滕王阁序》："穷且益坚，不坠青云之志。"《孟子·尽心上》："穷则独善其身，达则兼善天下。"

穷在古汉语中的另一个意义是指生活困迫，境遇不好。屈原《离骚》："吾独穷困乎此时也。"《战国策·赵策》："振困穷，补不足。"《孟子·梁惠王下》："老而无妻曰鳏，老而无夫曰寡，老而无子曰独，幼而无父曰孤，此四者，天下之穷民而无告者。"

穷和"贫"在古代所指不同：缺少衣食钱财叫"贫"；生活困迫或不得仕进一般叫"穷"，这种区别在上古比较清楚。《庄子·德充符》："死生存亡，穷达贫富，贤与不肖，毁誉，饥渴寒暑，是事之变、命之行也。"这里"穷达"对举，"贫富"对举，就说明"穷"与"贫"意义是不同的。然而，生活中缺少钱财，也是处境困迫的一种表现，所以，后来"穷"有时也含有"贫"的意思，但是，"贫"绝对不能替代"穷"。

第八单元

常识：诗律

一、诗体

《诗经》是我国最早的诗歌总集，经过《楚辞》之后，诗歌的形式又不断地发展。认真研究诗歌的形式，对于更好地理解诗歌的思想内容、欣赏诗歌的音乐美感，都有重要的意义。一般来说，诗骚之后的诗可以分为三种：古诗、近体诗、古体诗。

（一）古诗

古诗指所有的汉魏六朝诗，包括汉魏时期的乐府古辞、南北朝时期的乐府民歌和这一时期的文人诗作。

古诗以五言诗为主，也有四言诗、七言诗和杂言诗，六言诗则极少。五言的如《上山采蘼芜》："上山采蘼芜，下山逢故夫。长跪问故夫：'新人复何如？''新人虽言好，未若故人姝。颜色类相似，手爪不相如'……"四言的如《步出夏门行》："东临碣石，以观沧海。水何澹澹，山岛竦峙。树木丛生，百草丰茂。……"七言的如《燕歌行》："秋风萧瑟天气凉，草木摇落露为霜。群燕辞归燕南翔，念君客游思断肠……"杂言的如《上邪》："上邪！我欲与君相知，长命无绝衰。山无陵，江水为竭，冬雷震震，夏雨雪，天地合，乃敢与君绝。"

古诗中的四言诗和五言诗一般是隔句句尾韵。其中五言诗的首句既可入韵，也可不入韵。入韵的如《上山采蘼芜》"上山采蘼芜，下山逢故夫"中的"芜"。不入韵的常见，不举例。

七言诗在南北朝以前是句句入韵，如上举曹丕《燕歌行》；自南北朝始，鲍照才写了第一首隔句为韵的七言诗，从而奠定了从唐代开始的近体诗的用韵韵例。

古诗所用之韵，魏之前大体上与楚辞所用韵部也即古韵三十部相同，晋以后所用之韵，则接近隋唐韵部。其用韵与近体诗相比，还是比较灵活的，主要体现在中间可以换韵。

（二）近体诗

近体诗又叫今体诗，它是指唐代开始的严格按照用韵、平仄和对仗要求而写作的诗。（其用韵、平仄、对仗的要求见下）

近体诗只有全诗八句和全诗四句两种。全诗八句的叫律诗,全诗四句的叫绝句。

律诗和绝句又各有五言与七言之分。每句五字的律诗叫五言律诗,简称五律(全诗40字)。如王维《终南山》:"太乙近天都,连山到海隅。白云迴望合,青霭入看无。分野中峰变,阴晴众壑殊。欲投人处宿,隔水问樵夫。"每句七字的律诗叫七言律诗,简称七律(全诗56字)。如李商隐《无题》:"相见时难别亦难,东风无力百花残。春蚕到死丝方尽,蜡炬成灰泪始干。晓镜但愁云鬓改,夜吟应觉月光寒。蓬山此去无多路,青鸟殷勤为探看。"每句五字的绝句叫五言绝句,简称五绝(全诗20字)。如柳宗元《江雪》:"千山鸟飞绝,万径人踪灭。孤舟蓑笠翁,独钓寒江雪。"每句七字的绝句叫七言绝句,简称七绝(全诗28字)。如杜牧《泊秦淮》:"烟笼寒水月笼沙,夜泊秦淮近酒家。商女不知亡国恨,隔江犹唱后庭花。"

从结构上来看,律诗的八句每两句为一联,共分为四联,依次是首联、颔联、颈联、尾联。而每联的两句中,第一句叫做出句,第二句叫作对句。

律诗也有超过八句的,这样的律诗不管多长,都叫长律,也叫排律。韩愈《学诸进士作精卫衔石填海》就是五言长律。

(三)古体诗

古体诗又叫古风,指从唐代开始人们按照古诗写法所创作的诗。这种诗与古诗一样,全诗句数不限,每句字数不等,用韵也不太严格。

古体诗有每句五个字的,称为五古,如杜甫《自京赴奉先县咏怀五百字》;也有每句七个字的,称为七古,如白居易《长恨歌》。有些古体诗既有三言句,也有四言、五言、七言句,习惯上人们还称之为七古,如李白《蜀道难》。

有些绝句不符合五绝、七绝的平仄要求,这样的绝句称之为古绝,也属于古体诗的范畴。

思考与练习(三十二)

一、诗骚之后的诗分为哪几种?
二、解释下列名词。
  1.古诗   2.近体诗   3.古体诗
  4.律诗   5.绝句   6.长律
三、填空。
  1.汉魏六朝诗,包括汉魏时期的乐府古辞、南北朝时期的乐府民歌和这一时期的文人诗作叫_____。
  2.从唐代开始的严格按照用韵、平仄和对仗的要求而写作的诗叫_____,又叫_____。
  3.唐代开始人们按照古诗写法所创作的诗叫_____。
  4.全诗八句的近体诗叫_____,全诗四句的近体诗叫_____。
  5.每句七字的律诗叫_____,每句五字的律诗叫_____。
  6.每句七字的绝句叫_____,每句五字的绝句叫_____。

7. 超过八句的律诗叫_____，又叫_____。
8. 律诗的八句共分四联，依次叫_____、_____、_____、_____。
9. 律诗每联的第一句叫_____，第二句叫_____。
10. 不符合五绝、七绝平仄要求的绝句叫_____。

四、标点并翻译下面的短文。

　　孟尝君将入秦止者千数而弗听苏秦欲止之孟尝曰人事者吾已尽知之矣吾所未闻者独鬼事耳苏秦曰臣之来也固不敢言人事也固且以鬼事见君孟尝君见之谓孟尝君曰今者臣来过于淄上有土偶人与桃梗相与语桃梗谓土偶人曰子西岸之土也挺子以为人至岁八月降雨下淄水至则汝残矣土偶曰不然吾西岸之土也土则复西岸耳今子东国之桃梗也刻削子以为人降雨下淄水至流子而去则子漂漂者将何如耳今秦四塞之国譬若虎口而君入之则臣不知君所出矣孟尝君乃止

（《战国策·齐策》）

二、近体诗的押韵

　　押韵是从《诗经》开始所有诗歌共同的特征，当然也是近体诗格律的重要组成部分。

（一）押韵的依据

　　我们在音韵部分说过，从魏代开始，为规范字音和供人们写诗检韵而编写的韵书就已经出现，至《切韵》而总其成。但不论是《切韵》，还是宋代的《广韵》，多重分而不重合，致使分韵过细，多达 206 个。所以诗人们在写作诗歌时，并不能真正按其韵部来押，而常常把相邻的韵合用。这一点其实《广韵》的作者早就知道，因此他们才会对《广韵》的 206 个韵部规定了同用和独用的条例。

　　至宋淳祐壬子年（公元 1252 年），江北平水人刘渊在其《壬子新刊礼部韵略》中则直接根据《广韵》关于同用、独用的规定，把 206 个韵部归并为 107 韵。元代阴时夫又把刘渊的上声迥韵并入拯韵，这 106 韵便成为后来一直沿用的诗韵，人称"平水韵"。然而据宁忌浮的考证，早于刘书 23 年，即有金人王文郁作《新刊平水韵略》，据《韵略》206 韵而归并诗韵为 106 韵，刘书只是王书的翻刻本。如此一来，"平水韵"之称应来自《新刊平水韵略》的书名。

　　诗韵 106 韵的韵目如下：

　　上平声 15 韵：东、冬、江、支、微、鱼、虞、齐、佳、灰、真、文、元、寒、删；

　　下平声 15 韵：先、萧、肴、豪、歌、麻、阳、庚、青、蒸、尤、侵、覃、盐、咸；

　　上声 29 韵：董、肿、讲、纸、尾、语、麌、荠、蟹、贿、轸、吻、阮、旱、潸、铣、篠、巧、皓、哿、马、养、梗、迥、有、寝、感、俭、豏；

　　去声 30 韵：送、宋、绛、置、未、御、遇、霁、泰、卦、队、震、问、愿、翰、谏、霰、啸、效、号、箇、祃、漾、敬、径、宥、沁、勘、艳、陷；

　　入声 17 韵：屋、沃、觉、质、物、月、曷、黠、屑、药、陌、锡、职、缉、合、葉、洽。

（二）押韵的要求

近体诗在押韵方面的要求，一是只押平声韵。如：

塞下曲　李白

五月天山雪，无花只有寒。（十四寒）
笛中闻折柳，春色未曾看。（十四寒）
晓战随金鼓，宵眠抱玉鞍。（十四寒）
愿将腰下剑，直为斩楼兰。（十四寒）

诗的颔联对句句尾的"看"旧读 kān。全诗的韵脚都押的是上平声十四寒韵。如果押仄声韵，那就是古体诗了。如：

夏日南亭怀辛大　孟浩然

山光忽西落，池月渐上东。
散发乘夜凉，开轩卧闲敞。（二十二养）
荷风送香气，竹露滴清响。（二十二养）
欲取鸣琴弹，恨无知音赏。（二十二养）
感此怀故人，中宵劳梦想。（二十二养）

全诗押的是上声二十二养韵。有人以为，只要平仄合乎近体诗的要求，这样的仄声韵诗也算近体诗①。我们认为既然近体诗的格律包含了押韵、平仄、对仗这三个要素，而真正平仄合乎近体诗要求的仄声韵诗又极少，还是把这些诗按古体诗看待更好。

二是必须一韵到底，中间不能换韵。如：

辋川闲居　王维

一从归白社，不复到青门。（十三元）
时倚檐前树，远看原上村。（十三元）
青菰临水拔，白鸟向山翻。（十三元）
寂寞於陵子，桔槔方灌园。（十三元）

全诗韵脚都是上平声十三元的字。如果中间换了韵，那就是古体诗了。如：

雁门太守行　李贺

黑云压城城欲摧，甲光向日金麟开。（十灰）
角声满天秋色里，塞上燕脂凝夜紫。（四纸）
半卷红旗临易水，霜重鼓寒声不起。（四纸）
报君黄金台上意，提携玉龙为君死。（四纸）

三是偶句句尾必须押韵。例如上举。再如：

赠孟浩然　李白

吾爱孟夫子，风流天下闻。（十二文）
红颜弃轩冕，白首卧松云。（十二文）
醉月频中圣，迷花不事君。（十二文）

---

① 王力：《古代汉语》，中华书局，1999 年版，第 1520 页。

高山安可仰，徒此揖清芬。（十二文）

四是首句句尾可押可不押。首句不入韵者已如上举。首句入韵者如：

月夜忆舍弟　杜甫

戍鼓断人行，边秋一雁声。（八庚）
露从今夜白，月是故乡明。（八庚）
有弟皆分散，无家问死生。（八庚）
寄书长不达，况乃未休兵！（八庚）

登楼　杜甫

花近高楼伤客心，万方多难此登临。（十二侵）
锦江春色来天地，玉垒浮云变古今。（十二侵）
北极朝廷终不改，西山寇盗莫相侵。（十二侵）
可怜后主还祠庙，日暮聊为梁甫吟。（十二侵）

首句本来是可以不入韵的，所以如果首句入韵的话，这个韵字不要求必得与其他韵脚字同韵，但起码要是相邻的韵。如苏轼《题西林壁》，首句的"峰"是二冬的字，二、四句的"同"、"中"则是一东的字。

绝句是律诗的一半，押韵方面的要求与律诗相同，此处不赘。

与近体诗相比，古体诗在押韵方面就灵活得多了。首先是古体诗既可以押平声韵，也可以押仄声韵。如上举孟浩然的《夏日南亭怀辛大》。其次是既可一韵到底，也可中间换韵。如李贺《雁门太守行》。再次是邻近的韵可通押。如储光羲《樵父词》中的"知"与"归"就是四支与五微通押，白居易《伤宅》中的"干"与"山"就是十四寒与十五删通押。

思考与练习（三十三）

一、近体诗押韵的依据是什么？
二、关于"平水韵"的得名，有哪两种不同的说法？
三、平水诗韵共有平声韵、上声韵、去声韵和入声韵各多少？
四、古体诗在押韵方面与近体诗有哪些不同？
五、填空。

1. 近体诗要求必须押_____声韵。
2. 近体诗必须押韵的地方是_____。
3. 近体诗可押韵可不押韵的地方是_____。
4. 近体诗要求必须一韵到底，中间不能换韵。如果换了韵，那就是_____了。
5. 近体诗首句本来是可以不入韵的，所以如果首句入韵的话，这个韵字不要求必得与其他韵脚字同韵，但起码要是_____的韵。

六、标点并翻译下面的短文。

貂勃常恶田单曰安平君小人也安平君闻之故为酒而召貂勃曰单何以得罪于先生故常见誉于朝貂勃曰跖之狗吠尧非贵跖而贱尧也狗固吠非其主也且今使公孙子贤而徐子不肖然而使公孙子与徐子斗徐子之狗犹时攫公孙子之腓而噬之也若乃得去不肖者而为贤者狗岂特攫其腓而噬之耳哉安平君曰敬闻命明日任之于王王有所幸臣九人之属欲伤安平君相

与语于王曰燕之伐齐之时楚王使将军将万人而佐齐今国已定而社稷已安矣何不使使者谢于楚王王曰左右孰可九人之属曰貂勃可貂勃使楚楚王受而觞之数日不反九人之属相与语于王曰夫一人身而牵留万乘者岂不以据势也哉且安平君之与王也君臣无礼而上下无别且其志欲为不善内牧百姓循抚其心振穷补不足布德于民外怀戎翟天下之贤士阴结诸侯之雄俊豪英其志欲有为也愿王之察之异日而王曰召相单来田单免冠徒跣肉袒而进退而请死罪五日而王曰子无罪于寡人子为子之臣礼吾为吾之王礼而已矣

(《战国策·齐策》)

三、近体诗的平仄

平仄是指声调而言。古汉语的声调有平上去入四声,"平"即指平声。"仄"即不平之义,它指"上、去、入"三声。就今普通话而言,阴平、阳平是平声,上声、去声是仄声。古入声字中今读上声和去声的,它还是仄声字,即使辨别不出也关系不大;今读阴平和阳平的字数不多,需记下来(可参看附录《今读阴平阳平的入声字表》)。

平仄在诗和韵文中的作用是构成一种节奏。平声字与仄声字的交替使用可使诗歌的音调富于长短高低的变化,从而营造出一种声律的美。近体诗在平仄方面有着严格的要求,可以说平仄是近体诗最重要的格律因素。

(一)平仄的基本句式

不论是绝句、律诗,还是长律,尽管句数不等,但所有的近体诗都只由四种基本的平仄句式构成。

五言律诗的四种平仄基本句式是:

A 仄仄仄平平　　　　　　a 仄仄平平仄
B 平平仄仄平　　　　　　b 平平平仄仄

这四种句式可以分为 A、B 两大类:仄起的为 A 类,包括 A、a 两种句式;平起的为 B 类,包括 B、b 两种句式。同一大类中两种句式的区别,则是收尾的不同。平收的为 A、B,仄收的为 a、b。这四种句式的错综变化,构成了五言律诗的四种平仄格式:

五律首句仄起仄收式:　　李白《渡荆门送别》
仄仄平平仄,平平仄仄平。渡远荆门外,来从楚国游。
平平平仄仄,仄仄仄平平。山随平野尽,江入大荒流。
仄仄平平仄,平平仄仄平。月下飞天镜,云生结海楼。
平平平仄仄,仄仄仄平平。仍怜故乡水,万里送行舟。

五律首句仄起平收式:　　王勃《送杜少府之任蜀川》
仄仄仄平平,平平仄仄平。城阙辅三秦,风烟望五津。
平平平仄仄,仄仄仄平平。与君离别意,同是宦游人。
仄仄平平仄,平平仄仄平。海内存知己,天涯若比邻。
平平平仄仄,仄仄仄平平。无为在歧路,儿女共沾巾。

这种格式与仄起仄收式相比,只是第一句不同,其他各句没有变化。

五律首句平起仄收式:　　王维《山居秋暝》

平平平仄仄,仄仄仄平平。空山新雨后,天气晚来秋。
仄仄平平仄,平平仄仄平。明月松间照,清泉石上流。
平平平仄仄,仄仄仄平平。竹喧归浣女,莲动下渔舟。
仄仄平平仄,平平仄仄平。随意春芳歇,王孙自可留。

  五律首句平起平收式:　　李商隐《晚晴》

平平仄仄平,仄仄仄平平。深居俯夹城,春去夏犹清。
仄仄平平仄,平平仄仄平。天意怜幽草,人间重晚晴。
平平平仄仄,仄仄仄平平。并添高阁迥,微注小窗明。
仄仄平平仄,平平仄仄平。越鸟巢干后,归飞体更轻。

  这种格式与平起仄收式相比,也只是第一句不同,其他各句没有变化。
  上述四种平仄格式中,以仄起仄收式为最常见,其次为平起仄收式,再次为仄起平收式,而平起平收式则非常罕见。
  七律的四种平仄基本句式只是在五律的每种句式前加上两个字。五律仄起的前边加上两个平,使之变为平起;五律平起的前边加上两个仄,使之变为仄起。这四种句式分别是:

  A 平平仄仄仄平平　　　　a 平平仄仄平平仄
  B 仄仄平平仄仄平　　　　b 仄仄平平平仄仄

  这四种句式的错综变化,就构成了七言律诗的四种平仄格式:

七律首句平起仄收式:刘禹锡《酬乐天扬州初逢席上见赠》

平平仄仄平平仄,　　巴山楚水凄凉地,
仄仄平平仄仄平。　　二十三年弃置身。
仄仄平平平仄仄,　　怀旧空吟闻笛赋,
平平仄仄仄平平。　　到乡翻似烂柯人。
平平仄仄平平仄,　　沉舟侧畔千帆过,
仄仄平平仄仄平。　　病树前头万木春。
仄仄平平平仄仄,　　今日听君歌一曲,
平平仄仄仄平平。　　暂凭杯酒长精神。

七律首句平起平收式:韩愈《左迁至蓝关示侄孙湘》

平平仄仄仄平平,　　一朝封奏九重天,
仄仄平平仄仄平。　　夕贬潮阳路八千。
仄仄平平平仄仄,　　本为圣明除弊事,
平平仄仄仄平平。　　肯将衰朽惜残年。
平平仄仄平平仄,　　云横秦岭家何在,
仄仄平平仄仄平。　　雪拥蓝关马不前。
仄仄平平平仄仄,　　知汝远来应有意,
平平仄仄仄平平。　　好收吾骨瘴江边。

  这种平起平收式与平起仄收式相比,只是第一句不同,其他各句没有变化。

  七律首句仄起仄收式:　　白居易《寄殷协律》

仄仄平平平仄仄，	五岁优游同过日，
平平仄仄仄平平。	一朝消散似浮云。
平平仄仄平平仄，	琴书酒伴皆抛我，
仄仄平平仄仄平。	雪月花时最忆君。
仄仄平平平仄仄，	几度听鸡过白日，
平平仄仄仄平平。	亦曾骑马咏红裙。
平平仄仄平平仄，	吴娘暮雨萧萧曲，
仄仄平平仄仄平。	自别江南更不闻。

七律首句仄起平收式： 　　李商隐《无题》

仄仄平平仄仄平，	相见时难别亦难，
平平仄仄仄平平。	东风无力百花残。
平平仄仄平平仄，	春蚕到死丝方尽，
仄仄平平仄仄平。	蜡炬成灰泪始干。
仄仄平平平仄仄，	晓镜但愁云鬓改，
平平仄仄仄平平。	夜吟应觉月光寒。
平平仄仄平平仄，	蓬山此去无多路，
仄仄平平仄仄平。	青鸟殷勤为探看。

这种仄起平收式与仄起仄收式相比，也只是第一句不同，其他各句没有变化。

（二）可平可仄之处

近体诗一般是两个音节组成一个节奏单位，每个节奏单位相当于一个双音词或词组。五律与七律的四种基本句式虽然规定了每个字的平仄，但并非每个字的平仄都不可改易。一般来说，非节奏点的有些字是可平可仄的。至于究竟哪些字可平可仄，则有宽有严。宽的认为五言 A 种句第一字、B 种句第三字、a 种句 b 种句的第一和第三字是可平可仄的；七言 A 种句第一和第三字、B 种句第一和第五字、a 种句 b 种句的第一第三和第五字是可平可仄的。① 实际上五言 B 种句第三字与七言 B 种句第五字、五言 a 种句第三字与七言 a 种句的第五字、五言 b 种句的第三字与七言 b 种句的第五字或平或仄并不是完全随意的，而是有一定条件的（原因见后），所以我们赞同王力先生在他《诗词格律概要》中的说法②，认为真正可平可仄的字应是（字外加圈者）：

五言：A ⓒ仄仄平平　　　　a ⓒ仄平平仄
　　　B 平平仄仄平　　　　b ⓟ平平仄仄
七言：A ⓟ平ⓒ仄仄平平　　　a ⓟ平ⓒ仄平平仄
　　　B ⓒ仄平平仄仄平　　　b ⓒ仄ⓟ平平仄仄

---

① 见王力：《古代汉语》，中华书局，1999 年版，第 1523～1528 页。
② 见王力：《诗词格律概要》，北京出版社，1979 年版，第 27、33 页。

(三)平仄的对和粘

近体诗的平仄句式虽只有上述四种,但按照一定规律,就可用这四种句式组合成一首律诗。组合的规律有"对"和"粘"两种。

同一联出句与对句的平仄组合规律叫"对"。所谓"对",就是相反;违反"对"的规律叫"失对"。如:

出句:a ⓕ仄平平仄　　　对句:B 平平仄仄平
出句:b ⓟ平平仄仄　　　对句:A ⓕ仄仄平平
出句:a ⓟ平ⓕ仄平平仄　　对句:B ⓕ仄平平仄仄平
出句:b ⓕ仄ⓟ平平仄仄　　对句:A ⓟ平ⓕ仄仄平平

由此可知,"对"其实就是平仄的句式完全相反,即 a 对 B,b 对 A。

这种规律只有当首句是平收式时才例外。因为首句若是平声字收尾而仍严格"对"的话,第二句就得用仄声字收尾。而按近体诗押韵的要求,第二句的句尾是必须用平声字收尾入韵的。平声收尾的句式只有 A、B 两种,所以首句若是 A 种句,对句必是 B 种句;首句若是 B 种句,对句必是 A 种句。掌握了"对"的规律后,只要知道了一联出句的平仄,很容易就可推出其对句的平仄。

上联对句与下联出句的平仄组合规律叫"粘"。所谓"粘",就是相近,即下联出句与上联对句五言的前两个字、七言的前四个字平仄要相同(后三字不能相同,不然两个句子的平仄就完全一样了)。如果违反了"粘"的规律,就叫"失粘"。如:

上联对句:B 平平仄仄平　　　下联出句:b ⓟ平平仄仄
上联对句:A ⓕ仄仄平平　　　下联出句:a ⓕ仄平平仄
上联对句:B ⓕ仄平平仄仄平　　下联出句:b ⓕ仄ⓟ平平仄仄
上联对句:A ⓟ平ⓕ仄仄平平　　下联出句:a ⓟ平ⓕ仄平平仄

由此可知,"粘"的规律要求上联对句与下联出句的平仄句式要属于同一大类,即 B 粘 b,A 粘 a。

掌握了"粘"的规律后,只要知道了上联对句的平仄,很容易就可推出其下联出句的平仄。把"对"和"粘"的规律都掌握之后,知道了首句的平仄,根据"对"的规律可推出第二句的平仄,再根据"粘"的规律可推出第三句的平仄,再根据"对"的规律可推出第四句的平仄,再根据"粘"的规律可推出第五句的平仄,再对出第六句,再粘出第七句,最后就可对出第八句的平仄。如:

首句不入韵者全依"对"和"粘"的规律。五律如李白的《渡荆门送别》:

　　　ⓕ仄平平仄,(对)平平仄仄平。　　　渡远荆门外,来从楚国游。
(粘)ⓟ平平仄仄,(对)ⓕ仄仄平平。　　　山随平野尽,江入大荒流。
(粘)ⓕ仄平平仄,(对)平平仄仄平。　　　月下飞天镜,云生结海楼。
(粘)ⓟ平平仄仄,(对)ⓕ仄仄平平。　　　仍怜故乡水,万里送行舟。

七律如白居易的《寄殷协律》:

　　　ⓕ仄ⓟ平平仄仄,　　　　　　　　五岁优游同过日,
(对)ⓟ平ⓕ仄仄平平。　　　　　　　　一朝消散似浮云。

(粘)⊕平⊗仄平平仄，　　　　　　　　琴书酒伴皆抛我，
(对)⊗仄平平仄仄平。　　　　　　　　雪月花时最忆君。
(粘)⊗仄⊕平平仄仄，　　　　　　　　几度听鸡过白日，
(对)⊕平⊗仄仄平平。　　　　　　　　亦曾骑马咏红裙。
(粘)⊕平⊗仄平平仄，　　　　　　　　吴娘暮雨萧萧曲，
(对)⊗仄平平仄仄平。　　　　　　　　自别江南更不闻。

首句入韵者第一联对句与出句不能"对"，否则出句的最后一字是仄声，就不能入韵，即违背偶句句尾必须押韵的规律。其他各联仍依"对"和"粘"的规律。五律如李商隐《晚晴》：

　　　　平平⊗仄平，　　⊗仄仄平平。　　深居俯夹城，春去夏犹清。
(粘)⊗仄平平仄，(对)平平仄仄平。　　天意怜幽草，人间重晚晴。
(粘)⊕平平仄仄，(对)⊗仄仄平平。　　并添高阁迥，微注小窗明。
(粘)⊗仄平平仄，(对)平平仄仄平。　　越鸟巢干后，归飞体更轻。

七律如李商隐《无题》：

　　　　⊗仄平平仄仄平，　　　　　　相见时难别亦难，
　　　　平平⊗仄仄平平。　　　　　　东风无力百花残。
(粘)⊕平⊗仄平平仄，　　　　　　　　春蚕到死丝方尽，
(对)⊗仄平平仄仄平。　　　　　　　　蜡炬成灰泪始干。
(粘)⊗仄⊕平平仄仄，　　　　　　　　晓镜但愁云鬓改，
(对)⊕平⊗仄仄平平。　　　　　　　　夜吟应觉月光寒。
(粘)⊕平⊗仄平平仄，　　　　　　　　蓬山此去无多路，
(对)⊗仄平平仄仄平。　　　　　　　　青鸟殷勤为探看。

在按照"对"和"粘"的规律来推律诗的平仄格式时，首句的平仄句式起着决定性的作用；而首句的平仄句式又是由第二字和最后一字的平仄所决定的。由于第一字一般是可平可仄的(五言 B 种句例外)，所以第二字的平仄决定了首句是平起还是仄起；而最后一字的平仄则决定着首句是平收入韵还是仄收不入韵。如：

首句第二字为平，最后一字为仄，则五言此句必为 b 平平平仄仄，七言此句必为 a 平平仄仄平平仄；

首句第二字为平，最后一字为平，则五言此句必为 B 平平仄仄平，七言此句必为 A 平平仄仄仄平平；

首句第二字为仄，最后一字为平，则五言此句必为 A 仄仄仄平平，七言此句必为 B 仄仄平平仄仄平；

首句第二字为仄，最后一字为仄，则五言此句必为 a 仄仄平平仄，七言此句必为 b 仄仄平平平仄仄。

首句的平仄知道之后，按照"对"和"粘"的规律就可以很容易地把全诗的平仄格式推出来了。五言律诗的四种平仄格式如下：

平起仄收式：bAaBbAaB；　　　　　平起平收式：BAaBbAaB
仄起仄收式：aBbAaBbA；　　　　　仄起平收式：ABbAaBbA

七言律诗的四种平仄格式为：

平起仄收式：aBbAaBbA；　　　　　平起平收式：ABbAaBbA

仄起仄收式：bAaBbAaB；　　　　　仄起平收式：BAaBbAaB

（四）律诗的拗救

依平仄规律必须用平声字的地方如用了仄声字，即为"拗"，这样的句子称为"拗句"（与"拗句"相对应的即完全合乎平仄要求的句子叫"律句"）；"拗"后在后边某个地方把一个仄声字改为平声字，即为"救"。有"拗"有"救"仍合律，"拗"了不救即算不合律（一种情况例外，见下）。拗救的规律共有两类四种。

本句自救：

1. 五言 B 种句第一字拗，本句第三字救；七言 B 种句第三字拗，本句第五字救。

五律 B 种句式"平平仄仄平"中第一字正常情况下应该用平声字，如果用了仄声字，就是"拗"；把第三字由仄声改为平声即是"救"。拗救以后此句变为"仄平平仄平"。如果这种句式的"拗"不救，全句只剩一个平声字（不算韵脚），这叫"犯孤平"，这是古人写律诗的大忌。因此这种拗也叫"孤平拗"。如：

孟浩然《送张祥之房陵》："我家南渡头。""我"字拗，"南"字救。

李白《宿五松山下荀媪家》："寂寥无所欢。""寂"拗"无"救；同诗："月光明素盘。""月"拗"明"救。

李白《夜宿山寺》："恐惊天上人。""恐"拗"天"救。

七律 B 种句式"⑫仄平平仄仄平"中第三字如用了仄声字，是"拗"；把第五字由仄声改为平声即是"救"。拗救以后此句变为"⑫仄仄平平仄平"。如：

贺知章《回乡偶书》："笑问客从何处来。""客"拗"何"救。

元稹《遣悲怀》："潘岳悼亡犹费词。""悼"拗"犹"救。

2. 五言 b 种句第三字拗，本句第四字救；七言 b 种句第五字拗，本句第六字救。

五律 b 种句式"⑫平平仄仄"中第三个字如用了仄声字，是"拗"；把第四个字由仄声改为平声即是"救"。拗救以后全句的平仄变为"⑫平仄平仄"。如：

李白《渡荆门送别》："仍怜故乡水。""故"拗"乡"救。

王勃《送杜少府之任蜀州》："无为在歧路。""在"拗"歧"救。

七律 b 种句式"⑫仄⑫平平仄仄"中的第五个字如用了仄声字是"拗"，把第六个字由仄声改为平声即是"救"。拗救以后此句变为"⑫仄⑫平仄平仄"。如：

杜甫《和裴迪登蜀州东亭》："东阁官梅动诗兴。""动"拗"诗"救。

这种拗救多出现于律诗的第七句。如王维《观猎》："迴看射雕处，千里暮云平。"杜甫《咏怀古迹》其一："庾信平生最萧瑟，暮年诗赋动江关。"

对句相救：

3. 五言 a 种句第四字拗，对句 B 种句第三字救；七言 a 种句第六字拗，对句 B 种句第五字救。

五律 a 种句式"⑫仄平平仄"中第四字如用了仄声字是"拗"，把其对句即 B 种句式"平平仄仄平"中第三个字由仄声改为平声即是"救"。第四字是节奏点，所以这个地方用了仄

声字必须要救。这种拗救有一个专称,叫"大拗"。拗救以后此联变为"⊘仄平仄仄,平平平仄平"。如:

　　白居易《赋得古原草送别》:"野火烧不尽,春风吹又生。""不"拗"吹"救。

　　杜甫《奉济驿重送严公》:"远送从此别,青山空复情。""此"拗"空"救。

　　杜甫《孤雁》:"孤雁不饮啄,哀鸣声念群。""饮"拗"声"救。

　　李商隐《登乐游原》:"向晚意不适,驱车登古原。""不"拗"登"救。

　　七律的a种句式"⊘平⊘仄平平仄"中第六字如用了仄声字是"拗",把其对句即B种句式"⊘仄平平仄仄平"中第五字由仄声改为平声即是"救"。拗救以后此联变为"⊘平⊘仄平仄仄,⊘仄平平平仄平"。如:

　　杜牧《润州》:"青苔寺里无马迹,绿水桥边多酒楼。""马"拗"多"救。

　　4. 五言a种句第三字拗,对句B种句第三字救;七言a种句第五字拗,对句B种句第五字救。

　　五律a种句式"⊘仄平平仄"中第三字如用了仄声字是"拗",把其对句即B种句式"平平仄仄平"中第三个字由仄声改为平声即是"救"。由于第三字不是节奏点,所以这个地方用了仄声字可救可不救。这种拗救也有一个专称,叫"小拗"。拗救以后此联变为"⊘仄仄平仄,平平平仄平"。如:

　　杜甫《送远》:"带甲满天地,胡为君远行?""满"拗"君"救。

　　岑参《陕州月城楼送辛判官入秦》:"谒帝向金殿,随身唯宝刀。""向"拗"唯"救。

　　李白《赠孟浩然》:"吾爱孟夫子,风流天下闻。""孟"拗"天"救。

　　韩愈《祖席》:"况与故人别,那堪羁旅愁。""故"拗"羁"救。

　　李白《送友人》:"挥手自兹去,萧萧班马鸣。""自"拗"班"救。

　　不救的如:

　　李白《送友人》:"此地一为别,孤帆万里征。""一"拗"万"没有救。

　　七律a种句式"⊘平⊘仄平平仄"中第五字如用了仄声字是"拗",把其对句即B种句式"⊘仄平平仄仄平"中第五字由仄声改为平声即是"救"。拗救以后此联变为"⊘平⊘仄仄平仄,⊘仄平平平仄平"。如:

　　陆游《夜泊水村》:"一身报国有万死,双鬓向人无再青。""有"拗"无"救。

　　上述1、3、4三种拗救虽然拗的地方不同,但用来救的地方却都是B种句五言的第三字、七言的第五字。因此有些诗会有其中的两或三种拗救同时出现的情况。如:

　　孟浩然《与诸子登岘山》:"人事有代谢,往来成古今。""代"、"往"同时拗,"成"字两救。这是大拗与孤平拗并用。

　　崔涂《除夜有怀》:"渐与骨肉远,转于僮仆亲。""肉"、"转"同时拗,"僮"字两救。这也是大拗与孤平拗并用。

　　孟浩然《早寒有怀》:"木落雁南渡,北风江上寒。""雁"、"北"同时拗,"江"字两救。这是小拗与孤平拗并用。

　　温庭筠《送人东游》:"荒戍落黄叶,浩然离故关。""落"、"浩"同时拗,"离"字两救。这也是小拗与孤平拗并用。

　　杜甫《蕃剑》:"致此自僻远,又非珠玉装。""自"、"僻"、"又"三字同时拗,"珠"字三救。

这是大拗、小拗、孤平拗并用。

陆游《夜泊水村》："一身报国有万死,双鬓向人无再青。""有"、"万"、"向"三字同时拗,"无"字三救。这也是大拗、小拗、孤平拗并用。

关于近体诗的平仄,前人有"一三五不论,二四六分明"(就七律而言)的说法。这种说法虽有一定的道理,但从前述平仄规律中可以看到,它并不完全符合事实。具体来说,七言的第一字平仄不论,是对的;第三字却只有 A、a、b 三种句式不论,B 种句的第三字是只能用平声字的,如果用了仄声字,就是"犯孤平",必须把下一个仄声字改成平声来救。对于第五个字来说,则是每个句子都要论。A 种句的这个字必须用仄声字,如果用了平声字,则最后三个字都成了平声字,就是所谓的"三平调",这是古风的专用形式;a 种句的这个字应用平声,如果用了仄声,就是"小拗",也须在对句来救;B 种句的这个字一般应用仄声字,只有在本句的第三字拗或上句即 a 种句的第五字、第六字拗的时候,它才能改用平声字。b 种句的这个字应该用平声字,如果用了仄声字,也是拗,须把第六字改用平声字来救。

"二四六分明"这句话对于七律来说,基本符合实际。不论哪种句式,第二和第四个字确实都是固定的。但第六个字则不然。a 种句的第六字本该用平声,但只要对句即 B 种句的第五字改用平声,a 种句的这个字是允许用仄声字的;b 种句的第六字本该用仄声,但如果它前边的字用了仄声字,b 种句的这个字就一定要用平声来救了。

绝句、长律的平仄要求与律诗相同。

古体诗在平仄方面要求不严,但也并不是毫不讲究。尤其是它的三字脚,就与近体诗截然不同。近体诗的三字脚有"仄平平"、"平平仄"、"仄仄平"、"平仄仄"四种,古体诗的四种三字脚却分别是仄平仄、仄仄仄、平仄平、平平平。看来诗人们是在有意识地要把古体诗与近体诗区别开来。特别是三平调,那几乎可以说是古体诗的专用形式。如杜甫《梦李白》中的"平生魂"、"枫林青";李商隐《韩碑》中的"神扶持"、"天王旗"、"宜为辞"、"臣能为"、"何淋漓"等。

思考与练习(三十四)

一、五言近体诗有哪四种平仄格式?七言近体诗有哪四种平仄格式?

二、五言近体诗四种平仄格式中哪些地方是可平可仄的?七言近体诗四种平仄格式中哪些地方是可平可仄的?

三、什么叫"对"?什么叫"粘"?"对"的规律适用于哪两句?"粘"的规律适用于哪两句?

四、违背了"对"的规律叫什么?违背了"粘"的规律叫什么?B 种句五言第一字七言第三字如用了仄声,叫什么?

五、为什么说近体诗首句第二字和最后一字的平仄对于推定全诗的平仄格式非常重要?

六、近体诗有哪几种拗救规律?五言 B 种句何处可拗何处要救?这种拗救叫什么?

七、五言 a 种句哪两处可拗?都需在何处来救?两处拗分别叫什么?七言 b 种句何处可拗何处来救?

八、为什么说前人"一三五不论,二四六分明"(就七律而言)的说法虽有一定的道理,但并不完全符合事实?

九、分析下面两首诗的平仄格式。

秦州杂诗　杜甫

南使宜天马,由来万匹强。
浮云连阵没,秋草遍山长。
闻说真龙种,仍残老骕骦。
哀鸣思战斗,迥立向苍苍。

隋　宫　李商隐

紫泉宫殿锁烟霞,欲取芜城作帝家。
玉玺不缘归日角,锦帆应是到天涯。
于今腐草无萤火,终古垂杨有暮鸦。
地下若逢陈后主,岂宜重问后庭花?

十、标点并翻译下面的短文。

魏王遗楚王美人楚王说之夫人郑袖知王之说新人也甚爱新人衣服玩好择其所喜而为之宫室卧具择其所善而为之爱之甚于王王曰妇人所以事夫者色也而妒者其情也今郑袖知寡人之说新人也其爱之甚于寡人此孝子之所以事亲忠臣之所以事君也郑袖知王以己为不妒也因谓新人曰王爱子美矣虽然恶子之鼻子为见王则必掩子鼻新人见王因掩其鼻王谓郑袖曰夫新人见寡人则掩其鼻何也郑袖曰妾知也王曰虽恶必言之郑袖曰其似恶闻君王之臭也王曰悍哉令劓之无使逆命

(《战国策·楚策》)

四、近体诗的对仗

对仗指一联的出句与对句相同位置上的词词性相同。即动词对动词,名词对名词,形容词对形容词,副词对副词等。

(一)对仗的要求

词性一定要相同。同一联出句与对句相同位置上的词必须词性相同。这是对仗的基本要求。如:

韩愈《祖席》:"荣华今异路,风雨昔同忧。""荣华"、"风雨"是名对名,"今"、"昔"是副对副,"异路"、"同忧"是名对名。

李商隐《无题》:"金蟾啮锁烧香入,玉虎牵丝汲井回。""金蟾"、"玉虎"是名对名,"啮"、"牵"是动对动,"锁"、"丝"是名对名,"烧"、"汲"是动对动,"香"、"井"是名对名,"入"、"回"是动对动。

颔联颈联必须对。律诗不要求四联都对仗,但是颔联和颈联是必须对仗的,否则就不能叫律诗。如:

许浑《秋日赴阙题潼关驿楼》

红叶晚萧萧,长亭酒一瓢。
残云归太华,疏雨过中条。
树色随关迥,河声入海遥。

帝乡明日到，犹自梦渔樵。

颔联"残"对"疏"，是形对形；"云"对"雨"，是名对名；"归"对"过"，是动对动；"太华"对"中条"是专名对专名。颈联"树"对"河"、"色"对"声"、"关"对"海"，都是名词对名词；"随"对"入"是动词对动词；"迥"对"遥"是形容词对形容词。

杜甫《登岳阳楼》

昔闻洞庭水，今上岳阳楼。
吴楚东南坼，乾坤日夜浮。
亲朋无一字，老病有孤舟。
戎马关山北，凭轩涕泗流。

首联"昔"对"今"、"洞庭"对"岳阳"、"水"对"楼"，都是名词对名词；"闻"对"上"是动词对动词。颔联"吴楚"对"乾坤"、"东南"对"日夜"是名词对名词；"坼"对"浮"是动词对动词。颈联"亲朋"对"老病（之人）"、"一字"对"孤舟"是名词对名词；"无"对"有"是动词对动词。

首尾二联可对可不对。首尾二联以不对为常。许浑《秋日赴阙题潼关驿楼》的首联"红叶晚萧萧，长亭酒一瓢"和尾联"帝乡明日到，犹自梦渔樵"就都没对。首联对了的如杜甫《登岳阳楼》："昔闻洞庭水，今上岳阳楼。"尾联对了的如杜甫《闻官军收河南河北》："即从巴峡穿巫峡，便下襄阳向洛阳。"

绝句是截取律诗的一半而成，所以它的对仗比较灵活。有两联都用对仗的。如王之涣《登鹳雀楼》："白日依山尽，黄河入海流。欲穷千里目，更上一层楼。"杜甫《绝句》："两个黄鹂鸣翠柳，一行白鹭上青天。窗含西岭千秋雪，门泊东吴万里船。"这可看作截取了律诗的中间两联。

有只在首联用对仗的。如张祜《何满子》："故国三千里，深宫二十年。一声何满子，双泪落君前。"这可看作截取了律诗的后两联。

有只在尾联用对仗的。如孟浩然《宿建德江》："移舟泊烟渚，日暮客愁新。野旷天低树，江清月近人。"这可看作截取了律诗的前两联。

有两联都不用对仗的。如李白《夜宿山寺》："危楼高百尺，手可摘星辰。不敢高声语，恐惊天上人。"这可看作截取了律诗的首尾两联。

只求字面相对，不求结构相同。如：

李商隐《安定城楼》："永忆江湖归白发，欲回天地入扁舟。"出句"归白发"意为"白发归"，与"入扁舟"表层结构同而深层结构不同。

苏轼《有美堂暴雨》："天外黑风吹海立，浙东飞雨过江来。"出句"吹海立"是兼语式，对句"过江来"是连动式，也是表层结构同而深层结构不同。

不能用同义词相对。诗的篇幅都很短小，要使诗的内容丰富，就要力求让诗中的每个字都充分发挥作用。所以诗人们在写诗时，不仅力避用同字相对，也力避用同义的词来对仗。如果用了同义词来对仗，那就是"合掌"的毛病。如出句说"征人长城疾"，对句就不能再说"怨妇寒舍病"，因为"疾"与"病"是同义词。

长律一般首联和尾联不用对仗，其他各联都得对仗。

古体诗可以完全不用对仗。如果要用对仗，可以随意用在任何地方。不再举例。

（二）对仗的类型

数目对：即数词对数词。如：

王勃《送杜少府之任蜀州》："城阙辅三秦,风烟望五津。"

王湾《次北固山下》："潮平两岸阔,风正一帆悬。"

李商隐《蝉》："五更疏欲断,一树碧无情。"

杜甫《登高》："万里悲秋常作客,百年多病独登台。"

祖咏《望蓟门》："万里寒光生积雪,三边曙色动危旌。"

颜色对：即表示颜色的词与表示颜色的词相对。如：

司空曙《喜外弟卢纶见宿》："雨中黄叶树,灯下白头人。"

李白《赠孟浩然》："红颜弃轩冕,白首卧松云。"

孟浩然《过故人庄》："绿树村边合,青山郭外斜。"

陆游《黄州》："万里羁愁添白发,一帆寒日过黄州。"

许浑《咸阳城东楼》："鸟下绿芜秦苑夕,蝉鸣黄叶汉宫秋。"

方位对：即方位名词与方位名词相对。如：

司空曙《喜外弟卢纶见宿》："雨中黄叶树,灯下白头人。"

李白《送友人》："青山横北郭,白水绕东城。"

陈子昂《送别崔著东征》："海气侵南郡,边风扫北平。"

杜甫《登楼》："北极朝廷终不改,西山寇盗莫相侵。"

杜甫《秋兴八首》："西望瑶池降王母,东来紫气满函关。"

借对：又分为借义对、借音对两种。诗中词用甲义,而借用其乙义来与别的词相对,是借义对。如：

王维《崔录事》："少年曾任侠,晚节更为儒。"句中的"节"用的是"节操"义,借其"年节"义与上句"年"相对。

王维《黎拾遗听见过秋夜对雨》："白法调狂象,玄言问老龙。"句中的"玄"意为"玄妙",借用其"玄色"义与"白"相对。

杜甫《偶题》："漫作潜夫论,虚传幼妇碑。"句中"潜夫论"是书名,借"夫"的"丈夫"义与下句的"妇"相对。

李商隐《马嵬》："此日六军同驻马,当时七夕笑牵牛。"句中"牵牛"是星名,借其"耕牛"之义与"马"相对。

诗中词无某义,而把它借用作某同音词来与别的词相对,是借音对。如：

李商隐《锦瑟》："沧海月明珠有泪,蓝田日暖玉生烟。"借"沧"为"苍"与"蓝"相对。

杜甫《漫成》："野日荒荒白,春流泯泯清。"借"清"为"青"与"白"相对。

刘长卿《江州重别薛六》："寄身且喜沧州近,顾影无如白发何。"借"沧"为"苍"与"白"相对。

贾岛《寄武功姚主簿》："卷柿黄叶落,锁印子规啼。"借"子"为"紫"与"黄"相对。

流水对：出句与对句虽字面相对,但合在一起是一句话,这样的对仗叫流水对。如：

孟浩然《清明日宴梅通士房》："忽逢青鸟使,邀入赤松家。"句中出句的"青鸟使"既是前边动词"逢"的宾语，又是对句动词"邀"的主语，出句和对句合在一起是一句话。

杜甫《秋兴》："请看石上藤萝月，已映洲前芦荻花。"出句"石上藤萝月"既是"看"的宾语，又是对句"映"的主语，出句与对句也是一句话。

工对：同一小类的名词相对，叫工对。各类词都可以分为若干小类。如动词可分为及物动词和不及物动词，形容词又分为性质形容词和状态形容词。名词分得更细，有如下14小类①：

(1)天文：日月风云　　　　(2)时令：年节朝夕
(3)地理：山水江河　　　　(4)宫室：楼台门户
(5)器物：刀剑杯盘　　　　(6)衣饰：衣冠巾带
(7)饮食：茶酒餐饭　　　　(8)文具：笔墨纸砚
(9)文学：诗赋书画　　　　(10)植物：草木桃杏
(11)动物：鸟兽虫鱼　　　　(12)形体：身心足手
(13)人事：道德才情　　　　(14)人伦：父子兄弟

这些同一小类的名词相对就是工对。如：

李商隐《锦瑟》："庄生晓梦迷蝴蝶，望帝春心托杜鹃。""庄生"与"望帝"是人事对，"晓"与"春"是时令对，"梦"与"心"是人事对，"迷"与"托"是动词对，"蝴蝶"与"杜鹃"是动物对。

苏轼《新城道中》："岭上晴云披絮帽，树头初日挂铜钲。""云"与"日"是天文对，"帽"与"钲"是器物对。

李商隐《马嵬》："空闻虎旅鸣宵柝，无复鸡人报晓筹。""虎"与"鸡"是动物对，"旅"与"人"是人事对，"宵"与"晓"是时令对，"柝"与"筹"是器物对。

宽对：只是同大类的词相对，叫宽对。它是与"工对"相应的一种对仗类型。如：

杜甫《春望》："感时花溅泪，恨别鸟惊心。""花"属植物类，"鸟"属动物类，只是作为名词而相对。

李白《访戴天山道士不遇》："树深时见鹿，溪午不闻钟。""树"属植物类，"溪"属地理类；"鹿"属动物类，"钟"属器物类。

思考与练习（三十五）

一、什么叫对仗？律诗哪些联必须对仗？哪些联可对仗也可不对仗？

二、对仗有哪几种类型？

三、什么叫工对？什么叫借对？什么叫流水对？

四、分析以下各联所使用的对仗属于何种类型。

1. 珠帘绣柱围黄鹄，锦缆牙樯起白鸥。
2. 织女机丝虚夜月，石鲸鳞甲动秋风。
3. 波漂菰米沉云黑，露冷莲房坠粉红。
4. 岭树重遮千里目，江流曲似九回肠。
5. 吊影分为千里雁，辞根散作九秋蓬。

---

① 王力：《古代汉语》，中华书局，1999年版，第1536页。

6. 万里寒光生积雪,三边曙色动危旌。

7. 浮云连阵没,秋草遍山长。

8. 时倚檐上树,远看原上村。

9. 晓战随金鼓,宵眠抱玉鞍。

10. 露从今夜白,月是故乡明。

五、标点并翻译下面的短文。

魏武侯与诸大夫浮于西河称曰河山之险岂不亦信固哉王钟侍王曰此晋国之所以强也若善脩之则霸王之业具矣吴起对曰吾君之言危国之道也而子又附之是危也武侯忿然曰子之言有说乎吴起对曰河山之险信不足保也是伯王之业不从此也昔者三苗之居左彭蠡之波右有洞庭之水文山在其南而衡山在其北恃此险也为政不善而禹放逐之夫夏桀之国左天门之阴而右天溪之阳庐睪在其北伊洛出其南有此险也然为政不善而汤伐之殷纣之国左孟门而右漳釜前带河后被山有此险也然为政不善而武王伐之且君亲从臣而胜降城城非不高也人民非不众也然而可得并者政恶故也从是观之地形险阻奚足以霸王矣

(《战国策·魏策》)

文 选

次北固山下[1]

王湾

客路青山外,行舟绿水前[2]。
潮平两岸阔,风正一帆悬[3]。
海日生残夜,江春入旧年[4]。
乡书何由达?归雁洛阳边[5]。

[1]北固山:在今江苏省镇江市北,三面临长江。
[2]客路:大路。这两句意思是:大路和长江都绕着北固山转。
[3]这两句意思是:潮水上涨,江面宽阔。船顺风而行,桅杆上悬着船帆。
[4]残夜:拂晓时候。旧年:去年,上一年。这两句意思是:黎明时一轮红日在江面上冉冉升起,江南春早,年前就已有了春天的气息。
[5]乡书:家信。
押韵:前、悬、年、边,先韵。
平仄:仄起首句不入韵:aBbAaBbA

闻 笛

张巡[1]

岧峣试一临,虏骑附城阴[2]。
不辨风尘色,安知天地心[3]!
营开边月近,战苦阵云深[4]。
旦夕更楼上,遥闻横笛音[5]。

[1]张巡:蒲州河东(今山西永济)人,开元末进士。安史之乱时,他任真源县令,起兵抗敌,后入睢阳(今河南省商丘市),同太守许远率全城军民坚守10个月,最后城陷被俘,

英勇就义。这首诗可能写于围城之中,表现了当时弹尽粮绝、援军不至、守城军民艰苦作战日夜不懈的情景。

[2]岧峣(tiáo yáo):形容山岭高峻,这里指屹立的城楼。临:从高往低看。虏骑:安庆绪的叛军。附:紧贴着。城阴:城北。这两句意思是:登高远望,看见敌军紧逼城下。

[3]风尘色:指敌军。天地心:古人认为一切都由天意安排。

[4]因为是在抗敌前线,而且又在城楼上,所以感觉"边月""近"。这两句表达了作战的艰苦和战争气氛的浓厚。

[5]更楼:敲鼓报更的地方。平时敲鼓报更,因为这时在作战,所以改吹军中乐器横笛。这两句是说守城军民日夜不懈。

押韵:临、阴、心、深、音,侵韵。

平仄:平起首句入韵:BAaBbAaB

送梓州李使君[1]

王维

万壑树参天,千山响杜鹃[2]。
山中一夜雨,树杪百重泉[3]。
汉女输橦布,巴人讼芋田[4]。
文翁翻教授,不敢倚先贤[5]?

[1]梓州:故治在今四川三台县。使君:对刺史的尊称。

[2]杜鹃:相传古蜀帝杜宇的魂所化的鸟。

[3]夜:一本作"半"。树杪:树梢。这两句是流水对,即两句字面相对,意思相承:山中下了一夜雨,高山上飞泉直泻,远远望去,就像从层层树梢上流下水来。

[4]汉女:泛指蜀中妇女。输:进贡。橦:树名,花可织布。巴:古国名,故都在今重庆市。为秦所灭。这里泛指蜀地。讼:打官司。讼芋田:为争夺芋田(种芋头的田)而打官司。

[5]文翁:景帝时蜀郡守,曾派有才干的十多小吏进京学习,回来派以官职,又在成都设学官,招各县子弟入学,从此教化大行。翻:倒反。文翁不要汉女输布,不理巴人讼田,反而推行了教化。倚先贤:指向文翁学习。这是个反问句,意思是李使君敢向文翁学习。

押韵:天、鹃、泉、田、贤,先韵。

平仄:仄起首句入韵:ABbAaBbA

观 猎

王维

风劲角弓鸣,将军猎渭城[1]。
草枯鹰眼疾,雪尽马蹄轻[2]。
忽过新丰市,还归细柳营[3]。
回看射雕处,千里暮云平[4]。

[1]仄起首句入韵。角弓:镶有牛角的弓。渭城:秦时的咸阳。
[2]疾:尖利。
[3]新丰:今陕西西安市临潼区东,以美酒著名。这里指将军猎后经过闹市去喝酒,不一定实指新丰。细柳营:汉代名将周亚夫驻兵的地方,在今咸阳市西南。这里指将军的驻地。
[4]拗救句。第三字"射"拗,第四字"雕"救。
押韵:鸣、城、轻、营、平,庚韵。
平仄:仄起首句入韵:ABbAaBbA

春 望

杜甫

国破山河在,城春草木深[1]。
感时花溅泪,恨别鸟惊心[2]。
烽火连三月,家书抵万金[3]。
白头搔更短,浑欲不胜簪[4]。

[1]国:国都,和下边"城"都指长安。
[2]溅、惊:使动用法。
[3]烽火:指战事。抵:相当。
[4]白头:指白发。浑:副词,简直。簪(zān):簪子,用来绾发的首饰。
押韵:深、心、金、簪,侵韵。
平仄:仄起首句不入韵:aBbAaBbA

赋得古原草送别

白居易

离离原上草,一岁一枯荣[1]。
野火烧不尽,春风吹又生[2]。
远芳侵古道,晴翠接荒城[3]。
又送王孙去,萋萋满别情[4]。

[1]离离:繁茂的样子。原:原野。
[2]本联的出句第四字"不"拗,对句第三字"吹"救。
[3]翠:指翠绿的芳草。
[4]王孙:贵族,这里指被送的友人。《楚辞·招隐士》:"王孙游兮不归,春草生兮萋萋",这里用其义。
押韵:荣、生、城、情,庚韵。
平仄:平起首句不入韵:bAaBbAaB

登　　高[1]

杜甫

风急天高猿啸哀,渚清沙白鸟飞回[2]。
无边落木萧萧下,不尽长江滚滚来[3]。
万里悲秋常作客,百年多病独登台[4]。
艰难苦恨繁霜鬓,潦倒新停浊酒杯[5]。

[1]此诗以"登高"为题,实为悲秋之作。
[2]渚:水中的小块陆地。
[3]落木:树木落叶。
[4]常作客:指多年客居异乡。百年:极言年纪之大。
[5]繁霜鬓:使白发越生越多。新停:最近才停止。指作者因病而戒酒。
押韵:哀、回、来、台、杯,灰韵
平仄:仄起首句入韵:BAaBbAaB

咏怀古迹(其四)

杜甫

蜀主窥吴幸三峡,崩年亦在永安宫[1]。
翠华想像空山里,玉殿虚无野寺中[2]。
古庙杉松巢水鹤,岁时伏腊走村翁[3]。
武侯祠屋长邻近,一体君臣祭祀同[4]。

[1]首句第五字"幸"拗、第六字"三"救。
[2]翠华:天子的旌旗,用翠羽装饰。玉殿:刘备当年在永安建造的宫殿,后改为卧龙寺。
[3]水鹤:鹤。巢水鹤:形容庙的古老。《抱朴子·对俗》:"千岁之鹤,随时而鸣,能登于木。其未千载者,终不集于树上也。"
[4]武侯:诸葛亮谥忠武。武侯祠在先主庙西。一体君臣:臣为君之肱股,所以说"一体"。
押韵:宫、中、翁、同,东韵。
平仄:仄起首句不入韵:bAaBbAaB

西塞山怀古[1]

刘禹锡

王浚楼船下益州,金陵王气黯然收[2]。
千寻铁锁沉江底,一片降幡出石头[3]。
人世几回伤往事,山形依旧枕寒流。
今逢四海为家日,故垒萧萧芦荻秋[4]。

[1]西塞山:长江中游要塞之一,在今湖北黄石市东。
[2]王浚:晋灭吴的功臣。晋武帝时任益州刺史。金陵:今江苏南京市。
[3]千寻铁锁:孙吴在丹阳(今湖北秭归县)至西陵(今湖北宜昌)一段的长江险要处用铁锁横截江面。降幡:指王浚军至,孙皓出降。幡:长方形的旗子。石头:指石头城,孙吴所筑。
[4]故垒:孙吴所筑的江防工事。

押韵:州、收、头、流、秋,尤韵。
平仄:仄起首句入韵:BAaBbAaB

安定城楼[1]

李商隐

迢递高城百尺楼,绿杨枝外尽汀洲[2]。
贾生年少虚垂涕,王粲春来更远游[3]。
永忆江湖归白发,欲回天地入扁舟[4]。
不知腐鼠成滋味,猜意鹓雏竟未休[5]。

[1]安定:泾州,今甘肃泾州县附近。
[2]汀洲:平坦的沙洲。
[3]贾生:贾谊。王粲:建安诗人。
[4]江湖归白发:白发时归隐江湖。扁舟:小船。春秋时越国范蠡辅佐勾践灭吴后,自己乘扁舟归去。
[5]知:料。腐鼠、鹓雏:《庄子·秋水》中说:鹓雏(凤凰一类的鸟)非梧桐不栖,非练实不食。鸱得腐鼠,见鹓雏飞过,以为来抢腐鼠,十分惊慌。这里以鹓雏自比,以食腐鼠的鸱比喻嫉妒的小人。
押韵:楼、洲、游、舟、休,尤韵。
平仄:仄起首句入韵:BAaBbAaB

钱塘湖春行

白居易

孤山寺北贾亭西,水面初平云脚低[1]。
几处早莺争暖树,谁家新燕啄春泥[2]。
乱花渐欲迷人眼,浅草才能没马蹄[3]。
最爱湖东行不足,绿杨阴里白沙堤[4]。

[1]孤山:钱塘湖的后湖与外湖之间的一座小山,是西湖上的一处名胜,和其他山不相连接,故名。上有孤山寺。贾亭:又名贾公亭。云脚:雨前或雨后,接近地面的云气称为

"云脚"。

　　[2]暖树:向阳的树。
　　[3]没:藏。
　　[4]白沙堤:白堤,在杭州城外。
　　押韵:西、低、泥、蹄、堤,齐韵。
　　平仄:平起首句入韵:ABbAaBbA

夜泊水村

陆游

腰间羽箭久凋零,太息燕然未勒铭[1]。
老子犹堪绝大漠,诸君何至泣新亭[2]?
一身报国有万死,双鬓向人再无青[3]。
记取江湖泊船处,卧闻新雁落寒汀[4]。

　　[1]燕然:山名,在今蒙古人民共和国境内。汉和帝元年(公元89年)窦宪追击匈奴单于,至燕然山刻石记功而回。勒:刻。
　　[2]老子:陆游自称,等于说老夫。泣新亭:语出《世说新语·言语》,晋王南渡后,一些来自北方的士大夫在新亭宴饮,周顗(yǐ)叹息到:"风景不殊,正自有山河之异。"座人相对流泪,只有王导说:"当共戮力王室,克复神州,何至作楚囚相对?"新亭:在今南京市南。
　　[3]本联出句:"有万"二字拗,对句第三字"向"拗,第五字"无"字三救。
　　[4]本联出句第五字"泊"拗,第六字"船"相救。记取:记得。新雁:新从北方飞来的雁。这句大意是:北雁南飞,一年将过,而自己仍然漂泊江湖,不能驰骋疆场。
　　押韵:零、铭、亭、青、汀,青韵。
　　平仄:平起首句入韵:ABbAaBbA

夜宿山寺

李白

危楼高百尺,手可摘星辰[1]。
不敢高声语,恐惊天上人[2]。

　　[1]危楼:高楼。此句一本作"夜宿峰顶寺"。

[2]对句"恐"拗"天"救。
押韵:辰、人,真韵。
平仄:平起首句不入韵:bAaB

八阵图

杜甫

功盖三分国,名成八阵图[1]。
江流石不转,遗恨失吞吴[2]。

[1]三分国:指魏、蜀、吴三国。八阵图:传说中的一种布阵法。
[2]遗恨:遗憾。失:失策。
押韵:图、吴,虞韵。
平仄:仄起首句不入韵:aBbA

哥舒歌

西鄙人

北斗七星高,哥舒夜带刀[1]。
至今窥牧马,不敢过临洮[2]。

[1]哥舒:唐西突厥的部落名,亦作姑苏、孤舒。
[2]临洮:古县名,治所在今甘肃岷县。
押韵:高、刀、洮,豪韵。
平仄:仄起首句入韵:ABbA

闺人赠远

王涯

花明绮陌春,柳拂御沟新。
为报辽阳客,流光不待人。

押韵:春、新、人,真韵。
平仄:平起首句入韵:BAaB

泊秦淮[1]

杜牧

烟笼寒水月笼沙,夜泊秦淮近酒家[2]。
商女不知亡国恨,隔江犹唱后庭花[3]。

[1]秦淮:指秦淮河,流经今南京市。
[2]烟:这里指水上的雾气。笼:笼罩。此句用了互文的修辞手法。意即月光和雾气笼罩着河水和沙地。
[3]商女:指歌妓。后庭花:乐曲《玉树后庭花》的简称。
押韵:沙、家、花,麻韵
平仄:平起首句入韵:ABbA

忆江柳

白居易

曾栽杨柳江南岸,一别江南两度春。
遥忆青青江岸上,不知攀折是何人。

押韵:春、人,真韵。
平仄:平起首句不入韵:aBbA

第八单元

山　行

杜牧

远上寒山石径斜,白云生处有人家[1]。
停车坐爱枫林晚,枫叶红于二月花[2]。

[1]寒山:晚秋的深山。白云生处:指深山里。
[2]坐:因为。晚:指晚景。
押韵:斜、家、花,麻韵。
平仄:仄起首句入韵:BAaB

九月九日忆山东兄弟

王维

独在异乡为异客,每逢佳节倍思亲。
遥知兄弟登高处,遍插茱萸少一人[1]。

[1]茱萸:植物名,有浓烈的香味,重阳节人们常用它装入香囊佩带。
押韵:亲、人,真韵。
平仄:仄起首句不入韵:bAaB

蝉(白文)

李商隐

本以高难饱,徒劳恨费声。
五更疏欲断,一树碧无情。
薄宦梗犹泛,故园芜已平。
烦君最相警,我亦举家清。

旅夜书怀(白文)

杜甫

细雨微风岸,危樯独夜舟。
星垂平野阔,月涌大江流。
名岂文章著?官应老病休。
飘飘何所似,天地一沙鸥。

终 南 山(白文)

王维

太乙近天都,连山到海隅。
白云回望合,青霭入看无。
分野中峰变,阴晴众壑殊。
欲投人处宿,隔水问樵夫。

山居秋暝(白文)

王维

空山新雨后,天气晚来秋。
明月松间照,清泉石上流。
竹喧归浣女,莲动下渔舟。
随意春芳歇,王孙自可留。

秋　兴（白文）

杜甫

昆明池水汉时功，武帝旌旗在眼中。
织女机丝虚夜月，石鲸鳞甲动秋风。
波漂菰米沉云黑，露冷莲房坠粉红。
关塞极天惟鸟道，江湖满地一渔翁。

遣悲怀（白文）

元稹

谢公最小偏怜女，自嫁黔娄百事乖。
顾我无衣搜荩箧，泥他沽酒拔金钗。
野蔬充膳甘长藿，落叶添薪仰古槐。
今日俸钱过十万，与君营奠复营斋。

过零丁洋（白文）

文天祥

辛苦遭逢起一经，干戈寥落四周星。
山河破碎风飘絮，身世浮沉雨打萍。
惶恐滩头说惶恐，零丁洋里叹零丁。
人生自古谁无死，留取丹心照汗青。

咏煤炭(白文)

于谦

凿开混沌得乌金,藏蓄阳和意最深。
爝火燃回春浩浩,洪炉照破夜沉沉。
鼎彝元赖生成力,铁石犹存死后心,
但愿苍生俱饱暖,不辞辛苦出山林。

相思(白文)

王维

红豆生南国,春来发几枝?
愿君多采撷,此物最相思。

问刘十九(白文)

白居易

绿蚁新醅酒,红泥小火炉。
晚来天欲雪,能饮一杯无?

听筝(白文)

李端

鸣筝金粟柱,素手玉房前。
欲得周郎顾,时时误指弦。

鹧鸪词(白文)

李益

汀江斑竹枝,锦翅鹧鸪飞。
处处汀云合,郎从何处归?

从军行(白文)

王昌龄

青海长云暗雪山,孤城遥望玉门关。
黄沙百战穿金甲,不破楼兰终不还。

峨眉山月歌(白文)

李白

峨眉山月半轮秋,影入平羌江水流。
夜发青溪向三峡,思君不见下渝州。

江村即事(白文)

司空曙

钓罢归来不系船,江村月落正堪眠。
纵然一夜风吹去,只在芦花浅水边。

赤　　壁（白文）

杜牧

折戟沉沙铁未销，自将磨洗认前朝。
东风不与周郎便，铜雀春深锁二乔。

[词义分析]（八）

恨　恨在古汉语中的词义比今义轻，是遗憾的意思。如杨恽《报孙会宗书》："然窃恨足下不深惟其终始，而猥随俗之毁誉也。"《史记·淮阴侯列传》："大王失职入汉中，秦民无不恨者。"诸葛亮《出师表》："未尝不叹息痛恨于桓灵也。"（痛恨：痛心并感到遗憾）

古汉语中仇恨的意思一般用"怨"表示。《史记·秦本纪》："穆公之怨此三人入于骨髓。"

有时，"恨"与"怨"的意思比较接近。如《荀子·法行》："怨天者无识。"又《荀子·尧问》："禄厚者民怨之，位尊者君恨之。"怨、恨对举，说明其意思是相近的。

淫　淫比较早的意义是浸润。《周礼·考工记·匠人》："善防者水淫之。"（防：堤防。水淫之：用水浸土。）这一意义用得较少，但还保存在"浸淫"这一双音词中。

淫比较常用的意义是过分，过度。如杨恽《报孙会宗书》："诚淫荒无度，不知其不可也。"《左传·庄公十一年》："天作淫雨，害于粢盛。"（粢盛：泛指粮食）引申为淫邪，不正派。《左传·昭公三十一年》："善人劝焉，淫人惧焉，是以君子贵之。"后特指不正当的男女关系。《荀子·天论》："内外无别，男女淫乱，父子相疑。"这一意义成为现代汉语中的主要意义，其他意义不常用了。

既　既本义是食尽，完了。孙樵《书褒城驿壁》："语未既，有老甿笑于旁。"引申指日全食或月全食，太阳或月亮完全被遮住叫既。如《春秋·桓公三年》："秋七月壬辰朔，日有食之，既。"《论衡·说日》："其合相当如袭辟者，日既是也。"

引申为穷尽，终尽。如杨恽《报孙会宗书》："故君父至尊亲，送其终也，有时而既。"《庄子·应帝王》："吾与汝既其文，未既其实。"又引申为失去，失掉。《史记·太史公自序》："不既信，不倍言，义者有取焉。"

既在古汉语中常用作副词，意义较多。《左传·僖公二十二年》："彼众我寡，及其未既济也，请击之。"这是全、都的意思。《韩非子·外储说左下》："三军既成陈，使士视死如归。"这是已经的意思。《后汉书·华佗传》："乃令先以酒服麻沸散，既醉，无所觉。"这是不久的意思。

息　息从心，从自，本义是呼吸，喘气。古人认为气是从心里通过鼻子呼出来的。《庄子·逍遥游》："生物之以息相吹也。"《列子·汤问》："北山愚公长息曰。"由于喘息中间有停顿，故引申为停止，休息。《战国策·秦策》："战攻不息。"江淹《别赋》："马寒鸣而不息。"

因为呼吸是反复不断的,故又引申为滋生,增长。《韩非子·爱臣》:"是以奸臣蕃息,主道衰亡。"(蕃:繁殖)进一步引申为利息。《史记·孟尝君列传》:"能与息者皆来,不能与息者亦来。"又进一步引申为儿子,子孙后代。如李密《陈情表》:"门衰祚薄,晚有儿息。"《战国策·赵策四》:"老臣贱息舒祺,最少,不肖。"

  汤 汤在唐之前,指的是热水,而不是菜汤、肉汤的意思。《论语·季氏》:"见善如不及,见不善如探汤。"《孟子·告子上》:"冬日则饮汤,夏日则饮水。"(饮汤:喝热水)李密《陈情表》:"臣侍汤药,未曾废离。"唐之后开始称肉汤为"羹汤",但"汤"的热水义仍一直使用着。大概清以后才泛指喝的肉汤、菜汤。

  报 报的本义为断狱,判决罪人。《韩非子·五蠹》:"司寇行刑,君为之不举乐;闻死刑之报,君为流涕。"又:"报而罪之。"由本义引申为符合。《韩非子·八经》:"言必有报,说必责用也。"由本义引申为回赠,回报。《诗·卫风·木瓜》:"投我以木瓜,报之以琼琚。"《孟子·告子下》:"孟子居邹,季任为任处守,以币交,受之而不报。"引申为报答,报仇。如李密《陈情表》:"非臣陨首所能上报。"《国语·越语上》:"昔者夫差耻吾君于诸侯之国,今越国亦节矣,请报之。"又特指报应。《荀子·宥坐》:"为善者天报之以福,为不善者天报之以祸。"由回报引申为答复,复命。《战国策·齐策》:"庙成,还报孟尝君。"又引申为复信,给回信。司马迁《报任安书》:"阙然久不报,幸勿为过。"

  报又通"赴",音 fù,急速。《礼记·少仪》:"毋拔来,毋报往。"又指往,去。《玉台新咏·古诗〈为焦仲卿妻作〉》:"卿但暂还家,吾今且报府。"

  经 经的本义为织机上的纵线,又泛指所有织物上的纵线。王充《论衡·量知》:"纺绩织经。"刘勰《文心雕龙·情采》:"经正而后纬成,理定而后辞畅。"(纬:织机上的横线)由本义引申为南北向道路,人体内气血运行通路的主干。《考工记·匠人》:"国中九经九纬。"(纬:东西向道路)《素问·阴阳别论》:"人有四经十二从。"又指常规,法则。《汉书·五行志》:"礼,王之大经也。"柳宗元《断刑论》:"经也者,常也;权也者,达经也。"又特指经典。如韩愈《师说》:"六艺经传,皆通习之。"

  由本义又引申为经历。《管子·七法》:"不明于计数,而欲举大事,犹无舟楫而欲经于水险也。"

  由本义还引申出量度,筹划。《诗经·大雅·灵台》:"经始灵台,经之营之。"又引申为治理,管理。《周礼·天官·大宰》:"一曰治典,以经邦国,以治官府,以纪万民。"

  术 术繁体字写作"術",本义是路。《孙膑兵法·擒庞涓》:"齐城、高唐当术而大败。"《汉书·燕剌王旦传》:"横术何广兮。"引申为方法,手段。《战国策·魏策》:"臣有百战百胜之术。"又引申为权谋,谋略。《韩非子·定法》:"君无术则弊于上,臣无法则乱于下。"(弊:败坏。)又引申为道术,学术。《孟子·梁惠王上》:"是乃仁术也。"韩愈《师说》:"闻道有先后,术业有专攻。"又引申为技艺。《韩非子·喻老》:"子之教我御,术未尽也。"

  应注意的是,古时以上这些义项都写作"術"。另有"术"字,音 zhú,是一种植物,与"術"在音义上都不相同,现"術"简化为"术"。

  暴 暴的本义为晒,音 pù。《周礼·天官·染人》:"凡染,春暴练,夏纁玄。"成语有"一暴十寒。"这一意义后来写作"曝"。

  从本义引申为暴露,显露,今音 bào。《孟子·万章上》:"昔者尧荐舜于天,而天受之;

暴之于民,而民受之。"

  由本义又引申为又急又猛的。《管子·小问》:"飘风暴雨为民害。"柳宗元《敌戒》:"矜壮死暴。"(自以为身体健壮而满不在乎,有可能突然死亡)又引申为凶恶残酷。如柳宗元《段太尉逸事状》:"邠人偷嗜暴恶者,率以货窜名军伍中。"《商君书·错法》:"不畏强暴。"又引申为欺凌,损害。《管子·明法解》:"强者非不能暴弱也,然而不敢者,畏法诛也。"《礼记·王制》:"田不以礼,曰暴天物。"(田:打猎)又引申为暴乱,祸患。《大戴礼记·用兵》:"圣人之用兵也,以禁残止暴于天下也。"《后汉书·宋均传》:"郡多虎暴,数为民患。"

  币 币的本义指用于馈赠或献神的丝织品。《墨子·尚贤》:"外有以为皮币与四邻诸侯交接。""皮币"即指用于聘礼的兽皮和缯帛。引申为礼物,泛指玉、马、皮、圭、璧、帛等物。如《左传·隐公八年》:"宋公以币请于卫。"柳宗元《段太尉逸事状》:"过岐,朱泚幸致货币,慎勿纳"。此处"货币"指财资礼物。

  汉代,币已有了"货币"的意思。《史记·吴王濞列传》:"诱受天下亡命罪人,乱天下币。"《管子·国蓄》:"以珠玉为上币,以黄金为中币,以刀布为下币。"这指的都是钱币,而不是礼物了。

  服 本义为从事,做。《尚书·盘庚上》:"若农服田力穑。"《礼记·曲礼上》:"服官政。"今双音词"服役"、"服务"。又用作名词"事",特指政务。《诗经·大雅·荡》:"曾是在位,曾是在服。"《尚书·旅獒》:"无替厥服。"

  又指服马,驾辕的马。《诗经·郑风·大叔于田》:"两服齐首,两骖如手。"(骖:服马两侧的驾车马)用作动词,用牛马驾车。《周易·系辞下》:"服牛乘马。"贾谊《吊屈原赋》:"骥垂两耳,服盐车兮。"又引申为信服,服从。《尚书·舜典》:"四罪而天下咸服。"《论语·季氏》:"远人不服而不能来也。"用作使动词,表示使人信服,使人服从。《孟子·公孙丑上》:"以力服人者,非心服也。"

  又指衣服。《论语·先进》:"春服既成。"《孟子·告子下》:"子服尧之服。"用作动词,表示穿、戴或佩带。《诗经·周南·葛覃》:"服之无斁。"(斁 yì:厌)《论语·卫灵公》:"乘殷之辂,服周之冕"。(辂:车。冕:大夫以上的礼冠)李斯《谏逐客书》:"服太阿之剑。"又特指丧服。封建宗法制规定丧服有五种:斩衰(cuī)、齐(zī)衰,大功,小功,缌(sī)麻。亲属关系的远近不同,所穿的丧服也不同。引申为居丧。《史记·魏其武安侯列传》:"灌夫有服。"又:"夫安敢以服为解?"

  又指吃[药]。《礼记·曲礼下》:"医不三世,不服其药。"

  上古王畿(京都及其近邻)之外,每五百里为一区,称为一服,共有五服,即甸服、侯服、绥服、要(yāo)服、荒服。《史记·五帝本纪》:"方五千里,至于荒服。"

  又指盛箭的器具。《诗经·小雅·采薇》:"象弭鱼服。"(弭 mǐ:弓两端受弦的地方。)这个意义后来写作"箙"。

  极 从木亟声,本义是房屋的正梁。《庄子·则阳》:"其邻有夫妻臣妾登极者。"又指井梁。枚乘《上书谏吴王》:"泰山之霤穿石,单极之绠断干。"引申为屋脊,房顶。方苞《狱中杂记》:"屋极有窗以达气。"

  又指极点,最高限度。司马迁《报任安书》:"立名者,行之极也。"引申为达到极点。枚乘《上书谏吴王》:"今欲极六命之上寿,弊无穷之极乐。"王安石《游褒禅山记》:"而予亦悔其随之,而不得极乎游之乐也。"又表示最高的,达到极点的。司马迁《报任安书》:"是以就极刑而无愠色。"又引申为至。《诗经·大雅·崧高》:"崧高维岳,骏极于天。"引申为终止,尽头。《尚书·盘庚下》:"罔有定极。"《诗经·唐风·鸨羽》:"悠悠苍天,曷其有极。"《庄子·逍遥游》:"其远而无所至极邪?"又表示准则。《诗经·卫风·氓》:"士也罔极。"

附录一

简化字与繁体字对照表

本表收录中国文字改革委员会自 1956 年以来公布的四批简化字，共 532 个。

凡简化字与繁体字都见于古代，而在意义上或用法上有所不同的，本表后面另附有说明，以供查阅。

[A] 爱愛 碍礙 袄襖

[B] 罢罷 摆擺襬 办辦 板闆 帮幫 宝寶 报報 贝貝 备備 笔筆 币幣 毕畢 毙斃 边邊 变變 标標 表錶 别彆 宾賓 卜蔔 补補

[C] 才纔 参參 惨慘 蚕蠶 仓倉 层層 产產 搀攙 谗讒 馋饞 尝嘗 偿償 厂廠 长長 彻徹 陈陳 尘塵 衬襯 称稱 惩懲 迟遲 齿齒 冲衝 虫蟲 丑醜 筹籌 处處 触觸 出齣 础礎 刍芻 疮瘡 辞辭 从從 聪聰 丛叢 窜竄

[D] 达達 带帶 担擔 胆膽 单單 当當噹 档檔 党黨 导導 灯燈 邓鄧 敌敵 籴糴 递遞 淀澱 点點 电電 垫墊 冬鼕 东東 冻凍 栋棟 动動 斗鬥 独獨 断斷 对對 队隊 吨噸 夺奪 堕墮

[E] 恶惡噁 尔爾 儿兒

[F] 发發髮 范範 矾礬 飞飛 奋奮 粪糞 坟墳 丰豐 风風 凤鳳 妇婦 复復複 麸麩 肤膚

[G] 盖蓋 干幹乾 赶趕 冈岡 个個 巩鞏 沟溝 构構 购購 谷穀 顾顧 刮颳 关關 观觀 广廣 归歸 龟龜 柜櫃 过過 国國

[H] 汉漢 号號 轰轟 后後 护護 壶壺 沪滬 画畫 划劃 华華 怀懷 坏壞 欢歡 环環 还還 会會 秽穢 汇匯彙 获獲穫 伙夥

[J] 几幾 机機 击擊 际際 剂劑 济濟 挤擠 积積 饥飢饑 鸡鷄 极極 继繼 家傢 价價 夹夾 艰艱 荐薦 坚堅 歼殲 戋戔 监監 茧繭 见見 舰艦 鉴鑒 拣揀 姜薑 将將 奖獎 浆漿 桨槳 酱醬 讲講 胶膠 借藉 阶階 节節 疖癤 洁潔 尽盡儘 紧緊 仅僅 烬燼 进進 惊驚 竞競 旧舊 举舉 剧劇 据據 惧懼 卷捲 觉覺

[K] 开開 克剋 垦墾 恳懇 夸誇 块塊 矿礦 亏虧 困睏 扩擴

[L] 腊臘 蜡蠟 来來 兰蘭 拦攔 栏欄 烂爛 览覽 缆纜 揽攬 劳勞 痨癆 乐樂 类類 累纍 垒壘 里裏 礼禮 丽麗 厉厲 励勵 离離 历曆歷 隶隸 俩倆 帘簾

联聯 恋戀 怜憐 炼煉 练練 粮糧 两兩 辆輛 了瞭 疗療 辽遼 猎獵 临臨 邻鄰 灵靈 龄齡 岭嶺 刘劉 浏瀏 龙龍 楼樓 娄婁 录録 陆陸 虏虜 卤鹵滷 卢盧 庐廬 泸瀘 芦蘆 炉爐 乱亂 罗羅 屡屢 虑慮 滤濾 驴驢

[M]马馬 迈邁 买買 卖賣 麦麥 蛮蠻 么麽 霉黴 梦夢 蒙濛懞矇 弥彌瀰 面麵 庙廟 灭滅 蔑衊 亩畝

[N]难難 恼惱 脑腦 拟擬 鸟鳥 酿釀 锘鑷 宁寧 农農

[O]欧歐

[P]盘盤 辟闢 苹蘋 凭憑 朴樸 扑撲

[Q]齐齊 气氣 启啟 岂豈 千韆 迁遷 签簽籤 牵牽 墙墻牆 蔷薔 枪槍 乔喬 侨僑 桥橋 壳殼 窍竅 窃竊 亲親 寝寢 庆慶 穷窮 琼瓊 秋鞦 区區 趋趨 权權 劝勸 确確

[R]让讓 扰擾 热熱 认認 荣榮

[S]洒灑 伞傘 丧喪 扫掃 啬嗇 杀殺 晒曬 伤傷 舍捨 摄攝 沈瀋 审審 渗滲 声聲 胜勝 圣聖 绳繩 湿濕 适適 时時 实實 势勢 师師 寿壽 兽獸 数數 术術 树樹 书書 帅帥 双雙 松鬆 苏蘇嘓 肃肅 虽雖 随隨 岁歲 孙孫

[T]态態 台臺檯颱 摊攤 滩灘 瘫癱 坛壇罎 叹嘆 誊謄 体體 条條 籴糴 铁鐵 听聽 厅廳 头頭 图圖 团團糰

[W]袜襪 洼窪 万萬 弯彎 网網 为為 伪偽 韦韋 卫衛 乌烏 稳穩 务務 无無 雾霧

[X]牺犧 系係繫 戏戲 习習 吓嚇 虾蝦 献獻 咸鹹 贤賢 显顯 宪憲 县縣 向嚮 响響 乡鄉 协協 写寫 胁脅 泻瀉 亵褻 衅釁 兴興 选選 旋鏇 悬懸 学學 寻尋 逊遜

[Y]压壓 亚亞 哑啞 艳艷 严嚴 盐鹽 厌厭 养養 痒癢 样樣 阳陽 尧堯 钥鑰 药藥 页頁 叶葉 爷爺 业業 医醫 义義 仪儀 艺藝 亿億 忆憶 隐隱 阴陰 蝇蠅 应應 拥擁 佣傭 踊踴 痈癰 优優 犹猶 邮郵 忧憂 余餘 鱼魚 御禦 吁籲 郁鬱 与與 誉譽 屿嶼 远遠 园園 跃躍 云雲 运運 酝醖

[Z]杂雜 赃臟 脏髒臟 灶竈 凿鑿 枣棗 斋齋 战戰 毡氈 赵趙 这這 折摺 征徵 症癥 证證 郑鄭 只衹隻 帜幟 职職 致緻 制製 执執 滞滯 质質 种種 众眾 钟鐘鍾 肿腫 昼晝 朱硃 筑築 烛燭 专專 庄莊 壮壯 装裝 妆妝 状狀 桩椿 准準 浊濁 总總 纵縱 钻鑽

[說明]

[C] 才纔——才,始,僅;又才能。纔,僅。二字本通用;但才能的才,決不與纔通用。

　　冲衝——冲的意义是幼小,空虚;用作动词时表示一直向上(冲天)。衝的意义是突击、衝撞;用作名词时表示交叉路口。这两个字在古书里一般是区别得很清楚的。

　　丑醜——二字古不通用。丑是地支名。醜是醜恶的醜。

　　出齣——齣是近代产生的字,来历不明。

[D] 淀澱——淀,淺水泊。澱,沉澱,滓泥。

　　斗鬭——斗,升斗。鬭,鬭争。

[F] 发發髮——發,发射,出发。髮,头发。

范範——范,姓。範,模範。

丰豐——丰,丰滿,丰采(风采,风度)。豐,丰富。二字在古书里一般不通用.丰字比较罕用。

复復複覆[1]——反復的復本作复,但是復和複覆并不是同义词。複只用于重複和複杂的意义;復字等于现代的"再",它不表示複杂,一般也不用作形容词来表示重複。覆用于覆蓋、顛覆的意义,而这些意义决不能用復或複。

[G] 干幹乾——干是干戈的干,读 gān,和读 gàn 的幹没有什么关系。乾枯的乾和干戈的干也绝不相通。乾枯的乾,近时有人写作乾,但古书中没有乾字。特别应该注意的是乾坤的乾(qián),读音完全不同,规定不能简化为干。

谷穀——谷,山谷。穀,百穀(稻麦等)。二字不通用。

[H] 后後——后,君王,皇后。後,先後。有些古书曾经以后代後,但用得很不普遍,后代一般不再通用。至于君王、皇后的后,则绝不写作後。

画畫,划劃——古代计畫的畫不写作劃。劃是后起字,并且只表示錐刀劃開。划是划船的划(也是后起字),与计畫的畫更是没有关系。

汇匯彙——匯,匯合。彙,种类。

伙夥——伙,伙伴,傢伙。夥,很多。

获獲穫——獲,獲得。穫,收穫。二字不通用。

[J] 几幾——几是几案的几。幾是幾何的幾。二字绝不相通。

饥飢饑——飢,飢饱。饑,饑饉。上古一般不相通,后代渐混。

价價——价,善。價,價格。二字不通用。

荐薦——說文:"荐,席也。"又:"薦,獸之所食草。"二字古通用,都有重复、陈献、推荐等义。

借藉——借,借贷。藉,凭藉。二字一般不通用。注意:狼藉的藉(jí)不能简化为借。

尽盡儘——盡,完全,竭盡。儘,達到極限。儘是后起字,本写作盡。

卷捲——卷,卷曲;又书卷。捲,收捲。上古捲多写作卷。

[K] 克剋——克,能,胜。剋,剋制。

夸誇——夸,奢侈,夸大,自大。誇,大言,自大。在自大、夸大的意义上,二字古通用。

困睏——困,劳倦,穷困。睏是困的后起字,专用于疲乏想睡的意义。

[L] 腊臘——腊(xī),干肉。臘,阴历十二月。

蜡蠟——蜡,即蛆;又音 zhà,古祭名。蠟,油脂中的一種,蠟烛。

累纍——累,積累,牵累,缠缚。纍,连缀,缠缚。在"缠缚"这个意义上,二字古通用。

里裏——里,乡里。裏,衣内,《诗经·邶风·绿衣》:"绿衣黄裏。"内,《左传·僖公二十八年》:"表裏山河。"二字古不通用。

历曆歷——歷,经歷。曆,曆数。歷曆一般是有分别的。在古书中,曆数的曆可以用歷,但经歷的歷绝不用曆。

帘簾——帘,酒家帜(后起字)。簾,门簾。

了瞭——了,了解。瞭,眼睛明亮。后来又有双音词"瞭望"。

[M] 么麽——么(yāo),幺的俗体,细小,与麽没有关系。

蒙濛懞矇——蒙，披盖，遭受。濛，微雨的样子。懞，懞懂，不明白。矇，矇眬，眼力不好。

弥彌瀰——彌，满，更。瀰，瀰漫，水大的样子。

面麵——面，脸部。麵（麪的后起字），粮食磨成的粉。二字不通用。

蔑衊——蔑是蔑视的蔑。衊是诬衊的衊。

[N] 宁寧——宁是贮的本字，与寧没有关系。

[P] 辟闢——辟，法，刑，君。闢，开闢。上古辟曾经通用作闢，后代不通用。

苹蘋——苹，草名，蒿的一种，《诗经·小雅·鹿鸣》：“食野之苹。”又同萍。蘋，草名，一名田字草，读 pín；蘋果是后起的，旧写作蘋，读 píng，简化字作苹。

凭憑——憑依的憑本作凭，又作馮，淜。

[Q] 气氣——依文字学说，氣本作气，但是现在简化为气的字，一般古书都写作氣。

启啟——开啟的啟本作启。

千韆——千，数目。韆，鞦韆。

签簽籤——簽与籤意义相近，但簽押不能作籤押；竹籤、牙籤不能作竹簽、牙簽。

秋鞦——秋，四季中的第三季。鞦，鞦韆。

[S] 舍捨——舍，客馆，居室；又放弃。捨，放弃。捨本作舍。

沈瀋——沈，沉（chén）的本字；又沈（shěn），姓。瀋，汁；又地名（瀋阳）。

适適——适，读 kuò，《论语》有南宫适，人名。適，到［某地］去，正巧。

术術——术（zhú），原写作朮，植物名，有白朮、仓朮，与術不相通。

松鬆——松鬆古代不同音。松，松树。鬆，鬆紧。

[T] 台臺檯颱——这四个字的意义各不相同。台（yí），我；三台（tāi），星名。臺，楼臺。檯（后起字），桌子。颱，颱风。

[W] 网網——网是網的本字。

无無——二字古代通用，但一般只写作無。

[X] 系係繫——这三个字意义相近，上古往往通用。后代逐渐分工，世系、系统、体系作系，关系和“是”的意义作係，缚的意义作繫。

咸鹹——咸，皆。鹹，鹹淡。不通用。

向嚮——嚮与向意义相近，但嚮导不作向导。在上古，嚮可通響，向不通響。

岬嶨——二字古代通用。

[Y] 痒癢——痒，病，《诗经·小雅·正月》：“瘋忧以痒。”在这个意义上，痒癢不相通。

叶葉——叶（xié），同协：“叶音”，“叶韵”。叶与葉音义皆不同。

踊踴——二字古代通用。

余餘②——余，我。餘，剩餘。二字不通用。

御禦——御，驾驭车马。禦，阻挡，防禦。

吁籲——吁（xū），叹声：“长吁短叹”。籲（yù），呼：“籲天”，“呼籲”。

郁鬱——二字古不同音。郁郁，有文采的样子；馥郁，香气浓。鬱，草木丛生；又忧鬱。按郁鬱有相通之处，但忧鬱的鬱决不作郁。

与與——赐與的與本作与。

云雲——依《说文》，云是雲的本字。但是在古书中，云谓的云和雲雨的雲已经有了明确的分工，决不相混。

[Z] 折摺——二字古不同音，亦不通用。折，折断，曲折。摺，摺叠。

征徵——二字古不同音。征，行，征伐，征税。徵，徵召，徵求，徵信。按：只征税的意义古书偶然用徵，其余意义都不相通。特别要注意的是宫商角徵羽（五音）的徵，读音是zhǐ，不能简化为征。

症癥——症(zhèng)，病症。癥(zhēng)，癥结。

只祇隻——只，语气词，这个意义不能作祇或隻。只在中古以后与祇通，表示"单只"的意思。副词只与量词隻在古书中绝不通用。

致緻——緻是密的意思，"细緻"古与致通。当然，这只是说用緻的地方可以用致，不是说用致的地方可以用緻。

制製——制，制裁，法度，君命。製，製造。製造的意义在古代也可以用制。

钟鐘鍾——鐘，乐器。鍾，酒器；又聚，《国语·周语》："泽，水之所鍾也。"上古鐘多作鍾，但酒器的鍾、鍾聚的鍾及姓鍾的鍾不作鐘。

筑築——筑，乐器名。築，建築。二字不通用。

准準——准是準的俗体，但近代有了分工：准字只用于允许、决定等近代意义，而水準、準绳等古代意义则写作準。一般古书只有準字，没有准字。

注：① 1986年重新发表《简化字总表》时，对个别字作了调整，规定"覆"不再作为"复"的繁体字。

② 1986年重新发表《简化字总表》时，规定在"余"和"餘"意义可能混淆时，不用"余"代"餘"。

附录二

上古韵部常用字归部表

一、之部

兹滋孳孜淄辎缁鲻菑子秄梓滓字芓慈鹚词祠辞伺司丝思总偲箳似祀姒耔寺嗣饲俟涘竢之芝止趾址沚芷祉痔峙治志痣笞痴蚩媸嗤持耻齿诗莳鲥史使驶始士仕事恃市侍而胹耳饵珥鄙坏伾坯邳否痞圮拟狸李里理俚鲤悝吏姬箕基己纪记跽忌欺其期旗萁淇祺骐麒琪綦起屺杞芑熙嘻僖熹徣屣葸喜禧医疑嶷怡诒贻饴颐矣已以咅不菩母拇亩罘负妇侮郁埋霾殆迨怠绐待胎苔台骀态乃奶耐来莱徕睐灾哉栽宰载再在才材财裁采彩菜鳃腮豺该垓赅改咳孩骸海亥骇挨埃唉碍杯倍蓓胚醅培陪赔佩媒煤梅莓每龟悔灰恢诙悔贿晦海洧鲔剖掊谋某否久玖灸疚旧枢丘邱蚯裘邮尤疣有友又右佑宥囿侑敏能

二、职部

德得特慝忒勒则侧厕恻测塞色穑啬革克尅刻劾核踣墨默国臧幅或惑戒诫械织职直值殖植置帜陟骘炽饬敕食蚀饰识式轼试弑拭奭逼偪匿暱力亟殛棘极稷冀骥息熄媳异翼意薏忆臆噫弋翊翌牧服伏茯福辐蝠幅匐副富域蜮緎昱煜彧麦代袋岱贷赛北背备邶贼黑

三、蒸部

崩绷朋鹏棚梦冯登蹬等嶝镫凳磴隥邓瞪腾滕朕媵藤誊棱增憎曾缯鄫甑赠层蹭僧徵症烝蒸拯证称澄瀓惩乘塍承丞橙升胜绳渑剩仍亘恒冰棚凭凝陵绫菱凌兢兴膺鹰应蝇媵肱弓躬夔弘宏纮泓穹芎熊雄朕肯孕

四、幽部

笛迪涤牡郊莜秵俘孚浮蜉桴阜戮铸戊务鹜鹙雾婺旭轨晷簋褒包苞胞枹雹宝保堡葆褓饱报抱鲍刨泡袍炮庖咆匏茅矛蟊卯冒昴茆帽瞀楙懋袤茂岛祷捣导道稻蹈帱滔韬焘涛陶匋绹韬萄騊讨牢醪老嫪糟遭枣早蚤皂造糙曹槽漕嘈草骚搔扫皋考攷烤晧嗥好浩翱彪彫雕鵰凋琱调莜陶臽窈牟侔眸犁缪缶搜蒐馊廋溲州洲周舟肘帚纣宙胄酎抽瘳惆稠绸俦筹畴酬踌愁仇雠丑臭收手守首瘦狩受绶授售寿柔揉鞣蹂谬狃扭纽钮流硫旒刘浏留镏瘤镏柳绺溜

馏蕾鸠纠赳酒九韭就鹫究救厩臼舅咎秋楸湫鞦鳅酋蝤遒囚泅求球逑赇虬羞修脩休朽秀袖
岫忧优悠攸幽呦由油游遊輶犹猷酉莠黝诱柚鼬幼

五、觉部

寂戚慼目睦穆苜腹複覆蝮复復鳆馥督毒笃陆戮蹙踧肃夙宿缩妯轴竹竺筑築逐祝菽
淑孰塾梏酷馨鹄匊菊鞠鞫趜畜蓄旭鷔育毓迪澳灶告诰靠奥窖粥肉六学

六、冬部

降绛芃风枫丰鄷澧讽凤冬彤佟统农脓儂浓襛穠醲隆窿宗鬃踪棕综琮淙嵩宋中忠衷终
螽仲众忡充冲蟲种崇铳戎绒狨融躬宫穷

七、宵部

猫毛旄氂刀舠倒到莉盗叨桃逃捞劳痨唠涝澡藻躁燥操召招昭沼兆照詔超抄钞巢嘲
朝潮晁炒吵梢捎筲稍韶少绍邵劭高膏羔糕缟稿犒蒿豪毫号壕濠耗昊镐熬嗷獒鳌鳌傲镳
表苗描眇秒渺庙妙貂吊挑佻桃迢苕窅跳眺潦燎僚辽缭鹩交郊蛟茭焦蕉鹪骄娇狡绞姣矫皎
缴教校较醮瞧敲谯樵憔乔桥侨翘悄俏峭诮鞘宵消销霄硝逍枭骁肴涓小晓孝效校笑肖夭
妖要腰邀摇瑶窑遥谣姚尧咬鹞徼窈

八、药部

乐鹤驳搦荦卓桌焯酌灼濯擢绰芍妁烁铄弱沃虐谑爵爝傕雀确榷约跃龠籥的翟翟溺栎
砾激檄瀑曝暴爆豹貌悼淖罩勺杓钓掉燿嫋削耀药凿

九、侯部

诛蛛株邾朱珠铢洙茱拄主驻註柱注住蛀炷厨橱蹰刍雏枢姝输殳数豆竖树澍儒濡乳孺
侮缕褛屡拘驹俱聚句屦具趋区驱躯鸲取娶趣需须鬚叟嫂禺隅愚俞逾榆渝愉瑜伛遇寓愈喻
兜斗抖豆逗胆荳偷觎投头娄楼偻蒌搂簍傧漏镂瘘緅陬邹驺走奏骤狗苟构购媾觏诟抠口叩
扣寇后厚後欧讴鸥瓯殴偶耦藕呕沤懦

十、屋部

殻剥涿捉琢啄斫浊镯浞龊握渥幄龌珏角岳卜扑扑濮仆璞朴木沐赴讣独读渎牍犊椟秃
禄碌鹿麓漉簏辘录绿族镞足簇蔟促俗速粟蠋躅烛嘱瞩属触赎蜀漱束辱褥缛蓐縠觳谷哭斛
觳穀屋局踢曲续玉狱欲浴窭耨奏嗾噈彀

十一、东部

帮邦蚌棒庞龙江讲耩虹腔项巷撞窗幢双蓬篷捧蒙濛朦矇封葑蜂峰鋒烽丰逢缝奉俸东
董懂冻栋动洞峒恫通同铜桐筒童瞳僮桶捅痛恸笼聋胧珑龙拢陇垅獴纵总囱聪从鬆松耸
送讼颂诵鐘锺种踵肿重衡舂宠茸颙容熔溶蓉工功公恭供龚拱巩贡共空孔恐控烘洪红鸿
虹翁蓊瓮蚣邛凶雍雝雍饔邕痈臃拥庸佣镛埔甬勇湧俑踊用

十二、鱼部

巴笆芭把耙葩马骂拿家葭豭假贾嘏稼嫁价遐碬霞瑕暇夏厦下鸦牙芽衙雅讶迓瓜寡夸
夸姱跨胯哗华花骅遮者车奢舍捨社谟模所姐且邪冶野通补哺捕布佈怖铺蒲脯匍葡圃普浦
溥莽夫铁肤跗敷扶芙府腑俯斧甫脯黼抚釜辅付赋傅父附驸鲋赙都堵赌睹杜肚妒徒屠瘏
塗途荼图土吐兔菟奴弩帑孥努弩怒卢炉垆鸬芦卢庐鲈鲁虏租祖组阻俎诅粗徂殂苏稣酥素
猪潴诸煮渚著箸助贮宁初除储躇锄褚楚础处樗梳疏蔬书抒舒纾暑鼠黍署薯恕曙如茹汝孤
呱瓠姑辜酤沽鸪蛄古估牯罟诂股盬殳鼓瞽贾蛊故固雇顾枯刳苦库裤呼滹胡湖糊葫蝴鬍狐
弧瓠壶乎虎琥浒戽户扈沪怙祜互乌呜汙巫诬吾梧鼯吴蜈无芜毋五伍午竹武舞怃庑悟寤晤
误女闾吕侣旅
　　脔虑疽睢砠苴狙居琚裾据举莒矩榘沮锯倨踞巨拒距炬粔讵钜遽惧蛆袪胠渠蘧瞿衢去
胥墟虚嘘吁徐许栩诩絮叙绪墙淤迂纡鱼渔於余馀予舆欤虞娱于盂语屿与雨宇禹羽圉誉
预豫芋御禦

十三、铎部

霸灞怕吒诈榨乍诧择泽坏赦射麝胳搁阁格骼各客壑赫吓额恶毫泊箔伯帛舶粕迫魄摸
膜莫寞漠陌貉貊铎讬箒柝诺洛落络骆烙雒昨怍阼胙作柞酢怍错措厝索朔塑愬斫若箬郭虢
椁廓鞹蠖霍藿获镬借藉谢榭夜掖液腋略掠脚却尺斥赤石释碧逆籍藉戟惜夕昔席隙亦奕弈
译怿驿绎步暮慕墓幕缚妒度渡路潞赂辂露鹭醋庶护白百柏拍宅窄拆薄

十四、阳部

榜谤傍滂雱旁傍彷螃忙芒茫邙盲虻氓方坊芳妨防房鲂傲倣纺仿髣舫访放当珰裆党荡
汤镗堂螳棠唐塘螗糖倘囊曩郎廊狼莨琅瑯稂朗浪阆臧赃葬奘藏仓沧苍鸧丧桑颡张章樟彰
漳璋麞长掌帐涨丈仗杖障昌倡猖菖伥苌肠场裳常偿尝嫦敞畅怅怆唱商伤殇觞赏上尚攘
襄穰壤让冈岗刚纲康慷亢伉抗犺杭航颃迒行沆卬昂盎酿良梁粱量粮凉两魉谅亮羌疆僵殭
韁姜将浆褯蒋桨奖强酱匠羌枪斨跄锵墙戕孀蔷抢乡香相湘厢箱细襄纕翔祥详庠痒享响饗
想饷向象像央秧殃鸯泱易杨阳扬炀旸疡飏羊洋佯鞅养仰怏漾样恙庄装壮状疮床创怆霜孀
爽光洸广犷匡筐狂诳谎旷纩框眶矿荒肓黄潢璜簧皇湟惶徨遑隍煌蝗篁凰谎晃幌汪王
亡忘枉往网罔
　　辋魍惘旺妄望彭盟萌氓猛孟瞠枨更庚羹梗埂绠鲠骾坑吭衡蘅横兵丙炳秉柄病並明皿
京景境竟镜兢倞卿黥勍鲸庆英迎影映艅兄永泳咏罛黾

十五、支部

洒佳崖涯卦挂蛙洼衔鞋携赀柴髭龇紫雌疵此泚斯厮知蜘支枝肢卮只咫枳织纸智豸箎
褫踟匙豉翅豕是氏兒俾睥髀裨婢鼙弭递题提醍媞褆缇倪霓猊蜺睨丽骊鹂俪鸡技伎妓芰歧
岐芪跂溪醯兮奚蹊徯稗牌买卖柴卑碑圭闺规窥奎

十六、锡部

画划责赜帻策册谪讁隔膈厄轭扼解蟹懈邂渍束刺赐寘啻適嬖臂避辟璧壁劈霹癖譬僻甓滴嫡镝敌狄荻帝蒂谛稀裼缔惕剔历鬲积击系迹绩析淅晰晢锡裼缢溢镒益易埸鹝疫役擘派脉摘隘

十七、耕部

争筝正征钲整净郑政呈程醒程成诚城盛逞骋生甥笙声省圣盛耕耿并饼屏偋平评苹瓶萍聘鸣名铭冥溟瞑暝螟茗命丁钉顶鼎订定听厅汀廷庭亭停町梃挺宁佇铃伶零龄苓蛉聆翎玲囹灵领岭令茎荆惊精睛菁旌经泾警儆井颈到敬静靖净劲径迳清青蜻轻倾情晴擎请顷磬罄星腥猩馨形刑型硎陉荣醒幸悻性姓莺嫈嫈婴缨撄璎萦盈楹赢嬴莹营茔荧郢颖扃迥琼贞祯桢侦妌

十八、脂部

皆阶喈偕谐资姿咨粢姊秭恣自茨瓷次私死四驷泗兕脂衹旨指雉鸱迟坻师狮尸矢示视嗜尔迩二贰比妣秕匕陛篦庇枇砒秕琵虮迷弥米氏低羝底抵邸弟悌娣第梯黄绨涕剃泥黎犁藜鬎梨礼醴澧履利稽笄嵇饥几鹿济霁荠剂妻凄萋栖齐脐蛴祁耆鲯启綮西犀细伊咿夷姨痍诣斋筛揩楷锴眉湄嵋楣美谜媚癸揆葵夔牝

十九、质部

八要黠瑟跌迭昳垤短悉嘎绒涅隍饰结祜拮桔莆届切颉獭血屑噎萧网血穴肆娅致霆耍蹛至窒秩柣帙郴叱魂失寅室日鼻阴秘闷宓必晕匹泌秘蜜益密嚏替辣戾苾栗慄疾嫉蒺吉祜佶即料缝季悸卿七漆器案悉蟋一壹乙羿殪瞳懿肆逸佚轶抑橘恤趾洫衋鹬肶通嚞德穗惠蕙蟪

二十、真部

编蝙褊扁匾偏遍篇偏翩骗褊洏丐晒麴颠巅癫滇鼋甸佃畋钿天田填寘填年胜墼千阡牵簿暨弦铉舷炫烟胭咽溶玄绚泫眩衒炫渊珍榛蓁溱臻真缜稹镇填嗔瞋隙尘臣身申伸绅呻神慎人仁恩寅演濒殖箐搢胺绩频藏罄暇岷缗民泯郝鳞鳞麟辚磷蔺津矜紧造晋牾缙盉燧鏊规秦辛新薪莘信因姻茵洇寅衾姨引蚓尹印胤笥均钧苟拘洵恂旬汛迅渚殉徇筠匀佞

二十一、微部

火械谶饿畿璇畿蠖祈圻顾壹希稀唏欷稀烯衣依沂遗排俳徘阴凯恺鳢垲哀衰乖淮镶槐壤悲裴枚瑰非扉徘霏菲腓妃腓肥淝匪篚茧诽菲斐翡馁雷擂曾囊嫘蕾垒耒辣累堆推薙陵罪崔催摧睢绥睢追锥佳雕椎谁水簸瑰蹄鬼魁傀愧娓魂挥回迥茴毁煅胐薄微威葳嵬帷雉惟唯薇巍章遵闱幛嗣猥委尾俸萃焯缚魏畏

二十二、物部

讷纥竔勃没殁佛拙茁倔崛掘笔暨既乞气氛讫迄饩屹仡弗绋拂突卒猝出黜怵術述骨窟忽惚笏兀勿物律屈诎戌聿鬱概溉慨忾既暧優瑗爱帅率悖妺魅寐沸费内类对队退醉淬焠倅啐翠萃瘁粹碎祟谇邃遂隧燧柜贵溃匮馈汇位未味慰胃谓渭蝟

二十三、文部

典殿淀腆畛艰蔫荐先铣洗跣燹限眼轸疹紾诊川舛钏悛员圆奔贲本笨喷盆门闷分盼芬纷氛雰焚汾棼蚡坟粉粪奋愤忿分份震振赈辰晨宸蜃忍刃仞轫认韧根跟艮恳垦痕很狠恨彬邠贫旻闵悯吝巾斤筋仅瑾槿谨槿香觐近靳芹勤欣忻昕覼欿湮堙殷银垠龈隐敦顿囤沌盾钝屯豚臀论嵛沦伦轮纶仑抡尊遵村存忖寸孙狲荪飧损谆准椿春纯莼醇淳鹑蠢隼顺舜瞬衮鲧昆崑琨鲲坤緄困晒昏婚阍荤浑魂混溷恩温文纹雯蚊汶闻吻刎问紊麕军君窘竣俊骏畯浚峻郡困逡群裙熏薰燻勋循巡驯逊训云雲耘郧陨闰润殒允愠蕴酝运晕韵旂西洗

二十四、歌部

罢麻瘼他它那哪差沙纱鲨袈阿加嘉痂珈笳袈架驾化瓦蛇歌哥戈柯轲珂苛科蝌稞窠颗可课呵何河菏禾和荷贺莪哦娥峨鹅俄蛾讹吪饿波玻跛簸坡婆颇破磨魔摩多堕惰拖駝紽陀沱跎酡佗傩罗萝锣裸赢羸左佐坐座磋搓蹉瘥嗟娑挲莎琐锁锅过果裹货祸窝涡我嗟伽也瘸靴摘螭魑池驰弛侈施彼披罴皮疲縻縻藦靡地离篱醨漓蓠羁罨奇畸寄骑崎骑琦绮羲牺曦猗漪宜仪侈蚁倚椅迤义谊议差被随隋髓吹炊垂睡妫诡跪亏麾撝危为伪

二十五、月部

拔跋魃妭茇发伐筏阀垡莐翻罚怛妲狚笪靼达大獭困挞絷札扎察刹杀铩瞎辖鎋轧刮鸹话袜蜇哲辙折浙彻撤舌设热割葛渴喝曷褐遏拨末抹沫夺掇裰脱捋撮辍啜惙说聒括栝适阔豁活斡鳌憋蒯别蹩撇瞥灭蔑篾蠛捏涅啮臬陧列烈洌裂劣埒铪揭桀杰讦羯竭碣截介界芥疥契锲歇蝎楔絜褻泄洩拽谒绝厥蹶蕨橛决抉诀觖缺阙雪曰悦阅月刖越戉钺粤滞制世势誓逝筮噬蔽敝币弊毙蟳棣厉励砺蛎例隶祭际蓟契憩艺呓曳刈乂拜败湃迈劢逮带泰奈柰赖癞籁濑蔡蠆盖丐害薆霭艾夬佮脍狯浍快哙外贝狈霈沛旆袂废肺芾吠兑蜕最岁缀赘税帨锐叡睿剞会绘荟彗慧

二十六、元部

班斑般搬瘢板版半绊伴拌攀潘番槃盘磻磐鼙蟠判泮叛畔蛮谩馒鳗蔓慢嫚缦幔漫墁曼蕃藩翻幡烦蘩蹯燔膰蕃繁繄樊攀反返贩饭丹单殚箪疸旦诞但惮弹檀坦袒炭叹难兰澜阑谰拦栏懒烂攒赞讃瓒餐残粲灿璨散繖旝甗鹋酸琖盏展辗栈战缠躔廛廛蝉禅单婵擅铲划产闸颤山羶扇煽讪汕疝善鳝蟮鄯缮擅膳鳝禅嬗然燃肰干乾竿肝玕杆稈幹旰鼾寒韩邗虷汗罕汉熯旱翰瀚捍扞犴閈安鞍岸按案鞭边邉变辨辩卞抃汴忭弁昇便辮缏楩片緶绵棉免娩勉俛冕绵涽恼面麫碾辇撵连涟鲢莲练鍊楝湅恋艰间奸姦煎湔戋笺牋笺肩豜简柬拣蕳剪蹇謇茧笕趼谏涧锏箭溅践贱饯建键健腱荐见迁愆钱前浅遣缱仙鲜闲娴痫籼涎癣显觅线羡宪献

霰岘现县焉嫣鄢颜延筵蜓埏巘綖言研妍沿演偃蝘雁赝晏颜谚喭堰砚燕嚥宴端耑短断缎段
缎湍团搏暖煖銮鸾峦栾孪脔圞娈卵乱钻缵纂篹算专砖颛转撰馔篆传穿椽船遄喘软阮官棺
观冠关管琯馆贯灌鹳冠惯宽欢驩讙桓洹貆狟还环鬟寰圜镮缓浣唤焕奂涣换逭患宦擐剜豌
弯湾完丸纨芄莞顽碗盌皖绾晚挽鞔宛婉菀畹琬玩翫惋腕万镌娟捐涓鹃捲隽卷倦圈诠铨痊
筌荃全泉
　　牷权拳颧跽蜷畎犬劝券轩宣喧暄萱谖旋镟璿悬选煊渲蛸冤鸳缘元沅鼋原源螈袁园辕
猿爰援媛瑗垣远院苑願愿怨巽

二十七、缉部

　　答搭褡荅沓塔逼纳衲祄杂飒恰洽袷涩鸽閤蛤颌合盒汁执絷蛰挚贽鸷湿十什拾立粒笠
苙集檝戢急级伋汲及岌给缉茸泣吸歙禽习袭隰揖邑悒浥挹入

二十八、侵部

　　凡帆梵汎耽躭眈酖探撢贪覃潭谭南楠男諵喃婪簪参骖蚕惨憯三湛掺杉衫感堪戡勘含
涵函颔喊撼菡憾琀谙黯暗闇簪添忝舔念缄减碱僭潜黔钤咸鹹僭岑涔森枕朕鸩琛郴沉忱谌
深审渗葚甚壬稔荏饪任妊絍衽品林淋琳霖临廪凛懔赁褴缦今金衿襟锦禁浸侵钦嶔衾琴芩
禽擒寝沁心歆音喑瘖阴吟淫霪饮窨廕荫寻浔禀

二十九、叶部

　　乏法榻遏蹋阘邋蜡腊匼眨插歃霎翣夹袷荚颊铗甲狭峡匣狎侠挟鸭押压壜摄涉嗑盍蝶
谍牒聂蹑猎躐鬣接睫捷劫妾怯惬箧胁协挟燮屧压葉业晔鐼烨

三十、谈部

　　氾范範犯担儋甔擔淡啖惔澹谈郯憸痰毯蓝篮襤览揽滥缆暂惭蹔沾觇詹瞻占斩站佔
搀毚襜馋巉镌蟾诌芟苫闪掞赡髯染冉苒甘柑敢绀阚瞰蚶憨酣邯庵菴鹌腌埯砭贬點玷店
坫甜恬黏鲇廉鎌簾匲濂敛脸殓潋监歼兼缣鹣搛检睑俭鑑鉴监槛渐剑笺签佥谦箝钳拑嗛嵌
堑椠欠歉纤铦衔嫌险狯嶮陷阎淹崦阉醃岩炎盐阎簷严奄掩罨魇琰剡俨验厌猒餍艳酽豔焰

附录三

上古声母常用字归类表

此表把上古三十二个声母按传统的发音部位分类(喉、牙、舌、齿、唇)排列出来,列举常用字,以供参考。收在同一声母下的字,按今音的韵母次序排列。

一、喉音

(一)影母

阿鸦鸭押压亚轧握窪蛙挖恶遏厄扼轭窝涡倭斡握渥幄龌沃谒噎约绮漪伊医衣依揖一壹倚椅缢噎殪翳懿肆意邑悒浥忆亿臆抑益乌呜污屋淤迂纡於妪郁郁彧哀埃唉蔼霭矮爱暧瑷隘偎煨萎威猥委畏慰尉熬坳袄愠奥懊澳夭妖幺窈要欧鸥瓯殴呕忧优麀幽黝幼庵谙鹌安鞍暗闇按案淹阉醃焉鄢嫣烟燕阏胭奄掩偃蝘厌餍晏堰燕噍咽宴豌弯湾碗宛婉菀畹腕惋蜎冤鸳渊苑怨恩音阴瘖因姻茵絪湮堙殷愍饮隐廕荫印蕴愠醖盎汪枉鹰膺莺樱鹦英婴撄缨萦娄莹影应映翁甕壅雍邕拥

(二)晓母

哈蝦瞎花哗化呵喝豁赫吓火伙夥货霍藿歇蠍胁血靴醯羲曦巇嘻嬉僖禧熹熙希稀晞欷吸喜戏饩呼虎浒琥岵笏虚嘘吁许诩栩酗煦畜蓄旭哈海醢黑灰麾撝挥辉晖徽悔毁燬贿晦海喙讳卉蒿薅好郝栩嚣晓孝吼休朽嗅憖鼽喊罕汉瞙掀险猃显宪献欢驩唤焕涣奂轩喧暄萱壎烜晅绚矐焜昏婚阍荤熏薰薰勳勋训夯香乡响饷向嚮荒肓慌谎亨兴馨兄凶兇匈洶胸

(三)匣(中古的匣母和喻三)母

霞瑕遐暇狭峡洽匣狎侠辖下夏厦华骅滑猾桦画话划何河菏禾和稣合盒盍阖曷貉劾核贺褐鹤活祸穫镬或惑獲谐鞋擕协挟颉絜械薤蟹邂学穴兮奚徯檄繫系胡湖糊葫餬髇弧狐壶瓠乎蝴斛縠觳户沪扈怙祜互护孩骸亥害骇淮怀槐坏回迴茴汇溃会绘惠蕙慧蟪豪毫号壕浩晧颢昊镐肴淆洨校侯喉猴厚後后候垵酣含函涵颔邯寒韩撼菡憾旱汗捍翰瀚舰槛咸鹹衔嫌闲娴贤弦舷陷馅限苋见现县桓貉还环寰鬟圜缓浣换幻患宦豢完丸纨皖莞玄悬泫眩炫衒痕很恨浑魂混圂溷行航杭降项巷黄簧璜皇煌惶遑凰蝗篁晃幌恒衡蘅桁横茎形型刑陉荥杏

荇幸萤煢弘簧宏闳竑红洪鸿虹訌闀
曰越戉钺粤樾熠于盂竽雩雨宇禹羽芋域彙为帷韦违围帏韪闱伟炜苇纬卫位胃渭谓蝟尤邮疣有友又右佑祐宥囿侑炎员圆圜袁园猿辕爰援垣远院瑗媛云雲耘芸陨殒韵运晕王往旺莹荣

二、牙音

（四）见母

家加枷嘉瘕佳夹荚颊铗假贾椵甲稼嫁架驾价瓜刮剐寡挂卦歌哥戈鸽割葛阁格骼隔革个個各柯锅郭国虢帼馘果裹过括皆阶楷喈街揭结劫孑羯洁解介界芥疥届戒诫偕厥蹶蕨决诀抉谲攫觉珏催鸡稽笄羁畸饥肌几基箕姬机讥饥激击急级汲伋吉棘亟殛机麂己给戟计继繋蓟髻寄冀骥纪记既暨季姑沽辜蛄孤觚古估牯股瞽贾蛊骨汩縠穀谷故固锢雇顾怘惚居车裾拘驹俱橘菊鞠掬举筥矩据锯倨踞句屦该垓赅改概溉盖丐乖楞怪夬会侩浍桧脍绘瑰圭闺规龟归诡轨暑箟癸鬼剑桂贵高膏篙皋羔糕稿缟杲搞告诰绞狡佼姣矫皎缴皦脚角教校较叫徼枭勾钩沟狗苟垢彀够构购媾姤鸠纠究赳纠九久玖韭灸救厩疚甘柑泔干肝乾竿感敢捍赣幹旰缄监兼缣兼艰间奸肩坚豜减碱检简柬拣蹇茧监剑谏涧建见官棺观冠鳏关管贯灌罐盥惯涓鹃蠲捲卷眷畎跟根艮亘今金襟巾斤筋矜锦紧谨禁劲衮鲧滚昆崐琨鲲均钧君军冈刚纲钢缸肛港岗疆僵殭畺缰姜江襁讲媾降绛光廣矿更庚羹耕梗哽耿埂兢京荆惊经泾景警儆颈到境敬竟镜劲径肱公工功攻弓躬宫恭供龔拱巩贡共垌扃炯

（五）溪母

掐恰夸姱跨胯珂轲科窠蝌颗壳可课克刻客阔廓鞟怯愜箧契锲阙缺阒卻确愨推溪谿觭欺崎启棨綮绮企起杞屺苴岂乞岐器弃亟气氣泣枯刳骷窟哭苦库裤酷㖀袪胠区躯驱屈诎麴曲去墟开揩凯恺铠垲闿慨楷锴忾龆块快哙盔亏窥魁奎睽傀喟恢诙考攷烤靠犒敲䠇巧窾抠口扣寇丘邱蚯堪戡龛勘看刊坎堀侃矙阚谦悭愆骞搴牵嗛遣缱谴欠歉缣宽款犬劝券恳垦钦嶔衾坤髡緄阃困康糠慷抗伉亢羌腔匡筐旷圹纩框眶坑铿硁卿轻倾庆磬罄空孔恐控芎穹

（六）群母

桀傑杰竭碣茄伽掘倔崛瘸屐极技妓伎芰骑暨忌悸期局偈巨拒距炬讵遽醵据具俱惧瞿衢渠跪柜乔桥侨荞翘臼舅咎旧枢求球逑裘仇旭俭件键健钳箝黔钤乾虔芡倦圈卷蜷拳权仅廑瑾僅近琴芩禽擒勤懃芹窘郡群强狂兢鲸黥勍擎檠共琼蛩穷邛

（七）疑母

牙芽衙涯崖讶迓瓦蛾鹅俄娥峨讹譌额饿愕颚萼鄂噩鳄我卧业虐疟月刖岳乐倪霓麑猊輗蜺擬逆宜仪疑嶷蚁艺刈诣羿谊義议劓屹鹢吴蜈吾梧齬五伍午仵忤误悟晤寤兀鱼渔禹隅愚虞娱语御驭禦遇寓玉狱皑碍艾外危桅鬼魏伪魏敖熬螯翱骜翱傲尧咬偶耦藕岸岩严颜言研妍俨眼验雁彦谚喭砚阮玩顽元沅黿原源願愿吟银垠龈印昂凝迎喁颙

三、舌音

(八)端(中古端、知两母)母

答搭耷妲靼打得德多掇朵氐低羝隄滴嫡镝的底抵牴邸柢帝蒂谛嚏都督堵赌睹笃肚妒蠹獃戴带堆碓对刀舠岛捣祷倒到刁貂雕凋碉钓吊鸟兜斗抖陡斗耽眈酖湛担丹单箪殚胆疸旦掂颠巅癫滇点典玷店坫垫殿端短断缎敦墩顿当珰党挡登灯等凳丁钉叮顶鼎訂东冬董懂冻栋

刂吒痄蛰辄哲磔嫡卓桌涿琢啄辍知蜘絷簪徵智致轾质置窒猪诛蛛株邾竹筑竺贮著驻註摘追缀朝着罩嘲啁肘昼沾霑鳣亶展辗站转传珍贞祯镇瑱张长涨账胀椿徵症中忠衷冢

(九)透(中古透、徹两母)母

他它塔獭踏榻闼挞忒慝忑拖脱饦妥唾柝橐拓魄拃箨贴帖铁餮梯踢剔体替屉涕剃薙惕遂倜突秃土吐兔菟台胎态太汰泰推腿退蜕蜕叨滔掏韬縚殹绦饕讨佻挑桃跳粜偷媮透贪坍滩摊瘫忐坦探炭毯叹添天忝腆觍瑱湍瞳吞汤镗倘躺烫趟听厅汀町珽通桶捅统痛

诧彻撤蟞螭褫缔郗痴答耻伥敕褚楮黜伏畜矗拆蠆超抽瘳丑觑诌侦琛郴椿伥昶畅怅氅瞠撑蛏柽赪逞骋忡宠

(十)定(中古定、澄两母)母

达大特夺铎舵驮堕惰度踱陀驼佗跎紽酡鼍跌叠碟牒蝶谍迭瓞垤铚鲝笛迪敌狄荻翟籴涤觌弟悌娣第睇递棣褅缔地啼蹄绨梯荑题提醍独读牍犊渎椟毒杜肚度渡镀徒屠途塗荼图突凸待怠迨给代袋岱黛玳逮埭苔台抬驺队颓导道稻蹈盗悼帱涛焘桃逃咷陶淘掉调董条迢苕窕挑豆逗痘荳窦头投淡啖憺诞但惮弹蛋覃潭谭罎曇谈痰坛檀祖簟垫电奠殿澱甸佃畋钿淀甜恬田填闐殄断段缎团抟囤沌盾钝遁遯屯豚臀荡盪宕砀唐糖塘螗棠堂螳邓滕腾縢藤朦锭定亭停廷庭霆蜓艇挺梃动洞恫峒同铜桐筒童僮瞳潼彤佟恸

择泽辙蛰着浊濯擢掷池驰篪踟迟墀坻持术逐舳躅杼宁苎纻箸柱住除储躇厨橱蹰翟縋坠椎槌鎚櫂召赵肇兆晁朝潮轴妯纣宙胄酎绸稠筹俦畴踌湛绽缠廛躔篆传椽朕鸩阵沉陈尘橙丈杖仗长苌肠场撞幢郑澄瀓惩根呈程酲重仲冲虫

(十一)泥(中古泥、娘两母)母

纳衲那讷挪懦糯诺捏聂镊蹑涅泥尼呢怩你腻暱匿溺奴孥驽努弩怒女忸乃迺奶耐鼐奈柰馁内猱譊铙呶脑恼闹淖嫋尿耨纽扭狃钮男南楠喃喃难赧黏拈鲇年碾撚撵念暖嫩囊囔娘酿能宁佞泞农侬脓浓

(十二)来母

拉邋臘蠟辣剌乐勒仂捋罗萝锣箩逻骡螺胭裸摞洛落骆胳络猎鬣躐烈列裂劣略掠犁黎藜鹂离篱漓蘺縭骊鹂梨蠡狸嫠氂犛禮澧醴蠡李里裏理鲤俚悝例厉励砺蛎麗儷黧隶戾唳荔詈利痢苙蒞吏立粒笠苙栗慄力厤歷沥枥砾栎鬲卢炉铲颅泸芦鲈舻鸕轳庐胪鲁侉虏摅路赂

露潞璐辂鹭禄碌鹿麓簏辘陆戮录驴闾吕侣旅膂缕楼屡履虑律绿来莱徕涞睐赉诔赖癞籁濑
勒雷擂纍蕾磊累垒耒诔酹颣类泪肋捞劳痨牢醪唠老涝烙酪落燎僚辽撩缭疗聊寥蓼了廖
料镣楼耧娄蝼搂篓漏陋镂瘘流硫旒刘浏留榴瘤琉柳馏溜雷六婪岚蓝篮褴阑蘭拦澜览揽懒
滥缆烂廉镰簾匳帘濂连涟鲢联怜莲敛脸殓练鍊炼楝恋銮鸾峦栾卵乱林淋琳霖临邻燐鳞麟
嶙辚璘凛廪赁吝蔺遴论崘仑伦轮抡郎廊狼琅榔瑯莨郎浪良凉量粮梁樑两緉亮谅辆冷陵
凌菱绫鲮灵铃伶零龄玲聆翎瓴羚图领岑令龙笼咙聋胧珑隆窿陇垅弄

（十三）余（喻四）母

耶爷也野冶夜业页曳拽掖液腋悦阅跃籥瀹鑰移迻夷姨痍彝怡贻詒胰颐圯遗迤匜已以
苢枻裔易异溢镒逸佚轶泆佾亦奕弈译绎驿峄怿斁埸疫役予余馀异舆欤俞榆逾渝愉瑜臾腴
萸庾舆窳誉豫预愈裕喻谕籲聿裔通鹬育毓昱煜鹜欲慾浴峪维惟唯摇谣窑遥瑶姚臽鹞耀曜
药攸悠由油游遊猶猷輶蚰酉莠牖卣羑诱柚釉盐鹽詹阎延筵蜒涎綖沿兖剡演衍充艳滟焰鸢
缘淫婬霪寅夤螾引蚓尹胤匀允孕羊洋佯徉阳杨扬疡炀飏养痒恙样漾蝇盈楹赢嬴瀛营茔郢
颍颖縢融容熔溶蓉庸傭埇甬勇湧俑踊恿用佣

（十四）章（照三）母

遮摺折者赭蔗柘鹧浙拙酌灼斫焯支枝肢卮栀祇脂秖之芝汁织隻执职摭跖纸只咫轵枳
旨指止趾址沚阯芷制製真至挚贽鸷志誌痣识帜桎蛭质锧骘炙诸朱硃珠侏銖烛煮渚主麈嘱
瞩翥注炷蛀铸祝锥隹赘惴昭招召沼照诏周週賙舟州洲粥帚呪詹瞻占毡氈鹯旃栴佔战颤专
砖颛针斟箴真甄枕诊疹畛轸缜積振震赈谆準准章樟漳彰璋鄣掌障瘴正征鉦整拯证症政终
螽鐘锺盅种肿踵众

（十五）昌（穿三）母

车扯掣绰啜鸱蚩嗤媸侈齿尺炽叱赤斥出处杵触枢姝吹炊弨醜臭幨阐川穿喘舛串钏嗔
瞋称春蠢昌倡猖阊菖鲳敞廠氅唱偁秤充衝憧铳

（十六）船（床三）母

蛇舌射麝实食蚀示谥秫赎術述船神葚唇湣盾吮顺乘塍绳渑剩膡

（十七）书（审三）母

奢赊捨舍赦摄设说铄铄翅啻施尸屍鳲著诗湿失识豕弛矢屎始世势试弑轼拭饰室适释
奭书舒抒纾输叔菽暑鼠黍庶恕戍倏束水税帨烧少收手首守兽狩苦羶扇煽陕闪深身申伸呻
绅娠审沈哂矧舜瞬商伤殇觞赏响饷升昇陞声胜圣春

（十八）禅母

佘折社涉硕匙豉时塒莳鲥十什拾寔石誓逝噬筮氏是视嗜市恃侍殊殳孰熟淑署薯蜀属
墅曙竖树澍谁垂睡瑞韶勺芍绍邵劭召仇酬受绶授寿售蟾禅蝉单婵澶剡赡善膳鄯嬗擅邅忱
谌晨辰宸臣甚肾蜃纯纯尊醇淳鹑常尝偿嫦裳徜上尚承丞成城盛

附录三

（十九）日母

惹热若箬弱日馹儿而胹鲕尔迩耳洱饵珥二贰刵如茹儒濡汝乳孺入辱褥缛蓐蕠蕊芮蜹饶荛扰绕柔揉鞣蹂肉髯然燃朊染冉苒廿软壬任人仁稔忍茌妊絍刃认韧仞韧闰润瓤攘穰穣壤让仍扔戎绒茸

四、齿音

（二十）精母

匝则作左佐做嗟接睫节疖痴姐借爵訾髭訾资姿咨粢諈兹滋挚孜紫姊秭子梓恣脐齑齎积即鹡挤脊祭际稷济霁鲫稷迹踖绩租卒镞足祖组蹙灾栽哉宰载再嘴最醉樶遭糟早蚤枣澡藻躁灶焦蕉椒鹪僬剿醮醨雀簪攒赞讃尖歼煎笺剪翦戬僭箭溅荐钻纂缵祲津佥浸进晋揩缙尊樽遵俊骏畯僬臧臟葬将浆桨奖蒋酱增曾憎矰罾缯甑精晶旌睛菁井楥鬃縱纵踪总粽综

（二十一）清母

擦搓磋蹉撮瑳挫锉刭错措厝切且妾鹊雌此泚玼刺朿次妻凄悽萋七漆戚砌缉葺粗醋猝簇蔟蹴促疽雎趣取娶趣猜猜採采彩菜蔡崔催漼璀焠淬脆毳翠操糙草悄愀悄峭秋楸湫鳅鞦参骖餐惨懆粲灿璨签佥迁千仟阡浅锸筅倩蒨茜佘寀爨俊诠铨痊荃侵骎亲寝村忖寸竣仓苍艎沧鸧伧枪抢跄锵蹡清青鲭蜻请聪璁骢囱匆怱葱樬

（二十二）从母

杂砸昨凿坐座祚胙阼柞酢作瘥嵯捷截藉绝嚼爝渍眥眦自字牸疵瓷茨慈磁集辑疾蒺籍瘠荠剂寂齐脐蛴族徂殂聚在才财材裁巉贼罪摧萃悴瘁皂造曹槽嘈噍樵谯憔峭就鹫酉遒蝤暂瓒蚕惭残渐践贱饯荐潜钱前隽泉全尽秦存奘藏臟匠墙嫱樯蔷赠曾层静靖婧靓净情晴丛琮淙从從

（二十三）心母

撒飒卅萨塞娑蓑梭莎销琐索些楔写泻卸薛削雪伺斯撕厮私司丝思缌偲死赐四泗驷肆笥栖西犀息熄悉蟋膝惜析淅晳皙熄昔腊锡洗玺徙细苏酥甦素诉愬溯速肃夙宿粟胥须鬚嫂戍絮壻恤腮鳃塞赛粹虽绥睢髓碎岁繐祟邃燥臊骚搔扫嫂鞘消宵霄硝销逍萧箫潇小筱笑肖啸修羞宿秀锈绣三伞散姗珊暹纤奸铦籼仙鲜先跹癣狝跣洗线霰酸狻算蒜祘宣瑄选渲心辛新薪信匈孙狲荪飧损隼潡浚峻荀询殉恂汛讯巽逊迅桑丧颡嗓松菘淞嵩悚竦耸怂送宋

（二十四）邪母

邪斜谢榭词祠辞辤兕似祀巳杞姒耜汜寺嗣饲夕习袭隰席蓆俗徐序叙绪续屿随隋遂隧燧穗囚泗袖岫涎羡旋璇璿镟烬寻浔旬循巡驯殉徇详祥翔庠象像橡诵颂讼

(二十五) 莊 (照二) 母

紫查扎札鲊眨诈榨抓爪责帻簧仄昃侧捉龇淄辎菑辒缁滓笫栉斋窄债笮邹驺斩醡盏潜榛臻蓁溱庄装妆壮诤

(二十六) 初 (穿二) 母

栅叉差插察岔刹恻测策册厕龀初刍楚础釵揣嚓抄钞炒吵搀铲划忏羼篡闯拴涮参识衬龇疮窗闯创怆

(二十七) 崇 (床二) 母

闸铡茌乍镯俟士仕柿事锄雏寨砦豺侪柴巢骤愁栈馋谗巉孱潺撰馔岑涔状床崇

(二十八) 山 (審二) 母

洒沙纱鲨杉杀煞铩傻刷涩瑟啬穑色缩所朔槊数师狮虱史使驶梳疏蔬漱筛骰晒衰帅率蟀梢艄筲鞘稍潲搜飕馊薮廋溲瘦产掺衫芟山删潸讪汕疝森参诜骰渗霜孀双爽生牲笙甥省

五、唇音

(二十九) 帮 (中古帮、非两母) 母

巴豝八霸波播钵拨剥博驳伯跛簸迫憋别逼彼鄙匕比妣笔蔽荜闭薜裨俾臂泌祕閟怭庇痹畀毕必碧璧辟壁补卜布佈濮谱圃摆百柏拜杯碑卑悲北贝辈背臂葆褒包胞苞剥宝保堡葆褓鸨饱报豹爆臁镳标飙彪表班斑颁般搬板版扮半绊砭鞭编蝙边笾蝙贬窆褊扁匾变偏遍奔贲本畚彬斌邠豳宾滨濒殡鬓傧摈帮邦浜榜膀旁谤崩绷絣迸槟冰兵禀秉丙炳邴昺柄饼并併摒

发法髪福蝠幅辐府腑俯斧甫脯黼付䭓赋傅富腹複非扉绯飞匪篚诽废痱沸否缶藩蕃反返贩畈分吩粉粪奋喷方坊枋倣昉航放风封葑讽

(三十) 滂 (中古滂、敷两母) 母

葩怕帕坡颇泼叵破粕魄撒瞥撇批砒坯披丕伾秠纰劈霹噼匹癖媲濞辔屁僻醅怖铺撲仆菩普溥浦璞樸拍湃派胚醅沛霈配抛泡砲炮飘漂缥剽剖攀潘番盼判泮篇偏翩骗片喷嫔姘品聘滂霂雱胖烹澎怦砰抨俜

敷孵郛莩秠麸俘孚拂佛抚拊赴讣副覆蝮妃霏菲騑斐肺费汎泛氾芬纷氛雾芳妨仿彷访捧丰澧酆峰蜂锋烽

(三十一) 並 (中古並、奉两母) 母

拔跋魃茇耙杷琶罢爬鉢勃渤泊箔帛舶薄婆鄱别蹩鼻敝毙陛髀婢避比篦弼愎薜皮疲埤脾裨陴毗貔枇琵蚍否痞圮闢襞饽哺捕部簿步埠蒲菩脯葡匍僕瀑曝白稗败排俳徘牌倍蓓背悖焙被备培陪赔裴邳佩珮雹抱鲍暴袍咆庖瓟瓢殍莩瘭瓣办伴拌盘槃磐蟠磻叛畔辨辩

弁昇卞汴怦辫便緶梗骈谝笨盆膪贫频濒蘋颦嫔牝傍棒蚌旁膀彷庞朋鹏彭膨篷蓬病並凭馮
凭平坪评苹瓶屏萍洴

乏伐阀罚佛符苻夫蚨扶芙凫浮蜉桴匐罘涪服鵩伏茯袱釜腐辅父附驸鲋赙妇负阜缚復
复馥鳆肥淝腓翡吠帆凡烦繁蘩燔璠膰藩蕃樊攀范範犯梵饭焚汾棼蚡粉坟愤忿分份防房鲂
肪馮逢缝凤奉俸

（三十二）明（中古明、微两母）母

麻嘛马玛骂祃摸魔磨摩摹馍模谟膜末抹沫没殁莫寞漠墨默陌貊貉灭蔑篾蠛迷谜糜縻
弥瀰猕麋米靡弭密蜜宓谧觅幂汨姥母拇亩牡暮慕墓募幕木沐目穆牧睦苜埋霾买卖迈劢麦
脉梅枚媒煤莓玫眉嵋湄楣霉黴每浼美袂妹昧媚魅寐猫毛髦旄芼茅矛蝥卯昴茆冒帽瑁耄貌
茂贸懋瞀袤苗描藐渺秒眇庙妙缪谋眸侔牟某谬蛮瞒蹒谩鳗馒蔓满慢嫚缦幔漫墁曼绵棉眠
免勉娩冕缅恤湎佡沔渑丐眄面麵门扪闷懑岷缗闽旻闵悯愍泯俛皿忙芒茫邙龙庞盲虻氓
莽蟒溕萌盟蒙濛朦矇檬猛艨孟梦明鸣名铭冥溟暝蓂瞑螟茗酩命

襪巫诬无毋芜武鹉舞憮庑侮务雾鹜骛婺物勿微薇尾娓未味晚挽輓萬万蔓曼文纹蚊雯
闻吻刎紊问抆碔亡忘罔網惘辋魍妄望

附录四

今读阴平阳平的入声字表

a 八拔跋铍魃发乏伐筏阀罚搭褡耷答达怛妲笪鞑沓塌拉邋匝呷絷杂砸擦撒闸炸扎札铡插察杀煞铩

ia 夹袷荚颊铗戛掐瞎狭峡匣狎侠挟黠辖鸭押压

ua 刷刮滑猾挖

e 得德则舴择泽喷责帻箦窄蜇轭摺蜇哲蜇辙折磔谪舌折鸽割胳搁蛤葛阁格骼隔膈革礚瞌喝合盒郃盍阖曷貉涸劾核壳额

o 钵拨剥铍勃渤浡脖博搏薄泊箔驳伯帛舶泼摸膜佛

uo 掇夺铎脱讬托佗捋作捽昨凿撮缩拙卓桌涿捉着酌灼斫焯琢啄浊濯擢镯绰齼说郭国虢帼掴馘豁劐活

ie 鳖憋别蹩瞥跌叠迭碟蝶喋谍跌垤耋趃贴帖捏接揭结疖睫捷劫孑桀傑杰羯竭节诘截结袺洁拮桔切歇蝎楔胁协挟颉襭絜噎

ue 绝厥蹶掘撅决诀抉矍攫倔崛爵嚼脚钁觉角桷珏谲蕨獗阙缺靴薛削学曰约

-i 汁织只掷絷执姪侄值直植殖埴职踯摭吃湿虱失十什拾实食蚀识寔湜石

i 逼劈霹滴的嫡镝笛迪敌狄荻翟籴涤觌踢剔屉积激击集辑急级汲芨疾蒺吉即棘亟极脊籍藉瘠七漆戚吸息熄悉膝蟋惜腊夕析淅晰皙锡裼昔习袭隰媳檄觋席揖一壹

u 扑仆匍菩濮弗绋绂黼苻拂福蝠幅辐服鵩伏茯匐督独读牍犊渎椟毒突秃凸卒镞族足俗术竹筑逐舳烛出叔秫叔菽孰熟塾淑赎縠窟哭忽惚核鹘斛斛縠鹄

ü 橘菊鞠掬局偈蹈屈诎麴曲戍

ai 掰白拍塞摘择宅翟拆

ei 勒贼塞黑

ao 剥薄雹凿着勺芍貉

iao 嚼削

ou 粥轴妯熟

附录五

常用部首义例表

1. 人部

人,《说文》:"天地之性最贵者也……象臂胫之形。凡人之属皆从人。"从人之字的意义可分三类:一类表示人的类别,如俊、傑、儒、侠、仇、侏、伶、侩、侯、倌、僮;一类表示人的品质,如仁、俭、侈、傲、倨、倔、健、佻;一类表示人的行为,如企、俯、仰、伸、付、使、伐、侵、借等。下面是一些从人的字和它们的本义:

伦,(人的)种类　　　　　　偶,偶像
伯,兄弟中年长者　　　　　仲,兄弟中的老二
伍,五人的集体　　　　　　什,十人的集体
负,背在背上　　　　　　　儋,挑在肩上
何,扛在肩上　　　　　　　作,起来
俱,在一起　　　　　　　　伴,伴侣
俑,殉葬的偶　　　　　　　仆,向前倾倒
伐,杀伐　　　　　　　　　保,抚养
仪,容止,仪表　　　　　　　伤,受伤

2. 儿部

儿是人字的变形,所以从儿的字,意义也大都与人或人的行为有关。

儿,婴儿　　　　　　　　　兄,兄长
元,人头　　　　　　　　　先,走在前

3. 大部

篆文"大"像人形,所以从大的字绝大多数与人或人事有关,只有个别的字如夸、奢等和大小的大有关。

亦,人的腋部　　　　　　　天,人的头部
夫,成年男人　　　　　　　交,脚胫相交
奔,人奔跑　　　　　　　　夷,东方之人

4. 子部

子的本义是小孩,子部的字都与小孩的意义有关。

字,生小孩 　　　　　　　　孕,怀小孩
孟,子女中之长者 　　　　　季,子女中之小者
孤,无父之子 　　　　　　　孺,孺子
孩,小儿笑

5. 口部

《说文》:"口,人之所以言食也。"从口的字都表示与口有关的意义,可细分为三类:一类是表示跟口有关的器官,如喉、咙、咽等;一类表示与口有关的行为,如含、嚼、吮、啄、咬、叫、啼、吐、命、问、叼等;一类表示口发出的声音,如呱、啾、喔等。

吻,嘴边 　　　　　　　　喙,鸟嘴
喙,兽嘴 　　　　　　　　呼,从口往外出气
吸,向内吸气 　　　　　　嘘,吹气
唯,答应 　　　　　　　　咨,咨询
和,跟着唱 　　　　　　　吃,口吃

6. 又部

又的本义是右手,所以从又的字其本义多与手或手的动作有关。

左,左手 　　　　　　　　右,手口相助
叔,拾 　　　　　　　　　取,拿过来
受,给予,接过来 　　　　秉,手持禾

7. 彳部

彳是"行"字的一半。《说文》:"彳,小步也。"所以从彳的字大多与行走及道路的意义有关。

径,小路 　　　　　　　　復,往而又来
往,来的反面 　　　　　　循,顺着走
徐,慢走 　　　　　　　　後,后走,后到
微,隐行 　　　　　　　　彶,急行

8. 士部

士部的字和男子有关。如:

壻,丈夫 　　　　　　　　壮,成年男子

9. 宀部

《说文》:"宀,交覆深屋也。"所以从宀的字其意义都与房屋有关。常用的家、宅、室、宫即如此。他如:

宗,祖庙 　　　　　　　　宇,屋檐
官,官府 　　　　　　　　宿,住下
寄,寄宿 　　　　　　　　寝,在房中睡
宽,屋宽 　　　　　　　　客,寄宿之人
寓,寄住 　　　　　　　　完,房完整
安,房安全 　　　　　　　宏,屋深

10. 广部

广部的字与宀部意义相同,也都表示与房屋有关的意义。如府、庭、庐、库、庖、庙等。另如:

序,东西墙　　　　　　　　　廉,堂的边
废,房倒　　　　　　　　　　庶,屋下众
廊,屋中道　　　　　　　　　廂,两边的屋

11. 立部

立本义为站立,从立的字其意义都与站立有关。

端,站得直　　　　　　　　　竦,恭敬地站
靖,安静地站　　　　　　　　竨,站着等

12. 山部

山部的字都与山有关。

嵩,嵩山　　　　　　　　　　岱,泰山
岑,山小而高　　　　　　　　峦,山小而锐
岫,山穴　　　　　　　　　　岡,山骨
峻,山险　　　　　　　　　　崛,山短高
崩,山塌　　　　　　　　　　岛,水中之山
岸,水边高厓　　　　　　　　崇,山高
峭,山陡　　　　　　　　　　岳,高大的山
岩,山石　　　　　　　　　　崖,山崖

13. 土部

土部的字,有关于土的名词。如:

坤,地　　　　　　　　　　　埃,尘土
坪,平地　　　　　　　　　　基,墙基
坎,低陷的地　　　　　　　　块,土块

有表示疆界名称的。如:

疆,边疆　　　　　　　　　　境,边界

有表示与土有关动作的。如:

埽,扫土　　　　　　　　　　填,填土
塗,用泥抹

有表示与土有关的建筑和器具的。如:

塘,堤　　　　　　　　　　　垣,土墙
型,土质铸模　　　　　　　　堵,五版土墙

14. 厂部

厂,本义为山崖,故从厂的字,其义多与山崖有关。如:

厓,山边　　　　　　　　　　原,水源
厚,山陵厚　　　　　　　　　厥,山石
厉,磨刀石

15. 刀部

刀部的字,其意义或表示与刀有关的动作,或表示与刀有关的性质。如:

列,分割　　　　　　　　　　　副,破开
刘,杀　　　　　　　　　　　　刻,刀刻
判,用刀分开　　　　　　　　　削,用刀削除
刷,用刀刮　　　　　　　　　　制,用刀裁
剔,用刀解骨　　　　　　　　　劈,用刀砍
利,刀锐利

16. 巾部

巾部的字,大部分表示与布有关的意义,如布、帷、幄、幕、帜、帆、帛等。另如:

币,用来送礼的帛　　　　　　　帅,佩巾
常,旗子(朱骏声说)　　　　　　幔,布幕

17. 女部

女部的字,多与女性有关。其中有的表示女性的类别,如妻、妇、妃、婵、奴、妾、姑、嫂、姊、妹、姨等,有的表示姓氏(因上古经历过女权社会),如姜、姚、姬、嬴、妫、姒等,有的表示关于婚姻的意义,如嫁、娶、媒、妁等,还有许多女部的字反映了男权社会对女性的侮辱,如奸、妄、妨、嫉、妒、婪、嫌等,还有一些表示女性的特点,如妊、娠、娩、姣、婉等。另如:

妪,老太婆　　　　　　　　　　媪,同妪
妣,母亲　　　　　　　　　　　妊,怀孕
媵,随嫁的女子　　　　　　　　好,女子漂亮
佞,有才　　　　　　　　　　　婴,初生的女孩
妆,打扮,修饰　　　　　　　　娃,美女

18. 马部

马部的字,都与马有关。如:

驳,马色不纯　　　　　　　　　骇,马惊
驱,赶马　　　　　　　　　　　骤,马快跑
骈,两马并驾一车　　　　　　　骄,高六尺的马
骞,上马　　　　　　　　　　　驰,马飞奔
冯,马行疾　　　　　　　　　　驻,马立

19. 门部

门部的字,其意义都与门户有关。如:

闱,小门　　　　　　　　　　　阔,门宽
间,门隙　　　　　　　　　　　闲,栅栏
阙,宫(庙)门外两旁的建筑　　　闾,里门

20. 弓部

弓是兵器的一种,所以从弓的字,都与弓类兵器有关。如:

彊,弓有力　　　　　　　　　　引,拉弓
张,把弦安在弓上　　　　　　　弛,放松弓弦

弯,弯弓 　　　　　　　　　　　　弹,用弓射弹丸

21. 日部

日部的字,一般与太阳、时日、光明等意义有关。名词有旦、早、旬、昔、春、昼、晨等;形容词有明、昧、晚、晴、暗、暖等;还有动词,如昇、映、晒等。另如:

景,日光 　　　　　　　　　　　　暇,空闲
晦,农历每月最后一天 　　　　　　暴,晒太阳

22. 月部

月部的字,与月亮、光亮、时间有关。如:

朔,农历每月初一 　　　　　　　　望,农历每月十五
朗,明亮 　　　　　　　　　　　　朝,早晨
期,一周年

23. 户部

户本义指单扇门。从户的字,多与门户的意义有关。如:

扉,门扇(木质) 　　　　　　　　　扇,门扇(竹质)
扃,门闩 　　　　　　　　　　　　房,在旁之室

24. 斤部

斤的本义是斧头,所以从斤的字,多表示与斧有关的动作。如:

斯,劈开 　　　　　　　　　　　　所,伐木声
新,砍柴 　　　　　　　　　　　　斫,用斧砍

25. 牛部

牛部的字,都表示与牛有关的意义。如:

牢,牲口圈 　　　　　　　　　　　牟,牛叫声
物,杂色牛 　　　　　　　　　　　特,公牛
牵,牵牛 　　　　　　　　　　　　犊,小牛
牭,二岁牛 　　　　　　　　　　　牺,四岁牛

26. 犬部

犬部的字,其意义多与狗有关。如。

状,犬形 　　　　　　　　　　　　狂,犬发疯
独,孤独(犬常独处) 　　　　　　　猝,犬突出
猎,放犬追禽 　　　　　　　　　　狼,似犬之兽
猛,凶猛的犬 　　　　　　　　　　献,宗庙祭祀用的犬

27. 木部

木部的字,有的表示树木名,如松、柏、杉、杏、李、杨、桐等;有的表示木器名,如枷、栅、案等。另如:

析,破木　构,以木架屋
朴,未经雕饰之木 　　　　　　　　楚,丛木
权,黄华木 　　　　　　　　　　　梁,木桥
杯,木制器皿 　　　　　　　　　　校,木制囚具

格,树条　　　　　　　　　　横,栏木
某,酸果木　　　　　　　　　材,树直
标,木梢

28. 火部

火作为部首,在左为火,在下为灬。火部的字,有表示与火有关事物的,如烟、炭、灰、烛等;有表示火的性状的,如炳、灿、热等;
有表示与火有关的动作的。如:

灸,用艾照穴烧　　　　　　炎,火光上升
燃,烧火　　　　　　　　　炮,烧烤
烈,火猛　　　　　　　　　烦,热头痛

29. 水部

水部的字,或表江河的名称,如江、河、淮、泗、泾、渭、汝、洛、汉等;或是表水利名称的,如沟、渠、浚等;或是表水的性状,如深、浅、清、浊、浑等;或表水的动作,如流、滴、淌、涌、溃等。另如:

汲,引水于井　　　　　　　决,江河决口
没,沉入水中　　　　　　　沉,沉在水里
沃,浇灌　　　　　　　　　注,灌进
测,测水　　　　　　　　　渴,水干
浸,浸润　　　　　　　　　激,水流急
派,支流　　　　　　　　　涉,步行渡河
沐,洗发　　　　　　　　　沫,洗脸
浴,洗身　　　　　　　　　澡,洗手
洗,洗脚　　　　　　　　　汤,热水

30. 欠部

欠本义是呵气,所以从欠的字,其意义都与呵气、吸气有关。

吹,吹气　　　　　　　　　欢,欢笑
欣,高兴　　　　　　　　　歌,唱歌
饮,喝　　　　　　　　　　歇,喘息、歇息

31. 手部

手作为部首,或处在字的下端,写作手;或处在字的左边,写作扌。手部的字,有少数为名词,如指、掌、拳、技等;有个别为形容词,如拙等;但绝大多数为动词,表示与手有关的动作行为,如扑、打、扔、托、扶等。另如:

把,拿着　　　　　　　　　批,手击
抑,按着　　　　　　　　　捌,用手分开
挺,拔出　　　　　　　　　探,把手深深伸入拿
援,攀、拉　　　　　　　　拥,抱
操,拿着　　　　　　　　　抚,用手轻按轻拍
扬,举着　　　　　　　　　持,握着

排，推 揭，高举

32. 攴部

攴是手部的分支，攴就是扑字，所以从攴的字，有的与敲击的动作有关，如敲；更多的则表示一般的动作，如收、赦、改、更、救等。另如：

啟，开门 放，逐
攻，击 牧，放牛

33. 止部

止本义为脚，从止的字，都表示和脚有关的意义。如：

歷，经过 歸，女子出嫁
步，步行 前，前行

34. 贝部

古人曾以贝为货币，故从贝的字，一般表示与财物有关的意义。用作名词的如财、货、资、贿等；用作形容词的如贵、贱等；用作动词的如购、赏、赐、赠等。另如：

贪，贪财 费，耗财
贺，以财物相庆 贾，把财物买来卖去
贯，穿钱的绳 赋，赋税
质，以财抵押 赂，赠送财物

35. 见部

见字从目从人，故从见的字，其意义多与眼睛有关。如：

视，看 觉，睡醒
览，观看 观，细看
觐，朝见 觇，窥视

36. 心部

心作为部首，它或处在字的左方，写作忄；或处在字的下方，写作心或"恭"字的下部。从心的字，都表示关于心理方面的意义。大致可以分为两类：一类是有关人的品性的，如忠、恭、悍、怠、惰、慈、懦、愚等；一类是有关心理活动的，如怨、怒、恨、慕、恐、惧、悔、惜、悲、愁、惭、惕、慰等。另如：

惟，思维 息，呼吸
慢，怠慢 快，畅快
慎，小心 念，常想
恚，恼怒 懑，心烦
患，担忧 感，心动

37. 禾部

禾部的字，其意义都与农作物有关。如：

秀，禾吐穗 秋，禾熟
租，田赋 秒，禾芒
秉，手持一把禾 税，赋税（谷物）
积，聚禾 移，禾相倚移

颖,禾穗的尖端　　　　　　　　稀,禾疏
年,谷熟　　　　　　　　　　　秧,秧苗

38. 目部

目部的字,其词义都与眼睛或眼睛的动作有关。如盲、眺、盼、看、眠、睡、睁、瞪、瞻、瞩等。另如：

睢,仰目　　　　　　　　　　　相,细看
眷,回头看　　　　　　　　　　瞋,瞪眼
睅,大眼　　　　　　　　　　　瞑,合眼

39. 石部

石部的字,其词义都与石头有关。如碑、磨、砚、碾等。另如：

碎,把石碾碎　　　　　　　　　础,柱下石
破,石碎　　　　　　　　　　　研,磨
砥,磨刀石　　　　　　　　　　碧,青绿玉石
磁,吸铁石　　　　　　　　　　磊,石累积
磐,大石

40. 示部

示的原义是神主,所以从示之字,其意义都与神主及祭祀有关。其意义大致有四类,一是关于神主的类别。如：

神,天神　　　　　　　　　　　祇,地神
社,土神

二是关于祭祀的类别。如：

祠,春祭　　　　　　　　　　　礿,夏祭
禘,五年大祭　　　　　　　　　禅,祭天
祝,祷告　　　　　　　　　　　祈,求福
祷,告事求福　　　　　　　　　祓,除恶祭
禳,祭求免灾

三是关于宗庙的。如：

祖,祖庙　　　　　　　　　　　祏,宗庙中藏神主的石屋

四是关于祸福的。如福、禄、祯、祜、祉都表示福,祸、祟表示祸。

41. 疒部

疒部的字,都表示与疾病有关的意义。如痛、疝、疾、病、瘠等。另如：

痕,瘢痕　　　　　　　　　　　疢,病
疲,疲劳(古人认为病)　　　　　痴,痴呆
瘦,瘦弱(古人认为病)　　　　　瘆,病瘆
疫,流行病　　　　　　　　　　瘀,积血

42. 玉部

以玉作为偏旁,在字的左边都写作王。它们的字义都与玉石有关。细分,则有表示玉石名称的,如琼、瑶、玖、球等;有表示玉制品的,如璧、环、玦、璜、璋、珠等;有表示治玉动作

的,如珮、琢等。另如：

理,治玉　　　　　　　　瑞,玉制的符信
玷,玉的斑点　　　　　　班,分玉
瑱,玉制耳坠　　　　　　玩,弄玉
玲,玉声　　　　　　　　琨,石之美者
珥,石之次玉者　　　　　玦,有缺口的玉佩

43. 鸟(隹)部

鸟的本义是长尾鸟,隹的本义是短尾鸟,所以这两部的字,表示的意义都与鸟有关。其中多数表示各种鸟的名称,也有表示鸟的性状的。例如：

鸣,鸟叫　　　　　　　　集,群鸟停在树上
隻,手持一鸟　　　　　　雙,手持两鸟
难,鸟名　　　　　　　　雅,鸦的本字
雄,雄鸟　　　　　　　　雌,雌鸟
雇,候鸟　　　　　　　　雉,野鸡
鸿,鸿鹄　　　　　　　　鹭,白鹭
鸳,鸳鸯　　　　　　　　鳳,神鸟(鳳凰)

44. 页部

页本义是人头,所以从页的字,都与头面的意义有关。其义明显的如頭、颅、顶、额、颈、颊、顴等。另如：

颜,眉间　　　　　　　　颠,头顶
题,额　　　　　　　　　领,脖子
项,脖子后部　　　　　　颃,大头
颇,头偏　　　　　　　　顾,回头看
顿,磕头　　　　　　　　颗,小头
硕,头大　　　　　　　　颂,容貌
烦,热头痛　　　　　　　顯,头明饰

45. 耳部

从耳的字,其义都与耳朵有关。如：

聖,多闻而通达　　　　　聪,听觉敏锐
闻,听见　　　　　　　　聆,细听
耽,耳大下垂　　　　　　聊,耳鸣
联,耳连颊　　　　　　　耿,耳附着颊
聲,耳听到的音　　　　　聝,军战断耳
聩,耳聋　　　　　　　　聋,耳听不到声音
聽,用耳听声音　　　　　聂,附耳私语

46. 肉部

肉作为偏旁,或写作肉,或写作月；凡在字之左或右,写作月；在字之下,写作肉或月。肉部的字,其义都与身体或肉的意义有关。有的是名词,指身体各部分(除头以外),如肩、

股、肱、腋、腹、背、脚、胫、肝、胆、肠、脾、胃等,有的是形容词,表示身体或肉的性状,如肥、肿、胀、腻、腥、臊等。另如:

肓,心脏与隔膜之间　　　　　膏,脂肪
肴,鱼肉之类的荤菜　　　　　脱,肉去皮骨
肯,紧附于骨的骨间肉　　　　腴,肉肥
胡,牛脖子下垂肉　　　　　　膺,胸
臆,胸骨　　　　　　　　　　腯,肥
臞,瘦　　　　　　　　　　　膳,饮食
脩,干肉　　　　　　　　　　脍,细切的肉

47. 行部

行的本义是道路,行部的字意义都与道路有关。如:

術,邑中道　　　　　　　　　街,四通道
衙,四通道　　　　　　　　　衝,交叉路口

48. 衣部

从衣的字,其义都跟衣服有关。本义明显的如裳、衫、袖、袂、裙、补、裁、襟、袍等。另如:

衷,贴身内衣　　　　　　　　表,裘衣有毛的一面
裕,衣物充裕　　　　　　　　袭,一套衣
袁,衣长　　　　　　　　　　裒,长衣
初,裁衣之始　　　　　　　　袒,去衣露上身
裸,身上无衣　　　　　　　　裁,裁衣
複,夹衣　　　　　　　　　　被,寝衣

49. 竹部

从竹的字,都表示与竹子有关的意义。如:

節,竹节　　　　　　　　　　符,竹质符信
简,竹简　　　　　　　　　　策,竹质马鞭
箸,竹筷　　　　　　　　　　笞,用竹鞭竹板打
算,用竹筹计算　　　　　　　篇,书篇(竹简合成)

50. 米部

从米的字,主要表示与米粮有关的意义。如:

粒,米粒　　　　　　　　　　精,精米
粗,粗米　　　　　　　　　　粉,米的细末
粲,舂得最白的米　　　　　　粹,纯米
粮,干粮

51. 艹部

从艹的字,其义都与草本植物有关。如:

芒,草的末端　　　　　　　　英,花
苦,大苦(药草名)　　　　　　落,落叶

茸,以茅盖屋　　　　　　　　薄,草丛生处
蒋,茭白　　　　　　　　　　苏,紫苏
藉,以茅垫地　　　　　　　　蔡,野草
蓝,蓼蓝　　　　　　　　　　萧,艾蒿

52. 羊部
从羊的字,其义都与羊有关。如:
羔,小羊　　　　　　　　　　羒,公羊
羸,瘦羊　　　　　　　　　　群,羊群

53. 虫部
从虫的字,大多表示虫或跟虫相似的动物。常见的如蝼蛄、蟋蟀、蝗、蛹、蜥、蜈、蜻蛉、蛟、蝙蝠等。又如:
闽,东南一种蛇　　　　　　　蜀,葵中蚕
虹,螮蝀(状似虫)　　　　　　蜩,蝉

54. 言部
从言的字,都表示与语言有关的各种意义。有名词如诗、词;有形容词如诚等;有动词如记、讳、讴、谓、诣、谈、读等。另如:
访,咨询　　　　　　　　　　诛,谴责
谤,议论批评　　　　　　　　詹,多言
谨,言语上小心　　　　　　　信,诚实
谅,诚实　　　　　　　　　　诈,谎骗
让,以言相责　　　　　　　　诡,欺诈

55. 足部
从足的字,都表示与脚有关的各种部位和动作。如蹄、趾、踵、跑、跳、跃、跌、跛、跪、踢、蹭、蹬等。另如:
路,道路　　　　　　　　　　跟,脚后跟
距,鸡距(雄鸡脚后突出的部分)　蹇,跛脚
踞,蹲　　　　　　　　　　　踰,跳过
跣,赤脚　　　　　　　　　　践,脚踏
踊,跳　　　　　　　　　　　跽,长跪
跻,用脚登

56. 辵部
辵是足部的分支,作为偏旁,后代大都写作辶。凡从辵的字,都表示和行走、道路有关的意义。如迹、道、巡、过、进、退、逝、迎、遇、逃、追、逾等。另如:
迈,行　　　　　　　　　　　遵,顺着走
造,至　　　　　　　　　　　违,离去
逐,追赶　　　　　　　　　　徒,步行
适,往　　　　　　　　　　　逆,迎
迷,迷路　　　　　　　　　　通,通达

远,远行　　　　　　　　　随,跟着走
进,前行　　　　　　　　　迅,走得快
送,送人行　　　　　　　　逮,赶上
迟,慢行　　　　　　　　　逗,停下不行
迫,走近　　　　　　　　　邂,相遇

57. 走部

走也是足部的分支,凡从走的字,都表示与行走有关的意义。如:

趣,快跑　　　　　　　　　超,跳过
越,超过　　　　　　　　　趋,快步走
赳,有力地走　　　　　　　起,立起来

58. 邑部

邑作为偏旁,都出现在字的右边,写作阝。凡从邑的字,或是国名,或是邑名,如郑、邯、郞、邻、邓、郝、邯郸等,或是某种政区的名称,如邦、郡、都、郊等。另如:

郎,鲁国邑名　　　　　　　邮,传递文书的驿站
鄙,边邑　　　　　　　　　邻,五家
鄭,百家　　　　　　　　　邵,晋国邑名
邺,魏国县名　　　　　　　祁,县名

59. 糸部

从糸的字,大部分表示与丝麻有关的意义。本义明显的如缉、纺、绳、絮、织、纱等。另如:

纪,编结丝缕的绳　　　　　组,丝带
约,缠束　　　　　　　　　经,织物的纵线
纬,织物的横线　　　　　　绥,上车时挽手之绳
紧,丝缠结　　　　　　　　绪,丝的头绪
纲,提网的总绳　　　　　　绝,丝断
继,续丝　　　　　　　　　细,细丝
结,结绳　　　　　　　　　维,系物大绳

从糸的一部分字,是表示颜色的。如红、紫、素、绿、绛等。

60. 酉部

从酉的字,都表示与酒有关的意义。如:

醴,甜酒　　　　　　　　　醇,酒味厚
酌,酌酒　　　　　　　　　酗,沉迷
酣,饮酒而乐　　　　　　　酬,主人劝客进酒
酹,以酒沃地　　　　　　　酷,酒味浓厚
醒,酒醉而醒　　　　　　　酿,造酒

61. 金部

从金的字,意义都与金属有关。有的是金属的名称,如铜、银、铁、锡等;有的是金属工具或制品的名称,如釜、锄、镬、锉、针、钟、锁、铲等;有的是加工金属的动作,如铸、锻、镶、

镂等,有的则表示金属品的性质,如锐、钝等。另如:

错,用金镶嵌　　　　　　　镇,以金压他物
鉴,铜质承水器　　　　　　镜,铜境
钱,铁制农具　　　　　　　钮,铁制印鼻
镕,镕化金属　　　　　　　铜,车轴铁
铠,盔甲　　　　　　　　　铎,大铃

62. **食部**

食部的字意义都与米粮、饮食有关。如:

饭,熟的谷类食品　　　　　饴,芽米熬成的膏糖
䬸,谷米丰足　　　　　　　馆,供膳食的招待所
饷,送东西给人吃　　　　　饯,送人离别的饭
饥,饭吃不饱　　　　　　　饕,贪食
馑,菜不熟　　　　　　　　馈,给别人食物
饶,吃得饱

63. **阜部**

阜本义是土山,故从阜的字,一般都表示与山丘、高有关的意义。阜作为部首,都在字左,写作阝。如:

陵,大阜　　　　　　　　　阿,大陵
陆,高平地　　　　　　　　阳,山之南
阴,山之北　　　　　　　　隅,山角
阻,山路难行　　　　　　　防,堤坝
陟,登山　　　　　　　　　降,下山
除,殿阶　　　　　　　　　队,从高处掉下
阶,台阶　　　　　　　　　隙,壁际孔

附录六

常用古今字释例表

（古字—今字）

暴—曝　虽有槁暴，不复挺者。(《荀子·劝学》)
保—堡　公叔禺人负杖入保者息。(《礼记·檀弓》)
伯—霸　桓公，五伯之上也。(《韩非子·难四》)
辟—避　其北陵，文王之所辟风雨也。(《左传·僖公三十二年》)
辟—譬　君子之道，辟如行远。(《礼记·中庸》)
辟—僻　放辟邪侈，无不为已。(《孟子·梁惠王上》)
辟—嬖　友便辟，友善柔，友便佞，损矣。(《论语·季氏》)
宾—傧　乃设九宾礼于廷。(《史记·廉颇蔺相如列传》)
采—採　参差荇菜，左右采之。(《诗经·周南·关雎》)
采—彩　衣被则服五采。(《荀子·正论》)
从—纵　圜视而合从。(柳宗元《封建论》)
尝—嚐　未尝君之羹。(《左传·隐公元年》)
彻—撤　彻其环瑱，至老不嫁，以养父母。(《战国策·赵策》)
陈—阵　必能使行陈和睦。(诸葛亮《出师表》)
垂—陲　边境之臣处，则疆垂不丧。(《荀子·臣道》)
大—太　楚子将以商臣为大子。(《左传·文公元年》)
道—导　唯王使人道送我。(《汉书·张骞传》)
弟—悌　孝弟也者，其为仁之本与！(《论语·学而》)
队—坠　星队木鸣，国人皆恐。(《荀子·天论》)
反—返　梁使三反，孟尝君固辞不往也。(《战国策·齐策》)
奉—俸　奉厚而无劳。(《战国策·赵策》)
奉—捧　臣愿奉璧往使。(《史记·廉颇蔺相如列传》)
赴—讣　赴于齐。(《战国策·赵策》)
冯—凭　冯几据杖，眄视指使。(《战国策·燕策》)

感—憾	舒而脱脱兮,无感我帨兮。	(《诗经·召南·野有死麕》)
共—供	舍郑以为东道主,共其乏困。	(《左传·僖公三十年》)
共—拱	居其所而众星共之。	(《论语·为政》)
共—恭	公卑杞,杞不共也。	(《左传·僖公二十七年》)
亨—烹	七月亨葵及菽。	(《诗经·豳风·七月》)
昏—婚	宴尔新昏,不我屑以。	(《诗经·邶风·谷风》)
竟—境	亡不越竟,反不讨贼。	(《左传·宣公二年》)
景—影	天下云集响应,赢粮而景从。	(贾谊《过秦论》)
贾—价	从许子之道,则市贾不贰。	(《孟子·滕文公上》)
卷—捲	我心匪席,不可卷也。	(《诗经·邶风·柏舟》)
解—懈	夙夜匪解。	(《诗经·大雅·烝民》)
疾—嫉	庞涓恐其贤于己,疾之。	(《史记·孙子吴起列传》)
见—现	思垂空文以自见。	(司马迁《报任安书》)
雷—擂	(瑜等)雷鼓大进。	(《资治通鉴·赤壁之战》)
厉—砺	金就厉则利。	(《荀子·劝学》)
栗—慄	临其穴,惴惴其栗。	(《诗经·秦风·黄鸟》)
莫—幕	斩首、捕虏,上功莫府。	(《史记·张释之冯唐列传》)
莫—暮	莫春者,春服既成。	(《论语·先进》)
没—殁	昔者孔子没。	(《孟子·滕文公上》)
免—娩	将免者以告,公令医守之。	(《国语·越语》)
内—纳	向使四君却客而不内。	(李斯《谏逐客书》)
齐—剂	在肠胃,火齐之所及也。	(《韩非子·喻老》)
契—锲	楚人有涉江者,其剑自舟中坠于水,遂契其舟。	(《吕氏春秋·察今》)
戚—慼	君子坦荡荡,小人长戚戚。	(《论语·述而》)
禽—擒	何为为我禽?	(《史记·淮阴侯列传》)
取—娶	云是当为河伯妇,即娉取。	(《史记·滑稽列传》)
然—燃	水上桃花红欲然。	(王维《辋川别业》)
女—汝	五侯九伯,女实征之。	(《左传·僖公四年》)
善—缮	善刀而藏之。	(《庄子·养生主》)
舍—捨	食舍肉。	(《左传·隐公元年》)
生—性	君子生非异也。	(《荀子·劝学》)
食—蚀	君子之过也,如日月之食焉。	(《论语·子张》)
受—授	师者,所以传道受业解惑也。	(韩愈《师说》)
耆—嗜	少益耆食。	(《战国策·赵策》)
说—悦	女为说己者容。	(司马迁《报任安书》)
孰—熟	愿孰察之。	(《商君书·更法》)
田—畋	宣子田于首山。	(《左传·宣公二年》)
廷—庭	卒廷见相如。	(《史记·廉颇蔺相如列传》)

涂—途　涂有饿莩而不知发。(《孟子·梁惠王上》)
乌—呜　乌呼！戒之。(《汉书·晁错传》)
希—稀　鼓瑟希，铿尔，舍瑟而作。(《论语·先进》)
县—悬　立吐虵一枚，县车边。(《三国志·魏书·华佗传》)
写—泻　而是注集，长写不测。(鲍照《登大雷岸与妹书》)
匈—胸　(相如)于匈中曾不蒂芥。(《汉书·司马相如传》)
虚—墟　望鲁四郊亡国之虚。(《荀子·哀公》)
畜—蓄　畜积收藏于秋冬。(《荀子·天论》)
厌—餍　姜氏何厌之有？(《左传·隐公元年》)
益—溢　澭水暴益，荆人弗知。(《吕氏春秋·察今》)
庸—佣　泽居苦水者，买庸而决窦。(《韩非子·五蠹》)
与—欤　子非三闾大夫与？(《史记·屈原列传》)
要—腰　楚灵王好士细要。(《墨子·兼爱》)
责—债　以责赐诸民。(《战国策·齐策》)
曾—增　所以动心忍性，曾益其所不能。(《孟子·告子下》)
卒—猝　卒然边境有急。(晁错《论贵粟疏》)
尊—樽　人生如梦，一尊还酹江月。(苏轼《赤壁怀古》)
章—彰　出而名不章，友之过也。(《荀子·子道》)
张—胀　(晋侯)将食，张，如厕，陷而卒。(《左传·成公十年》)
张—帐　高祖复留止，张饮三日。(《史记·高祖本纪》)
振—赈　是其为人也，哀鳏寡，恤孤独，振困穷。(《战国策·赵策》)
知—智　知明而行无过矣。(《荀子·劝学》)
属—嘱　(冯谖)使人属孟尝君。(《战国策·齐策》)
质—锧　君不如肉袒伏质请罪。(《史记·廉颇蔺相如列传》)
直—值　腰中鹿卢剑，可直千万余。(《乐府诗集·陌上桑》)
支—枝　芄兰之支，童子佩觿。(《诗经·卫风·芄兰》)
支—肢　美在其中，而畅于四支。(《周易·坤卦》)
粥—鬻　(百里奚)行而无资，自粥于秦。(《史记·商君列传》)
坐—座　先自度其足而置之其坐。(《韩非子·外储说左上》)

附录七

常见通假字释例表

（按音序排列）

A

艾—乂　太甲悔过,自怨自艾。(《孟子·万章上》)
隘—阨　太子辞于齐王而归,齐王隘之。(《战国策·楚策》)
案—按　籍福起为谢,案灌夫项令谢。(《史记·魏其武安侯列传》)
敖—傲　夫子犹有倨敖之容。(《庄子·渔父》)
骜—傲　倨骜其辞。(《汉书·匈奴传》)

B

罢—疲　罢夫羸老易子而咬其骨。(贾谊《论积贮疏》)
佰—陌　孝公用商君,制辕田,开仟佰。(《汉书·地理志下》)
颁—斑　颁白者不负戴于道路矣。(《孟子·梁惠王下》)
班—斑　衣裳班兰,语言侏离。(《汉书·南蛮西夷传》)
班—颁　以亮罪状班告远近。(《三国志·吴书·孙琳传》)
傍—旁　长老、吏、傍观者皆惊恐。(《史记·滑稽列传》)
葆—保　尽葆其老弱粟米畜产。(《墨子·号令》)
葆—宝　青黑缘者,天子之葆龟也。(《史记·乐书》)
倍—背　倍道而妄行,则天不能使之吉。(《荀子·天论》)
弊—敝　黑貂之裘弊。(《战国策·秦策》)
弊—蔽　朋党比周以弊主。(《韩非子·孤愤》)
弊—疲　韩楚乘吾弊,国必危矣。(《战国策·秦策》)
辩—辨　目能辩色,耳能辩声。(《后汉书·仲长统传》)
辨—辩　若……谋夫之话,辨士之端。(萧统《文选序》)
并—傍　并阴山至辽东。(《史记·秦始皇本纪》)

播—簸　鼓筴播精,足以食十人。(《庄子·人世间》)
剥—扑　八月剥枣,十月获稻。(《诗经·豳风·七月》)
薄—迫　日薄西山,气息奄奄。(李密《陈情表》)

C

材—才　李广材气,天下亡双。(《汉书·李广传》)
财—才　自山下携水一缶来,财自足也。(范成大《峨眉光相》)
裁—才　手裁举,则又超忽而跃。(《聊斋志异·促织》)
材—裁　斩山木而材之。(《韩非子·十过》)
才—裁　今有城市之邑七十,愿拜内之于王,惟王才之。(《战国策·赵策》)
财—材　殖财种树。(《齐民要术·序》)
才—材　五才之用,无或可废。(《后汉书·马融传》)
裁—材　人主之裁大,故容物多而众人得比焉。(《管子·形势解》)
憯—惨　祸莫憯于欲利,悲莫痛于伤心。(司马迁《报任安书》)
仓—苍　要离之刺庆忌也,仓鹰击于殿上。(《战国策·魏策》)
厕—侧　大将军青侍中,上踞厕而视之。(《汉书·汲黯传》)
册—策　此全师保胜安边之册。(《汉书·赵充国传》)
策—册　大事书之于策,小事简牍而已。(杜预《春秋左氏传序》)
曾—增　所以动心忍性,曾益其所不能。(《孟子·告子下》)
廛—缠　不稼不穑,胡取禾三百廛兮?(《诗经·魏风·伐檀》)
常—尝　夫日月之有蚀,风雨之不时,怪星之常见,是无世而不常有之。(《荀子·天论》)
承—拯　见一丈夫游之,以为有苦而欲死者也,使弟子并流而承之。(《列子·黄帝》)
崇—充　柳子载肉于俎,崇酒于觞。(柳宗元《送薛存义之任序》)
绌—黜　展禽三绌,春申道缀,基毕输。(《荀子·成相》)
从—踪　上问:"变事从迹安起?"(《汉书·张汤传》)
厝—措　抱火厝之积薪之下而寝其上。(贾谊《治安策》)

D

殆—怠　农者殆则土地荒。(《商君书·农战》)
得—德　舜授禹以天下,尚得推贤不失序。(《荀子·成相》)
雕—凋　今宫室崇侈,民力雕尽。(《左传·昭公八年》)
渎—窦　晨自墓门渎入。(《左传·襄公三十年》)
度—渡　犹度江河亡维楫。(贾谊《治安策》)
段—缎　美人赠我锦绣段。(张衡《四愁诗》)
堕—隳　堕军实而长寇雠,亡无日矣。(《左传·僖公三十三年》)

E

而—尔　余知而无罪也。(《左传·昭公二十年》)
尔—耳　无他,惟手熟尔。(欧阳修《卖油翁》)
尔—迩　其说甚尔,其灾甚惨。(《荀子·天论》)

F

蕃—繁　水陆草木之花,可爱者甚蕃。(周敦颐《爱莲说》)
放—仿　后世争为奢侈,转转益甚,臣下亦相放效。(《汉书·贡禹传》)
匪—非　伐柯如何,匪斧不克。(《诗经·豳风·伐柯》)
富—福　天何以刺,何神不富?(《诗经·大雅·瞻卬》)

G

盖—盍　善哉!技盖至此乎?(《庄子·养生主》)
干—岸　坎坎伐檀兮,置之河之干兮。(《诗经·魏风·伐檀》)
感—撼　百忧感其心,万事劳其形。(欧阳修《秋声赋》)
亢—抗　料敌制胜,威谋靡亢。(扬雄《赵充国颂》)
躬—穷　躬为匹夫而不愿富,贵为诸侯而无财。(《礼记·哀公问》)
沽—贾　求善贾而沽诸!(《论语·子罕》)
故—固　义帝虽无功,故当分其地而王之。(《史记·项羽本纪》)
固—姑　其事未究,固试往,复问之。(《淮南子·人间训》)
贯—惯　少成苦天性,习贯如自然。(《汉书·贾谊传》)
光—广　天见其明,地见其光。(《荀子·劝学》)
归—馈　阳货欲见孔子,孔子不见,归孔子豚。(《论语·阳货》)

H

害—曷　时日害丧,予及汝偕亡。(《孟子·梁惠王上》)
阖—盍　桓公谓鲍叔牙曰:"阖不起为寡人寿乎?"(《管子·小称》)
衡—横　艺麻如之何?衡从其亩。(《诗经·齐风·南山》)
壶—瓠　七月食瓜,八月断壶。(《诗经·豳风·七月》)
惶—况　君子之于人也,有其语也,无不听者,皇于听狱乎?(《尚书大传·甫刑》)
麾—挥　瑕叔盈又以蝥弧登,周麾而呼曰:"君登矣!"(《左传·隐公十一年》)
惠—慧　甚矣,汝之不惠!(《列子·汤问》)
或—惑　孟子曰:"无或乎王之不知也。"(《孟子·告子上》)

J

几—机　君子见几而作。(《周易·系辞下》)
棘—戟　子都拔棘以逐之。(《左传·隐公十一年》)

棘—瘠　棘者欲肥,肥者欲棘。(《吕氏春秋·任地》)
家—姑　(班昭)博学高才。帝数召入宫,令皇后诸贵人师事焉,号曰大家。(《后汉书·曹世叔妻传》)
简—拣　盖简核桃修狭者为之。(魏学洢《核舟记》)
介—芥　孟尝君为相数十年,无纤介之祸者,冯谖之计也。(《战国策·齐策》)
矜—鳏　不侮矜寡,不畏强御。(《诗经·大雅·烝民》)
径—经　江水又东,径黄牛山。(《水经注·江水》)
靖—静　靖以待命犹可,动必忧。(《左传·昭公二十五年》)
沮—阻　蔽遮江淮,沮遏其势。(韩愈《张中丞传后叙》)
倔—崛　蹑足行伍之间,而倔起什伯之中。(《史记·秦始皇本纪》)
决—诀　卫人有善数者,临死,以决喻其子。(《列子·说符》)
爵—雀　为丛驱爵者,鹯也。(《孟子·离娄上》)
钧—均　经界不正,井地不钧。(《孟子·滕文公上》)

K

扣—叩　扣而聆之,南声函胡,北声清越。(苏轼《石钟山记》)
款—叩　夜款门而谒。(《吕氏春秋·爱士》)
窥—跬　京师虽有武蜂精兵,未有能窥左足而先应者也。(《汉书·息夫躬传》)

L

离—罹　人谓叔向曰:"子离于罪,其为不知乎?"(《左传·襄公二十一年》)
离—丽　比物属事,离辞连类。(枚乘《七发》)
列—烈　贪夫殉财兮,列士殉名。(《汉书·贾谊传》)
廪—凛　皇天平分四时兮,窃独悲此廪秋。(宋玉《九辩》)
陵—凌　无礼而好陵人。(《左传·昭公元年》)
流—求　参差荇菜,左右流之。(《诗经·周南·关雎》)
陇—垄　亮躬耕陇亩。(《三国志·蜀书·诸葛亮传》)
卤—掳　烧宗庙,卤御物。(《史记·吴王濞列传》)
戮—勠　将戮力而攻秦,久留不行。(《史记·项羽本纪》)
僇—戮　令秦王怒,而僇相如于市。(王世贞《蔺相如完璧归赵论》)

M

霾—埋　霾两轮兮絷四马。(《楚辞·国殇》)
芒—茫　目芒然无见。(《庄子·盗跖》)
萌—氓　国中之众,四鄙之萌人闻之,皆竞为义。(《墨子·尚贤》)
蒙—冒　蒙矢石,赴汤火,视死如生。(《汉书·晁错传》)
免—娩　妇人免乳大故,十死一生。(《汉书·外戚传》)
明—盟　此邦之人,不可与明。(《诗经·小雅·黄鸟》)

摩—磨　古者富贵而名摩灭,不可胜记。(《汉书·司马迁传》)
没—殁　愿令得补黑衣之数,以卫王宫,没死以闻。(《战国策·赵策》)
陌—佰　官库出纳缗钱,皆以八十为陌。(《旧五代史·王章传》)
缪—穆　秦自缪公以来二十余君,未尝有坚明约束者也。(《史记·廉颇蔺相如列传》)

N

耐—能　故人不耐无乐。(《礼记·乐记》)
能—耐　土地苦寒,汉马不能冬。(《汉书·赵充国传》)
那—奈　牢之怒曰:"……平玄之后,令我骠骑何?"(《宋书·刘敬宣传》)

O

殴—驱　今殴民而归之农,皆著于本,使天下各食其力。(《汉书·食货志》)
耦—偶　太子曰:"人各有耦,齐大,非吾耦也。"(《左传·桓公六年》)

P

盘—磐　为名者否,为利者否,为忿者否,则国安于盘石。(《荀子·富国》)
畔—叛　寡助之至,亲戚畔之。(《孟子·公孙丑下》)
泮—畔　淇则有岸,隰则有泮。(《诗经·卫风·氓》)
旁—傍　旁天子而立于堂上。(《逸周书·王会解》)
娉—聘　巫行视小家女好者,云是当为河伯妇,即娉取。(《史记·滑稽列传》)

Q

蕲—祈　予恶乎知死者不悔其始之蕲生乎?(《庄子·齐物论》)
齐—斋　汉王齐戒设坛场,拜信为大将军。(《汉书·高帝纪》)
齐—脐　若不早图,后君噬齐。(《左传·庄公六年》)
歧—企　吾尝跂歧而望矣,不如登高之博见也。(《荀子·劝学》)
逑—仇　窈窕淑女,君子好逑。(《诗经·周南·关雎》)
诎—屈　若挈裘领,诎五指而顺之,顺者不可胜数也。(《荀子·劝学》)
取—趣　夫良马固车,使臧获御之,则为人笑,王良御之,而日取千里。(《韩非子·难势》)
趣—趋　百里而趣利者蹶上将。(《史记·孙子吴起列传》)
阙—缺　若不阙秦,将焉取之。(《左传·僖公三十年》)
阙—掘　若阙地及泉,其谁曰不然?(《左传·隐公元年》)

R

壤—攘　天下壤壤,皆为利往。(《史记·货殖列传》)
任—妊　初,刘媪任高祖,而梦与神遇。(《汉书·叙传上》)

容—公　衣食之道,必始于耕织,万民之所容见也。(《淮南子·主术训》)
容—用　虎无所措其爪,兵无所容其刃。(《老子》)
鞣—煣　木直中绳,鞣以为轮,其曲中规。(《荀子·劝学》)
儒—懦　性儒缓不断。(《北史·王宪传》)

S

搔—骚　贪昧饕餮之人,残贼天下,万人搔动。(《淮南子·兵略训》)
骚—扫　大王宜骚淮南之兵。(《史记·黥布列传》)
擅—禅　夫曰尧舜擅让,是虚言也。(《荀子·正论》)
上—尚　上农除末,黔首是富。(《史记·秦始皇本纪》)
生—牲　君赐生,必畜之!(《论语·乡党》)
失—逸　其马将失。(《荀子·哀公》)
时—是　率时农夫,播厥百谷。(《诗经·周颂·噫嘻》)
时—伺　孔子时其亡也,而往拜之。(《论语·阳货》)
食—蚀　日中则昃,月盈则食。(《易经·丰》)
矢—誓　之死矢靡它。(《诗经·鄘风·柏舟》)
矢—屎　乃入,杀而埋之以矢中。(《左传·文公十八年》)
视—示　乃持项王头视鲁,鲁父兄乃降。(《史记·项羽本纪》)
适—谪　发闾左适戍渔阳九百人。(《史记·陈涉世家》)
逝—誓　逝将去女,适彼乐土。(《诗经·魏风·硕鼠》)
竦—耸　水何澹澹,山岛竦峙。(曹操《观沧海》)
宿—夙　此陵宿昔之所不忘也。(《汉书·李广苏建传》)
所—许　父去里所,复还。(《史记·留侯世家》)

T

汤—烫　疾在腠理,汤熨之所及也。(《韩非子·喻老》)
剔—剃　妇人皆剪剔以著假髻。(《北史·齐幼主纪》)
填—镇　其德音足以填抚百姓。(《荀子·君道》)
跳—逃　(项羽)遂围成皋,汉王跳。(《汉书·高帝纪》)
帖—贴　当窗理云鬓,对镜帖花黄。(《木兰诗》)
廷—庭　臣窃负其志,乃至燕廷,观王之群臣下吏。(《战国策·燕策》)
童—同　状与我童者,近而爱之;状与我异者,疏而畏之。(《列子·黄帝》)
童—瞳　舜盖重童子,项羽又重童子。(《汉书·项籍传》)

W

宛—怨　不为乱首,不为宛谋。(《马王堆汉墓帛书》)
亡—忘　人不能自止于足,而亡其富之涯乎?(《韩非子·说林》)
微—非　微管仲,吾其被发左衽矣。(《论语·宪问》)

围—违	其功顺天者,天助之;其功逆天者,天围之。(《管子·形势》)
为—谓	管仲,曾西所不为也,而子为我愿之乎?(《孟子·公孙丑上》)
无—毋	无友不如己者。(《论语·学而》)
寤—悟	身死东城,尚不自寤。(《史记·项羽本纪》)

X

昔—夕	日入至于星出谓之昔。(《谷梁传·庄公七年》)
熙—嬉	圣人非所与熙也,寡人反取病焉。(《晏子春秋·内篇杂下》)
锡—赐	皇揽揆余于初度兮,肇锡余以嘉名。(《楚辞·离骚》)
郤—隙	人生天地之间,若白驹过郤,忽然而已。(《庄子·知北游》)
戏—麾	诸侯罢戏下,各就国。(《汉书·高帝纪》)
夏—厦	曾不知夏之为丘兮,孰两东门之可芜?(《楚辞·哀郢》)
闲—娴	闲于兵甲,习于战攻。(《战国策·燕策》)
箱—厢	吕后侧耳于东箱听。(《汉书·周昌传》)
乡—向	满堂而饮酒,有一人乡隅而悲泣,则一堂为之不乐。(《汉书·刑法志》)
乡—响	犹景之象形、乡之应声。(《汉书·天文志》)
详—佯	行十余里,广详死,睨其旁有一胡儿骑善马,广暂腾而上胡儿马。(《史记·李将军列传》)
飨—享	神飨而民听。(《国语·周语》)
向—响	砉然向然,奏刀騞然。(《庄子·养生主》)
宵—小	毋迩宵人。(《史记·三王世家》)
邪—斜	辇道邪交,黄池纡曲。(枚乘《七发》)
信—伸	尺蠖之屈,以求信也。(《易经·系辞》)
刑—型	刑于寡妻,至于兄弟,以御于家邦。(《孟子·梁惠王上》)
形—行	太形王屋二山,方七百里,高万仞。(《列子·汤问》)
訩—讻	君子不为小人之訩訩而易其行。(《汉书·东方朔传》)
脩—修	路漫漫其脩远兮,吾将上下而求索。(屈原《离骚》)
胥—须	百姓之力也,胥令而动者也。(《管子·君臣》)
徇—殉	常思奋不顾身以徇国家之急。(司马迁《报任安书》)

Y

牙—芽	是月也,安萌牙,养幼少,存诸孤。(《礼记·月令》)
研—砚	(班超)久劳苦,尝辍业投笔叹曰:"安能久事笔研间乎?"(《后汉书·班超传》)
炎—焰	人之所忌,其气炎以取之,妖由人兴也。(《汉书·艺文志》)
厌—压	地震陇西,厌四百余家。(《汉书·五行志》)
燕—宴	帝与齐王燕饮太后前。(《汉书·高五王传》)
阳—佯	齐王怪之,因不敢饮,阳醉去。(同上)

繇—徭　薄赋敛,省繇役,以宽民力。(《汉书·食货志》)
繇—遥　先王恐其不文也,是以繇其期,足之日也。(《荀子·礼论》)
已—以　年八十已上,赐米人月一石、肉二十斤。(《汉书·文帝纪》)
已—矣　夫神农以前,吾不知已。(《史记·货殖列传》)
以—已　卒买鱼烹食,得鱼腹中书,固以怪之矣。(《史记·陈涉世家》)
佚—逸　以近待远,以佚待劳。(《孙子兵法·军争》)
溢—镒　铄金百溢,盗跖不掇。(《韩非子·五蠹》)
婴—撄　释斤斧之用而欲婴以芒刃,臣以为不缺则折。(贾谊《治安策》)
由—犹　今之乐由古之乐也。(《孟子·梁惠王下》)
有—又　割地而朝者三十有六国。(《韩非子·五蠹》)
俞—愈　使者往而复来,辞俞卑,礼俞尊。(《国语·越语》)
虞—娱　今世俗犹皆以此虞说耳目。(《汉书·王褒传》)
圉—御　公输盘之攻械尽,子墨子之守圉有余。(《墨子·公输》)
与—举　大道之行也,天下为公,选贤与能,讲信修睦。(《礼记·礼运》)
豫—预　先患虑患谓之豫,豫则祸不生。(《荀子·大略》)
缘—援　以若所为,求若所欲,犹缘木而求鱼也。(《孟子·梁惠王上》)
芸—耘　丈人曰:"四体不勤,五谷不分,孰为夫子?"植其杖而芸。(《论语·微子》)

Z

臧—藏　天子臧珠玉,诸侯臧金石。(《管子·侈靡》)
蚤—早　蚤起,施从良人之所之。(《孟子·离娄下》)
仄—侧　仄闻屈原兮,自湛汨罗。(《汉书·贾谊传》)
张—帐　高祖复留止,张饮三日。(《史记·高祖本纪》)
烝—众　天生烝民,有物有则。(《诗经·大雅·烝民》)
政—征　诸侯力政,不朝于天子。(《礼记·用兵》)
政—正　群臣公政而无私。(《韩非子·难三》)
直—特　高帝曰:"公罢矣,吾直戏耳……"(《史记·叔孙通传》)
指—旨　先生如其指,内狼于囊。(马中锡《中山狼传》)
衷—中　服之不衷,身之灾也。(《左传·僖公二十四年》)
柱—祝　强自取柱,柔自取束。(《荀子·劝学》)
撰—选　撰良马者,非以逐狐狸,将以射麋鹿。(《淮南子·说山训》)
赘—缀　梁王赘其群臣而议其过。(《说苑·奉使》)
孳—孜　鸡鸣而起,孳孳为善者,舜之徒也。(《孟子·尽心上》)
菑—灾　不坼不副,无菑无害。(《诗经·大雅·生民》)

附录八

古代汉语常用的工具书

（一）常用字书

《说文解字》

东汉许慎著。这是我国第一部按部首编排的通过分析字形来解说字义的字典。全书十五卷，宋初徐铉校订时每卷各分上下。收字9353个，另有重文1163个。首创部首编排法，按540部排列，部与部之间大体按形近义通相联。字头用小篆字体，有古、籀时列为重文。对字的解释，一般先释义，再按"六书"分析字形结构，指明读音。此书对后世影响很大，至今仍有重大学术价值。有1963年中华书局本等。

《康熙字典》

清代张玉书、陈廷敬等奉诏编著。初版于1716年。这是在明代《字汇》、《正字通》的基础上增订而成的我国相当长一段时间里收字最多的字典。全书分子、丑、寅、卯等十二集，每集再分上中下三卷，收字47035个，按214部首编排，部与部之间和同部之内的字再以笔画多少为序。字头之下，一般先注音，再释义，后引书证。注音、释义常博采诸家，因此内容较为详备。问世之后，流行很广，影响较大，但疏漏之处也相当多。1980年中华书局有影印本。

《中华大字典》

徐元浩等编著，1915年版。这是我国解放前收字最多的字典。全书收字48000多个，除正文本字外，兼列古、籀、省、或、俗、讹诸体，按214部排列。每部之下，先列反切注音，再释字义，后引书证。注音简明、释义完备，对《康熙字典》多有匡正。但内容上仍有不少问题。1978年中华书局有重印本。

《王力古汉语字典》

王力主编。2000年6月中华书局出版。该书按照王力先生设计的理想字典模式编写而成。全书收字 12500 个左右,按部首编排。每个字头下先按拼音字母加注今音,次注中古的反切、声调、韵部、声母,再注上古音的韵部。义项的设立颇具特色:一是努力理清一词多义之间引申发展的轨迹和线索,将本义、引申义系联起来,揭示词义的系统性,将间接的远引申义、假借义单独设立义项;二是努力在释义中表现出词义的时代性,对于中古以后产生的后起义特别予以说明,树立词义的历史观;三是将僻义列入"备考"。该字典简明而信息量大,功能多,各类读者均可从中获益。

《汉语大字典》

汉语大字典编委会编,湖北辞书出版社、四川辞书出版社 1986 年 10 月起分卷陆续出版。这是我国收字最多的一部以解释汉字形音义为主要任务的大型语文工具书。共收单字 56000 左右,分 200 部按部首编排,部与部之间和同部之字以笔画多少为序,笔画相同的再按起笔笔形横竖撇点折排列。单字下包括解形、注音、释义、引证。在楷书字头下收列能够反映形体演变关系、有代表性的甲、金、篆、隶形体,并简要说明其结构的演变。注音有汉语拼音、中古反切、上古韵部。释义除常用义外,还注意考释生僻字义和常用字的生僻义。另外还适当收录了部分复音词中的词素义。

《甲骨文合集》

郭沫若主编,胡厚宣总编辑。1978 年至 1982 年由中华书局出版。这是一部大型的甲骨文资料总集。全书搜集了甲骨文出土 80 多年来散见于国内外的已经著录和尚未著录的有研究价值的甲骨资料 41956 号,约 5 万片,著录成书。分 13 册,按武丁期、祖庚祖甲期等 5 个时期分期编排,同期之内再按内容分为奴隶和平民、奴隶主贵族、官吏等 22 类。此 13 册图版先行出版之后,还将出版材料来源表、释文等。这部集大成的甲骨文著录的出版,为历史研究、文字研究提供了极大便利,被誉为"甲骨学史上里程碑式的著作",但还有部分传世的甲骨尚未来得及收入。

《金文编》

容庚著。初版于 1925 年,1985 年中华书局新版。殷周金文字典。此书经容庚前后四十余年之功力编写而成,收字极为谨慎,排比颇费匠心,新修订本共收可辨识的殷周金文 2420 个,重文 19357 个,不可识的殷周金文 1352 个,重文 1132 个。可识者按《说文》部首编排,不可识者以附录形式列于书后。各字首列篆文及号码,各种金文字体列于其下,并注明出处。书后附《引用书目表》、《引用器目表》及《检字表》。

(二)常用词典

《尔雅》

作者说法不一,一般认为是从春秋到汉初经许多儒士递相增益而成。这是我国最早的词典。全书 19 篇,首创分类排列法,前三篇《释诂》、《释言》、《释训》解释普通词语,《释亲》、《释宫》以下 16 篇解释专科词语。释词方式一是将一系列词放在一起,用一个词作总括式解释；一是将意义相近的词放在一起，在对比中予以辨别。《尔雅》辑录大量词语并加以分类解说，是研究先秦词汇和考证名物的重要资料，对后世影响很大，唐宋以后被定为"十三经"之一。1980年中华书局出有影印《十三经注疏》本。

《方言》

西汉扬雄著。全称《輶轩使者绝代语释别国方言》，是作者在广为调查的基础上写成的我国第一部方言词典。今本全书13卷，收汉代方言词675条，体例与《尔雅》相仿，虽未标明门类，却也大致按类排列。对词语的解释或先举一词，然后指出各地的不同叫法，或先举一组同义词，作一共同解释，然后分别辨析，指出各自的通行范围。《方言》为我们保存了丰富的口语词汇，是研究通语和方言异同与发展演变的宝贵资料。今有商务印书馆的《四部丛刊》影印本等。

《释名》

东汉刘熙著。这是我国第一部探求语源、推究事物命名由来的专著。全书按内容分为释天、释地、释山、释水等27篇，分类排列。用音训法解释词义，认为同音或音近的词，在意义上有一定的联系，因此以音同或音近的词释义。此书开音训词典先河，释义不乏精当之处，但牵强附会之辞也不少。有1928年上海涵芬楼影印本。

《经典释文》

唐代陆德明著。此书专为《周易》、《尚书》、《毛诗》等儒家重要典籍及《老子》、《庄子》注音释义。全书30卷。以考证经文及注文字音为主，兼及释义。注音广采各家音切，释义亦多取各家之说，对经典文字异同也多有考证。为研究古代文字音韵及词义的变迁、校勘古代文献提供了丰富的材料。全书按所释经典分卷编排。宋人合刊《十三经注疏》时，曾取之附于相应经籍的注文之后。有1983年中华书局本。

《经籍纂诂》

清代阮元等编著。1788年出版。这是专门汇集唐代以前经传子史（主要是经传）的本文训诂及诸家注释的词典。全书106卷，按平水韵分卷排列，每韵一卷。每字之下，不避重复地罗列有关此字的各种训释资料。一书在手，便可知道唐以前有关某字的各种解说及其出处，是研究古汉语词汇的重要参考书。1982年中华书局出有影印本。

《辞通》

朱起凤著。1934年开明书店出版。这是一部专论双音语词同词异字现象的专著。全书24卷，收语词40000余条，博采古书中的双音词及部分双音词组，将音同通假、义同通用、形近而讹的各种别体异文搜集在最通用的形体之下，并一一引其出处，加上按语。字同而义异者附列其后。全书以首词尾字的韵属按平水韵106韵编排。书后附有四角号码索引及笔画索引。

《联绵字典》

符定一编著。1943年北京京华印书局出版。这是一部以解释双音单纯词为主、兼及双音合成词的词典。全书36卷,收词20000余条,按部首编排,同部之字再分别以第一第二字的笔画多少为序。反切注音,分条释义,并援引书证。全书注意辨明转语,标明各种字形的联系,对阅读古书、研究文字词汇有一定参考价值。中华书局1983年有重印本。

《诗词曲语辞汇释》

张相著。1953年中华书局出版。这是专门解释唐宋元明之间诗、词、曲中习用的特殊语词的专著。全书收词800余条,大都出于当时口语,过去无人论及。对所收词条,先解说,再引诗、词、曲中书证。解说精辟,征引广博,并能兼及语词的流变与演化,是阅读诗、词、曲和研究近代汉语词汇的重要参考。全书编排无明显规则,大体虚词在前,实词在后,书后附语词笔画索引以备查检。

《辞源》

原编著者为陆尔奎、方毅、付运森等。商务印书馆1915年出版正编,1931年出版续编。这是我国现代最早的以语词为主、兼及百科的综合性大词典。全书收单音词10000多条,复音词100000多条。单音词头按部首排列,其下按笔画多少列出首字相同的复音词。用反切注音,浅近文言释义,译词附注英文。本书博采中外辞书之长,首创新体例,且内容之广,为以前词典所未有,所以在学术界影响很大。但也有不少错误,引书不注篇名。

1979年至1983年,在国家统一规划下,由广东、河南等四省和商务印书馆共同修订的四册《辞源》(修订本)陆续出版。根据与新《辞海》和《现代汉语词典》分工的原则,修订后的《辞源》成了一部主要收录古汉语词汇和有关古代典章制度文物等的古汉语词典。全书仍按部首排列,同部的字按笔画多少为序,笔画相同的再按起笔笔形为序。每字下用汉语拼音、注音字母、《广韵》反切注音,并注明中古调、韵、声,然后释义、引书证。释义简明并注意语词的来源和发展演变,引书标明作者、篇目、卷次等,以便读者复核。

《辞海》

原编著者为舒新城、沈颐、张相等。1936年和1937年中华书局分别出版上下两册。这是继《辞源》之后我国现代又一部综合性大词典。其编排体例和释词体例与《辞源》相同,也是按部首编排,再结合笔画笔顺法。单字词头下包括反切注音、释义引证,其后列释复音词。其性质也是综合性大词典。但它比旧《辞源》晚出20多年,各方面都较旧《辞源》有所改进,如加注新式标点符号、引书注明篇名等。但随着时代的发展,其不足之处也日益显露出来。

1979年,新的《辞海》编委会重新修订的《辞海》与读者见面,这是在旧《辞海》的基础上历经十年全面修订改编而成的。新《辞海》仍是综合性词典,共收单音词14872个、复音词91706个,包括成语、典故、人名、著作以及各学科术语等。体例不变,但改用拼音注音,释义用现代书面语,力求简明,不作考证。

2009年9月，由夏征农、陈至立任主编的第六版《辞海》正式出版。《辞海(第六版)》彩图本收单字字头17914个，比第五版增加近400个，附繁体字、异体字4400余个；词条127 200余条，比第五版增加4200余条；字数2300余万字，比第五版增加200余万字；图片16000余幅，与第五版相当。本版删去词目7000条，新增了［"神舟"号宇宙飞船］、［嫦娥工程］、［闪存］等贴近群众、贴近生活、贴近实际、贴近时代的新词目12300余条，条目修订面超过三分之一。成为一部实用性很强的大型语文工具书。

《汉语大词典》

罗竹凤主编，汉语大词典编委会编纂。上海汉语大词典出版社1986年起分卷陆续出版。这是一部大型的历史性的古今汉语大词典。全书12卷，另有索检附录一卷，收词约370000条，以古今汉语一般语词为主，着重从语词的历史演变过程加以全面阐述。全书以单字统复词，单字按200个部首排列，部首相同的按笔画多少为序，画数相同的再按起笔笔形排列。单字下先注音，再分条释义、援引书证。注音用汉语拼音和中古反切，并且大都列出中古声调、韵部和声类。首字与单字相同的复词列于单字条目之下，按第二字、第三字笔画多少为序，有特殊读音的先注音，然后分条释义，援引书证。全书力求义项完备，释义确切，文字简练，体例统一，并在必要时附图说明，是我国现有规模最大的词典。

《助字辨略》

清代刘淇著。1711年出版。这是我国较早的系统研究虚词的专著。全书收集元以前经、传、子、史及俗语中的虚词476个，分类加以解说，引证丰富，对一些虚词的解释也很精当。但分类较杂，内部体例也不完善。全书五卷，按平、上、去、入四声编排。1954年中华书局出版有校注本。

《经传释词》

清代王引之著，1819年出版，为虚词专著。全书收集东汉以前经、传中虚词(包括部分其他作品中的虚词)160个，举例说明其意义和用法，并尽量远溯原始，明其演变。全书共10卷，按中古三十六字母排列，每字下先释义，再举例证。本书体例一贯，条理清楚，解释大多很精当，不足之处是收词太少，取材范围不广。1956年中华书局出有新版本。

《词诠》

杨树达著。1928年出版。虚词词典。全书十卷，收录古书中常见的介词、连词、助词、叹词和部分代词、动词、副词等500多个，举例说明其意义和用法。全书按注音字母编排，每词下先标明词性，再说明意义，最后举例说明。本书体例完备，解说详细，是阅读古书、研究语法的重要参考书。1965年中华书局有再版本。

(三) 其他常用工具书

《古今字音对照手册》

丁声树编著。1958年科学出版社出版,1981年中华书局新一版。本书收常用字6000多个,按普通话韵母分部,韵母相同的字按声母排列。今音声韵调全同的字列在同一拼音之下,按中古音系分条注上《广韵》或《集韵》反切、摄、开合口、等、声调、韵部、声母。可用于调查方言、查检中古语音地位、推索古今语音的演变。

《上古音手册》

唐作藩著。江苏人民出版社1982年第一版。全书共收约8000字,先按今音排列,然后注明上古音的韵部、声纽和声调。今音依汉语拼音字母的次序排列,声母、韵母、声调相同的字列在同一音的下面,再按上古音的异同分条。上古音的韵部、声纽、声调完全相同的列为一条,不相同的分开排列。上古音先注韵部,次标声纽,最后是声调。书后附有《部首笔画检字表》。可用于从今音查对常用字的上古音。

《汉字古音手册》

郭锡良著。北京大学出版社1986年第一版。该手册共收古代常用汉字八千多个。每字后面列出其上古和中古的音韵地位,并加注拟音。字头前标注今音,采用汉语拼音方案注音。排列次序按今音的韵母分部,同韵的字按声母排列。今音声、韵、调全同的字列于同一个音的后面,再按古音的异同分条。上古音和中古音都相同的列为一条,上古或中古任一时期有差异的都分开排列,先按上古韵部的次序排列,韵部相同的再依次按等呼、声调、声母排列。可同时查检出一个字的上古音和中古音。

《佩文韵府》

清代张玉书等奉诏编著。成书于1711年。"佩文"是康熙皇帝的书斋名。这是专供查找文章典故和韵藻丽句的大型类书,系增补修订《韵府群玉》、《五车韵瑞》等书而成。全书正编444卷,拾遗112卷,据所收词语的尾字韵属按106韵分韵编排,首列单字,单字下先注音释义,再分别列举二字、三字、四字词语,并用双行小字注明出处或出典,以经史子集为序。最后附列"对语"和"摘句"。"对语"是与单字相关的二字三字对仗,"摘句"摘录包含单字的诗句,这些专供作诗填词时参考。此书体例详明,资料丰富,对我们查找诗词文句和成语典故很有帮助。不足之处是所据材料多从其他类书辗转抄录,且引书不标篇名,不便查对原文。1983年上海古籍书店出有影印本。

《古今图书集成》

清代陈梦雷编著。这是我国现存最大、收罗最广、内容最丰富的大型类书。全书10000卷,按内容用四级分类编排:先分历象、方舆、明伦、博物、理学、经济等六个汇编;每一汇编分若干典,共32典;每典分若干部,共6109部;每部分汇考、总论、图、表、列传、艺文、选句、纪事、杂录、外编等,无则缺之。"汇考"引古书以考证事物源流;"总论"收录经书中关于该事物的论述,"图"、"表"绘制有关该事物的图表;"列传"从各书中辑录人物事迹的有关记载;"艺文"收录有关诗词文赋;"选句"摘录有关对偶词句,"纪事"补充"汇考",专录"琐细"之事,以史、子、集为序;"杂录"补充"总论",收录一些旁引曲喻或真假难分、文藻未工的材料;"外编"收录神话传说和迷信记载,内容极为丰富,体例非常完备,且图文并茂,被国外称作"康熙百科全书"。1934年中华书局出有影印本。

《四库全书总目提要》

清代永瑢、纪昀等编著。简称《四库提要》,又称《四库全书总目》。《四库全书》是一部集中国古代图书之大成的规模宏大的丛书,《四库全书总目提要》将《四库全书》收入的全部图书3461种和未收入的存目6793种一一做了提要,简要说明了每部书的作者情况、大致内容、优缺点及其流传情况。全书仍按经、史、子、集四部分类,每类包括若干小类,每小类统领若干著作提要。每类、每小类之前都有小序,说明分类理由及此类作品的源流。今有1965年中华书局本等。

《十三经索引》

叶绍钧编著。1934年开明书店初版,1983年中华书局重订出版。这是专门用于查找十三经文句出处的工具书。书中将十三经中的每个句子摘作一条,按每条首字的笔画排列,首字相同的再按第二字的笔画多少排列,余类推。每条之下注明见于某经某卷和中华书局影印的阮刻本《十三经注疏》的某页某栏,非常便于读者查检。

《二十五史人名索引》

开明书店1935年编印出版。这是专供查检《史记》等二十五史中人物传记资料的工具书。全书按人名首字的四角号码编排,每个人名下标明见于某史某卷和开明书店出版的《二十五史》的某页某栏。为我们详细了解某一历史人物的生平事迹提供了非常明确的线索。1956年中华书局出有重印本。

《中国人名大辞典》

臧励和等编著。1921年商务印书馆出版。这是一部专供查检我国历史人物大致情况的工具书。全书收录上古至清末见于史料的历史名人(包括神话传说中的人物)40000多个,简要介绍其生活时代、字号、籍贯、主要经历等。若想粗略地了解某一历史人物,查检此书甚为方便。全书按姓氏笔画排列。1982年商务印书馆出有再版本。

《中国古今地名大辞典》

谢寿昌、臧励和等编著。1931年商务印书馆出版。是专供查找我国古今地名的工具书。全书收录省府郡县、名胜古迹、山川河流等40000余条,对其地理位置、名称沿革等加以扼要说明。全书按地名首字笔画多少排列。

《两千年中西历对照表》

薛仲三、欧阳颐编著。1956年三联书店出版。这是专用于推算阴阳历日期的专著。所收时限上自公元元年(汉平帝元始元年),下至公元2000年。以阴历为纲,一年一表。每表分年序、阴历月序、阴历日序、星期、干支五栏。年序栏下标出年号、干支和公元多少年;阴历月序栏下直排1至12个阴历月份,有闰月的用粗体数码标出,阴历日序栏中横排的1至30表示阴历日序,栏下是阳历月序和日序。星期栏干支栏标上用于推算干支和星期的数字。此书为我们换算阴阳历年月日、查出某日的星期和干支提供了极为便利的条件。

打造学术精品　服务教育事业
河南大学出版社
读者信息反馈表

尊敬的读者：

　　感谢您购买、阅读和使用河南大学出版社的《古代汉语教程》(第三版)一书，我们希望通过这张小小的反馈表来获得您更多的建议和意见，以改进我们的工作，加强我们双方的沟通和联系。我们期待着能为您和更多的读者提供更多的好书。

　　请您填妥下表后，寄回或发 e-mail 给我们，对您的支持我们不胜感激！

1. 您是从何种途径得知本书的：
　　□书店　　□网上　　□报刊　　□图书馆　　□朋友推荐
2. 您为什么决定购买本书：
　　□工作需要　　□学习参考　　□对本书感兴趣　　□随便翻翻
3. 您对本书内容的评价是：
　　□很好　　□好　　□一般　　□差　　□很差
4. 您在阅读本书的过程中有没有发现明显的专业及编校错误？如果有，它们是：
　　_____
　　_____
　　_____
5. 您对哪一类的图书信息比较感兴趣：_____
　　_____
6. 如果方便，请提供您的个人信息，以便于我们和您联系(您的个人资料我们将严格保密)：
　　您供职的单位：_____
　　您教授的课程(老师填写)：_____
　　您的通信地址：_____
　　您的电子邮箱：_____

请联系我们：

电话：0371－86059712　　0371－86059713　　0371－86059715

传真：0371－86059713

E-mail：hdgdjyfs@163.com

通信地址：河南省郑州市郑东新区商务外环路商务西七街中华大厦2412室

河南大学出版社高等教育与职业教育出版分社